60TH ANNIVERSARY OF
INSTITUTE OF LAW, CASS

法治国情与法治指数丛书

主 编／田 禾 吕艳滨

# 中国司法制度

## （2002~2016）

田 禾 吕艳滨／主编

Judicial System of China

(2002-2016)

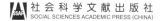

社会科学文献出版社
SOCIAL SCIENCES ACADEMIC PRESS (CHINA)

# 法治国情与法治指数丛书
# 编辑委员会

# 丛书序

2018 年是中国社会科学院法学研究所建所 60 周年。时光如白驹过隙，一个甲子转瞬即逝。在此期间，我们有幸成为法学研究所的一员，在这个平台上耕耘收获，见证了法学研究所的风雨历程。2003 年，法学研究所第一次推出了"法治蓝皮书"，这是一本盘点当年中国法治发展成效、总结存在问题的学术图书，至 2017 年已经出版了 15 本。为纪念法学研究所建所 60 周年，让更多的人认识和了解"法治蓝皮书"，蓝皮书工作室特推出"法治蓝皮书"精选本 12 卷，以飨读者。

"法治蓝皮书"是社会科学文献出版社皮书系列大家庭中的一员，是法学研究成果传播的重要平台。它忠实记录了中国法治的发展，为中国乃至世界提供了一个了解中国法治的渠道，也为法学研究者、法律工作者提供了一个展示其观点的平台。"法治蓝皮书"发展到今天，以其强大的影响力推动着中国法治方方面面的进步。

"法治蓝皮书"是一个新生事物，并无可资借鉴的经验和道路。创刊以来，在历任主编的不懈努力下，"法治蓝皮书"希冀找到一条最为合适的道路，最终，它成功地从数百本皮书中脱颖而出，成为最具影响力的皮书之一。

回顾"法治蓝皮书"走过的道路，令人唏嘘。如何充分发挥法学研究所的作用，用蓝皮书这样一种传播方式，指点江山、挥斥方遒，用学术力量影响和改变中国一直困扰着我们。2006 年，我正在日本早稻田大学比较法研究所访学时，收到李林所长的一封邮件，大意为征询我是否有兴趣来做蓝皮书的工作。做蓝皮书需要奉献，是公益性的，接下这个工作不仅要付出大量的时间和精力，且其不在学术评价体系之内，成败难料，可我鬼使神差，却接下了这个艰巨的任务，我想李林所长当时一定也大大地松了口气。

作为一本法学专业图书，"法治蓝皮书"受众有限。说它权威吧，不如全国人大、最高人民法院、最高人民检察院的工作报告；说它时效强吧，赶不上一些法制专业传媒，政府部门、司法机关也不把法学学术研究机构当回事，经费短缺，无米下炊。当时，"法治蓝皮书"要想在数百本皮书里崭露头角真是一件很难的事。虽然困难重重，但也并非没有干事的动力。改革开放以来，中国社会经济发生了翻天覆地的变化，这带来了社会分化，引起社会心理变化。今天，社会矛盾增多，不信任感增强，贫富差距拉大，道德失范行为增多，对国家治理、社会治理形成了很大的挑战。在这种复杂的形势下，需要一种机制来凝聚共识，维护社会的秩序、公平和安全，社会才能继续进步。法治就是这样一种具有广泛共识的治理模式，是社会治理的最大公约数。一个人无论他属于哪个阶层，无论他在改革中是受益者还是受损者，都希望以某种机制来维护和保护自己的利益，也就是说，法治为权力运行和利益分配设置了基本底线。法治并不是一个非常复杂的制度架构，其基本含义非常明确：有良法，必须反映广大人民的意志和利益；法律应得到实施，无论是公权力机关还是老百姓都应遵法守法；法律应当公开透明，使人们的行为具有可预期性，减少社会矛盾和交易成本。正是因为法治具有以上功能，它成为中国目前治国理政的最有效方式，是国家治理体系和治理能力的基本依托。

"法治蓝皮书"正是在这样的认识基础上追寻自身的奋斗目标的。"法治蓝皮书"不是一个旁观者，而是一本广泛"在场"、深度参与社会生活的学术著作。为了实现这样的目标，需要创新方法和探索路径。基于自身的特点，"法治蓝皮书"确定了几条基本原则。

首先，"法治蓝皮书"应以全新的姿态出现。"法治蓝皮书"的正式名称又叫"中国法治发展报告"，因此"法治蓝皮书"的所有内容都与中国法治的理论与实践紧密相连，有泥土芬芳、草根味道，摒弃"假大空""高大上"，以及自说自话、自娱自乐，自我搭建宏大"理论体系"的研究方式。

其次，"法治蓝皮书"应以制度运行为分析重点，并非聚焦个案，不讲故事，不声泪俱下地控诉，不冷冰冰地"搜"概念、做文字游戏，而是以应有的人文关怀，挖掘故事后面的场域、逻辑、价值，以学者的姿态冷静地分析制度的缺陷、运行的不足，体现一个研究机构的应有功能。

再次，"法治蓝皮书"应以法治国情调研报告为重要内容，因为，国情是中国选择法治发展道路的最大考量。课题组深入基层，在工厂、农村、田间地头、村民家中访谈座谈；在各级人大、政府、法院、检察院深入调研，总结各地方、各部门法治发展的创新经验，发现法治发展存在的瓶颈问题，提出解决问题的方案，这些方案有根有据而非传统的"大力丸"。课题组成员每年在全国各地的调研出差时间可谓惊人，由此而带来的效应也非常巨大，所形成的研究报告以及这种研究方式获得了广泛认同。

最后，"法治蓝皮书"应以量化评估为核心内容，这不仅体现为法学研究范式的创新，也体现为全新的研究成果。研究部门和实务部门长期以来交集不多，各说各话。法律制度运行主体是实务部门，运行状况却很难知晓。实务部门的自我总结——功绩伟大成效显著，但民众的获得感不足是显而易见的事实。课题组大力倡导并身体力行第三方评估，对人大立法、政府依法行政、法院检察院公正司法、社会法治建设的情况进行评估，形成了若干非常有影响力的评估报告，报告不仅总结取得的成效，还非常尖锐地指出存在的问题，以至于报告每年 2 月通过"法治蓝皮书"发布以后，一些部门局促不安，如坐针毡，放下高居庙堂的架子，"屈尊"来到法学研究所与课题组交流，实现了研究与实务的及时沟通、理论与实践的精准对接，大大推动了相关部门的工作，也提升了法学研究的影响力。

蓝皮书本身也确立了一套标准。一般而言，学术报告很难具有社会影响，为了突破这种局限，"法治蓝皮书"认为，一篇报告一定要具备以下几个因素。一是所选用的文章一定要具有问题意识，这个问题不仅在学术上有价值，在实践中也有意义。因此，"法治蓝皮书"既反对毫无原则的歌功颂德，也拒绝破坏性的批评，而是以理性和建设性的态度客观分析和总结法治状况。二是"法治蓝皮书"选用的文章一定是公权力机关关注的问题，它体现在以下两方面。一方面，它必须是公权力机关与社会服务和管理有关的问题。例如，政府信息公开、行政审批制度改革、行政执法等。另一方面，它是公权力机关的职权行为，其在依法履职时是否具有合法性的问题。上述两方面是公权力机关的职责所在，也是最受社会关注的问题。三是蓝皮书文章一定是与公众密切相关、社会公众也最为关心的问题，如环境安全、食品安全、教育、住房保障等。四是蓝皮书的文章一定是媒体非常关心的问题。在信息化时代，媒体竞争非常激烈，新、快、准、有效成为媒体的生命。在这种形势下，传统媒体逐渐式微，新兴媒体逐渐成为传播的主要渠道。信息的价值、新颖性、及时性、有效性成为媒体关注的焦点。"法治蓝皮书"的定位恰好为媒体提供了这样的平台。每年"法治蓝皮书"的发布都为媒体提供了眼花缭乱的盛宴，以至于媒体人士常常感叹，"法治蓝皮书"为什么每年只出一本，出来就呈狂轰滥炸之势？鉴于这样的情势，从2015年开始，"法治蓝皮书"团队开始编辑出版"地方法治蓝皮书"，是"法治蓝皮书"的姊妹篇。

正是确立了上述四条标准，"法治蓝皮书"在理论和实务中逐渐形成了巨大的影响力。常有国内外关心中国法治发展的人拿着"法治蓝皮书"登门交流，各地政府、法院也将"法治蓝皮书"对其的评价念兹在兹，甚至记入本部门年度工作报告或高悬于墙上。每当我们到基层开展国情调研，偶见"法治蓝皮书"对有关部门的评价被挂诸墙上，或记载于城市名片中时，都会会心一笑，我们确实做了一点有意义的工作。"法治蓝皮书"发布期间，会形成较大的舆情，以至于发布后的一周乃至一个月内，工作室都会用较大的精力来回应这些舆情。因为，"法治蓝皮书"不仅仅是展示成就，还会指出某些问题，个别被指出的部门非常不满意，也难免恼羞成怒。有人会愤而质问，你们是谁啊？凭什么来评价我们？在他们眼中，一个研究机构就像吃白饭的一样，有什么资格说三道四！有些部门由于掌握资源，弄得我们的上级主管部门经常惶惶不可终日。还好，中国社会科学院确实是一个研究圣地，正如有领导所说，学者做研究，只要数据是真实的、方法是科学的、结论是可靠的、目的是建设性的，就应当允许。值得称道的是，经过数年的修炼，多数部门的傲慢已经逐渐消失，转而谦虚谨慎地来与我们共同探讨，是为一大进步。

限于人力和时间，以及作者关注的重点，"法治蓝皮书"的这 12 卷本肯定有一定的疏漏，未能详尽描绘法治的所有领域和所有细节，因为这是一个不可能完成的任务。尽管如此，"法治蓝皮书"12 卷本还是囊括了法治的重点领域和当年的重大法治事件，足以成为分析中国法治年度进展的珍贵资料，这就足够了。

这 12 卷本分别是《中国法治发展：成效与展望（2002~2016）》《中国立法与人大制度（2002~2016）》《中国政府法治（2002~2016）》《中国民商经济法治（2002~2016）》《中国刑事法治（2002~2016）》《中国司法制度（2002~2016）》《中国社会法治（2002~2016）》《中国人权法治（2002~2016）》《中国政府透明度（2009~2016）》《中国司法透明度（2011~2016）》《中国法治国情调研（2006~2016）》和《中国地方法治实践（2005~2016）》。

《中国法治发展：成效与展望（2002~2016）》收录了"法治蓝皮书"每年的年度总报告，盘点了中国法治的年度进展，是"法治蓝皮书"的精髓和最重要内容。

《中国立法与人大制度（2002~2016）》分析了中国历年的立法进展以及中国最根本的政治制度——人民代表大会制度及其主要职能、代表制度、人大监督等内容。其中，从 2014 年开始，立法指数报告特别分析了全国 31 家省级人大的立法状况，如立法的重点、程序、公开和征求意见情况等。

《中国政府法治（2002~2016）》是"法治蓝皮书"的重要内容，收录了行政审批制度改革、行政执法改革等选题。

《中国民商经济法治（2002~2016）》对历年民商经济立法、执法、司法方面的热点问题进行了分析。

《中国刑事法治（2002~2016）》分析了历年的刑事法治发展、犯罪形势及预测，并对部分重大刑事法治问题进行了研究。

《中国司法制度（2002~2016）》对中国的司法改革与进展、人民法院的改革创新、检察体制改革、法院信息化助力司法改革、中国的法律服务业等进行了总结分析。

《中国社会法治（2002~2016）》从劳动法治、社会保障法治、慈善公益法治、卫生计生法治、环境保护法治、能源法治、教育法治、体育法治、消费者保护法治等方面分析了有关的热点法治问题。

《中国人权法治（2002～2016）》对历年中国在人权法治方面取得的成效进行了总结分析。

《中国政府透明度（2009～2016）》《中国司法透明度（2011～2016）》是中国社会科学院法学研究所开展法治指数评估的重要成果。其中，课题组从2010年开始，连续8年对各级政府的信息公开进行第三方评估，对这项制度的发展起到了实质性的推动作用，《中国政府透明度（2009～2016）》展示了中国在推进政务公开方面取得的成效与存在的问题。此外，课题组从2011年开始，对全国包括最高人民法院在内的各级法院和海事法院的司法公开进行评估，率先提出司法透明度的概念并付诸全国性评估，促使全国法院的司法公开有了大幅度的进步并向纵深发展；从2012年开始，课题组对全国包括最高人民检察院在内的检察院进行检务公开评估，引起了最高人民检察院和地方各级检察院的重视。《中国司法透明度（2011～2016）》收录了相关的评估报告。这些指数评估报告客观记录和生动反映了中国法治建设进程，产生了强烈反响，成为近年来法学界和法律界重要的年度学术热点。

值得一提的是，《中国法治国情调研（2006～2016）》及《中国地方法治实践（2005～2016）》收入了历年来我们在各地深入调研的报告，是我们付出心血较多的研究成果。近年来，中国社会科学院法学研究所坚持理论联系实际，扎根中国法治实践开展实证法学研究。课题组依托法学研究所在全国十余个省份建立了20多个法治国情调研基地，每年参与法治国情调研的有数百人次，就党委、政府和司法机关的人大建设、政务服务与公开、社会管理、司法改革、法院信息化等多项内容开展了深入的访谈调研。"法治蓝皮书"课题组走遍了祖国大地，我们到过经济最发达的地区，也到过一些欠发达地区，无论经济发展水平如何，人们对法治的迫切心情是一样的。各地有很多法治创新的实践，打破了法治只有西方道路"独木桥"的神话。当然，中国的法治建设还存在很多问题，我们意识到法治建设是一个漫长的过程，需要几代人的努力，万不可有毕其功于一役的超现实想法。通过总结地方经验、分析顶层设计不足，课题组将普遍性的法治理念与中国本土性的法治探索、法治实践有机结合起来，在服务国家法治决策与地方法治发展方面颇有建树。

2015 年，《立法法》修改，出于经济社会发展的需要，人大首次赋予全国 286 个设区的市以立法权。课题组在广东省调研时了解到，中山市基于扁平化管理改革，不设区。按照修法精神，中山市因未设区，可能失去立法权。全国有五个不设区的地级市，分别是广东省中山市、广东省东莞市、海南省三亚市、海南省三沙市、甘肃省嘉峪关市，它们将会受此影响。中山市地处珠江三角洲，经济总量大，社会发展速度快，亟须立法权来推进社会治理。课题组在调研之余为中山市以及其他城市向中央和全国人大建言，在各方的努力下，最终中山市获得了立法权。中山市获得地方立法权后起草的第一部地方性法规即《中山市水环境保护条例》。2015年，水环境治理，如"内河清流和城区治涝工程"被作为中山市的"十件民生实事"之一。《中山市水环境保护条例》的立法目的是解决水环境监管工作中部门职责分工不明确、水污染防治、饮用水源保护问题。中山市带着问题立法，避免立无用之法。水环境保护涉及区域广、部门多，甚至涉及多个市，立法首先就是要解决各自为政的问题。通过立法，中山市建立了水环境保护协调机制，由环保部门统筹，各相关部门共享数据。该条例对中山市的水环境保护起到了良好作用。中山市人大还创新和夯实了基层人大代表制度，让乡镇人大代表从会期的"4 天代表"，变为"365天代表"，使曾经被边缘化的乡镇人大逐渐站在了社会治理的中心。

在革命老区金寨，法治使当地的村级组织面貌一新。当地村级组织将公开作为工作的重要方法，以公开赢得公众信任。公开的项目囊括村级组织的各方面工作，包括村级收入、用餐、惠民资金发放使用等。按照严格的制度规定，村干部接待用餐买一块豆腐都必须进行公示，提升了基层组织的权威。

法院判决执行难一直困扰着中国司法。2016 年之前，全国法院判决得到有效执行的平均比例不高，而涉法信访则有 80% 与执行有关。地处改革前沿阵地的深圳中级人民法院为解决执行难问题，构建了解决执行难的标准体系、建设了鹰眼查控系统，率先在全国打响了基本解决执行难的第一枪。鹰眼系统实现了以下功能：银行存款的查、冻、扣，房地产查询和控制，协助有权机关查询，如人员查询、扩展查询财产种类等。课题组总结了深圳中级人民法院的经验，并向全国推广。2016 年，最高人民法院院长周强在十二届全国人大四次会议上庄严承诺，用两到三年的时间基本解决法院的执行难问题，并委托中国社会科学院法学研究所法治国情调研团队作为第三方对此进行评估。至此，全国法院掀起了基本解决执行难的热潮，可以预见，法院判决执行难将在近期有较大的改观。

杭州市余杭区是法学研究所的法治国情调研基地，课题组每年都会总结余杭的经验和创新，每年都有新的惊喜。课题组先后就余杭的诸多法治问题进行调研并形成了分量颇重的调研报告，分别是《实践法治的基层试验田——杭州市余杭区法治建设调研报告》《重建中国基层社会秩序的探索——余杭法务前置调研报告》《余杭基层法治化探索》《余杭区"大数据"推进基层治理法治化调研报告》《流动人口服务管理的法治化与现代化——余杭区创新流动治理的实践》。从这些调研报告可以看出，余杭法治建设折射出了中国法治建设的缩影，展现了中国基层法治建设的风貌。余杭的实践既有整体的宏观性思维，也有具体的区域性特点，不失为理解中国的一个样本。

在四川，"5·12"汶川地震发生后，我们抵达灾区震中，与灾民同悲共泣，发现地震相关法律问题特别多。我们翻越大雪山，进入炉霍。炉霍县位于甘孜藏族自治州中北部，是去藏抵青之要衢和茶马古道之重镇，也是第二次国内革命战争时期的革命老根据地。炉霍寿灵寺法律进寺庙的做法让人耳目一新。一个偶然的机会，调研时来到了我当知青时下乡的地方原双流县黄甲乡，并见到了当年的生产队队长刘汉洲，他虽年事已高，但精神矍铄，两眼有神，非常激动，称我是第一个离开后回来的知识青年。回乡后恍若隔世，原所在生产队、曾经居住过亮着煤油灯的小草屋已不复存在，被改革的浪潮席卷成了开发区。

2008 年我们在贵州黔东南调研，恰逢凝冻灾害发生，道路结冰，差一点就被困在黔东南动弹不得，也因此发现了中国灾害应急管理的问题和缺陷。

诸如此类，不胜枚举，虽然辛苦，但收获良多。

2017 年是党中央提出依法治国基本方略二十周年和中国社会科学院成立四十周年，5 月 17 日，习近平总书记向中国社会科学院致贺信，希望中国社会科学院和广大哲学社会科学工作者，坚持为人民做学问理念，以研究我国改革发展稳定重大理论和实践问题为主攻方向，立时代潮头，通古今变化，发思想先声，繁荣中国学术，发展中国理论，传播中国思想。

习近平同志的贺信明确提出了社会科学工作者应当怎样做研究、应当为谁做研究这两个重要问题。这也是摆在社会科学工作者面前的现实问题。对学者而言，理想和现实交织并存。经过多年的学习和研究，学者的大脑中往往存在一个"理想国"，理想和现实之间存在巨大的鸿沟。面对现实中的诸多不如意，或是牢骚太盛怨天尤人，或是闭门修书不问天下之事。可以说，"法治蓝皮书"课题组在一定程度上解决了怎样做研究的问题。"法治蓝皮书"课题组长期跟踪现实，深入实际，理论与实践相结合，创新了法学研究方法和成果，取得了很好的社会效应。在为谁做研究方面，课题组目标明确，为人民做研究、为推动中国法治建设进步做研究，这也是课题组广受赞誉之处。

本丛书编辑之时，正值中国共产党第十九次全国代表大会即将胜利召开。近年来，"法治中国"概念的提出，标志着中国法治建设的理念进一步深化。党的十九大将对中国的法治建设作出新的理论指导和制度建设安排，依法治国将进一步成为中国共产党执政的基本方式，法治也将为人民带来更大的福利。如同广大的社会科学工作者一样，法治蓝皮书工作室也期待着中国共产党第十九次全国代表大会的召开，期盼着法治能够进一步奠定其社会治理的支柱性地位，不仅成为中国共产党依法执政的准则，也成为政府依法行政、法院公正司法、全民尊崇法律的标准，法治建设必将迎来新的春天。

田　禾

2017 年 7 月 17 日于北京

# 摘　要

　　司法制度是政治制度的重要组成部分，司法公正是社会公正的重要保障。司法对于法治国家的建成具有举足轻重的作用，中国建设社会主义法治国家离不开司法的公平正义，而具备完善的司法制度则是一个国家司法实现公平的前提条件。改革开放以来，中国经济社会快速发展，社会公众的法治意识显著增强，司法环境发生深刻变化，司法工作遇到许多新情况、新问题，现行司法体制和工作机制中存在的不完善、不适应问题日益凸显，迫切需要在改革中逐步完善和发展。近些年来，中国积极、稳妥、务实地推进司法体制和工作机制改革。自20世纪90年代以来，尤其是2002年以来的15年，中国积极、稳妥、务实地推进司法体制和工作机制改革，前后经历了数次司法改革，这些改革有些侧重于体制机制，有些侧重于审判方式，都旨在实现更加公正和高效的司法。司法制度在这些年的改革变迁，成为观察中国司法的一个理想窗口。这一时期，司法制度在优化司法职权配置、司法职业化建设、规范司法权力运行机制、审判方式改革、完善诉权和诉讼权利保障等方面进行了大刀阔斧的改革。本书分司法改革与进展、法院改革创新、检察体制改革、法院信息化、法律服务业五个专题进行了总结概括。展望未来，中国的司法将不会停止改革的步伐，司法改革将向深度、广度和制度化方向进一步发展，将更加侧重司法改革各项措施的落实与督查。

# 目　录

# 导论　中国司法制度二十年

## ——一场持续追求公正高效的改革

**摘　要**：改革开放以来，司法环境发生深刻变化，司法工作遇到许多新情况、新问题，为此，中国就积极、稳妥、务实地推进司法体制和工作机制改革，前后经历了数次司法改革，旨在实现更加公正和高效的司法。二十年来，司法改革先后经历了审判方式改革、司法机制体制改革、全面深化司法改革三个阶段，分别从优化司法职权配置、司法职业化建设、规范司法权力运行机制、审判方式改革、完善诉权和诉讼权利保障等六个方面对司法制度进行了大刀阔斧的改革。本文不仅回顾了近年来司法改革的历程，总结概括了司法改革的主要内容和方向，还对司法改革中暴露出来的问题加以反思，并对司法体制改革前景进行展望。

司法制度是政治制度的重要组成部分，司法公正是社会公正的重要保障。

新中国成立特别是改革开放以来，中国坚持从国情出发，在继承中国传统法律文化优秀成果、借鉴人类法治文明的基础上，探索建立并不断完善中国特色社会主义司法制度，维护了社会公正，为人类法治文明作出了重要贡献。

中国的司法制度总体上与中国现阶段的基本国情相适应，符合人民民主专政的国体和人民代表大会制度的政体。同时，改革开放以来，中国经济社会快速发展，社会公众的法治意识显著增强，司法环境发生深刻变化，司法工作遇到许多新情况、新问题，现行司法体制和工作机制中存在的不完善、不适应问题日益凸显，迫切需要在改革中逐步完善和发展。因此，自20世纪90年代以来，中国就积极、稳妥、务实地推进司法体制和工作机制改革，前后经历了数次司法改革，旨在实现更加公正和高效的司法。

# 一　二十年司法改革的历程回顾

虽然，学界对于中国的司法改革有不同的认识和界定，有人把司法改革的起点确定为新中国成立初期："早期的司法改革始于1952年政务院政治法律委员会召开政法干部训练会议，针对思想改造与组织整顿相结合问题，讨论司法改革和司法干部的补充、训练，历时十个月。"[1] 但是通常所指的司法改革是在中共十一届三中全会特别是20世纪90年代之后，随着中国法制体系基本建成、司法制度基本成型之后对原有的司法制度进行改革。从进程上看，中国的司法改革主要经历了审判方式改革、司法体制改革、全面深化改革等几个阶段，并且每一阶段都有其特点。

## （一）审判方式改革阶段

中国真正意义上的司法改革始于20世纪90年代。从1992年中共十四大提出建立社会主义市场经济体制之后的十年间，中国各项立法逐步完备，群众法治观念、权利意识越来越强，法院在社会经济生活中的重要作用逐渐显现。同时，法院受理案件持续保持大幅上升的势头，审判力量与任务之间的矛盾十分突出，原有的审判方式已不适应形势发展的要求。这个阶段中国司法改革的主要指向是推进审判方式改革。

1992年，全国政法工作会议提出积极改革政法管理体制。1995年第十七次全国法院工作会议明确了审判方式改革、法院体制改革等方面的任务。1996年第一次全国审判方式改革会议系统提出审判方式改革的目标和要求，审判方式改革逐渐从民事经济领域向刑事审判领域扩大，进而延

---

① 陈卫东：《新一轮司法改革的重点与展望》，载《中国法律》2015年第1期。

伸至整个司法体制，即公正、高效司法的实现问题。1999 年，最高人民法院制定了《人民法院五年改革纲要（1999~2003）》，统领法院的司法改革。

本轮司法改革从内容上看，着重进行了以下改革。第一，加强法律职业化建设。2001 年起开设统一司法考试，初任法官、检察官和律师都需要通过司法考试；另外，继 1995 年制定《法官法》《检察官法》后，中国又于 2001 年对《法官法》《检察官法》进行了大幅修订，突出法官和检察官的职业特点。第二，深化审判方式改革。最高人民法院的《人民法院五年改革纲要（1999~2003）》中明确提出完善我国的民事诉讼证据制度，2001 年 12 月，最高人民法院颁布了《最高人民法院关于民事诉讼证据的若干规定》，明确了法院举证期限、举证时限、当事人自认等证据规则，确立了民事诉讼的举证规则，使"谁主张谁举证"的证据意识深入人心。刑事诉讼方面，借鉴当事人主义诉讼模式，以强化当事人举证责任为切入点，庭审模式由以法官为主的"纠问式"向当事人平等"对抗制"转变，要求当庭举证、质证、认证①，强调法官中立，当事人双方平等。第三，科学设置人民法院内部机构。改革围绕建立符合审判工作规律的审判组织形式，推行审判长和独任审判员选任制度，充分发挥审判长和独任审判员在庭审过程中的指挥、协调作用，还权于合议庭和法官，强调审判权的独立。进行法官助理的试点。第四，改革司法礼仪。强化法官的职业特点，脱下大盖帽，换上法官制服、穿上法袍、敲响法槌，使得司法人员更加体现其职业性等等。第五，加强制度建设，健全监督机制。一方面，加强改革法院内部机构职能，实行立审分开、审执分离、审监分立。另一方面，建立有效的内外部制约机制。内部制约方面，1998 年，最高人民法院和最高人民检察院分别颁行了《人民法院审判人员违法审判责任追究办法（试行）》《人民法院审判纪律处分办法（试行）》及《人民检察院错案责任追究条例（试行）》，同时各地纷纷制定了追究错案责任的地方性规范文件；外部监督方面，同年，最高人民法院还颁行了《关于人民法院接受人民代

---

① 参见马骏驹、聂德宗《当前我国司法制度中存在的问题与改进对策》，载张卫平主编《司法改革论评（第一辑）》，中国法制出版社，2001，第 29~30 页。

表大会及其常务委员会监督的若干意见》，使人民法院接受监督制度化、程序化、法律化。

### （二）司法机制体制改革阶段

从 2002 年到 2012 年，中国司法改革从审判方式改革深化到机制体制改革阶段，这一阶段的启动标志是中央司法体制改革领导小组的成立，司法改革的主要指向是宏观司法体制改革。

2002 年中共十六大报告专门用一个段落论述"推进司法体制改革"，明确提出要按照公正司法和严格执法的要求，完善司法机关的机构设置、职权划分和管理制度，保障司法机关依法独立行使职权。健全权责明确、配合制约、高效运行的司法体制，解决执行难问题，改革工作机制和人财物管理体制，惩治司法腐败。2007 年中共十七大报告提出"全面落实依法治国基本方略，加快建设社会主义法治国家"后，司法改革进一步深化。报告提出要"深化司法体制改革，优化司法职权配置，规范司法行为，建设公正高效权威的社会主义司法制度，保证审判机关、检察机关依法独立公正地行使审判权、检察权"，为司法体制改革进入新境界提出了要求，提供了空间。

这一阶段的司法改革具有以下几个特征。第一，宏观层面改革。这一阶段改革着眼于体制改革，使得司法改革不仅是中国政治体制改革的重要组成部分，而且在某种意义上成了中国政治体制改革的突破口，赋予司法体制改革在整个政治体制改革中更加重要的地位，承载起探索依法治国条件下在法治轨道上用法治方式完善中国政治体制的使命，探索依法循序渐进推进政治体制改革的路径。为此，本轮改革强调在司法机关的机构设置、职权划分和管理制度等宏观层面加强改革，以期司法权的运行更加独立，司法更加公正高效。第二，中央统筹。2003 年中央司法体制改革领导小组成立，明确改革的指导思想、工作方法以及改革任务。各部门根据中央统一部署分别制定改革计划，主要集中在制度改革层面。2008 年，《中央政法委员会关于深化司法体制和工作机制改革若干问题的意见》（以下简称"司改意见"）提出加强诉讼监督、改革执行体制、防止司法行政化等 60 项改革任务，最高人民法院、最高人民检察院、公安部、司法部分别根据司改意见作具体部署。第三，加强诉讼权利和司法人权保障。加强司法人权保障是本阶段改革的重要成果之一。首先，改革和完善了死刑案件的审判程序。其中，最重要的举措是最高人民法院收回死刑核准权，另外规定人民法院依照第一审程序审理可能判处死刑的案件，除了被告人认罪或者控辩双方对证据没有争议的外，证人和鉴定人应当出庭；依照第二审程序审理的死刑案件，均应当开庭审理，相关证人和鉴定人应当出庭。严格死刑的审理程序和适用，最大限度保证了刑事被告人的司法人权。其次，着力解决人民群众的申诉难和执行难问题。结合《民事诉讼法》修改，完善了民事再审程序，确立再审向上一级法院提出审查的原则，依法保护当事人的申请再审权，切实解决人民群众申诉难和申请再审难问题。同时，改革和完善执行程序，规范各类执行主体的行为，建立执行案件当事人和案外人申请复议等救济途径，保障执行案件中当事人的权益。最后，完善未成年人司法保护。完善了未成年人案件审判制度和机构设置，开展了少年法院设立的试点工作，推行适合未成年人生理特点和心理特征的案件审理方式及刑罚执行方式改革。第四，改革面向上强调政治性。这一阶段，特别是中共十七大之后，司法改革改变过去强调司法专业化、法官职业化的方向，开始强调"着力服务大局""着力保障民生""坚持群众路线""体现司法为民"，体现出"司法大众化"的趋势。表现在以下方面：从司法性质上，强调司法的主动性；从司法队伍建设上，在强调法官业务素质的同时，更加强调政治素质；从司法工作方式上，从强调过去的法庭庭审、坐堂审案，到强调坚持群众路线，高度重视运用调解手段化解矛盾纠纷，并完善多元纠纷解决机制。具体采取了以下措施：加强诉前调解与诉讼调解之间的有效衔接，完善多元纠纷解决方式的协调机制；完善人民法院领导干部定期深入基层倾听民意机制，及时了解人民群众的司法需求；规范人民法院的院长、庭长接访和走访、下访制度；建立健全司法为民长效机制等。

## （三）全面深化司法改革阶段

这一阶段司法改革肇始于中共十八大。2012年中共十八大报告提出"要进一步深化司法体制改革"，并将司法体制改革作为全面深化改革的重头戏。与以往司法改革由中央政法委主导不同，本轮司法改革由中央顶层设计并统一部署，改革层级高、力度大、范围广，涉及公检法司各个部门，司法改革进入重点深化、系统推进的新阶段。

特别值得一提的是中共十八届四中全会专门研究"全面推进依法治国重大问题"，审议通过了《中共中央关于全面推进依法治国若干重大问题的决定》，就全面推进依法治国作出部署，以建设中国特色社会主义法治体系，建设社会主义法治国家为总体目标。这是第一次在党的中央全会上专题研究依法治国基本方略，在党的历史上是绝无仅有的事情。这表明，司法改革已经以前所未有的程度进入执政党的主要政策议程，成为建设"法治国家"这个执政目标不可或缺的一部分。

中国的新一轮司法体制改革具有以下几个特征。

首先，党的十八大报告把"全面推进依法治国"作为推进政治体制改革的一项重要部署。2012年11月召开的中共十八大明确提出全面推进依法治国，同时将进一步深化司法体制改革作为"全面推进依法治国"的重要举措之一。还将"坚持和完善中国特色社会主义司法制度""确保审判机关、检察机关依法独立公正行使审判权、检察权""法律面前人人平等""任何组织或者个人都不得有超越宪法和法律的特权，绝不允许以言代法、以权压法、徇私枉法"等先进的法治理念写入十八大报告。十八大开启了本轮司法改革的大门，并将其提升到政治体制改革的高度进行阐述，体现了中共中央对本轮司法改革的高度重视和推进的空前力度。

其次，将司法改革作为依法治国和法治理念的重要组成部分。早在1997年，中共十五大就提出"依法治国是党领导人民治理国家的基本方略"的执政纲要，但是此前的"依法治国"更加强调立法、执法与守法，即"有法可依、有法必依、执法必严、违法必究"，没有突出公正司法在法律制度中的地位和意义，十八大确定了依法治国的"新十六字方针"，明确将公正司法作为依法治国的重要目标和抓手，即"科学立法、严格执法、公正司法、全民守法"，增加了"公正司法"，更加凸显了司法在建设社会主义法治国家中的分量。

最后，以司法公正为重要的改革目标。作为法治的生命线，公平正义是司法最重要的价值，也是本轮司法改革的目的和宗旨。司法公正对社会公正具有重要引领作用，司法不公对社会公正具有致命破坏作用。习近平总书记在全面推进依法治国第四次集体学习时提出，"要努力让人民群众在每一个司法案件中都感受到公平正义，所有司法机关都要紧紧围绕这个目标来改进工作，重点解决影响司法公正和制约司法能力的深层次问题"。而人民群众痛恨司法腐败，对司法公正有着最为强烈的期盼，这成为本轮司法改革根本的动力之一。

## 二　司法职权配置改革

优化司法职权配置是提升司法公正和效率的重要手段，也是历次司法改革的重点。从十六大、十七大再到十八大，历次党代会报告都在司法改革部分提出要优化司法职权配置、完善机构设置、强化职权划分和管理制度等。优化司法职权配置提高了司法机关公正司法的能力，有助于提升司法专业化水平，避免司法地方化，提高司法效率。二十年司法改革使得司法职权配置更加符合司法规律。

### （一）人财物管理体制改革

人财物保障到位是司法机关独立行使审判权和检察权的重要前提条件。早在十多年前，《人民法院第二个五年改革纲要（2004～2008）》中就提出要继续探索人民法院的设置、人财物管理体制改革，为人民法院依法公正、独立行使审判权提供组织保障和物质保障。但是，直到十八大之后司法机关在人财物改革上才取得较大进展。十八届三中全会提出，改革司法管理体制，推动省以下地方法院、检察院人财物统一管理。十八届四中全会进一步提出改革司法机关人财物管理体制，探索实行法院、检察院司法行政事务管理权和审判权、检察权相分离。

2015 年试点省份推进人财物省级统管改革，改变了原来由县市提名、管理、任免地方司法人员和由县市地方保障司法经费的机制。上海在财物管理上，将区县司法机关纳入市财政统一管理。广东试点方案规定，人事方面，法院、检察院工作人员实行省级统一管理，市、县法院、检察院作为省级政府财政部门一级预算单位，向省级财政部门直接编报预算，预算资金通过国库集中支付系统直接拨付。省以下司法机关人财物统一管理有利于县市两级地方司法机关的人事和财政摆脱对县市地方政府的依赖，保障法院、检察院依法独立行使审判权、检察权。但是中国经济社会发展不平衡，不同地方司法保障水平差别大，实行财物省级统一管理确实存在困难。因此，中央指出，各省、自治区、直辖市推进省以下地方法院、检察院人财物统一管理时，可从实际出发、因地制宜，不强求步调绝对一致。条件具备的由省级统一管理或以地市为单位实行统一管理，条件不具备的，可暂缓实行①。

### （二）统一国家司法权的改革

司法权是中央事权，非地方事权，司法改革的最终目标是实现司法权限全部收归国家，彻底根除司法地方保护主义。为此，司法改革过程中着力进行以下几项改革。

第一，设立最高人民法院巡回法庭。十八届四中全会通过的《中共中央关于全面推进依法治国若干重大问题的决定》中确定最高人民法院设立巡回法庭，审理跨行政区域重大行政和民商事案件。其目的在于确保国家法律统一正确实施。调整跨行政区划重大民商事、行政案件的级别管辖制度，实现与最高人民法院案件管辖范围的有序衔接。2015年1月，根据《最高人民法院关于巡回法庭审理案件若干问题的规定》，最高人民法院第一、二巡回法庭相继在深圳和沈阳成立。2016年11月，中央全面深化改革领导小组第二十九次会议审议通过《关于最高人民法院增设巡回法庭的请示》，在重庆市、西安市、南京市、郑州市又增设四个巡回法庭，至此，最高人民法院巡回法庭已经覆盖中国东北、华中、华南、西北、西南、华东六大区域。

第二，设立跨区域的人民法院和人民检察院。十八届四中全会公报要求，探索设立跨行政区划的人民法院和人民检察院，办理跨地区案件。中央全面深化改革领导小组第七次会议审议通过了《设立跨行政区划人民

① 祁建建：《2016年司法改革的新进展》，载李林、田禾主编《中国法治发展报告 No.15（2017）》，社会科学文献出版社，2017。

法院、人民检察院试点方案》，通过设立跨行政区划法院，集中审理跨区域的民商事、行政和环境资源案件，排除地方对司法的影响。此后，法院和检察院根据中央全面深化改革领导小组要求，分别探索设立跨行政区划法院和跨行政区划的检察院，构建普通类型案件在行政区划法院、检察院办理，特殊类型案件在跨行政区划法院、检察院办理的诉讼格局，完善司法管辖体制。

第三，统一法院管理体制。改革现行铁路、林业、石油、农垦、矿山等部门、企业管理法院人财物的体制，将林业法院、农垦法院统一纳入国家司法管理体系，理顺案件管辖机制。将铁路运输法院改造为跨行政区划法院，主要审理跨行政区划案件、重大行政案件及环境资源保护、企业破产、食品药品安全等易受地方因素影响的案件，跨行政区划人民检察院提起公诉的案件和原铁路运输法院受理的刑事、民事案件。

第四，进一步探索知识产权等专门法院建设。党的十八届三中全会决定提出，"加强知识产权运用和保护，健全技术创新激励机制，探索建立知识产权法院"。2014 年，北京、上海和广州设立了知识产权专门法院；2017 年，杭州设立了互联网法院。知识产权法院将围绕技术类案件的审理，探索完善符合中国国情、具有中国特色的技术调查官制度，增强技术事实查明的科学性、专业性和中立性，保证技术类案件审理的公正与高效。

## （三）国家监察体制改革

设立监察委员会，建立集中统一、高效权威的监察体系，既是事关全局的重大政治体制改革，也是影响深远的重大司法体制改革。根据全国人大常委会《关于在北京市、山西省、浙江省开展国家监察体制改革试点工作的决定》，试点地区人民检察院查处贪污贿赂、失职渎职以及预防职务犯罪等部门的相关职能整合至监察委员会。监察委员会是专门的反腐败机构①，负责调查处置涉嫌贪污贿赂、滥用职权、玩忽职守等职务违法犯

① 参见《实现对公职人员监察全覆盖 完善党和国家的自我监督》，《人民日报》2016 年 11 月 26 日，第 1 版。

罪行为，对涉嫌职务犯罪的，移送检察机关提起公诉。这意味着，在职务犯罪案件办理上，将形成监察委员会、检察机关、审判机关分工负责、相互配合、相互制约的新体制①。

### （四）内设机构改革

无论是法院还是检察院都尝试进行内设机构改革。

为提升司法专业化水平，人民法院和检察院在内设机构改革方面设立了一些新型审判庭。一是设立少年法庭和未成年人检察工作办公室。早在《人民法院第二个五年改革纲要（2004~2008）》中，法院就着力推动建立和完善中国特色少年司法制度，完善未成年人案件审判制度和机构设置，稳步推进少年法庭建设。截至 2015 年，全国共有少年法庭 2253 个，有少年法庭法官 7200 多名。最高人民检察院 2015 年成立了独立的未成年人检察工作办公室。截至 2016 年 3 月，全国有 12 个省级检察院、123 个市级检察院、893 个基层检察院成立了有独立编制的未成年人检察专门机构。二是设立清算与破产审判庭。2016 年 6 月，最高人民法院印发《关于在中级人民法院设立清算与破产审判庭的工作方案》，首先在四个直辖市各一个中级人民法院以及河北等 11 个省的省会城市和副省级市中级人民法院设立清算与破产审判庭。三是推进知识产权审判"三合一"。2016 年 7 月发布的《最高人民法院关于在全国法院推进知识产权民事、行政和刑事案件审判"三合一"工作的意见》，要求由知识产权审判庭统一审理知识产权民事、行政和刑事案件。

此外，检察院在 2012 年后开始了内设机构扁平化改革。改革以县级基层法院检察院为重点，有条件的省、市法院检察院也开展了内设机构改革试点。改革坚持扁平化管理和专业化建设相结合，统筹考虑内设机构改革和办案组织建设，不再为司法人员争取行政职级而设置机构，让业务骨干回归办案一线，避免科处长审批案件。与此同时，原有编制、领导职数及待遇不核减，这也解除了内设机构改革的后顾之忧。

---

① 黄文艺：《中国司法改革基本理路解析》，载《法制与社会发展》2017 年第 2 期。

# 三　司法职业化建设

二十年来，司法改革在提升司法职业建设方面卓有成效，中国不断完善法律职业准入制度，加强职业教育培训和职业道德建设，完善司法人员职业保障，提升司法职业化水平，有效提高了司法能力，为提升司法公信力奠定了坚实基础。

## （一）建立国家司法考试制度

2001 年，中国建立了国家司法考试制度，将初任法官、初任检察官、取得律师资格和担任公证员的考试纳入国家司法考试。国家司法考试制度统一了法律职业的准入门槛，提升了法官、检察官的任职标准在规范法律职业人员任职资格、提高司法人员综合素质、推动法律人员职业化、促进法律共同体的建立方面发挥了重要作用。自 2002 年起，国家司法考试每年举办一次，由国家统一组织实施，实现了法律职业准入制度由分散到统一的转变。到 2016 年底，全国共有 70 余万人通过国家司法考试，取得法律职业资格。

## （二）完善司法人员选任制度

社会主义法治国家的建设离不开一支高效、廉洁、业务能力突出的高素质法治队伍。改革司法人员选任制度旨在推进法治专门队伍正规化、专业化、职业化，提高职业素养和专业水平。司法人员选任制度改革主要有两方面。一是对内而言，建立法官、检察官逐级遴选制度。初任法官、检察官由高级人民法院、省级人民检察院统一招录，一律在基层法院、检察院任职。上级人民法院、人民检察院的法官、检察官一般从下一级人民法院、人民检察院的优秀法官、检察官中遴选。二是对外而言，建立从符合条件的律师、法学专家中招录立法工作者、法官、检察官制度，健全从政法专业毕业生中招录人才的规范便捷机制。

2016 年 6 月 26 日，中办印发《从律师和法学专家中公开选拔立法工作者、法官、检察官办法》。司法机关根据上述意见和规定也开始试点法官选任工作，2015 年，最高人民法院、最高人民检察院分别面向下级法院、检察院公选法官 8 名、检察官 10 名。2015 年上海市首次向社会公开选任法官、检察官，并成功选任 1 名三级高级法官和 1 名三级高级检察官。2017 年 1 月，广东省高级人民法院、广东省人民检察院对外发布公告，向广东全省执业律师、高等院校和科研机构专家学者、党政机关从事法律工作的人员公开选拔 6 名法官、5 名检察官，选拔职位是四级高级法官、检察官或一级法官、检察官。

### （三）推进司法人员分类管理

建立符合职业特点的司法人员分类管理制度是深化司法体制改革的基础性保障，长期以来中国对司法人员的管理模式等同于公务员管理，至今尚未完成司法职业化队伍建设[①]。

司法人员包括法官、检察官、司法辅助人员、司法行政人员等。最高人民法院"二五改革纲要""三五改革纲要""四五改革纲要"和最高人民检察院《关于深化检察改革的意见（2013～2017 年工作规划）》（2015年修订版）均提出推进司法工作人员的分类管理，制定法官、检察官、司法辅助人员、司法行政人员等分类管理办法，加强法官、检察官队伍职业化建设和其他各类人员的专业化建设。2011 年 7 月，中组部会同最高人民法院、最高人民检察院出台《法官职务序列设置暂行规定》《检察官职务序列设置暂行规定》，单独管理法官、检察官职务序列，淡化其行政色彩。十八届三中全会、四中全会提出建立符合职业特点的司法人员管理制度、完善司法人员分类管理制度等要求。

司法人员分类管理改革主要采取了以下三项措施。一是法官、检察官单独职务序列。探索建立符合司法工作规律和法官、检察官职业特点的法官、检察官单独职务序列及与其相配套的工资制度，确保建立一套法官、检察官与司法辅助人员、司法行政人员相分离的管理和晋升制度。二是确立法官和检察官的员额制度。法官、检察官员额制有利于按照司法规律重

---

① 陈卫东、郑博：《司法改革：问题与展望》，载李林、田禾主编《中国法治发展报告 No. 13（2015）》，社会科学文献出版社，2015。

构司法机关内部资源配置方式，突出法官、检察官在司法中的地位和作用。从 2015 年第一批试点开始，中央将员额上限确定为中央政法专项编制的 39%①，目前全国各地的员额制改革已经实施到位。三是健全法官助理、检察官助理、书记员、执行员等审判辅助人员管理制度。在分类管理和员额制的基础上，司法机关确定了法官、检察官与司法辅助人员的数量比例，开展从社会招募司法辅助人员的一套机制方法，切实减轻了法官、检察官事务性工作负担。拓宽了司法辅助人员的来源渠道，探索了购买社会化服务的方式，司法辅助人员结构进一步优化。

### （四）加强司法人员履职保障

中共十五大、十六大、十七大和十八大报告均明确提出要从制度上保证司法机关依法独立公正行使审判权和检察权。只有在司法人员依法履行法定职责，得到充分有效保护的条件下，才能敢于担当、不徇私情，做到始终忠于法律、公正司法，从制度上保证司法机关独立行使司法权。因此，十八届三中全会、十八届四中全会公报分别提出"健全法官、检察官、人民警察职业保障制度""建立健全司法人员履行法定职责保护机制。非因法定事由，非经法定程序，不得将法官、检察官调离、辞退或者作出免职、降级等处分"以及"完善职业保障体系，建立法官、检察官、人民警察专业职务序列及工资制度"。

2016 年 4 月 18 日，中央全面深化改革领导小组审议通过了《保护司法人员依法履行法定职责规定》（以下简称履职规定）。7 月 28 日，中共中央办公厅（以下简称中办）、国务院办公厅（以下简称国办）印发了履职规定，一是明确将依法履职保障空间从法庭延伸至法院和工作时间之外。强调对采取不实举报、诬告陷害、利用信息网络等方式侮辱诽谤法官、泄露法官个人信息的，要依法追究有关人员责任。对威胁和暴力伤害法官的行为，明确了公安机关快速出警、果断处置的义务。二

---

① 参见《司法改革全面有序推进成效明显》，《法制日报》2015 年 12 月 4 日，第 1 版。指出试点"改革后，各地法官、检察官员额均控制在中央政法专项编制的 39% 以内，并留有余地"；也可参见商西《最高法：司法改革中法官员额比不能突破》，《南方都市报》2015 年 7 月 4 日。

是确立了非经法官、检察官惩戒委员会审议不受错案责任追究的原则，使"非因法定事由，非经法定程序，不得将法官、检察官调离、辞退或者作出免职、降级等处分"的规定可执行、能操作，以保障那些秉公执法、不听"招呼"的法官、检察官不被随意调离、处分。三是首次在中央文件中明确"任何单位或者个人不得要求法官、检察官从事超出法定职责范围的事务。人民法院、人民检察院有权拒绝任何单位或者个人安排法官、检察官从事超出法定职责范围事务的要求"，防止一些地方摊派招商引资、征地拆迁、环境卫生、挂职下乡、行风评议等任务，影响法官、检察官依法履职。四是在规范考评考核方面，规定明确考核法官、检察官办案质量，评价工作业绩，应当客观公正、符合司法规律的原则。

此外，2015年3月，中办、国办印发了《关于领导干部干预司法活动、插手具体案件处理的记录、通报和责任追究规定》。中央政法委印发《司法机关内部人员过问案件的记录和责任追究规定》。这些文件规定任何领导干部不得要求司法机关违反法定职责或法定程序处理案件，司法机关内部人员不得违反规定过问和干预其他人员正在办理的案件等。最高人民法院、最高人民检察院、各地人民法院、各地人民检察院相继出台贯彻落实以上文件的实施办法或者细则。2015年11月6日，中央政法委首次公开通报5件干预司法、过问案件的典型案件，2件为区委书记、政法委书记作为领导干部插手具体案件，3件为庭长、法警、书记员过问案件①。这为司法机关依法独立公正行使职权、加强司法人员保障提供了制度保障。

### （五）突出司法职业标识

从外在形式上突出司法职业的专业性，虽然不会直接带来司法的公正和高效，但对确立司法权威、强化司法职业的特殊性、维护法官尊严等意义非凡。中国法官在审判活动中统一着制式服装始于1984年，制服和装

---

① 参见彭波《中央政法委首次通报五起干预司法典型案例》，《人民日报》2015年11月7日，第5版。

束一直沿袭了肩章和大檐帽等军事色彩较浓的装饰。2000 年 5 月 1 日起，全国法官开始换装，统一穿着黑色凝重的法官袍和黑色西装。最高人民法院先后颁布了《人民法院法官袍穿着规定》和《人民法院制服管理办法（试行）》，新式制服和法官袍代表凝重、理性、沉郁，要求身着法官袍的法官注重言行举止，隔离外界的干扰，体现出法官职业中立、沉静、理智、肃穆等特征。21 世纪初，最高人民法院还颁布了《人民法院法槌使用规定（试行）》，规定了法官在开庭审理时使用法槌的规则和程序。通过穿上法官制服、法袍、敲响法槌，加强了中国司法的仪式性和庄重性，使司法人员更加体现其职业特征。

## 四 规范司法权力运行机制

"一切有权力的人都容易滥用权力，这是万古不易的一条经验。有权力的人使用权力一直到遇有界限的地方方才休止。"[1] 要保证司法权不滥用，要让人民群众在每一个司法案件中都感受到公平正义，司法权也必须得到监督和规范。为了让人民群众在每一件案件中感受到公平正义，近年来，中国司法机关积极推进司法责任制改革、司法公开、量刑规范化改革，建立案例指导制度，加强案件管理等，有力促进了司法行为的规范化。

### （一）明确司法责任制

改革开放以来，司法腐败成为司法改革不可回避的问题之一。司法腐败，成为广大人民群众深恶痛绝的一个突出的社会问题，司法形象和法律尊严面临严峻挑战。为了严厉打击司法腐败，法院和检察院纷纷加强审判监督，通过加大对司法人员的责任追究来规范司法人员的行为。20 世纪90 年代，两高分别颁布了《人民法院审判人员违法审判责任追究办法（试行）》和《人民检察院错案责任追究条例（试行）》，并确立了错案追究制度。然而，司法裁判具有复杂性和不确定性，严厉的错案追究制度，在打击司法腐败的同时，误伤了一些法官、检察官，挫伤了广大司法

---

① 〔法〕孟德斯鸠：《论法的精神》（上），张雁深译，商务印书馆，1961，第 154 页。

人员的积极性，如广东四会法院莫少军案、河南王桂荣法官被追究刑事责任案等。十八大之后，完善司法责任制的核心在于"让审理者裁判、由裁判者负责"两个方面。一方面，明确司法责任制包括完善主审法官、合议庭、主任检察官、主办侦查员办案责任制，落实谁办案谁负责，让审理者裁判、由裁判者负责等主要内容；另一方面，司法责任制的方向有所调整，在提出实行办案质量终身负责制和错案责任倒查问责制的同时，对司法人员的权责内容和边界的清晰界定，对符合司法规律的责任追究规则的科学设置，明确司法人员承担责任的前提必须是故意违法或者重大过失，对于不应追责的情形加强对司法人员依法履职的切实有效保障①。

### （二）促进司法公开

面对社会矛盾多发、案件数量大、新情况新问题层出不穷的状况，中国司法机关在加强自身建设的同时，全面推进司法公开，让司法权力在阳光下运行，在社会各界的有效监督下公开、公平、公正地行使。

扩大公开的事项和内容。人民法院将审判公开延伸到立案、庭审、执行、听证、文书、审务等各个方面。人民检察院依法充分公开办案程序、复查案件工作规程、诉讼参与人在各诉讼阶段的权利和义务、法律监督结果。公安机关、司法行政机关将主要职责、执法依据、执法程序、执法结果及警务工作纪律等向社会广泛公开。

丰富公开的形式和载体。司法公开从各部门分散发布，转变为统一的信息服务窗口集中发布。公开载体从传统的公示栏、报刊、宣传册等，拓展到网站、博客、微博客、即时通信工具等网络新兴媒介。建立健全新闻发言人和新闻发布例会制度，及时发布司法信息。

强化公开的效果和保障。加强裁判和检察、公安业务文书的说理和论证，邀请民众、专家参与公开听证、论证过程，开通民意沟通电子邮箱，设立全国统一的举报电话，建立部门负责人接待日，加强司法公开的人力物力保障，确保了司法公开的有序推进和良好效果②。

---

① 王敏远：《破解司法责任制落实中的难点》，《人民法院报》2015 年 9 月 26 日，第 2 版。
② 国务院新闻办公室：《中国的司法改革》白皮书，人民出版社，2012。

### （三）　进行量刑规范化改革

为了规范量刑活动，最高人民法院在总结试点经验的基础上，制定了《人民法院量刑指导意见（试行）》和《关于规范量刑程序若干问题的意见（试行）》。明确量刑步骤，细分法定刑幅度，明确量刑情节的量化标准。对于公诉案件，人民检察院依法提出量刑建议，当事人和辩护人、诉讼代理人可以提出量刑意见。在法庭审理中，建立相对独立的量刑程序，对与定罪、量刑有关的事实、证据进行调查、辩论。人民法院在刑事裁判文书中说明量刑理由。这些改革进一步规范了量刑裁判权，保障了量刑活动的公开与公正[①]。

### （四）　建立案例指导制度

2010 年，中国的司法机关出台了案例指导制度的相关规定，标志着中国特色的案例指导制度得以确立。与英美法系的判例制度不同，中国的案例指导制度是在以成文法为主的法律体系下，运用案例对法律规定的准确理解和适用进行指导的一种制度。近年来，中国司法机关选择法律适用问题比较典型的案例作为指导性案例予以发布，供各级司法人员处理类似案件时参照。案例指导制度促进了司法自由裁量权的规范行使，加强了法律适用的统一性[②]。

### （五）　加强对案件办理的管理

人民法院、人民检察院分别成立专门的案件管理机构，加强办案流程管理和质量管理。截至 2012 年 5 月，全国共有近 1400 家法院设立了专门的审判管理机构，近 1600 家检察院设立了专门的案件管理机构。公安机关在基层执法机构普遍配备专（兼）职法制员，对案件办理情况进行监督和检查。司法机关普遍建立了案件管理信息化平台，实行网上办案、监督和考核，提升了案件办理的规范化水平。

---

① 国务院新闻办公室：《中国的司法改革》白皮书，人民出版社，2012。
② 国务院新闻办公室：《中国的司法改革》白皮书，人民出版社，2012。

# 五　审判方式改革

## （一）民事诉讼证据规则

1998 年 7 月，最高人民法院颁布了《最高人民法院关于民事经济审判方式改革问题的若干规定》，围绕当事人举证和法院调查收集证据问题、改进庭审方式问题、对证据的审核和认定问题、加强合议庭和独任审判员职责问题等民事、经济审判方式的核心问题进行改革，其核心是突出庭审的地位、确立当事人举证的民事证据规则。民事审判方式改革的深入使我国的证据制度发生了很大变化，也对我国证据制度提出了新的要求。2001 年 12 月，最高人民法院颁布《关于民事诉讼证据的若干规定》，第一次对我国民事诉讼中当事人的举证、法院调查收集证据、举证时限、证据交换、质证、证据的审核认定等内容作了统一和较为全面的规定。该规定的颁行，对规范法官和当事人运用证据行为、解决民事诉讼实践中的一系列问题具有积极意义，对进一步推动我国民事审判方式改革、提升我国民事审判水平、促进我国民事审判的公正与效率产生了积极而深远的影响。

## （二）刑事审判模式改革

我国在 1979 年的《刑事诉讼法》中确立了职权主义或曰超职权主义的审判方式。传统的超职权主义审判模式存在严重弊端，如庭前审查为实体审查，混淆了庭前审查和法庭审判的任务，造成了法官先入为主、先定后审的现象，使开庭审判成为走过场；法官控审职能不分，使得辩护权萎缩，审判的公正价值受到损害。1996 年修正的《刑事诉讼法》对审判模式进行了重大改革，审判方式从审问式转为控辩式，被视为对英美当事人主义审判方式的合理借鉴。但是，以推进庭审实质化为目标的审判方式改革并未有效解决司法实践中的庭审虚化问题，尤其是证人出庭率相比改革之前并无明显上升[1]。

---

[1]　熊秋红：《刑事庭审实质化与审判方式改革》，载《比较法研究》2016 年第 5 期。

2012 年《刑事诉讼法》再次修改，沿着控辩式庭审方式改革的方向取得了新的进展。例如：完善了回避制度，规定辩护人有权申请回避及复议；改革辩护制度，完善了法律援助制度，扩大了强制辩护的适用范围，强化了辩护律师的会见权、阅卷权、申请调取证据权及保守职业秘密权等执业权利；修改证据制度，建立了非法证据排除规则，完善了证人保护制度，建立了证人作证补偿制度；完善审判程序，建立了强制证人出庭作证制度；等等。上述新规定都有助于控辩式庭审方式改革的深化。

在新一轮的司法体制改革中，国家决策层提出要建立"以审判为中心的诉讼制度"，强调要实现庭审实质化，其具体内容包括：确保侦查、审查起诉的案件事实证据经得起法律的检验。全面贯彻证据裁判规则，严格依法收集、固定、保存、审查、运用证据，完善证人、鉴定人出庭制度，保证庭审在查明事实、认定证据、保护诉权、公正裁判中发挥决定性作用。

### （三）注重调解与多元化纠纷解决机制

诉讼调解制度植根于我国的历史传统和司法实践之中，也与当前国际司法界多元化、多途径解决民事纠纷的发展潮流相吻合。在司法改革的二十年中，调解的思路也不断变化，先后经历了"调解为主""着重调解""调解与判决并重"以及缩减调解又到加强调解的几个阶段。2004 年 9 月 16 日，最高人民法院发布《关于人民法院民事调解工作若干问题的规定》，指导各级人民法院按照"能调则调、当判则判、调判结合、案结事了"的要求，不断提高诉讼调解水平。

近几年，人民法院受案数量剧增，解决"诉讼爆炸"问题已成当务之急。为应对经济快速发展时期社会矛盾纠纷易发多发的状况，人民法院再次将多元化纠纷解决机制作为裁判方式的一种重要补充，中国立法机关 2010 年通过了《中华人民共和国人民调解法》。有关部门建立健全诉讼与非诉讼相衔接的矛盾纠纷解决机制，深入推进矛盾纠纷大调解工作，构建起符合国情的多元纠纷解决机制。2012 年修改的《民事诉讼法》增加了先行调解、调解协议司法确认等内容，巩固了司法改革成果。2016 年 9 月发布的《最高人民法院关于进一步推进案件繁简分流　优化司法资源配置的若干意见》要求，完善多元化纠纷解决机制，推动综治组织、行政机关、人民调解组织、商事调解组织、行业调解组织、仲裁机构、公证机构等各类治理主体发挥预防与化解矛盾纠纷的作用；完善诉调对接工作平台建设，加强诉讼与非诉纠纷解决方式的有机衔接，促进诉前分流；完善刑事诉讼中的和解、调解；促进行政调解、行政和解，积极支持行政机关依法裁决同行政管理活动密切相关的民事纠纷。

与判决程序相比，调解方式更加灵活，具有简便、高效、经济的特点，更符合诉讼效益的要求，能减轻当事人的诉讼负担，也能节约司法资源。但是一味强调调解率，也容易造成一些负面影响，如法官为了追求结案率和调解率强制调解；当事人利用调解进行虚假诉讼，损害第三人利益。此外，由于诉讼费降低和审限的缘故，中国当事人进行诉讼的时间和经济成本较低，本身阻碍了当事人选择多元化纠纷解决方式的动力。

### （四）推进诉讼案件繁简分流

近年来，诉讼案件大幅增加，人民法院在对案件性质、繁简程度综合考量的基础上，将案件进行繁简分流，不同案件适用不同的审理程序，使案件性质与审理程序相一致，促进了审判资源配置优化和诉讼效率提高。

扩大刑事案件简易程序的适用范围。2012年修改的《刑事诉讼法》将简易程序的适用范围由可能判处三年有期徒刑以下刑罚的案件，扩大到基层人民法院管辖的刑事案件。

创新刑事速裁工作机制，加强侦、诉、审程序的衔接配合。推广在看守所、执法办案单位等场所建立速裁办公区，推动案件信息共享及案卷无纸化流转。

推进小额诉讼制度改革。为及时公正维护当事人合法权益，在部分基层人民法院开展小额速裁试点工作。试点法院在双方当事人自愿选择的前提下，对事实清楚、权利义务明确、争议标的额较小的简单民事案件实行一审终审。在认真总结试点经验的基础上，2012年修改的《民事诉讼法》规定，基层人民法院审理的简单民事案件，争议标的额为各省、自治区、直辖市上年度就业人员年平均工资30%以下的民事案件，实行一审终审，从立法上肯定了小额诉讼的改革成果。人民法院审理事实清楚、权利义务明确、争议标的额不大的民事案件，由审判员一人独任审理，调解不成的及时裁判。对这类案件程序简化，诉讼费减半收取，实行一审终审，立案之日起一个月内审结。

探索行政案件简易程序。人民法院对基本事实清楚、涉及财产金额较小、争议不大的一审行政案件，在双方当事人同意的前提下，可以实行独任审理，简化诉讼程序，立案之日起 45 日内结案。

## 六 完善诉权和诉讼权利保障

### （一）严格控制和慎重适用死刑

死刑直接关系到公民生命权的剥夺，人的生命一旦被剥夺就无可挽回，因此适用死刑必须慎之又慎。中国保留死刑，但严格控制和慎重适用死刑。刑法规定死刑只适用于极少数罪行极其严重的犯罪分子，并规定了严格的适用标准。2011 年颁布的《刑法修正案（八）》取消了 13 个经济性非暴力犯罪的死刑，占死刑罪名总数的 19.1%，规定对审判时已年满 75 周岁的人一般不适用死刑，并建立死刑缓期执行限制减刑制度，为逐步减少死刑适用创造法律和制度条件。

从 2007 年开始，由最高人民法院统一行使死刑案件的核准权。中国实行死刑第二审案件全部开庭审理，完善了死刑复核程序，加强死刑复核监督。最高人民法院复核死刑案件，应当讯问被告人，辩护律师提出要求的，应当听取辩护律师的意见。最高人民检察院可以向最高人民法院提出意见。死刑复核程序的改革，确保了办理死刑案件的质量。自 2007 年死刑案件核准权统一由最高人民法院行使以来，中国死刑适用标准更加统一，判处死刑的案件逐步减少[①]。

### （二）改革法院案件受理制度

十八届四中全会提出改革法院案件受理制度，变立案审查制为立案登

---

① 国务院新闻办公室：《中国的司法改革》白皮书，人民出版社，2012。

记制，对人民法院依法应该受理的案件，做到有案必立、有诉必理，保障当事人诉权。同时，加大对虚假诉讼、恶意诉讼、无理缠诉行为的惩治力度。2015 年 4 月，中央全面深化改革领导小组第十一次会议审议并通过《关于人民法院推行立案登记制改革的意见》，将法院案件受理制度由"立案审查制"改为"立案登记制"，同时加大对虚假诉讼、恶意诉讼等的惩治力度。同月，最高人民法院《关于人民法院登记立案若干问题的规定》要求禁止不接收诉状、接收诉状后不出具书面凭证、既不立案又不作出裁定或者决定等违法违纪情形。

实行立案登记制后，当事人的起诉权得到充分保障，不予立案、控制立案的现象得以杜绝，"立案难"得到彻底扭转。立案登记制出台的 2015 年，全国法院受理案件 1952.7 万件，新收、审执结案件同比增幅均创新高，其中受理案件数量上升 24.68%。2016 年全国法院共受理案件 2305.6 万件，同比增长 18.07%，当场登记立案率达到 95%。但与此同时，立案登记制也造成法院案件数量增长迅猛，一些当事人滥用诉权，一些不符合诉讼法规定、不应由法院受理的案件也大量涌向法院，司法资源进一步紧张。

### (三) 解决申诉难

"申诉难"是人民群众在诉讼过程中遇到的"三难"之一[①]。为解决人民群众的申诉难问题。2007 年《民事诉讼法》修改，完善了民事再审程序，确立再审向上一级法院提出审查的原则，依法保护当事人的申请再审权，切实解决人民群众申诉难和申请再审难问题。2012 年《民事诉讼法》再次修改时，将规范申请再审和审判监督程序作为重点之一，并将规范申请再审与实现司法终局性结合起来。

一是进一步将再审事由具体化，此前的《民事诉讼法》规定了五项可以申请再审的事由，新修改的《民事诉讼法》把这 5 项具体化为 13 项，使事项更加具体化了，老百姓更加明确在什么情况下可以提起申诉。

二是明确了向上一级人民法院申请再审为原则，并且规定了再审的审

---

① 诉讼三难分别为立案难、申诉难和执行难。

查期间。修改前的《民事诉讼法》规定申请再审向原审人民法院或者上一级人民法院提出，实践当中当事人多头申诉、反复申诉，规定不明确，这也造成了人民法院的重复审查。最新的《民事诉讼法》明确规定，除了一方当事人人数众多和双方都是个人的，申请再审原则上向上一级人民法院提出，这样既可以避免多头申诉、重复申诉，又可以保障人民法院能够公平地审理案件。

另外，明确了再审的审查期间。这次修改规定人民法院应当自收到再审申请书之日起三个月内审查，提高了再审审查的效率。

三是完善了检察机关的法律监督。这种完善主要体现在两个方面，最新的《民事诉讼法》把检察院可以提请抗诉的四种情形具体划分为 13 种，加上另外一款规定。同时明确了在三种情况下检察机关可以进行检查监督：①人民法院驳回再审申请的；②人民法院逾期未对再审申请作出裁定的；③再审判决、裁定有明显错误的。另外，检察机关法律监督的形式更加丰富。当事人除了向人民检察院提请抗诉外，当事人还可以向人民检察院申请检察建议。

### （四）破解执行难

执行是确保司法裁判得以落实、当事人权益得以保障的最后一道关口，是实现社会公平正义、提升司法公信力的关键环节。一段时间以来，"执行难"被当事人和学界所诟病，对司法权威造成较大的损害。为此，改革通过审判权和执行权相分离、规范执行行为、提高执行查控能力等加大民事执行力度，力争破解执行难。2015 年初，最高人民法院宣布要用两到三年时间基本解决执行难问题。

一是法院实行立案、审判、执行分立。各级人民法院在原有的刑事审判庭、民事审判庭、行政审判庭的基础上增设立案庭、执行局等机构，立案、审判和执行分别由不同的机构负责，强化内设机构职权行使的相互制约，促进了审判权、执行权的公正行使。

二是不断强化规范化管理，将执行权关进制度之笼。法院实行执行裁决权与执行实施权分立。高级、中级人民法院建立执行指挥中心，统一管理和协调执行工作，必要时实行提级、跨区执行。执行体制改革进一步加强了执行权运行的内部制约，提高了执行工作的公正性和规范化水平，有效保护了当事人的合法权益。2015 年以来，最高人民法院密集出台了一系列有关执行的司法解释，进一步规范了执行程序的各个方面、各个环节，进一步加大了惩戒力度，提高了执行效率。

三是执行联动机制。近年来，各地法院普遍建立了与公安、检察、金融、国土、建设、工商、出入境管理等部门密切配合的执行联动机制。截至 2016 年底，最高人民法院已与中国人民银行、公安部等 13 家单位、3000 多家银行实现了互联互通，能查询存款、车辆、股票等 11 类 14 项财产信息，基本上实现了对主要财产的覆盖，构成了支撑财产查控的大数据平台。截至 2016 年 12 月底，执行查控系统累计查询 1.95 亿次。借助执行查控系统，执行法官可以迅速查询到全国 3000 多家银行账户，极大地提高了执行查控的效率，突破了查物找人的瓶颈，从而推动执行模式实现质的飞跃。

四是建立失信被执行人监督、警示和惩戒机制。2016 年初，最高人民法院与国家发展和改革委员会等 44 家单位联合签署了《关于对失信被执行人实施联合惩戒的合作备忘录》，共推出八大类 55 项惩戒措施，涉及 30 多个重点领域，涉及领域之广、项目之多前所未有，为进一步完善联合信用惩戒提供了实施纲领。

### （五）废除劳教制度

劳动教养是一种非经司法审判程序而较长时间限制人身自由的行政处罚措施。随着国家民主、法治、人权事业的不断发展进步，劳动教养制度越来越为社会所诟病。党的十八届三中全会决定明确提出，废止劳动教养制度。2013 年 12 月 28 日，十二届全国人大常委会第六次会议通过《关于废止有关劳动教养法律规定的决定》，标志着实行了半个多世纪的劳动教养制度正式废除。废止劳动教养制度，受到社会各界普遍认可，是中国人权司法保障的重大进步。这一制度废除后，全国劳动教养场所全部摘牌转型，转为强制隔离戒毒场所、轻刑犯教育矫治和矫正场所[①]。

---

① 黄文艺：《中国司法改革基本理路解析》，载《法制与社会发展》2017 年第 2 期。

### （六）防范和遏制刑讯逼供

完善侦查讯问制度是法治文明的必然要求，也是加强对侦查讯问的有效监督、依法保护犯罪嫌疑人合法权益的重要途径。中国不断完善法律，防止和遏制个别司法人员在办案过程中出现刑讯逼供等违法取证现象。

确立不得强迫自证其罪的原则。2012 年修改的《刑事诉讼法》明确规定，司法人员在办案过程中不得强迫任何人证实自己有罪，保障犯罪嫌疑人、被告人供述的自愿性。

制定非法证据的排除规则。2012 年修改的《刑事诉讼法》明确规定，采用刑讯逼供等非法方法收集的犯罪嫌疑人、被告人供述和采用暴力、威胁等非法方法收集的证人证言、被害人陈述，应当予以排除；收集物证、书证不符合法定程序，可能严重影响司法公正，不能补正或者作出合理解释的，应当予以排除，并明确了非法证据排除的具体程序。公安机关、人民检察院、人民法院在侦查、审查起诉和审判阶段发现有应当排除的非法证据的，都应当予以排除。

完善拘留、逮捕后送押和讯问制度。拘留后应当立即将被拘留人送看守所羁押，至迟不得超过 24 小时。逮捕后应当立即将被逮捕人送看守所羁押；侦查人员对被羁押人的讯问应当在看守所内进行。结合司法机关执法信息化建设，在讯问、羁押、庭审、监管场所实行录音录像。全面推行侦查讯问过程录音录像制度，明确规定对可能判处无期徒刑、死刑的案件或者其他重大犯罪案件，讯问过程必须进行录音录像；录音或者录像应当全程进行，保持完整性①。

### （七）保障犯罪嫌疑人、被告人的辩护权

为落实中国宪法规定的辩护权而建立的辩护制度，是中国刑事诉讼的一项基本制度，体现了国家对生命、自由等人权的尊重。近年来，中国改革和完善辩护制度，改变过去司法实践中"重打击、轻保护"的观念，积极发挥辩护制度保障人权的作用。

---

①　国务院新闻办公室：《中国的司法改革》白皮书，人民出版社，2012。

保障犯罪嫌疑人、被告人及时获得辩护。中国 1979 年制定的《刑事诉讼法》规定，被告人在法院审判阶段才有权委托辩护人。1996 年修改的《刑事诉讼法》明确规定，犯罪嫌疑人在侦查阶段就可以聘请律师提供法律帮助，案件侦查终结移送检察机关后有权委托辩护人。2012 年修改的《刑事诉讼法》进一步明确规定，犯罪嫌疑人自被侦查机关第一次讯问或者被采取强制措施之日起，有权委托辩护人，被告人有权随时委托辩护人。犯罪嫌疑人、被告人在押期间要求委托辩护人的，人民法院、人民检察院和公安机关应当及时转达其要求，犯罪嫌疑人、被告人的监护人、近亲属也可以代为委托辩护人。

扩大法律援助范围。为进一步保障犯罪嫌疑人、被告人的辩护权和其他权利，2012 年修改的《刑事诉讼法》将法律援助在刑事诉讼中的适用范围，从审判阶段扩大到侦查、审查起诉阶段，并扩大了法律援助对象的范围。犯罪嫌疑人，被告人是盲、聋、哑、未成年人、尚未完全丧失辨认或者控制自己行为能力的精神病人，以及可能被判处无期徒刑、死刑，没有委托辩护人的，人民法院、人民检察院和公安机关应当通知法律援助机构指派律师为其辩护。

强化证人出庭作证义务。证人出庭对提高庭审质量至关重要。为提高证人出庭率，2012 年修改的《刑事诉讼法》明确了证人必须出庭的范围，建立了证人出庭作证补助机制。规定控辩双方对证人证言有异议，且该证人证言对案件定罪量刑有重大影响的，证人应当出庭作证。证人因履行作证义务而支出的交通、食宿等费用，由国家财政予以保障。证人所在单位不得克扣或者变相克扣其工资、奖金及其他福利待遇。

完善证人保护制度。对一些严重犯罪案件，证人、鉴定人、被害人因在诉讼中作证，本人或者其近亲属人身安全面临危险的，人民法院、人民检察院和公安机关应当采取不公开证人信息，不暴露外貌、真实声音等出庭作证方式，禁止特定的人员接触证人或者其近亲属，对人身和住宅采取专门保护等措施[1]。

---

[1]  国务院新闻办公室：《中国的司法改革》白皮书，人民出版社，2012。

## 七 司法改革的不足与展望

中国司法改革已经开展二十多年。未来，中国的司法改革步伐仍将继续前行，司法改革将向深度、广度和制度化方向进一步发展，将更加侧重司法改革各项措施的落实与督查。

### （一）用立法、修法巩固改革成果

为使司法活动更加符合司法规律，本轮司法改革的一些举措，在原有的法律、法规基础上进行了大胆突破。例如，在去除司法地方化的举措上，本次改革将司法机关人财物统一交由省级层面管理，这与中国《宪法》《人民法院组织法》《人民检察院组织法》等基本法的相关规定冲突，表现为人财物省级统管与人大任免模式之间的冲突。在"员额制"改革过程中设立的法官、检察官遴选委员会，为加强司法人员职业保障、落实司法责任制所设立的法官、检察官惩戒委员会在原有的《人民法院组织法》《人民检察院组织法》《法官法》《检察官法》中都没有规定。改革中一些好的做法及经验，也应当通过立法或者修法形式固定下来，如目前保障法院、检察院独立行使司法权，加强司法人员履职保障的措施只是在中办、国办的文件予以规定。

中国已经将《人民法院组织法》《人民检察院组织法》的修改提上议事日程，《法官法》《检察官法》的修改也在紧锣密鼓进行之中。修改上述法律时，应当遵循十八大及十八届四中全会确定的司法体制改革的方向和路径，注意充分吸收本轮司法改革的成果，将司法改革成果中较为成熟的内容，以修法的形式固定下来。例如，《保护司法人员依法履行法定职责规定》文件中有关法官履职保障、安全保障有突破性意义的法条。将本次司法改革中已经取得共识，并且在实践中逐步推开的重要内容，如法官员额制、法官遴选委员会、法官单独职务序列及工资制度、法官惩戒委员会等，通过修订法律确定下来。一些基本法律制度的冲突，也可以在宪法层面上加以讨论和修改。例如，将地方人大及其常委会任免法院院长、检察院检察长改为由省级人大常委会决定，将两院报告的票决制改为不符合任职条件的罢免制。同时，《公务员法》也应作相关修改，将法官、检察官从公务员队伍中分离，使其脱离行政部门管理①。

## （二）进一步细化落实改革举措

司法改革过程中出台了一系列法律、政策、文件和规定，很多司法改革的各项措施仍有待进一步落实和细化。

一是一些制度虽然作出原则性规定，但具体的操作办法和实施保障仍未出台。例如，《保护司法人员依法履行法定职责规定》中明确规定："任何单位或者个人不得要求法官、检察官从事超出法定职责范围的事务。人民法院、人民检察院有权拒绝任何单位或者个人安排法官、检察官从事超出法定职责范围事务的要求。"但是，规定发布后不久，有些地方政府就要求法院、检察院参加当地的创建卫生城市活动，拒绝后还以扣发奖金等要挟②。这就要求下一步制定保障措施，对违反司法改革精神的单位和个人制定严格的处罚措施，将改革落到实处。

二是虽然改革措施已经出台，但还需要后续配套制度的出台和保障。例如，经过两年多的试点和铺开，司法人员员额制虽然已经改革到位，全国范围内员额法官、检察官已经遴选完成，但是还需要进一步出台配套机制解决以下问题：①员额外法官、检察官的过渡机制，员额外司法人员如何转岗，转岗后从事什么工作，今后的职业发展如何规划；②员额法官、检察官的责任范围和退出机制；③员额法官的遴选机制，如何实现从法官助理、律师或者法律学者中遴选法官的常态化机制；④员额法官辅助人员的配备，员额制改革后案多人少矛盾愈发突出，亟待补充大量高素质的法官助理、书记员，如何招录司法辅助人员的路径和措施尚不明确。

## （三）总结经验教训的基础上完善改革细节

目前，司法体制改革的目标清晰，改革举措推进有力，但是由于推进比较仓促、前期试点不够充分，改革也面临一些困难和挑战，需要进一步

---

① 陈卫东、郑博：《司法改革：问题与展望》，载李林、田禾主编《中国法治发展报告 No.13（2015）》，社会科学文献出版社，2015。

② 参见刘昊《徐州创建文明城市，检察院拒绝上街执勤》，《南方周末》2016年8月28日。

总结经验和教训，逐步调整和完善改革举措。

一是员额制加剧司法机关的内部张力。第一，加剧案多人少的矛盾。随着社会经济的快速发展，司法案件快速增长，法院、检察院的工作量饱和，甚至长期超负荷工作。根据员额制度重新确定法官、检察官员额，意味着法官、检察官数量进一步减少，即使扩充司法辅助人员的数量也难以避免给法官、检察官带来巨大的案件压力。第二，如何保障员额分配的公平性。改革要求将司法机关最优秀的办案人员留在员额内，以实现法官、检察官的精英化。实现这一目标必须严格按照公平公正的方式分配员额，然而，在司法机关内部行政化格局尚未打破，领导干部具有绝对话语权，如何实现公正，本身面临巨大的挑战。第三，领导干部入额后应当办理多少案件。2015 年 9 月发布的《最高人民法院完善人民法院司法责任制的若干意见》要求，进入法官员额的院长、副院长、审判委员会专职委员、庭长、副庭长应当办理案件。然而，一方面，院长、庭长数量比例远低于其他入额法官，而且存在挑选简易案件、挂名办案现象；另一方面，领导干部承担大量的行政事务，由其承担大量案件审理本身并不现实。

二是审判权和检察权独立行使仍然处处受限。无论是否实行省级统一管理，市县党委政法委对政法机关的思想、政治领导不变，市县法院、检察院党组仍要向同级党委定期汇报工作，法院院长、检察院检察长仍是同级党委政法委成员。市县法院、检察院要正确处理与同级党委政法委的关系，确保党管政法的原则落到实处①，无法彻底去除司法地方化。此外，地方法外因素对司法的干预不仅限于人财物的管理，其他因素如地方法官、检察官的亲属大多在其所在行政区划的地方单位供职，子女一般在当地上学，这些都对司法权运行或多或少造成影响。一些基层法院、检察院领导仍对统一管理后是否能够及时足额保障办案经费表示担忧，即地方在省级统一管理经费保障不足的情况下给予财力支持，一定程度上又为司法地方化埋下了伏笔。因此，司法人员与地方利益的牵扯无法从根本上割

---

① 陈卫东、郑博：《司法改革：问题与展望》，载李林、田禾主编《中国法治发展报告No. 13（2015）》，社会科学文献出版社，2015。

断，这些法外因素还可能为地方权力干预司法人员办案提供可乘之机①。

三是法官遴选制度遇冷。法官遴选制度在落实中仍然遇到不少困难和挑战，从律师和法学专家中公开遴选法官、检察官工作持续遇冷，广东省高级人民法院招聘 6 人，合格的报名人数仅 23 人，招录报名比不足 1∶4。2017 年面向社会选拔高级法官和检察官各 3 名，进入面试环节仅 11人，面试的比例不足 1∶2。有一些选任工作只开花不结果，因报考人数少等未招录到合格的司法人员。以上海试点为例，在 2014 年面向优秀律师遴选法官过程中，两个高级法官岗位的招考竟没有律师报名②。

司法改革不可能一劳永逸，近二十年的司法改革在促进司法权独立行使、司法权运行更符合司法规律、努力实现公平正义方面有了长足的进步，在改革中出现的一些问题和挑战，还需要通过不断深化改革，构建保障司法权独立行使的司法环境，完善法律法规，落实改革责任逐步加以解决。中国的司法有望向实现公平、透明、高效和廉洁的目标更进一步。

---

① 陈卫东、郑博：《司法改革：问题与展望》，载李林、田禾主编《中国法治发展报告No. 13（2015）》，社会科学文献出版社，2015。
② 陈卫东、郑博：《司法改革：问题与展望》，载李林、田禾主编《中国法治发展报告No. 13（2015）》，社会科学文献出版社，2015。

# 司法改革与进展

## 第一章　2004年中国司法改革与进展

**摘　要:** 本文围绕刑事诉讼、行政诉讼和民事诉讼三个方面对2004年中国司法制度的改革、发展展开论述。首先,本文介绍了中国刑事诉讼法制建设情况,结合公安机关、检察机关和人民法院的刑事诉讼工作情况,对目前中国刑事诉讼中存在的严打、人民陪审员制度、被指控人的权利保护、刑事诉讼程序等主要问题进行了深入分析。其次,本文从2004年中国涉及行政诉讼和国家赔偿的案件数据变化、制度发展,以及对行政诉讼和国家赔偿的未来展望三个方面进行了详尽的阐述。最后,本文分别从制度完善、案件数量和种类分布、审判监督工作、诉讼调解工作等方面梳理了民事诉讼的审判、执行以及其他各项工作取得的新进展。

### 一　2004年中国刑事诉讼制度改革与进展

2004年中国的刑事诉讼法治建设取得了一定的进展。在完善立法方面,全国人大常委会、最高人民法院、最高人民检察院、公安部、司法部等部门发布的与刑事诉讼有关的法律、法规、司法解释、部门规章及其他规范性文件共有30多部,内容涉及刑事诉讼活动的方方面面,如刑事案件质量的保障，人民陪审员制度的具体实施，特殊刑事案件的管辖，公安司法机关与行政机关的配合，终审裁判的效力，刑事案件的国家赔偿，减刑、假释的执行，审判监督，服刑人员行为规范，刑满释放人员的就业，律师及律师事务所的管理，法律援助制度的贯彻，法官、检察官、律师的职业纪律，等等。上述规范性文件的发布适应了刑事司法实践活动的需要，为保障刑事诉讼活动的顺利进行、保护诉讼参与人的诉讼权利以及确保刑事司法公正提供了法律上的保障。

与 2003 年相比，2004 年中国刑事案件总体呈上升趋势，爆炸、放火、强奸等严重刑事犯罪案件有所下降①。针对社会治安形势较为严峻的局面，公安司法机关开展了一系列专项治理活动，严厉打击杀人、贩毒、贩卖、传播淫秽电子信息，淫秽色情网站，淫秽色情声讯台，侵犯知识产权，集资诈骗和非法吸收公众存款，生产销售伪劣食品、药品，虚开货物运输发票和制售假发票，偷渡，盗窃破坏电力设施等违法犯罪活动，有力地维护了社会秩序的稳定和人民群众的生命财产安全。在严打过程中，公安司法机关出台了相关的规范性文件，以保障专项治理活动"依法进行"。

从刑事法治发展的角度来看，如何处理专项治理、严厉打击与建立惩治犯罪长效机制之间的关系，是中国社会转型时期所面临的焦点问题之一。人民陪审员制度在长期的存废之争中得以保留，凸显了以司法民主促进司法公正的改革思路，相关法律规定的出台使人民陪审员制度"名存实亡"的局面有所改变。随着中国法治建设的发展，在刑事诉讼中保障诉讼参与人尤其是被指控人权利、保障程序公正的观念得到极大加强。2004 年出台的一些规范性文件在一定程度上贯穿了保护被指控人及其辩护人权利、完善刑事诉讼操作规程的思想。在推进司法改革过程中，法官、检察官、律师的职业道德问题日益受到重视，最高人民法院、最高人民检察院和司法部将法官、检察官、律师职业道德素质建设作为 2004 年的工作重点之一。

下面对 2004 年刑事程序法治发展状况择要予以描述并作简单评论。

---

① 参见《公安部召开新闻发布会通报 2004 年全国公安机关打击刑事犯罪维护社会治安情况》，全国公安机关新闻发布信息网，2005 年 2 月 3 日。

## （一）刑事诉讼法制建设

中国1996年修改了《刑事诉讼法》，其后，全国人大常委会法制工作委员会、最高人民法院、最高人民检察院、公安部等相继发布了较为系统的解释性文件，为公安司法机关进行刑事诉讼活动提供了基本的法律依据。但是，刑事诉讼法制建设并非一蹴而就。针对立法中存在的问题以及司法实践中出现的新情况、新问题，有关部门开展了相应的建章立制以及法律解释工作。

2004年全国人大常委会、最高人民法院、最高人民检察院、公安部、司法部等发布的与刑事诉讼有关的法律、法规、司法解释、部门规章及其他规范性文件共计30多部。

与刑事诉讼有关的规范性文件的发布，进一步健全了中国刑事诉讼法律规范体系，加强了公民对刑事诉讼活动的参与、监督，密切了公安司法机关与其他机关的关系，收紧了惩罚某些犯罪的法网，保障了律师在刑事诉讼中的参与，明确了一些具体的程序规范，为依法进行刑事诉讼活动提供了前提和基础。

## （二）刑事诉讼基本情况

### 1. 公安机关立案与侦查情况

2004年，全国公安机关刑事案件立案共计471.8万起，比2003年上升7.4%。从统计情况看，2004年第二季度刑事案件增幅比第一季度回落了7.7个百分点，第三季度又比第二季度回落了6.8个百分点。2004年全国有18个省、自治区、直辖市公安机关刑事案件立案数有不同程度的上升，13个省、自治区、直辖市公安机关刑事案件立案数有不同程度的下降。造成刑事案件总体上升的主要因素是多发性侵犯财产犯罪案件的拉动。2004年全国侵犯财产犯罪案件立案406.7万起，比2003年上升7.8%，其中盗窃案件上升9.3%，抢夺案件上升3.3%。

2004年，爆炸、放火、强奸等严重刑事犯罪案件的立案数分别比2003年下降28.3%、12.9%、9.8%。涉枪犯罪案件比2003年下降13.8%，其中持枪杀人案件下降10.3%，持枪抢劫案件下降19.4%，持枪伤害案件下降 5.2%，持枪绑架案件下降 2.3%。入室盗窃案件也有所下降，2004 年立案 125.7 万起，比 2003 年下降 2.5%。

全国公安机关侦破案件数、打击处理违法犯罪人数均有所提高。2004 年共破获各类刑事案件 246.8 万起，比 2003 年上升 5.4%，其中破获年内案件 200.4 万起，上升 8.8%。公安机关提请检察机关批捕的犯罪嫌疑人数比 2003 年上升 8.4%，向检察机关移送起诉的犯罪嫌疑人数上升 4.6%。

2004 年，全国公安机关开展了侦破命案专项行动。2004 年共破获杀人和投毒、放火、抢劫、强奸、绑架等致人死亡的命案 2.9 万起，破案率达 88.2%。在全国 3425 个县市区级立案单位中，有 1436 个实现了命案全破，占 41.9%；有 341 个未发生命案，占 10%。全国公安机关还开展了追逃行动。全年共抓获各类刑事犯罪在逃人员 19.3 万名，其中抓获公安部 A 级通缉令逃犯 15 名、B 级通缉令逃犯 120 名。全国公安机关继续深入开展"打黑除恶"活动。全年共打掉黑社会性质组织 44 个、恶势力团伙 805 个。

全国公安机关加大侦查破案力度，及时侦破了一批严重刑事犯罪案件，如中央实验话剧院某演员被绑架案、马加爵杀人案、马汉庆流窜杀人抢劫案、蒙牛乳业公司被投毒敲诈案、湖南省长沙市"10·26"公共汽车爆炸案、重庆铜梁县"11·18"茶馆爆炸案、蒙吉辽系列强奸案、河南汝州市 9 名中学生被害案等。

在侦破命案专项行动中，各地公安机关还成功破获了一批沉积多年的重大恶性杀人案件。广西、陕西公安机关联手侦破了 1993 年 6 月发生在西安市长城堡大酒店的 3 名日本游客被杀案；广东阳春市公安机关经过 8 年艰苦侦查，成功打掉一个持枪杀人抢劫犯罪团伙，抓获犯罪嫌疑人 4 名，缴获仿"六四"式手枪 4 支、猎枪 5 支，查清了该团伙 1996~2001 年实施杀人抢劫案件 6 起、杀死群众 6 人、抢劫财物总价值 20 余万元的犯罪事实。

针对社会治安中存在的突出问题，公安机关开展了专项治理活动。在全国范围内组织开展了高校及周边治安秩序集中整治行动、中小学幼儿园及少年儿童安全管理专项整治行动，破获各类案件 2.2 万起，抓获违法犯罪嫌疑人 2.3 万名，有效改善了学校及周边地区的治安状况。会同有关部门组织开展了打击淫秽色情网站专项行动，共破获相关案件 244 起，抓获犯罪嫌疑人 428 名。会同有关部门组织开展了打击整治盗窃破坏电力设施犯罪专项行动，共打掉盗窃破坏电力设施犯罪团伙 113 个，抓获犯罪嫌疑人 945 名，破获此类案件 2946 起，其中公安部督办案件 16 起。会同有关部门组织开展了"清查放射源，让百姓放心"专项行动，共查破放射源丢失被盗案件 51 起，追回丢失被盗放射源 56 枚，消除了一批安全隐患。与此同时，公安部组织全国公安机关开展了打击治理利用手机短信和网络诈骗犯罪专项行动，共破获相关案件 1924 起，其中公安部督办的 35 起案件全部告破，抓获犯罪嫌疑人 490 名，打掉犯罪团伙 94 个。全国公安机关还加强了爆炸剧毒危险物品管理和整治，积极开展和参与了烟草制品、食品、药品（医疗器械）、农资打假等专项整治工作，深入开展了"扫黄打非"、禁娼禁赌、扫毒等集中行动，组织开展了严厉打击赌博违法犯罪活动专项行动①。

目前，中国刑事案件总量居高不下，爆炸、杀人、绑架等严重暴力犯罪案件时有发生，少数地方黑恶势力活动猖獗，"两抢一盗"等多发性侵犯财产案件呈上升趋势，社会治安形势较为严峻。通过持续性的专项治理活动打击刑事犯罪成为 2004 年刑事司法工作的重要特点。

**2. 检察机关立案、侦查、批捕、起诉以及监督情况**

2004 年，全国检察机关立案侦查涉嫌职务犯罪的国家工作人员 43757 人，比 2003 年增加 0.6%，其中涉嫌贪污贿赂犯罪 35031 人，渎职侵权犯罪 8726 人；共提起公诉 30788 人。立案侦查贪污贿赂、挪用公款百万元以上案件 1275 件，比 2003 年增加 4.9%。立案侦查涉嫌犯罪的县处级以上国家工作人员 2960 人，其中厅局级 198 人、省部级 11 人；已提起公诉 1980 人。此外，通过境内外追逃、追赃协作机制，共抓获在逃职务犯罪嫌疑人 614 人。

立案侦查在公路建设、房屋拆迁、药品购销、土地征用中涉嫌贪污、受贿等犯罪的国家工作人员 4414 人，在企业改革和经营活动中侵吞、挪用、私分国有资产涉嫌犯罪的国有企业人员 10407 人，滥用职权、玩忽职守、索

① 参见《公安部召开新闻发布会通报 2004 年全国公安机关打击刑事犯罪维护社会治安情况》，全国公安机关新闻发布信息网，2005 年 2 月 3 日。

贿受贿、徇私舞弊的行政执法和司法人员 9476 人，严重失职渎职造成交通、煤矿、环境污染等重大安全责任事故的国家机关工作人员 2892 人。

检察机关自侦案件，实行首办责任制和检察长包案制，依法办结涉法上访案件 20306 件，其中群体性上访案件 1107 件，长期上访案件 2001 件，最高人民检察院直接办理和督办案件 861 件，处理了一批上访多年、久诉不息的案件。

2004 年共对公安、国家安全等机关侦查的犯罪嫌疑人批准逮捕 811102 人，提起公诉 867186 人，分别比 2003 年增加 8.3% 和 9.3%。

在整顿和规范市场经济秩序活动中，各级检察机关依法打击走私、金融诈骗、偷税骗税等严重经济犯罪，共批准逮捕犯罪嫌疑人 20425 人，提起公诉 22179 人，分别比 2003 年增加 6.3% 和 3.4%。

在打击制售假冒伪劣商品、侵犯知识产权犯罪活动中，检察机关依法严惩制售劣质奶粉、假酒、假药、假化肥、假农药等严重危害人民群众生命健康和财产安全的犯罪，批准逮捕犯罪嫌疑人 2505 人，提起公诉 2124 人，分别比 2003 年增加 56.9% 和 56.2%；批准逮捕假冒注册商标、假冒专利、侵犯著作权等犯罪嫌疑人 602 人，提起公诉 638 人，分别比 2003 年增加 13.4% 和 6.3%。加强对有罪不究、以罚代刑问题的立案监督，监督公安机关立案 684 件，是 2003 年的 2.9 倍，建议行政执法机关向公安机关移交涉嫌犯罪案件 937 件。

对应当立案而不立案的，依法监督侦查机关立案 20742 件；对不应当立案而立案的，监督撤案 2699 件。对应当逮捕而未提请批捕的，追加逮捕 10660 人；对不应当逮捕的，决定不批捕 67904 人。对应当起诉而未移送起诉的，追加起诉 5670 人；对不应当起诉的，决定不起诉 21225 人。对违法取证、违法采取强制措施等情形提出纠正意见 7561 件次。

在刑事审判监督中，对认为确有错误的刑事判决、裁定提出抗诉 3063 件；对审判活动中的违法情况提出纠正意见 1387 件次。

针对减刑、假释、保外就医中存在的问题，最高人民检察院会同公安部、司法部组织开展了减刑、假释、保外就医专项检查活动。全国检察机关共清理减刑、假释、保外就医案件 1209247 件。对检查发现的问题提出纠正意见 20472 件次，有关部门已纠正 17431 件，其中对不符合保外就医条件的罪犯重新收监 1247 人，从中立案侦查涉嫌职务犯罪的案件 97 件 107 人。推行监所网络化管理和动态监督，对刑罚执行和监管活动中的违法情况提出纠正意见 9299 人次。

完善防止和纠正超期羁押的长效机制，落实实地督办、定期通报、责任追究等制度，纠正超期羁押 7132 人。到 2004 年底，检察机关办案环节继续保持了无超期羁押；各个诉讼环节无超期羁押的省、自治区、直辖市由 2003 年底的 14 个上升到 29 个。

组织开展了查办国家机关工作人员利用职权侵犯人权犯罪案件专项活动，重点查办非法拘禁、非法搜查、刑讯逼供、暴力取证、虐待被监管人、破坏选举以及严重渎职造成人民生命财产重大损失的案件，共查办涉嫌犯罪的国家机关工作人员 1595 人，比上年增加 13.3%。最高人民检察院直接督办了 82 起重大案件①。

2004 年，检察机关立案侦查、批准逮捕、提起公诉的案件数量与 2003 年相比均有不同程度的上升。与此同时，检察机关加强了对侦查机关、审判机关和刑罚执行机关的诉讼监督，促进了刑事案件办案质量的提高。

### 3. 人民法院审判情况

2004 年，最高人民法院依法审结危害国家安全、伪造货币、走私、金融诈骗、虚开增值税专用发票、毒品和贪污、贿赂犯罪的二审、死刑复核等案件 400 件。

地方各级人民法院全年共审结刑事一审案件 644248 件，判处罪犯 767951 人，分别上升 1.5% 和 2.8%。其中，判处 5 年以上有期徒刑、无期徒刑、死刑的罪犯占 19.04%；加大了财产刑的适用力度，并处或单处罚金和没收财产的罪犯占 54%。依法严惩严重危害社会治安犯罪，审结爆炸、故意杀人、抢劫、强奸、绑架、黑社会性质组织犯罪等案件 228174 件，判处罪犯 298574 人；依法严惩破坏社会主义市场经济秩序犯罪，审结走私、危害金融管理、制售假冒伪劣商品等犯罪案件 13955 件，

---

① 参见《最高人民检察院工作报告》，最高人民检察院检察长 2005 年 3 月 9 日在第十届全国人民代表大会第三次会议上所作。

判处罪犯 18220 人；依法严惩国家工作人员职务犯罪，审结贪污、受贿、挪用公款和渎职等案件 24184 件（含旧存），上升 5.21%，判处县处级以上国家工作人员罪犯 772 人，其中省部级 6 人，地厅级 98 人；依法审判未成年人犯罪，判处未成年人罪犯 70086 人，上升 19.1%，贯彻"教育、感化、挽救"的方针，依法适用缓刑 17387 人。

各级人民法院对不构成犯罪的 2996 名自诉、公诉案件被告人依法宣告无罪。依法保障被告人的诉讼权利，共为 91296 名符合法律援助条件的被告人指定了辩护人。

全国法院严格执行清理超期羁押案件周报制度和社会监督举报制度，2004 年共清理旧存和新增超期羁押案件 873 件 2432 人，截至 2004 年 12 月 31 日，除有法定事由外，超期羁押案件全部清理完毕。实行办理减刑、假释案件公示和听证制度，使减刑、假释工作更加规范。2004 年，高、中级人民法院共办理监狱提请减刑、假释的案件 409447 件。全面开展减刑、假释案件专项大检查，纠正违法减刑、假释 348 件①。

2004 年法院审结案件数量的上升与公安、检察机关立案、侦查、起诉案件数量的上升是一致的。对于严重危害社会治安、破坏社会主义市场经济秩序、国家工作人员职务犯罪等犯罪，法院在依法严惩的同时，还加大了财产刑的适用力度。针对未成年人犯罪较为突出的问题，人民法院探索了适合未成年人身心特点的审判方式，加大了缓刑的适用。对不构成犯罪的被告人依法宣告无罪，为符合法律援助条件的被告人指定辩护人，严格清理超期羁押，实行减刑、假释案件公示和听证制度，体现了对被告人和判刑人权利的保护和对司法公正的追求。

## （三）重点问题分析

### 1. 专项治理与依法严打

2004 年，针对刑事犯罪多发、治安形势严峻的局面，公安司法机关开展了一系列的专项治理行动。以公安机关为例，2004 年 1 月，开展了

---

① 参见《最高人民法院工作报告》，最高人民法院院长 2005 年 3 月 9 日在第十届全国人民代表大会第三次会议上所作。

打击边境地区违法犯罪活动暨反偷渡专项行动；2 月，开展了"侦破命案专项行动"；3 月，开展了高校及周边治安秩序集中整治行动；5 月，开展了遏制毒源专项行动、打击经济犯罪专项行动；7 月，开展了整治油气田及输油气管道生产治安秩序专项行动、打击淫秽色情网站专项行动；8 月，开展了全国扫毒行动；9 月，开展了打击整治盗窃破坏电力设施犯罪专项行动；10 月，开展了加强中小学和幼儿园安全工作专项整治行动①。检察机关、审判机关也参与了相关的专项整治行动②。

　　上述专项治理行动体现出如下特点。第一，强调公安司法机关与其他部门的密切配合，协同作战。要求公安机关在党委、政府领导下，与工商行政管理部门、教育行政部门等密切配合，严厉打击传销活动；要求公安机关、税务机关密切配合，合力打击虚开货物运输发票和制售假发票违法犯罪；要求检察机关与审计机关在反腐败工作中协作配合，加大对腐败犯罪行为的打击力度；等等。除了要求相关部门配合之外，还强调党委、政府的重视和领导，新闻媒体的宣传以及群众的广泛参与，即将专项治理行动作为社会治安综合治理的重要组成部分。第二，在实体法和程序法上坚持"从重从快"的方针。《最高人民法院关于依法严厉打击集资诈骗和非法吸收公众存款犯罪活动的通知》要求："人民法院要积极配合有关部门，开展严厉打击这类犯罪的专项行动，切实维护金融市场秩序和社会政治稳定。对集资诈骗和非法吸收公众存款的犯罪活动，一定要贯彻依法严惩的方针，保持对犯罪的高压态势，以有效震慑不法分子，保护人民群众利益。一旦案件起诉后，即应尽快开庭，及时审结。对集资诈骗数额特别巨大并且给国家和人民利益造成特别重大损失，罪行极其严重的犯罪分子，依法应该判处死刑的，要坚决判处死刑，决不手软。在对犯罪分子判处主刑的同时，要依法适用财产刑，并加大赃款赃物的追缴力度，不让犯

---

① 参见《2004 年中国公安工作大事记》，全国公安机关新闻发布信息网，2004 年 12 月 31 日。

② 2005 年《最高人民检察院工作报告》指出，2004 年，各级检察机关认真履行批准逮捕、提起公诉职能，与有关部门密切配合，对重大案件适时介入侦查，加强监督，依法快捕快诉，始终保持对严重刑事犯罪的高压态势。严厉打击黑恶势力犯罪、严重暴力犯罪和盗窃、抢夺等多发性侵犯财产犯罪，坚决打击危害国家安全的犯罪，严惩民族分裂势力、宗教极端势力、暴力恐怖势力的犯罪活动，积极参加禁毒、打击淫秽色情网站、打击利用手机短信及网络进行诈骗等专项整治行动，全力维护社会安定。

罪分子在经济上获取非法利益。对集资诈骗和非法吸收公众存款共同犯罪案件中的主犯，一定要依法从严惩处。"① 第三，具有明显的阶段性和周期性。公安部、国家税务总局决定于 2004 年 3~10 月在全国范围内开展打击虚开货物运输发票和制售假发票违法犯罪活动的专项整治行动；2004 年 11 月，为贯彻国务院关于开展保护知识产权专项行动的部署，进一步加大打击侵犯知识产权犯罪活动的力度，公安部决定在全国范围内开展"为期一年"的打击侵犯商标专用权犯罪的"山鹰"行动②。第四，强调专项治理活动应当"依法"进行。最高人民法院《关于依法严厉打击集资诈骗和非法吸收公众存款犯罪活动的通知》和《关于依法惩处生产销售伪劣食品、药品等严重破坏市场经济秩序犯罪的通知》均强调，严打应当"依法"进行。为配合专项治理行动的开展，最高人民法院相继发布了一系列的司法解释，如为加大对侵犯著作权、假冒注册商标、假冒专利等犯罪的惩罚力度，会同最高人民检察院制定了关于办理知识产权刑事案件的司法解释；针对一些不法分子利用互联网、移动通讯终端、声讯台等制作、复制、传播淫秽电子信息污染社会风气的问题，制定了关于办理涉及淫秽电子信息刑事案件的司法解释；针对一个时期内破坏公用电信设施犯罪增加的情况，制定了关于审理破坏公用电信设施刑事案件的司法解释；针对破坏森林资源犯罪的新情况，制定了审理破坏森林资源刑事案件的司法解释；等等。"依法"严打是对过去单纯追求从重从快的一种修正。

在社会转型时期，犯罪率的增长是一种必然现象。在实现现代化的进程中，经济的高速发展、城市化的迅猛展开、社会结构的巨大变化、社会利益的重新调整和分配、道德文化的剧烈碰撞等，社会处于一种"失范"状态，从而导致各种犯罪的发生。当犯罪率由于社会上一些特殊因素的出现而大幅度上升时，当然需要加大对犯罪行为的打击力度。中国公安司法机关所开展的专项治理行动是贯彻严打方针的体现，它在一定程度上遏制

---

① 2005 年《最高人民法院工作报告》指出，法院在刑事司法中坚持"严打"方针和宽严相济的刑事政策。

② 参见《公安部召开新闻发布会通报打击知识产权犯罪"山鹰"行动的最新进展情况》，全国公安机关新闻发布信息网，2005 年 9 月 8 日。

了犯罪行为,对改革开放事业的顺利进行、为社会治安状况的好转起到了一定的积极作用。

但是,"严打"政策对于中国刑事法治建设来说究竟利弊如何,理论界一直存在争论。邓小平同志曾经指出:解决犯罪的问题是长期的斗争,需要做各方面的工作。现在是非常状态,必须依法从重从快集中打击,才能治得住。有学者指出,"严打"这一政治色彩和功利色彩过于浓厚的策略,不应是中国主要的、长期的犯罪控制方略,"严打"不是根治犯罪的良方,其潜藏的对法治权威的损伤,应当引起足够的重视。从贯彻依法治国方略、建设法治国家的长远目标出发,"严打"政策应当废弃①。"严打"作为一项"治标"的刑事政策,存在较为明显的弊端,主要表现在:"严打"试图动员全社会的力量,集中一段时间"从重从快"打击犯罪,"毕其功于一役",建立并强化了"犯罪是可以被消灭的"这一空想观念;"从重"原则的适用违背了罪刑相当原则,使犯罪分子承担了过量的刑事责任,导致重刑主义,对危害程度相当的犯罪在"严打"时和非"严打"时量刑予以区别对待,破坏了刑罚的公平性;"从快"的做法在很大程度上侵犯甚至剥夺了犯罪嫌疑人、被告人的诉讼权利,加剧了实务部门的程序虚无主义,可能导致冤假错案的发生;"严打"导致刑事司法政治化、行政化,使得司法独立难以真正实现;严打的阶段性、周期性造成了公安司法机关特别是公安机关的惰性,使公安司法机关的工作发生了不应有的错位。"严打"存在的上述弊端表明,在建设法治国家的今天,不宜将"严打"作为长期性的刑事政策,国家应当采取更为理性、更为有效的惩治犯罪的方式,即通过常规的刑事诉讼活动,并通过对社会治安的综合治理,通过促进社会的协调发展,将犯罪控制在一定范围内,从而实现惩罚犯罪和保障人权并重的刑事诉讼目的。

"依法"严打,强调了依据刑事实体法和刑事程序法从重从快打击严重危害社会治安的犯罪活动。但是,"依法"严打的实质内涵仍然存有疑问。如果将"依法从重"理解为根据刑法规定的从重情节来量刑,

① 冯卫国:《"严打"政策的理性分析》,高铭暄、马克昌主编《刑法热点疑难问题探讨》(上册),中国检察出版社,2002,第 330 页。

既然是根据法定量刑情节量刑，"依法"是其题中应有之义，没有必要再强调什么"依法从重"；如果将"依法从重"理解为在法定刑幅度内从重处罚，这样的强调也没有什么意义，因为"从重"本来就是在法定刑幅度内从重处罚，超出法定刑幅度量刑的，不是"从重"而是"加重"。同理，如果将"依法从快"理解为在《刑事诉讼法》规定的诉讼期限内尽量加快诉讼的进程，既然在法律规定的诉讼期限办理刑事案件，"依法"是"从快"的必然前提，因而没有必要再强调"依法从快"。唯一的解释是，严打时应当"依法从重""依法从快"，更多具有宣言式的意义，当然，鉴于实践中曾出现过超越法律规定的"严打"，因此，强调"依法"严打，仍有其现实意义。只要是在"严打"期间处理相关案件，就必须从重、从快，体现了刑事司法在惩罚犯罪与保障人权的关系问题上更多地偏向了惩罚犯罪，这与建立刑事法治的目标多少有些背离。

**2. 完善人民陪审员制度**

2004 年，全国人大常委会颁布了《关于完善人民陪审员制度的决定》，与此相配套，最高人民法院、司法部联合发布了《关于人民陪审员选任、培训、考核工作的实施意见》，最高人民检察院还制定了《关于实行人民监督员制度的规定（试行）》。上述规定旨在加强公民对司法活动的参与和监督，解决实践中存在的司法腐败问题。

司法活动直接或间接地受社会公众支配是现代民主法治国家的特征之一。从世界各国司法制度的发展轨迹中可以看到，吸收公民直接参与国家司法活动，发挥公民在司法活动中的积极作用，被认为是一个国家司法民主的重要标志；加强公民对司法活动的参与，也是保障司法活动公正进行的一个重要方面。中国建立了陪审制度作为公民参与司法活动的方式，但这一制度在运行过程中存在诸多问题，导致其处于一种"半死半活"状态。如何改变这种状况，成为司法改革的重要议题之一。全国人大常委会《关于完善人民陪审员制度的决定》（以下简称《决定》）立足于对现行陪审员制度加以健全和完善，以更好地体现其民主精神、教育功能和对完善司法制度的作用。

《决定》包括以下主要内容。①陪审员由人大常委会任命。现行《人民法院组织法》规定，人民陪审员由选举产生。有关部门调查的情况表明，现有的陪审员 41% 由法院自行任命，28% 经有关组织推荐由法院任命后报同级人大常委会备案，依法选举产生的陪审员很少①。《决定》规定，符合担任陪审员条件的公民，由其所在单位或者户籍所在地的基层组织推荐或者本人申请，由基层法院会同同级司法行政机关进行审查。认为适宜担任人民陪审员的，由法院院长提出人选，提请同级人大常委会任命。人民陪审员的任期为五年，其名额由基层法院根据审判案件的需要，提请同级人大常委会确定。②陪审员独立行使表决权。人民陪审员除不能担任审判长外，与法官享有同等权利；陪审员参加合议庭审判案件，对事实认定、法律适用独立行使表决权；陪审员同合议庭其他组成人员意见有分歧的，必要时可以要求合议庭将案件提请院长决定是否提交审判委员会讨论决定。③陪审员参与一审案件的审理。参与审理的一审案件包括：在当地社会影响较大的刑事、民事、行政案件和刑事案件被告人、民事案件原告或者被告、行政案件原告申请陪审的案件。同时规定，人民陪审员和法官组成合议庭审判案件时，合议庭中陪审员所占比例应当不少于 1/3。④陪审员一般应具有大专以上文化程度。担任人民陪审员的其他条件还包括：拥护宪法、年满 23 周岁、品行良好、公道正派、身体健康。⑤陪审员随机抽取确定。基层法院审判案件依法应当由陪审员参加合议庭审判的，应当在陪审员名单中随机抽取确定；中高级法院审判案件依法应当由陪审员参加合议庭审判的，通过其所在城市的基层法院在陪审员名单中随机抽取确定。⑥法院会同司法行政机关培训陪审员。目前陪审员的培训主要由法院负责。《决定》规定，由基层法院会同同级司法行政机关对陪审员进行培训。⑦陪审员可以得到补助。无固定收入的人民陪审员在参加审判活动期间，由法院参照当地职工上年度平均货币工资水平，按实际工作日给予相应补助。对于有固定收入的陪审员不再另行补助，其所在单位不得因其参加审判活动而克扣或变相克扣其工资、奖金及其他福利待遇。陪审员因参加审判活动而支出的交通、就餐等费用，由人民法院给予补助。政府财政

①　参见吴坤《解读关于完善人民陪审员制度的决定》，资料来源：http://www.legalinfo. gov.cn/zt/lm/node_ 4705。

应保障此项工作的开支和经费。

《决定》关于陪审员的职责定位、产生程序、任职条件、陪审案件的范围、陪审规则、经费保障等方面的规定大体上是值得肯定的。但是，《决定》对人民陪审员制度的总体定位尚存在偏差，一些具体问题未得到切实的解决。①《决定》对陪审规则作了简要的规定，如陪审员"独立行使表决权""少数服从多数"的评议原则，存在"意见分歧"时"可以建议将案件提请院长决定提交审判委员会讨论决定"等。在陪审案件中，能否适用简单的"少数服从多数"的评议原则，是值得商榷的。从其他国家的做法看，刑事案件尤其是其中的重罪案件是适用陪审制的重点。我国的陪审员在合议庭中占有人数优势，如果适用简单的"少数服从多数"原则，将会导致在刑事案件中，只要合议庭中陪审员的意见一致，仅凭陪审员的意见，既可形成有罪判决，也可形成无罪判决。这样的陪审制可能增大对被告人不当定罪的风险。实行陪审的案件，应当按照案件的轻重程度不同，合理确定陪审员的人数及评议原则，以保障裁决的可靠性。此外，陪审规则未能有效解决陪审员"陪而不审"的问题。②关于陪审员的产生，法院与司法行政机关职责不明。司法行政机关在选任陪审员方面，究竟发挥怎样的作用——管理、监督或者与法院共同决定陪审员的资格，《决定》未能予以明确。根据《决定》，陪审员的产生比照法官的产生程序。法官与陪审员尽管同样履行审判职责，但是，他们的产生依据大有不同。法官代表了司法的专业化，而陪审员则代表着司法的社会化。《决定》所采取的做法在实践中很可能导致陪审员实际上由法院选定。这难以保障陪审员的代表性，同时，也难以发挥陪审员对司法活动进行监督的功能。③《决定》对陪审案件的范围作了两方面的限定：一是社会影响较大、二是当事人申请陪审。但是，何谓"社会影响较大"，对当事人申请陪审的案件法院是否必须采取陪审方式，《决定》未作明确规定，可能导致实践中是否对案件进行陪审，主要依靠法院的自由裁量，从而难以改变实践中陪审制度名存实亡的局面。从世界其他国家有关陪审案件的范围规定看，实行陪审主要限于刑事案件，对民事案件较少实行陪审；而且实行陪审的刑事案件，多为重罪案件。《决定》未能充分体现这样的立法精神。④关于陪审员的培训，《决定》采取了法院会同司法行政机关进行培训的方式，而对于陪审员的管理和监督，则采取了回避的做法。将陪审员的培训乃至管理、监督交由法院行使，可能会造成法院对陪审员的"束缚"，难以体现陪审员除了参与审判，还监督审判的职责。从总体上看，《决定》体现了陪审员的产生、陪审案件范围的确定、陪审员的培训主要由法院负责的立法思路，而且，《决定》在陪审员的任职条件、陪审规则等方面比照法律关于法官的有关规定，未能充分体现陪审制度的特点。

从最高人民法院、司法部联合发布的《关于人民陪审员选任、培训、考核工作的实施意见》可以看到：陪审员的选任、培训、考核工作主要由人民法院负责进行，司法行政部门只不过是人民法院"征求意见"的对象，这种以法院主导陪审的做法难以保障陪审员的独立性，同时会侵蚀建立陪审制度所预设的监督功能。

为了使陪审制度真正作为体现司法民主的一种手段或方法，并以此提高司法的透明度和公正性，促进民众对司法的信任，现行陪审制度尚有待进一步完善。

比照全国人大常委会《关于完善人民陪审员制度的决定》，最高人民检察院出台了《关于实行人民监督员制度的规定（试行）》，以加强公民对人民检察院查办职务犯罪案件工作的监督。根据该规定，人民监督员可以对人民检察院查办职务犯罪案件工作提出意见或建议。检察长或者检察委员会应当分别根据职责权限，对人民监督员的表决意见和有关检察业务部门的意见进行审查，必要时可以听取人民监督员和有关检察业务部门的意见。审查后同意人民监督员表决意见的，有关检察业务部门应当执行；检察长不同意人民监督员表决意见的，应当提请检察委员会讨论；检察委员会不同意人民监督员表决意见的，应当依法作出决定。人民检察院实行人民监督员制度，是中国刑事诉讼中加强公民参与的一种新的尝试。

自2003年开展人民监督员制度试点工作以来，最高人民检察院将这项工作作为检察改革的重点，在总结试点经验、组织专家论证并广泛听取意见的基础上，从2004年10月起扩大试点范围。各省级院、349个地市级院和2407个基层院开展了试点，经各级人大、政协和有关部门推荐，共选任人民监督员 18962 名。各试点单位对职务犯罪案件中拟作撤案、不起诉处理和犯罪嫌疑人不服逮捕决定的，一律启动监督程序，由人民监督员独立评议，提出监督意见。在监督结案的 3341 件案件中，人民监督员不同意原拟订意见的 152 件，检察机关采纳 70 件，对未采纳的依据事实和法律作出说明，得到人民监督员的认同。通过监督，促进了办案人员执法观念的转变，提高了办案质量，也减少了办案的阻力和干扰，促进了公正执法[①]。

### 3. 加强对被指控人权利的保护

在刑事诉讼中，对被指控人权利的保护程度是衡量一国刑事法治发达程度的重要标志。2004 年 3 月，中国将"国家尊重和保障人权"写入了宪法。相应地，在刑事诉讼中需要强化保障人权的观念和措施，以便落实"国家尊重和保障人权"这一宪法原则。

2004 年 3 月，公安部会同最高人民检察院，在全国看守所和驻所检察室开展了"加强监管执法、加强法律监督、保障刑事诉讼顺利进行、保障在押人员合法权益示范单位"创建活动，目的是防止体罚虐待、违法提审等问题的发生，促进依法文明管理。6 月，全国公安机关开展了"两个违规"（违反规定扣押、查封、冻结、没收财产和违反规定责令停业整顿、吊扣证照）专项治理，在一定程度上遏制了滥用扣押、查封、冻结、没收财产等强制性措施的违法行为。8 月，公安部制定下发了《关于公安机关监督制约机制建设的意见》，就全面加强公安监督工作，建立健全权责明确、相互配合、制约有效的监督工作机制提出了明确要求，并提出公安机关监督制约机制建设的主要任务：建立健全对执法活动的监督制约机制、对领导干部的监督制约机制、对公安机关财物管理使用的监督制约机制、上级公安机关对下级公安机关的监督制约机制、公安机关内部监督力量协调运转的工作机制、公安机关外部监督制约机制等六个方面的机制。此外，还提出加强监督制约机制建设的一些具体措施，如"加强执法监察和现场督察""完善执法过错责任追究制度""对执法活动中的突出问题集中专项治理""强化上级公安机关纪检监察部门对下级公安机

---

① 参见 2005 年《最高人民检察院工作报告》。

关违法违纪案件调查和处理的权限""积极推行谈话和诫勉制度""整合公安机关内部监督力量""建立健全解决涉法上访问题的经常性工作机制",等等。建立健全公安机关监督制约机制,限制公安机关权力的行使,无疑有利于公安机关在刑事侦查活动中减少违法行为,防止其侵犯犯罪嫌疑人的合法权益。

2004 年 2 月,最高人民检察院发布了《关于人民检察院保障律师在刑事诉讼中依法执业的规定》,就律师在刑事诉讼中的权利作了较为系统的规定,旨在为律师会见犯罪嫌疑人、查阅案卷材料等提供便利,并保障律师申请收集、调取证据的权利以及投诉的权利、保障律师的辩护意见受到检察机关的重视。检察机关还注意保障案件当事人的申诉权,对不服检察机关处理决定的申诉案件依法复查,其中决定纠正的有 786 件①。

2004 年 9 月,最高人民法院、最高人民检察院、公安部联合发布了《关于严格依法履行职责 切实保障刑事案件办案质量的通知》,对事实认定、证据采信、办案期限等提出了明确的要求。通知要求:公安司法机关要牢固树立司法为民、执法为民的观念,充分认识保障刑事案件办案质量的重要意义,切实把好刑事案件的事实关、证据关、程序关、适用法律关,维护人民法院、人民检察院、公安机关的公正形象,维护司法公正。通知还强调,对于刑事案件办案质量的评定,应当根据全案事实、证据、程序和适用法律等方面进行综合判断,不能单纯以破案率、批捕率、起诉率或者定罪率作为衡量办案质量的标准。上述规定有利于纠正司法实践中长期存在的片面追求破案率、批捕率、起诉率或者定罪率,忽视对被指控人权利保护的错误倾向。

为配合国务院 2003 年颁布的《法律援助条例》,2004 年司法部与民政部等共同发布了《关于贯彻落实〈法律援助条例〉 切实解决困难群众打官司难问题的意见》,旨在通过增加财政投入、完善法律援助机构与民政部门的工作配合机制等,保障困难群众得到及时的法律援助,使《法律援助条例》的规定能够落到实处。鉴于刑事诉讼中被指控人多为贫穷的人,法律援助制度的落实对于被指控人的权利保护具有

---

① 参见 2005 年《最高人民检察院工作报告》。

特殊的意义。

此外，清理超期羁押也是保障被指控人合法权益不受侵犯的重要举措。2004年，公安司法机关开展了持续性的清理超期羁押活动。公安机关从2004年1月起开始实行定期新闻发布制度，检察机关进一步深化检务公开，人民法院努力实现立案公开、庭审公开、审判结果公开、裁判文书公开和执行过程公开，这些举措有利于提高司法透明度，起到以公开促公正的作用。

### 4. 完善刑事诉讼程序

程序法定是现代法治对刑事诉讼的基本要求。将刑事诉讼活动纳入法制轨道，可以防止公安司法机关滥用职权、恣意妄为，保证刑事诉讼的民主性、公开性，从而顺利实现刑事诉讼的目的和任务。《刑事诉讼法》对一些具体问题的规定不够明确或者缺乏规定，导致在实践中出现了一些问题，公安司法机关通过制定规范性文件，完善了有关的刑事诉讼程序。

（1）关于管辖。为规范危害税收征管刑事案件管辖分工，解决多头管辖、管辖不明等问题，公安部制定了《公安机关办理危害税收征管刑事案件管辖若干问题的规定》，结合公安机关的办案实践和危害税收征管刑事案件的特点，对偷税案、逃避追缴欠税案（《刑法》第201条、第203条），抗税案（《刑法》第202条），骗取出口退税案（《刑法》第204条第1款），虚开增值税专用发票、用于骗取出口退税、抵扣税款发票案（《刑法》第205条），伪造增值税专用发票案、非法制造用于骗取出口退税、抵扣税款发票案、非法制造发票案（《刑法》第206条、第209条第1款及第2款），出售伪造的增值税专用发票案、购买伪造的增值税专用发票案、出售非法制造的用于骗取出口退税、抵扣税款发票案、出售非法制造的发票案（《刑法》第206条、第208条第1款、第209条第1款及第2款），非法出售增值税专用发票案、非法购买增值税专用发票案、非法出售用于骗取出口退税和抵扣税款发票案、非法出售发票案（《刑法》第207条、第208条第1款、第209条第3款及第4款）的管辖问题分别作了具体、明确的规定。

（2）关于减刑、假释。减刑、假释是中国《刑法》和《刑事诉讼法》规定的重要刑罚执行制度，是人民法院刑事审判工作的重要组成部分。减刑、假释工作关系到刑罚的执行和对罪犯的改造，关系到维护监管场所的监管秩序，关系到服刑人员的切身利益。针对减刑、假释工作中存在的问题，最高人民法院在全国各高、中级人民法院开展了专项大检查，并在通知中规定：今后，为保证减刑、假释案件的透明与公正，对减刑、假释案件将一律实行公示制度和有条件的公开听证制度。

（3）关于罪犯的权利义务。司法部制定了《律师会见监狱在押罪犯暂行规定》，对于会见的场所、条件等作了具体的规定，填补了此方面立法的空白。司法部还重新制定了《监狱服刑人员行为规范》。与旧的《罪犯改造行为规范》相比，新的规范简单明了，而且更加人性化，更为注重对人权的保护。

此外，最高人民法院通过批复的形式对刑事案件终审判决和裁定何时发生法律效力、被告人对行为性质的辩解是否影响自首成立等问题作了明确的答复。最高人民法院还要求，报送复核被告人在死缓考验期内故意犯罪应当执行死刑案件时，应当一并报送原审判处和核准被告人死缓案卷。

综上所述，2004年中国的刑事法治建设在依法惩罚犯罪，促进公民参与司法活动，加强对被指控人权利的保护，完善刑事诉讼程序，提高法官、检察官、律师的职业道德素质等方面取得了较为显著的进展。此外，加强对未成年违法犯罪人员的教育、感化、挽救，扩大缓刑的适用；扩大简易程序和普通程序简化审理的适用，提高司法效率，也受到了公安司法机关的高度重视。30多部规范性文件的出台，标志着中国的刑事诉讼法律规范体系正在逐步走向完善。但应当看到，在中国刑事法治建设的过程中，还存在一些困难和问题。社会治安形势的严峻使得"严打"的刑事政策被反复强调，不仅导致不同时期量刑上的不平等，而且带来了削弱程序公正观念的危险。在惩罚犯罪与保障人权的关系问题上，尽管保障人权受到了越来越多的重视，但是，司法人员侵犯犯罪嫌疑人、被告人合法权益的现象仍然时有发生，有关刑事诉讼的法律规定并未在保障被指控人权益的问题上取得显著进展，相对于公安机关、检察机关，被指控人及其辩护人仍然处于明显的弱势地位。从这个意义上可以说，中国的刑事法治建设仍然任重而道远。

## 二 2004 年中国行政诉讼和国家赔偿制度改革与发展

2004 年是《行政诉讼法》《国家赔偿法》分别颁布十五周年和十周年。行政诉讼与国家赔偿方面的进步是中国司法状况的一个缩影，折射出中国程序法治发展的时代特色和发展规律。因此，2004 年无论对于行政诉讼制度，还是对于国家赔偿制度，都是一个需要认真回顾和全面总结的年份。

### （一）2004 年中国行政诉讼与国家赔偿案件的基本情况

行政诉讼制度与国家赔偿制度在实践中运行的效果是通过案件审理反映出来的。2004 年全国法院行政一审案件收案 92613 件，较 2003 年的 87919 件上升 5.34%；结案 92192 件，较 2003 年的 88050 件上升 4.7%；未结案 5517 件，较 2003 年的 5102 件，上升 8.13%。2004 年全国法院审理的一审案件中（包括刑事、民事和行政），行政案件在全部案件中占 1.83%。从案件类别看，2004 年全国法院审理行政一审案件中，城建、资源、公安、劳动和社会保障类行政案件收案分别为 18973 件、17582 件、11199 件、5559 件，居于前四位。从结案方式看，2004 年全国法院审结行政一审案件中，判决维持的 16393 件，约占结案总数的 17.78%；判决撤销的 11636 件，约占 12.62%；判决履行法定职责的 2988 件，约占 3.24%；判决驳回诉讼请求的 7361 件，约占 7.98%；裁定驳回起诉的 10109 件，约占 10.97%；原告撤诉的 28246 件，约占 30.64%；其他方式结案的 15459 件，约占 16.77%[①]。2004 年全国中级以上法院共收各类二审案件 501929 件，审结 500529 件。其中，行政上诉案件占二审案件的 5.47%，上诉率为 29.82%。2004 年全国各类再审案件收案、结案总数下降，行政案件上升。2004 年共受理再审案件 50500 件，审结 49394 件。

---

① 资料来源：《2004 年全国法院司法统计公报》，《中华人民共和国最高人民法院公报》2005 年第 3 期；《2003 年全国法院司法统计公报》，《中华人民共和国最高人民法院公报》2004 年第 3 期。

其中，行政案件上升 0.93%①。2004 年行政赔偿案件收案、结案上升。受理行政赔偿案件 5884 件，同比上升 3.05%，其中单独提起行政赔偿的占58.43%，附带提起赔偿的占 41.57%；审结 5273 件，上升 22.17%②。

从 2004 年全国法院审理行政案件总体情况看，2004 年中国行政诉讼和国家赔偿具有以下方面特点。

第一，2004 年全国法院受理案件数量持续上升。无论行政一审案件，还是行政二审案件都在增长。行政案件数量增长的主要原因在于：随着我国依法治国、建设社会主义法治国家方略的稳步实施，依法治国、依法行政日益深入人心，得到社会的普遍认可；2004 年 3 月国务院颁发的《全面推进依法行政实施纲要》对建立有权必有责、用权受监督、违法要追究、侵权要赔偿的法治政府提出了要求，这对于提高政府依法行政水平，建立执法责任制有重要意义，政府也从原来不愿意当被告、怕当被告转变为敢于当被告、正确面对当被告；《行政诉讼法》已颁布实施了 15 年，老百姓的法律意识逐步提高，从不敢告、不愿告、不知告到敢于通过诉讼途径维护自己的合法权益；中国目前正在进行的行政体制改革和政府职能转变，特别是随着一些地方城市化进程加快，因土地征用、房屋拆迁、城市规划等引发的行政纠纷越来越多，城建类案件近年来一直居于案件首位，因此通过行政诉讼来化解官民之间的矛盾和纠纷，为构建社会主义和谐社会提供司法保障的任务依然很艰巨。

第二，行政机关依法行政水平在提高，但是行政机关败诉率依然不容忽视。仅法院判决撤销具体行政行为和判决行政机关履行法定职责这两个方面的案件，就占 2004 年行政一审案件结案总数的 15.86%，其中还不包括诉讼中行政机关改变具体行政行为后原告撤诉等情况。应该说，行政机关败诉率还是比较高的。

第三，要求行政机关履行法定职责的案件越来越多。《行政诉讼法》实施后，很多行政机关从最初的乱作为，到现在不作为，当然无论是乱作

---

① 资料来源：《2004 年全国法院司法统计公报》，《中华人民共和国最高人民法院公报》2005 年第 3 期。

② 资料来源：《2004 年全国法院司法统计公报》，《中华人民共和国最高人民法院公报》2005 年第 3 期。

为还是不作为都是违法的。2004 年全国行政一审案件中，法院判决行政机关履行法定职责的 2988 件，约占结案总数的 3.24%，其中不包括原告诉行政机关不作为、法院没有支持的情况。

第四，驳回原告起诉的案件较多。法院裁定驳回原告起诉，主要是因为原告起诉不符合法定起诉条件。在 2004 年行政一审案件中，全国法院裁定驳回起诉的 10109 件，约占结案总数的 10.97%。这一方面说明老百姓的诉讼意识和诉讼水平还有待进一步提高，另一方面也说明加大诉权保护力度还是很有必要的。

第五，原告撤诉率较高。2004 年原告撤诉的 28246 件，约占结案总数的 30.64%，这个比例还是很高的，也就是说在全部行政一审案件结案方式中，原告撤诉的比例将近三分之一。原告撤诉可能既有主动撤诉，也有被动撤诉。主动撤诉主要包括行政机关在诉讼中改变或者撤销了具体行政行为，原告认为继续诉讼已无必要而主动撤诉，也包括原告诉讼本来就没有必要，在诉讼中主动撤诉。被动撤诉主要包括诉讼中原告迫于来自行政机关或者其他方面的压力而撤诉。原告被动撤诉特别是迫于压力撤诉，说明司法环境和法治环境还有待进一步改善。当然，原告撤诉率高并不一定都是坏事。另外，从案结事了的角度而言，法院在诉讼中对案件进行协调处理的空间还很大。

第六，涉外与涉港澳台案件上升。在已经审结的行政案件中，涉外与涉港澳台案件占有一定比例，特别是在知识产权行政案件中，涉外与涉港澳台案件占有较高比例。这一方面说明改革开放以来，随着中国社会主义市场经济的建立和完善，国内市场与国际市场接轨，特别是在中国加入世界贸易组织以后，很多行政管理事项涉及境内外自然人、法人等的利益，因此涉外与涉港澳台案件明显增多；另一方面也说明中国知识产权保护力度在不断增强，据统计，在涉外与涉港澳台案件中，知识产权案件占有较大比重。

第七，行政赔偿案件数量持续上升。2004 年全国法院受理行政赔偿案件 5884 件，同比上升 3.05%。当然，无论单独提起行政赔偿，还是附带提起行政赔偿，法院要支持原告的赔偿请求，其前提在于行政机关的行政行为违法，且属于行政赔偿范围。由于统计数据中没有关于法院判决行政机关赔偿的数额，很难判断法院受理的行政赔偿案件中，判决支持原告赔偿请求的案件比例。

## （二）2004 年中国行政诉讼与国家赔偿的主要发展

随着国家经济社会的飞速发展，行政管理的事项和领域处于不断变化之中，由此引发的行政案件不断增加。通过行政案件的审理，特别是随着一批新的法律法规的颁布实施，2004 年中国行政诉讼与国家赔偿继续向前发展。2004 年中国行政诉讼与国家赔偿的主要发展体现在以下方面。一是对公民、法人或者其他组织诉权的保护力度进一步加大。诉权保护范围从《行政诉讼法》所规定的人身权、财产权扩大到除人身权、财产权外的平等权、受教育权、知情权等多种权利。2004 年全国法院审理的行政案件数量上升从一个侧面说明诉权保护力度加大了，解决了一些地方有案不收、对诉权保护不力、行政案件大幅下降的问题。二是司法环境逐步好转。2004 年全国很多地方的党委、人大、政府大力支持法院的行政审判工作，这是搞好行政审判工作的前提和基础。三是行政机关依法行政水平越来越高。人民法院通过依法审理行政案件，有力推动了行政机关依法行政，一些地方还建立健全了行政执法责任制。四是建立健全相关制度。通过行政案件的影响，一些地方或者部门建立完善了政府信息公开制度、公务员体检标准、行政处罚程序、考试成绩、学位评定等方面的制度。

2004 年中国行政诉讼与国家赔偿除了上述发展外，也存在一些不足之处。

一是行政机关依法行政水平有待进一步提高。引发行政诉讼案件和行政赔偿诉讼案件的原因有很大一部分是行政机关执法时没有做到依法行政。近些年来，随着行政机关对依法行政的日益重视，并且因受行风评议和行政违法责任追究制度的制约，其执法更加审慎，依法行政水平日渐提高。但是，从审判实践看，有法不依、执法不严、违法不究现象时有发生，人民群众反映比较强烈；对行政行为的监督制约机制不够健全，一些违法或者不当的行政行为得不到及时有效的制止或者纠正，行政管理相对人的合法权益受到损害得不到及时救济；一些行政机关工作人员依法行政的观念还比较淡薄，依法行政的能力和水平有待进一步提高。比如，在确认行政行为违法的行政赔偿案件中，很大一部分是程序违法造成的。在强制拆除违法建设案件中，如果行政机关依照法定程序拆除违法建筑，也就能避免一些不必要的行政赔偿诉讼，在一定程度上降低行政赔偿案件数量。从行政赔偿判决的执行情况看，大多数行政赔偿判决都能得到及时执行，但是，也有个别行政机关对法院的行政赔偿判决不重视、不执行，导致行政赔偿难以落到实处。

二是公民法律意识有待进一步增强。虽然自《行政诉讼法》颁布实施以来，公民法律意识逐步提高，但从审判实践来看，公民法律意识还有待进一步增强。一方面要改变行政诉讼原告和行政赔偿请求人诉讼意识不强，不会告、不愿告的状况。在审判实践中，有一些行政赔偿案件，虽然法院确认行政行为违法，却因为行政赔偿诉讼请求人没有提交给自己造成损失的证据，致使法院无法判决行政机关赔偿相对人损失，影响到相对人合法权益的保障。因此，作为行政赔偿请求人应该具有证据意识，多注意收集证据。另一方面要改变行政诉讼原告和行政赔偿请求人滥诉、缠诉状况。目前，在审判实践中，有一些行政赔偿请求人对法律的理解一知半解，经常提出一些不符合法律规定的诉讼请求。比如，因为行政机关某一个程序上违法，就提出要求行政机关赔偿500万元。另外，在法院依法作出判决以后，他们对法院判决不理解，经常缠诉，通过上访等方式进行反映，直接影响了法院权威。

三是行政审判司法环境有待进一步改进。从目前总体情况看，行政审判司法环境较好，但还需要进一步改进。有些法院在受理和审理行政案件方面有压力，行政机关对行政审判不理解、不支持，甚至在法院已经作出判决的情况下也不执行。有些人至今仍对行政赔偿存在不理解，认识不到位，甚至出现"国家赔偿法就是国家不赔法"的错误认识。行政赔偿请求人在法院依法作出裁判以后，有人认为法院裁判不公，通过信访或者其他途径寻求解决。因此，要做好行政审判工作必须进一步改进司法环境。

当然，应该认识到中国行政法治的发展需要一个过程，不可能一蹴而就，行政案件的推动是其中很重要的因素。下面围绕2004年全国法院审理的有较大影响或者具有典型意义的行政案件进行评介。

**1. 政府信息公开行政案件**

经过 2003 年"非典"和 2004 年"禽流感"的考验，2004 年政府信息公开步伐明显加快，逐步建立了政府信息公开制度。2003 年在"非典"期间，中国政府就出台了《突发公共卫生事件应急条例》，对信息公开作出了明确的规定。有些地方还制定了相应的地方性法规，如广东省制定了《广州市政府信息公开规定》，明确指出"政府信息以公开为原则，不公开为例外"，"信息公开是政府的义务，是公民的权利"等。2004 年面对"禽流感"的侵袭，中国政府更加大了信息公开的力度，国务院通过了《关于改进和加强国内突发事件新闻发布工作的实施意见》，要求各地依照有关法律和规定，进一步完善和规范疫情报告及处置制度，实行疫情的日报告制度和新闻发布制度。同时，积极开展国际合作，及时主动向联合国粮农组织和世界卫生组织通报疫情，及时答复有关媒体和驻华使馆的询问。2004 年，上海市、湖北省、重庆市、吉林省、昆明市、成都市、杭州市、济南市、九江市等省、市政府先后颁布实施了政府信息规定。2004 年，被誉为中国行政公开第一案的董某不服上海市徐汇区房地局信息不公开案在上海审理。2004 年 5 月 10 日，董某向上海市徐汇区房地局申请查阅一处房屋的产权登记历史资料，董某称"该处房屋由其父于 1947 年以 240 两黄金从法商中国建业地产公司购买，自 1947 年 9 月 1 日起至 1968 年 7 月 16 日董某一家实际居住该房屋"。针对董某的查阅请求，徐汇区房地局作出书面回复："因该处房屋原属外产，已由国家接管，董某不是产权人，故不能提供查阅。"董某查阅房屋产权登记历史资料的目的在于获取该房屋历史上属于自己的证据，只是由于特殊原因被他人占用，从而为自己的民事诉讼提供充足证据。对徐汇区房地局拒绝公开行为不服，董某向徐汇区法院提起行政诉讼，要求法院判令被告履行信息公开义务。法院经审查依法维持了徐汇区房地局决定[1]。

**2. 公务员录用行政案件**

2004 年全国公务员录用新的体检标准在遭遇挑战后得以出台。2005

---

[1] 刘飞宇：《行政信息公开与个人资料保护的衔接——以我国行政公开第一案为视角》，《法学》2005 年第 4 期。

年 1 月 17 日人事部和卫生部印发了《公务员录用体检通用标准（试行）》，该标准第 7 条规定，各种急慢性肝炎，不合格；乙肝病原携带者，经检查排除肝炎的，合格。该规定考虑到中国约有 1.2 亿人的乙肝病毒携带者和乙肝病毒感染者的庞大人群，是一个很大进步。

### 3. 行政许可行政案件

随着《行政许可法》的实施，行政许可案件类型和数量不断增加。2004 年全国法院审理的行政许可案件中，有较大影响的行政许可案件类型包括城市房屋拆迁许可、城市规划许可、出租车经营许可案、工商登记等。通过行政许可案件的审理，行政机关实施的行政许可行为越来越规范，便民利民意识日益增强。例如，北京市芳城园一区居民 916 人不服北京市规划委员会颁发建设工程许可证案。在该案中，用于建设幼儿园的公建用地上却建起了一座 28 层的商务公寓，芳城园一区的 916 位居民联名起诉颁发"建设工程规划许可证"的北京市规划委员会。此案争议的焦点是芳城园一区 20 号楼所处土地的用地性质。芳城园业主认为，这处土地原规划用于幼儿园等配套设施建设。而市规划委员会在既没有和小区业主协商，也没有征求居民意见的情况下，于 2002 年批准开发商在 20 号楼处建设商务公寓。侵害了小区广大业主的合法权益。北京市西城区人民法院经依法审查，认为此案争议的 20 号楼原用地性质确为配套托幼用地，但是根据方庄居住区的实际建设和居住情况，经市政府有关职能部门决定，调整了方庄居住区的教育设施配套方案。市规划委员会据此审批后核发的商务公寓"建设工程规划许可证"并未违法。北京市西城区人民法院一审判决驳回了原告的起诉①。

### 4. 道路交通处罚行政案件

随着《道路交通安全法》和《道路交通安全法实施条例》的实施，加大了对道路交通违法行为的处罚力度，因道路交通行政处罚引发的行政诉讼案件明显增加。在公安交通行政处罚案件中，利用"电子眼"对道路交通违法行为人进行处罚，即公安机关交通管理部门非现场执法的情况

---

① 孙莹：《公建用地成商务公寓 916 位居民告规委败诉》，资料来源：http://chinacourt.org。

越来越多。应该说，利用"电子眼"这种现代科学技术，进行非现场执法对于提高行政执法效率、降低行政成本、节约执法资源、减少或者避免执法随意性都有重要意义。由于"电子眼"毕竟是"认车不认人"，公安机关道路交通管理部门通过"电子眼"监控资料对道路交通违法行为人进行处罚引发的行政案件也在增加。例如，2004 年 12 月 13 日，北京市海淀区人民法院审结了全国首例不服电子警察违章认定案。2004 年 7 月 27 日，海淀交通支队根据"电子眼"拍摄到的画面，作出公安交通管理简易处罚决定书，认定郭永玉的白色捷达车于同年 6 月 18 日 17 时 48 分，在海淀区阜永路口闯红灯。根据《道路交通安全法》第 90 条的规定，决定对郭永玉处以罚款 200 元、扣 3 分。郭永玉不服，当天就向北京市公安局公安交通管理局申请行政复议。第二天，他到指定的地点缴纳了 200 元罚款。车主郭永玉说，通过录像他看到该违法车辆没有高位刹车灯，而他的车则有，而且他查了日志，6 月 18 日那天他正在工程局处理服务器故障，没有驾车到过违法现场，因此该违法车辆肯定是一辆"套牌"车。9 月 27 日，市交管局维持了海淀交通支队作出的处罚决定。郭永玉遂向法院提起行政诉讼，要求法院判令海淀交通支队撤销对他的处罚决定。北京市海淀区人民法院根据"认车不认人"原则判决全国首例因不服"电子眼"拍摄处罚而起诉至法院的车主郭永玉败诉[①]。

　　2004 年在全国有较大影响的道路交通行政处罚案件中，还包括广州市民赖某不满"奖励拍摄违章"状告广州市公安局案，在该案中，广州市公安局为了发动群众力量打击车辆违章，于 2003 年 7 月 15 日发布了《关于奖励市民拍摄交通违章的通告》，让市民充当"义务监督员"，对违章车辆进行拍摄并以照片的形式向公安部门进行检举，检举者可获得一定奖励。广州市民赖某驾车压了道路白色实线，躲在暗处的"义务监督员"拍下这违章一幕并将照片交给公安局，公安局依此处以赖某 100 元罚款。但赖某认为群众照片不能作为处罚依据，并以广州市公安局"奖励拍摄违章"的做法不合法为由将其告上法庭。广州市越秀区人民法院 2004 年

---

① 赵中鹏：《全国首例不服电子警察违章认定案审结车主败诉》，资料来源：http://chinacourt. org。

7 月 20 日对这一行政案件进行一审宣判，驳回了赖某的诉讼请求①。

**5. 劳动和社会保障行政案件**

2004 年国务院、劳动和社会保障部颁布实施了一些行政法规、行政规章以及其他规范性文件，采取了很多人性化措施，积极保护劳动者的合法权益。随着《工伤保险条例》《劳动保障监察条例》等社会保障行政法规、规章的实施，劳动和社会保障行政主管部门在工伤认定、养老保险、失业保险、城市最低生活保障金发放、劳动监察等方面引发的社会保障行政案件也逐渐增多，其中有一些案件处理难度很大。例如，2004 年某日，北京一家企业聘用的保洁员张某，在工作时间到地下室上厕所，被奸杀。事发后，家属要求工伤认定。所在单位认为张某虽然在工作时间致死，但是在非工作地点致死，其工作地点是大楼的一层至四层，不能进行工伤认定。劳动和社会保障部门没有支持张某家属的请求，没有进行工伤认定。张某家属诉至法院，最终也没有获得法院支持。

**6. 国际贸易行政案件**

涉及世贸组织规则的货物贸易、服务贸易、知识产权和外商投资等国际贸易的行政案件，特别是知识产权行政案件是目前中国法院急需深入研究的新类型案件。2004 年 7 月 22 日，被誉为中国"行政许可第一案"的南京知识律师事务所诉国家工商行政管理总局商标局关于律师代理商标申请业务诉讼案，北京市第一中级人民法院一审判决认为，根据《律师法》的规定，律师可以接受非诉讼法律事务当事人委托，提供法律服务。国务院已取消了"商标代理组织审批"和"商标代理人资格核准"这两个行政审批项目，相关规定也未禁止律师从事该项业务、也未对提供商标代理服务的主体作出特别要求。在《律师法》已有相关规定的前提下，国家工商行政管理总局商标局关于知识律师事务所不能从事该项业务的主张不能成立，拒绝受理其作为代理人提交的商标注册申请缺乏法律依据。因此作出一审判决，撤销商标局作出的不予受理商标注册申请通知。商标局不服一审判决提起上诉②。2004 年，北京市法院还审理了国内外一些知名企

---

① 吴俊：《广州一市民状告公安局"奖励拍摄违章"被驳回》，资料来源：http://xinhu-anet．com。

② 姚芃：《全国"行政许可第一案"二审聚焦》，资料来源：http://chinacourt.org。

业提起的知识产权行政案件。例如，北京市第一中级人民法院一审审结了国内首例不服国家工商行政管理总局商标局认定驰名商标的行政案件，市一中院维持了商标局认定"中化"为驰名商标的具体行政行为。

### 7. 考试教育行政案件

随着教育体制改革的不断深化，全国法院受理的教育行政案件数量也不断上升。教育行政案件涉及群体主要是学生，也包括教师，涉及领域广泛，如考试管理、学籍管理、证书管理等。2004 年全国法院审理的较有影响的考试教育行政案件主要如下。一是状告国务院学位委员会考试无效处罚案。从 2004 年 2 月起，因处罚考试违纪作弊事件，国务院学位委员会先后四次被告上法庭，并在四起案件一审中全部胜诉。这四起案件是因"试卷雷同"被取消考试成绩的湖北考生郭某诉国务院学位委员会案①、因考试结束铃声响起仍继续答题被取消成绩的两位山西考生②诉国务院学位委员会案、因考试期间在卫生间看"小条"被取消成绩的安徽考生不服处罚状告国务院学位委员会案。二是因国家司法考试无效处罚状告司法部案，如因"跨考场多人多卷 95% 雷同"，被宣布当年考试成绩无效，两年内不得参加国家司法考试而状告司法部案。三是因不授予学历、学位证书状告大学案，如邵世雄因一次考试违纪行为遭学校处分，毕业时校方拒绝授予学位，将武汉大学告上法庭。2004 年 3 月，湖北省武汉市武昌区人民法院下达行政判决，责令武汉大学在 60 日内召集本校学位评定委员会对原告邵世雄的学士学位资格进行审查③。四是因学籍问题状告教育部案。沈阳某大学的学生朱某，因考试成绩不合格被学校勒令退学，朱某不服，将教育部告上法庭。2004 年 5 月 18 日下午，北京市第一中级人民法院作出一审裁定，以朱某已超过法定起诉期限为由，驳回其起诉。

通过考试教育行政案件的依法审理，对于保护考生、学生的合法权益，监督和支持考试教育部门依法行政，健全完善相关法律制度都有重要意义。2004 年 8 月 28 日，十届全国人大常委会第十一次会议将《中华人

---

① 郭京霞：《"试卷雷同"考生诉学位委员会败诉——国务院学位委员会处罚考试违纪作弊四案一审全部胜诉》，资料来源：http://chinacourt.org。

② 郭京霞：《山西"舞弊"考生状告国务院学位委员会》，资料来源：http://chinacourt.org。

③ 杨斌：《武汉大学拒绝授予违纪学生学位案宣判》，资料来源：http://chinacourt.org。

民共和国学位条例》第9条第2款修改为："学位论文答辩委员会必须有外单位的有关专家参加，其组成人员由学位授予单位遴选决定。学位评定委员会组成人员名单由学位授予单位确定，报国务院有关部门和国务院学位委员会备案。"该项修改有助于推动学位评定过程的规范化、制度化。

### （三）行政诉讼与国家赔偿的未来展望

《行政诉讼法》的修改列入十届全国人大常委会议事日程，这是《行政诉讼法》颁布实施以来第一次由国家最高权力机关进行的修改。其意义是重大的，影响将是深远的。对《行政诉讼法》的修改，无论是理论界还是实务界都寄予厚望，并提出了修改建议和设想，可谓见仁见智。当然，总体而言，《行政诉讼法》的修改要在中国现有的宪法体制和法制框架下进行，要符合中国国情，要有利于发挥保障人权功能，解决行政诉讼实践中存在的问题，满足加入世界贸易组织的要求，扩充行政诉讼制度的功能。《国家赔偿法》的修改也已经提上议事日程。随着《行政诉讼法》和《国家赔偿法》的修改，行政诉讼与国家赔偿将在以下方面取得进展。

一是进一步扩大行政诉讼受案范围。目前中国行政诉讼在受案范围方面存在明显不足，应当对抽象行政行为、对劳动权和受教育权等其他权利的司法救济、对涉及所谓特别权力关系的行为等进行深入研究，探讨其纳入司法审查的可行性。

二是进一步完善行政诉讼证据制度。最高人民法院新颁布的司法解释虽然对行政诉讼的证据规则作出一些规定，但是这些规定还不够全面系统，还不能解决行政审判中有关证据的举证、质证、认证的所有问题。因此，要在总结审理行政案件经验的基础上，形成一套符合行政诉讼规律的举证、质证、认证规则，为审判人员认定各种证据的能力提供规范依据。

三是进一步深化庭审方式改革。通过规范庭审程序，使庭审的过程和结构真正体现行政诉讼的特点，使整个庭审活动在合议庭的主持下，紧紧围绕审查被诉具体行政行为的合法性和案件争议焦点展开；确保当事人双方的法律地位平等，确保当事人双方均能充分行使诉权；既能够为当事人充分举证、质证，充分发表诉讼主张创造条件，又能为人民法院在较短时间内高质量地全面查明案件事实提供保障；弱化审判人员超职权主义倾向，充分发挥当事人的能动作用；确保案件审判公正、高效。

四是进一步简化行政审判程序。在中国现有的法律框架下，针对不同案件在审判程序上实行繁简分流，对于案情简单、影响不大的简易行政案件探索简化审理方式，能够有效解决目前普遍存在的审判力量不足与审判任务急剧上升的矛盾，实现审判的公正与效率。

五是进一步探索行政审判的协调处理。《行政诉讼法》第 50 条明确规定："人民法院审理行政案件，不适用调解。"该条规定在当时的条件下可能是必要的，但是适应形势的发展，特别是随着行政管理方式的转变，我国行政诉讼制度应当探索建立和解制度和协调处理方式，这对于从根本上化解矛盾、解决纠纷，构建和谐社会有重要意义。

六是进一步完善行政赔偿制度。《国家赔偿法》制定时间较早，由于当时立法考虑到国家总体经济状况和行政机关执法水平，对一些重大事项的规定相对保守，从而出现行政赔偿范围和行政赔偿受案范围过窄、行政赔偿标准过低等诸多不足，直接影响了行政赔偿制度的发展。最高人民法院在 1997 年公布了《关于审理行政赔偿案件若干问题的规定》，1999 年出台了《关于执行〈中华人民共和国行政诉讼法〉若干问题的解释》，在审判实践中，对这些法律规定和司法解释的有些条款如何衔接和理解，人们的认识不尽一致。从中国现有的法律和司法解释来看，对事实行为、授益行为、许可行为等引发的纠纷可否请求行政赔偿，并不明确。这在客观上阻碍了行政赔偿制度的发展，相信这些方面都将在《国家赔偿法》修改中得到完善。

## 三　2004 年中国民事诉讼制度改革与进展

2004 年，民事审判、执行以及其他各项工作取得了新进展。

### （一）有关民事诉讼的司法解释和规范性文件

2004 年，《全国人民代表大会常务委员会关于完善人民陪审员制度的决定》（2004 年 8 月 28 日）得以颁布，有效推动中国人民陪审员制度的完善。最高人民法院等部门还发布了多部与民事诉讼有关的司法解释以及其他规范性文件，内容涉及审判、执行等多个方面。各种规范性文件的发布适应了民事司法实践活动的需要，为保障民事诉讼活动的顺利进行、确保民事诉讼公正审判、顺利执行等提供了制度保障。

### （二）关于民事审判和执行

2004 年，最高人民法院依法审理民事案件，平等保护当事人的合法权益。全年共审结借款合同、房地产、金融证券、票据、建设工程合同、股东权益等各类重大民事二审等案件 611 件，诉讼标的金额 153.1 亿元。根据我国履行加入世界贸易组织的承诺，进一步加强知识产权的司法保护，共审结此类案件 78 件，上升 16.4%。地方各级人民法院全年共审结婚姻家庭、继承、合同、侵权等各类民事一审案件 4303744 件，诉讼标的金额 6390 亿元。其中，婚姻家庭、继承纠纷案件 1160346 件，合同纠纷案件 2235890 件，侵权以及其他民事纠纷案件 907508 件（见图 1）。2004 年民事审判的一个重要特点是，集团诉讼和群体性诉讼呈上升趋势，全年共审结 538941 件，上升 9.5%；劳动争议案件 163151 件，上升 18.4%；知识产权案件 8332 件，上升 21.5%。加大对军人军属合法权益保护力度，审结涉军人军属权益案件 4068 件，调处涉军人军属权益纠纷 1.4 万余件，上升 12.5%[①]。

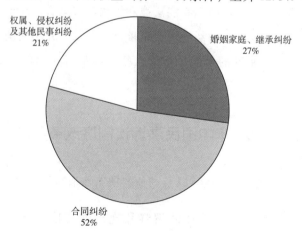

**图 1 2004 年审结的第一审民事案件情况**

---

① 参见肖扬 2005 年 3 月 9 日在第十届全国人民代表大会第三次会议上所作《最高人民法院工作报告》。

在审结的一审案件中，判决结案的 1754045 件，驳回起诉的 61226 件，撤诉的 931732 件，诉讼终结的 58476 件，调解的 1334792 件，移送的 25496 件，其他 137977 件（见图 2）。

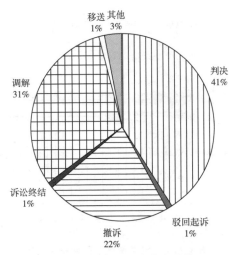

图 2　2004 年第一审案件审结情况

2004 年全国法院审结二审民事案件 377052 件，其中维持原判的 180139 件，改判的 63284 件，发回重审的 29846 件，撤诉的 40267 件，调解的 30155 件，其他 33361 件（见图 3）。

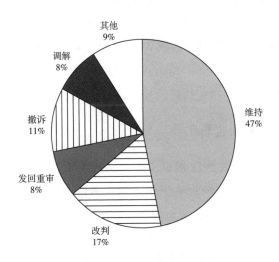

图 3　2004 年第二审民事案件审结情况

2004 年，全国法院审结再审民事案件 44211 件，其中，判决维持的 13709 件，改判的 15161 件，发回重审的 3014 件，撤诉的 764 件，调解的 3647 件，其他 7916 件（见图 4）。

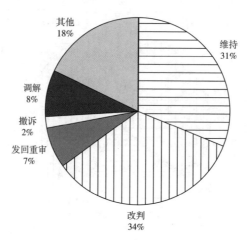

**图 4　2004 年民事再审案件审结情况**

同时，最高人民法院加大执行工作力度，努力解决"执行难"问题，集中力量监督、协调跨省、自治区、直辖市的重大民事执行案件 186 件，涉案标的额 27.8 亿元。部署全国法院开展集中清理未结执行案件、执行款物活动，规范民事执行中查封、扣押、冻结、评估、拍卖、变卖财产等行为，规范执行程序，提高执行效率，保证执行效果。地方各级人民法院全年共执结案件 2150405 件，执行标的额 3320 亿元。根据案件的不同情况改进执行方式，努力解决异地执行、跨地区执行中存在的困难和问题，上级法院提级执行上升 75.3%，指定执行上升 42.8%，委托执行上升 3.3%①。

## （三）关于审判监督工作

2004 年，最高人民法院根据十届全国人大二次会议决议的要求，紧紧围绕"公正与效率"的法院工作主题，通过各种途径监督、指导地方各级人民法院的工作，提高审判质量，维护司法公正。

---

① 参见肖扬 2005 年 3 月 9 日在第十届全国人民代表大会第三次会议上所作《最高人民法院工作报告》。

第一，加强涉诉信访工作，切实解决"申诉难"问题。涉诉信访工作是最高人民法院监督下级法院审判和执行工作的重要渠道。2004 年，人民群众涉诉来信、来访大幅上升。针对这一变化，最高人民法院充实加强接访工作力量，改进工作方法，提高工作效率，全年共办理来信来访 147665 件人次，上升 23.6%。最高人民法院直接立案审查 1542 件，其余按审级管辖规定交由地方各级人民法院审查。本着"有诉必理"的精神，最高人民法院要求地方各级人民法院建立"信息灵敏，反应快捷，责任明确，措施有力"的工作机制，严格信访工作责任制，重点解决重复访、集体访等难点问题。地方各级人民法院全年共办理群众来信来访 422 万件人次，上升 6.2%。除此之外，最高人民法院努力提高一审、二审审判质量，从源头上减少涉诉信访问题。对于可能发生申诉上访的案件，建立回访制度，做好息诉服判工作。推行申诉、申请再审审查听证和合议制度，确保申诉、申请再审审查工作有序、规范①。

第二，加强司法解释工作，统一司法标准。根据法律规定，最高人民法院对各级人民法院在审判过程中如何具体应用法律的问题进行解释。针对建设工程数量增多、施工合同纠纷增加的状况，制定关于审理建设工程施工合同纠纷案件的司法解释，加强对农民工合法权益的保护，促进城市建设有序进行；为依法规范技术开发、技术转让、技术咨询和技术服务，制定关于审理技术合同纠纷案件的司法解释，等等②。

第三，落实司法为民，方便群众诉讼。最高人民法院和地方各级人民法院进一步落实司法为民 23 项具体举措及实施意见。针对一些经济困难的群众无钱打官司的问题，进一步完善司法救助办法，全年实施司法救助的案件 263860 件，上升 15.6%；减、缓、免交诉讼费 10.9 亿元，上升 3.1%。对追索抚育费、扶养费、赡养费案件以及农村"五保户"和城市低保人员提起诉讼的案件一律减免诉讼费。针对一些涉诉群众缺乏法律知识不会打官司的问题，为帮助当事人避免常见的诉讼风险，减少不必要的

---

① 参见肖扬于 2005 年 3 月 9 日在第十届全国人民代表大会第三次会议上所作《最高人民法院工作报告》。

② 参见肖扬于 2005 年 3 月 9 日在第十届全国人民代表大会第三次会议上所作《最高人民法院工作报告》。

损失，最高人民法院于 2003 年底公布人民法院民事诉讼诉讼风险提示书，各级人民法院普遍加强诉讼引导、诉讼风险提示。一些基层人民法院实行巡回审判、预约开庭，有条件的建立了人民法庭直接受理立案、电子签章系统，便利群众诉讼。2004 年 12 月 21 日，最高人民法院专门发出《关于集中清理拖欠工程款和农民工工资案件的紧急通知》，要求快立案、快审理、快执行，使进城务工人员尽快拿到应得报酬①。

第四，加强法院改革工作，完善中国特色审判制度。最高人民法院和地方各级人民法院进一步落实公开审判原则，努力实现立案公开、庭审公开、审判结果公开、裁判文书公开和执行过程公开，以公开促公正。为此，法院采取案件开庭前公告和简化旁听手续等措施方便群众旁听，2004年接待旁听群众 5000 余万人次。依法扩大简易程序的适用范围，提高审判效率。适用简易程序审结案件 3147221 件，占全部案件的 63.6%。为确保 2005 年 5 月 1 日起全面实施《全国人大常委会关于完善人民陪审员制度的决定》，最高人民法院会同司法部制定《关于人民陪审员选任、培训、考核工作的实施意见》，对人民陪审员的选任、培训、奖惩、日常管理等有关内容提出了具体要求。全国基层法院已经完成人民陪审员的预选工作②。

第五，加强与港澳的民事司法协助工作。为推动内地与香港特别行政区、澳门特别行政区的司法交流与协作，地方各级人民法院在最高人民法院指导下办理香港特别行政区、澳门特别行政区委托送达法律文书和委托调查取证等工作。2004 年共办理委托送达民事法律文书和委托调查取证51 件，上升 8.51%③。

### （四）关于诉讼调解工作

2004 年 9 月 16 日，最高人民法院发布《关于人民法院民事调解工作

---

① 参见肖扬 2005 年 3 月 9 日在第十届全国人民代表大会第三次会议上所作《最高人民法院工作报告》。

② 参见肖扬 2005 年 3 月 9 日在第十届全国人民代表大会第三次会议上所作《最高人民法院工作报告》。

③ 参见肖扬 2005 年 3 月 9 日在第十届全国人民代表大会第三次会议上所作《最高人民法院工作报告》。

若干问题的规定》（以下简称《规定》），指导各级人民法院按照"能调则调、当判则判、调判结合、案结事了"的要求，不断提高诉讼调解水平。各级人民法院审结的各类民事案件中，诉讼调解结案的有 1334792件，调解结案率为 31%，许多基层法院调解结案率达 70% 以上。最高人民法院与司法部联合召开人民调解工作会议，进一步加强人民调解工作与诉讼调解工作的衔接，探索建立矛盾纠纷的多元解决机制。2004 年，全国基层法院配合有关部门培训人民调解员 514 万人次[①]。

诉讼调解制度植根于中国的历史传统和司法实践之中，也与当前国际司法界多元化、多途径解决民事纠纷的发展潮流相吻合。以调解的方式来处理民事案件，在我国经历了"调解为主""着重调解""调解与判决并重"以及缩减调解又到加强调解几个阶段。在我国追求和谐社会、全面协调发展的背景下，诉讼调解制度又站在了新的起点上。在新的起点上加强诉讼调解，必须坚持"能调则调、该判则判，调判结合"的原则，正确处理好调解与判决的关系。《规定》比较全面地总结了这些年来有关诉讼调解的丰富理论成果和实践经验，对民事诉讼中如何具体适用调解制度处理案件，作出了比较详细、具体的规范。

诉讼调解使诉讼更具参与性，强调当事人积极参与，通过当事人自愿协商而不是法官依法裁判来解决纠纷，当事人容易理解和接受诉讼过程以及诉讼结局。同时，调解强调当事人之间的友好协商和妥协，促进当事人之间互谅互让和友好合作，降低和弱化了当事人之间的对抗性，有利于社会的和谐与稳定。与判决程序相比，调解方式灵活，具有简便、高效、经济的特点，更符合诉讼效益的要求，能减轻当事人的诉讼负担，也能节约司法资源。此外，调解结案更符合"司法公正"的实质要求。只有当事人自己最清楚纠纷的真相和利益所在，所以其自愿选择的处理结果是最符合他们的利益需求的，也最接近当事人追求的实体公正，有利于当事人的自觉履行。

《规定》主要从以下几个方面完善了人民法院民事调解制度。

---

① 参见肖扬 2005 年 3 月 9 日在第十届全国人民代表大会第三次会议上所作《最高人民法院工作报告》。

第一，进一步明确了调解是民事诉讼的一项原则。《规定》进一步强调了人民法院审理民事案件必须全面贯彻调解工作的基本原则。这体现在两个方面：一是明确规定了调解适用的诉讼阶段。《规定》第1条规定，对第一审、第二审和再审民事案件都适用调解。在受理案件之后到庭审结束作出裁判之前，人民法院都可以对民事案件进行调解。二是明确规定了人民法院调解民事案件的范围。《规定》第2条规定，对于有调解可能的民事案件，人民法院都应当进行调解。也就是说，除了适用特别程序、督促程序、公示催告程序、破产还债程序的案件，婚姻关系、身份关系确认案件以及其他依案件性质不能进行调解的民事案件，人民法院不进行调解外，其他案件都应当进行调解。

第二，设立了答辩期满前进行调解的规则。对在案件受理后，答辩期满前能否对案件进行调解，《民事诉讼法》没有明确规定。《规定》第1条第2款对此作了明确的规定，"在征得当事人各方同意后，人民法院可以在答辩期满前进行调解"。这一阶段调解只能在当事人同意的情况下才进行，不会影响当事人的诉讼权利。答辩期满前的调解有两种启动方式：一是当事人申请调解的，可以立即进入调解程序；二是由法院主动征得各方当事人同意的也可以进行调解。但在答辩期满前法院不得以职权主动启动调解程序。同时，为避免答辩期满前的调解时间过长会拖延诉讼，《规定》对这一阶段的调解时间作了限制。

第三，调解组织适度社会化。为解决审判力量严重不足问题，提高诉讼效率，确保司法公正，《规定》对调解人员的范围作了扩大性规定。调解组织的社会化主要通过两种方式实现，一是邀请协助调解，就是人民法院依法可以邀请与当事人有特定关系或者与案件有一定联系的企业事业单位、社会团体或者其他组织和具有专门知识、特定社会经验、与当事人有特定关系并有利于促成调解的个人协助调解工作。二是邀请主持调解，就是在经各方当事人同意后，人民法院委托有法律知识、相关工作经验或者与案件所涉问题有专门知识的单位或者个人对案件进行调解。经调解达成调解协议的，由人民法院依法予以确认，与法官主持调解产生相同的效果。

第四，调解协议内容具有开放性。根据规定，调解协议的内容超出诉讼请求范围的，人民法院应当准许。当事人协商解决他们之间的纠纷，往往不单单是一个纠纷，他们通常会对各项法律关系一并解决，达成一揽子协议，一揽子协议的内容通常就会超出当事人诉讼请求的范围。如果不承认当事人这种协议，当事人之间的纠纷就很难解决，而且相关问题也会再诉诸法院。为方便当事人，《规定》明确规定对此可以依法予以审查，只要不违反法律、行政法规的禁止性规定，不侵害国家、社会、他人的合法权益，就可以确认其有效。

第五，建立调解激励机制。尽管多数调解协议能够得到当事人的自觉履行，进入强制执行程序的案件较少，但一旦发生不履行调解协议或者调解书的情况，一方当事人则会认为在调解时作出了让步而后悔，正是这种顾虑也影响了当事人进行调解的积极性。为消除当事人的顾虑，促进当事人达成调解协议，《规定》规定了调解履行的两种激励机制：一是当事人可以在调解协议中约定一方不履行调解协议时承担额外的民事责任，经人民法院确认后，在发生一方不履行调解协议时，另一方当事人可以直接申请人民法院强制执行；二是当事人可以为履行调解协议设定担保，一旦不履行调解协议的情况产生，另一方可以向法院申请强制执行担保人的财产或者担保物，以保证其债权得到及时实现。

第六，当事人可以自愿选择调解协议的生效方式。实践中存在当事人一方在签收调解书之前无故反悔，有意以此拖延诉讼的情况，严重影响了调解效率，浪费了审判资源，增加了当事人的诉讼成本，违背了诉讼诚信原则。为此，《规定》规定调解达成协议并经审判人员审核后，双方当事人同意该调解协议经双方签名或者盖章生效的，该调解协议自双方签名或者盖章时起生效，与签收调解书具有相同的法律效力。如此规定有利于提高当事人诚信意识，避免当事人随意反悔，确保法院调解工作取得良好的法律效果和社会效果①。

## （五）关于民事诉讼的检察监督

2004 年，各级检察机关针对诉讼活动中执法不严、司法不公的突出

---

① 《加强诉讼调解确保审判公正》，资料来源：中国普法网，http://www.legalinfo.gov.cn/zt/2004-12/27/content_172340.htm。

问题，完善监督机制，强化监督措施，增强监督实效。在民事审判监督中，平等保护诉讼主体的合法权益，重点监督严重违反法定程序，贪赃枉法、徇私舞弊导致裁判不公，以及侵害进城务工人员、下岗职工利益的案件，对认为确有错误的民事行政判决、裁定提出抗诉 13218 件，提出再审检察建议 4333 件；依法维护人民法院的正确裁判，对 53581 件申诉案件认真做好服判息诉工作，收到了较好的社会效果①。

### （六）民事程序法治建设展望

为迅速及时解决纠纷，平息社会矛盾，需要加强以下方面的有关工作。

第一，全面加强审判和执行工作，维护社会稳定，促进经济发展。一是依法保障公有制经济和非公有制经济的共同发展，维护统一、公平、竞争、有序的市场经济秩序；努力为实施西部大开发、振兴东北地区等老工业基地、促进中部地区崛起和东部地区加快发展提供司法保障，促进区域经济协调发展。二是保护公共财产和公民合法私有财产，依法审理企业重组改制和破产等案件，防止国有资产流失，切实保障职工的合法权益；依法审理农村土地征收征用、城市房屋拆迁纠纷，保护农民和城市居民的合法权益。运用司法手段确保公民合法私有财产不受侵犯。三是要进一步加强对妇女、老年人、未成年人和军人军属合法权益的司法保护，加强对残疾人和其他特殊群体合法权益的司法保护。四是加强执行工作，采取有力措施，切实解决"执行难"。

第二，积极稳妥推进司法体制改革，维护司法公正。根据中央关于司法体制改革的总体部署和要求，最高人民法院将颁布和实施《人民法院第二个五年改革纲要》，从解决群众关心的司法公正和效率问题入手，改革审判委员会制度，进一步促进审理与判决的有机统一，提高工作效率；完善人民陪审员制度，会同司法行政机关选拔、培训人民陪审员，保障人民群众依法参与审判活动，弘扬司法民主；改革完善民事案件审判监督制

---

① 参见贾春旺 2005 年 3 月 9 日在第十届全国人民代表大会第三次会议上所作《最高人民检察院工作报告》。

度，尊重和保障当事人依照法律程序提起再审的权利，及时受理当事人申诉和申请再审的案件，解决群众"打官司难"问题；改革完善人民法庭工作机制，规范巡回审理工作，人民法庭可以直接受理案件，方便群众诉讼；针对未成年人的心理、生理特点和法律保护的特殊要求，改革完善未成年人司法制度，加强对未成年人合法权益的保护；坚决贯彻执行《全国人大常委会关于司法鉴定管理问题的决定》，促进司法鉴定管理制度的完善；改革执行工作体制，积极参与社会信用体系建设，完善执行案件信息管理系统，促进当事人自动履行生效裁判。

第三，推进民事诉讼制度改革。民事诉讼制度改革的探讨是民事法治发展的重要组成部分。现代民事诉讼制度来源于西方。中国的民事诉讼立法包括法典的修改一定要首先研究先进的民事诉讼立法和诉讼制度，掌握其基本规律。但是，法律制度离不开特定国家的历史传统和基本国情，各国之间少有完全相同的法律制度，借鉴外国的法律制度绝不能离开本国国情。近年来要求改革民事诉讼程序制度的呼声很高，人民法院也进行了不少有益的改革尝试。如中国的民事诉讼模式借鉴了当事人主义模式来改革超职权主义模式，在总体上取得了比较好的效果。但域外经验有其固有的历史文化传统、司法理念和配套制度作支撑，不能直接或者简单照搬，因此需要特别注意中国的现实司法环境和我国的具体国情。域外经验以及现代司法理念中的民主、中立，与中国传统的司法文化、习俗、制度等存在一定差距。因此，在借鉴国外先进司法理念、先进司法制度修订《民事诉讼法》的同时，一定要注意与中国的基本国情相结合，使民事诉讼制度既适应国家发展的需要而具有前瞻性，又不脱离中国实际而具有本土化的特色。具体而言，有如下几个问题需要注意。

（1）重新认识"两便原则"。"两便原则"是中国人民司法工作的优良传统，是对人民司法实践经验的高度概括和总结，是制定和实施《民事诉讼法》的基本指导思想。但是，传统的"两便原则"是建立在浓厚的行政管理型民事司法模式基础上的，带有历史局限性，没有突出当事人的诉讼主体地位和当事人是民事审判制度的利用者的思想。贯彻民事诉讼制度中的两便原则要求加强法院、当事人和律师三方面在共同解决社会矛盾中的社会责任感，从而形成一种国家和当事人、律师三方"三赢"的协同主义诉讼观，重视当事人司法救济请求权的依法切实实现，要明确当事人在民事诉讼中的程序主体性地位，给予当事人更多的程序参与权和程序选择权，为弱势当事人提供更加合理、完善的司法救助。

（2）处理好法律原则与具体规范的关系。现代民事诉讼活动本身的复杂性和程序保障标准都在日益提高，都要求必须制定内容详细、具体、完备的民事诉讼程序规范，确保程序本位、程序优先，而不仅仅是法院一方掌握的、可对之任意解释的控制当事人的原则。只有那些反映民事诉讼基本规律的基本准则才能被作为基本原则加以规定，包括辩论原则、处分原则、平等原则、检察监督原则、诚实信用原则等。人民调解、支持起诉等内容不应当作为基本原则规定。

为解决这个问题，最高人民法院对民事案件从受理到结案，从审判到执行的各个环节，都作出了不少可操作性的司法解释。因此，对于在审判实务中被证明是行之有效的司法解释，应当将其中的相关内容上升为立法的具体规定。

（3）重视制度创新。实践证明，现行《民事诉讼法》在解决传统的民事纠纷上是基本可行的，但由于缺乏前瞻性，对很多新型民事纠纷难以适应。比如，对越来越多的公益纠纷，适用现行《民事诉讼法》的普通程序或特别程序，都是难以处理的，应当借鉴国外的有关公益诉讼制度，规定中国的公益诉讼程序，如有关公益诉讼案件应当由人民检察院提起诉讼，检察院在民事诉讼中的职权不应限于在法院裁判后提出抗诉，而应包括提起诉讼和参与诉讼，这是由中国人民检察院作为法律监督机关的法律定位所决定的，也符合公益诉讼的发展潮流。

此外，《民事诉讼法》的基本原则、审判组织、管辖制度、当事人制度、调解、强制措施、强制答辩制度、审前准备程序、举证时效制度、简易程序、公益诉讼与民事检察监督、审级制度、再审程序等都需要在改革民事诉讼制度时予以充分考虑。

（参见法治蓝皮书《中国法治发展报告 No.3 （2005）》）

# 第二章 2006年中国司法改革与进展

**摘　要**：本文围绕刑事诉讼、民事诉讼两个方面对2006年中国司法制度的发展展开论述。首先，本文从刑事诉讼法制建设和公安机关、人民检察院、人民法院的刑事司法、刑事执法实践两个方面对2006年中国刑事诉讼法治改革和发展进行了介绍，并对死刑案件程序改革、宽严相济的刑事政策等问题进行了重点分析。其次，本文从民事诉讼法制建设，民事审判、执行和监督，以及民事诉讼调解等方面对2006年中国民事诉讼法治改革和发展进行了介绍，并从完善证据制度、完善简易程序、完善民事检察监督制度、完善民事执行措施等方面对未来民事诉讼法治进行了展望。

## 一　2006年中国刑事诉讼制度改革与发展

2006年中国刑事诉讼法治取得新的进展，主要体现在两个方面：一是刑事诉讼法治建设，二是公安机关、人民检察院、人民法院的刑事司法和刑事执法实践。

### （一）刑事诉讼法治建设

2006年，中国刑事诉讼法治取得较大进展，主要开展了以下几项工作。

一是《刑事诉讼法》的修改再次被提上国家议事日程。1996年《刑事诉讼法》的修改是中国刑事司法制度发展史上的里程碑，同原来的《刑事诉讼法》相比，其形式和内容都更为完善。不过，任何法律都会随着时间的推移逐渐显现出不足之处，并在不断的适用过程中日益表层化。1996 年《刑事诉讼法》颁布实施至今已逾十年，适用实践暴露了其不少的疏漏与缺陷。随着中国政府 1997 年、1998 年先后签署《经济、社会和文化权利国际公约》《公民权利和政治权利国际公约》，并于 2001 年春正式批准加入《经济、社会和文化权利国际公约》，《刑事诉讼法》又面临同国际社会的法律协调的紧迫问题。这两方面原因促使《刑事诉讼法》的修改再一次被提上国家的议事日程，并经由第十届全国人民代表大会列入立法规划。2006 年，全国人大常委会法制工作委员会就《刑事诉讼法》修改问题展开了广泛的调研，并多方征求意见，为《刑事诉讼法》的再修改做积极准备。

二是若干刑事新法规的颁布进一步完善了刑事司法法治。2006 年，全国人大常委会、最高人民法院、最高人民检察院、公安部、司法部等部门发布的法律、法规、司法解释、部门规章及其他规范性文件共有 20 余部，内容涉及死刑案件核准权的行使主体、二审审理程序、未成年人刑事案件的办理、宽严相济刑事司法政策的贯彻以及与法国、西班牙、葡萄牙等国进行刑事司法协助等。上述规范性文件的发布与实施，明确了职权机关权力行使的规范，对于实现惩罚犯罪、保障人权、维护和谐的社会秩序等刑事诉讼目的具有重要作用。

### （二）刑事诉讼基本情况

#### 1. 公安机关立案与侦查情况

2006 年，全国公安机关坚持"打防结合、预防为主，专群结合、依靠群众"的方针，深入开展了"打黑除恶"、"命案侦破"、打击"两抢一盗"、"禁毒人民战争"等专项行动，进一步加强和改进社会治安防范和管理工作，有效打击了刑事犯罪活动，维护了社会稳定和良好的治安秩序。

2006 年刑事案件虽然仍处于高发期，但全国社会治安总体稳定，一些地区的刑事案件发案率甚至明显下降。总体上看，全国刑事犯罪形势呈现以下特点。

一是刑事犯罪案件总量与上年持平。2006 年，全国公安机关共立各类刑事犯罪案件 465.3 万起，与 2005 年持平。在当前中国仍处于刑事犯罪高发期的背景下，公安机关所立刑事犯罪案件总量连续三年保持在 465 万起左右，没有出现大的波动。从各地情况来看，全国共有 15 个省、自治区的刑事犯罪立案数量出现明显下降，其中，青海、重庆、四川、广东、山东等五省、直辖市刑事案件的降幅超过 5%，分别为 5.1%、5.7%、5.7%、5.8% 和 6.8%。

二是严重暴力犯罪进一步下降。2006 年，全国公安机关共立放火、爆炸、杀人等严重暴力犯罪案件 53.2 万起，比 2005 年减少 2.2 万起，下降 4%。这是继 2002 年以来严重暴力犯罪连续四年出现明显下降，也是降幅较大的一年。其中，放火案件 6701 起，同比下降 12.8%；爆炸 782 起，下降 20.3%；杀人 1.8 万起，下降 13.7%；强奸 3.2 万起，下降 4%。严重暴力犯罪案件的持续下降，从一个侧面反映了中国社会治安形势趋好。

三是"两抢一盗"犯罪有所减少。2006 年，全国公安机关共立"两抢一盗"犯罪案件 364.6 万起，比 2005 年减少 6.1 万起，下降 1.6%，这是在 2005 年下降 2.2% 的基础上出现的新的降幅。在公安机关所立的"两抢一盗"案件中，盗窃案件 314.4 万起，比 2005 年下降 0.6%，其中，入室盗窃 107.3 万起，下降 4.9%，盗窃机动车 63.7 万起，下降 6.7%；立抢劫案件 31 万起，下降 6.8%，其中，入室抢劫 2.6 万起，下降 16.1%，抢劫机动车 2.4 万起，下降 10.8%；立抢夺案件 19.2 万起，下降 9.5%。占刑事犯罪案件总量近 80% 的"两抢一盗"犯罪有所下降，直接拉动了刑事犯罪案件总量的下降。

四是"黄赌毒"犯罪创近年来新低。2006 年，全国公安机关共立"黄赌毒"犯罪案件 11.3 万起，比 2005 年减少 2.2 万起，下降 16.3%，创近年来该类案件的新低。在所立的全部"黄赌毒"犯罪案件中，毒品犯罪案件 7.9 万起，比 2005 年下降 16.4%；赌博犯罪案件 2.1 万起，下降 21.1%；组织强迫、引诱、容留、介绍卖淫案件 1.1 万起，下降 5.4%；制作贩卖传播淫秽物品案件 2854 起，下降 9.8%。

五是青少年犯罪人员降幅明显。2006 年，在抓获的刑事犯罪案件作案人员中，25 岁以下青少年 67.9 万人，比 2005 年减少 4 万人，下降 5.6%，为近年来最大降幅；青少年犯罪人员占刑事犯罪作案人员的比重由 2005 年的 46.8% 下降至 43.5%。青少年犯罪人员的减少，在一定程度上反映了中国对青少年的思想道德教育力度加大，预防青少年犯罪成效初显①。

此外，公安机关在"打黑除恶"、打击商业贿赂犯罪、禁毒等专项斗争中成效也颇为显著。

2006 年，全国公安机关共侦办涉黑案件 346 起，移送起诉黑社会性质组织案件 296 起，打掉为非作歹祸害一方的恶势力 1347 个。社会治安状况明显好转，人民群众安全感普遍增强②。

2006 年，全国公安机关共受理商业贿赂案件 1300 余起，立案 1200 余起，涉案总价值 2 亿余元，破案 1000 余起，抓获涉案人员 900 余人，挽回经济损失 7000 余万元③。

2006 年 1~11 月，全国共破获毒品犯罪案件 3.64 万起，抓获犯罪嫌疑人 4.51 万名，缴获海洛因 4.79 吨、鸦片 1.52 吨、冰毒 4.9 吨、摇头丸 32.9 万粒、氯胺酮 1.5 吨，缴获易制毒化学品 267.5 吨。新疆红其拉甫口岸"10·22"案件缴获海洛因 20.7 千克，是迄今中国缴获"金新月"地区海洛因最多的个案。还集中攻克了 40 起公安部督办案件和云南"3·9"特大贩卖海洛因案、"8·29"特大跨国制贩毒品案、广东"601B"制贩毒品案、福建"JDB007-A"走私冰毒案、辽宁"703"走私毒品案等一大批毒品大案④。

从发案情况看，"两抢一盗"、"黑恶"、银行业、涉众型经济案件等为 2006 年全国性高发案件⑤。各地方具体情况存在差异，如在广东省等东南部地区，贩毒、破坏电力设备案件也在高发案件之列⑥，在中央加强中西部地区建设过程中，挪用专项资金等腐败案件也呈高发态势⑦。预计随着社会流动性增强、贫富差距加大，在社会保障机制、监督机制等还不甚健全的情况下，"两抢一盗"、"黑恶"案件、经济犯罪案件，在未来几

① 《公安部通报 2006 年全国侦破命案情况（实录）》，新浪网，2007 年 2 月 6 日。
② 《2006 年公安工作和队伍建设回顾》专题网页，2007 年 3 月 7 日。
③ 《2006 年公安工作和队伍建设回顾》专题网页，2007 年 3 月 7 日。
④ 《2006 年公安工作和队伍建设回顾》专题网页，2007 年 3 月 7 日。
⑤ 参见 news. xinhuanet. com/fortune/2006 - 08/30/content_ 5023727. htm. liaoning. nen. com. cn/78026842665123840/20061124/2077322. shtml，2006 年 11 月 24 日。
⑥ local. xinhuanet. com/dfyw/2006-10/27/content_ 14270. htm.
⑦ www. cctv. com/news/china/20060308/101565. shtml.

年内，还将处于高发期。

**2. 检察机关立案、侦查、批捕、起诉以及监督情况**

首先，立案、侦查情况。

在职务犯罪的立案、侦查方面，2006年共立案侦查贪污贿赂、渎职侵权等职务犯罪案件33668件40041人，已侦结提起公诉29966人。立案侦查职务犯罪大案18241件，其中贪污、受贿百万元以上的案件623件。立案侦查涉嫌职务犯罪的县处级以上国家工作人员2736人，其中厅局级202人、省部级6人。检察机关会同公安机关开展追逃专项行动，抓获在逃职务犯罪嫌疑人1670人，比2005年上升137.6%。立案侦查涉嫌滥用职权、徇私枉法、索贿受贿等犯罪的司法工作人员2987人。

2006年，检察机关继续推行讯问职务犯罪嫌疑人全程同步录音录像制度，制定印发了《人民检察院讯问职务犯罪嫌疑人实行全程同步录音录像技术工作流程（试行）》和《人民检察院讯问职务犯罪嫌疑人实行全程同步录音录像系统建设规范（试行）》，规范职务犯罪嫌疑人讯问录音、录像程序及系统建设。

在治理商业贿赂专项工作方面，最高人民检察院对45件重大典型案件挂牌督办，并直接指挥查办了国家食品药品监督管理局有关人员在药品注册、审批中收受贿赂和严重渎职等重大案件。各级检察机关以工程建设、土地出让、产权交易、医药购销、政府采购、资源开发和经销等领域为重点，积极排查线索，深挖窝案、串案，共立案侦查涉及国家工作人员的商业贿赂犯罪案件9582件，涉案金额15亿多元。

在加强反贪污贿赂国际司法合作方面，最高人民检察院牵头成立了国际反贪局联合会，为中国开展反腐败国际合作搭建了新的平台。

其次，批捕、起诉情况。

2006年，全国检察机关共批准逮捕各类刑事犯罪嫌疑人891620人，提起公诉999086人。

在黑社会性质组织犯罪、严重暴力犯罪和"两抢一盗"等多发性犯罪方面，批准逮捕故意杀人、放火、爆炸、强奸、绑架犯罪嫌疑人47228人，提起公诉46607人；批准逮捕抢劫、抢夺、盗窃犯罪嫌疑人419578人，提起公诉445849人。在"打黑除恶"专项斗争中，对重大案件适时介入侦查活动，批准逮捕黑恶势力犯罪嫌疑人 18446 人，已提起公诉 8343 人，有力地打击了黑恶势力犯罪。

在打击严重危害经济安全、扰乱市场秩序、损害人民群众生命健康犯罪方面，批准逮捕破坏市场经济秩序犯罪嫌疑人 24211 人，提起公诉 27728 人，同比分别上升 14.2% 和 11.1%。加强对知识产权和环境资源的司法保护，批准逮捕制假售假和侵犯商标权、著作权、商业秘密犯罪嫌疑人 3729 人，提起公诉 3634 人，同比分别上升 16.7% 和 12.6%；批准逮捕造成重大环境污染事故、非法采矿等破坏环境资源犯罪嫌疑人 7974 人，提起公诉 12240 人，同比分别上升 15.4% 和 24.8%。继续开展查办破坏市场经济秩序渎职犯罪专项工作，立案侦查在市场监管中失职渎职、包庇放纵经济违法犯罪的国家机关工作人员 295 人。

对于死刑案件，由于长期以来多数地方对死刑第二审案件不开庭审理，检察机关并没有专门的办案力量和人员编制。各省级检察院在工作量大幅度增加的情况下，采取临时调整内部办案力量、从下级检察院借用业务骨干等措施，保证了死刑二审工作的顺利进行。

最后，诉讼监督情况。

在立案、侦查监督方面，对应当立案而不立案的，督促侦查机关立案 16662 件。对应当逮捕而未提请逮捕、应当起诉而未移送起诉的，决定追加逮捕 14858 人、追加起诉 10703 人。对违法减刑、假释、暂予监外执行的，提出纠正意见 2846 人次。最高人民检察院在部分地区组织开展了监外执行罪犯脱管、漏管专项检查，监督纠正 6074 名监外执行罪犯的脱管、漏管问题，对不再具备监外执行条件的 207 名罪犯督促有关部门予以收监执行。督促侦查机关撤案 4569 件。对不符合逮捕条件的，决定不批准逮捕 96382 人；对依法不应当追究刑事责任或证据不足的，决定不起诉 7204 人。对侦查活动中的违法情况提出纠正意见 11368 件次。监督纠正超期羁押 233 人次，检察环节继续保持无超期羁押。最高人民检察院会同公安部组织开展了逮捕工作专项检查，共抽查 10 万多件近年来办理的逮捕案件，针对存在的掌握逮捕条件过宽或过严、批捕后未及时执行等问题进行整改和纠正，促进了逮捕措施的依法正确适用。

在审判监督方面，加强对有罪判无罪、无罪判有罪、量刑畸轻畸重案件的监督，对认为确有错误的刑事判决、裁定提出抗诉 3161 件；对刑事审判活动中的违法情况提出纠正意见 2200 件次①。

### 3. 人民法院审判情况

2006 年，最高人民法院共审结刑事案件 405 件。地方各级人民法院共审结一审刑事案件 701379 件，判处罪犯 889042 人。

2006 年，全国法院共审结爆炸、故意杀人、抢劫、强奸、绑架等危害国家安全犯罪、恐怖犯罪、黑社会性质组织犯罪，以及其他严重危害社会治安的犯罪案件 245254 件，判处罪犯 340715 人。

全国法院审结贪污贿赂、渎职犯罪等案件 23733 件，其中，公司企业人员贿赂犯罪案件 359 件，国家工作人员贿赂犯罪案件 8310 件。判处县处级以上国家工作人员 825 人，地厅级 92 人，省部级 9 人。依法惩罚破坏社会主义市场经济秩序犯罪，共审结生产、销售伪劣产品，走私，破坏金融管理秩序等案件 16679 件，判处罪犯 22944 人。依法惩罚各种毒品犯罪，共审结制造、贩卖毒品等案件 31582 件，判处罪犯 37256 人。全国法院审结假冒、盗版等侵犯知识产权刑事案件 2277 件，判处罪犯 3508 人。在全部罪犯中，判处五年以上有期徒刑、无期徒刑以及死刑的 153724 人。

为保证 2007 年 1 月 1 日起统一行使死刑案件核准权，最高人民法院从思想、制度、组织和物质装备等方面作了充分准备。首先，最高人民法院进一步完善了死刑案件一审、二审和核准工作制度；其次，会同最高人民检察院制定了《关于死刑第二审案件开庭审理若干问题的规定》，实现了死刑第二审案件全面开庭审理；再次，选拔优秀人才充实审判力量，连续举办两期全国刑事审判法官培训班；最后，利用多种形式指导地方各级人民法院统一思想认识，坚决执行严格控制和慎重适用死刑的刑事政策，确保死刑只适用于极少数罪行极其严重、社会危害极大、罪证确实充分、依法应当判处死刑的犯罪分子。

各级人民法院依法保障被告人行使各项诉讼权利，共为 17221 名符合法律援助条件的被告人指定了辩护人；坚决贯彻尊重和保障人权的宪法原

---

① 参见《最高人民检察院工作报告》，最高人民检察院检察长贾春旺 2007 年 3 月 13 日在第十届全国人民代表大会第五次会议上所作。

则，严格依法办案，保证无罪的人不受刑事追究，共依法宣告 1713 名刑事被告人无罪；依法保护被害人及其亲属的合法权益，探索刑事案件被害人救助办法。据开展工作试点的 10 个高级人民法院统计，全年共为 378 名刑事案件被害人及其亲属发放救助金 780.24 万元，努力使被害人的损失减少到最低限度。

各级人民法院对未成年犯罪人实行教育、感化、挽救方针，寓教于审，惩教结合，使 83697 名失足青少年及时得到矫治。推行减刑、假释裁前公示和听证制度，依法办理减刑 429852 人，假释 20254 人，促进罪犯改过自新。各级人民法院适用简易程序审理的一审刑事案件达 38.87%。通过上级法院的审判监督以及人民群众反映强烈的案件，从中发现违法审判线索，加大查处利用审判权和执行权贪赃枉法、徇私舞弊行为的力度，共查处违法违纪人员 292 人，其中，依法被追究刑事责任的 109 人①。

### （三）重点问题述评

#### 1. 死刑案件程序的改革

死刑案件程序的改革是 2006 年刑事诉讼领域最为引人注目的变化。死刑作为剥夺罪犯生命的最严厉的刑罚，严格限制死刑，贯彻慎杀、少杀的死刑政策，防止死刑泛滥而逾越其合理存在的"度"是目前中国死刑立法、司法的立足点。基于严格限制死刑适用的考虑，全国人大常委会、最高人民法院、最高人民检察院发布了关于死刑程序改革的法律文件，其内容主要涉及死刑核准权的主体和死刑案件二审的审理程序两方面内容。

第一，死刑核准权的主体。

中华人民共和国成立以来，死刑核准权曾历经数次收放变化。1954 年的《人民法院组织法》规定，死刑案件由最高人民法院和高级人民法院核准。1957 年第一届全国人民代表大会第四次会议通过修改后的《人民法院组织法》规定，判处死刑立即执行的案件统一由最高人民法院复

---

① 参见《最高人民法院工作报告》，最高人民法院院长肖扬 2007 年 3 月 13 日在第十届全国人民代表大会第五次会议上所作。

核和核准，判处死刑缓期 2 年执行的案件由高级人民法院复核和核准。1979 年《刑法》《刑事诉讼法》《人民法院组织法》都明确规定死刑核准权属于最高人民法院。至此，死刑立即执行案件的核准权一直归属于最高人民法院。

但进入 20 世纪 80 年代，中国治安形势恶化，恶性刑事案件急速上升，1980 年 2 月，全国人大常委会第十三次会议决定，在 1980 年以内对现行的杀人、强奸、抢劫、爆炸、放火等犯有严重罪行应当判处死刑的案件，最高人民法院可以授权高级人民法院核准。1981 年 6 月五届全国人大常委会第十九次会议通过了《关于死刑核准权问题的决定》，规定：在 1981～1983 年，对犯有杀人、抢劫、强奸、爆炸、放火、投毒、决水及破坏交通和电力等设备的罪行，由省高级人民法院终审判处死刑或者中级人民法院判处死刑的，被告人不上诉，经高级人民法院核准的，以及高级人民法院一审判处死刑，被告人不上诉的，都不必报最高人民法院核准。1983 年 9 月 2 日，六届全国人大常委会通过决定，修改《人民法院组织法》。其中第 13 条规定："杀人、强奸、抢劫、爆炸以及其他严重危害公共安全和社会治安判处死刑的案件的核准权，最高人民法院在必要的时候，得授权省、自治区、直辖市的高级人民法院行使。"随后，最高人民法院于 1983 年 9 月 7 日根据修改后的《人民法院组织法》，发布了《关于授权高级人民法院核准部分死刑案件的通知》，该通知规定："对杀人、强奸、抢劫、爆炸以及其他严重危害公共安全和社会治安判处死刑的案件的核准权，最高人民法院授权各省、自治区、直辖市高级人民法院、解放军军事法院行使。"此外，最高人民法院还于 1991～1997 年分别以通知形式授权云南、广东、广西、甘肃和四川五省区高级人民法院行使部分毒品犯罪案件的死刑核准权。这一时期，部分案件死刑核准权下放，死刑核准权实际上是由最高人民法院和高级人民法院针对不同案件分别行使。

1996 年 3 月 17 日第八届全国人民代表大会第四次会议通过的《关于修改〈中华人民共和国刑事诉讼法〉的决定》和 1997 年 3 月 14 日第八届全国人民代表大会第五次会议通过修正的刑法，都规定死刑核准权属于最高人民法院。但是，1997 年 9 月最高人民法院再次发出《关于授权高级人民法院和解放军军事法院核准部分死刑案件的通知》，该通知规定："自 1997

年10月1日修订后的刑法正式实施之日起，对刑法分则第二章、第四章、第五章、第六章（毒品犯罪除外）、第七章、第十章规定的犯罪，判处死刑的案件（本院判决的和涉外的除外）的核准权，本院依据《中华人民共和国人民法院组织法》第13条的规定，仍授权由各省、自治区、直辖市高级人民法院和解放军军事法院行使。但涉港澳台死刑案件在一审宣判前仍须报本院内核。"这意味着死刑核准权继续下放，并持续至2006年。

由此可见，在新中国成立后的这段时间，中国死刑核准权经历了集权→放权→收权→再放权的变化过程，收放之间显示了依据社会治安形势的变化，中国法律在公正与效率之间的摇摆。最高人民法院下放死刑核准权的重要原因之一是工作量太大，难以应付，将部分案件死刑核准权下放给高级人民法院，能够有效减轻最高人民法院死刑核准的负担，缩短复核时间，保证死刑复核案件迅速审结，从而保证从重从快打击严重危害国家安全和社会治安的犯罪分子，实现社会治安形势的尽快好转。可见，在死刑核准权问题上中国的政策是打击和效率优先。但是，死刑核准权的下放不论从法理还是从实践角度都存在问题。

其一，法治原则遭违背，法律权威受到挑战。一方面，死刑核准权下放的突破始于全国人大常委会的决定，以及其对《人民法院组织法》的修改，这是违反基本法理与宪法原则的。因为《人民法院组织法》与《刑法》《刑事诉讼法》都是由全国人大制定的基本法律，即使是全国人大常委会也无权对基本法律作出突破性修改。而全国人大常委会无视由全国人大制定的《人民法院组织法》关于死刑核准权由最高人民法院统一行使的规定，在修改时擅自将部分案件的死刑核准权下放给高级人民法院，并准许最高人民法院在必要的时候，得授权省、自治区、直辖市的高级人民法院行使，这实际上损害了全国人大的立法权威。另一方面，全国人大1996年、1997年先后通过修改的《刑事诉讼法》和《刑法》又明确规定，死刑由最高人民法院核准，并未增加最高人民法院在必要时得授权高级人民法院核准部分死刑立即执行案件的规定。而1983年的《人民法院组织法》并未修改，《刑法》《刑事诉讼法》《人民法院组织法》属于同一层次的法律，因而，依据新法优于旧法的法理原则，1983年《人民法院组织法》中有关死刑核准权下放的规定应当失效。1997年9月最高人民法院再次发出的《关于授权高级人民法院和解放军军事法院核准部分死刑案件的通知》却又将部分案件的死刑核准权授予高级人民法院，显然是没有法律根据的。虽然由于法律规则本身的模糊性、滞后性使得司法机关有必要就如何运用法律作出具体与可操作性的解释，但"司法机构的职责首先是遵循和适用成文法。因为我们一旦承认法官可以修改法律，那么就会失去所有的自由保证"[①]。这样，司法机关违法的司法解释违背了法治原则，就有可能损害立法权威和司法权威。

其二，死刑案件适用标准多元，不利于控制死刑。中国法官的素质良莠不齐，对于死刑案件，即使经过审判委员会的讨论也难免掌握不准，甚至导致错杀。此外，由于各省对于死刑适用的标准也有把握上的差别，因此全国范围内死刑适用标准并不相同。可见，由于中国法官素质及各省死刑适用标准的差异等问题的存在，使死刑核准权下放导致死刑适用标准不统一，违背了"对相同的情况予以相同的对待"的形式正义原则，客观上导致死刑适用过多。

其三，死刑复核程序的核准作用不能有效发挥，有碍司法公正实现。依据《刑事诉讼法》，可能判处无期徒刑、死刑的案件由中级人民法院作为初审法院，那么，如果被告人不服提出上诉或检察机关提出抗诉，二审法院必然是高级人民法院，由于最高人民法院将部分死刑案件的核准权授予高级人民法院行使，高级人民法院又是死刑核准法院。这样，二审程序与死刑复核程序由同一法院操作。实践中，高级人民法院对于其有核准权的死刑案件普遍实行二审程序与死刑复核程序合二为一，高级人民法院作出的维持原判的裁定，既是二审裁定，也是死刑核准裁定。据估计，在1979 年《刑法》与《刑事诉讼法》两法实施后，由于死刑核准权下放，导致至少 2/3 的死刑案件未经过死刑复核程序。对于这种做法，过去有的司法实务部门的同志认为，这有利于简化程序，提高办案效率，同时也能够保证案件的质量。因为每个死刑案件在作出裁判之前，要经过合议庭、审判委员会等几道关口，案件的质量比较高，再行复核，不过是再走个形

---

[①] 参见〔意〕恩里科·菲利《犯罪社会学》，郭建安译，中国人民公安大学出版社，1990，第 126 页。

式而已。但实际上，立法为保证死刑案件质量比其他案件多设了一道复核程序的规定，司法机关在司法过程中就不能违背立法者意志，进行效率优先的二次价值选择。这种选择死刑复核程序的功能在二审程序中被消解，其结果是死刑复核程序名存实亡。最高人民法院的经验表明，死刑案件经最高人民法院核准总有部分改判的，这说明不经复核程序案件质量难以保证，使实体公正与程序公正两败俱伤。

鉴于此，2006年10月31日第十届全国人民代表大会常务委员会第二十四次会议通过《全国人民代表大会常务委员会关于修改〈中华人民共和国人民法院组织法〉的决定》，将《人民法院组织法》原第13条修改为第12条："死刑除依法由最高人民法院判决的以外，应当报请最高人民法院核准。"该决定自2007年1月1日起施行，从而结束了部分死刑案件核准权下放26年的历史。根据修改后的《人民法院组织法》第12条，2006年12月13日最高人民法院审判委员会第1409次会议通过《最高人民法院关于统一行使死刑案件核准权有关问题的决定》（法释〔2006〕12号）。其主要内容是：自2007年1月1日起，死刑核准权由最高人民法院统一行使，同时废止关于死刑核准权下放的法律文件①。

最高人民法院统一行使死刑核准权具有重要意义。它符合法治原则的要求，有利于维护法律权威；有利于统一死刑案件适用标准，严格控制死刑；有利于真正发挥死刑复核程序的核准作用，确保司法公正。正如时任最高人民法院领导所指出的："它不单单是解决司法公平的问题，更是我国司法制度中具有里程碑意义的事件，将推动我国司法制度，尤其是刑事

---

① 最高人民法院发布的下列关于授权高级人民法院核准部分死刑案件的文件自本通知施行之日起予以废止：（1）《最高人民法院关于对几类现行犯授权高级人民法院核准死刑的若干具体规定的通知》（1980年3月18日）；（2）《最高人民法院关于执行全国人民代表大会常务委员会〈关于死刑案件核准问题的决定〉的几项通知》（1981年6月11日）；（3）《最高人民法院关于授权高级人民法院核准部分死刑案件的通知》（1983年9月7日）；（4）《最高人民法院关于授权云南省高级人民法院核准部分毒品犯罪死刑案件的通知》（1991年6月6日）；（5）《最高人民法院关于授权广东省高级人民法院核准部分毒品犯罪死刑案件的通知》（1993年8月18日）；（6）《最高人民法院关于授权广西壮族自治区、四川省、甘肃省高级人民法院核准部分毒品犯罪死刑案件的通知》（1996年3月19日）；（7）《最高人民法院关于授权贵州省高级人民法院核准部分毒品犯罪死刑案件的通知》（1997年6月23日）；（8）《最高人民法院关于授权高级人民法院和解放军军事法院核准部分死刑案件的通知》（1997年9月26日）。

司法制度的重大变革。因为刑罚的构建是刑事司法制度中重点的重点，核心的核心，整个刑事审判，从立案、侦查、起诉、开庭，到最后都要回到怎样量刑、判决上来，最终一锤定音还是在法院杀还是不杀、判还是不判。既然死刑核准权收归最高法，必然涉及对整个刑罚体系的科学构建问题，正所谓'牵一发而动全身'。"①

虽然死刑核准权统一由最高人民法院行使的正当性不容置疑，但是，核准权收回后，最高人民法院的工作负担问题却不能不考虑。鉴于此，最高人民法院希望通过二审程序来控制并减少死刑的适用，为死刑复核权的收回进行配套改革，为实现这个目的，死刑案件二审开庭审理就成为必然。

第二，死刑案件二审审理程序。

《刑事诉讼法》并未对死刑案件的二审程序作出特别规定，依据现行《刑事诉讼法》的规定，死刑和其他案件的二审程序是相同的。《刑事诉讼法》第 187 条规定："第二审人民法院对上诉案件，应当组成合议庭，开庭审理。合议庭经过阅卷，讯问被告人，听取其他当事人、辩护人、诉讼代理人的意见，对事实清楚的，可以不开庭审理。"最高人民法院《关于执行〈中华人民共和国刑事诉讼法〉若干问题的解释》第 253 条规定："经过阅卷，讯问被告人，听取其他当事人、辩护人、诉讼代理人的意见，会议把认定的事实与第一审认定的没有变化，证据充分的，可以不开庭审理。"可见，在中国，对于刑事案件的二审允许开庭审理和书面审理两种方式并存。

在实践中，各法院对于开庭审理和书面审理两种方式的比例把握不同。上海市第一中级人民法院曾经进行二审 100% 开庭的试点，但没有坚持下来。青岛市中级人民法院从 2001 年开始协调，学习上海，最后也无果而终。两次实践不成功的原因都是发现不切合实际。目前，青岛市中级人民法院二审开庭审理和不开庭审理的案子各占 50%。当事人要求开庭的基本都实现了二审开庭。不开庭审理的都是犯罪事实清楚，适用法律准确，没有异议的案件。而在珠海市中级人民法院，目前二审的刑事案件仅有 5% 的开庭率，实际上基本是书面审②。目前，法律界对于二审是否全

---

① 刘家琛：《死刑核准不开庭事出有因》，http://www.sina.com.cn，2007 年 3 月 10 日。

② 参见彭海青《刑事诉讼程序设置研究》，中国法制出版社，2005。

部开庭仍然存在争议，不过根据实践经验，二审完全实现开庭审理是不必要的，但是目前基本不开庭的做法也不妥。

基于中国刑事案件二审审理方式的现状，为确保死刑案件的办案质量，2006 年 8 月 28 日最高人民法院审判委员会第 1398 次会议和 2006 年 9 月 11 日最高人民检察院第十届检察委员会第 60 次会议通过《最高人民法院、最高人民检察院关于死刑第二审案件开庭审理若干问题的规定（试行）》（以下简称《规定》），共 20 条，自 2006 年 9 月 25 日起施行。该规定的主要内容如下。

（1）死刑案件二审应当开庭审理。第二审人民法院审理第一审判处死刑立即执行的被告人上诉、人民检察院抗诉的案件，应当依照法律和有关规定开庭审理。第二审人民法院审理第一审判处死刑缓期二年执行的被告人上诉的案件，被告人或者辩护人提出影响定罪量刑的新证据，需要开庭审理的以及具有《刑事诉讼法》第 187 条规定的开庭审理情形的，应当开庭审理。人民检察院对第一审人民法院判处死刑缓期二年执行提出抗诉的案件，第二审人民法院应当开庭审理。

（2）确立全面审查，注意重点审查的审查原则。第二审人民法院开庭审理死刑上诉、抗诉案件，合议庭应当在开庭前对案卷材料进行全面审查，重点审查下列内容：上诉、抗诉的理由及是否提出了新的事实和证据；被告人供述、辩解的情况；辩护人的意见以及原审人民法院采纳的情况；原审判决认定的事实是否清楚，证据是否确实、充分；原审判决适用法律是否正确，量刑是否适当；在侦查、起诉及审判中，有无违反法律规定的诉讼程序的情形；原审人民法院合议庭、审判委员会讨论的意见；其他对定罪量刑有影响的内容。

（3）规定了二审开庭审理的具体要求。开庭审理的具体要求主要涉及审判组织，开庭前准备工作，证人、鉴定人、被害人应当出庭作证的情形，法庭审理的步骤，裁判文书的说理，送达以及人民检察院的庭审监督等方面内容，以下择其要者进行说明。

在审判组织方面，第二审人民法院开庭审理死刑上诉、抗诉案件，应当由审判员三人至五人组成合议庭，对于疑难、复杂、重大的死刑案件，应当由院长或者庭长担任审判长。

在开庭前的准备工作方面，合议庭应当在开庭前查明有关情况并做好以下准备工作：在第一审判决宣判后，被告人是否有检举、揭发行为需要查证核实的；是否存在可能导致延期审理的情形；必要时应当讯问被告人；拟定庭审提纲，确定需要开庭审理的内容；将开庭的时间、地点在开庭三日以前通知人民检察院；通知人民检察院、被告人及其辩护人在开庭五日以前提供出庭作证的证人、鉴定人名单；将传唤当事人和通知辩护人、证人、鉴定人和翻译人员的传票和通知书，在开庭三日以前送达；人民检察院向第二审人民法院提交新证据的，第二审人民法院应当通知被告人的辩护律师或者经许可的其他辩护人在开庭前到人民法院查阅；被告人及其辩护人向第二审人民法院提交新证据的，第二审人民法院应当通知人民检察院在开庭前到人民法院查阅，等等。

关于证人、鉴定人、被害人应当出庭作证的情形，包括：人民检察院、被告人及其辩护人对鉴定结论有异议、鉴定程序违反规定或者鉴定结论明显存在疑点的；人民检察院、被告人及其辩护人对证人证言、被害人陈述有异议，该证人证言或者被害人陈述对定罪量刑有重大影响的；合议庭认为其他需要出庭作证的。

关于开庭审理的具体要求：审判长宣布开庭后，可以宣读原审判决书，也可以只宣读案由、主要事实、证据和判决主文等判决书的主要内容。法庭调查时，上诉案件由上诉人或者辩护人先宣读上诉状或者陈述上诉理由，抗诉案件由检察人员先宣读抗诉书；对于既有上诉又有抗诉的案件，先由检察人员宣读抗诉书，后由上诉人或者辩护人宣读上诉状或者陈述上诉理由。法庭调查的重点是，对原审判决提出异议的事实、证据以及提交的新的证据等。对于人民检察院、被告人及其辩护人没有异议的事实、证据和情节，可以不在庭审时调查。人民检察院、被告人及其辩护人对原审判决采纳的证据没有异议的，可以不再举证和质证。法庭辩论时，抗诉的案件，由检察人员先发言；上诉的案件，由上诉人、辩护人先发言；既有抗诉又有上诉的案件，由检察人员先发言，并依次进行辩论。对共同犯罪中没有判处死刑且没有提出上诉的被告人，人民检察院和辩护人在开庭前表示不需要进行讯问和质证的，可以不再传唤到庭。对没有被判处死刑的其他被告人的罪行，事实清楚的，可以不在庭审时审理。对被告人所犯数罪中判处其他刑罚的犯罪，事实清楚且人民检察院、被告人及其辩护人没有异议的，可以不开庭审时审理。

死刑案件二审开庭审理，实现了控辩双方当庭举证、质证、辩论，充分贯彻了程序参与原则，法官在此基础上作出裁判，程序公正的要求得到充分满足，在提高中国死刑案件的质量、控制死刑案件的数量方面起到积极的促进作用。比如，《规定》第13条有关证人、鉴定人、被害人应当出庭的情形的规定，将使得死刑案件审判中证人、鉴定人等的出庭率大大提高，从而使控辩双方特别是被告方的质证权得以实现，有利于法官作出公正的裁判结果。《规定》第14条关于有争议事项重点调查的规定，使得二审庭审能够集中解决争议问题，消除案件中的疑点，防止错判。实践证明，从2005年7月1日提前开始执行二审开庭至今，死刑宣判案件数量确实减少了。

但是，来自实践方面的声音表明，死刑二审开庭审理所面临的问题也很多。比如，被告人的押送问题，被告人一般被羁押在地市级或县级看守所，二审开庭，押送被告人就会存在风险。又如，二审开庭审理将会增加高级人民法院的工作压力，对高级人民法院法官的素质和数量都提出了更高的要求。再如，依照《规定》的要求，在某些情形下，证人必须出庭，但未对证人出庭的保障措施，如补偿、保护，以及不出庭的后果等方面作出明确规定，因而，这一规定是否能够落实也是值得怀疑的。因此，关于死刑案件开庭审理的规定出台后，为保证其真正取得实效，还有许多工作要做①。

---

① 相关工作在有的地方已经展开。例如，山西省高级人民法院增补了46名审判人员和法警，并从各业务庭遴选出了10名审判经验丰富的优秀法官调入负责死刑案件二审的刑一庭，对所有刑事审判人员进行严格的学习培训。湖南省高级人民法院为刑一、刑二庭增加了18个编制，调整、增加了合议庭。并与省检察院、省公安厅、省司法厅联合出台了《关于死刑第二审案件开庭审理若干问题的规定》，就检察人员、辩护人、证人、鉴定人出庭，指定辩护、查阅案卷、犯人羁押等程序和工作进行了规范。山东省高级人民法院增设一个刑事审判庭，增加了30个编制。为避免死刑二审案件开庭流于形式，山东省高级人民法院制定了《死刑二审案件庭前准备工作制度》《死刑二审案件庭审程序及操作规程》等规定。四川省高级人民法院也从各基层、中级人民法院选调了10名优秀的刑事审判法官，专门办理死刑案件二审，并为刑事审判人员专门配备了手提电脑，为刑事审判庭新购了6辆公务车，方便出差所用。www.legalinfo.gov.cn/misc/2006-05/25/content_321608.htm。

但是,《规定》本身的缺陷及其引发的问题也还比较多,主要表现在以下几个方面。

(1)证人出庭作证的保障措施问题。依照《规定》的要求,在某些情形下,证人必须出庭,但未对证人出庭的保障措施,如补偿、保护,以及不出庭的后果等方面作出明确规定,因而,有关证人出庭作证的规定是否能够真正落实也是值得怀疑的。

(2)指定辩护人的素质问题。《规定》中有由法院为被告人指定辩护人的相关规定,也即为被告人提供法律援助。而在中国法律援助实践中,比较突出的问题是法律援助质量不高,主要原因是法律援助案件收费较低,因而业务素质较高、拥有广泛案源的律师都不愿参与,而实际参与法律援助的律师一般经验欠缺、素质不高。由于《规定》没有对死刑二审案件法律援助律师的从业年限及业务素质作出限定,很难保障死刑二审案件的辩护质量,难以通过死刑案件二审开庭审理达到限制、减少死刑适用之初衷。

(3)审限未作特殊规定问题。《规定》未对死刑二审案件的审理期限作出特别规定,死刑二审程序的审理期限仍然适用《刑事诉讼法》第196条的规定:"第二审人民法院受理上诉、抗诉案件,应当在一个月以内审结,至迟不得超过一个半月。有本法第126条规定情形之一的,经省、自治区、直辖市高级人民法院批准或者是决定,可以再延长一个月,但是最高人民法院受理的上诉、抗诉案件,由最高人民法院决定。"实际上,应当对死刑二审程序规定一个比普通案件二审程序更长的期限,以保障死刑案件的质量。

(4)被告人押送风险问题。死刑案件二审开庭审理,需要被告人出庭。而被告人一般被羁押在地市级或县级看守所,存在受押送被告人逃跑的风险。

(5)高级人民法院工作压力加大问题。二审开庭审理对于高级人民法官的素质和数量都提出了更高的要求,将会增加高级人民法院的工作压力。

因此,关于死刑案件开庭审理的规定出台后,为保证其真正取得实效,还有许多工作要做。

### 2. "命案必破"号召的继续推行

命案指故意杀人、故意伤害致死和爆炸、投放危险物质、放火、抢劫、强奸、绑架致人死亡等八类案件。它基本上包括了造成受害者死亡的各类刑事案件，是刑事犯罪中恶性程度最高、危害最为严重的案件。面对发案率高、破案率低的严峻治安形势，早在2004年，针对命案破案率低的实际状况，公安部就提出了"命案必破"的号召。

2006年，"命案必破"仍然是公安部重点进行的专项行动之一。各地公安机关深入贯彻全国侦破命案工作"南京会议"和"郑州会议"的精神，坚持"命案必破"方向，严厉打击杀人、故意伤害、爆炸、投毒、放火、抢劫、强奸、绑架等致人死亡的严重暴力犯罪活动，取得了显著成绩。2006年，全国现行命案破案率达到91.4%，同比上升3.16个百分点。2006年，全国八类命案破案率达91.40%，全国有25个省、自治区、直辖市破案率超过90%，其中破案率最高的江苏省达95.38%，像北京这样的国际大都市破案率也达到89.40%。全国共抓获网上命案逃犯9110名，抓获公安部A级通缉令通缉的命案逃犯7名，抓获公安部B级通缉令通缉的命案逃犯70名。各地还破获了一大批命案积案和一批影响大、后果严重的公安部挂牌督办案件①。

从发案情况看，全国命案发案呈逐年下降趋势。全国八类命案发案数在2005年比2004年下降6.2%的基础上，2006年又比2005年下降了8.2%，其中杀人案件下降13.7%。从新增故意杀人逃犯数来看，也呈下降趋势。2006年，全国新增网上故意杀人逃犯同比下降22.3%。另外，很多单位实现了未发命案和命案全破的目标。2006年全国共有501个县、市、区级立案单位未发命案，共占全部县、市、区级立案单位的14.48%。有1785个县、市、区级立案单位命案全破，占全部县、市、区级立案单位的51.59%②。

虽然实践表明，自"命案必破"的号召提出以来，命案的侦破工作取得了很大的进展，但是，有关其非议也不绝于耳，主要体现在两个方

① 《2006年公安工作和队伍建设回顾》专题网页，2007年3月7日。
② 《2006年公安工作和队伍建设回顾》专题网页，2007年3月7日。

面：一是"命案必破"有违诉讼认识规律，二是易导致刑讯逼供。河南省2004年开展"命案必破"专项行动中，曾有四个公安局领导因为弄虚作假被撤职。

在肯定"命案必破"号召的积极意义的同时，必须认识到，"命案必破"是一个导向性的要求，至于"命案"能否侦破，除了要靠侦查人员积极主动的态度与行动，还受制于一些不以人的意志为转移的客观因素，因此，有一定数量的命案未侦破属于正常现象。一些地方公安机关对于命案的侦破设置侦查期限，若在规定期限内不能侦破案件，就对办案人员施以处罚的做法，实际上违背了诉讼认识规律，是不可取的。而且，响应"命案必破"这一号召时，务必还要强调严格遵守法律规定的程序，即破案的手段问题，特别应当严禁以刑讯逼供等非法方法破案。因为，一方面，"棰杆之下，何求不得"，刑讯逼供不但侵犯了被追诉人的人权，而且依此取得的证据往往不真实，从而导致冤假错案的产生。虽然《刑事诉讼法》有严禁刑讯逼供的规定，但由于未规定非法证据排除规则以及受"罪从供定""有罪推定"等观念的影响，司法实践中刑讯逼供现象屡见不鲜。近年来引起强烈反响的孙万刚案、李九明案、佘祥林案等错案的产生都与刑讯逼供有关。另一方面，即使以刑讯逼供等非法方法取得的证据是真实的，并据此确实破获了案件，由于这种做法是对程序公正价值的贬损和对基本人权的侵犯，也不符合刑事诉讼的目的和价值追求，既不合法，也不合理，因而，也是应当予以严厉禁止的。

**3. 宽严相济的刑事政策在检察工作中的贯彻**

2006年12月28日，最高人民检察院第十届检察委员会第六十八次会议通过了《关于在检察工作中贯彻宽严相济刑事司法政策的若干意见》，这是最高人民检察院制定的第一个关于贯彻宽严相济刑事司法政策的专门指导性文件。该意见在检察机关贯彻宽严相济刑事司法政策的指导思想和原则、贯彻宽严相济刑事司法政策对履行法律监督职能的要求、建立健全检察工作机制和办案方式以及转变观念、加强指导等四个方面提出具体意见，主要内容如下。

（1）界定"宽严相济"刑事政策的具体内容。该意见明确提出：检察机关贯彻宽严相济的刑事司法政策，就是要根据社会治安形势和犯罪分子的情况，在依法履行法律监督职能中实行区别对待，注重宽与严的有机统一，该严则严，当宽则宽，宽严互补，宽严有度，对严重犯罪依法从严打击，对轻微犯罪依法从宽处理，对严重犯罪中的从宽情节和轻微犯罪中的从严情节也要依法分别予以宽严体现，对犯罪的实体处理和适用诉讼程序都要体现宽严相济的精神。

（2）提出检察机关贯彻宽严相济的刑事司法政策所应当坚持的原则。这些原则包括：全面把握、区别对待、严格依法、注重效果。

（3）提出履行法律监督职能中全面贯彻宽严相济刑事司法政策的要求。这些要求包括：依法严厉打击严重危害社会治安的犯罪和严重破坏市场经济秩序等犯罪。依法严肃查处贪污贿赂、渎职侵权等国家工作人员职务犯罪。严格把握"有逮捕必要"的逮捕条件，慎重适用逮捕措施。正确把握起诉和不起诉条件，依法适用不起诉。突出立案监督的重点，监督的重点放在严重犯罪或者社会影响恶劣以及违法立案造成严重后果的案件。在抗诉工作中，既要重视对有罪判无罪、量刑畸轻的案件及时提出抗诉，又要重视对无罪判有罪、量刑畸重的案件及时提出抗诉。对未成年人犯罪案件依法从宽处理。对因人民内部矛盾引发的轻微刑事案件依法从宽处理。对轻微犯罪中的初犯、偶犯依法从宽处理。处理群体性事件中的犯罪案件，应当坚持惩治少数，争取、团结、教育大多数的原则。

（4）建立健全贯彻宽严相济刑事司法政策的检察工作机制和办案方式。进一步健全检察环节贯彻"严打"方针的经常性工作机制。加强侦查机制建设，提高发现和查办职务犯罪的能力。推进办案专业化，建立快速办理轻微刑事案件的工作机制，依法正确适用简易程序和简化审理程序，改革完善未成年人犯罪案件的办案方式。

（5）加强部门内指导与部门间协调合作。最高人民检察院有关业务部门和各省级人民检察院应当加强对本部门、本地区贯彻宽严相济刑事司法政策的工作指导、检查和监督。上级人民检察院应当强化日常管理和定期考核，完善监督制约机制，防止贯彻落实中出现偏差，保证宽严相济刑事司法政策的正确贯彻落实。各级检察机关应当加强与公安机关、人民法院、司法行政机关等部门的联系与协调，建立经常性的协调配合工作机制，共同研究在刑事诉讼活动中贯彻宽严相济刑事司法政策的具体工作措施，及时解决在贯彻宽严相济刑事司法政策中出现的问题。

宽严相济是中国共产党和国家一贯坚持的一项基本刑事政策，在合理配置司法资源，集中力量打击严重犯罪人员，教育、感化、挽救轻微违法犯罪人员、失足青少年，维护刑罚的法律效果与社会效果等方面发挥了积极的作用。但是，在"宽严相济"刑事政策的执行过程中也暴露出一些问题，如在"严打"过程中，片面追求惩罚犯罪，突破法律界限、违背法律程序现象屡见不鲜。执法机关违法执法，极大地损害了法律的权威，成为"严打"遭诟病的重要原因。2006 年最高人民检察院《关于在检察工作中贯彻宽严相济刑事司法政策的若干意见》特别给出了"宽严相济"的内涵，强调"从严打击"和"从宽处理"都必须"依法进行"，体现了执法机关法治观念和执法意识的不断提高，对于改变以往"严打"过程中违法执法、侵犯人权的现象，具有重要的现实意义。

为全面贯彻落实宽严相济的刑事司法政策，提高诉讼效率，节约司法资源，及时化解社会矛盾，实现办案的法律效果和社会效果的有机统一，为构建社会主义和谐社会服务，根据《刑事诉讼法》的有关规定，结合检察工作实际，2006 年 12 月 28 日最高人民检察院第十届检察委员会第六十八次会议还通过《最高人民检察院关于依法快速办理轻微刑事案件的意见》，对于案情简单，事实清楚，证据确实充分，犯罪嫌疑人、被告人认罪的轻微刑事案件，在遵循法定程序和期限、确保办案质量的前提下，简化工作流程、缩短办案期限。依法快速办理轻微刑事案件，应当坚持以下原则：严格依法原则、公正与效率相统一原则、充分保障诉讼参与人诉讼权利原则、及时化解社会矛盾原则，并对快速办理案件的具体要求如批捕和审查起诉的期限等作出了限制性规定。

同时，2006 年 12 月 28 日最高人民检察院第十届检察委员会第六十八次会议还通过了《人民检察院办理未成年人刑事案件的规定》。该规定要求人民检察院办理未成年人案件必须实行教育、感化、挽救的方针，坚持教育为主、惩罚为辅的原则。一般应当设立专门工作机构或者专门工作小组办理未成年人刑事案件，不具备条件的应当指定专人办理。而且，一般应当由熟悉未成年人身心发展特点，善于做未成年人思想教育工作的检察人员承办。该规定对未成年人案件的批捕、起诉、出庭支持公诉及检察申诉工作作出了针对性的规定。例如，审查批准逮捕未成年犯罪嫌疑人，应当注意是否有被胁迫情节，是否存在成年人教唆犯罪、传授犯罪方法或者利用未成年人实施犯罪的情况；审查起诉未成年犯罪嫌疑人，应当听取其父母或者其他法定代理人、辩护人、未成年被害人及其法定代理人的意见；结合社会调查，通过学校、社区、家庭等有关组织和人员，了解未成年犯罪嫌疑人的成长经历、家庭环境、个性特点、社会活动等情况，为办案提供参考，等等。

实践中，检察机关"宽严相济"的刑事政策早已开始运用。例如，上海市长宁区人民检察院于 1992 年在我国率先尝试对未成年人案件作暂缓起诉处理的做法（当时称之为"诉前考察"）。截至 2003 年，共对 20 名未成年人犯罪案件作出暂缓起诉处理，除其中四名被提起公诉外，其余行为人都以不起诉处理，被不起诉的未成年人均顺利升入大学或走上工作岗位①。

山东省烟台市人民检察院吸收恢复性司法理念，于 2006 年开始推行的"平和司法"程序，就是刑事和解制度的表现形式之一。"平和司法"的基本含义是对符合条件的未成年人犯罪、过失犯罪、轻伤害等轻微犯罪案件，在检察机关启动、参与和监督下，由社区综合治理机构主持，被害人、加害人就案件处理达成共识，使加害人通过主动的行为改过自新，被害人的物质和精神损失得到及时、充分补偿，由检察机关对加害人进行非刑罚化或者轻刑化处理，取得了良好的效果。

《最高人民检察院关于依法快速办理轻微刑事案件的意见》和《人民检察院办理未成年人刑事案件的规定》都是中国检察机关落实"宽严相济"刑事政策比较明确的规范，使得宽严相济刑事政策在一定程度上具有可操作性，对保障轻微案件和未成年人案件被追诉人获得从宽处理、对刑罚目的观由报应刑向目的刑转型具有积极意义。

但是，这里仍有两个问题值得进一步探讨。

一是《最高人民检察院关于依法快速办理轻微刑事案件的意见》对

---

① www.xmjc.gov.cn/admin/list.asp? id=1803，2006 年 7 月 4 日。

轻微刑事案件"依法快速办理"的相关内容都是现行《刑事诉讼法》未予规定的，虽然不存在与《刑事诉讼法》的激烈冲突问题，但也不能说符合《刑事诉讼法》的要求。因为，现行《刑事诉讼法》简易程序实际上只是一种简易审判程序，程序的简化、诉讼步骤的省略只发生在审判阶段。虽然《刑事诉讼法》的这种规定存在缺陷，但中国简易程序的适用实践也表明，简易程序的这种单一化现状有待改进，简易程序形式应当向多样化方向发展，其适用案件范围、适用诉讼阶段等都应当有所拓展。但是，按照一般法理，国家机关权力行使的规则是：法无明文规定，不能行使权力。那么，在《刑事诉讼法》修改之前，检察机关率先对简易程序进行改革，是否有违法执法之嫌？而且，该意见中确实有需要进一步探讨的内容，如第6条将"办案任务重、案多人少矛盾突出"作为限定审查起诉期间并不得延长办案期限的理由，显然不合理。因为，案件审查起诉的期间应当考虑案件本身的情况，而不能因为办案负担重而限制个案办理期限，这样势必会影响案件质量。再比如，该意见第3条、第4条适用依法快速办理的刑事案件的范围是否合适也值得斟酌，等等。这些问题都有待《刑事诉讼法》的规范。

二是《最高人民检察院关于依法快速办理轻微刑事案件的意见》和《人民检察院办理未成年人刑事案件的规定》都是最高人民检察院发布的司法解释，只对检察机关发生法律效力。而中国刑事诉讼包括立案、侦查、起诉、审判、执行等各个阶段，因而要使得宽严相济的刑事政策在刑事诉讼中发挥实效，仅靠检察机关一家之力还不够，还需要公安机关、人民法院、监狱等其他职权机关积极行动与相互协调。这就需要立法机关在《刑事诉讼法》再修改时重视这个问题，总结检察机关这两个司法解释在实施过程中的经验与教训，对简易程序作全局性的修改与完善，使得刑事诉讼中的职权机关在这方面都能够有所作为，充分体现"宽严相济"刑事政策的精神。

### （四）刑事诉讼法治发展的展望

2006年是立法机关为《刑事诉讼法》的修改积极做准备的一年，全国人大常委会法制工作委员会已就《刑事诉讼法》修改问题展开调研，征求意见，学界也给予了积极的回应，实务部门也进行了积极的探索。根据全国人大常委会 2007 年的立法计划，2007 年 10 月，全国人大常委会第三十次会议将安排审议修改《刑事诉讼法》。此次《刑事诉讼法》的修改，应当本着推动人权保障的宗旨，针对刑事司法实践中急需解决的问题，根据国际人权公约的规定以及两大法系法治发达国家的共同法律规定，在以下方面有待提高。

### 1. 《刑事诉讼法》基本原则

《刑事诉讼法》的基本原则是贯穿于刑事诉讼的全过程或主要诉讼阶段，国家专门机关和诉讼参与人进行刑事诉讼活动所必须遵循的基本准则，对于刑事诉讼的进行具有普遍指导意义。因而，基本原则的修改，对于整个刑事诉讼法理念的更新和制度建设都有重要影响。

此次修改《刑事诉讼法》应当首先确立无罪推定原则、不得强迫自证其罪原则、禁止双重危险原则这三项基本原则；并在相关制度中作相应修改，如取消"犯罪嫌疑人对侦查人员的提问，应当如实回答"的规定，对审判监督程序中的有关规定作相应调整，等等。

### 2. 刑事诉讼制度

在刑事诉讼制度方面，迫切应当修改辩护制度、强制措施制度、证据制度中的有关内容。

关于辩护制度，主要应从两个方面着手：一是对辩护基本条件的保障，如会见权、调查取证权保障等；二是对辩护作用的尊重，主要是办案人员在诉讼过程中应当听取辩护人的意见，若对此有不同意见，应当明确说明理由，并在诉讼文书中载明。

关于强制措施制度，应当对强制措施进行程序正当化改进，改变目前由追诉机关独家决定对犯罪嫌疑人人身自由权与财产权等基本权利予夺的局面。

关于证据制度，应当对特定证人、鉴定人出庭问题予以强制规定，在一定程度上保证被追诉人的质证权。还应当确立非法证据排除规则，规范职权机关的取证行为，保障被追诉人的合法权益不受侵犯。

### 3. 刑事诉讼程序

在刑事诉讼程序方面，应当对死刑复核程序、简易程序、未成年人案件程序予以完善。

关于死刑复核程序，一是应当确定死刑复核范围，既包括实体内容，也包括程序内容；二是在复核方法上，法官应当保持中立，应规定有罪证据须由控方提供，并负有消除案件疑点的责任；三是规定死刑复核案件的证明要求应当高于其他案件的证明要求，就如 1984 年《关于保护死刑犯权利的保障措施》第 4 条规定的，"只有在对被告的罪行根据明确和令人信服的证据而对事实没有其他解释余地的情况下，才能判处死刑"。

关于简易程序，应当总结实务部门探索实践的经验和教训，在简易程序的多样化设置方面有所作为，改变中国简易程序形式单一化的现状，以提高刑事诉讼效率，为司法资源的合理配置提供更广阔的空间。例如，可以借鉴德国法的规定，增设刑罚命令程序，等等。

立法还应当增设未成年人案件刑事诉讼程序。《刑事诉讼法》未设独立的未成年人案件诉讼程序，考虑到未成年人由于处于身心发育时期，社会化程度和认识能力不高，在某种程度上来说，其自然属性多于社会属性，人的本能性多于人的理性。因此，对未成年人犯罪案件应当采取不同于成年人的诉讼程序，建构未成年人案件的诉讼程序，在诉讼的基本原则、审前程序、审判程序等方面都不同于成年人诉讼程序。

## 二　2006 年中国民事诉讼制度改革与进展

2006 年，民事诉讼法治工作在立法与执法实践方面都取得了一定的进展。

### （一）民事诉讼法治建设

2006 年，全国人大法工委经与有关机关多次协商，已经拟定出《民事诉讼法修正案》的初稿。2006 年，全国人大常委会、最高人民法院发布的有关民事诉讼的几部法律文件，内容主要涉及执行案件的督办、管辖，涉外案件司法文书的送达，关于民事执行中查封、扣押、冻结财产的期限等方面。

### （二）民事审判、执行和监督

2006 年，最高人民法院审结民事案件 673 件，诉讼标的额 151 亿元。协调和督办跨地区民事执行案件 213 件；地方各级人民法院审结一审民事案件 4382407 件，诉讼标的额 6827.8 亿元。各级人民法院共审结婚姻家庭、遗产继承纠纷案件 1159437 件；审结权属、侵权纠纷案件 986082 件。其中，相邻纠纷案件 31427 件；审结劳动争议案件 179637 件，诉讼标的额 31.89 亿元。各级人民法院共审结国有企业兼并、破产、产权转让等纠纷案件 4755 件；审结金融纠纷案件 717526 件；审结各类合同纠纷案件 2236888 件，诉讼标的额 4757 亿元。各级人民法院共审结知识产权一审民事案件 14056 件，诉讼标的额 27.1 亿元。其中，审结著作权侵权案件 5751 件，商标侵权案件 2378 件，专利侵权案件 3227 件，不正当竞争案件 1188 件。各级人民法院适用中国法律和已参加的国际条约，尊重国际惯例，平等保护中外当事人的合法权益，共审结海事、海商案件 7375 件，诉讼标的额 44.45 亿元。此外，各级人民法院还加强涉外和涉港澳台案件的审理，共审结各类涉外和涉港澳台案件 23313 件，同比上升 16.39%。各级人民法院适用简易程序审理的一审民事案件达 71.26%[①]。各级人民法院及时受理和审查当事人不服人民法院生效裁判的申诉，提出民事和行政抗诉 12669 件，提出再审检察建议 5949 件。对不服正确裁判的 37524 件申诉，认真做好当事人的息诉工作[②]。

### （三）民事诉讼调解

2006 年，最高人民法院根据构建社会主义和谐社会的需要，进一步贯彻落实"能调则调、当判则判、调判结合、案结事了"的民事司法原则，以定纷止争为目标，最大限度地化解社会矛盾纠纷。全国法院审结的民事案件中，有 30.41% 的案件以调解方式结案，其中一审民事案件调解

---

① 参见最高人民法院院长肖扬《最高人民法院工作报告》，2007 年 3 月 13 日第十届全国人民代表大会第五次会议。
② 参见最高人民检察院检察长贾春旺《最高人民检察院工作报告》，2007 年 3 月 13 日第十届全国人民代表大会第五次会议。

和撤诉率达到 55.06%①。

近年来，为构建和谐社会，中共中央政法委和最高人民法院发布有关文件指出，司法调解通过把讲理与讲法结合起来的方式，让当事人能够接受调解结果，自动履行程度高，对于化解社会矛盾、解决纠纷、促进和谐社会构建，具有其他方式所无法替代的作用。至此，司法调解被提到了新的高度。2006 年 10 月，最高人民法院要求各级法院必须确立新时期司法调解工作的三个目标：案结事了、胜败皆服、定纷止争。2006 年 11 月 8 日，最高人民法院分管领导向各级法院提出要求：刑事案件中附带民事诉讼的调解工作要贯穿于整个案件审理的全过程，使被害人依法获得物质赔偿。

各地法院纷纷创新调解形式，如福建省晋江市人民法院把闽南茶文化融入诉讼调解中，创造并推广"茶桌调解法"。当事人来到广东省东莞市人民法院起诉立案时，可以申请选择五种庭外和解方式。浙江省宁波市镇海区人民法院成立特约司法调解组，民商事案件处理时间平均不到一个星期，最快的只用了几个小时，等等。

但是，民事调解的立法与实践中也暴露出一些问题，主要体现在以下几个方面。

其一，强制调解。在中国，由于实行"调审合一"的调解模式，法官身兼调解者和审判者双重身份，使法官对运用调解方式还是判决方式结案有较大的选择权。有些地方的法官为完成调解率的任务指标，避免错案追究，而漠视当事人的权利，强行调解，久调不决，损害了当事人的合法权益，也损害了司法权威。

其二，恶意调解。由于中国社会诚信制度尚未建立，有的当事人往往利用法院调解恶意达到使对方让步的目的，而调解协议达成后又不按时履行协议规定的义务，损害了对方当事人的合法权益，也使法院的权威与公信力丧失殆尽。

其三，程序规则缺乏。《民事诉讼法》和相关司法解释中基本没有关

---

① 参见最高人民法院院长肖扬《最高人民法院工作报告》，2007 年 3 月 13 日第十届全国人民代表大会第五次会议。

于民事调解程序的规定，导致调解过程的随意性很大。虽然由调解制度本身的性质所决定，"调解过程比起我们所习惯的诉讼过程还是有一种更大的流动性和非正式性的特征"，为调解规定细致的程序规则并不可行。但是，调解作为一项法律制度应该具有基本的规范要求。这也是为规制权力、保护权利、保障建立调解制度的立法目的能够得以顺畅实现所必需的。

其四，自愿性与明知性保障缺失。调解协议的形成是以双方利益妥协为代价的，根据一般的法理要求，宪法与法律所赋予公民权利的放弃应以公民自愿与明知为前提，否则即构成违法。而在中国民事调解的法律规定中，并没有当事人放弃权利自愿性与明知性保障的相关内容。

其五，调解监督机制不完善。虽然《民事诉讼法》第 180 条规定了"当事人对已经发生法律效力的调解书，提出证据证明调解违反自愿原则或者调解协议的内容违反法律的，可以申请再审"。但在实践中，由于调解协议是由当事人亲自签字的，即使是违法调解，要求当事人承担举证责任，提出"证明调解违反自愿原则"的证据也很难。而且，人民检察院对调解也无权提出抗诉，所以对调解的监督几乎为零。

上述问题得不到解决，民事调解功能的发挥就会受到局限，甚至还会带来负面影响，可能调解案件越多，潜藏的问题也会越多，因而必须引起充分注意。

### （四）民事诉讼法治展望

根据全国人大常委会 2007 年立法计划，2007 年 6 月，全国人大常委会第二十八次会议将安排审议修改《民事诉讼法》。此次《民事诉讼法》修改应当本着"确保当事人诉权依法得到有效保障，确保有理有据的当事人获得公正裁判，确保有利于社会和谐的行为得到司法裁判认可，维护社会公平正义"① 的宗旨，针对民事司法实践中急需解决的问题，从以下

---

① 参见最高人民法院院长肖扬《最高人民法院工作报告》，2007 年 3 月 13 日第十届全国人民代表大会第五次会议。

方面着手完善。

### 1. 完善证据制度

证据制度是《民事诉讼法》中的一项重要制度，也是《民事诉讼法》中最薄弱的内容之一。为弥补立法的不足，适应司法实践发展的需要，2001 年 12 月 6 日，最高人民法院审判委员会第 1210 次会议通过《最高人民法院关于民事诉讼证据的若干规定》，对当事人的举证、法院调查收集证据、举证时限、证据交换、质证、证据的审核认定等内容作了规定。实践证明，该规定的颁行，对规范法官和当事人运用证据行为、解决民事诉讼实践中的一系列问题具有积极意义。但是，从合法性角度考虑，该规定中的很多内容都突破了《民事诉讼法》的规定，如举证责任期限的设置等等，司法解释的合法性出现问题，因而需要此次修改《民事诉讼法》加以解决。对于实践证明该规定中可行的内容，纳入立法，使之具备合法性，更便于其施行；反之，则禁止施行。

### 2. 完善简易程序

针对中国民事诉讼简易程序形式单一、不能适应实践需求的现状，建议丰富简易程序的具体形式，以提高诉讼效率，节省司法资源。例如，法律可以增设小额诉讼程序。

### 3. 完善民事检察监督制度

民事检察监督在中国法律监督体系中具有独特功能，因而完善民事检察监督制度非常必要。例如，检察机关的抗诉范围应当有所扩大，对于人民法院作出的所有裁定，包括执行程序中的裁定，对于调解书以及对人民法院适用特别程序（选民资格案件除外）、督促程序、公示催告程序和破产程序审理案件所产生的法律文书，也应当有权提起抗诉，进行监督。

### 4. 完善民事执行措施

执行是民事诉讼中的最后阶段，是法院裁判付诸实施的关键阶段。针对执行难问题，应当在以下方面对法律作出完善的规定。

（1）建立公安机关协助执行制度。参照外国的有关立法经验，有必要对公安机关协助民事执行方面的职能作出明确规定。

（2）建立健全提级执行和指定执行制度。应当建立健全提级执行和指定执行的法律规范，明确当事人申请提级执行和指定管辖的权利，并规定相关条件，如当事人有财产，而执行法院无合法理由一年内未予执行，以克服地方保护问题。

（3）建立执行救济制度。依据现行《民事诉讼法》，对不依法查封、拖延执行、拍卖过程中违法等不当执行行为，没有相应的执行救济程序，影响了当事人合法权益的维护。法律应当赋予当事人、利害关系人对不当执行提出异议的权利，以解决此问题。

（4）完善妨害执行的强制措施。目前，《民事诉讼法》规定的妨碍执行的强制措施存在诸如拘留期限过短、罚款金额过低以及缺乏有关单位不履行协助义务是否可拘留有关责任人的规定。对此，此次修改《民事诉讼法》应当延长拘留期限，提高罚款金额，明确规定有关单位协助执行责任人的处罚措施。

（5）建立执行财产调查和强制报告制度。目前，导致执行难的重要原因是，法律未赋予申请人查找财产的有效措施；法院查找财产的途径也不通畅。总结一些地方法院的有益探索①，可以建立"调查令"制度，由法院签发"调查令"，律师持"调查令"到有关部门进行调查；赋予法院调查财产状况的职责，以作为对债权人调查的补充；明确规定有关单位的协助义务；等等。

（参见法治蓝皮书《中国法治发展报告 No.5（2007）》）

---

① 针对目前当事人因受诉讼能力的限制及外在因素影响，调查取证较为困难的现状，江苏省镇江市京口区法院民二庭根据省高院《关于规范民事案件庭前程序的意见（一）试行》的规定，给一起交通事故损害纠纷案原告代理律师签发出首张"调查令"。据悉，律师调查令的开具，是江苏省法院系统的一个创举，也是我国司法业的一次进步。"调查令"的实施，有利于提高当事人的调查取证能力，保障其各项权利救济得以实现。对于那些被调查单位或个人的不协助行为，法院可责令并协助律师调查。无正当理由拒绝或妨碍调查取证的，法院责令其履行协助义务，也可依职权调查收集证据。参见 news.xinhuanet.com/local/2006-12/15/content_5489704.htm。

# 第三章　2007 年中国司法改革与进展

　　**摘　要**：2007 年，人民法院审判和执行工作全面发展，司法改革稳步推进，队伍建设成效显著，司法能力和司法水平显著提升，确立司法为民指导思想，司法便民措施不断完善，基层基础建设不断加强，物质技术装备明显改善。2007 年，法院体制的司法改革主要有：一是改革和完善死刑核准制度，深化刑事审判制度改革；二是围绕《民事诉讼法》修改，改革和完善民事再审、民事执行制度；三是进一步推进审判公开；四是改革和完善法官制度。

　　根据党的十六大关于推进司法体制改革的战略决策，中央司法体制改革领导小组于 2004 年底出台了《中央司法体制改革领导小组关于司法体制和工作机制改革的初步意见》，对推进司法体制改革作出了全面部署。最高人民法院成立了司法改革领导小组，推出了《人民法院第二个五年改革纲要（2004~2008）》。2006 年 5 月，中央作出了《关于进一步加强人民法院、人民检察院工作的决定》。2007 年，人民法院的改革主要围绕上述"意见""纲要"和"决定"进行。构建社会主义和谐社会，全面贯彻落实科学发展观，维护人民群众利益，有效化解矛盾纠纷，确保社会稳定，促进司法公正，成为人民法院的主要工作目标。具体而言，人民法院 2007 年的司法改革主要包括以下几个方面的内容。

　　第一，改革和完善死刑核准制度。根据中央的部署和全国人大常委会修改的《人民法院组织法》规定，最高人民法院 2007 年 1 月 1 日起统一行使死刑核准权，结束了部分死刑案件核准权下放 26 年的历史。2007 年

2月27日，最高人民法院颁布了《最高人民法院关于复核死刑案件若干问题的规定》。这一新的司法解释改变了以往对于死刑复核案件可以作出核准、改判或者发回重审裁判的做法，规定对于各地报请复核的死刑案件，最高人民法院原则上只能作出核准死刑或者不核准死刑的裁定；只有在少数特定情况下，可以依法改判。2007年3月12日，最高人民法院、最高人民检察院、公安部、司法部联合出台了《关于进一步严格依法办案确保办理死刑案件质量的意见》，要求各级人民法院、人民检察院、公安机关、司法行政机关依法履行职责，严格执行《刑法》和《刑事诉讼法》，切实把好死刑案件的事实关、证据关、程序关、适用法律关，使办理的每一起死刑案件都经得起历史的检验。该意见提出，办理死刑案件应当遵循以下五项原则：坚持惩罚犯罪与保障人权相结合；坚持保留死刑，严格控制和慎重适用死刑；坚持程序公正和实体公正并重，保障犯罪嫌疑人、被告人的合法权利；坚持证据裁判原则，重证据、不轻信口供；坚持宽严相济的刑事政策。人民法院审理死刑案件，应当注重审查证据的合法性。复核死刑案件，应当对原审裁判的事实认定、法律适用和诉讼程序进行全面审查。合议庭成员应当阅卷，并提出书面意见存查。对证据有疑问的，应当对证据进行调查核实，必要时到案发现场调查。被告人委托的辩护人提出听取意见要求的，应当听取辩护人的意见，并制作笔录附卷。辩护人提出书面意见的，应当附卷。高级人民法院复核死刑案件，应当讯问被告人。在实践中，最高人民法院复核每一起死刑案件，都实行合议庭、审判长、副庭长、庭长乃至主管副院长层层把关，以确保死刑案件的办案质量。合议庭要在人人阅卷、写出书面审查报告和阅卷报告基础上，对于事实证据、适用法律、定罪量刑和审判程序，认真讨论提出处理意见，对于核准死刑的原则上要提讯被告人，必要时还要到案发地调查核实。对于疑难、复杂的案件，在上报主管副院长审核后，还要提交审判委员会审理决定。最高人民法院统一行使死刑核准权，在对"罪行极其严重"的死刑标准把握上，在对"可杀可不杀"的政策权衡上，在对"证据确实充分"的证明判断上，以及诉讼程序的正当合法上，要求更加严格，标准更加统一，质量更有保障。自死刑案件核准权收归最高人民法院统一行使以来，死刑数量继续明显下降。

第二，改革和完善民事再审制度。审判监督程序作为法律规定的一种特殊救济程序，是确保裁判公正的重要环节，也是社会各界关注的司法难题。1991年的《民事诉讼法》对申请再审理由等规定不够明确，导致法院对申诉是否符合申请再审条件难以把握，一些再审申请得不到及时处理。全国人大常委会于2007年10月修改的《民事诉讼法》，完善了再审制度，为解决申诉和申请再审难问题打下了良好的基础。修改后的《民事诉讼法》细化了再审理由，规定当事人的申请符合下列情形之一的，人民法院应当再审：①有新的证据，足以推翻原判决、裁定的；②原判决、裁定认定的基本事实缺乏证据证明的；③原判决、裁定认定事实的主要证据是伪造的；④原判决、裁定认定事实的主要证据未经质证的；⑤对审理案件需要的证据，当事人因客观原因不能自行收集，书面申请人民法院调查收集，人民法院未调查收集的；⑥原判决、裁定适用法律确有错误的；⑦违反法律规定，管辖错误的；⑧审判组织的组成不合法或者依法应当回避的审判人员没有回避的；⑨无诉讼行为能力人未经法定代理人代为诉讼或者应当参加诉讼的当事人，因不能归责于本人或者其诉讼代理人的事由，未参加诉讼的；⑩违反法律规定，剥夺当事人辩论权利的；⑪未经传票传唤，缺席判决的；⑫原判决、裁定遗漏或者超出诉讼请求的；⑬据以作出原判决、裁定的法律文书被撤销或者变更的。另外，对违反法定程序可能影响案件正确判决、裁定的情形，或者审判人员在审理该案件时有贪污受贿、徇私舞弊、枉法裁判行为的，人民法院应当再审。当事人申请再审，应当在判决、裁定发生法律效力后二年内提出；二年后据以作出原判决、裁定的法律文书被撤销或者变更，以及发现审判人员在审理该案件时有贪污受贿、徇私舞弊、枉法裁判行为的，自知道或者应当知道之日起三个月内提出。上述规定，保障了当事人申请再审的权利。

第三，改革和完善民事执行制度。1991年的《民事诉讼法》对执行程序的规定比较笼统，某些重要的制度不完备，使一部分案件出现了"执行难"问题。此外，整个社会的法律意识不高、社会诚信制度缺失、财产监管制度不健全等，也是造成"执行难"问题比较突出的重要原因。目前，60%左右的生效法律文书要靠法院强制执行，法院的执行工作承受着巨大压力。长期以来，执行难是社会各界关注、人民群众关心的热点和难点问题之一。2007年《民事诉讼法》的修改，通过以下几方面的制度建设，为解决执行难问题创造了条件：一是规定立即执行的制度；二是建立财产报告制度；三是建立执行联动机制；四是建立执行异议制度；五是延长申请执行的期间，明确规定申请执行期间为两年，并且适用中止、中断的规定，以利于当事人更好地行使权利、履行义务。特别值得关注的是，修改后的《民事诉讼法》建立了国家执行威慑机制，通过全国法院执行案件信息管理系统这个平台，将全国法院执行案件信息予以公开，包括案号、当事人、执行措施、执行期限管理、执行款物管理和结案等有关法律文书或其他执行行为的信息，并通过将该系统与金融、工商登记、房地产、交通、出入境管理等部门以及其他社会信用体系网络相连接，逐步从法律、经济、政治、生活、舆论等各个方面对被执行人进行制约，促使其自动履行义务。修改后的《民事诉讼法》明确了有关市场监督机关依法对被执行人的市场活动采取制裁限制措施的权力和对法院对被执行人的制裁限制措施的协助义务，同时明确了法院有权将被执行人的信息纳入社会信用信息。

第四，深化刑事审判制度改革。最高人民法院于2007年9月下发了《关于进一步加强刑事审判工作的决定》，要求各级人民法院充分认识加强刑事审判工作的重要性和必要性，发挥刑事审判职能作用，确保刑事审判质量与效率，深化刑事审判制度改革，严格控制和慎重适用死刑，加强对刑事审判工作的指导和监督，加强刑事审判队伍建设，加强对刑事审判工作的组织领导，维护和促进社会和谐稳定。具体的改革措施包括如下方面。①进一步完善刑事一审、二审程序和死刑复核程序，确保刑事案件依法规范审理。②改革和完善刑事庭前程序，明确庭前程序与庭审程序的不同功能，推动和规范庭前证据展示等活动，继续深化庭审改革，提高庭审效率，保证庭审效果。③加大对刑事自诉案件和其他轻微刑事案件的调解力度，尽可能促进当事人和解，力争轻罪案件一审终了；注重刑事附带民事诉讼案件的民事调解，尽最大努力调解解决赔偿被害人损失，保护被害人的合法权益。④规范举证、质证、认证活动，规范和完善刑事鉴定制度，健全和强化对认定案件事实和量刑有关键作用的证人、鉴定人出庭作证制度，并积极探索健全相关配套措施，规范排除非法言词证据的程序、举证责任、证明标准等问题，完善刑事证据制度。⑤改革完善审判指导制度和法律统一适用机制，针对实践中迫切需要解决的问题，制定贯彻宽严相济刑事政策的规范性文件，明确适用范围和标准；制定死刑案件和其他刑事案件的量刑指导意见，建立和完善相对独立的量刑程序。⑥探索建立刑事案例指导制度，及时发布在认定事实、适用法律等问题上具有指导意义的典型、疑难或者新类型的刑事案例，理论联系实际，准确诠释刑事法律法规和司法解释，提供有针对性、权威性的业务指导与参考。⑦改革和完善审判委员会工作机制，审判委员会审理、决定案件，可以采取审判委员会委员直接参加合议庭或者旁听合议庭庭审等形式，更好地体现其作为审判组织的特征。⑧探索建立刑事被害人国家救助制度，积极开展刑事被害人国家救助，对因犯罪行为导致生活确有困难的被害人及其亲属提供适当的经济资助，努力使被害人的损失减少到最低限度，化解矛盾，促进和谐。⑨严格执行法律，准确惩治犯罪，慎重适用死刑，统一死刑适用标准，确保死刑案件审判质量；贯彻执行"保留死刑，严格控制死刑"的刑事政策，注重发挥死缓制度既能够依法严惩犯罪又能够有效减少死刑执行的作用，凡是判处死刑可不立即执行的，一律判处死刑缓期二年执行；严格按照法律程序审理死刑案件，提高死刑案件第一审、第二审的质量，切实把基础工作做好，严格依法复核死刑案件。

第五，规范合议庭审理案件制度。2004年4月，最高人民法院下发了《关于完善院长、副院长、庭长、副庭长参加合议庭审理案件制度的若干意见》，要求各级人民法院院长、副院长、庭长、副庭长除参加审判委员会审理案件以外，每年都应当参加合议庭或者担任独任法官审理案件。各级人民法院院长、副院长、庭长、副庭长参加合议庭审理的案件包括四类：一是疑难、复杂、重大案件，二是新类型案件，三是在法律适用方面具有普遍意义的案件，四是认为应当由自己参加合议庭审理的案件。此外，院长、副院长、庭长、副庭长还应当选择一定数量的案件，亲自担任承办人办理。院长、副院长、庭长、副庭长参加合议庭审理案件时，依法担任审判长，与其他合议庭成员享有平等的表决权。院长、副院长参加合议庭评议时，多数人的意见与院长、副院长的意见不一致的，院长、副院长可以决定将案件提交审判委员会讨论。合议庭成员中的非审判委员会委员应当列席审判委员会。通过上述规定，明确了院长、副院长、庭长、副庭长在审判工作中所起的表率作用，应当通过直接办理案件而实现，而非通过诉讼程序之外的领导和指挥，后者实际上会构成对合议庭独立审判的威胁。

第六，进一步推进审判公开。2005 年初，最高人民法院成立了专题小组，负责就审判公开工作中存在的突出问题进行调查研究和制定完善审判公开制度。经过两年多的努力，在反复调研和征求意见的基础上，2007年 6 月，最高人民法院发布了《关于加强人民法院审判公开工作的若干意见》，要求在各项审判和执行工作中依法充分落实审判公开。该意见有以下几个特点：一是首次明确了加强审判公开工作应当坚持依法公开、及时公开、全面公开等三项基本原则；二是针对影响当事人正当行使诉讼权利的突出问题，规定了人民法院应当履行的告知义务；三是推出了审判公开方面的便民措施，特别是要求各级人民法院建立和公布案件办理情况查询机制；四是提出了进一步规范各类案件公开开庭或不开庭审理的要求；五是首次制定了规范听证工作的原则性意见；六是加大了向全社会公开人民法院工作的力度。该意见的出台，有助于各级人民法院从完善制度、工作机制、加大投入等方面进一步加强审判公开工作，提高司法的透明度，从而更加有力地维护当事人的诉讼权利。

第七，改革和完善法官制度。法官职业化建设的重点是深入推进法院工作人员分类管理，而推行法官助理制度，是实现人员分类管理的关键和突破口。2004 年 9 月，最高人民法院下发了《关于在部分地方人民法院开展法官助理试点工作的意见》，正式确定在北京市海淀区人民法院、广东省深圳市中级人民法院等 18 个法院试行法官助理制度。三年来，18 个试点法院经过艰辛努力，取得了积极成效。此外，法院系统正在推进法官遴选工作的制度化、规范化和科学化，并从下级人民法院法官及其他法律人才中选拔优秀人才到上级人民法院担任法官。这是改革和完善司法人事管理制度、推进法官职业化建设、提高法官队伍整体素质的重要途径。下级法院的优秀法官选拔到上一级法院任职，不仅促进了上下级法院法官的相互交流，而且有利于法官的成长，为下级法院的法官提供了更加广阔的发展空间。从社会优秀法律人才中选任法官和在法院系统内部逐级选任法官，能够确保法官具备深厚的法学理论功底和丰富的司法经验，并具有相同或相似的知识背景和从业经历，从而保证司法的协调统一，使法院裁判获得广泛的社会认可。专家学者和优秀律师来法院工作之后，能够发挥自身专业特长优势，解决审判领域一些专业性强、难度大、新出现的前瞻性或关键性问题，为人民法院的工作注入新的活力。

2008 年，人民法院将进一步落实《人民法院第二个五年改革纲要（2004~2008）》的精神，重点进行以下几个方面的改革。①优化法院系统内部权力结构。合理界定司法职权，实现司法职权相互制约监督的最佳权力结构和运行机制。优化人民法院内部审判机构、管理机构之间的分工，理顺不同审级法院的相互关系，科学划分上下级法院的工作职能，推动建立分工合理、职责明确的新型司法体系。从立案到审判、到执行的不同环节，建立以审判权为中心的管理体制，形成配置科学、运行顺畅、公开透明的司法工作机制。②完善法官遴选制度。其一，实行法官定额制度。根据人民法院的管辖级别、管辖地域、案件数量、保障条件等因素，研究制定各级人民法院的法官员额比例方案，并逐步落实。其二，严格法官准入程序。建立包括法官任职条件、遴选任命程序、法官职务晋升等严格的法官职业准入制度，进一步统一法官选任标准，从学历、任职资格等方面提高法官职业准入"门槛"。地方各级人民法院补充法官人选，必须严格"两考一培训"制度，即初任法官必须通过国家统一司法考试，并必须经过高级人民法院组织的统一测试、考核，从通过国家统一司法考试取得任职资格的人员中择优遴选。被录用的人员在被任命法官职务前，必须接受培训，培训合格才能任命为法官。其三，逐步规范选任工作。加强选任工作的制度化、规范化，在一定区域范围内实行法官统一招录并统一分配到基层法院任职的制度，加大选任工作力度，解决基层法官断层问题。③在西部地区推行法官助理制度。最高人民法院决定，从 2008 年起在西部 12 省（自治区、直辖市）800 余个基层人民法院试行法官助理工作，以进一步缓解西部基层法院法官短缺问题，加快法院工作人员分类管理改革进程。④完善制约监督机制。建立审判权与监督权符合司法活动规律、科学合理的权力结构和运行机制。接受人大监督，健全相关制度；禁止就个案的定罪、量刑事实和证据向上级法院请示，保证下级法院的审级独立和二审的审级监督功能；建立统一的审判质量效率评估体系，建立健全法官惩戒机制；加强审判监督、纪律监督，促进司法监督的科学化和法治化；进一步规范舆论监督，处理好舆论监督与依法独立审判的平衡关系。⑤加强保障依法独立公正行使审判权的制度建设。探索能够有效抵御各种干预的司法体制机制建设，防止和避免对司法活动的不良影响。探索行政案件管辖制度改革，避免地方保护主义的干扰。

人民法院的司法改革是一个动态的、连续的过程，它承继着以往的改革，延续着今后的改革。2007年的改革首先立足于解决当前制约公正司法最突出的或人民群众反映最强烈的问题，如改革和完善民事再审制度、民事执行制度是为了解决再审难和执行难的问题；进一步推进审判公开、规范合议庭审理案件制度、改革和完善法官制度，是为了保障司法公正；改革和完善死刑核准制度、深化刑事审判制度改革，是为了加强对刑事司法人权的保护。随着中国依法治国基本方略的不断推进，人民群众对法院工作的期待和要求，超过以往任何一个时期，法院工作面临的难度和承受的压力，也超过以往任何一个时期。当前人民法院所面临的一个重要矛盾，是人民群众日益增长的司法需求与司法功能相对滞后的矛盾。解决这一矛盾的根本办法，就是要遵循司法规律，通过深化改革强化司法功能，增强司法能力，提高司法水平，更新司法理念，提升司法的公信力。党的十七大报告提出，要"深化司法体制改革，优化司法职权配置，规范司法行为，建设公正高效权威的社会主义司法制度，保证审判机关、检察机关依法独立公正地行使审判权、检察权"。今后一个时期人民法院司法改革的基本任务是：围绕党的十七大对深化司法体制改革的重要部署，进一步完善机构设置、职权划分、管理制度和保障制度，进一步健全权责明确、相互制约、高效运行的司法体制，切实维护人民群众的合法权益，维护社会公平正义，为构建和谐社会、建设小康社会、促进科学发展提供强有力的司法保障。

（参见法治蓝皮书《中国法治发展报告 No.6（2008）》）

# 第四章 2009年中国司法改革与进展

**摘　要**：2009年中国的司法改革在优化司法职权配置，落实宽严相济刑事政策，加强司法队伍建设，改革经费保障体制，健全司法为民工作机制等方面取得了较为明显的进展，有利于建立公正高效权威的司法制度，进而保障社会的公平和正义。

2009年是中华人民共和国成立60周年，也是对新中国的司法建设进行回顾和展望的一年。从新中国成立初期"破旧立新"式的司法建设、1957年至"文化大革命"时期"摧枯拉朽"式的司法革命、改革开放之初"拨乱反正"的司法重建到现如今不断走向深入的司法体制改革，每个时期司法建设的基本方向和具体内容都与当时社会的政治、经济和文化环境存在密切的关联。从目前来看，中央所主导的司法改革承担着巩固和推进中国经济市场化、政治民主化和治国法治化的重要使命。2008年11月，中央政法委出台了《中央政法委员会关于深化司法体制和工作机制改革若干问题的意见》（以下简称《司法改革意见》）；2009年3月，最高人民检察院印发了《关于贯彻落实〈中央政法委员会关于深化司法体制和工作机制改革若干问题的意见〉的实施意见——关于深化检察改革2009~2012年工作规划》（以下简称《深化检察改革工作规划》）；2009年3月，最高人民法院发布了《人民法院第三个五年改革纲要（2009~2013）》；2009年4月，国务院新闻办公室发布了首个《国家人权行动计划（2009~2010年）》。上述文件的出台，为2009年以及今后一个时期内的司法改革勾画了基本蓝图，相应的改革实践正在逐步展开。

# 一 《司法改革意见》的主要内容

《司法改革意见》的指导思想是：在继续抓好 2004 年中央确定的司法体制和工作机制改革事项的基础上，从人民群众的司法需求出发，以维护人民利益为根本，以促进社会和谐为主线，以加强权力监督制约为重点，紧紧抓住影响司法公正、制约司法能力的关键环节，进一步解决体制性、机制性、保障性障碍；优化司法职权配置，规范司法行为，建设公正高效权威的社会主义司法制度，为保障社会主义市场经济体制顺利运行，为中国特色社会主义事业提供坚强可靠的司法保障与和谐稳定的社会环境。其核心是调整司法职权配置，加强权力监督制约，促进司法独立。主要改革任务包括优化司法职权配置、落实宽严相济刑事政策、加强政法队伍建设、加强政法经费保障等四个方面：①在优化司法职权配置方面，主要涉及侦查手段和措施、职务犯罪侦查监督、民事执行体制、人民参与监督司法的制度完善等；②在落实宽严相济刑事政策方面，提出要把宽严相济刑事政策上升为法律制度并转化落实，对严重危害社会秩序和国家安全的犯罪从严打击，对轻微犯罪和未成年人犯罪进行宽缓挽救处理等；③加强政法队伍建设，这涉及招录和培训、行为规范和职业保障、廉政建设以及司法考试制度和律师制度改革完善等；④在加强政法经费保障方面，提出建立分类保障政策和公用经费正常增长机制，改善装备配备、基础设施建设等方面的经费保障，特别是加大对中西部困难地区政法经费的支持力度等。

在司法改革所坚持的原则中，《司法改革意见》比较强调中国特色社会主义方向和从中国国情出发，明确提出要"研究和吸收借鉴人类法治文明的有益成果，又不照抄照搬外国的司法制度和司法体制"。此次的改革方案总体基调以"稳定"为重，更多侧重司法政策、人员和经费等实务层面，对于争议较大的一些体制性问题并未过多触及。

# 二 关于《深化检察改革工作规划》

根据《深化检察改革工作规划》，今后一个时期深化检察改革的重点是，强化人民检察院的法律监督职能和加强对人民检察院自身执法活动的监督制约。深化检察改革的总体目标是：落实中央关于深化司法体制和工作机制改革的部署，优化检察职权配置，完善法律监督的范围、程序和措施，健全对检察权行使的监督制约，加强检察队伍建设，规范检察执法行为，提高检务保障水平，增强依法独立公正行使检察权的能力，建设公正高效权威的社会主义司法制度。规划提出了五个方面深化检察改革的任务：①优化检察职权配置，改革和完善法律监督的范围、程序和措施，加强对诉讼活动的法律监督，切实维护司法公正；②改革和完善人民检察院接受监督制约的制度，规范执法行为，保障检察权依法、公正行使；③完善检察工作中贯彻落实宽严相济刑事政策的制度和措施，创新检察工作机制，增强惩治犯罪、保障人权、维护社会和谐稳定的能力；④改革和完善人民检察院组织体系和检察干部管理制度，进一步提高工作效能，加强检察队伍建设；⑤认真落实中央关于改革和完善政法经费保障体制的总体部署，为检察事业发展提供更加坚实有力的经费和物质保障。

## 三　关于《人民法院第三个五年改革纲要（2009~2013）》

《人民法院第三个五年改革纲要（2009~2013）》针对当前中国司法体制中存在的主要问题，系统部署了 2009~2013 年法院改革的各项措施。纲要确定人民法院司法改革的基本任务和目标是：进一步优化人民法院职权配置，落实宽严相济刑事政策，加强队伍建设，改革经费保障体制，健全司法为民工作机制，着力解决人民群众日益增长的司法需求与人民法院司法能力相对不足的矛盾，推进中国特色社会主义审判制度的自我完善和发展，建设公正高效权威的社会主义司法制度。其具体内容包括以下几个方面。

### 1. 优化人民法院职权配置

改革和完善人民法院司法职权运行机制，形成更加合理的职权结构和组织体系；改革和完善刑事审判制度，规范自由裁量权，完善刑事诉讼第一审程序和第二审程序，完善刑事证据制度；进一步完善民事诉讼证据规则，完善民事、行政诉讼简易程序，明确适用简易程序的案件范围，制定简易程序审理规则；改革和完善刑事、民事再审制度；改革和完善审判组织，完善审判委员会、合议庭、人民陪审员制度；改革和完善民事、行政案件的执行体制，严格规范执行程序和执行行为，提高执行工作效率，规范人民法院统一的执行工作体制；改革和完善上下级人民法院之间的关系；改革和完善审判管理制度；改革和完善人民法院接受外部制约与监督机制；加强司法职业保障制度建设，研究建立对非法干预人民法院依法独立办案行为的责任追究制度。

**2. 落实宽严相济刑事政策**

建立和完善依法从严惩处的审判制度与工作机制，适时制定从严惩处严重犯罪的司法政策，完善有关犯罪的定罪量刑标准；建立和完善依法从宽处理的审判制度与工作机制，完善未成年人案件审判制度和机构设置，研究建立老年人犯罪适度从宽处理的司法机制，研究建立刑事自诉案件和轻微刑事犯罪案件的刑事和解制度，完善在法定刑以下判处刑罚的核准制度，研究建立轻微刑事案件的快速审理制度，依法扩大缓刑制度的适用范围，适当减少监禁刑的适用，明确适用非监禁刑案件的范围；建立健全贯彻宽严相济刑事政策的司法协调制度与保障制度。

**3. 加强人民法院队伍建设**

完善法官招录培养体制和培训体制；完善法官行为规范，严格执行"五个严禁"规定；完善人民法院反腐倡廉长效工作机制；完善人民法院人事管理制度和机构设置；完善人民法院编制与职务序列制度；改革和完善人民法院队伍管理制度，建立健全审判质量效率监督控制体系、岗位目标考核管理体系和司法政务保障体系。

**4. 加强人民法院经费保障**

改革和完善人民法院经费保障体制，配合有关部门将现行行政经费保障体制改革为"明确责任、分类负担、收支脱钩、全额保障"的经费保障体制，实现人民法院经费由财政全额负担，落实"收支两条线"规定；建立人民法院公用经费正常增长机制；促进信息化在人民法院行政管理、法官培训、案件信息管理、执行管理、信访管理等方面的应用，尽快完成覆盖全国各级人民法院的各项审判业务信息网络建设。

**5. 健全司法为民工作机制**

加强和完善审判与执行公开制度，提高司法的透明度，大力推动司法民主化进程；建立健全"党委领导、政府支持、多方参与、司法推动"的多元纠纷解决机制；健全科学、畅通、有效、透明、简便的民意沟通表达长效机制，充分保障人民群众的知情权、参与权、表达权和监督权；完善涉诉信访工作机制，推进涉诉信访法治化、规范化，研究建立涉诉信访终结机制，规范涉诉信访秩序；建立健全司法为民长效机制，健全诉讼服务机构，加强诉讼引导、诉前调解、风险告知、诉讼救助、案件查询、诉讼材料收转、信访接待、文书查阅等工作，切实方便人民群众诉讼；改革和完善司法救助制度，建立刑事被害人救助制度，配合有关部门推进国家赔偿制度的完善。

# 四　关于《国家人权行动计划（2009～2010 年）》

《国家人权行动计划（2009～2010 年）》旨在落实"国家尊重和保障人权"的宪法原则，明确了 2009～2010 年中国政府在促进和保护人权方面的工作目标和具体措施，其内容包括经济、社会和文化权利保障，公民权利与政治权利保障，少数民族、妇女、儿童、老年人和残疾人的权利保障以及人权教育、国际人权义务的履行、国际人权领域的交流与合作等。在"公民权利与政治权利保障"方面，重点涉及以下内容。

（1）完善预防和救济措施，在执法、司法的各个环节，依法保障人身权利。①严禁刑讯逼供；②严禁执法人员实施非法拘禁行为；③严格控制并慎用死刑；④严格死刑审判程序，完善死刑复核程序；⑤建立和完善执法、司法监督机制。

（2）完善监管立法，采取有效措施，保障被羁押者的权利与人道待遇。①推动完善被羁押者权利保护与人道待遇方面的法律法规、政策措施；②严格依法执行收监、减刑、假释、暂予监外执行、释放等主要刑罚执行环节；③完善监所执法责任制、执法公示制、执法工作评议考核和执法过错责任追究制，建立监所执法执纪监督制度和权力制约机制，加大对监所执法活动中违法犯罪行为的查处和责任追究力度；④采取有效措施，严防对被羁押者实施刑讯逼供或者体罚、虐待、侮辱等行为的发生，所有提讯室实施强制物理隔离，建立并推广提讯前后对被羁押者进行体检的制度；⑤进一步完善被羁押者的处遇制度；⑥完善监管执法公开制度，将被羁押者权利以及监所有关执法标准、程序向被羁押者、家属及社会公开，通过举报箱、举报电话、监所领导接待日、聘请执法监督员等方式，对监所执法活动进行有效监督；⑦加强人民检察院对监管场所内执法活动的实时检察监督。

（3）依法保障诉讼当事人特别是受刑事指控者获得公正审判的权利。①采取有效措施，保证依法、及时、公正审理各类案件；②全面公开审判信息；③公开审理时，公开举证、质证、辩论，并公开宣判；④有条件的人民法院对于庭审活动和相关重要审判活动进行录音、录像，建立审判工作的声像档案，当事人可以按规定查阅和复制；⑤鼓励各高级人民法院制定通过出版物、局域网、互联网等方式公布生效裁判文书的具体办法，加大生效裁判文书公开力度；⑥切实保障人民陪审员依法参加审判的权利；⑦推动修改或废止与《律师法》规定不一致的各类法规、规章、规范性文件，保障律师会见、通信、阅卷和调查取证等方面的权利，保障律师在执业活动中的人身权、辩护权和辩论权；⑧扩大司法救助的对象和范围；⑨加强法律援助制度建设，落实政府责任；⑩推进《国家赔偿法》的修订，完善对赔偿请求人、赔偿种类和范围、赔偿义务机关、赔偿程序、赔偿方式和计算标准等问题的规定，保障公民、法人和其他组织依法取得国家赔偿的权利。

《国家人权行动计划（2009~2010年）》指出：中国将继续进行立法、司法和行政改革，使国内法更好地与国际公约规定相衔接，为尽早批准《公民权利和政治权利国际公约》创造条件。

## 五　关于检察改革的实践

从实践状况来看，2009年的检察改革重点有以下几个方面。

**1. 落实宽严相济的刑事政策**

准确把握逮捕、起诉条件，对具有从轻、减轻、免除处罚情节的犯罪嫌疑人依法从宽处理。完善未成年人犯罪、老年人犯罪及其他轻微刑事案件办案方式，以化解矛盾纠纷、修复社会关系。建立信访督察专员制度，加大责任倒查和责任追究力度。

**2. 加强人权保护**

强化对涉及劳动争议、保险纠纷、补贴救助等民事审判和行政诉讼活动的法律监督。维护军人军属、归侨侨眷的合法权益，加强对妇女、儿童、残疾人、农民工、下岗职工权益的司法保护。对生活确有困难的刑事被害人实行救助。逐步开通全国统一的"12309"举报电话，深化文明接待室创建活动，完善和落实便民利民措施，体现司法为民。

**3. 完善监督制约机制**

最高人民检察院 2009 年 9 月初下发了《关于省级以下人民检察院立案侦查的案件由上一级人民检察院审查决定逮捕的规定（试行）》。通过此项改革，增强了对自身执法的监督，确保职务犯罪侦查权依法正确行使。探索审查批捕阶段的律师介入制度，检察机关在决定是否逮捕犯罪嫌疑人时，要听取律师意见，案件办结后，还要将处理结果反馈给律师。律师可以向检察院提供有关犯罪嫌疑人无罪、罪轻或者不具有逮捕必要性或者公安机关违法侦查的证据材料。律师提供的违法侦查的第一手材料有助于帮助检察机关发现和纠正公安机关的违法侦查活动，有效实现侦查监督。

**4. 强化检察监督**

完善对民事、行政诉讼实施法律监督的范围、程序和方式。建立健全对适用搜查、扣押、冻结等侦查措施以及刑事立案、死刑复核、刑罚变更执行的法律监督机制。进一步完善人民监督员制度。健全对重点执法岗位和环节特别是职务犯罪侦查的监督制约机制。对刑事审判法律监督和看守所监管执法进行专项检查。完善各项检察业务工作流程和执法行为规范。健全对人民群众举报、控告、投诉、申诉的办理、督察、反馈机制。深化检务公开，提高检察机关执法的透明度和公信力。

**5. 加强检察队伍建设**

制定实施检察官职业道德准则，强化职业道德约束。建立领导干部廉政档案和检察人员执法档案制度，集中整治队伍中的违纪违法突出问题。推进基层检察院建设，加大对中西部和贫困地区基层检察院的支持力度，推动东西部地区检察机关互派干部挂职。

# 六　关于法院改革的实践

2009 年，人民法院的改革实践主要集中在以下几个方面。

**1. 健全完善多元纠纷解决机制**

近几年，人民法院受案数量剧增，解决"诉讼爆炸"问题已成当务之急。2009 年 7 月最高人民法院正式颁布了《关于建立健全诉讼与非诉讼相衔接的矛盾纠纷解决机制的若干意见》。该意见在现有法律框架内解决了一些迫切需要解决的司法问题，是最高人民法院在推动建立健全诉讼与非诉讼相衔接的矛盾纠纷解决机制过程中取得的显著进展。诉前调解成为人民法院新的改革尝试。

**2. 加强和规范执行工作**

2009 年 7 月 17 日最高人民法院发布了《关于进一步加强和规范执行工作的若干意见》。这个指导性文件以解决"执行难"为重点，着力改进和完善执行工作体制机制，推进执行工作长效机制建设，提升执行工作规范化水平。该意见包括进一步加大执行工作力度、加快执行工作长效机制建设、继续推进执行改革、强化执行监督制约机制、进一步加强执行队伍建设等五部分内容。

**3. 加强执行申诉信访处理机制建设**

完善执行申诉信访处理机制，加强执行申诉信访工作，是解决执行难问题的重要举措。具体包括以下十项制度：①执行申诉信访专门机构负责制度；②执行申诉信访流程管理制度；③执行申诉信访案件的统一交办和督办制度；④执行申诉信访率的排位通报制度；⑤特殊案件的领导包案制度；⑥重大负面影响案件的责任倒查制度；⑦久拖不执案件的当地调查和现场处理制度；⑧重大、重复信访案件公开听证制度；⑨重点地区就地集中办案制度；⑩无理缠访、非法闹访的依法处理制度。

### 4. 集中清理积案

根据执行工作的现状，中央政法委和最高人民法院从 2008 年底开始在全国开展集中清理执行积案活动。在该项活动中，采取了如下举措。①各地全部建立定承办人员、定督办领导、定执行措施、定执行期限、定目标责任、重点案件领导包案的"五定一包"责任制，设立重点案件台账，领导亲自包案。②加大强制力度。责令被执行人报告财产，公开曝光"老赖"被执行人，限制被执行人出境，对被执行人予以罚款、司法拘留，对拒不履行协助义务者采取强制措施。③实行对特殊困难群体的执行救助机制。针对刑事附带民事、交通肇事赔偿等案件中被执行人无履行能力、申请人又生活困难和急需帮助的实际情况，对困难群体加大救助力度。④加大特殊主体案件的执行力度。党委主要领导亲自过问并研究对特殊主体案件的清理。在一些地方，如果人大代表、政协委员不履行法院裁判文书确定的执行义务，取消下届选举资格。在本届中发现有以上情况的，则取消其人大代表、政协委员的资格。⑤狠抓督查指导。大部分省份建立了每月例会督导制度、每月排名通报制度、业务指导制度。各省区均多次派出督导组，并加强对重点案件、重点地区的督查与指导，限期执结，限期改变落后面貌。各省区清理执行积案活动领导小组筛选确定一批重点案件逐案追踪，对下级法院执行工作中遇到的问题及时研究协调解决。⑥协调联动，综合治理，进一步明确相关单位的协助职责和协助程序。⑦进一步完善协助执行网络。部分地区的协助执行网络正在逐步相互连接，逐步形成区域性协助执行网络。⑧公检法机关加强配合。对拒不执行法院判决、裁定罪的有关概念和程序进行规范，确保按照法律程序从快办理，有效惩治拒不执行法院判决、裁定犯罪。⑨充分发挥将执行工作纳入综合治理考核范围的制度作用。大部分省份均按照中央文件要求把执行工作纳入社会治安综合治理目标责任考核体系或"平安建设"考核范围。

### 5. 制定审判警务保障规则

2009 年 7 月 30 日，最高人民法院制定下发了《人民法院司法警察刑事审判警务保障规则》，以进一步规范司法警察执法行为，确保人民法院刑事审判工作顺利进行。该规则分为 6 个部分，从组织指挥、实施要求、特殊情况处置和责任追究等方面规定了司法警察在刑事审判、警务保障工作中应当遵循的原则、制度、步骤和方法。为有效处置突发事件，防止发生被告人、罪犯脱逃等严重事故，该规则规定在遇有被告人、罪犯企图脱逃或实施凶杀、劫持人质等紧急情况时，司法警察要依法使用警械和武器，同时对使用警械和武器的条件和范围进行了严格的限定。

**6. 在全国试行社区矫正**

2009年10月22日，最高人民法院、最高人民检察院、公安部、司法部联合下发了《关于在全国试行社区矫正工作的意见》。根据该意见，社区矫正的适用范围是被判处管制、被宣告缓刑、被暂予监外执行、被裁定假释以及被剥夺政治权利并在社会上服刑的五种罪犯。该意见旨在进一步健全制度与机构，为有效参与社区矫正试行工作创造条件。最高人民法院要求各级人民法院会同公安、检察、司法行政等部门，积极推动社区矫正试行工作稳步、顺利开展，并对试行工作中遇到的问题进行认真研究。同时，结合人民法院的工作实际，就人民法院参与社区矫正试行工作的职责范围、基本要求、工作程序和步骤等问题制定相关具体规定。

**7. 建立廉政监察员制度**

2009年2月，最高人民法院出台了《关于在人民法院审判执行部门设立廉政监察员的实施办法（试行）》，将协助纪检监察部门核查违纪违法案件线索规定为廉政监察员的重要监督职责和监督手段。该办法进一步规范了廉政监察员协助核查案件线索的工作方式，使各部门的廉政监察员在核查违纪违法线索时能够有章可循，从而有利于发挥廉政监察员对审判执行活动的日常监督作用。

**8. 健全反腐败协调工作机制**

2009年12月3日，最高人民法院出台了《人民法院有关部门配合监察部门核查违纪违法线索暂行办法》，共15条，主要规定了人民法院有关部门与监察部门在核查违纪违法线索中合理分工、相互配合的工作机制、工作程序和有关要求，有利于法院各有关部门在核查违纪违法线索中加强协调配合，形成监督合力。

此外，还进一步优化审判和执行职权配置，规范上级法院对下级法院监督指导的范围和程序，确保依法独立公正行使审判权；落实宽严相济刑事政策，进行量刑规范化试点，确保定罪准确、量刑适当；推动建立刑事被害人救助制度；推进法院人员分类管理制度改革，加快专门法院体制改革；完善审判流程管理和案件质量评查制度，健全监督制约机制，加强司法民主，推进司法公开，促进审判公正、执行高效等，也是 2009 年人民法院改革的重要内容。

　　总体而言，2009 年的司法改革围绕着《司法改革意见》《深化检察改革工作规划》《人民法院第三个五年改革纲要（2009～2013）》和《国家人权行动计划（2009～2010 年）》而展开，在一些方面取得了较为明显的进展，有利于进一步完善中国的司法体制和工作机制，保障社会的公平和正义。

　　　　（参见法治蓝皮书《中国法治发展报告 No. 8（2010）》）

# 第五章 2014年中国司法改革与进展

**摘　要：**新一轮司法改革启动以来，为推进司法改革，国家出台了一系列举措，同时各地积极开展试点，其中不乏亮点。然而，由于试点改革尚处于尝试阶段，既需要与现行制度的"磨合"，也需要构建利于改革的配套措施，尤其对体制性问题的触碰是本轮司法改革不得不面对的改革路径。本文通过对新一轮司法改革侧重点的梳理，结合试点地区的先行先试经验，分析本轮司法改革中的难点与问题，从而预测中国司法改革的发展方向，为推进新一轮司法改革的顺利进行提供参考。

## 一　本轮司法改革概述

司法改革的总体目标是增强司法权威和司法公信力，相比前两轮司法改革①，本轮司法改革由中央顶层设计并统一部署，无论从纵向的改革对象还是横向的改革内容看，本轮司法改革力度均较大。

本轮司法改革启动于中共十八届三中全会，会议通过了《中共中央关于全面深化改革若干重大问题的决定》，对深化司法体制改革作出全面部署。该决定提出，深化司法体制改革，让人民群众在每一个司法案件中都感受到公平正义。中央全面深化改革领导小组第二次会议通过《关于

---

① 中国前两轮司法改革分别启动于2004年与2008年。据2012年《中国司法改革白皮书》介绍，从2004年开始，中国启动了统一规划部署和组织实施的大规模司法改革。从2008年开始，中国启动了新一轮司法改革，司法改革进入重点深化、系统推进的新阶段。

深化司法体制和社会体制改革的意见及贯彻实施分工方案》，明确各项改革任务的路线图、时间表。根据重大改革事项先行试点的要求，中央全面深化改革领导小组第三次会议通过《关于司法体制改革试点若干问题的框架意见》《上海市司法改革试点工作方案》，选取上海、广东、吉林、湖北、海南、青海6个省市作为全面推进本轮司法改革的试点。

司法员额管理方面，十八届三中全会提出建立符合职业特点的司法人员管理制度，健全法官、检察官、人民警察逐级遴选机制。2014年7月9日最高人民法院通过《人民法院第四个五年改革纲要（2014~2018）》（以下简称"四五改革纲要"），提出建立科学的法院人员管理制度。广东试点将法院工作人员分为法官、审判辅助人员和司法行政人员，将检察院工作人员分为检察官、检察辅助人员和司法行政人员。实行法官、检察官员额制，法官、检察官员额5年内逐步减少到39%以下，司法行政人员员额比例调整至15%左右，46%以上为司法辅助人员。2014年3月，深圳市出台《深圳市法院工作人员分类管理和法官职业化改革方案》，规定法官待遇与等级挂钩、不与行政级别挂钩，法官可根据任职年限、资历和工作业绩等晋升等级，不同等级的法官之间没有行政隶属关系。上海试点方案中以上三类人员的员额比例分别为33%、52%、15%，主要从司法辅助人员中选任法官、检察官，上级司法机关法官、检察官主要从下级司法机关中遴选，也可以从优秀律师、法律学者中公开选拔。湖北试点在员额比例上与广东一致，并规定各级司法机关不再任命助理审判员、助理检察员。

司法人财物统管方面，十八届三中全会提出改革司法管理体制，推动省以下地方法院、检察院人财物统一管理，探索建立与行政区划适当分离的司法管辖制度。在人员管理上，上海试点全市法官、检察官统一提名、分级任免，组建由各部门、专家组成的法官、检察官遴选（惩戒）委员会。在财物管理上，将区县司法机关纳入市财政统一管理。广东试点方案规定，人事方面，法院、检察院工作人员实行省级统一管理，具体包括市级、县级法院院长、检察院检察长由省级党委（党委组织部）管理，法官、检察官由省统一组织遴选并按法定程序任免，全省法院、检察院系统机构编制统一由省机构编制部门归口管理等改革内容。此外，规定担任法院院长、检察院检察长的人员，除具有担任领导干部的政治素质外，还应具有法学专业知识和法律职业经历。财物方面，市、县法院、检察院作为省级政府财政部门一级预算单位，向省级财政部门直接编报预算，预算资金通过国库集中支付系统直接拨付。湖北试点方案规定，组建法官、检察官遴选（惩戒）委员会，分设在省一级，且社会各界代表所占比例不少于50%。

审判权运行方面，四五改革纲要提出，健全审判权运行机制，建立与行政区划适当分离的司法管辖制度。十八届四中全会提出，推动实行审判权和执行权相分离的体制改革试点，改革法院案件受理制度，变立案审查制为立案登记制。在先行试点中，上海市强化审判委员会在总结审判经验、讨论决定审判工作重大问题、实施类案指导方面的职能。海南省高级人民法院建立了"法官委员会"咨询制度，帮助主审法官准确把握案件，建立指导性案例数据库，为同类案件裁判提供参考。青海试点探索建立主审法官联席会议制度，讨论与合议庭意见有分歧的案件，但讨论结果不具指导性。湖北试点限缩审判委员会讨论案件范围，并通过观看庭审录像、展示证据、查阅案卷增强讨论案件亲历性。

司法责任制方面，十八届三中全会提出改革审判委员会制度，完善主审法官、合议庭办案责任制，让审理者裁判、由裁判者负责。十八届四中全会提出，建立领导干部干预司法活动、插手具体案件处理的记录、通报和责任追究制度，建立健全司法人员履行法定职责保护机制，建立司法机关内部人员过问案件记录制度和责任追究制度。自2014年1月起，中国7个省份的17家检察院进行检察官办案责任制改革，强化检察官办案主体地位，赋予主任检察官执法办案相应决定权。上海试点推行在适用简易程序审理案件中，主审法官依法对案件审理全程、全权负责；在合议庭审理案件中，主审法官承担除应当由合议庭其他成员共同承担部分之外的所有责任；主任检察官在检察长依法授权内对作出的案件处理决定承担办案责任；司法机关各级领导也应当担任主审法官、主任检察官，亲自参加办案。在审判权方面，广东试点主审法官对其独任审理的案件自行签发裁判文书，承担办案责任。强化合议庭负责制，院长、庭长原则上不再签发本人未参加审理的案件的裁判文书。在检察权方面，科学划分检察机关内部执法办案权限，改革完善检察机关执法办案责任体系。吉林试点九台市人民检察院业务部门实行检察官负责制，综合部门实行主任事务官、主任行政官负责制。海南试点建立错案责任倒查问责制、司法人员廉政档案制度。

司法人员职业保障方面，十八届三中全会提出，完善司法人员分类管理制度，健全法官、检察官、人民警察职业保障制度。广东试点方案规定，非因法定事由、非经法定程序，不得解除或变相解除法官、检察官职务；建立各地区法官、检察官职业津贴计发比例与办案数量、质量挂钩的绩效考核机制，适当延长一线法官、检察官的退休年龄。上海试点方案对司法人员有条件延迟领取养老金制度作了细化，如符合条件的基层女法官、女检察官可以延迟5年到60周岁领取养老金，专职办案的一级高级法官、检察官可延迟3年到63周岁领取养老金，专职办案的二级高级法官、检察官可延迟两年到62周岁领取养老金。

完善人权司法保障方面，近年来，因刑讯逼供、非法取证导致的刑事冤错案频发。为此，十八届三中全会提出，完善人权司法保障制度，健全错案防止、纠正、责任追究机制，严禁刑讯逼供、体罚虐待，严格实行非法证据排除规则。2013年11月最高人民法院《关于建立健全防范刑事冤假错案工作机制的意见》明确提出，人民法院要坚持依法独立行使审判权原则，不能因为舆论炒作、上访闹访、地方维稳等压力违法裁判。十八届四中全会提出，健全落实罪刑法定、疑罪从无、非法证据排除等原则，切实解决执行难问题，将聘不起律师的申诉人纳入法律援助范围。2013年以来，各地司法行政机关重点做好农民工、下岗失业人员、妇女、未成年人、残疾人等困难群众法律援助工作，如山东各级司法行政机关和法律援助机构把未成年人列为法律援助服务重点对象。

## 二 本轮司法改革的重点

司法体制改革涉及面广、政策性强。完善司法人员分类管理、完善司法责任制、健全司法人员职业保障、推动省以下地方法院检察院人财物统一管理，都是司法体制改革基础性、制度性的措施，牵一发而动全身[①]，

---

[①] 《中央司改办负责人就司法体制改革试点工作答记者问》，http://news.xinhuanet.com/legal/2014-06/15/c_ 1111149887.htm，最后访问时间：2014年10月23日。

因为人员管理与审判方式改革直接影响司法运行效果。

2012 年党的十八大报告提出，进一步深化司法体制改革，并将体制改革作为本次改革的重心。继而，十八届三中全会提出，改革司法管理体制，推动省以下地方法院、检察院人财物统一管理，健全司法权力运行机制，改革审判委员会制度，完善主审法官、合议庭办案责任制，让审理者裁判、由裁判者负责。从本轮司法改革的目标可以看出，中国的司法改革已步入体制性改革的关键时期。从十八届四中全会《中共中央关于全面推进依法治国若干重大问题的决定》（以下简称《决定》）以及司法改革先行试点方案可以看出，本轮司法改革的着力点主要在以下几个方面。

### （一）司法去地方化与行政化

长期以来，地方党委、政府对司法的不当干预，以及上级院领导批示影响案件处理，审者不判、判者不审一直是造成中国司法公信力不足的顽疾。司法行政化使法官对法院整体有依附性，原因在于中国仅认可法院在整体上的独立性，但不承认法官个人的独立性，过多强调法院的整体作用而对法官个人进行干预控制已成为法院工作机制运行的通常做法。

司法地方化的根源在于地方党委对司法人事的控制权，实践中地方法院院长由本院的上级院党组织和其所属地方的党委考核提名，否则人大无法启动选举任免程序，地方党委往往整体上有更大的决定权。然而，地方各级法院是代表国家行使司法权，即使设在地方行政区域内，也不应是"地方的法院"。因此，解决体制性问题是本轮司法改革不可回避的问题，改革的根本因素之一就是去除司法的地方化与行政化①。

#### 1. 人财物省级统管

五届全国人大二次会议上通过的《人民法院组织法》第 4 条和《人民检察院组织法》第 9 条再次明确规定，人民法院独立进行审判，只服

---

① 〔美〕葛维宝：《法院的独立与责任》，葛明珍译，梅江中校，载《环球法律评论》2002 年春季号。

从法律；人民检察院依照法律规定独立行使检察权，不受其他行政机关、团体和个人的干涉。十八届四中全会《决定》提出，司法机关内部人员不得违反规定干预其他人员正在办理的案件。实践中，行政权力插手司法权力的方式多样，如"红头文件""地方保护""威胁利诱"等，而这些往往以口头形式达到干预司法的目的，不会留下任何可供追责的痕迹。在尊重司法规律的前提下保障司法人员免于法外因素的干扰是司法公正的本质要求，司法权与行政权不同，以行政权力的运行模式管理司法权力必然会出现司法乱象，司法独立的本质就在于司法机关依法独立行使职权。为此，十八届四中全会要求，完善司法管理体制和司法权力运行机制，规范司法行为，加强对司法活动的监督，努力让人民群众在每一个司法案件中感受到公平正义。

地方党政机关之所以能够干预司法，系由其掌控了司法机关的人事财政管理职权，为地方权力干预司法开方便之门，久而久之，必然影响司法独立。十八届三中全会就已提出改革司法管理体制，推动省以下地方法院、检察院人财物统一管理，探索建立与行政区划适当分离的司法管辖制度，从总体上指明了方向，并提出司法机关要保持应有的独立性。司法行政事务管理权是中央事权，非地方事权，司法体制改革的最终目标是实现司法行政管理权限全部收归国家，由全国统一管理，但一步到位全部收归国家目前尚有一定困难，目前授权由省级统管省以下地方院的人财物具有过渡性。

**2. 司法管辖与行政区划分离**

十八届四中全会《决定》提出，优化司法职权配置，最高人民法院设立巡回法庭，探索设立跨行政区划的人民法院和人民检察院，这是触及司法体制改革的核心内容之一，对去除司法地方化意义重大。中国目前试行的跨行政区划的知识产权法院为探索设立跨行政区划的法院、检察院作了铺垫。就实际情况来看，无论是案件数量还是类型都在激增，跨行政区划的当事人增多，沿袭司法管辖与行政区划一致不利于平等保护跨区划当事人的合法权益以及法院独立审判。建立跨行政区划的人民法院、人民检察院有利于排除地方保护主义的干扰、提升司法公信力。

最高人民法院设立巡回法庭，审理跨行政区域重大行政和民商事案件，将打破地域和级别等传统限制，一些具有特别重大影响的案件、跨省的民商事案件和刑事案件在中级人民法院一审后，可能直接上诉到最高人民法院巡回法庭，而不一定是传统的省（自治区、直辖市）高级人民法院。这将有利于审判机关重心下移，方便当事人诉讼，同时也是最高人民法院监督指导全国法院审判工作、提高审判质效的有效方式，有助于解决司法地方化问题。

**3. 领导干部干预办案责任追究**

对于"过问留痕"制度，2011年最高人民法院出台过办法，建立过问案件者全程留痕制度，2013年重申院长、庭长行使审判管理权将全程留痕，但效果不明显。人民法院、人民检察院依法独立行使审判权、检察权是宪法的规定，实践中领导干部利用职权干预司法、插手具体案件严重影响了司法公正，甚至酿成冤案错案，损害司法公信力，造成不可挽回的后果。十八届四中全会《决定》提出，建立领导干部干预司法活动、插手具体案件处理的记录、通报和责任追究制度；任何党政机关和领导干部不得让司法机关做违反法定职责、有碍司法公正的事情，任何司法机关不得执行党政机关和领导干部违法干预司法活动的相关指令，对干预司法机关办案的，给予党纪政纪处分，造成冤假错案或者其他严重后果的，依法追究刑事责任，这将有效遏制领导干部干预具体案件，保障司法机关依法独立公正行使职权。

## （二）审判权、执行权分离

党的十六大就提到审判权和执行权相分离的问题，目的是进一步解决执行难问题，中国生效民事和行政裁判由人民法院执行，但一直以来，"执行难"不仅困扰着当事人，也影响了司法权威。中国有3000多个基层法院，15万余基层法官，承担着全国90%左右案件的审判执行任务，尽管各地加大了对积案的清理，但执行问题并未有效缓解。原因在于，"执行难"就难在法院执行力量有限，根据中央11号文件[①]，各级人民

---

① 见1999年《中共中央关于转发〈中共最高人民法院党组关于解决人民法院"执行难"问题的报告〉的通知》。

法院确保按不少于全体干警现有编制总数 15% 的比例配备合格的执行人员，这种员额配置是无法应对实践中大量的执行问题的。虽然法院内部实行立案、审判、执行分权制约，但这种改革并不彻底，不容易实现对执行权实施的有效监督，并不是实质上的分离。同时法院本身缺少专业执行队伍建设，由于法院在执行过程中裁量权较大，执行腐败现象时有发生。十八届四中全会《决定》提出，推动实行审判权和执行权相分离的体制改革试点，涉及司法职权配置问题，审判权和执行权分别由不同部门行使，符合二者的不同属性，审判权是司法权力，而执行权具有行政性质。近年来实行审执分离的改革取得了一定成效，可以化解实践中"审而不执"的尴尬局面，利于整合刑事执行、行政执行与民事执行，资源互补。解决审执分离的路径仍需不断摸索。

### （三）办案责任制

十八届四中全会《决定》提出，明确司法机关内部各层级权限，健全内部监督制约机制。司法机关内部人员不得违反规定干预其他人员正在办理的案件，建立司法机关内部人员过问案件的记录制度和责任追究制度。完善主审法官、合议庭、主任检察官、主办侦查员办案责任制，落实谁办案谁负责机制。推进严格司法，明确各类司法人员工作职责、工作流程、工作标准，实行办案质量终身负责制和错案责任倒查问责制，确保案件处理经得起法律和历史检验。推进严格司法，必须建立科学的司法权力运行机制，办案质量终身负责是实现让审理者裁判、由裁判者负责，以及落实司法责任制的具体化要求。同时，实行责任倒查和问责制是从责任制度入手预防错案，分析错案原因、后果，达到事前预防与事后追责的双重效果。随着此次改革的推进，让审理者裁判、由裁判者负责的办案模式将逐步落实。

### （四）司法人员分类管理

建立符合职业特点的司法人员分类管理制度是深化司法体制改革的基础性保障，长期以来中国对司法人员的管理模式等同于公务员管理，至今尚未完成司法职业化队伍建设。为此，中央全面深化改革领导小组第三次会议通过《关于司法体制改革试点若干问题的框架意见》以及《上海市司法改革试点工作方案》，对司法人员分类管理作出规定。

对司法人员分类管理有其现实必要性，中国法院、检察院长期以来沿用单一化管理模式，审判职能与行政职能不分，岗位职责不清，论资排辈，容易造成人才流失，在案件处理上容易造成检察人员承办、部门负责人审核、检察长决定的局面。从广义上讲，司法人员包括法官、检察官、司法辅助人员、司法行政人员等。2011年7月中央组织部会同最高人民法院、最高人民检察院出台《法官职务序列设置暂行规定》《检察官职务序列设置暂行规定》，单独管理法官、检察官职务序列，淡化其行政色彩。基于司法权与行政权属性的差异以及法官、检察官的职业特点，对法官、检察官的管理应区别于公务员管理模式，从司法职业队伍建设来讲应建立法官、检察官员额制，提升其司法能力。

### （五）推进司法公开

2013年5月23日全国法院人民陪审工作电视电话会议提出，两年内将全国法院人民陪审员数量增至20万左右，提高工人、农民、进城务工人员、社区居民等基层群众比例。十八届三中全会提出，推进审判公开、检务公开，录制并保留全程庭审资料，增强法律文书说理性，推动公开法院生效裁判文书。最高人民法院开设"中国裁判文书网"并实现与各省法院裁判文书的联通。最高人民检察院推进检务公开，建立不立案、不逮捕、不起诉、不予提起抗诉决定书等法律文书公开制度，实现当事人通过网络查询案件流程信息。十八届四中全会提出，推进审判公开、检务公开、警务公开、狱务公开，依法及时公开执法司法依据、程序、流程、结果和生效法律文书，加强法律文书释法说理性，建立生效法律义书统一上网和公开查询制度。另外，在人民陪审制方面，针对长期以来存在人民陪审员"陪而不审""审而不议"现象，提出在司法调解、司法听证、涉诉信访等司法活动中保障人民群众参与，保障公民陪审权利，扩大参审范围，提高人民陪审制公信力。

# 三　面临的问题

目前，司法体制改革的目标虽然清晰，但改革路线还不够明确，需要在探索中逐步推进。从本轮司法改革相关文件及实践中暴露的弊端可以看出，当前司法改革要解决的关键问题就是去除司法的地方化和行政化，建立符合司法职业属性的职业化司法管理制度，保障司法机关依法独立行使职权。本次改革的重要特点是先行试点，并鼓励试点采取不同模式，从而择优适用，避免盲目改革。2014 年 6 月中央全面深化改革领导小组第三次会议审议通过《关于司法体制改革试点若干问题的框架意见》，决定在东、中、西部选择上海、广东、吉林、湖北、海南、青海等 6 个省市先行试点。司法改革能否收到实际效果，改革方向的正确性是前提，但必不可少的是具体制度的设计能否到位，研究论证切实可行的改革方案已成为当前司法改革不得不重视的问题。

## （一）改革措施与现行法的协调

司法改革往往有立法改革作为前奏，目的在于维护法律的统一适用以及防止司法机关以改革名义僭越立法权。在去除司法地方化的举措上，本次改革将司法机关人财物统一交由省级层面管理，这与《宪法》《人民法院组织法》《人民检察院组织法》等基本法的相关规定冲突①，表现为省级统管与人大任免模式之间的冲突。中国目前的司法改革方案与中国宪法关于人民法院以及审判制度的基本规定不一致，表面上看，似乎中国进行司法改革可以抛开宪法的约束，而实际上，在保障宪法权威的同时落实司法改革才是中国探索深化司法改革过程中必须坚持的原则。最根本的解决路径是修改以上基本法的相关规定，将地方人大及其常委会任免法院院长、检察院检察长改为由省级人大常委会决定，将两

---

① 《宪法》《人民法院组织法》《人民检察院组织法》确立了各级人民法院的院长、检察院检察长由同级人大选举和罢免。

院报告的票决制改为不符合任职条件的罢免制。同时，《公务员法》①也应作相关修改，将法官、检察官从公务员队伍中分离，使其脱离行政部门管理。

### （二）省院统管与司法行政化

司法机关人财物由省级院统一管理，目的是去除司法地方化，但人事权与财政权提级管理是否会加深司法的行政化成了摆在面前的问题。对省级院统管进行制约就要对其进行民主监督，应提倡司法行政的民主化，避免采用传统集权的方式，尽可能把遴选权、提名权、任免权分散行使。同时，省院统一管理是否可以彻底去除司法地方化尚存疑虑，地方法外因素对司法的干预不只限于人财物的管理，其他因素如地方法官、检察官的亲属大多在其所在行政区划的地方单位供职，子女一般在当地上学，这些都对司法权运行或多或少造成影响。对于此项改革措施，一些基层法院、检察院领导仍对统一管理后是否能够及时足额保障办案经费表示担忧，即地方在省级统一管理经费保障不足的情况下给予财力支持，一定程度上又为司法地方化埋下了伏笔。因此，司法人员与地方利益的牵扯无法从根本上割断，这些法外因素尚可为地方权力干预司法人员办案提供可乘之机。

### （三）司法权责统一与职业能力

中国宪法将审判权赋予的是法院而非法官个体独立行使，一定程度上导致中国评价司法效果，更多注重的是法院整体作用的发挥，而相对忽视对法官个体职业能力的提升。改革审判权运行机制与责任承担方式，涉及审判组织与法院内部管理者之间的关系，由单纯的行政管理模式转向审判监督模式。本次改革强调法官、检察官依法独立行使职权，实现审理者裁判、裁判者负责，关系到法官业绩考评。但从中国现实情况看，法官、检察官整体的职业素养有待提高，一些基层检察官坦言，过去检察官办案

---

① 中国现行《公务员法》第2条规定，"本法所称公务员，是指依法履行公职、纳入国家行政编制、由国家财政负担工资福利的工作人员"。

时，案件拿不准可以请示副检察长、检察长，而如今办案责任制使得很多检察官不敢负责。现阶段中国法官、检察官在履行职权过程中，为达到司法权责统一还应注重权力行使的限制，有必要对法官、检察官设置惩戒和退出机制，从年龄、学历、阅历、经验等方面综合考虑法官、检察官的任职资格，同时加强对法官、检察官的职权监督，避免法官、检察官滥用职权。例如，作为改革先行先试的上海，率先组建了法官、检察官遴选（惩戒）委员会，负责全面考察法官、检察官人选的综合表现和业绩，并从专业角度给出遴选建议。另外，法官、检察官的职业保障措施仍显不足，影响法官、检察官履职的积极性。"广东方案"在审判权方面建立以主审法官和合议庭为核心的审判权运行机制，主审法官对其独任审理的案件自行签发裁判文书，承担办案责任，但同时又规定院长、庭长原则上不签发本人未参加审理案件的裁判文书[1]，这一留有余地的规定有必要加以明确。

### （四）员额制改革与办案压力

实行司法人员分类管理后，根据员额制度重新确定法官、检察官员额，意味着一部分不适应办案要求的法官、检察官将被分流到其他部门或退出司法队伍，而在案多人少的办案压力下，即使扩充司法辅助人员的数量也难减小给承办法官带来的案件压力。因此，在优化司法职业队伍的同时，对于过渡时期面临的办案压力，应给以缓冲，以免造成司法人员的再度流失。而且，司法人员结构的调整往往伴随着利益的调整，涉及干部管理体制、财政体制等体制层面的变革，如何找到利益的平衡点也是关系此次改革实效的要素。目前，中国司法人员队伍不稳定，这是实行员额制改革应该考虑的问题。以上海试点为例，在 2014 年面向优秀律师遴选法官过程中，两个高级法官岗位的招考竟没有律师报名。在青海试点方面，以西宁市城西区为例，法院人员编制少，仅有 87 人，其中一线法官 44 人，2013 年共承办案件 2276 件，有些法官一年承办案件 140 件，足见压力之

---

[1] 《广东公布司法体制改革试点方案》，http://legal.china.com.cn/2014-11/28/content_34176914.htm，最后访问时间：2014 年 12 月 5 日。

大。根据《上海市司法改革试点工作方案》，上海法院将法官（检察官）、司法辅助人员、行政管理人员的员额分别确定在 33%、52%、15%，其中的 33% 中包括面向优秀律师、法学专家等"体制外"人士招聘的人员；而上海全市现有约 3700 名法官[①]，其中综合部门约有 500 人，审判一线部门约有 2000 人，审判二线部门有 1000 余人，一线办案法官只有约 1670 人，占法官总数的 45.1%。按照"上海方案"员额比例设定的 33%，审判一线法官将被缩减至 1200 人左右，即将有 700 多人面临脱离法官职位问题。上海司法改革的亲历者表示，这是此次改革需要面对的最难点。对于通过扩大司法辅助人员来弥补法官员额减少的说法，每年 5%~10% 的案件增长率是无法回避的问题，加之青年法官的流失，案件压力令人担忧。

## 四 本轮改革展望

无论从理论上还是实践上来讲，司法改革都应是一场体系化变革，只是因改革力度不同而选择不同的变革范围而已。与以往司法改革单纯的庭审改革、检察改革不同，本轮司法改革涉及体制，影响司法机关内部、司法机关与立法机关之间、司法机关与行政机关之间以及司法机关与社会团体、公民个人之间的关系，对各方利益关系的处理决定了本轮司法改革的成效。

### （一）司法规律引导改革

尊重司法规律才是司法体制改革的指导方针，由司法职业特点所决定，司法规律包括司法权力的配置规律、司法权力的运行规律、司法权力的制约规律等，偏离司法规律的改革注定是失败的。探索改革的路径需要深入基层实践、调查研究，绝不能闭门造车、人云亦云，先行试点的司法创新经验尤其应得到重视。本轮司法改革中很多改革措施都是尊重司法规律的体现，如十八届三中全会提出的确保法院、检察院依法独立公正行使

---

① 参见 2014 年上海市高级人民法院工作报告。

审判权和检察权，四五改革纲要提出的以法官为中心、以服务审判为重心，十八届四中全会提出的领导干部干预司法活动、插手具体案件处理的记录、通报和责任追究制度，司法机关内部人员过问案件记录制度和责任追究制度等。有这些改革举措为政策导向，各地方试点在制订具体先行改革措施中将有据可循，避免因盲目改革造成司法资源浪费，同时便于形成制度体系，保障改革措施的统一实施。因此，尽管当前法院、检察院行使审判权、检察权仍存在受地方权力干扰的因素，在保障司法机关权力行使独立性的改革宗旨下，经过地方试点的不断探索，司法机关的独立地位将逐渐提升。

## （二）司法环境顺应改革

从改革精神上看，随着十八届四中全会《决定》的通过，有关人民法院、人民检察院依法独立行使职权的规定将相继出台。深化司法体制改革必须构建一个保障司法权力独立行使的司法环境。从本轮司法改革的内容和目标可以看出，加大司法公开是推进司法改革的突破口。为此，中国最高审判机关推出了重大敏感案件微博全程直播、裁判文书上网公开、开通官方微博微信等一系列强化司法公开的举措，并全面启动审判流程、裁判文书、执行信息三大公开平台。基于公民法律意识的提高，当纠纷进入司法程序后，除裁判结果之外，公众对于案件如何审理、应该适用什么程序、裁判理由是否充分以及判决能否被执行、如何执行愈加关注，而这些程序性问题，也正是司法裁判最容易出错的方面。司法公开对于减少实践中违背审理期限、推动责任追究倒查、维护司法权威大有助益。本轮司法改革所营造的司法环境更加公开透明，这对于司法办案人员来讲意味着更大的压力，但在提高办案质量、完成考核任务方面，也是动力。

## （三）先行试点推动改革

习近平总书记在主持召开中央全面深化改革领导小组第二次会议中强调，凡属重大改革都要于法有据，是关于深化改革与依法治国的重要论断，通过立法手段巩固改革成果。而先行试点改革的做法也是在权力机关授权前提下的渐进式改革，既保证了于法有据、规范有序，也发扬了法治创新精神，为本轮司法改革积累经验、探索进路。鉴于中国各地经济社会、法治状况发展不平衡，本轮司法改革坚持顶层设计与实践探索相结合，试点改革可以提高司法改革效率，从试点区域看基本覆盖东、中、西部，将已在探索中的上海、广东纳入试点则方便统一推进，增强权威性，可见本轮司法改革的紧迫与谨慎。

（参见法治蓝皮书《中国法治发展报告 No. 13（2015）》）

# 第六章　2015 年中国司法改革与进展

　　**摘　要**：2015 年，国家继续推进以员额制、人员分类管理、人财物省级统管为主要内容的司法资源管理体制改革；遵循司法规律，改革司法权力运行、监督、制约等机制，设立巡回法庭，完善司法责任制，推进以审判为中心的刑事诉讼制度改革等；保障诉权和诉讼权利，加强人权的司法保障，加强对辩护律师执业权利保障和监管，完善法律援助制度，推行立案登记制，推进公益诉讼实践，加大民事执行力度，防范和纠正冤假错案等。2015 年，司法改革坚持党的领导，坚持顶层设计，重大改革推行政策先行试点，并通过快速扩大试点来扩大改革成效，多项改革互为配套措施，司法改革全面铺开。

## 引　言

　　2015 年，司法改革在中国共产党的领导下持续深入进行。中央全面深化改革领导小组（以下简称"中央深改组"）自 2015 年 1 月 30 日第九次会议至 12 月 9 日第十九次会议，共召开 11 次会议，通过的司法改革文件中，既有涉及全局性改革的实施方案，又有涉及具体改革事项的意见、规定、试点方案，还就至关重要的改革路径制定了指导性意见，强调统筹协调、衔接配套、因地制宜、问题导向等，以重点突破的方式推动整体改革。

　　2015 年初，中央深改组第九次会议通过《关于贯彻落实党的十八届四中全会决定　进一步深化司法体制和社会体制改革的实施方案》；2 月，最高人民法院修改《人民法院第四个五年改革纲要（2014~2018）》（以下简称"四五改革纲要"），提出七个方面 65 项司法改革举措；最高人民检察院修订《关于深化检察改革的意见（2013~2017 年工作规划）》，提出六大重点任务、42 项具体任务；公安部出台《关于全面深化公安改革若干重大问题的框架意见》，提出七个方面主要任务、100 多项改革措施。2015 年初出台的以上综合性、纲领性司法改革文件奠定了一年来改革进程迅速推进的基础。

## 一 继续推进司法资源管理体制改革

2015 年中央深改组通过多项文件，继续推进以员额制、分类管理、人财物省级统管为主要内容的司法资源管理体制改革。

### （一）推进员额制，完善司法人员分类管理

中央将员额上限确定为中央政法专项编制的 39%①。2015 年 9 月发布的《最高人民法院完善人民法院司法责任制的若干意见》要求，进入法官员额的院长、副院长、审判委员会专职委员、庭长、副庭长应当办理案件。

《最高人民法院关于完善人民法院司法责任制的若干意见》要求为法官合理配置一定数量的法官助理、书记员和其他审判辅助人员。2015 年 6 月中央深改组第十三次会议要求建立从政法专业毕业生中招录法官助理、检察官助理的规范机制；遵循司法规律，建立符合审判、检察人员职业特点的招录机制；确保新录用的审判、检察人员具有良好的政治和专业素质等。

### （二）要求开展单独职务序列试点和全国统一工资制度试点

2015 年 9 月，中央深改组第十六次会议通过《法官、检察官单独职务序列改革试点方案》《法官、检察官工资制度改革试点方案》，要求对

---

① 参见《司法改革全面有序推进成效明显》，《法制日报》2015 年 12 月 4 日，第 1 版。指出试点"改革后，各地法官、检察官员额均控制在中央政法专项编制的 39%以内，并留有余地"；也可参见商西《最高法：司法改革中法官员额比不能突破》，《南方都市报》2015 年 7 月 4 日。

法官、检察官队伍给予特殊政策，建立有别于其他公务员的单独职务序列，实行全国统一的法官、检察官工资制度，建立与工作职责、实绩和贡献紧密联系的工资分配机制，加大对一线办案人员的工资政策倾斜力度等。这是促进法官、检察官队伍专业化、职业化建设的重要举措。

### （三）推动地方法院、检察院人财物省级统管

2015 年试点省份推进人财物省级统管改革，改变了原来由县市提名、管理、任免地方司法人员和由县市地方保障司法经费的机制，有利于县市两级地方司法机关的人事和财政摆脱对县市地方政府的依赖，保障法院、检察院依法独立行使审判权、检察权。

### （四）完善统一法律职业资格制度

2015 年 12 月，中共中央办公厅、国务院办公厅印发中央深改组通过的《关于完善国家统一法律职业资格制度的意见》，明确法律职业范围和取得法律职业资格的条件，建立统一法律职业资格考试制度，改革考试内容，建立统一职前培训制度等。建设一支忠于党、忠于国家、忠于人民、忠于法律的社会主义法治工作队伍，对推进法治工作队伍正规化、专业化、职业化有重要意义。

## 二　改革司法权运行、监督、制约等机制

2015 年中国对司法权运行、司法管辖、司法组织形式、司法民主、监督、制约等方面进行改革，以建立中国特色社会主义审判权力运行体系，完善中国特色社会主义检察制度，完善司法执行权，实现司法公正。

### （一）设立巡回法庭

2015 年，根据《最高人民法院关于巡回法庭审理案件若干问题的规定》，第一巡回法庭设在深圳，第二巡回法庭设在沈阳。1 月，最高人民法院第一、二巡回法庭相继成立。

巡回法庭是最高人民法院派出的常设审判机构，并非独立于最高人民

法院的上诉法庭，其审理跨行政区划民商事、行政等案件，依法办理申诉、信访等案件，作出的是最高人民法院的判决、裁定和决定。巡回法庭推动最高人民法院审判工作重心下移、就地解决纠纷、方便当事人诉讼，审理跨省级行政区划或涉及省级利益的重大案件，在审判权力运行、人员分类管理、内设机构设置、法律统一适用、涉诉信访终结等方面都具有重大的改革创新意义①。

## （二） 完善司法责任制

2015 年 8 月中央深改组第十五次会议通过《最高人民法院关于完善人民法院司法责任制的若干意见》《关于完善人民检察院司法责任制的若干意见》，强调完善司法责任制以科学的司法权力运行机制为前提，建立健全司法人员履职保障，依法履职受法律保护，落实司法人员在职责范围内对办案质量终身负责，建立司法责任认定、追究的机制和程序。明确了违法审判必须追责的七种情形和不得作为错案追责的八种情况，规定了对检察人员追责的 19 种情形。

司法责任制的主体部分是对司法人员的权责内容和边界的清晰界定，对符合司法规律的责任追究规则的科学设置，对司法人员依法履职的切实有效保障②。完善司法责任制，有利于建立健全符合司法规律的审判权力运行机制、构建公正高效的检察权运行机制。

### （三） 推进以审判为中心的刑事诉讼制度改革

十八届四中全会报告和 "四五改革纲要" 要求推进以审判为中心的诉讼制度改革，确保侦查、审查起诉的案件事实证据经得起法律的检验。现已开展以下改革。

**1.** 加强对侦查活动的监督制约，适应以审判为中心的诉讼制度改革

一年来，检察机关要求在审查逮捕中强化证据合法性审查和非法证据

---

① 参见贺小荣、何帆、马渊杰《〈最高人民法院关于巡回法庭审理案件若干问题的规定〉的理解与适用》，《人民法院报》2015 年 1 月 29 日，第 5 版。

② 参见王敏远《破解司法责任制落实中的难点》，《人民法院报》2015 年 9 月 26 日，第 2 版。

排除，排除后证据不符合逮捕条件的不予逮捕①；要求检察机关积极介入侦查，在重大、疑难、复杂案件中，引导侦查机关（部门）完善证据链条和证明体系。8 月，《最高人民检察院职务犯罪侦查工作八项禁令》严禁在未全程同步录音录像情况下进行讯问，严禁刑讯逼供以及以威胁、引诱、欺骗等非法方法取证的行为等。这有利于在审判中提供符合法律要求的指控证据。

**2. 强化出庭公诉，适应以审判为中心的诉讼制度改革**

强化出庭公诉有利于保证庭审在查明事实、认定证据、保护诉权、公正裁判中发挥决定性作用。

2015 年 7 月发布的《最高人民检察院关于加强出庭公诉工作的意见》要求，强化当庭指控、质证、辩论，强化庭审突发情况应对处置，及时建议法庭处理当事人或辩护人庭审中妨害诉讼等不当行为，及时应对庭审中翻供、翻证、证据突袭等突发情况；依法监督法庭审判；强化运用多媒体技术、现代通信技术等科技手段示证、远程出庭指挥等；强化团队出庭公诉协作等。为此，要加强出庭公诉工作的保障措施，包括跨区域统一调配使用公诉力量、完善公诉出庭质量考核评议机制、探索职业公诉人制度等。

**3. 建立健全轻微刑事案件快速办理机制**

速裁程序有利于繁简分流，优化司法资源配置，缓解案多人少矛盾，体现认罪认罚从宽处罚精神，对量刑规范化、庭审实质化、员额制等改革举措能够起到积极作用②。2015 年，先行试点速裁程序的 18 个城市共确定试点法院近 200 个，速裁案件诉讼效率明显提高，检察院审查起诉周期由平均 20 天缩短至 5.7 天，法院 10 日内审结的占 94.28%。

## （四）完善防范干预司法、过问案件的制度机制

2015 年 2 月，中央深改组第十次会议通过《关于领导干部干预司法活动、插手具体案件处理的记录、通报和责任追究规定》，3 月，中共中央办公厅（以下简称中办）、国务院办公厅（以下简称国办）印发该规

---

① 参见徐盈雁《最高检要求严把逮捕关　防止冤假错案》，《检察日报》2015 年 6 月 2 日，第 1 版。

② 参见林子杉《刑事速裁试点工作进展顺利》，《人民法院报》2015 年 11 月 3 日，第 1 版。

定，中央政法委印发《司法机关内部人员过问案件的记录和责任追究规定》。这些文件规定任何领导干部不得要求司法机关违反法定职责或法定程序处理案件，司法机关内部人员不得违反规定过问和干预其他人员正在办理的案件等。最高人民法院、最高人民检察院、各地法院、各地检察院相继出台贯彻落实以上文件的实施办法或者细则。这有利于为司法机关依法独立公正行使职权提供制度保障。

2015 年 11 月 6 日，中央政法委首次公开通报五起干预司法、过问案件的典型案，两起为任区委书记、政法委书记时作为领导干部插手具体案件处理，三起为庭长、法警、书记员过问案例①。

### （五）加强涉案财物的司法程序规范化

2015 年 1 月，中共中央办公厅、国务院办公厅印发《关于进一步规范刑事诉讼涉案财物处置工作的意见》，严禁在立案之前查封、扣押、冻结财物；规范涉案财物保管制度，实行统一保管，严禁由办案部门、办案人员自行保管，探索建立跨部门的地方涉案财物集中管理信息平台；完善审前返还程序和先行处置程序；完善违法所得追缴、执行工作机制，健全境外追逃追赃工作体制机制；完善权利救济机制、监督制约机制、责任追究机制等。公安部和最高人民检察院各发布涉案财物管理规定，贯彻落实中央的要求。这有利于保障当事人合法权益，防止对涉案财产随意扣押、擅自动用、保管不善等，有利于适应司法办案需要。

### （六）完善人民陪审员制度

2015 年 4 月，中央深改组第十一次会议通过《人民陪审员制度改革试点方案》，指出人民陪审员制度是社会主义民主政治的重要内容，提出对陪审制重要环节开展试点。5 月，最高人民法院、司法部印发《人民陪审员制度改革试点工作实施办法》，规定可能判处十年以上徒刑的刑事案件以及涉及拆迁、环保、食品药品安全的重大案件等三类案件原则上应当

---

① 参见彭波《中央政法委首次通报五起干预司法典型案例》，《人民日报》2015 年 11 月 7日，第 5 版。

实行陪审。该办法将陪审员年龄提高到 28 周岁，学历条件放宽为高中以上文化；要求基层法院人民陪审员名额不超过本院法官员额数 3 倍或者 5 倍；人民陪审员选任工作每五年进行一次；陪审员就案件事实认定问题独立发表意见并进行表决，但不再参与表决案件的法律适用问题。

## （七）进一步推进司法公开

2015 年 3 月，最高人民法院发布司法公开白皮书，指出司法公开进程主要体现为审判流程、裁判文书、执行信息公开。最高人民法院提出 2017 年底力争建成中国特色的人民法院信息化 3.0 版[①]。11 月，最高人民法院提出推动实体诉讼服务向移动终端拓展，让当事人足不出户就可以参与诉讼活动，把视频接访、网上信访作为深化涉诉信访改革的重要抓手[②]。

检务公开方面，最高人民检察院在全国统一部署检察院案件信息公开网，深化以案件信息公开为核心的检务公开[③]。此外，《最高人民检察院关于实行检察官以案释法制度的规定（试行）》明确规定，检察官向当事人及诉讼参与人释法说理，同时对可能引发上访或者群体事件的案件等 6 种案件，可以向社会公众以案释法。对未经批准，擅自发表与案件有关言论或者披露案件情况的检察官视情况追责。

## （八）深化人民监督员制度改革

2015 年 2 月，中央深改组第十次会议通过《深化人民监督员制度改革方案》。3 月，最高人民检察院、司法部印发该文件，改革人民监督员选任、管理等机制，改由司法行政机关选任、培训、考核人民监督员，完善人民监督员知情权保障机制，拓展人民监督员监督案件范围，列举 11 种应予监督的情形，提出推进人民监督员制度立法。

---

① 参见周立权、吴昊《最高法：力争 2017 年底建成具有中国特色人民法院信息化 3.0 版》，新华网，http：//news. xinhuanet. com/2015-11/04/c_ 1117039881. htm，最后访问时间：2015 年 12 月 12 日。

② 《贯彻五个发展理念　坚持群众需求导向　扎实推进人民法院诉讼服务中心建设》，《人民法院报》2015 年 11 月 25 日，第 1 版。

③ 参见王治国、戴佳《检察机关依法保障律师执业权利》，《检察日报》2015 年 8 月 19 日，第 1 版。

### （九）加强案例指导工作改革

2015 年最高人民法院印发两批指导案例。案例指导工作强调同案同判，有利于统一法律适用标准。2015 年 4 月，最高人民法院印发《〈最高人民法院关于案例指导工作的规定〉实施细则》，进一步明确指导性案例的标准、推荐主体和程序，并指出法院正在审理的案件，在基本案情和法律适用方面，与最高人民法院发布的指导性案例类似，应当参照指导性案例的裁判要点作出裁判；参照指导性案例的，应当在裁判理由部分引述指导性案例的编号和裁判要点；公诉机关、案件当事人及其辩护人、诉讼代理人引述指导性案例作为控（诉）辩理由的，案件承办人员应当在裁判理由中回应是否参照该指导性案例并说明理由。

### （十）继续推进司法行为规范化

2015 年 4 月，最高人民检察院发布《关于全国检察机关规范司法行为专项整治工作由动员部署转向对照检查的通知》，各省将重点问题细化为 30 多条具体问题，包括司法作风简单粗暴，限制律师行使诉讼权利，滥用强制措施，刑讯逼供、违法取证，接受吃请、收受贿赂、以案谋私等问题[1]。针对指定居所监视居住适用不规范等问题出台了实施细则。侦监、执检、控告等部门针对未立案采取强制措施、采取强制措施草率随意、重复办理取保候审、扣押或者到期后拒不退还保证金、超时讯问、超期羁押等问题，坚决纠正、排除非法证据[2]。

整改中重点推进的工作还包括案件质量评查，改革考核指标体系，集中清理有违司法工作规律的项目等，改变简单通过数字指标、比率等排序评优的做法，引入社会评价[3]。

---

[1] 参见戴佳《规范司法能力在改进创新中不断提高》，《检察日报》2015 年 4 月 14 日，第 1 版。

[2] 参见袁定波《全国 32 个省级检察院出台规范司法行为专项整治方案》，人民网，http：//legal.people.com.cn/n/2015/0414/c188502 - 26838830.html，最后访问时间：2015 年 12 月 12 日。

[3] 参见戴佳《规范司法能力在改进创新中不断提高》，《检察日报》2015 年 4 月 14 日，第 1 版。

## （十一）改革刑罚执行机制

### 1. 指导减刑、假释、暂予监外执行的严格适用

2015 年 2 月，最高人民法院发布减刑、假释、暂予监外执行 8 件典型案例，依法对职务犯罪、黑社会性质组织犯罪、金融犯罪和严重危害民生的罪犯从严适用减刑、假释和暂予监外执行。江苏等地成立减刑、假释审判庭审理减刑、假释案件①。

最高人民法院于 2 月开通全国法院减刑、假释、暂予监外执行信息网，加强案件办理信息的公开。

### 2. 深化狱务公开体制改革

2015 年 4 月，《司法部关于进一步深化狱务公开的意见》列明向社会公开和向罪犯近亲属公开的 33 项信息，利用传统方式、现代信息技术、新兴媒体等公开方式，使罪犯及其近亲属和社会公众能够更方便地获知信息。此外，还要求落实罪犯权利义务告知制度，强化公示制度，健全完善执法监督员制度等。

司法部要求各省（自治区、直辖市）监狱管理局设立门户网站发布向社会公开的信息，逐步开发网上咨询和自助查询功能，将门户网站建成深化狱务公开的重要载体。

### 3. 社区矫正工作取得新进展

至 2015 年 5 月底，全国累计接收社区服刑人员 242.9 万余人，现有社区服刑人员近 74 万人，从事社区矫正工作的社会工作者达 8.1 万余人，社会志愿者 68 万余人，累计建立县（区）社区矫正中心 1131 个②。

社区矫正中心的建成为完善工作机制提供了物质基础，使调查评估、矫正接收、矫正宣告、集中教育、心理矫正、监控管理等执法和管理事项

---

① 参见《江苏南京中院成立减刑假释审判庭》，全国法院减刑、假释、暂予监外执行信息网，http://www.court.gov.cn/qgfyjxjszyjwzxxxw/resources/zhuzhan/gzdt/20150407/148940.html，最后访问时间：2015 年 12 月 12 日。

② 参见周斌《我国社区矫正教育管理工作取得新成就》，《法制日报》2015 年 7 月 10 日，第 1 版。

集中在社区矫正中心或者司法所进行，形成了社区矫正集中执法和管理的新模式。

## 三 保障诉权和诉讼权利，加强人权的司法保障

为贯彻十八届四中全会要求，2015 年司法改革继续推进人权司法保障，主要体现在以下方面。

### （一） 禁止在押人员穿着监管标识服出庭

2015 年 2 月发布的《最高人民法院 公安部关于刑事被告人或上诉人出庭受审时着装问题的通知》规定，人民法院到看守所提解在押刑事被告人或上诉人，看守所应当将穿着正装或便装的在押刑事被告人或上诉人移交人民法院。这有利于贯彻无罪推定原则，使被告人获得公正审判。

### （二） 清理纠正久押不决案件

近两年中国已清理纠正羁押 3 年以上的久押不决案件 1766 件 4299 人，其中对 32 件 42 人依法作出无罪处理。北京等 13 个省份已没有二审以下久押不决案件；尚未清理纠正的久押不决案件中，还没有进入新的诉讼阶段的只有 10 件 36 人，占 12.7%[1]。

2015 年 6 月，最高人民检察院印发《人民检察院刑事执行检察部门预防和纠正超期羁押和久押不决案件工作规定（试行）》，将羁押 5 年以上仍处于二审及二审以前阶段的案件界定为久押不决案件。规定对超期羁押 3 个月以上的案件和久押不决案件区分情况，实行省检察院和最高人民检察院督办制。这些规定有利于维护在押犯罪嫌疑人、被告人的人身权利和诉讼权利。

### （三） 加强涉刑事案件未成年人的权益保障

2015 年 5 月，最高人民检察院出台《检察机关加强未成年人司法

---

① 参见徐盈雁《检察机关集中清理纠正久押不决案件专项工作取得明显成效 全国清理纠正 1766 件久押不决案件》，《检察日报》2015 年 3 月 2 日，第 1 版。

保护八项措施》。一是对涉嫌犯罪的未成年人，落实专业化办理、法律
援助、合适成年人到场、社会调查、亲情会见、附条件不起诉、社会观
护、帮扶教育、犯罪记录封存等特殊保护规定，帮助涉罪未成年人回归
社会。二是加强对未成年受害人的刑事司法保护，适用更能体现未成年
人心理特点的特殊程序，依法对其进行救助，保护其名誉权、隐私权等
合法权利。三是检察机关要将农村留守儿童、城乡流动乞讨儿童、正在
服刑人员的子女等作为重点未成年人群体，通过检察建议的方式推动有
关部门加强保护。

### （四）加强对辩护律师执业权利的保障和监管

2015 年 3 月公安部印发《关于贯彻党的十八届四中全会精神　深化
执法规范化建设　全面建设法治公安的决定》，8 月《最高人民检察院职
务犯罪侦查工作八项禁令》出台，9 月中央深改组第十六次会议通过《关
于深化律师制度改革的意见》，同月，最高人民法院、最高人民检察院、
公安部、国家安全部、司法部联合出台《关于依法保障律师执业权利的
规定》。这些文件的主要内容为：一是规定依法保障律师在辩护中所享有
的各项执业权利，包括知情权、申请权、申诉权、会见、阅卷、收集证据
以及庭审中发问、质证、辩论等权利；二是要求建立健全针对律师执业权
利被侵犯的救济机制；三是要加强律师执业管理，明晰律师执业行为边
界，加强律师队伍思想政治建设。

### （五）完善法律援助制度

法律援助有利于维护当事人的合法权益、推动法律的正确实施、维护
社会公平正义，有效化解社会矛盾，维护和谐稳定。

中央深改组第十二次会议通过《关于完善法律援助制度的意见》，指
出法律援助工作是一项重要的民生工程。一是在刑事案件中，要求为更多
的当事人提供法律援助，在刑事申诉案件、速裁程序中开展试点，建立参
与刑事和解、死刑复核案件办理工作机制，建立值班律师制度，建立健全
通知辩护机制等。二是在民事行政案件中，要求扩大法律援助覆盖面，逐
步纳入劳动保障、婚姻家庭、食品药品、教育医疗等与民生紧密相关的事

项，逐步放宽经济困难标准至低收入群体，探索建立法律援助参与申诉案件代理制度。三是要求重点做好农民工、下岗失业人员、妇女、未成年人、老年人、残疾人和军人军属等群体法律援助工作等。四是要求实现法律援助咨询服务全覆盖。

### （六）加强死刑复核程序的辩护

最高人民法院发布的《关于办理死刑复核案件听取辩护律师意见的办法》自 2015 年 2 月施行，该文件明确了辩护律师在死刑复核程序中的三项权利：有阅卷权，有权向案件承办法官当面反映辩护意见，有权获得裁判文书。文件还公布了最高人民法院相关审判庭的联系电话和通信地址。

该办法的出台有利于保障死刑复核案件被告人的辩护律师依法行使辩护权，确保提高死刑复核案件质量。

### （七）实行立案登记制

立案登记制有利于切实解决人民群众反映强烈的"立案难"问题，保障当事人的诉权。2015 年 4 月，中央深改组第十一次会议审议并通过《关于人民法院推行立案登记制改革的意见》，将法院案件受理制度由"立案审查制"改为"立案登记制"，同时加大对虚假诉讼、恶意诉讼等的惩治力度。同月，《最高人民法院关于人民法院登记立案若干问题的规定》要求禁止不接收诉状、接收诉状后不出具书面凭证、既不立案又不作出裁定或者决定等违法违纪情形。

在实行立案登记制的同时强调配套制度。其一是健全多元化纠纷解决机制，进一步完善调解、仲裁、行政裁决、行政复议、诉讼等多元化纠纷解决机制。其二是建立完善庭前准备程序，促进纠纷通过调解、和解、速裁和判决等方式高效解决。

### （八）推进公益诉讼实践

2015 年 1 月，最高人民法院发布《最高人民法院关于审理环境民事公益诉讼案件适用法律若干问题的解释》，规定符合条件的社会组织可提

起环境民事公益诉讼，发挥法院职权作用等。5 月，中央深改组第十二次
会议通过《检察机关提起公益诉讼改革试点方案》，指出重点是对生态环
境和资源保护、国有资产保护、国有土地使用权出让、食品药品安全等领
域的案件提起公益诉讼，在 13 个省开展为期两年的试点。2015 年社会组
织提起了多起公益诉讼，公益诉讼实践获得发展。

### （九）加强民事执行

2015 年 5 月，最高人民法院公布《最高人民法院关于人民法院办理
执行异议和复议案件若干问题的规定》，涉及执行异议的立案、审查、异
议事由一并提出、执行行为以外的其他行为的救济如限制出境等，涉及执
行异议和复议的程序如异议裁定、第三人自愿代偿债务、执行被执行人名
下唯一住房、债务抵销、撤销拍卖、公证担保债务的执行，还涉及案外人
异议的审查处理程序等。

2015 年 7 月实施的《最高人民法院关于修改〈最高人民法院关于限
制被执行人高消费的若干规定〉的决定》，对纳入失信被执行人名单的被
执行人，限制其高消费及非生活或者经营必需的有关消费等，有利于保障
判决的执行。

### （十）推进对行政诉讼当事人诉权的保障

最高人民法院于 2015 年 4 月公布了《行政诉讼法》配套司法解释，
10 月，中央深改组通过《关于加强和改进行政应诉工作的意见》。这些文
件扩大了行政案件受案范围，延长了起诉期限，规定了行政机关负责人出
庭，复议机关可作为共同被告，明确规定律师享有阅卷权等。此外，法院
在审查行政行为时可依申请对规章以下的规范性文件进行附带审查。

### （十一）继续防范和纠正冤假错案

2015 年初最高人民检察院下发《关于在刑事执行检察工作中防止和
纠正冤假错案的指导意见》，加强对三类重点案件的冤错检察工作，对出
入看守所体检、强制医疗程序、指定居所监视居住程序进行监督。2015
年 3 月，最高人民法院工作报告指出，全国法院再审改判刑事案件 1317

件。最高人民检察院工作报告要求，对冤错案件首先深刻反省自己，倒查追究批捕、起诉环节把关不严的责任①。9月，最高人民检察院首次召开刑事申诉案件公开审查论证会，公开审查案件事实和证据，听取申诉方和受邀 12 名评议人员意见②。

### （十二）其他相关改革措施

2015 年的改革，与司法相关的内容，还包括律师参与涉法涉诉信访工作等。11 月中央政法委公布了《关于建立律师参与化解和代理涉法涉诉信访案件制度的意见（试行）》，明确提出要充分发挥法律服务队伍在维护群众合法权益、化解矛盾纠纷、促进社会和谐稳定中的积极作用，深入推进涉法涉诉信访改革。这项改革，一方面有助于维护涉法涉诉当事人的合法权益；另一方面，有助于化解社会矛盾，有助于切实解决以往常见的"信访不信法"问题，使司法真正成为社会公平正义的最后一道防线。

## 结语　2015 年司法改革的简要总结与展望

2015 年是中国特色司法改革全面推进的一年，从以下方面认识这一年的司法改革，有助于了解司法改革的趋势。

首先，坚持党的领导。这是中国司法改革的首要原则。一是在党的领导下司法改革取得各项突破性进展。2015 年中央深改组的 11 次会议中有 9 次有关于司法改革的重要内容。二是司法改革各项措施在各级党组和各政法机关党组和党委领导下贯彻实施和完成。

其次，坚持顶层设计。2015 年，在中央领导下公、检、法、司等部门推出了数百项司法改革措施，改革具有涉多机构合作、规模大、措施多、影响深远等特征，改革推进的力度大、效率高、速度快。

最后，重大改革政策在试点中迅速扩大推行，在试点过程中不断增加试点省份。譬如，2014 年先后在 18 个省份启动两批员额制等改革试点。

---

① 2015 年最高人民法院工作报告、2015 年最高人民检察院工作报告。
② 参见徐日丹《最高检首次举行刑事申诉案公开审查论证会》，《检察日报》2015 年 9 月 10 日，第 1 版。

2015 年 12 月中央深改组第十九次会议指出，在全国推开司法体制改革试点的条件时机已经成熟，同意于 2016 年在 13 个省份等适时推开司法体制改革试点。

根据司法改革规划，2016 年底部分改革和试点期满，并将进入新阶段。譬如，"四五改革纲要"提出到 2016 年底推动建立以审判为中心的诉讼制度。又如，全国人大常委会 2014 年 6 月授权的为期两年的刑事速裁程序试点也将在 2016 年收官。2016 年将是值得期待的一年。

（参见法治蓝皮书《中国法治发展报告 No. 14（2016）》）

# 第七章　2016年中国司法改革与进展

**摘　要：** 2016年，中国司法改革继续出台改革措施贯彻落实十八届四中全会提出的改革要求，回应司法现实需求。在司法机构和司法人财物管理上，增设巡回法庭，改革法院检察院内设机构，完善法官检察官的选任、惩戒制度等；先前开展的司法改革试点积累了经验，为改革措施的微调奠定了基础。在司法权力运行机制方面，强调三大诉讼繁简分流、简案速决，深化多元化纠纷解决机制改革，推进以审判为中心的刑事诉讼制度改革，将速裁程序纳入认罪认罚从宽制度试点，推进检察机关民事、行政公益诉讼，加强检察监督，完善民事、刑事执行，推进陪审制试点，完善法庭规则、维护司法权威等。在保护诉权和诉讼权利方面，规范羁押必要性审查、推进国家赔偿，加强对弱势群体的司法保护，规范司法救助，保护职务犯罪举报人，推进行政机关负责人应诉等。

在中国共产党的领导下，2016年的司法改革继续以顶层设计的方式自上而下推进。1~12月中央全面深化改革领导小组召开的12次会议中，有多次会议涉及司法改革的重要内容，审议通过了十余项司法改革重要决议文件，分别涉及法官检察官的遴选和惩戒、以审判为中心的刑事诉讼制度改革、民事执行、认罪认罚从宽制度改革、知识产权保护、增设巡回法庭等。

先前开展的重大改革试点在迅速扩大推行中，注重结合试点经验，应实际情况的变化和实践的需求，对员额制、人财物省级统管、速裁程序等若干改革措施的内容和路径等进行了及时的阶段性总结和必要的微调整。

对于中央提出的若干重大司法改革要求，最高人民法院和最高人民检察院等通过出台文件不断予以细化，使中央的改革要求逐步进入贯彻、落实阶段。以上方面构成了 2016 年司法改革的主要内容。

## 一　继续推进司法资源配置改革

2016 年度继续推进司法资源配置体制改革，加强司法专业化，持续去地方化，进一步明确有的试点改革方案在实施中容许变通。

### （一）机构设置改革

机构设置改革的主要内容是增设巡回法庭和改革内设机构。

**1. 增设巡回法庭**

2016 年 11 月中央全面深化改革领导小组第二十九次会议审议通过《关于最高人民法院增设巡回法庭的请示》，在重庆市、西安市、南京市、郑州市增设四个巡回法庭，强调要注意把握好巡回法庭的定位并处理好巡回法庭同所在地、巡回区法院以及最高人民法院的关系，发挥其跨行政区域审理重大行政和民商事案件的作用，更好地满足群众的司法需求，公正高效审理案件，提高司法公信力。

**2. 推进法院检察院内设机构改革**

内设机构改革着力于司法专业化等目标，主要有以下方面。

（1）设立清算与破产审判庭。

2016 年 6 月最高人民法院印发《关于在中级人民法院设立清算与破产审判庭的工作方案》，要求首先在四个直辖市各一个中级人民法院以及河北等 11 个省的省会城市和副省级市中级人民法院设立清算与破产审判庭。其他中级人民法院是否设立清算与破产审判庭，由各省级高级人民法院会同省级机构编制部门，综合考虑经济社会发展水平、案件数量、审判力量、破产管理人数量等因素酌定。这是为贯彻落实中央关于推进供给侧结构性改革的决策部署和习近平总书记关于供给侧结构性改革的系列重要指示精神，健全公司强制清算与企业破产案件审判组织，提高审判专业化水平、高质快审，为实施市场化破产程序创造条件。

（2）推进知识产权审判"三合一"。

2016 年 7 月发布的《最高人民法院关于在全国法院推进知识产权民事、行政和刑事案件审判"三合一"工作的意见》，要求由知识产权审判庭统一审理知识产权民事、行政和刑事案件。这是人民法院贯彻落实十八届四中全会关于司法体制改革任务、落实国家知识产权战略和创新驱动发展战略的重要举措。其目的是要构建符合知识产权司法特点和规律的工作机制和审判体制，提高知识产权司法保护的整体效能。这有利于增强司法机关和行政机关执法合力，实现对知识产权的全方位救济；有利于统一司法标准、提高审判质量、合理调配审判力量、优化审判资源配置，完善知识产权司法保护、提高效益和效率；有利于知识产权专门审判队伍建设，提高知识产权审判队伍素质。

（3）内设机构扁平化改革。

中央要求积极推进法院检察院内设机构改革，要求各级法院检察院将其作为司法责任制改革的重要配套措施，以县级基层法院检察院为重点，可在有条件的省、市法院检察院开展内设机构改革试点。改革要坚持扁平化管理和专业化建设相结合，统筹考虑内设机构改革和办案组织建设，不应再为司法人员争取行政职级而设置机构，原有机构也要减少，让业务骨干回归办案一线，避免科处长审批案件。与此同时，原有编制、领导职数及待遇不核减，这有利于解除内设机构改革的后顾之忧。

## （二）司法人财物改革

2016 年以来，法官、检察官选任、惩戒、员额制、人财物省级统管等改革措施均有所推进。

### 1. 改革法官检察官的选任

2016 年 3 月召开的中央全面深化改革领导小组第二十二次会议审议通过《关于建立法官检察官逐级遴选制度的意见》《关于从律师和法学专家中公开选拔立法工作者、法官、检察官的意见》，指出建立法官检察官逐级遴选制度以及从律师、法学专家中公开选拔立法工作者、法官、检察官是加强法治工作队伍正规化、专业化、职业化建设的重要措施。要遵循司法规律、坚持正确的选人用人导向，建立公开公平公正的遴选、公开选拔机制，规范遴选和公开选拔条件、标准、程序，真正培养好使用好政治素质高、业务能力强、职业操守正的优秀法治人才。意见还提出稳妥有序推进、注重制度衔接、确保队伍稳定的要求。

**2. 建立法官检察官惩戒制度**

中央全面深化改革领导小组第二十六次会议于2016年7月审议通过《关于建立法官、检察官惩戒制度的意见（试行）》，指出建立惩戒制度，对落实办案责任制，促进法官检察官依法行使职权，维护社会公平正义具有重大意义。

省一级建立法官检察官惩戒委员会，成员来自人民代表大会代表、政协委员、法学专家、律师、法官、检察官，后两类应不低于全体委员的50%。委员会不受理对法官检察官的举报、投诉，仅就法院检察院提请审议的惩戒事项进行审查，由法院检察院向委员会提供相关事实证据，当事法官检察官有权进行陈述、举证、辩解，审查意见应经全体委员2/3以上的多数通过。委员会认为构成故意或者重大过失导致案件错误并造成严重后果的，法院检察院应作出惩戒决定，并给予相应处理。但是，办案中的瑕疵如果不影响案件结论正确性的，不宜追究司法责任；由于对法律的理解或对案件事实的判断不一致造成错案的，也不宜轻易追究司法责任。对审查意见有异议的，委员会应对异议进行审查并回复。对惩戒决定不服的，可申请复议，并有权向上一级法院检察院申诉。

**3. 进一步推进员额制改革**

员额制改革的推进体现在以下方面。

（1）确定员额的比例和基数时不宜"一刀切"，以缓解案多人少等现象。

中央提出完善员额制改革政策，适当增加基层法院检察院员额比例。一是以前招录的事业编制、聘用制人员中已成长为业务骨干的可考虑作为确定员额比例的基数。招录这些人员是为缓解政法专项编制增幅远低于案件增速、不能满足实际需要而产生的案多人少矛盾。二是中国不同地方经济社会发展水平差异大，在确定员额比例和基数时不宜"一刀切"。中国80%左右的案件在基层，对案多人少矛盾突出的基层法院检察院，可考虑把事业编制人员纳入员额比例的基数，以留住一线办案业务骨干。三是如果这些地区仍存在案多人少现象，可考虑把员额比例提高到40%左右。具体比例和基数由各省、自治区、直辖市司法体制改革领导小组把握。例如，广东实行全省统筹、以案定额，向基层、办案量多的地方倾斜。珠三角核心5市法院案件量占全省近70%，且新型疑难复杂案件多，分配到的员额占全省的65.56%[①]。

（2）法院检察院领导干部入额要办案。

改革中提出领导干部入额后要亲自办理一定数量的案件。比如，有的地方规定，庭长办案数不低于法官平均办案数的70%、副院长办案数不低于庭长平均办案数的50%、院长办案数不低于副院长平均办案数的30%。要求各地积极探索领导干部既能抓好行政管理工作又能多办案、办好案的正确导向，树立领导干部内行形象，促进司法公信力的提升。

（3）提升人案配比科学性。

2016年9月《最高人民法院关于进一步推进案件繁简分流　优化司法资源配置的若干意见》提出，提升人案配比科学性，要求在精确测算人员、案件量和工作量的基础上，对不同法院和不同审判部门的审判力量进行动态调整。根据法院审级、案件繁简等因素合理确定法官、法官助理、书记员配置比例，界定各自职能定位及相互关系，最大程度发挥审判团队优势。

**4. 实行人财物省级统管可因地制宜、暂缓实行**

中央指出，各省、自治区、直辖市推进省以下地方法院检察院人财物统一管理时，可从实际出发、因地制宜，不强求步调绝对一致。条件具备的由省级统一管理或以地市为单位实行统一管理，条件不具备的，可暂缓实行。理由在于，一是这项改革的初衷是为减少外部不当干扰，随着改革的推进，外部干预大为减少，司法环境明显改善；二是中国经济社会发展不平衡，不同地方司法保障水平差别大，实行财物省级统一管理确实存在困难。无论是否实行省级统一管理，市、县党委政法委对政法机关的思

---

① 周斌：《广东深化司法改革破解案多人少矛盾　法官检察官员额跟着案件量走》，《法制日报》2016年7月14日，第1版、第4版。

想、政治领导不变，市县法院检察院党组仍要向同级党委定期汇报工作，法院院长、检察院检察长仍是同级党委政法委成员。市县法院检察院要正确处理与同级党委政法委的关系，确保党管政法的原则落到实处。

## 二 继续推进司法权力运行与职权配置改革

2016 年司法权力运行机制改革特点鲜明、重点突出。三大诉讼以推进繁简分流和多元化纠纷解决机制为最大特点，民事司法以深化执行机制、解决执行难为重点，刑事司法以推进以审判为中心的诉讼制度改革和认罪认罚从宽制度的完善为重点。

### （一）深化多元化纠纷解决机制改革

2016 年 6 月起实施的《最高人民法院关于人民法院进一步深化多元化纠纷解决机制改革的意见》提出以下要求。①完善资源整合，推进诉调对接、纠纷多发领域一站式纠纷解决、在线办案信息平台等平台建设，和解、调解、仲裁、公证、行政裁决、行政复议与诉讼等各种纠纷解决机制的联动衔接体系。②健全特邀调解、法院专职调解员、律师调解、刑事和解、行政和解等制度建设，探索民商事纠纷中立评估机制、无争议事实记载机制、无异议调解方案认可机制。2016 年 6 月《最高人民法院关于人民法院特邀调解的规定》出台，特邀调解组织或者特邀调解员接受人民法院立案前委派或者立案后委托依法进行调解。③完善程序安排，包括建立纠纷解决告知程序，鼓励当事人先行协商和解，建立健全调解前置、委派、委托调解、司法确认程序、繁简分流机制，推动调解与裁判适当分离，加强调解与督促程序的衔接。④加强管理，纳入考核、建立奖惩机制。⑤推动立法进程。推动本辖区因地制宜出台相关地方性法规、地方政府规章。⑥推动多元化纠纷解决机制的国际化发展，进一步加强中国与其他国家和地区司法机构、仲裁机构、调解组织的交流和合作，提升中国纠纷解决机制的国际竞争力和公信力，不断满足中外当事人纠纷解决的多元需求，为国家"一带一路"等倡议的实施提供司法服务与保障。

2016 年 9 月发布的《最高人民法院关于进一步推进案件繁简分流

优化司法资源配置的若干意见》要求：完善多元化纠纷解决机制；推动综治组织、行政机关、人民调解组织、商事调解组织、行业调解组织、仲裁机构、公证机构等各类治理主体发挥预防与化解矛盾纠纷的作用；完善诉调对接工作平台建设，加强诉讼与非诉纠纷解决方式的有机衔接，促进诉前分流；完善刑事诉讼中的和解、调解；促进行政调解、行政和解，积极支持行政机关依法裁决同行政管理活动密切相关的民事纠纷。

### （二）推进诉讼案件繁简分流

2016 年 9 月发布的《最高人民法院关于进一步推进案件繁简分流优化司法资源配置的若干意见》，要求科学调配和高效运用审判资源，简案快审、繁案精审，要求地方各级人民法院依法制定简单案件与复杂案件的区分标准和分流规则，采取随机分案为主、指定分案为辅的方式，确保简单案件由人民法庭、速裁团队及时审理，系列性、群体性或关联性案件原则上由同一审判组织审理。①积极引导民事案件当事人双方约定适用快速审判程序，如简易程序、小额诉讼程序、督促程序等。②创新刑事速裁工作机制，加强侦诉审程序的衔接配合。推广在看守所、执法办案单位等场所内建立速裁办公区，推动案件信息共享及案卷无纸化流转。③简化行政案件审理程序。对于已经立案但不符合起诉条件的案件，经过阅卷、调查和询问当事人，认为不需要开庭审理的可径行裁定驳回起诉。对于事实清楚、权利义务关系明确、争议不大的案件，探索建立行政速裁工作机制。④探索实行示范诉讼方式。选取系列性、群体性批量案件中的个别、少数案件先行示范诉讼，参照其裁判结果来处理其他同类案件。⑤推行集中时间审理案件的做法。对于适用简易程序审理的民事案件、适用速裁程序或者简易程序审理的轻微刑事案件，实行集中立案、移送、排期、开庭、宣判，由同一审判组织在同一时段内对多个案件连续审理。⑥开发利用科技司法，如推广电子支付令、远程视频开庭、庭审记录智能语音识别、推进建设智慧法院、诉讼档案电子化、电子卷宗移送等。此外，还要求促进当庭宣判、裁判文书繁简分流、完善二审案件衔接机制、推广专业化审判、审判辅助事务集中管理、发挥律师作用、完善多元化纠纷解决机制、引导当事人诚信理性诉讼等。

### （三）　推进以审判为中心的诉讼制度改革

2016 年 6 月中央全面深化改革领导小组第二十五次会议审议通过《关于推进以审判为中心的刑事诉讼制度改革的意见》，7 月，最高人民法院、最高人民检察院、公安部、国家安全部、司法部实施该意见，重申三机关分工配合制约关系等重要规定和原则，指出还有 16 项制度需要完善，7 项制度待建立，6 项制度须健全。要求建立健全证据收集指引；探索建立命案等重大案件检查、搜查、辨认、指认等过程录音录像制度；完善技术侦查证据的移送、审查、法庭调查和使用规则以及庭外核实程序等；探索建立重大案件侦查终结前对讯问合法性进行核查制度，对确有刑讯逼供、非法取证情形的，侦查机关应当及时排除非法证据，不得作为提请批准逮捕、移送审查起诉的根据等。指出要立足中国国情和司法实际，发挥审判特别是庭审在查明事实、认定证据、保护诉权、公正裁判中的重要作用，通过法庭审判的程序公正实现案件裁判实体公正，防范冤假错案，促进司法公正。要求着眼于解决影响刑事司法公正的突出问题，在刑事诉讼各环节贯彻证据裁判，健全非法证据排除制度，落实证人、鉴定人出庭作证，完善法律援助，推进繁简分流，建立更符合司法规律的刑事诉讼制度。

### （四）　速裁程序纳入认罪认罚从宽制度试点

2016 年 9 月实施的《最高人民法院关于进一步推进案件繁简分流优化司法资源配置的若干意见》要求，探索认罪认罚案件庭审方式改革。对于被告人认罪认罚的案件可简化庭审程序，适用速裁程序审理的，可不再进行法庭调查、法庭辩论；适用简易程序审理的，不受法庭调查、法庭辩论等庭审程序限制；但是应当听取被告人的最后陈述。

2016 年 9 月全国人民代表大会常务委员会审议通过《关于授权在部分地区开展刑事案件认罪认罚从宽制度试点工作的决定》，把在 18 个城市试点的速裁程序纳入为期两年的认罪认罚从宽制度试点，适用范围限于犯罪嫌疑人、被告人自愿如实供述自己罪行，对指控的犯罪事实没有异议，同意人民检察院量刑建议并签署具结书的案件。人民法院的裁判一般应当采纳人民检察院指控的罪名和量刑建议。有重大立功或者案件涉及国家重大利益的，侦查阶段撤销案件和审查起诉阶段不起诉，需经公安部或者最高人民检察院批准。案件处理程序上从简，可适用速裁程序或者简易程序，速裁程序适用范围扩大到三年有期徒刑以下刑罚的案件；实体上从宽，完善法律援助值班律师制度，为没有委托辩护人的犯罪嫌疑人、刑事被告人提供法律咨询、程序选择、申请变更强制措施等法律帮助。

### （五）推进检察机关民事、行政公益诉讼等

2016年3月最高人民法院印发《人民法院审理人民检察院提起公益诉讼案件试点工作实施办法》，在京、鲁、闽、粤、云、贵等13个省、自治区、直辖市试点，人民检察院认为被告有污染环境、破坏生态，在食品药品安全领域侵害众多消费者合法权益等损害社会公共利益的行为，在没有适格主体提起诉讼或者适格主体不提起诉讼的情况下，向中级人民法院提起民事公益诉讼。被告提出反诉请求的不予受理，原则上适用人民陪审制。人民检察院认为在生态环境和资源保护、国有资产保护、国有土地使用权出让等领域负有监督管理职责的行政机关或者法律、法规、规章授权的组织违法行使职权或不履行法定职责，造成国家和社会公共利益受到侵害的，可向基层法院提起行政公益诉讼。人民检察院对国务院部门或者县级以上地方人民政府所作的行政行为提起公益诉讼的案件以及本辖区内重大、复杂的公益诉讼案件由中级人民法院管辖，不适用调解。

2016年5月实施的《最高人民法院关于审理消费民事公益诉讼案件适用法律若干问题的解释》规定了中国消费者协会以及在省、自治区、直辖市设立的消费者协会对经营者侵害众多不特定消费者合法权益或者具有危及消费者人身、财产安全危险等损害社会公共利益的行为提起的消费民事公益诉讼，以及法律规定或者全国人民代表大会及其常务委员会授权的机关和社会组织提起的消费民事公益诉讼。

### （六）加强检察监督

检察监督从内部监督、侦查监督、执行监督、行政诉讼监督等方面予以加强。

**1. 强化内部办案监督**

2016 年 7 月实施的《人民检察院案件流程监控工作规定（试行）》提出，人民检察院的监控对象是检察院正在受理或者办理的案件程序性问题，重点纠正司法办案不规范、不及时、不完备等明显违反诉讼程序的行为，进行实时、动态的监督、提示、防控，涉及案件受理、强制措施、涉案财物、法律文书、办案期限、权利保障、信息公开、网上办案等方面存在的问题。如果发现实体上有问题，提醒办案部门或报告检察长进行监督。另外，还可在办结后组织质量评查，对实体和程序等内容进行深入分析，确认是否存在问题。这有利于加强对人民检察院办案工作的监督管理，进一步规范办案行为，促进公正、高效司法。

**2. 加强侦查监督**

人民监督员监督和逮捕条件的细化是加强侦查监督的主要内容。

（1）示范人民监督员对自侦案件的监督。

2016 年 7 月最高人民检察院发布四起人民监督员对检察机关直接受理立案侦查工作实施监督的典型案例，包括应当立案而不立案情形、犯罪嫌疑人涉嫌行贿拟撤销案件情形、犯罪嫌疑人不服逮捕决定情形、陈某涉嫌单位行贿拟不起诉案等。这些案件的监督，有的通过司法局在"人民监督员随机抽选系统"中抽选出参加监督评议的人民监督员，还有《深化人民监督员制度改革方案》规定复议程序以来全国范围内两个复议案例之一，历经了完整的人民监督员监督程序，是对监督复议程序的探索。这些案件中的人民监督员监督取得了较好的法律效果和社会效果。

（2）细化逮捕的社会危险性条件。

2016 年 10 月起实施的《最高人民检察院、公安部关于逮捕社会危险性条件若干问题的规定（试行）》，明确逮捕社会危险性证明责任由公安机关承担，检察院依据在案证据不能认定犯罪嫌疑人符合逮捕社会危险性条件的，可要求公安机关补充相关证据，公安机关没有补充移送的，应当作出不批准逮捕的决定。明确了具体的社会危险性情形，包括犯罪嫌疑人可能实施新的犯罪的 7 种情形，有危害国家安全、公共安全或者社会秩序的现实危险的 4 种情形，可能毁灭、伪造证据，干扰证人作证或者串供的 4 种情形，可能对被害人、举报人、控告人实施打击报复的 4 种情形，企图自杀或者逃跑的 5 种情形，等等。这有利于减少审前羁押。

**3. 加强刑事执行监督**

刑事执行监督的加强从强制医疗执行监督和财产刑执行监督两个方面开展。

（1）加强强制医疗执行监督。

2016 年 6 月《人民检察院强制医疗执行检察办法（试行）》实施，要求人民检察院对人民法院、公安机关的交付执行活动的合法性，对强制医疗机构的收治、医疗、监管等活动的合法性，对公安机关在强制医疗机构内对涉案精神病患者采取临时保护性约束措施的合法性进行监督，对强制医疗执行活动中发生的职务犯罪案件进行侦查，受理被强制医疗人及其法定代理人、近亲属的控告、举报和申诉等。这有利于维护被强制医疗人的合法权利，保障强制医疗执行活动依法进行。

（2）加强财产刑执行监督。

2016 年 8 月《关于全国检察机关开展财产刑执行专项检察活动的通知》决定于 2016 年 8~12 月在全国开展刑事财产执行专项检察活动，对象是 2013 年 1 月 1 日~2016 年 6 月 30 日人民法院刑事裁判确定的所有涉财产部分执行案件，重点对象是刑事财产尚未执行完毕的职务犯罪、金融犯罪、涉黑犯罪、破坏环境资源犯罪、危害食品药品安全犯罪五类犯罪。针对罚金刑、没收财产刑、没收违法所得、责令退赔、没收供犯罪所用本人财物的执行，要求核查清理案件底数，改进刑事财产执行工作。对于依法应当移送执行而未移送的案件，应当协调刑事审判部门及时移送立案执行。对于已经进入执行程序尚未执行完毕的案件，应当加大执行力度，尽快依法执结。

**4. 加强行政诉讼监督**

2016 年 4 月最高人民检察院《人民检察院行政诉讼监督规则（试行）》实施，规定当事人可向人民检察院申请监督的 4 种情形、检察院不予受理的 8 种情形、检察院依职权监督的 3 种情形，明确提出再审检察建议和提请抗诉、抗诉的 11 种情形，并规定对审判程序中审判人员的 12 种违法行为情形与 16 种违法执行活动的检察建议。将认定事实的主要证据不足、适用法律法规确有错误、违反法律规定的诉讼程序，可能影响公正审判的规定细化为 17 种具体情形。这一规定有利于监督人民法院依法审判和执行，促进行政机关依法行使职权，维护司法公正和司法权威。2016 年 5 月，最高人民检察院发布十件行政诉讼监督典型案例，引导加强对行政诉讼的监督。

### （七）打击虚假诉讼

2016 年 6 月实施的《最高人民法院关于防范和制裁虚假诉讼的指导意见》，对双方当事人以规避法律法规或国家政策谋取非法利益为目的，恶意串通、虚构事实，借用合法的民事程序，侵害国家利益、社会公共利益或者案外人的合法权益的虚假诉讼加强规制，列举了实践中要特别注意的 4 种情形和 6 个高发领域，要求慎重认定不符合常理的自认，加强对调解协议、公证债权文书和仲裁裁决书、调解书的审查力度，可适当依职权通知利害关系人参加诉讼，保护案外人诉权和实体权利。加大对虚假诉讼参与人的制裁力度，可采取罚款、拘留等妨碍民事诉讼的强制措施，对侵害他人民事权益的，使其承担赔偿责任，甚至追究刑事责任。同时探索建立虚假诉讼失信人名单制度。对法院工作人员、诉讼代理人、鉴定人参与虚假诉讼的，给予相应的处理。

### （八）推进民事执行体制机制改革

2016 年 6 月中央全面深化改革领导小组第二十五次会议审议通过《关于加快推进失信被执行人信用监督、警示和惩戒机制建设的意见》，要求建立健全跨部门协同监管和联合惩戒机制，提高执行查控能力建设，完善失信被执行人名单制度，完善党政部门支持人民法院执行工作制度，构建"一处失信、处处受限"的信用惩戒大格局，明确限制项目内容，加强信息公开与共享，让失信者寸步难行，促使被执行人自觉履行生效法律文书确定的义务。2016 年 4 月实施的最高人民法院《关于落实"用两到三年时间基本解决执行难问题"的工作纲要》，要求全面推进执行体制、机制、模式改革，建立健全信息化共享、查控体系和信用惩戒体系。

一年来许多配套措施获颁行，如 2016 年 1 月实施最高人民法院和公安部《关于建立快速查询信息共享及网络执行查控协作工作机制的意见》，同月公布 12 起涉执行工资、抚养费等民生执行典型案例；2016 年 2 月最高人民法院发布 6 起拒执罪自诉案件典型案例警示拒执行为；2016 年 3 月实施《最高人民法院、中国证券监督管理委员会关于试点法院通过网络查询、冻结被执行人证券有关事项》和《最高人民法院关于建立执行约谈机制的若干规定》；2016 年 4 月实施的《最高人民法院关于首先查封法院与优先债权执行法院处分查封财产有关问题的批复》，理顺了执行顺序；2016 年 6 月实施的《最高人民法院关于人民法院办理执行信访案件若干问题的意见》，以贯彻落实中央关于涉诉信访纳入法治轨道解决、实行诉访分离以及建立健全信访终结制度的指导精神；2016 年 8 月最高人民法院、国家发展和改革委员会、工业和信息化部、住房和城乡建设部、交通运输部、水利部、商务部、国家铁路局、中国民用航空局实施《关于在招标投标活动中对失信被执行人实施联合惩戒的通知》，同月最高人民法院公布的《关于人民法院网络司法拍卖若干问题的规定》，对网络拍卖进行规范。

执行措施不力造成的传统执行难，通过建章立制有望逐步解决。

## （九）完善刑事执行变更制度

为落实十八届三中、四中全会精神和中央政法委员会关于严格规范减刑假释、暂予监外执行工作的重要部署，回应司法实践需求，2016 年 11 月公布《最高人民法院关于办理减刑、假释案件具体应用法律的规定》。一是对于因贪污、受贿犯罪被判处死缓的罪犯，人民法院可同时决定在其死缓两年期满依法减为无期徒刑后终身监禁，不得减刑、假释；二是将减刑、假释的性质界定为激励罪犯积极改造的制度；三是新增对涉职务、黑社会、金融、暴恐、国家安全等犯罪减刑起始时间、间隔时间、减刑幅度从严的规定；四是倡导扩大适用假释，对轻罪可从宽适用假释，同时符合减刑、假释条件的可优先适用假释；五是科学设置减刑的起始时间、间隔时间、减刑幅度以保障刑罚最佳执行效果；六是完善财产刑的执行与减刑、假释的关联机制。

2016 年 7 月最高人民法院实施《罪犯生活不能自理鉴别标准》，明确暂予监外执行之生活不能自理的鉴别标准是：罪犯因疾病、残疾、年老体弱等原因造成身体机能下降，不能自主处理自己的日常生活，包括进食、大小便、穿衣洗漱、行动（翻身、自主行动）四项内容，其中一项完全不能自主完成，或者三项以上大部分不能自主完成的，可认定为生活不能自理。这有利于准确适用《刑事诉讼法》暂予监外执行的规定。

### （十）　继续完善人民陪审制

2016 年 10 月发布的《最高人民法院关于人民陪审员制度改革试点情况的中期报告》指出，试点工作取得阶段性成效，呈现"四个转变"：一是陪审员选任方式主要由组织推荐产生向随机抽选转变；二是陪审员参审职权由全面参审向只参与审理事实问题转变，北京、河北、河南等地试点法院制定了关于事实审与法律审分离的陪审操作规程；三是陪审员参审方式由 3 人合议庭模式向 5 人以上大合议庭陪审机制转变；四是陪审员审理案件由注重案件数量向关注质量转变。陪审员平均年龄 45 岁，总数为法官员额数的 4.3 倍。

### （十一）　继续推进司法公开

2016 年 10 月实施的《最高人民法院关于人民法院在互联网公布裁判文书的规定》为贯彻落实审判公开原则，规定中国裁判文书网是全国法院公布裁判文书的统一平台，规定了应当公布的十种裁判文书和五种不予公开的情形，并要求裁判文书在生效之日起七个工作日内公布。这有利于规范人民法院在互联网公布裁判文书工作。

### （十二）　完善法庭规则

2016 年 5 月实施的《最高人民法院关于修改〈中华人民共和国人民法院法庭规则〉的决定》要求，一是注重权利保障，规定刑事法庭可配置同步视频作证室、设置便利残障人士的无障碍设施等；二是注重保障法庭安全，加强安检，禁止携带管制武器和性质不明的液体及胶状、粉末状物品进入法庭等；三是规范法庭秩序，规定非经法院许可，不得对庭审活动进行录音、录像、拍照或使用移动通信工具等传播庭审活动，规定诉讼参与人、旁听人员不得携带标语、条幅、传单进入法庭，要求当事人通过理性方式表达诉求，对哄闹、冲击法庭，侮辱、诽谤、威胁、殴打司法工作人员或诉讼参与人，毁坏法庭设施，抢夺、损毁诉讼文书、证据等严重扰乱法庭秩序的行为进行严厉处罚；四是加强庭审公开，对于公众关注度较高、社会影响较大的案件，法院可通过电视、互联网或者其他公共媒体进行图文、音频、视频直播或录播等。

# 三　进一步完善诉权和诉讼权利保障

2016年度司法改革对公民诉权和诉讼权利的保障体现在以下方面。

## （一）规范羁押必要性审查

2016年1月实施的最高人民检察院《人民检察院办理羁押必要性审查案件规定（试行）》要求，检察院刑事执行检察部门可采取公开审查办案方式，根据被逮捕犯罪嫌疑人、被告人涉嫌犯罪事实、主观恶性、悔罪表现、身体状况、案件进展情况、可能判处的刑罚和有无再危害社会的危险等因素，可设置加减分项目、否决项目等具体标准，采取量化方式作为综合评估羁押必要性的参考。该规定列举了16种应当或者可释放或者变更强制措施的情形，并要求将审查意见书及时告知申请人。对不需要继续羁押的，建议办案机关予以释放或者变更强制措施。这对维护被逮捕的犯罪嫌疑人、被告人的合法权益有重要意义。

## （二）推进国家赔偿

关于国家赔偿的进展主要有刑事、民事、行政三个方面。

### 1. 刑事司法国家赔偿

依据2016年5月公布的《最高人民法院关于作出国家赔偿决定时适用2015年度全国职工日平均工资标准》，自2016年5月16日起，对侵犯公民人身自由权每日的赔偿金标准为242.30元。

最高人民法院、最高人民检察院公布刑事赔偿典型案例，对再审无罪、重审撤诉、无罪逮捕、违法拘留、违法扣押、监狱不作为等刑事赔偿案件进行指导，指出赔偿义务机关主张免除赔偿责任的，应当就该免责事由的成立承担举证责任；明确了认定诉讼程序终结的情形等。这有利于规范司法行为，保护公民人身、财产等权利。

**2. 民事、行政司法赔偿**

2016 年 10 月实施的《最高人民法院关于审理民事、行政诉讼中司法赔偿案件适用法律若干问题的解释》，对违法采取妨害诉讼的强制措施、保全措施、先予执行措施，或者对判决、裁定及其他生效法律文书执行错误，侵犯公民、法人和其他组织合法权益并造成损害的，赔偿请求人可依法向人民法院申请赔偿。

### （三）加强对弱势群体的司法保护

2016 年对弱势群体中的未成年人、女性、残障人士等加强司法保护，主要体现在以下方面。

**1. 检察机关加强未成年人司法保护**

这主要体现在加强未成年人检察工作专业化和通过典型案例示范加强对未成年人的司法保护。

2016 年 3 月实施的《最高人民检察院关于加强未成年人检察工作专业化建设的意见》指出，未成年人检察部门实行"捕、诉、监、防"一体化工作模式，要求各省级人民检察院在 2016 年底前成立独立的未成年人检察专门机构，推动地市级人民检察院和未成年人案件较多的基层人民检察院设立独立的未成年人检察机构。明确未成年人检察不以实现惩罚、定罪量刑和定分止争为最终目标，而是探究问题成因，进行必要干预，改善其心理状况、家庭教养和社会环境，帮助陷入困境的未成年人重返社会，以保护其权益、预防再犯、帮教为出发点、着力点和落脚点，承担着帮扶教育、预防犯罪等社会职能。要据此建立未成年人检察专门评价机制，合理设置未成年人检察专门机构、检察官员额比例和权力清单。

最高人民检察院公布典型案例，从对涉罪或被害未成年人的保护、对侵害未成年人犯罪的严惩等三个方面加强对未成年人的司法保护。对因信息泄露导致的涉罪未成年人心理危机开展紧急干预，对性侵未成年人犯罪案件提前介入引导取证，对暴力伤害事件中的未成年被害人予以保护救助，对未成年被害人实施"最高限度保护"，对侵害未成年人的成年犯罪人采取"最低限度容忍"等。

**2. 示范严惩侵犯妇女儿童权益的违法犯罪**

最高人民法院公布的典型案例示范对妇女儿童权益的刑事保护，主要有：惩治跨国拐卖外籍妇女犯罪活动；对遭受家庭暴力的妇女"以暴制暴"致施暴人死亡的，法院综合考虑被害人在案发前实施家暴、存在重大过错，案发后被告人有自首情节、积极参与抢救、主观恶性和人身危险性相对较小等因素，以故意杀人罪从宽判处有期徒刑 4 年；对在长达十余年时间多次强奸三名年幼继女的继父判处死刑；对以暴力手段管教未成年子女造成轻伤的，判处有期徒刑 6 个月。

2016 年 5 月最高人民法院公布撤销监护人资格典型案例，对疏忽照料、虐待、殴打、强奸等侵害未成年人合法权益的监护人资格予以撤销，使未成年人摆脱监护人侵害，由其他亲属作为监护人或者由民政部门担任监护人，最大限度地保护未成年人的合法权益。

家庭不是法外之地，妇女儿童不是私有财产，其在家庭、亲密关系中的人格尊严、生命健康等基本权利不受任何人的侵犯。

**3. 示范加强残障人士司法保护**

2016 年 5 月最高人民法院公布残障人士司法保护典型案例，如严惩性侵智力残障女性的犯罪行为，维护残障人士的婚姻权利、继承权利、生产经营权利、财产权利，依法及时救济事故致残的少数民族人士人身权益，认定智力残障人士离职手续无效、依法切实保障残障人士劳动权利，以拒执罪严惩损害残障人士权益的拒执行为。

### （四）规范司法救助

2016 年 7 月出台的《最高人民法院关于加强和规范人民法院国家司法救助工作的意见》规定，法院成立司法救助委员会，在审判、执行工作中，对权利受到侵害无法获得有效赔偿的当事人，具备 8 种情形的，可采取一次性辅助救济措施，救助金一般不超过法院所在省、自治区、直辖市上一年度职工月平均工资的 36 倍，以解决其生活面临的急迫困难。2016 年 8 月实施的《人民检察院国家司法救助工作细则（试行）》，也列举了 7 种予以救助、6 种不予救助的情形，由刑事申诉检察部门负责受

理、审查、发放等工作。这有利于保障生活困难的当事人的生存权和发展
权等基本人权。

### （五）保护、奖励职务犯罪举报人

举报是公民的宪法权利，是查办职务犯罪、反腐败的有力措施和重要
组成部分。2016 年 3 月《最高人民检察院、公安部、财政部关于保护、
奖励职务犯罪举报人的若干规定》列举了 8 种为举报人保密的措施和 10
种打击报复举报人的情形。对于举报人及其近亲属的人身、财产安全受到
威胁的，要采取专门性保护措施等。对相关人员违反保密规定和对举报人
保护不力的，依纪依法追究责任。要求落实和完善举报奖励制度，充分调
动群众举报的积极性。同时要加强对举报奖励工作的监督，对截留、侵
占、私分、挪用举报奖励资金或者违反规定发放举报奖励资金的，依法追
究责任。

### （六）推进行政机关负责人应诉

2016 年 7 月实施的《最高人民法院关于行政诉讼应诉若干问题的
通知》要求，行政机关正职、副职负责人或者其他分管的负责人不能出
庭的，应当委托行政机关相应的工作人员出庭，包括在编工作人员以及
其他依法履行公职的人员，不得仅委托律师出庭；并规定对仅委托律师
出庭的案件，人民法院可书面建议行政机关负责人出庭应诉，可依法予
以公告，建议任免机关、监察机关或者上一级行政机关对相关责任人员
严肃处理。要求正确把握行政机关负责人出庭应诉的基本要求，依法推
进行政机关负责人出庭应诉工作。这项规定扩大了出庭应诉人员的
范围。

## 结　语

2016 年司法改革在中央司法改革纲领性文件的指导下，各种改革措
施进一步推进，更细化、更切合实际，特点鲜明，重点突出。2016 年度
三大诉讼注重诉讼效率，强调繁简分流，并通过各种司法解释性文件要求

对繁简案件进行区分，强调纠纷多元化解决、诉前解决，简案速决，追求对司法资源的高效运用。

这些改革措施为 2017 年的司法改革指明了方向、奠定了基础、铺平了道路。期待 2017 年的司法改革新举措。

（参见法治蓝皮书《中国法治发展报告 No.15（2017）》）

# 第八章 《民事诉讼法》修订及争议

摘　要：本文以 2011 年 10 月提交第十一届全国人民代表大会常务委员会第二十三次会议审议的《民事诉讼法修正案（草案）》为主要文本，对本次《民事诉讼法》修改的背景、思路、存在的主要问题与争议等，作了较为全面的回顾与梳理，并通过分析指出，本次修改仍然体现为强烈的法律工具主义倾向。未来的修改方向将面临重大转型，应由目前的结果导向型修法转变为过程导向型修法，使《民事诉讼法》的修改成为一个实现当事人主体性的结构化过程。

中国现行《民事诉讼法》于 1991 年第七届全国人民代表大会第四次会议通过，2007 年第十届全国人民代表大会常务委员会第三十次会议曾对该法审判监督程序和执行程序的部分规定作了修改。2011 年 10 月 24 日，《民事诉讼法修正案（草案）》（以下简称《修正案（草案）》）首次提请第十一届全国人民代表大会常务委员会第二十三次会议审议，《民事诉讼法》的再次修改已进入实质阶段。以《修正案（草案）》的内容为主要文本，本文拟对此次《民事诉讼法》修改的背景、思路、存在的主要问题和争议等，择要作一评述。

## 一　修改的背景、过程与内容

现行《民事诉讼法》自 1991 年实施以来，虽然对发展和完善民事诉讼起到了十分重要的作用，但该法是在中国市场经济确立之前出台的，难以反映那些与市场经济相契合的现代民事诉讼理念，并且在相当大程度上已不能满足民事诉讼实践的客观要求，有必要进行修改。

### （一）完善中国特色的社会主义法律体系的需要

当前，中国特色社会主义法律体系已经形成，此次启动《民事诉讼法》修改是不断完善法律体系的重要组成部分。从中国特色社会主义法律体系构成上看，中国形成了以《民法通则》为基干，以具体法律为支撑的民事实体法，以及以《民事诉讼法》为基干的民事程序法。其中，多数民事法律都是在现行《民事诉讼法》颁行后制定或修改的，因此，《民事诉讼法》存在诸多如何与这些法律相衔接的问题。近几年来，一些全国人大代表和有关方面陆续提出修改《民事诉讼法》的意见和建议，《中央政法委员会关于深化司法体制和工作机制改革若干问题的意见》也要求进一步完善民事诉讼制度。

### （二）时代与社会发展的需要

现行《民事诉讼法》自1991年颁布，迄今已有20年。在此期间，中国于1993年、1999年、2004年经历了三次修宪，并且加入了世界贸易组织，批准了《公民权利和政治权利国际公约》等一系列国际公约。现行《民事诉讼法》与其所适用的社会环境间的差距越来越明显，法律的滞后性日渐凸显。

当前，中国正处于转型期，随着经济社会的快速发展和公民法律意识的不断提高，大量矛盾纠纷通过诉讼进入法院，新的案件类型不断出现。现行《民事诉讼法》的规定在某些方面已经不能完全适应人民群众的司法需求，这集中体现在实践中人民群众反映强烈的起诉难、取证难、调解难、审判难、申诉难、执行难六大突出问题上。此次启动《民事诉讼法》的修改，也是顺应时代发展的要求。

### （三）规范和统一司法实践的需要

在《民事诉讼法》施行的20年间，为使该法适应已变化了的社会实践，最高人民法院已制定了100多个司法解释。在立法职能缺位的情况下，司法解释极度扩张，该法已被各种形式的司法解释所肢解、架空，严重损害了法律的完整性与统一性。

对《民事诉讼法》进行修改，不仅可以梳理现行司法解释，摒弃与现代诉讼理念不相契合的规则，将行之有效、科学合理的规则上升为法律，而且可以避免因立法的不完备而采取司法解释的方式进行修补，避免以司法解释替代法律[1]。

有鉴于此，全国人民代表大会常务委员会法制工作委员会按照立法计划，自 2010 年启动了《民事诉讼法》的修改工作。在修法的指导思想上，立法机关强调修改工作注意把握以下几点：一是秉持中国特色社会主义法治理念，认真总结《民事诉讼法》实施的经验，针对实践中出现的新情况新问题，进一步保障当事人的诉讼权利，维护司法公正；二是遵循民事诉讼的基本原理，科学配置司法资源，提高诉讼效率；三是强化对民事诉讼的法律监督，保证法律的正确实施；四是注重有效解决民事纠纷，促进社会和谐稳定；五是对认识不一致、目前还没有把握的一些问题暂不作规定[2]。

本次提交审议的《修正案（草案）》共 54 条，主要涉及以下七个方面的修改：①完善调解与诉讼相衔接的机制；②保障当事人的诉讼权利；③完善当事人举证制度；④完善简易程序；⑤强化法律监督；⑥完善审判监督程序；⑦完善执行程序[3]。

## 二 存在的主要问题与争议

2011 年 10 月 29 日，全国人民代表大会常务委员会就《修正案（草案）》及其说明向社会公开征集意见。草案甫一公开，立刻引起了很大反响。从目前社会各界的反响来看，针对《修正案（草案）》提出的主要问题如下。

---

① 江伟、孙邦清：《期待民事诉讼法全面系统修改》，《法制日报》2007 年 7 月 8 日。
② 王胜明：《关于〈中华人民共和国民事诉讼法修正案（草案）〉的说明》。
③ 具体的修改条文，详见王胜明《关于〈中华人民共和国民事诉讼法修正案（草案）〉的说明》。

### （一）关于本次修法的规模

相较于 2007 年的修正案，本次修改立足于对现行《民事诉讼法》的大修。从拟议修改的内容来看，涉及诉讼与非诉讼衔接机制、管辖制度、送达制度、证据制度、简易程序、再审程序、公益诉讼、检察监督、执行程序等诸多方面，覆盖面相当广泛，而且很多内容如公益诉讼、小额诉讼、检察建议、调解协议的司法确认、担保物权的实现等，都是首次作出规定，因而不可不谓为"全面修改"。然而，《修正案（草案）》总计只有 54 个条文，这样的规模数量，实在难以担当起大修的任务。

由此可见，本次《民事诉讼法》修改仍沿袭了立法机关"宜粗不宜细"的粗放式立法传统。但是程序法的规定过于粗简，必将带来可操作性不强、法律适用不统一等问题，侵害了当事人的诉讼权利。特别是对于很多全新规定的制度，立法语焉不详，完全交给司法机关去进行解释，风险太大。如此一来，修改后的《民事诉讼法》在多大程度上能为法官严格遵守，能否摆脱再次被司法解释架空的命运，能否走出"立法—司法解释—修法—司法解释"的怪圈，令人生疑。因此，有论者主张，《民事诉讼法》的修法，应当以强制性规范为主，倡导性规范尽量少要或不要，至于任意性规范，则应将适用的权利赋予当事人，由当事人选择[①]。

### （二）本次修法对于实践中亟须解决的重要问题的回应性不强

从《修正案（草案）》的内容来看，对于实践中长期存在的当事人起诉难、立案难、举证难等问题，不仅有针对性的修改规定不多，而且某些修改规定还欠缺合理性。例如，草案要求起诉状应写明被告的身份证号码，这样的规定会直接造成当事人的起诉难。又如，尽管立法者注意到了实践中的起诉难、立案难问题，并在《修正案（草案）》中规范了法院受理案件的程序，规定法院对公民起诉不予受理的，必须以书面形式作出

---

① 《民事诉讼法》修改系列研讨会第五次会议，文字整理内容见中国民商法律网。

裁定。但是草案只是强调应保障当事人的起诉权，并未提供进一步的制度保障，当事人仍然没有有效的救济渠道。至于草案中规定的当事人对法院作出的不予受理的裁定可以上诉，实际上现行《民事诉讼法》也规定了法院不予受理的裁定，当事人可以上诉。如果法院认为当事人起诉不合法，按照现行法律和草案，法院的处理办法仍然是告知当事人无诉权，并不会给出裁定，当事人也依然不能上诉。由此可见，草案的修改规定并没有增加新的制度内容来保障当事人的诉权①。

对于解决当事人举证难的问题，实践中部分地方法院施行的民事调查令制度，是行之有效的，但《修正案（草案）》并没有把这一已成熟的做法规定进来②。另外，《修正案（草案）》增加规定：当事人未及时提供证据的，人民法院应当责令其说明理由。理由不成立的，人民法院根据不同情形予以训诫、罚款以及赔偿拖延诉讼造成的损失、不予采纳该证据。对此，有论者认为，《民事诉讼法》的举证原则是举证不能则承担相应的不利法律后果，因而法院对其诉讼主张不予支持即可，没必要再施加训诫、罚款③。

### （三）关于调解优先与诉调对接

《修正案（草案）》规定，当事人起诉到人民法院的民事纠纷，适宜调解的，先行调解。许多论者都认为，该条规定为司法实践中提出的"调解优先"原则提供了法律上的依据。在当今大调解的背景下，强调调解的重要作用有一定意义，但立法者应当认识到解决纠纷的不同方式在属性、功能上的差异，应将法院先行调解的案件作类型化归纳，明确哪些案件必须先行调解，为强制调解划一个必要的界限。否则，如此规定的立案调解就属于强制调解，在实践中必将导致当事人的起诉迟迟不能立案，影

---

① 《聚焦民诉法修改》，《法制日报》2011 年 12 月 14 日；《民诉法修改：律师的视角》，《法制日报》2011 年 12 月 7 日；《全国律协提交律师建议稿建言民事诉讼法修改》，《法制日报》2011 年 12 月 14 日；《民诉法修改尚需关注民事案件"立案难"》，《法制日报》2011 年 11 月 8 日。

② 北京律师协会：《关于〈民事诉讼法〉修改的若干建议》，法制网，http://www.legaldaily.com.cn/。

③ 陈丽平：《应进一步完善当事人举证制度》，《法制日报》2011 年 11 月 14 日。

响当事人的权益保障，限制当事人的维权方式①。

### （四）关于扩充检察机关权限的修改

有论者认为，检察权对法院审判权的监督是制约性的监督，而不是管理型的监管。草案新增的"检察建议"不是严谨的法律语言，其法律效力究竟是什么也并没有法律依据，增加关于检察建议作为原则性规定非常不恰当。同时，在进一步完善检察监督制度方面，还有很多相关问题需要加以明确。例如：人民法院在收到再审检察建议后应在多少天内给予检察机关答复；如果再审检察建议被采纳进入再审程序，原生效法律文书是否要停止执行；如果经再审后，最终维持原法律文书的裁判结果，当事人是否可以向上一级申请再审；等等②。

### （五）关于公益诉讼的规定

《修正案（草案）》增设公益诉讼的规定，被认为是本次《民事诉讼法》修改中最为引人注目的亮点，但是仅一个条文的规定，也引发了广泛的争议。争议问题涉及公共利益内涵的界定，公益诉讼边界的界定，提起公益诉讼的主体资格，公益诉讼的受理范围，公益诉讼的程序机理，以及诉权滥用的防范、证明责任、诉讼费用等等。许多论者均主张，《修正案（草案）》只规定了"有关机关、社会团体"作为提起公益诉讼的主体，未赋予公民和其他组织、法人单位、检察机关和行政机关独立诉权，这是一大失误，应扩大提起公益诉讼的主体③。

### （六）关于小额诉讼制度

此次《修正案（草案）》引入了小额诉讼制度，将最高人民法院此

---

① 袁中华：《理顺调判关系更需调审分离》，《人民日报》2011年12月14日；白龙、胡唯哲：《诉调对接，如何"无缝咬合"》，《人民日报》2011年12月20日；李吉斌：《专家建议民诉法草案应明确可调解优先的案件类型》，《法制日报》2011年12月12日。
② 《民诉法修改：加强检察监督权力》，http://www.law-star.com/cac/1385073339.htm。
③ 李吉斌：《聚焦民诉法修改：公益诉讼制度应进一步细化》，《法制日报》2011年12月14日；白龙、李潇：《聚焦民事诉讼法修改：公益诉讼大门轻启》，《人民日报》2011年12月21日。

前试点进行的小额速裁纳入法律，旨在提高审判效率，便利当事人诉讼。但是小额诉讼实行一审终审，意味着对现有审级制度的重大改变，且该规定不利于保护当事人权益。同时，修正案对于该制度的规定，只有一个条文，仅以诉讼标的额是否达到 5000 元作为唯一的适用标准，未对案件性质和种类作出限制，不利于非财产性案件和疑难案件的公正审理。此外，由于中国各地经济发展不平衡，是否应当实行全国统一的 5000 元标准，也是个问题[①]。

### （七）关于再审程序的修改

这部分争议主要集中在草案将 2007 年修正案确立的再审案件的提级管辖，部分又改回到原审法院管辖，这一改动不仅有悖于 2007 年修改的初衷，而且这种来回反复改动对程序法而言显得过于随意[②]。

### （八）关于执行程序的修改

强制执行应单独立法已成为学界和实务界的一个共识，但本次的《修正案（草案）》并未对此作出回应。对此，学界和实务界一致认为，应当将强制执行程序从《民事诉讼法》中分离出来，单独制定强制执行法。此外，为解决执行难问题，还需要考虑对执行权进一步进行权力分离，即将执行实施权和执行裁决权分离开来[③]。

## 三 评析

对于本次《民事诉讼法》的修改，社会各界给予了很高的期望，希望能够通过修法，解决在实践中长期存在的当事人起诉难、立案难、取证难、申诉难、执行难等问题，切实保障公民诉讼权利的行使。然而，从目

---

① 路倩雯：《小额诉讼：要便捷，也要公正》，《光明日报》2011 年 12 月 22 日。
② 杨华云：《学者解读民诉法修正 民诉再审不应改回原审法院》，《新京报》2011 年 10 月 26 日；《全国人大常委会组成人员热议民事诉讼法修正案草案》，《光明日报》2011 年 10 月 29 日。
③ 《民事诉讼法》修改系列研讨会之五发言，文字整理内容见中国民商法律网。

前出台的《修正案（草案）》内容及其引发的社会反响和争议来看，与上述预期还相差甚远。究其原因，主要在于本次修法仍然秉承法律工具主义观念，把《民事诉讼法》单纯当作纠纷解决的"工具"或"手段"，而忽视了其中所蕴含的作为正当性根据的独立价值。

### （一）作为法律政绩观的修法

实际上，关于《民事诉讼法》的修改计划酝酿已久。早在 2003 年 3 月召开的第十届全国人民代表大会常务委员会第一次会议上，即确定了包括《民事诉讼法》修订在内的第十届全国人民代表大会常务委员会立法规划。但是，由于《物权法》立法占据了第十届全国人民代表大会的主要工作精力——这主要是对全国人大法工委民法室而言，他们当时"工作压力很大，《物权法》把他们压得喘不过气来。人手也是非常紧张"。因此，同属民法室工作范畴的《民事诉讼法》修改就不得不一再推迟①。而 2008 年是第十届全国人民代表大会常务委员会五年任期的最后一年，为完成立法规划，2007 年 10 月 28 日，第十届全国人民代表大会常务委员会第三十次会议表决通过了《关于修改〈中华人民共和国民事诉讼法〉的决定》，以修正案形式共计 19 个条文对再审程序和执行程序作了小幅修改。这次修改与人们普遍预期的大修相反，不仅是"小改"，而且这种补丁式的修法，在一些学者和实务工作者看来，简直就是虚晃一枪，令人失望之至②。

2008 年 10 月 29 日，第十一届全国人民代表大会常务委员会公布了其五年立法规划，《民事诉讼法》的修改再次进入立法规划，同期在全国人民代表大会常务委员会法制工作委员会民法室工作范围内的，还有侵权法的立法工作。与当年《物权法》立法过程的一波三折不同，《侵权责任法》的立法进展顺利，于 2009 年 12 月 26 日第十一届全国人民代表大会财务委员会第十二次会议表决通过。当然，也是在此之后，民法室才得以着手开始《民事诉讼法》的修改工作，并于 2011 年 10 月提交审议《修

---

① 《物权法将在明年人大会议上提请审议》，《新京报》2006 年 3 月 13 日。
② 汤维建等：《民事诉讼法全面修改专题研究》，北京大学出版社，2008，第 2～3 页。

正案（草案）》。

从立法机构的工作进程来看，实体法立法一直受到高度重视，这与《民事诉讼法》修订的受重视程度形成了巨大反差，这在很大程度上仍然是程序工具主义的思想和"重实体，轻程序"观念的体现①。只是把《民事诉讼法》的修改当作一项能够按时完成的任务加以对待，体现的是一种"为完成任务而完成任务，而不顾及任务完成之质量"的功利政绩观，其根本目的宜界定为对构建和谐社会这一政治态势的一种简单回应②。

### （二）以法院经验为中心的修法模式

中国民事诉讼程序规则的生成路径基本上是"两条腿走路"的结果：一是审判经验的积累与总结，二是国外立法的借鉴与移植。前者在立法和实践中的分量更重。"总结审判经验—司法解释—立法/修法"的方式已成为中国民事诉讼制度创制的基本模式。这种模式在特定的历史时期有其合理性，因为它符合那个时代的司法——确切地说是"政法"工作的目的③。但是，当今的社会治理结构已经发生改变，《民事诉讼法》不可能再被仅当成法院的操作规程，确立当事人在诉讼程序中的主体地位，已成为社会公众的强烈要求。

然而，此次《民事诉讼法》的修改，在很大程度上仍然沿用了以往以法院经验为中心的修法模式。全国人大常委会法制工作委员会负责人在修法调研中即明确说明："通过调研，广泛听取各级法院法官的意见，发现审判实践中急需通过立法解决的法律问题，以及如何解决这些问题的立法建议，使得民诉法的修订工作更加符合人民法院的客观实际。"

实际上，《修正案（草案）》中很多条文的出台，都是这种以法院为中心的工具主义法律观的结果。当前中国法院面临的突出问题是案多人少。从 1990 年至 2010 年，全国法院民事一审案件收案年均增长 9.56%。2008～2010 年，全国法院一审案件收案共计 19977144 件，其中一审民事

---

① 廖永安、邓和军：《〈民事诉讼法〉修改决定评析》，《现代法学》2009 年第 1 期。
② 刘加良：《〈民事诉讼法〉新近修改之冷思考》，《河南大学学报》（社会科学版）2008 年第 5 期。
③ 吴英姿：《民事诉讼程序的非正式运作》，《中国法学》2007 年第 4 期。

案件收案 17303357 件，占法院全部诉讼案件的 86.62%。如此大量的案件涌入法院，给法院的民事审判工作带来了很多新的问题和困难，执行、信访案件压力很大①。

2007 年之前，高级人民院和最高人民法院审查了 15000 件左右的再审案件，2008 年全国申请再审的案件是 146458 件，其中高级人民法院受理了 42512 件，占全国案件的 29%，最高人民法院受理了 1625 件，当年再审了 39719 件。2009 年全国法院受理申请再审的案件是 126794 件，高级人民法院受理了 70122 件，占 55%，最高人民法院受理了 2085 件，全国再审了 41575 件。2010 年有所下降，申请再审案件 121643 件，高级人民法院受理 50664 件，占 42%，最高人民法院受理 2081 件，当年再审案件 45710 件，申请再审的案件进入再审的占 37.6%。这种状况使得申请再审案件大量集中到高级人民法院和最高人民法院。全国有 3000 多家基层人民法院，300 多家中级人民法院，30 多家高级人民法院。2007 年以前，这 10 多万件案子是分布在 3000 多家基层人民法院、300 多家中级人民法院、30 多家高级人民法院以及最高人民法院分别进行审理的，现在有60% 集中到了 30 多家高级人民法院和最高人民法院。最高人民法院每年在 3000 件左右。现在立案二庭每个法官每个月要审查 4 件案件才能完成最高人民法院每年良性循环的考核指标。在案件多的高级人民法院，如广东省高级人民法院，每个法官要办到 100 件左右的案件，任务非常重。由于上提一级以后，很多申诉上访的人到了中心城市来，困扰了国家稳定机制问题。同时上级法院审查的质量也受到影响②。

法院是程序制度的运作者，目的在于使该制度高效地运作并降低纠纷解决的成本。对于案多人少的中国法院来说，必然是希望程序更简洁一些，诉讼成本更低一些，上述阐释让我们了解了在再审程序的修改上，《修正案（草案）》部分取消"提级管辖"、把再审程序拉回到 2007 年修改前的个中缘由。显然，立法机关依然在沿用以法院经验为中心的修法模式。

---

① 《最高人民法院召开民事诉讼法修改座谈会》，《人民法院报》2011 年 2 月 22 日。
② 《民事诉讼法修改》系列研讨会之五发言，文字整理内容见中国民商法律网；宫鸣：《民事诉讼法修改对再审实务的影响》，中国民商法律网。

### （三） 当事人仍然是程序制度的他者

《民事诉讼法》调整的对象是民事诉讼，即法院、当事人和其他诉讼参与人在民事诉讼过程中的各种诉讼活动，以及由这些活动所产生的各种诉讼关系的总和。当事人作为民事诉讼的主体，《民事诉讼法》的修改无疑是一项与其自身利益切实相关的大事。但是迄今为止，在《民事诉讼法》的修改过程中，无论是公众作为当事人还是律师作为当事人的代理人，对于修法的参与程度都是远远不够的。

通常，中国的立法机关主要是通过立法调研的方式来形成法律草案。立法机关或者通过法院、检察院、法学界、律师界进行专门的座谈，或者通过召开由各界人士共同参与的综合性研讨会来征集需要重新规范的法律事项，形成有关的法律修改方案，并就初步拟定的法律草案征求意见①。本次《民事诉讼法》的修改也是如此。在前期调研过程中，应邀参加立法座谈的对象，主要来自法院、检察院和学界，其间仅有少部分企业和律师零星参与过若干研讨。因此，当《修正案（草案）》在中国人大网上公布、中华全国律师协会向全国律师征集修改意见，并于 11 月 27 日在北京举行"《民事诉讼法》修改的律师视角"研讨会时，很多律师把这个会当成了一个对于法院的控诉会②。而由律师对于《修正案（草案）》提出的建议，也迥异于学者视角和法官、检察官的思路。

全国律师协会提交的"律师建议稿"站在律师和当事人的立场，重点在民事诉讼中的立案难、回避难、取证难、保全难、执行难等问题。律师们认为，在民事诉讼实践中，司法不作为现象非常突出，有些地方法院千方百计拒绝立案，不予立案也拒绝出具书面裁定；轻易不做财产保全、证据保全，很少接受当事人调查取证申请；第二审程序极少改判，"两审终审"几乎形同虚设，蜕变为事实上的"一审终审"。律师们普遍感到，"告状难"仍然是当前民事诉讼中的最大问题。同时律师们坚决反对"强

---

① 陈瑞华：《制度变革中的立法推动主义》，《政法论坛》2010 年第 1 期。

② "民事诉讼法修改的律师视角"研讨会专题报道，法制网，http：//www. legaldaily. com. cn/zt/node_ 35828. htm。

制调解"入法，认为这是一条"葬送中国民事司法制度"的条款①。

实际上，律师作为民事诉讼当事人的代理人，他们对于《修正案（草案）》的意见和他们在修法中所处的边缘状况，凸显了当事人在整个民事诉讼制度中的他者地位，即当事人只是秩序的对象而非制度规范建构的主体。从这一层面上看，在《民事诉讼法》法律制度的制定和修改中，实际上很少关注过当事人的主体性问题，严重缺乏来自当事人方面的经验知识，在立法者、法院和学者的视野里，经验研究和数据集中在法院的司法实践上。而论及当事人的诉讼权利保障，强调的则是"授予当事人权利""让当事人满意""给当事人公正裁判"……即便是在响亮的"司法为民"口号中，当事人也不过是依附于法院的被庇护的对象。法院对寻求权利救济的当事人扮演着权威者的角色，为民作主，精心呵护着"襁褓中的当事人"②。

但是，制度和法律的创造、实施与维护都需要人的参与，法律制度作为一种经验性行动系统，其所具有的社会有效性，必须通过共识来获得保障。因此，在制度和法律的建构中，必须关注制度的不同主体。现行的这种视当事人为他者的制度观和法律观，由于在立法/修法中缺乏对当事人经验的包容和主体性建构，那么它在实践中也就只会复制出没有当事人的现实图景，即当事人并不会把这些法律规则当作自己行动的理由和动机，也不会具有相应的规则意识，相反，他们会选择在这些规则之外的空间寻求满足自己诉求的途径，如信访、无尽的申诉。也正因如此，即便法院在尽力为让当事人满意而创制各种程序便利，结果带来的却是"回飞镖"的效应。

## 四　前瞻：面向转型的修法

当下，中国特色社会主义法律体系已经形成，今后的一项长期任务，是通过修法作业实现中国法律体系的完善。我们已经步入一个和前期开展

---

① 《民诉法修改：律师的视角》，《法制日报》2011年12月7日。
② 汤维建等：《民事诉讼法全面修改专题研究》，北京大学出版社，2008，第39页。

大规模立法工程不同的阶段，应由结果导向型的立法转变为过程导向型的修法。

基于这种过程导向要求，《民事诉讼法》的修改，应当是一个致力于实现当事人程序主体性的结构化过程。这不是一个完成任务式的修法，也不只是为了满足"开门立法"的要求，而是一个通过修法从而在立法者、法院、检察院、当事人、律师、诉讼参加人、专家学者等不同的角色视阈之间进行沟通、对话、诠释的过程，这应当是通过价值、规范和理解过程而进行的社会动员与整合，并且在这种整合过程中使社会矛盾、冲突获得有效的释放。

从传统上而言，《民事诉讼法》一直被视为技术性相当强的法律部门，并且，人们通常是从纯粹技术角度对《民事诉讼法》进行研究。但是，任何法律技术本身皆不是目的，诉讼法往往被比喻为"被适用的宪法"，事实上，程序忠实地反映出我们时代所有的迫切需要、存在的问题以及不断的尝试。转型已使国家从"诸神"的时代走向"诸众"的时代，法律亦应是成千上万人合作的结果。

（参见法治蓝皮书《中国法治发展报告 No.10（2012）》）

# 法院改革创新

## 第九章　创新法院内部管理
## 提升司法公信力

——湖州法院法官均衡办案调研报告

**摘　要**：法官资源配置不合理、庭长管理不科学等管理短板加剧了案多人少矛盾，不利于释放广大审判人员的能力与活力，制约了司法水平的提升，最终危害司法公信力。本文认为，应当引入结案均衡管理指标来合理调配案件与人员比例，以缓解案多人少矛盾。该管理指标既能准确反映一线法官均衡办案情况，又能引导法院管理者科学调整案件与人员配备模式。

近年来，司法公信力正在遭受新中国成立以来最严峻的考验，其原因复杂，既有新媒体不断发展，某些司法不规范现象被放大的因素，也有司法公开不到位，公众对司法公正存在质疑的因素，更有司法机关自身能力有待提升，不能满足公众要求的因素。尤其是在当前案多人少矛盾日益突出的情况下，如何挖掘人员潜力，提升人员水平，是各级法院在解决提升司法公信力这一课题时不可回避的关键问题。这就需要从根本上创新法院自身管理，以提升司法水平。湖州市中级人民法院（以下简称湖州中院）

围绕提升自身管理水平，提出将推进法官均衡办案作为创新法院内部管理的突破口，并进行了一系列探索。

## 一　法院内部管理不科学加剧了案多人少的矛盾

案多人少是当前法院面临的普遍问题。浙江全省法院的法官2009年为7315人，2010年为7532人，2011年为7735人，平均增长率仅为2.9%，而同时期法院案件的增长幅度分别为9.71%、2.99%、3.16%[①]。在湖州全市法院内，2012年新任命法官35人，2013年新任命法官39人，而同时期案件量却分别增加了8967件和10633件。

社会转型期案件不断增加以及法官人数有限都是不争的事实。多重因素也加剧了案多人少矛盾，如法院承担了大量诸如宣传、调研[②]、社会治安综合治理等非审判性事务，但促使这一矛盾越发突出的一个重要因素却是法院自身内部管理的不科学，对此应当引起重视。当前法院内部管理中存在法官资源配置不合理、庭长管理不科学等管理短板，加剧了案多人少的矛盾。

首先，法官资源配置不合理。法官资源配置的不合理导致法院的人员潜力未被有效挖掘，不能有效应对案件激增和人员编制受限带来的问题。这一方面表现为一线法官[③]与二线法官[④]配置不合理。以湖州市两级法院为例，虽已将法官资源尽量往审判一线配置，但结果仍不理想。截至2013年10月，全市两级法院共有法官资格者404名，其中一线法官274名，二线法官130名，约占所有法官总数的32%。湖州市两级法院的现象并非个案，甚至相当普遍，此种法官资源配置模式人为减少了办案人员数量。另一方面表现为配置到不同业务庭的一线法官不平衡。首先是静态不平衡，即未按照案件数量配置相应法官或者未按照法官数量分配案件。其

---

① 参见浙江省高级人民法院研究室《关于法院"案多人少"问题的调研报告》，http://203.0.64.53/html/content/20060414000001/20120224000033.html，2013年1月6日访问。

② 法院调研工作本身即有培养年轻法官司法能力的效能，但调研过程必然也占用一定时间精力，本身又与办案存在一定张力。

③ 指法院内部负责审理案件的法官。

④ 指法院内部虽有法官资格但不审理案件的法官。

次是动态不平衡，即特定案件由于受特定因素影响出现了激增现象，而未能及时增加相关业务庭法官数量。以上不平衡现象最终表现为不同业务庭的法官忙闲不均。

其次，庭长管理不科学。一是案件划分到业务庭后，部分庭长简单地以法官手中的案件数量为依据分配案件，越是结案迅速的法官往往越会被分配更多的案件，"鞭打快牛""奖懒罚勤"。二是在合议庭组成上较为随意，偏重于按照工作年龄、资历、行政职务等标准确定审判长，而且在确定合议庭成员时存在随意性，未能充分关注法官禀赋差异、司法能力差异，进行合理搭配，实现"1+1>2"的效果。

## 二　法院内部管理不科学正在侵蚀司法公信力

法院内部管理不科学加剧了案多人少的矛盾，不利于释放广大审判人员的能力与活力，制约了司法水平的提升，最终危害司法公信力。

首先，案多人少导致大量案件积压在法院，不能及时审结。例如，2013年1~9月份，浙江省全省法院未结案件13.31万件，而同时期湖州全市法院未结案件也多达6400件。"迟来的正义非正义"，大量案件积压在法院，不能及时向诉请者提供司法产品使法院很难有公信力。

其次，为缓解案多人少矛盾的压力，大部分法院以较低的任职门槛，匆忙任命法官以弥补办案力量的不足，司法审判已成为培养初任法官胜任司法工作的工具。在这种法官任命模式下，法官的司法裁判水平堪忧，当事人本身就易对法官的司法能力产生一种不信任感，再辅之以若干蹩脚裁判，很难撑起司法公信的大厦。

再次，为缓解案多人少的矛盾，法官只能想方设法提高办案效率。为此，实践中，法官难免忽略程序公正，片面理解和奉行"不管黑猫白猫，抓住老鼠就是好猫"的实用主义哲学，只要结案迅速即可，而程序公正的缺乏往往是实体不公正的肇始，且极易令人产生不公正感。而且，不少年轻法官正处于司法能力培养期，庭长往往以锻炼新人为由，将大量案件分配给他们办理，他们不仅疲于应付，急于结案，而且身心健康受损，难以保证实体公正。

最后，为了缓解案多人少矛盾，司法实践中合议庭功能被弱化为一人实际负责，其他合议庭成员合而不议或者简单附议的模式，使大部分案件承办法官以一己之力定裁判之乾坤。这些管理漏洞，不仅使得人情案、关系案有机可乘，容易滋生司法腐败，而且由于个人能力的有限性也容易导致冤假错案产生。

## 三　创新法院内部管理模式刻不容缓

就法院收案数量激增这一现状而言，一方面法治思维越来越深入人心，依法维权行为肯定呈上升趋势；另一方面，其他社会纠纷解决机制不健全的情况短期内也难以改变，最终，大量案件仍将涌入法院。最近几年，浙江省法院收案数量持续增长，2008 年和 2009 年增幅分别达 23.83% 和 9.71%，2010~2011 年增势有所放缓，2012 年增长峰期再次显现，全省法院新收各类案件 97.66 万件，同比上升 17.02%，增幅比上年上升了 14 个百分点。2013 年 1~9 月份，全省法院新收各类案件 81.51 万件，同比上升 10.37%。故而，希冀从根源上减少法院收案数量的解决思路在短期内是不可行的。

就法院承担的其他非审判性事务而言，随着司法改革的渐次深入，应当会逐步减少，最终可望有较大的改观。然而，改革需要一个过程，不可能一蹴而就，短期内，这些非审判性事务仍将大量存在。

目前，缓解案多人少矛盾较为可行的选择是着手解决法院审判管理中存在的问题，通过一定的管理指标实现合理调配案件与人员比例的管理目标。

然而，现有管理指标难以承担这一重任。司法实践中，为更好地履行审判管理职责，最高人民法院设置了包括结案数波动指数、结案率波动指数等在内的 8 个均衡结案参考指标[①]。地方各级法院也制订了一系列包括同期结案率、结案率、存案工作量、结案均衡度等在内的管理指标。客观

① 参见最高人民法院《关于加强均衡结案的意见》，http：//www.chinacourt.org，2012 年 12 月 10 日访问。

而言，这些管理指标对提高法院的总体结案效率是有意义的，但它们显然未能关注案件如何在不同业务庭的调配，不同业务庭中庭长如何科学调配案件、配置合议庭成员等。因此，尽管这些管理指标有指导意义，还是出现了本文提到的法院内部管理失之科学而加剧案多人少矛盾的问题。实践表明，已有管理指标在改观这些问题方面是失灵的。因此，我们需要引入新的管理指标。

## 四　一线法官结案均衡管理指标的引入

新引入的管理指标必须能够反映法院内部案件与人员调配情况，而法院内部案件与人员调配情况最终影响一线法官结案数量均衡情况，后者是前者的晴雨表。因此，可以从一线法官结案数量是否均衡的角度设置新的管理指标。

在同一业务庭内，如果一线法官在测评期内结案是完全均衡的，则每名法官的结案数量等于该庭在测评期内的平均结案数，无论该庭法官结案数量高于该平均数还是低于该平均数，均表现为结案数量的不均衡，其实质是对该平均数的偏离。而此处的结案平均数就是司法管理的目标数据，每名法官的实际结案数就是实际数据，此种均衡问题事实上反映的是实际数据与目标数据的偏离问题，于是，一线法官结案均衡管理指标的设定可以借助偏离度测评公式完成。

### （一）一线法官结案均衡管理指标公式的设定

偏离度是指实际数据与目标数据相差的绝对值占目标数据的比重。它的计算公式为：

$$|A-X|/A$$

其中 $A$ 代表目标数据，$X$ 代表实际数据。我们假设一线法官结案偏离度为 $D$（deviation），则：

$$D = |A-X|/A$$

其中 $A$ 代表的目标数据就是一线法官结案数量的理想状态，即等于业务庭内法官结案的平均数。假设在测评期内业务庭法官结案总数为 $M$，业务庭法官人数为 $N$，则：

$$A = M/N$$

此时，

$$D = |M/N-X|/(M/N) = |M-NX|/M$$

我们需要在结合法院案件审理实际情况的基础上对基本测评公式进行调整。由于设置的测评指标与业务庭内各个法官的结案偏离度密切相关，应当计算出业务庭内所有法官结案偏离度的总和，即：

$$\sum D = |M-NX_1|/M + |M-NX_2|/M + \cdots + |M-NX_N|/M$$
$$= (|M-NX_1| + |M-NX_2| + \cdots + |M-NX_N|)/M$$

司法实践中，不同法院之间、同一法院内部业务庭之间的法官人数存在差异，可能导致人数少的业务庭即使在每名法官结案偏离度均大于人数较多业务庭法官的结案偏离度时，其全庭结案偏离度总和也可能小于后者。为消除此类误差，需要在业务庭法官结案偏离度汇总后除以该业务庭法官人数，计算出该庭以个人为单位的平均结案偏离度，如此才能客观反映不同业务庭法官结案偏离度的大小，该平均结案偏离度即是我们所需要的一线法官结案均衡管理指标，设该指标为 $Y$，则：

$$Y = \sum D/N = (|M-NX_1| + |M-NX_2| + \cdots + |M-NX_N|)/MN$$
$$= (|M/N-X_1| + |M/N-X_2| + \cdots + |M/N-X_N|)/M$$

该数值越大，则表明该业务庭法官结案数量越不均衡，进而反映出院长未合理配置不同业务庭案件与法官数量，或者庭长管理水平尚有待提高。

## （二）影响一线法官结案均衡测评相关因素说明

一线法官结案均衡管理指标确定后，为便于司法实践测评，还应当对收存案件总量、一线法官流动情况、业务庭内的专业组织、测评期间跨度等影响测评结果的因素作出说明。

### 1. 收存案件总量

司法实践中，虽然分案是多次分配的动态过程，即使在一次分案中不能有效分配案件，在下一次分案中也可能寻找到平衡点，但是，也的确存在极端情况，此时待分配的案件总量难以满足庭长合理分配的需求。例如，在一个法官为 4 人的业务庭，在最终待分配的案件总量为 7 件时，即使庭长合理分配案件，最终也必然是 3 名法官各审理 2 件，1 名法官仅能审理 1 件。在该 4 名法官均结案的情况下，必然存在结案不均衡情况，但其形成与庭长的管理能力并无直接关系，而是由待分配的案件总量引起的。作为一项科学的管理指标，理应尽可能将导致考核不公正的影响因素剔除或者降至最低，而待分配的案件总量即为收案与存案的数量总和，它们对一线法官结案均衡的影响需要分析。

在以上极端情形下[1]，结案不均衡实际上系由收存案件总量不能满足合理的案件分配需求而引起，此时收存案件总量在分配中的偏离度就会对最终的一线法官结案均衡产生影响。根据结案偏离度的测评公式，假设收存案件总量的分配偏离度为 $Z$，收存案件总量为 $Q$，法官分得的案件数量为 $P$，则：

$$Z=(|Q/N-P_1|+|Q/N-P_2|+\cdots+|Q/N-P_N|)/Q$$

在一线法官结案均衡管理指标设置中，只要将 $Z$ 的峰值对结案偏离度的影响消除或者降至最低，则 $Q$ 对法官结案均衡的影响随之消除或者降至最低。而在 $Q$ 客观上不能满足庭长合理分配案件的需求时，$Z$ 的峰值因业务庭法官人数的奇偶不同，其出现的节点有所差异，在法官人数为偶数时，该峰值出现于 $Q/N$ 的余数为 $N/2$ 时，此时，（$|Q/N-P_1|+|Q/N-P_2|+\cdots+|Q/N-P_N|$）恒等于 $N/2$；在法官人数为奇数时，该峰值出现于 $Q/N$ 的余数为（$N-1$）$/2$ 时，虽然（$|Q/N-P_1|+|Q/N-P_2|+\cdots+|Q/N-P_N|$）随着奇数法官的人数增长略有变化，但在 $Q>2N$ 时，$Z$ 的峰

[1] 指在一定期间内，待分配的案件总量难以满足庭长合理分配的需求，而法官分得的案件均能结案。例如，假设某一业务庭法官人数为 6 人，在一定期间内的收存案总量为 303 件时，若庭长分配给其中 5 名法官的案件均为 10 件，而另外一名法官却分得了 253 件，在 6 名法官全部结案时，此时产生的结案偏离度就在很大程度上与庭长的不合理分案有关，不能体现纯粹收存案总量对结案偏离度的影响。在以上业务庭法官人数和一定期间内收存案件总量不变的情形下，若庭长合理分配案件，则应当是其中 3 名法官各分得 50 件，另外 3 名法官各分得 51 件，显然，在 6 名法官全部结案时，产生的结案偏离度与庭长分案无关，而仅与待分配的收存案件总量有关。

值保留小数点后面两位，与法官人数为偶数时，$Z$ 的峰值保留小数点后两位时的数值相同。因此，在 $N<Q<2N$ 时，需要根据法官人数的奇偶情况分别计算出 $Z$ 的峰值，而在 $Q>2N$ 时，则可以按照法官人数为偶数的情形，以（$|Q/N-P_1|+|Q/N-P_2|+\cdots+|Q/N-P_N|$）的恒值 $N/2$，根据 $Q$ 的变化计算 $Z$ 的峰值。根据本文的计算，$Z$ 的峰值随着 $Q$ 的增大，逐渐减小，呈以下分布样态（见表 1）。

表 1　$Z_{max}$ 随着 $Q$ 变化的数值分布情况

| $Q$ 的变化范围 | $Z_{max}$ 的数值分布 |
|---|---|
| $N<Q<2N$ | $Z_{max}=0.33$（$N$[①]）或 $0.34$（$N$[②]） |
| $2N<Q<3N$ | $Z_{max}=0.20$ |
| $3N<Q<4N$ | $Z_{max}=0.14$ |
| $4N<Q<5N$ | $Z_{max}=0.11$ |
| $5N<Q<6N$ | $Z_{max}=0.09$ |
| $6N<Q<7N$ | $Z_{max}=0.08$ |
| $7N<Q<8N$ | $Z_{max}=0.07$ |
| $8N<Q<9N$ | $Z_{max}=0.06$ |
| $9N<Q<11N$（$Q$[③]） | $Z_{max}=0.05$ |
| $11N<Q<14N$（$Q$[④]） | $Z_{max}=0.04$ |
| $14N<Q<20N$（$Q$[⑤]） | $Z_{max}=0.03$ |
| $20N<Q<33N$（$Q$[⑥]） | $Z_{max}=0.02$ |
| $33N<Q<100N$（$Q$[⑦]） | $Z_{max}=0.01$ |
| $100N<Q<101N$ | $Z_{max}=0$ |

①$N$ 为偶数。
②$N$ 为奇数。
③$Q$ 不等于 $10N$。
④$Q$ 不等于 $a_n N$，$a_n=a_1+(n-1)d$，$a_1=12$，$d=1$。
⑤$Q$ 不等于 $a_n N$，$a_n=a_1+(n-1)d$，$a_1=15$，$d=1$。
⑥$Q$ 不等于 $a_n N$，$a_n=a_1+(n-1)d$，$a_1=21$，$d=1$。
⑦$Q$ 不等于 $a_n N$，$a_n=a_1+(n-1)d$，$a_1=34$，$d=1$。

表 1 显示，在收存案件总量是法官人数的 100 倍以上时，$Z$ 的数值为 0，收存案件总量不会对法官结案均衡产生影响，而收存案件总量是法官

人数的 33 倍以上 100 倍以下时，其对法官结案均衡的影响最小，为 0.01。因此，为确保一线法官结案均衡管理指标测评的公平性，各业务庭收存案件总量与配置的法官人数之比应当保持在同一区间内，建议保持在 33～100 的同一比值区间。

**2. 一线法官流动情况**

司法实践中，出于种种因素，业务庭内一线法官数量可能有所增减，影响结案均衡管理指标的测评。对此，在一个测评期内，若一线法官增减平衡，则将增减法官在该业务庭的结案数量汇总，折合一人测评。若一线法官增减不平衡时，对于增减平衡部分的法官按照以上标准测评，其余法官及其结案数不计入测评。每一业务庭同时增加或者减少法官的数量为偶数时，每两名法官的结案数量汇总，折合一人测评。

**3. 业务庭内的专业组织**

司法实践中，有些法院在同一业务庭内指定若干法官组成审理某类案件的专业组织。此时，应将该业务庭各专业组织的结案均衡情况汇总后，按照专业组织的数量取其平均数作为该业务庭的最终均衡值。

**4. 测评期间跨度**

结案均衡管理指标测评期间的跨度既要关注案件的结案周期及可供庭长分配的案件资源，又要关注测评结果能为调整审判管理思路提供参考价值。建议以半年为一个测评期间，不仅符合案件的一般结案期限要求、案件资源较为丰富的实际，而且，即使某一业务庭法官结案较不均衡，在下半年该庭庭长也有调整的余地。

# 五　一线法官结案均衡管理指标的应用

一线法官结案均衡管理指标引入后，只有应用到司法实践中才有价值，否则形同虚设。

为了验证一线法官结案均衡管理指标能否适应司法实践中的复杂情况，我们选取了湖州市吴兴区法院作为测评实验对象。该院地处城区，案件复杂多样，测评期间该院法官退休、挂职、上级法院法官下派现象并存，而且某一业务庭内还具有不同的专业审判组，具有代表性。按照测评公式能够测算出该院2012年度不同业务庭之间的结案不均衡情况，为法院管理者决策提供参考依据（见表2）。

**表2 吴兴区人民法院一线法官结案不均衡情况**

| 部门 | | 人员 | 个人结案数（X） | 人数（N） | 部门结案总数（M） | 结案不均衡值（Y） | |
|---|---|---|---|---|---|---|---|
| 立案庭 | | 戴法官 | 11 | 4 | 338 | 0.93 | |
| | | 孙法官 | 170 | | | | |
| | | 吴法官 | 156 | | | | |
| | | 赵法官 | 1 | | | | |
| 刑事庭 | | 阮法官 | 52 | 6（折合5人①） | (632-43) | 0.24 | |
| | | 黄法官 | 112 | | | | |
| | | 陈法官 | 43 | | | | |
| | | 张法官 | 137 | | | | |
| | | 吴法官 | 151 | | | | |
| | | 李法官 | 137 | | | | |
| 民一庭 | 一般民事案件组 | 陶法官 | 32 | 7（折合6人②） | 650 | 0.35 | 0.37 |
| | | 沈法官 | 141 | | | | |
| | | 柯法官 | 13 | | | | |
| | | 施法官 | 87 | | | | |
| | | 钱法官 | 79 | | | | |
| | | 蔡法官 | 191 | | | | |
| | | 孙法官 | 107 | | | | |
| 民一庭 | 交通组 | 章法官 | 81 | 5 | 777 | 0.39 | |
| | | 黄法官 | 188 | | | | |
| | | 曲法官 | 226 | | | | |
| | | 吕法官 | 205 | | | | |
| | | 苏法官 | 77 | | | | |
| 民二庭 | | 杨法官 | 93 | 4 | 673 | 0.24 | |
| | | 胡法官 | 250 | | | | |
| | | 沈法官 | 168 | | | | |
| | | 潘法官 | 162 | | | | |

| 部门 | 人员 | 个人结案数（X） | 人数（N） | 部门结案总数（M） | 结案不均衡值（Y） |
|---|---|---|---|---|---|
| 少年庭 | 蒋法官 | 67 | 4（折合3人③） | 288 | 0.24 |
| | 郭法官 | 16 | | | |
| | 王法官 | 130 | | | |
| | 王法官 | 75 | | | |
| 审监庭 | 孔法官 | 18 | 2 | 26 | 0.38 |
| | 钟法官 | 8 | | | |
| 执行庭 | 朱法官 | 71 | 14（折合13人④） | 2901 | 0.33 |
| | 杨法官 | 22 | | | |
| | 沈法官 | 321 | | | |
| | 沈法官 | 7 | | | |
| | 钱法官 | 170 | | | |
| | 闵法官 | 280 | | | |
| | 刘法官 | 269 | | | |
| | 韩法官 | 204 | | | |
| | 张法官 | 311 | | | |
| | 张法官 | 300 | | | |
| | 张法官 | 311 | | | |
| | 潘法官 | 251 | | | |
| | 李法官 | 206 | | | |
| | 蒋法官 | 200 | | | |
| 行政庭 | 盛法官 | 72 | 3 | 183 | 0.27 |
| | 邱法官 | 36 | | | |
| | 施法官 | 75 | | | |

①法院内部的人员变动情况以实际发生为准，本研究中所谓的人员变动情况系根据初步信息得出，并不一定能够完全反映实际情况，但不影响本研究的测评检验，下同。测评期内陈法官退休，不计入测评。

②测评期内柯法官、钱法官均退休，折合一人计算。

③测评期内郭法官借调至中级法院刑事庭，中级法院王法官下派至吴兴区法院，折合一人计算。

④测评期内杨法官调至办公室工作，不计入测评。

引入一线法官结案均衡管理指标后，通过测评，能够反映一线法官结案不均衡情况。将该管理指标纳入考核后，必将有助于改观法院内部人员与案件配备模式，有效缓解案多人少矛盾，从而最终有助于司法公信力的提高。那么，法院管理者通过何种管理措施才能实现一线法官结案均衡的管理目标呢？

首先，法院院长需要根据收存案数量合理配置不同业务庭法官。在一线法官结案均衡管理指标中，一个业务庭收存案件总量与该庭法官人数之比对结案均衡会产生影响。法院院长应当合理配置不同业务庭法官人数，合理调配不同业务庭审理的案件数量，以尽量消除由此产生的影响。根据上文说明，只有在收存案件总量是法官人数的 100 倍以上时，才不会对法官结案均衡产生影响，除此之外，收存案件总量对结案均衡产生的影响从 0.34 到 0.01 不等。为确保测评的公平性，各业务庭收存案件总量与配置的法官人数应当尽量保持在同一区间范围内，在法院案件总量不变时，不同业务庭收存案总数与法官的配比均应保持在 100 以上为佳。而在 33～100 的范围内，虽然也存在影响，但是微乎其微，仅为 0.01。考虑到司法实践中案件数量和法官的基本情况，以及因缺乏法官助理、法官负担较重的现状，各业务庭收存案件数量与法官人数以维持在该比值范围内的同一比值为佳。这就要求法院内部在案件数量和法官人数配备上进行综合平衡，不能出现案件数量大大超过法官人数的业务庭，也不能出现过于清闲的业务庭。

其次，庭长应当改观现有"鞭打快牛"的分案模式，实现随机分案。在此基础上，庭长不仅需要对独任审判员加强指导与督促，促使其提高司法效率，而且需要科学配置合议庭成员，尽可能考虑到每名法官的特质，做到老中青法官搭配，做到司法能力强弱搭配，以实现合议庭之间司法能力的整体均衡以及合议庭内部法官能力的扬长避短。

## 六　结语

创新法院内部管理以提高司法公信力是新一轮司法改革的必然要求。《中共中央关于全面深化改革若干重大问题的决定》即提出了深化司法体制改革，加快建设公正高效权威的社会主义司法制度，维护人民利益，让人民群众在每一个司法案件中都感受到公平正义。该决定不仅将改革的目光集中于影响法院依法独立审判的外部因素上，而且还将改革的目光转向法院内部，要改革法院内部危害司法公信力的管理现状。最高人民法院下发的《关于切实践行司法为民　大力加强公正司法　不断提高司法公信力的若干意见》也提出要通过全面提升审判工作质量与效率来提升司法公信力，强调要充分发挥评估体系在反映审判工作真实水平、引导审判活动公正高效运行、提高法院及法官工作积极性方面的作用。

湖州中院创新法院内部管理，引入一线法官结案均衡管理指标来提高司法公信力，是一种慎重的地方性司法改革试验。该管理指标能够充分关注法院内部科层制的管理现状，体现不同层级法院管理者的管理水平，适用性较好。它能够为法院管理者的审判管理提供决策参考，改观加剧案多人少矛盾并最终危害司法公信力的不合理管理方式。目前，该院按照半年度为一测评期间进行测评试验，并将该管理指标纳入年度岗位目标责任制考核办法中。湖州中院在试验过程中也发现该管理指标存在需要进一步完善的地方，如结案不均衡值在什么范围内是合理的，能否设置出合理区间，该管理指标和现有的管理指标之间的权重比值如何设定才更为科学等，这些问题均需要在积累一定数据后作出回应。

湖州中院创新审判管理以提高司法公信力的实验，符合最高法院在《关于切实践行司法为民　大力加强公正司法　不断提高司法公信力的若干意见》中提出的要求："在不违反法律和司法改革总体要求的前提下，鼓励地方法院就具体改革措施先行探索，积累改革经验。"它的试行成功，必将产生制度溢出效益，为正在进行的司法改革提供有益借鉴，需要引起关注。

（参见法治蓝皮书《中国法治发展报告 No. 12（2014）》）

# 第十章 北京法院推进司法
体制改革的实践

**摘　要：**本文总结了北京市法院推进新一轮司法体制改革的进展和成果，反映了北京市司法领域法治发展进程，并指出推进重点改革任务中面临的困难和问题，提出了进一步深化司法体制改革的建议。

中共十八大后，中央更加突出法治建设的重要地位。中共十八届三中、四中全会对司法体制改革作出的重要部署，内容多、力度大，社会各界高度关注。新一轮司法体制改革更加突出顶层设计，更加强调遵循司法规律，更加注重问题导向，从确保依法独立行使审判权，实现审理者与裁判者统一，建立科学的司法人员管理体制三个大的方面，着力解决司法领域存在的司法不公、司法公信力不高问题，对加快推进法治建设，促进国家治理体系和治理能力现代化具有重要意义。中共北京市委《关于落实党的十八届四中全会精神　全面推进法治建设的意见》提出，要建设法治中国首善之区。北京法院认真贯彻中央、市委和最高人民法院部署精神，2014 年 2 月 13 日，北京市高级人民法院成立了司法改革工作领导小组，先后就贯彻落实党的十八届三中、四中全会司法体制改革涉及法院工作的改革任务进行分类梳理，制定分解任务，明确具体的责任部门和时限要求。全市法院积极推进司法体制改革，取得重要成果和经验。

## 一　司法责任制等四项基础性改革试点

完善司法责任制、实行司法人员分类管理、完善司法人员职业保障、实行省级以下法院人财物统一管理四项改革是新一轮司法体制改革的重点，具有基础性地位和全局性影响。按照中央统一部署，北京市作为全国第三批试点地区开展这四项试点改革，市委及市法院、检察院已经形成试点工作方案报中央审批。司法责任制、人员分类管理两项改革，自2014年7月开始已经在全市部分法院进行试点。四项改革主要解决三个问题：一是谁来行使司法权，二是司法权如何按照司法规律运行，三是怎样保障司法人员行使司法权。

**1. 司法人员分类管理**

司法人员分类管理是指，将法院人员分为法官、辅助人员和行政人员三大类进行管理。改革的核心是建立以法官为主体的司法人力资源配置模式，主要包括三方面内容：一是提高法官任职条件，严格法官选任程序，真正遴选出优秀的、高素质的法官放在办案一线行使审判权；二是单独设置司法辅助人员序列，将法官精力从事务性工作剥离，从而集中于审判业务；三是实现人员管理的专业化，解决人员职责界限不清等问题。截至2015年底，北京法院共有中央政法专项编制人员7740人，实有6472人，其中，法官4370人（审判员2508人，助理审判员1862人），法官占实有行政编制的67.52%。在法官中，有9%在政工、纪检、后勤等司法行政部门工作，14%在执行部门工作，7%在研究室、审管办等综合审判业务部门工作。从分布情况看，优质审判资源并未集中用于审判一线。

从部分法院已经开展试点的情况看，改革后，审判资源向一线集中的趋势正在形成，案件审判质效有比较明显的提升，改革的成果已经初步显现。下一步，改革会遇到如下问题。

第一，改革将对队伍稳定造成一定影响。改革将对法院现有的人员进行一次"洗牌"，无论是院庭长还是一线法官，无论是审判部门还是综合部门，多数人都将面临职业生涯的重新定位和岗位职责的再选择，人员分流的压力很大，整个队伍一定时期内将处于不太稳定状态。

第二，法官办案的压力增加。按照中央确定的法官员额不超过政法专项编制的39%计算，全市法院将有1400多名法官无法入额。与此同时，在经济下行压力加大、立案登记制改革施行等多重因素的影响下，预计全市法院2015年全年案件总量将达55万件。入额法官人均结案要达200件左右才能基本完成审判任务，比当下法官人均办案数大幅增加。

**2. 司法责任制**

这项改革的内容主要是三个方面：第一，完善审判组织形式，改变过去法官与书记员师傅带徒弟式的组合模式，增设法官助理，形成法官—法官助理—书记员的审判团队化组织形式；第二，健全审判权运行机制，改变过去层层审批、汇报式的审判权运行模式，减少管理层级，将审判权力和责任更多地落实到主审法官、合议庭；第三，强化责任追究，改变过去责任追究不严格、不及时的做法，健全法官考评和责任追究机制，使法官对手中的权力真正负起责任。司法责任制改革的总体目标是要建立权责统一、权责明晰、监督有序、制约有效的司法权运行机制。

此项改革中面临如下问题。

一是司法辅助人员的管理机制尚未建立起来，短期内审判事务性工作尚不能完全从主审法官手中剥离出来，从而造成审判效率的提升比较有限。这有多方面的原因：第一，法官助理等司法辅助人员的职责定位缺乏明确规定，法官助理与书记员的职责区分也需要规范；第二，有一部分法官助理由原有的法官转岗而来，一定时间内不太适应，工作积极性受到影响；第三，编制内人员数量难以满足新的审判方式需要，司法辅助人员如果全部占用政法编制，包括执行员、法官助理、书记员、法警、专业技术人员等，在总员额比例限定的情况下，无法实现为每名法官均配足法官助理；第四，法官对审判团队的管理需要磨合，解决这个问题，需要在法律上明确法官助理等辅助人员的职责和管理模式。同时，应积极探索采取法官助理聘任制，解决法官助理来源不足的问题，在法院内部设置一些服务岗位，并探索通过购买社会服务方式解决编制不足的问题。

二是重大疑难复杂案件的监督和指导机制有待完善。对于涉及国家政治、外交关系、民族宗教等重大复杂案件，不仅要重视审判的法律效果，也要充分重视审判的政治效果和社会效果。作为普通法官，由于信息不对称和政治敏锐性差异，往往难以预料政治效果和社会效果，因此，领导的监督指导作用仍很重要。但改革后，院庭长的把关弱化，新的监督指导机制尚未形成。在改革过渡阶段，院庭长放权还是要有一个过程，要逐步到位，否则，案件质量出现大的滑坡，不但将对司法公信力造成严重损害，也将妨碍改革的顺利平稳推进。具体来说，就是要明确院庭长的权力清单，哪些该管，哪些不能管，在监督指导中，既要放权又不能放任：放权是指原先替代审判人员行使的审判权要放，不放任是指院庭长的审判监督权、管理权不能放松。要建立符合审判工作规律的监督管理方式，大力推进审判管理权、监督权行使的规范化、公开化，充分利用信息化手段，实现全程留痕。

三是执法统一问题在一定时期内面临挑战。取消院庭长听取案件汇报制度后，审判权行使更加分散，有的主审法官、合议庭执法标准不够统一，"类案不同判"现象有可能加重。解决这个问题，要推进法官的自治管理，逐步完善法官会议制度，共同研讨疑难案件，强化法官的自我监督、自我约束；要发挥审判监督和上级法院的职能，健全案例指导等制度，促进执法尺度统一。

**3. 司法职业保障及人财物统一管理制度**

职业保障制度改革与法官员额制改革、司法责任制改革关联度高，必须协同推进。中央全面深化改革领导小组第十六次会议已经批准中组部、人力资源和社会保障部《法官、检察官单独职务序列改革试点方案》《法官、检察官工资制度改革试点方案》，两个方案的主要特点是法官、检察官要脱离一般公务员管理，实行法官、检察官单独职务序列，职级资源向基层办案一线倾斜，以及提高法官、检察官的待遇。这是法院干部人事制度的一项重大改革成果。值得强调的是，完善职业保障制度不仅仅是提高法官待遇，还包括保障法官人身安全，维护法官职业尊荣。2015年，全国各地出现了多起侮辱、诽谤、威胁、伤害法官的典型事件，如北京通州法院的崔慧诬告法官打人事件，浙江金华市婺城区供销社主任纠缠、威胁区法院法官事件，湖北十堰中院4名法官在办公楼被当事人刺伤事件，都反映了当前司法环境还有待改善，法官履职保障亟待加强。

# 二 知识产权法院、跨行政区划法院情况

根据中共十八届三中、四中全会决定，在中央、市委的领导和最高人民法院的指导下，2014年11月6日，北京成立了知识产权法院；2014年

12 月 30 日，北京成立了跨行政区划人民法院——北京市第四中级人民法院。

首先，这两家法院的成立，在中国的司法体系中形成了两种特殊类型的法院。北京、上海、广州知识产权法院的成立，产生了新的专门法院，初步形成了知识产权法院体系，有利于提高知识产权案件审判的专业化水平，促进知识产权审判司法尺度的统一，促进科技创新和文化创新，更好地服务国家创新驱动战略的实施。跨行政区划法院的设立，改变了按照行政区划设立法院的传统模式，对司法管辖制度进行了重大调整，有利于法院排除地方干扰，保障法院依法独立行使审判权。

其次，两家法院全面体现中央司法体制改革的要求。一是根据专业化、职业化和高素质的要求，落实人员分类管理，实行法官员额制。经法官遴选委员会选任，从全市三级法院选任的主审法官平均年龄 40 岁左右，从事审判工作的平均年限在 10 年以上，专业水平高，审判经验丰富。二是实行严格的司法责任制。突出主审法官、合议庭的主体地位，减少院庭长对案件的行政化审批。院庭长直接编入合议庭办理案件，落实"让审理者裁判，由裁判者负责"。三是实行扁平化管理。知识产权法院和市第四中级人民法院均只设 1 个综合办公室从事司法行政工作，大量压缩司法行政人员，领导班子成员精简配备，减少了管理层级。

两家法院成立以来运行良好，各项工作取得显著成果。截至 2015 年 8 月 20 日，北京知识产权法院共受理各类案件 6595 件，审结 2348 件。北京知识产权法院审理案件的数量占全国三个知识产权法院案件总量的 61.1%。北京市第四中级人民法院共审结各类案件 707 件，其中以区县政府为被告的行政案件 495 件，占 70%。

这两项改革需要进一步研究的问题如下。

第一，是否有必要建立比较完整的知识产权法院体系。知识产权审判工作事关国家创新发展战略实施，意义重大。知识产权法院仅在中级法院层面设立，将原分散在各中级法院的知识产权案件集中审理，在统一知识产权诉讼裁判标准上仍然存在局限性。下一步是否应设立国家层面的知识产权高级法院，作为全国涉及专利等知识产权案件的上诉管辖法院，学界和审判实务界需要进一步研究。

第二，是否有必要调整知识产权法院的案件管辖范围。知识产权主要有著作权、专利权、商标权等纠纷，审判涉及民事、行政、刑事领域。在各类知识产权案件中，真正技术性强、审理难度大、直接关乎科技创新的主要是专利案件。从国外设立知识产权专门法院的情况看，也主要是为了审理专利案件。北京知识产权法院审理的案件中，涉及专利、植物新品种等疑难复杂的技术类案件占一审案件的 1/4 左右。是否进一步调整知识产权法院的案件管辖范围，进一步体现知识产权法院设立的价值还值得研究。

第三，如何确定知识产权法院的增编。知识产权法院 30 名法官员额的设定，是根据知识产权法院成立前三年全市中级法院平均每年审理 4500 件案件，以每名法官办理 150 件的标准测算出来的。2014 年以来，国家商标评审委员会办理的案件大幅增加，致使法院受理的商标授权确权行政案件激增，且预计两三年内这种态势都会持续。知识产权法院按照现有的员额配置，难以有效地应对当前这么大的案件量。经报最高人民法院同意，市高级人民法院正在积极推动知识产权法院适当增补一定的员额编制。

第四，跨行政区划法院案件管辖范围尚不够明确。《设立跨行政区划人民法院、人民检察院试点方案》对跨行政区划法院案件管辖范围规定了六类。但如何具体界定"跨地区的"行政和重大民商事案件比较困难，这也造成市第四中级人民法院受理的案件数量偏少，类型不全。下一步，是否推动跨行政区划法院跨省辖区管辖案件，值得深入研究。另外，根据十八届四中全会提出的改革行政案件管辖制度的精神，最高人民法院于 2015 年 6 月 16 日下发了《关于人民法院跨行政区域集中管辖行政案件的指导意见》（法发〔2015〕8 号），明确提出："已经设立跨行政区划人民法院的北京、上海，可以逐步将行政案件向跨行政区划人民法院及两地铁路运输基层法院集中。"如何处理好行政案件管辖制度改革与跨行政区划法院案件管辖的关系，仍存在不同意见。如果将行政案件全部向跨行政区划法院集中，是否会将跨行政区划法院变相改造为行政法院，是否符合中央关于设立跨行政区划法院的精神，还存在疑问。

## 三　立案登记制改革

立案是诉讼程序启动的第一个环节，当事人对司法是否公正最直接的第一感受就来自于立案工作。中央大力推进立案登记制改革，核心是保障当事人诉权，从根本上解决"立案难"问题。改革的主要内容是：严格按照法律规定的立案条件进行程序性审查，符合条件的，一律依法立案；改变以往实质性审查、增设立案条件、人为控制立案等情况，以及对进入法院不易处理的案件不收材料、不予答复、不出具法律文书等不规范的做法。北京法院严格落实中央要求，立案登记制改革自 2015 年 5 月 1 日实施以来，截至 2015 年 8 月 20 日，北京全市法院登记立案量为 169805 件，同比增长 31%，其中，当场立案量占立案总量的 96%；原来有些限制立案的行政纠纷、物业供暖、信用卡等案件得到及时依法立案；对未予受理案件依法出具裁定书，基本解决了人民群众反映强烈的"立案难"问题，当事人的诉权得到有效保护。

立案登记制改革，涉及立案工作理念的转变，涉及立案、审判、执行等内部工作机制的调整和衔接。实施立案登记制主要带来两方面问题。

一方面，案件快速增长与审判资源有限的矛盾更加突出。在立案登记制下，北京法院案件量大幅增加的势头已经显现，使有些法院本已超负荷运行的审判工作更加紧张。2015 年 1～8 月，全市法院新收案件 404595 件，同比上升 17.6%；结案 279913 件，同比上升 8.7%，许多法院一线法官结案能力已经达到饱和。立案登记制实施以来增幅明显的案件主要有以下方面。一是物业、供用水电暖气、信用卡纠纷等案件增幅较大。2015 年 5～8 月，物业、供用水电暖气纠纷一审立案量为 18974 件，同比增长 53.2%；信用卡纠纷案件一审立案 7821 件，同比增长 48.6%。此类案件占同期民事一审收案总量的将近 1/5。二是行政案件大幅增长。2015 年 5～8 月，北京法院受理行政诉讼案件 3848 件，同比增长达 117%。其中，征地拆迁、信息公开、不履行法定职责类案件增长较快。

另一方面，案件处理的难度增加，主要体现在三个方面。一是疑难复杂案件增多。部分当事人借机提起具有政治目的的诉讼；部分当事人将历史遗留问题重新翻起，直接针对国家政策提起诉讼；涉及民族宗教、国家安全的起诉增多。此外，一些政策性很强的案件，如涉及农村土地建房、小产权房的案件，诉村委会侵害集体经济组织成员权益等涉及村民自治的案件，失独家庭诉卫生计生委要求国家补偿案件等，法院处理的难度很大。二是立案登记制放宽了身份、主体、证据等方面的审查尺度，一些虚假诉讼、恶意诉讼进入诉讼程序，给正常审判秩序带来干扰。三是执行工作和涉诉信访压力增大，有些案件如信用卡纠纷，案件审理比较简单，但执行很困难。有些案件因不符合受理条件而裁定驳回起诉，进而导致法院涉诉信访压力增大。此外，实施立案登记制并非完全否定法院的审查职能，仍然要遵循法定的立案条件，但社会上有些群众对"有案必立""有诉必理"的理解存在偏差，一些案件可能成为公众关注、舆论炒作的焦点。

立案登记制改革对于保障当事人诉权意义重大，但落实中需要相关配套机制的支持。司法的功能是有局限性的，司法资源也是有限的，诉讼也不是解决所有纠纷的最佳方式。下一步，除了法院内部要加强案件繁简分流机制，大力推进速裁机制建设外，还需要在党委领导、政府主导和社会各界参与下，大力推进矛盾纠纷多元化解决机制建设，将部分矛盾纠纷引导到诉讼之外更好地解决。中央在推进立案登记制改革的同时，对加强多元化纠纷解决机制建设也作了部署，但作用还未显现出来。当前推动多元化纠纷解决机制建设，需要解决几个问题：一是要明确哪些案件适于调解；二是要加强调解组织机构、体系的建设；三是要明确法院在多元化纠纷解决机制中的地位和作用；四是要对法律作一些修改，如对某些案件设立调解必经程序。总之，只有健全了矛盾化解分流的配套机制，立案登记制的落实才有保障。从国外情况看，大陆法系和英美法系对当事人的起诉采取比较宽松的登记制度，但登记以后，还要对当事人的诉讼能力、是否具有诉讼利益、是否属于重复起诉等进行审查，许多案件通过审前程序分流出去或者达成和解，真正进入法庭审理程序的案件是少数。

## 四　关于完善人民陪审员制度改革试点

近年来，北京法院认真贯彻落实《全国人民代表大会常务委员会关于完善人民陪审员制度的决定》以及最高人民法院《关于人民陪审员参加审判活动若干问题的规定》（法释〔2010〕2号）、《关于进一步加强和推进人民陪审工作的若干意见》（法发〔2010〕24号），人民陪审员工作取得显著进步。

一是人民陪审员队伍不断发展壮大、结构更趋合理。截至2014年底，全市法院人民陪审员总数达到2363名，来源于个人申请方式的人民陪审员388名，占总数的16.42%；增补人数中普通群众的比例为25.93%。全市法院对现任人民陪审员和候选人民陪审员实现了入库管理，对人民陪审员有序参与陪审发挥了积极作用。二是人民陪审员参审案件数量逐年提升，参审范围不断扩大，参审质量逐步提高。尤其是2011年市高级人民法院提出全市法院"要做到所有适用普通程序审理的案件都有陪审员参加审理"的要求后，有力地促进了全市各级法院一审案件陪审率的快速提升。2014年，人民陪审员参审全市三级法院案件数量达到71439件，陪审率为93.5%。一些社会关注度较高案件的审理都吸收人民陪审员参与，如李某某等人强奸案、北京大学诉邹恒甫侵害名誉权案等，充分保障了人民群众参与司法的权利。

2015年4月1日，中央全面深化改革领导小组第十一次会议讨论通过《人民陪审员制度改革试点方案》。4月24日，十二届全国人大常委会第十四次会议通过《全国人民代表大会常务委员会关于授权在部分地区开展人民陪审员制度改革试点工作的决定》。4月28日，最高人民法院、司法部联合召开了人民陪审员制度改革试点工作部署动员会，下发了《人民陪审员制度改革试点工作实施办法》。中央之所以高度重视人民陪审员制度改革，是因为这项制度是中国特色社会主义司法制度的重要组成部分，要通过扩大人民群众对司法的直接参与和监督，扩大司法民主，深化司法公开，提高司法公信力。人民陪审员通过参与案件审判，利用来自群众、了解群众的优势开展法治宣传，也有利于弘扬法治精神，促进全民守法。

根据《全国人民代表大会常务委员会关于授权在部分地区开展人民陪审员制度改革试点工作的决定》和最高人民法院、司法部联合下发的《人民陪审员制度改革试点工作实施办法》，北京二中院、东城、海淀、密云、门头沟五家法院作为全国人民陪审员改革试点法院。市高级人民法院与市司法局联合制定了《关于落实人民陪审员制度改革试点工作的指导意见》及《人民陪审员制度改革试点工作实施细则》，五家试点法院正在有序推进改革试点工作。改革试点的主要内容如下。

一是针对人民陪审员中普通群众代表性和广泛性不足问题，在选任条件上，实现"一升一降"。"一升"指任职年龄由23周岁提高到28周岁；"一降"指学历由大专以上降低到一般高中以上。作这样的调整，主要是为更好地发挥人民陪审员来源于群众的优势，更好地利用他们的社会经验。

二是针对实践中把人民陪审员作为缓解审判力量不足的"帮手"或者解决专业技术难题的"专家"对待，"驻庭陪审"现象比较突出的问题，在选任方式上，实现"三个随机"，即将过去个人申请和单位推荐的方式变为：人民法院从符合条件的选民或者常住居民名单中，随机抽选本院法官员额数5倍以上的人员作为人民陪审员候选人。人民法院会同同级司法行政机关，从通过资格审查的候选人名单中随机抽选不低于法官员额数3~5倍的人员作为人民陪审员，提请同级人大常委会任命。人民法院审理案件需要人民陪审员参加时，以随机抽选方式确定参与案件审理的人民陪审员。"三个随机"从程序上保证了人民陪审员参审的公正性。

三是针对陪审案件范围不明确、陪而不审问题，扩大参审范围，调整参审职权。对涉及群体利益、社会公共利益、人民群众广泛关注或者其他社会影响较大的刑事、行政、民事案件，以及可能判处十年以上有期徒刑、无期徒刑的第一审刑事案件，原则上实行人民陪审制审理。这一条主要体现扩大群众参与的原则，这与西方国家陪审团制度主要适用于重大刑事案件有明显的不同，体现了社会主义国家人民民主的特点。同时，探索实行人民陪审员不再审理法律适用问题，只参与审理事实认定问题，也符合人民陪审员来源于群众认定案件事实有优势的特点。

四是针对陪审员履职积极性不高、保障机制不完善问题，加强陪审员履职保障，包括个人信息和人身安全的法律保护，参加培训或陪审不得被解雇及减少工资待遇，非特殊情况不得不履行陪审义务，等等。

当下试点法院面临的困难与问题主要如下。

一是选任面临新情况多，工作量大。全市五家试点法院计划随机抽选人民陪审员候选人 3760 名，提请人大常委会任命人民陪审员 2111 名。试点法院、同级司法行政机关要共同对 3760 名候选人进行资格审查，工作量非常大，仅凭法院一家力量远远不够，需要公安、民政、街道等相关单位的大力支持。从有利于陪审员有效履职的角度，还需要保证选任工作的质量，对一些因法定原因或特殊事由不适宜担任人民陪审员的人员，还需要有效予以排除。

二是指导陪审员适应新的审判方式，需要做大量工作。随机抽取方式产生的陪审员大都对审判工作不熟悉。法官引导陪审员在庭审中行使权力、发表意见，需要大量的释明工作；只审理案件事实，不参与法律适用的审理等新机制如何落实没有先例；陪审员如何对案件承担审判责任等等，这些问题都需要在实践中逐步探索。

三是陪审员的管理机制还需要不断探索。这次改革工作量大，对配套的软硬件条件提出更高要求。市高级人民法院正在抓紧建立全市统一使用的人民陪审员信息管理系统，努力为人民陪审员选任、参审、管理工作提供技术保障。

北京法院除了积极推进以上几项重点改革任务外，对司法公开、审判权与执行权相分离改革试点、以审判权为中心的诉讼制度改革、涉诉信访制度改革、司法鉴定和拍卖管理机制改革等其他改革任务，也在有组织、有计划地推进。司法体制改革的方向是正确的，前景是光明的，要更好地推进改革取得实效，还需要各方面的共同努力。第一，要紧紧依靠党委的领导，争取法律理论界、律师、行政执法部门等社会各界的理解、支持和积极建言献策。第二，法院自身要态度坚定地积极推进改革，把中央关于司法体制改革的指导思想、原则、目的理解透，确保改革的价值取向和方向不走样。第三，要深入一线做调查研究，善于打破自身的利益藩篱，有针对性地解决改革中的实际问题，把理想和地气结合起来，兼顾好当前和长远，在解决深层次问题上取得实质性进展。

（参见法治蓝皮书《中国法治发展报告 No. 14（2016）》）

# 第十一章　成都法院司法公开
# 现状与完善

　　**摘　要:** 公平正义是司法工作不懈的目标和追求,司法公开是司法公正的保障,便民为民是司法工作的出发点和落脚点。成都市法院力图通过对比找准定位,借鉴学习有益经验,按照全国一流、西部领先的标准,围绕建设与现代化国际化大都市相匹配的司法公开便民服务平台和体系,提出明确的思路和措施。

　　中共十八大和十八届三中、四中全会对全面深化改革、全面推进依法治国作了相关部署,提出构建"开放、动态、透明、便民"的阳光司法机制,在顶层设计上充分肯定了司法公开与便民为民的价值和意义。成都作为西部中心城市,着眼加快构建现代城市治理体系,建设全国一流法治城市,以推动西部法律服务中心建设为契机,为实现"打造西部经济核心增长极,建设现代化国际化大都市"的目标定位提供有力法治保障。持续推进司法公开便民,是成都建设西部法律服务中心的重要内容。在成都市委的领导和部署下,成都市委政法委员会组织课题组成员分别赴重庆、武汉、西安、昆明、贵阳等中西部主要城市进行司法公开便民的考察调研,力图通过对比找准定位,借鉴学习有益经验,按照全国一流、西部领先的标准,围绕建设与现代化国际化大都市相匹配的司法公开便民服务平台和体系,提出明确的思路和措施。

# 一　成都法院司法公开概况

## （一）成都法院司法公开发展历程

成都法院司法公开于 2008 年底启动，在所辖高新区法院先行先试的基础上创建"审判公开 6+1"体系，是全国最早推进公开工作的法院之一。2009 年，成都市中院向全市法院推广高新区试点公开经验，率先提出"以公开为原则，不公开为例外"的公开理念，建立专门公开网站"成都法院审判公开网"，对社会公众公开立案信息、开庭信息、鉴定评估信息、执行信息、证据信息和裁判文书等六项信息，对当事人公开审判流程信息。2014 年，按照最高人民法院新要求，成都法院对原有公开资源整合升级，按照"集中公开、直观展现、现代技术、有机链接、方便查询、资源共享"设计理念，建成与社会互相沟通、彼此互动的成都法院司法公开平台——成都法院司法公开网，连接网上诉讼服务大厅，公开成效较为突出①。

## （二）司法公开平台建设情况

司法公开平台以促进社会公平正义、增进人民福祉为出发点和落脚点，满足社会公众和当事人的知情权、参与权、表达权和监督权，最终实现两级法院审判流程、裁判文书、执行信息公开透明。

一是高效公开审判流程。成都法院司法公开网结合 12368 法院公开电话、手机短信平台、电子公告屏和触摸屏等现代信息技术，自动摆渡网上办案和诉讼服务信息，向社会公众和当事人高效公开法院 12 大类 32 项案件审判流程信息，主动向当事人推送 17 个案件节点信息。截至 2015 年第三季度，全市法院公开立案信息 133399 条，同比增长 42.15%，开庭信息

---

① 在 2014 年最高人民法院发布的裁判文书上网情况通报中（2014 年第四季度、2015 年第四季度均未发布），成都中院文书上网数连续第三、第四两个季度在全国中级法院排名第二。根据中国社会科学院法学研究所 2015 年 3 月发布的《中国司法透明度指数报告（2014）》，成都中院司法透明度在被测评的全国 49 个较大的市的中级法院中排名第四，在被测评的包括最高人民法院在内的全国 81 家法院中排名第六。

80710 条，同比增长 25.58%，庭审视频 13880 件，与上年同期基本持平。成都中院从 2015 年 5 月 4 日起开始向当事人发布公开审判流程短信，截至第三季度共发布短信 5357 条。

二是全面公开裁判文书。成都法院以"公开为原则，不公开为例外"，智能优化文书上传方式，提升文书上传效率，实现包含赔偿案件、减刑假释案件等八大类裁判文书全面公开。截至 2015 年第三季度，全市法院在成都法院司法公开网公开裁判文书 45467 份，同比增长 54.43%。截至 2015 年第三季度，全市法院在中国裁判文书网公开裁判文书 34416 份，同比增长 17.72%。

三是深度公开执行信息。成都法院及时向社会公众和当事人公开执行立案、执行措施、执行财产处置等九大类信息，短信主动推送申请执行人关心的被执行人财产查控、评估、拍卖、案款支付等 10 项重要信息，开设执行曝光平台促进社会征信体系建设。截至 2015 年第三季度，全市法院在司法公开网公开执行信息 24913 条，同比增长 56.29%；市中院公开执行短信 5515 条，同比增长 19.94%。

四是持续公开特色内容。成都法院司法公开网保留成都法院"6+1"公开体系特色内容，从审判流程信息、裁判文书和执行信息扩大到全方位公开庭审视频、证据材料、鉴定评估拍卖信息、减刑假释案件、法院政务信息等内容，证据材料、鉴定评估拍卖信息、减刑假释等特色公开信息数量均同步提升。成都法院司法公开网区分开设社会公众与当事人查询栏，设置"旁听庭审预约"、高级搜索、帮助、网民留言、院长"四公开"（电话、信箱、电子邮箱、短信）平台，动静结合，充分满足社会公众对司法公开多元化的需求。

## （三）司法公开制度建设与工作机制情况

为保障各项公开举措到位，在司法公开配套制度建设方面，成都中院先后印发《全市法院推进司法公开三大平台实施意见》等 13 份指导实施性文件①，从前期网站实施阶段的工作开展到后期网站建成阶段的考核、

---

① 此处的司法公开指导实施性文件，一是指导性文件，如《全市法院推进司法公开三大平台建设的实施意见》《成都市中级人民法院关于全面推进司法公开的指导意见》《全面推进网上诉讼服务中心建设指导意见》《市中院网上诉讼服务中心管理办法》；（转下页注）

更新维护，均明确了公开标准、责任领导与部门、时间路线图，并将全市各基层法院和中院各职能部门的公开工作纳入目标考核。在司法公开工作机制设定方面，一是法院内部案件流程管理系统和执行管理系统与当事人查询系统实时对接，同时将文书公开设为案件审结的必要节点，以保证审判流程数据和裁判文书公开的及时准确性；二是成都中院将本院服务器作为基层法院司法公开网以及网上诉讼服务中心公开数据的"交换器"，实现全市法院公开数据集中共享，降低基层法院公开成本。为及时更新法官名单及其联系方式、人民陪审员、司法财务等司法服务类信息，市中院为各基层法院和市中院相关部门设置独立的网站后台账号，工作机制更为灵活。

## （四）成都法院司法公开特色

第一，开通微信微博和手机 App 等新媒体公开途径。为方便群众随时随地获取司法服务，截至 2015 年 6 月 2 日，成都法院在新浪官方微博发布信息 793 条，在微信公众号发布信息 30 期。成都中院从 2015 年 6 月起，与新浪公司合作在成都中院官方微博"@成都市中级人民法院"开设《司法公开》栏目进行"微博庭审视频直播"试点工作，共视频直播案件 8 件，取得了良好的效果。一是官方微博的粉丝增加近 3 万人；二是微博的转发共计 4775 次，评论 2126 条，点赞 1135 次，直播话题阅读量达 49.7 万；三是包括四川电视台、新浪网、搜狐、网易、《成都日报》《华西都市报》共 20 余家媒体给予关注报道转发。

第二，司法公开对接社会征信系统，推进社会诚信体系建设。成都中院通过建立惩戒曝光联动机制，发挥司法的惩戒教育功能。在完善被执行人信息系统方面，成都中院将被执行信息纳入成都信用网、人民银行征信系统、成都市房地产开发企业信用信息库，累计提供被执行人信息 22949

---

（接上页注①）二是工作方案，如《加强执行公开平台建设的工作方案》《裁判文书信息公开软件需求方案》《审判流程信息公开平台建设软件需求方案》《成都法院网上诉讼服务中心设计方案》《执行信息公开平台建设需求方案》《减刑假释案件信息上网公开方案》；三是考核文件和其他保障性文件，如《司法公开工作考核办法》《关于规范在中国裁判文书网申请撤回裁判文书的通知》《关于做好成都法院司法公开网信息更新有关事项的通知》。

条。成都中院与民航西南管理局达成限制被执行人乘坐民航客机协议，2014 年全年报送被执行人信息 42 条。2014 年报送工商警示信息 5692 条。在集中曝光失信被执行人信息方面，成都中院向报纸、广播、电视、网络等平台曝光失信被执行人 717 人，向人民银行征信系统、工商、税务、国土、住建部门报送失信被执行人 3698 人。

第三，实现诉讼服务中心"实体店""虚拟店"同时公开。全市法院、派出法庭和社区投入运行的诉讼服务中心（站点）① 共计 117 个，在此设施及服务建设的基础上，配备触摸屏、电子宣传屏、电脑查询端和诉讼便民手册等公开设施。网上诉讼服务中心专设社会公众、当事人、律师和检察官通道，方便不同人群对公开的需求。建成全市法院院长"四公开"平台并开通 12368 法院专线，为当事人提供法律咨询、判后释疑、查询审判流程信息等服务，并把当事人提出的意见建议转至责任部门及单位，督促其迅速办理，跟踪回访群众满意度。2015 年上半年，成都中院接听 12368 法院公开电话 4269 次，同比增长 69.34%；回复信件 625 件、邮件 136 件、短信 200 条，同比分别增长 35.87%、17.24%、132.56%。

## 二　司法公开情况对比分析

2013 年 10 月，最高人民法院确定 11 家法院为"人民法院司法公开三大平台建设试点法院"，包括 7 家高级人民法院和 4 家中级人民法院②。对照列入试点法院的武汉中院、重庆一中院、西安中院以及其他公开水平较高法院的司法公开情况，下文从各个角度作相关对比分析。

### （一）司法公开平台建设情况对比分析

#### 1. 成都三大平台建设的问题和不足

在公开网站平台建设方面，重庆、武汉、成都法院均建成专业司法公开网站，将司法公开功能从政务网站中剥离出来，并按照最高人民法院对

---

① 诉讼服务网络的建设情况：全市两级法院建有 21 个诉讼服务中心，派出法庭建有 58 个诉讼服务点，社区建有 38 个诉讼服务站，2015 年诉讼服务站扩展至 200 个社区。

② 四家试点中级人民法院分别是武汉中院、重庆一中院、西安中院和乌鲁木齐中院。

审判流程、裁判文书、执行信息三大平台建设的公开要求设置公开内容和公开模块。相比而言，成都仍存在一些问题和不足。

一是互联网各公开平台之间的功能交叉问题。线上司法公开途径一般包括网站、微信、微博、手机客户端，但各公开平台会存在定位不准导致的同质化倾向。成都中院还没有开发出司法公开手机应用软件，对比观察武汉中院的"武汉司法公开"软件，其主要功能模块有法院概况、新闻中心、法院公告、案件查询、文书公布、执行查询、诉讼指南，功能较全但"新闻中心"等模块较为冗余。重庆一中院推出"执行信息公开软件"以实现执行案款信息公开，供当事人手机扫描二维码以查询执行日志和执行案款到账及拨付信息。重庆的做法中，手机软件的功能定位和传播定位都很准确，结合手机本身具备的扫描功能发挥了便携实时的优势。

二是裁判文书公开存在平台重复建设的问题。现阶段的文书公开存在最高人民法院、省高院和市级法院等几个公开层面，成都地区一份裁判文书要同时上传至中国裁判文书网和成都法院司法公开网，武汉中院则多了一道省级公开程序，一份文书要公开三遍，带来较高的存储成本和维护成本。对比来看，西安中院的做法是直接将法院网站的"裁判文书"模块连接到中国裁判文书网，并能直接显示西安中院及其基层法院的文书公开页面。司法公开是一项依靠顶层设计并推动的举措，由最高人民法院牵头建设的四级法院公开平台有中国裁判文书网、中国执行信息公开网、中国诉讼资产网等网站，在司法公开本地化建设中可以通过网站链接、数据共享等方式，与"国字号"公开平台进行有效的衔接，有效降低公开成本。

三是常态化庭审直播平台有效落实的情况。司法的核心是审判，审判的核心在庭审，实现实质性司法公开，庭审直播的重要性毋庸置疑。现有电视直播、网站直播、微博直播等直播方式，但电视直播成本太高，借助直播网站和微博等新媒体实现常态化庭审直播成为大趋势。在实现网站常态化庭审直播方面，武汉市两级法院 50 个科技法庭在庭审直播网站上实现常态化直播，每日至少一播。全国范围内，江苏全省法院在 2011 年就开始实现常态化庭审直播，广州市两级法院 88 个科技法庭实现常态化直播，现已直播近 3400 场庭审案件。在实现微博庭审直播方面，西安中院微博于

2013 年 11 月 25 日首次进行案件庭审图文直播，后陆续直播"杨达才受贿、巨额财产来源不明案"等重大敏感案件。微博庭审视频直播是 2015 年才开始推行的直播模式，武汉市江夏区法院于 2015 年 5 月 19 日进行微博庭审视频首播，且武汉中院确定参加 6 月 26 日的国际禁毒日微博联播。比较而言，成都中院及所辖高新区法院仅实现了两次庭审直播，没有专门直播网站，直播经验也较为缺乏，是司法公开中的一大短板。

四是司法公开的保障性基础设施建设情况。科技法庭建设和使用方面，重庆一中院、武汉中院、成都中院的科技法庭同步录音录像率分别是80%、82%、30%左右。另外，重庆一中院于 2014 年底将全部数字法庭升级为 1080P 全高清制式，提高庭审数据采集质量。武汉中院建设并使用科技法庭 28 个，截至 2015 年 5 月，其科技法庭开庭审理案件 3727 件，并借助科技法庭在看守所建设远程提讯系统，以实现远程开庭和听证。司法公开的信息技术运用方面，重庆一中院最早将云计算理念引入法院工作，将海量的公开信息上传到云端，以减缓读取数据迟缓、滞阻等现象，保障海量公开信息的快速储存和集中使用。为解决庭审视频数据网络点播不均衡的问题，利用大规模非活动磁盘阵列存储技术，延长硬盘使用寿命。由此可见，成都中院司法公开的数据收集水平、公开基础设施使用水平有待提高。

**2. 线下平台建设情况**

一是诉讼服务中心公开设施建设情况。诉讼服务中心是当事人、诉讼参与人、社会公众接触法院最多的地方，是司法公开的重要阵地。成都中院的诉讼服务设施及服务建设水平排在全国前列，十八大召开前夕，最高人民法院召开司法为民新闻发布会，专门推出了成都法院诉讼服务新模式。依托诉讼服务中心现有资源，成都中院实体公开平台优势较为显著。重庆一中院采取了类似的围绕诉讼服务中心建设线下司法公开平台的思路，在诉讼服务中心建成远程接访系统、大屏宣传屏、触摸屏、庭审直播室和 LED 滚动屏，分别用于远程接访、执行案件进度和案款流转信息查询、庭审旁听和案件开庭信息公布。重庆一中院又在诉讼服务中心内另辟律师工作室和自助查询室，前者内设律师专用工作信息平台，后者设置查询终端。重庆一中院的司法公开整合度和工作细节值得借鉴学习。

二是面向不同社会群体的延伸性司法公开情况。司法公开服务需要面向信息化欠发达地区的人群，以及从事法律专业的高校师生、律师等特定群体。在联系群众方面，西安中院选择与群众密切相关的民事案件、多发性刑事案件、涉众型经济犯罪案件及刑事自诉案件、涉军维权案件等，到农村、社区、企业、学校、军营就地审理或举行听证，每个合议庭每年度公开开庭审理案件至少 1 件。在高校合作方面，重庆一中院与西南政法大学签订意向协议，为该校师生提供庭审同步音像作为案例教学素材，并通过高校司法公开论文征集等活动，推进司法公开信息的深度应用。成都中院面向人大代表、政协委员、党政干部、企业、街道社区、农村村民、在校学生、医疗机构等群体组织开展"走进法庭听审判"活动，截至 2015 年 11 月底，开展此项随案说法活动 1835 件次。成都中院结合本地情况打造成具备成都特色的公开品牌，有效延伸了司法公开触角。

三是与媒体宣传平台合作进行司法公开的情况。在现代传播社会，社会公众不可能亲临每一个司法事件现场，媒体便起到放大器的作用。常见的公开平台及形式有新闻发布会、白皮书系列、法院活动日等，各地法院的公开实践差异不大。白皮书系列均以行政案件和知识产权案件报告为主，目的是促进行政机关依法行政、介绍本地法院知识产权司法保护状况和成绩。法院开放日活动主要邀请社会各界群众、媒体、网民、干部参观法院，旁听案件庭审并与法官交流，加强对法院的了解。成都中院开展该类活动的实践较为成熟，已成为常态化的工作机制。以新闻发布会为例，仅 2015 年上半年就举办了深化司法公开、"3·15"维护消费者权益及十大案例、"4·26"世界知识产权日等 8 场新闻发布会。

## （二）司法公开机制建设情况对比分析

第一，顶层设计与基层创新相结合的工作机制建设情况。重庆市高院在建设重庆法院公众服务网、设计司法公开制度、创新工作机制方面，所辖法院几乎均贡献出公开智慧，形成群策群力的局面，如合川、璧山等法院完成远程提讯系统等审判流程相关系统建设。一中院新增执行案款查询功能、建立两级法院公开平台上下联动机制和三大平台建设评估体系。沙坪坝法院制定评估拍卖变卖规定。武汉中院将"提出司法公开系统完善建议并制作出方案"列为司法公开考核加分标准，在各项考核指标中其权重居第二位。反观成都地区的司法公开格局，没有赋予基层法院建设司法公开的"自由裁量权"，成都中院承建成都法院司法公开网并制发各项公开工作意见，看不到所辖20家基层法院的主动公开探索，司法公开成为一场打不开局面的"独角戏"。

第二，执行联动机制建设情况。夯实执行工作基础，在各执行机关之间形成流畅的执行"信息流""数据流"是推进执行公开的有效途径。武汉中院采取的做法是，与市社会管理综合治理办公室共建查控网以共享人口基本信息，与15家银行以及市国土、国税、工商等部门共享被执行人财产信息。西安中院通过执行指挥中心的"点对点"查控系统，实现被执行人银行账户、工商登记、纳税、房产和土地等信息的集中查询功能。成都中院与市公安局、市国资委等5家职能部门发布合作备忘录，规定失信被执行人的信用惩戒范围和惩戒方式，并与国土、车管、工商、房管等部门开通运行"点对点"网络查控机制，实现信息共享。各法院间的执行联动机制工作思路基本一致，实现信息共享是第一步，成都中院下一步需要完成对被执行人资产的控制处置，同时完善建设信息共享的基础设施，如扩展基层区县信息查询的覆盖面、提升成员单位间的信息交流程度等。

第三，庭审旁听制度建设情况。对比香港地区法院，在香港法院，人们可旁听任何公开审理的案件，不需要出示证件，也不需要办理旁听证。但在内地庭审旁听实践中，庭审旁听往往受到限制。在公众旁听程序方面，西安中院要求出示合法身份证件，即公众进入法庭须查验身份证，有些法院甚至要求扣押身份证以换取旁听证。其实，严格的安检程序和法庭现场的法警足以保障庭审的安全，查验、扣押身份证对法庭秩序没有任何帮助，反而成为限制旁听的一种托词。在媒体旁听程序方面，成都中院2015年6月3日对一起行政诉讼案进行首次庭审直播，媒体被安排在视频会议室，通过大屏幕和手机终端旁听庭审。2009年阜阳"白宫书记"案审理中，媒体"混"进法庭却被"请出"。媒体进入法庭现场往往受到限制而不是优待，存在以庭审直播代替现场旁听、关注度越高的案件旁听越是受到限制的现象。

　　第四，庭审直播机制建设情况。庭审直播在司法公开各环节中难度系数最高，所考察法院中仅武汉中院实现常态化的网站庭审直播。在庭审直播规程制定的注意事项上，一是直播中证人保护的问题。在证人保护制度薄弱的背景下，证人暴露在直播镜头中会增加遭打击报复的可能性。广州电视台 1989 年直播一起恶性刑事犯罪案件，涉及 60 宗案件的 100 多名证人，只有 3 名出庭作证，不排除直播加重了证人心理负担进而选择退出出庭作证的因素。二是直播中当事人权益保护的问题。庭审直播因具备图文声情并茂特性，与当事人隐私等权益保护会存在冲突。在南京中院直播关于柳岩的肖像权侵权案中，在临近开庭前原告代理律师要求撤诉，部分原因在于当事人担心庭审直播可能带来媒体炒作等问题。三是直播拍摄妨碍正常庭审的问题。直播拍摄中存在多项干扰，如摄像机及其机位移动、镁光灯照射、工作人员的走动等，这些都会对法官、陪审员和辩护人带来影响，甚至限制辩论时间，降低辩论效果①，使庭审流于表演性和表面化。四是网络语境下直播数据访问情况无法预测的问题。在关注度较高的案件庭审直播中，如薄熙来案有 5000 万人观看直播情况，杭州中院滴滴打车商标案有 4.5 万人观看，而且观众来源分布在全国甚至全球各地，这对服务器、带宽等网络设施带来较高要求。

　　第五，与法院管理制度的衔接情况。所考察法院均建立起司法公开的考核评价体系，在司法公开与审判管理、执法监督、法官司法行为规范、法官素质提高等制度间的有效配合方面，其他法院有值得借鉴学习的地方。在司法公开之前的环节把控方面，重庆一中院在内部审判管理系统中设置信息节点阀门，在该系统生成包含查询途径信息的受理案件通知书、应诉通知书之后，才能进行后续案件排期、法庭安排。建立执行日志监督管理制度，执行局长可通过二维码掌握具体案件的执行日志填写情况并加以监督。在司法公开之后的环节把控方面，西安中院对于上网文书存在质量错漏问题而带来严重后果或重大负面影响的，要求监察室追究相关人员的责任。制定不上网文书审批与备案制度，以掌握并监督文书不公开情况。成

---

①　"中国电影第一大案"被告在事后反映："由于电视直播的介入，使最后辩论时间太短，只给我们 21 分钟，我们的辩论受到了限制。"

都中院的做法是将文书公开作为案件归档结案的必要节点，同时将公开与审判管理工作中的案件评查相结合，并由政治部纳入对全院合议庭成员的考核中，相较而言，正向激励、责任倒逼和质效预警设置较为宽松。

第六，借力法院外部资源推动公开的情况。在部分内容公开必要性的界定机制方面，如案件庭审笔录、案件审判少数意见及理由、不上网文书数量及情况分布、最高人民法院及上级法院发布的司法公开意见及其他指导意见等内容是否要公开，笔录中的证人证言如何处理，这些问题都需要由法学专家作审慎论证。成都中院正筹建司法改革专家咨询委员会，为中院各项司法改革提供理论支撑和智力支持，司法公开作为司法改革的一项内容，可以借此破解公开中存在的种种难题。在当事人问责倒逼公开机制的完善方面，成都司法公开一年来的实践中，部分基层法院发生过未将裁判文书标题中的离婚案件双方当事人或未成年人姓名隐去的公开"事故"。另外，审判内容应公开，但调解过程不宜公开，法院存在把握不准的情况，以上都带来司法公开诉讼制度中当事人的诉讼权益损害。这与司法公开被普遍定位于司法权力的运行方式，未被转化为当事人和民众的权利话语有关，西安中院对此采取的做法是建立举报投诉机制和责任追究机制。

第七，司法公开地区差异的平衡机制建设情况。根据地区发展情况的差异，成都各区（市）县划分为一圈层、二圈层和三圈层，这是各地司法公开工作开展必须面对的现实问题。在法官业务水平等"公开软实力"方面，武汉中院反映部分法官文书说理不充分或驾驭庭审能力不强、年龄大的法官电脑操作能力较差、法官对突发事件及舆情处理的能力还较弱等问题，这些问题在一些欠发达地区会更加严重，会对司法公开的广泛铺开带来一定困难。在司法公开软硬件建设方面，按照数据中心、LED 滚动屏、触摸屏、远程提讯和数字法庭录像 1080P 全高清制式等"顶配"建设标准，需要投入大量的建设资金，对于发展水平较高的地区法院来讲压力不大，但对其他欠发达地区法院却是不能承受之重。

### （三）司法公开便民利民情况对比分析

自成都中院司法公开三大平台建设以来，从部署公开要求到公开工作全面铺开，这期间成立了法院司法公开领导小组、制定各项公开配套制度、完善公开数据建设、筹建公开网站、举办全市公开培训会议和工作推进会议、开展文书交叉评查和年终公开考评工作，司法公开投入了大量人力物力和精力。司法公开的出发点和落脚点是实现便民利民，衡量公开质量最重要的标准即群众满意度。但在省法院通报的第三方测评机构测评结果中，成都中院得分在全省中级法院中排名倒数第3，普通群众、律师等提出21个方面的意见建议。市中院在市委目标绩效考评社会评价和区县评价测评中，在20个党委部门中排名倒数第3。从这两个倒数第3以及2015年成都两会上人大代表、政协委员提出的七大类414条意见建议来看，直接面向公众和当事人的司法公开工作存在很大的提升空间。这其中有公开开展时间较短、公众知悉度不高等原因，更重要的原因在于司法公开没有真正回应公众的公开诉求。所考察法院的公开做法有以下特点。

一是贴合用户需求以引导公开工作方面。"用户体验"和"用户需求"是一种互联网用词，它源自互联网中企业的行业生存特点。以手机为例，以苹果为代表的智能手机的崛起直接宣告了诺基亚等老牌手机企业的衰落。这种强调用户需求和用户体验的思维始于互联网，但不会终于互联网，"工业4.0"即是通过用户需求进行个性化的工业订制生产。这种思维也会传递到服务业和政府等公共事业部门，公众不会看司法公开做了多少工作，而是看司法公开是否契合了自己的需求。重庆一中院即是强调"以用户体验为导向"的工作思路，当事人用手机扫描案件受理通知书上的二维码就可以查询执行日志，了解最为关心的执行案款到账及拨付信息。武汉中院方面，阿里巴巴公司和光谷联合产权交易所合作探索网络司法拍卖，已累计向淘宝网平台上传竞拍品148件，标的额9.59亿元。拍卖成功的物品，平均溢价率达5.26%，为当事人节省佣金共计750万元，降低了拍卖成本，提高了债权清偿率。此外，武汉中院还推进"一村（社区）一法官"机制建设，在村（社区）设立法官工作室，确定联系法官，悬挂统一公示牌，公开联系法官的职责范围、联系方式等，方便群众查询联系。

二是外部监督结合实际公开工作开展方面。目前成都中院的司法公开监督工作更多来自法院内部，通常由审判管理部门组织本院人员进行。考核主要采取抽查的方式，重点是各公开项目的公开数量、公开质量。西安中院则是专门聘请资深法官、律师、法学专家学者、人大代表、政协委员、执法监督员作为裁判文书质量和案件质量评查员，对上网裁判文书和案件质量进行日常监督检查和定期集中评查，并通报、反馈评查结果。此种做法值得借鉴，律师、人大代表、政协委员等能代表社会特定群体的建议意见，通过案件评查等重要渠道汇集到法院实际工作中，并指导法院下一步的工作。

三是公开工作开展细致程度方面。公开工作中经常出现止步于"最后一公里"的问题。以本院网站为例，前期进行了大量的公开准备工作，如各项制度设计实施、公开数据平台的建设到位等，但网站查询功能的缓慢问题会让一切前期准备工作前功尽弃。重庆一中院在服务律师的公开工作设计上，与司法局协作将全市所有律师的身份证均录入法院系统，设立律师免检绿色通道和律师访客系统，提高律师通行效率。在诉讼服务中心的律师工作室内，律师可凭身份证登录查询其在本院承办案件的审判进度、庭审笔录和裁判文书，并为律师提供打印机等设施。在诉讼服务中心与司法公开工作有机结合方面，通过导诉台、司法公开海报、重庆一中院司法公开宣传片提高司法公开群众知悉度，并在宣传台上摆放一中院编撰的常用诉讼文书格式册，在 LED 播放屏前摆设观众座席，用心程度贯穿在司法公开的每一个细节。据了解，重庆一中院在司法公开中前后投入资金 400 多万元，而成都中院前期仅筹到 100 多万元公开专项资金，在后期工作开展中确有力有不逮的地方。

## 三　推进司法公开为民便民利民的对策

一是以司法公开为抓手促进司法服务提升。司法公开在实践中要摒弃司法神秘主义，注重保障群众的各项权利。公开要保障诉讼权利，通过保障当事人和诉讼参与人对审判过程、裁判根据和裁判结果的知情权，防止法官恣意妄为并获得法律救济。但诉讼权利中的参与权和制约权经常成为公开盲点，司法公开同样需要赋予当事人合理制约法院和法官审判行为的权力，才能真正体现诉讼公正和司法公信。公开要保障民众的合法权益，主要是知情权、表达权和参与权。通过保障庭审、文书、案件报道等审判信息的知情权，群众可以完善自身理性、保护自身权利。通过构建民意表达机制，与人大代表、政协委员、民主党派、律师、专家学者等定期沟通，创建流畅方便的群众民意表达和投诉平台，以防止司法腐败，推动司法民主进程。

二是公开中注重顶层设计与基层创新相结合。在公开事务中，讨论技术性实现的居多，研究公开工作机制的较少，但合理的工作机制是促进公开良好开局和后劲持续的重要保证。在公开政策制定层面，首先要构建合理的总体工作思路。在具体组织筹划过程中，以总体思路为导向建章立制，各项工作都围绕公开路线图有计划、有步骤地展开，向一个方向迈进，避免走弯路和公开资源重复建设。最高人民法院推动的裁判文书公开即是沿袭"制度设置、平台建设、季度通报"的路线图进行，公开成效明显。要进行顶层统筹建设。数据和平台建设在司法公开中占很大比重，如庭审直播系统的科技法庭和直播网站建设，如果由省高院对此"重头戏"统一标准、整体推进，在汇集全省公开数据的基础上引入云计算、云存储等大数据处理技术，可以降低总体公开成本、减轻基层负担。要尊重基层公开创新。上级法院"包揽包干"的工作倾向会损害基层法院的积极主动性，也会浪费宝贵的基层经验和公开智慧。通过基层试点推广、在考评中纳入基层创新指标等方式鼓励尊重基层的公开创新工作，形成上下协调的公开格局。

三是合理规划走出本地特色公开道路。尽管最高人民法院、省高院可以筹建文书、庭审直播等统一公开平台，但公开数据建设、当事人沟通机制等工作仍需发挥下级法院的主动性。司法公开要结合本地实际情况。法院所在地区不同，其公开客体如案件公开数量、案件类型分布等情况均存在较大差异，公开中要避免"一刀切"式的工作模式，在公开时效、公开数据设置、公开途径等方面积极探索用户需求、尊重本地审判特色。司法公开要发挥工作主动性。公开是一项耗资工程，但地区经济发展落后不能作为司法公开无法推动的托词，重在发挥工作主动性。以康平县法院为例，所属县城是辽宁省级扶贫重点县，该法院在2013年搭建第三方微信平台和电话服务热线，当年受案数、结案数上升近30%，审限内结案率

99.85%，获得当年全国法院网络宣传先进单位称号。

四是借力社会资源打开司法公开局面。司法公开涉及社会公众、当事人、诉讼参与者等多方权益，仅凭一院之力很难下好司法公开这盘棋。司法公开要汲取公众智慧。通过专家咨询委员会、座谈会和法院开放日等机制，就司法公开的理论难题、实践障碍，法院与人大代表、政协委员、人民陪审员、行业协会成员、相关行政机关、专家学者等群体展开对话讨论，收集意见建议，汇集大众理性。借力独立第三方测评。公开平台建设可以借鉴政府网站引入绩效评估的做法，借助科学合理的测评指标审视公开成效。例如，借鉴中国社会科学院"法治蓝皮书"系列指数报告、人民网舆情监测室的新浪政务微博报告等，指导司法公开平台建设。司法公开要与媒体协作。法院与媒体的合作历史由来已久，如最高人民法院与央视合作进行庭审直播等，司法公开可借助媒体扩大影响力。例如，在"失信被执行人曝光"等公开事项上，通过影响力大、受众面广、传播效能高的媒体公开"老赖"名单。

五是优化组合线上平台公开优势。优化组合网站、微博、微信和手机客户端等公开平台间的组合，才能打出漂亮的公开"组合拳"。公开内容应定位准确。专业公开网站不同于政务网站，其内容围绕司法权的行使过程展开，重点在于公开审判流程、裁判文书和执行信息，而不是领导行踪、审判人员风采，大篇幅公示此类信息会降低网站专业性。平台运用应有所侧重。公开网站是信息发布的主要载体，其信息容量大、检索便捷，应作为司法公开的第一平台和建设重点。微博等新媒体渠道虽然曝光热度高，但往往有字数篇幅限制、受众群偏年轻且数量不稳定的缺点等，应作为配套公开平台。平台内容应结合自身特点。微信等新媒体平台具备实时、便捷、用户基础好等优势，适于发布重大突发事件，为法院提供第一时间的发声平台。公开手机客户端有便携优势，法院还可以进行定制性的功能开发，向当事人定向推送审判流程信息或案款到账信息，但不适合公开法院文件等长篇幅内容。

六是落实庭审直播常态化机制。相比其他公开项目，庭审直播有几宗"最"，最能还原庭审现场、最大限度公开成本投入、最大幅度公开难度系数，但庭审直播若不能实现，实质性的司法公开就无从谈起。提升新媒体运用水平。常规案件的直播载荷可以由法院自身承担，但社会关注度极高的大案要案对网络设施中服务器、带宽、网络节点分布的伸缩性要求极高，这超出了一般法院的直播能力。法院可以采取购买社会服务的方式解决该问题，在法院微博上进行庭审直播。制定庭审直播规程。庭审直播规范办法需要对案件直播范围、直播频率、审批程序、问责机制、中断直播情况、归口管理、部门考核等事项作出明确详尽的规定，督促庭审直播工作有条不紊地落实。对于敏感案件、大案要案的直播，要提前制订完整的直播方案。制作庭审视频直播技术手册。在设备应用、证人保护、镜头处理、庭审点评等方面均要做到慎之又慎，如拍摄角度、光线处理、镜头时间等要秉持感情客观中立原则，庭审点评提供背景介绍但不作"球赛式"旁白渲染等。总之，庭审直播事关当事人的权益，是庄严公正的活动，不能要求其在内容上出彩、情节上起伏。

七是提升公开数据建设和应用水平。司法公开为法院审判数据提供了应用窗口，也提出更高的建设要求。完善法院基础数据建设，法院有海量的审判数据，但随着公开的不断推进，会对法院基础数据设施提出更高要求。法院基础信息系统、法官执业信息系统、司法裁判信息系统和司法信息索引系统需要不断进行完善，为公开提供发展后劲。提升网络硬件设施建设水平。从长远看，裁判文书、庭审视频等公开数据会不断积累，存在所需存储空间不断扩大和数据访问不均衡的问题，前者需要引入云存储技术，后者则需要借助大规模非活动磁盘阵列等"绿色存储"技术，以期达到环保、延长硬盘使用寿命的要求。畅通单位间的信息互通共享渠道。法院执行部门与银行、房管、工商等部门间互通共享执行查控信息，能有效兑现当事人各项权利。如果再切实提高该信息的互通实时性，可以有效限制被执行人的高消费、出境等行为，推动社会诚信建设。加强对公开数据的挖掘分析。以裁判文书为例，依照审理部门、案件类型、结案事由等维度进行统计分析，可以解析文书的公开趋势。通过类似的公开数据分析，可以设计出均衡结案等预警机制以指导法院工作。

（参见地方法治蓝皮书《中国地方法治发展报告 No. 2（2016）》）

# 第十二章　法院提升司法公信的
## 淄博实践

**摘　要：** 面对案件数量不断增加、信访难、执行难、法官行为不规范等问题，淄博中院提出了创建公信法院的整体思路，自 2007 年起先后出台一系列文件，在领导持续重视下，通过统一裁判制度，加强审判流程管理，推进司法公开，创新执行机制，强化司法便民建设和人才队伍建设等举措，司法公信得到明显提升。淄博法院在司法公信方面仍存在一些问题和不足，需要从立案、审判、执行、行为规范、司法作风等方面加以改进与完善。

中共十八大报告提出要把"司法公信力不断提高"作为深化改革的重要目标，2014 年《中共中央关于全面推进依法治国若干重大问题的决定》更是将"保证公正司法，提高司法公信力"作为全面推进依法治国的重要组成部分。时至今日，"公信"已成为公权力机关普遍关注的热点。2013 年，最高人民法院发布《关于切实践行司法为民　大力加强公正司法　不断提高司法公信力的若干意见》（法发〔2013〕9 号），把提升司法公信力作为重要任务。

## 一　提出目标

淄博市中级人民法院提出创建公信法院的直接起因是当地法院工作面临的巨大挑战。1980 年，全市法院审结案件为 5037 件；到 2007 年，全市法院审结案件达到 52915 件，增加近十倍。在法院办案压力不断增大的同时，社会各界对法院的质疑也有所抬头，对法官行为不公、不廉的反映时有发生。"信访不信法""信上不信下""信官不信法"等现象不断蔓延，折射出社会各界和人民群众对法院的不信任。2006 年，全市法院涉诉信访总量达到 4706 人（件）次，占同期全市法院结案总数的 8.9%，且越级信访和赴省进京非正常信访问题突出，严重扰乱了正常的审判秩序。2006 年，个别法官和干警出现违纪事件，导致法官形象、法院形象受损，队伍中的怨气及消极情绪也不断滋长。

在此背景下，淄博中院提出要通过创建公信法院，内外兼修，提升法院审判执行水平，改善社会各界对司法工作的认识。

## 二　主要做法

淄博中院"公信法院"创建活动的总体目标是"司法公正、服务高效、管理规范、队伍廉洁、和谐权威、社会认同"，其中，司法公正、服务高效是创建"公信法院"的基本途径，管理规范、队伍廉洁是创建"公信法院"的重要保障，和谐权威、社会认同是创建"公信法院"的最终标准。围绕以上目标，淄博中院先后制定出台《淄博市中级人民法院关于开展"公信法院"创建活动的意见》《淄博市中级人民法院关于进一步深入开展"公信法院"创建活动的通知》《淄博市中级人民法院关于继续深入开展创建"公信法院"活动的通知》《淄博市中级人民法院关于突出以司法作风建设为总抓手继续深化"公信法院"创建活动的通知》等一系列制度文件，将"公信法院"的创建推向全面化和纵深化。具体做法如下。

### （一）统一裁判尺度，确保裁判结果可预期

淄博中院作为全国量刑规范化的试点法院，进行量刑规范化改革，使得量刑活动更为规范透明，量刑结果更令人满意。其做法是规范案件裁判标准、研发量刑辅助软件，推进量刑规范化改革。淄博中院还打造诉讼风险指数平台并推广诉讼风险"五笔账"评估机制。由此，群众不用找法官，只需要根据实际情况回答系统设定的问题，就能算一笔大致的明白放心账。

### （二）加强司法流程管理，提升司法行为规范性

实现全程、立体式审判管理。淄博中院专门出台了《淄博市中级人民法院关于强化审判管理的意见》，细化12项一般流程及7项重点，涵盖从案件受理到结案归档的各个环节，实现了案件程序性事项的无缝隙管理。

创新裁判文书网评机制，倒逼裁判文书质量提升。淄博中院依托数字化审判管理平台，将所有生效裁判文书按照流程管理节点上传至法院局域网，实现对文书的网上公示和全员点评，并由此按月评选出最优和最差裁判文书通报全院。这调动了法官的工作积极性，客观上推动了裁判文书的质量提高。

建立群众、当事人参与机制，提升司法规范性。淄博中院通过逐案发放司法评议监督卡、回访当事人等方式，使得一般民众和当事人有更多渠道参与司法、了解司法和监督司法。

### （三）推进司法公开建设，让公平看得见

围绕司法公开"三大平台"建设，淄博各级法院建成庭审直播公开系统，实现庭审视频和微博同步直播；加大互联网公布裁判文书工作力度，2015年全市法院共公布生效裁判文书60961份。

在庭审公开方面，淄博中院做到公开质证、公开认证、公开调解，并推行"当庭释法答疑"工作法，承办法官当庭主动答复当事人的问题，避免遮遮掩掩给当事人带来种种疑虑。在二审阶段，淄博中院秉承"以公开审理为原则，以不公开审理为例外"，积极推行二审案件开庭审理，逐步提高二审案件公开开庭比例。自2010年以来，淄博两级法院法官深入企业、乡村、社区、学校等开展开庭、听证、合议、调解工作，让普通百姓走近司法、了解司法。

在统计信息公开方面，淄博中院建立起审判执行情况向社会发布制度。近年来，先后发布行政审判、知识产权司法保护等白皮书20余次，有效回应了新闻媒体、人民群众对司法热点难点的关注，增强了社会各界对当地法院工作的理解和信任。

淄博中院还研发出手机 App 案件信息公开查询平台。法院将特定二维码标识附于受理案件通知书左下方，当事人扫描二维码即可下载并安装查询客户端。受理案件通知书上列明了案件信息查询的三种方式。应用该 App 软件，当事人可以查询包括案号、案由、案件来源、审判程序、承办部门及承办人等十项信息。

### （四）多管齐下提升执行力，保障合法权益实现

淄博两级法院注重标本兼治，最大限度实现胜诉当事人合法权益。

在治标层面，淄博中院开展了涉民生案件集中执行等专项执行活动。对拖欠农民工工资和工程款、损害赔偿、劳动争议等涉及民生的案件，开辟"绿色通道"，优先立案执行。全市法院已多次组织开展拖欠农民工工资和涉及特困群体案件专项执行活动。加大对恶意逃避债务履行行为的制裁力度，加大逃避执行的违法成本。2015 年，全市法院与公安、车管、房产、国土、银行等联合采取查控措施，并组织开展强制执行月等专项活动，对 1182 人依法采取司法拘留措施。

在治本层面，淄博中院注重理顺司法执行体制，健全执行成效，特别是争取市委转发了《市法院党组关于切实解决"执行难"问题的报告》等文件，探索建立金融司法查控系统，推进执行指挥中心建设等。

### （五）加强司法便民机制建设，方便群众诉讼

2015 年，淄博中院落实立案登记制要求，组织召开全市法院落实立案登记制改革工作推进会议，就相关工作进行安排部署，严格按照中央《关于人民法院推行立案登记制改革的意见》和最高人民法院《关于人民法院登记立案若干问题的规定》要求，对依法应当受理的案件，做到有案必立、有诉必理，确保了立案登记制改革顺利推进。淄博两级法院还着力打造便民诉讼立案网络。对于当事人直接向人民法庭起诉的案件，经审查认为符合人民法庭受理条件而决定立案的，人民法庭及时予以立案，并将当事人的基本情况、案由、简要案情报送法院立案庭统一编号并纳入审判流程管理。

建立律师服务平台。依托律师服务平台统一为律师群体提供网上提

交、申请、送达、指挥中心直播、查询、辅助、留言七大类 25 项服务，服务涵盖了立案、审判、执行、信访各个环节，律师通过执业证号和密码登录平台就可以向法院申请立案、保全，网上提交或接收诉讼材料、法律文书等，还可以观看庭审直播、查询案件进展情况。该平台的建成和利用，不仅便利了律师和法官的交流，而且为律师监督司法活动提供了新渠道。

完善便民诉讼网络。早在 2008 年，淄博就在不设法庭的乡镇设置"法官便民工作站"，实行窗口化、一站式、综合性服务，承担案件受理、法律服务、矛盾调处、指导民调、预警联动五项职能。在部分村居设立诉讼服务点，选聘司法联络员。发展至今，各镇街均已设有法官便民工作站。由此，淄博两级法院的矛盾化解功能均能抵达"神经末梢"，"1 小时司法服务圈"全面建立。

依托全市社会治理三级网格，建立了以人民法庭为中心、法官便民工作站为触角、便民联络员为纽带的工作体系。

探索"最短审限工作法"。审理期限的缩短，是司法效率提高的重要表现，对于尽快恢复社会秩序，尽快实现公平正义有重要意义。针对年底突击结案、年底不再收案等不良现象，淄博中院大力推行"最短审限工作法"，建立实行按月均衡结案制度，较好平衡了审判效率与审判质量，并大幅缩短了案件的平均审理期限。

探索二审案件就地开庭机制。淄博中院为方便群众打官司，到基层法院公开开庭审理二审上诉案件，避免了当事人上诉的奔波之苦。

### （六）加强法院人才队伍建设，提供智力支持

开展"人才引进"工程。自 2008 年以来，每年招录 10 名左右具备研究生学历且通过国家司法考试的高素质人才。同时，每年引进事业编制的财务、计算机等专业人才 2~3 名，并于 2012 年首次面向社会公开招考 10 名事业编制书记员，有效解决了司法辅助人员数量不足、流动性大等问题。2008 年到 2014 年，淄博中院先后从基层法院遴选优秀法官 19 名，选派 6 名德才兼备的中层干部到基层法院担任院长职务。

强化审判作风建设。出台《淄博市中级人民法院进一步加强审判作

风建设的意见》，要求牢固树立政治意识、自律意识、以当事人为本意识和认真务实意识，集中解决好对待当事人冷硬横推、吃拿卡要等问题。

严查司法违法违纪行为。将严肃查办"关系案、人情案、金钱案"作为查处司法违法违纪的重点。近三年来收到的有效举报案件共227件。对于列入查处的举报案件，均依法依规予以自办或转办；对上级机关和领导督办的案件，结案率达100%。

经过持续深入推进"公信法院"建设，淄博中院的审判执行工作、队伍建设等都取得了新发展，迈上新台阶。该院先后被最高人民法院表彰为全国法院刑事审判工作先进集体、全国法院立案信访窗口建设先进集体、全国法院司法警察执法规范化活动先进单位、全国法院纪检监察工作先进集体，被最高人民法院确定为全省唯一一家行政审判联系点中院；分别被省高院及市委、市政府荣记集体二等功。2007年最高人民法院以简报形式刊载了该院开展"公信法院"创建活动的做法，《人民法院报》多次头版、整版进行宣传报道。2007年底，该院在市委组织的对市直单位和部门考核排名中，由第98名上升到第16名；2008年起，该院党组连续被市委评为目标管理考核优秀领导班子。2010年12月，该院在全省政法工作会议上作了题为"创建'公信法院'、推进三项重点工作"的典型发言，社会各界对该院工作评价的满意度、认可度不断提升。2015年，淄博中院被省法院评为全省法院信息化工作先进集体。

## 三　经验总结

淄博中院创建"公信法院"取得了显著成效。其主要经验如下。

### （一）领导重视常抓不懈

淄博两级法院的公信法院建设之所以取得显著成效，与领导重视是分不开的。自2007年初在全国法院系统率先提出创建"公信法院"的总体思路以来，淄博中院始终以此作为鲜明主线和重要抓手，边探索边总结、边实践边强化，坚持做到年年有主题、有部署、有目标、有举措，从理论上、实践上、制度上加强探索创新，可谓久久为功。

### （二）强化制度机制建设

淄博中院自公信法院创建之始，就高度重视制度化建设和考核机制的建立完善，其《"公信法院"创建制度文件汇编》已汇集相关司法文件、意见、细则近百篇，总字数逾30万字。依靠一系列制度、配套机制的出台，淄博两级法院在公信法院创建方面实现了有规可依。

### （三）通过绩效考评提升工作实效

淄博中院每年出台"公信法院"考核办法，从审判执行、队伍建设、社会评价、管理指导等方面对基层法院创建"公信法院"进行考核。在结果应用上，将考评结果与评先评优、干部使用等有效衔接。淄博中院还注重独立第三方在测评中的作用，进一步提升测评的客观性和科学性。

### （四）注重信息技术应用

淄博中院紧紧围绕"把握问题导向、强化深度融合"工作定位，积极推动"互联网+"背景下的信息化建设和应用的转型升级，打造了具有淄博法院特色的信息化之路。特别是把信息化工作摆在更加突出的位置，与审判执行工作同部署、同落实、同检查，着力打造了诉讼服务平台、司法公开平台、新媒体平台、审判管理平台、远程视频接访平台，抓好了信息化建设和法院工作的结合点、切入点。

## 四　面临的主要问题

从全国范围看，包括淄博两级法院在内的不少法院在司法公信方面进行了持续而卓有成效的努力，但仍面临一些问题和困难，主要表现在以下方面。

## （一）　制度化、常规化实施尚未完全到位

公信法院的建设需要以制度规范的持续实施为依托，否则如"逆水行舟，不进则退"。虽然淄博中院有重视制度建设的优良传统，但制度化、常态化的实施，并未完全到位。比如，其行政审判白皮书等白皮书的发布，起到良好效果，但 2012 年发布行政审判白皮书之后，迄今再未发布过行政审判白皮书。项目组认为，此类白皮书应当尽可能实现按年度定期发布。

## （二）　与社会互动水平仍显不足

法谚云：正义不但应当实现，而且应当以看得见的方式实现。公信法院的建设，必须落脚在公众的认识和评价上。淄博中院的公信法院建设，更多注重"苦练内功"，与社会大众的互动略显不足。一是做得多说得少。淄博中院许多提升便民度、透明度、公正度的做法创新，经验总结不够，对外宣传不够，这不利于社会各界对淄博中院工作的评价。二是存在互动对象的失衡。对于人大代表、政协委员、特邀监督员等具有特殊身份的群体，沟通互动相对较为充分。通过认真做好人大代表议案、批评建议和政协委员提案办理工作，并通过上门走访、电话沟通等多种方式，及时反馈办理结果，确保事事有着落；但对于普通民众、新闻媒体，则还存在互动不足的问题。

## （三）　考核评价指标的科学性需进一步提升

为创建"公信法院"，淄博中院围绕案件质量效率、队伍建设、社会评价、管理指导等四个方面制定了具体的考核标准，并确立 34 项量化指标。但总体上，其量化考核仍处于起步阶段。一是在实施主体上，其量化考核依赖法官本人填报相关信息，既增加了工作量，客观性也打了折扣。二是就指标本身而言，一些指标不够客观。比如，有考核指标要求"认真落实……的"，得满分；落实不到位的，扣若干分。但是否认真落实，这种指标本身就缺乏客观性，打分时的人情等因素难免渗透在内。三是一些考核指标设置不够科学。比如，将调解撤诉率作为审判工作质效考核的

组成部分。这容易挫伤法官当判则判的积极性，存在滥用调解、压制当事人撤诉的可能性。调解撤诉率是否越高越好，在司法理论和审判实践中都存在一定争议，不宜纳入考核。再如，将赴省进京访、重点时期上访人员稳控率等纳入考核指标，既不利于法官依法独立审判，也导致一些当事人、代理人以此刁难要挟法官。

## （四）外部不利因素影响制约较大

社会环境因素的影响和制约，是许多法院在提升司法公信力时共同面对的外部问题。比如，近年来，媒体对司法负面的消极报道较多，这是必须正视的事实。再如，法院系统腐败的出现，对整个司法系统的公信力势必造成损害。又如，一些社会公众、当事人对司法机关存在排斥抵触心理，甚至故意拒不履行法院生效裁判。

## （五）人少案多矛盾更加突出

中国自古以来就有远离诉讼的文化传统，以诉为耻、厌恶诉讼、畏惧诉讼是国人的习惯心理，一度被认为是中国文化的重要特征。但是，改革开放以来特别是 21 世纪以来，随着价值观的多元化和经济社会发展，人民法院受案数呈现明显的增长趋势。2008 年全国法院受理案件总数首次突破千万件，到 2014 年，各级法院受理案件已接近 1.6 千万件。随着立案登记制改革的实施，案件量再次出现爆炸式增长。

与案件量快速增长形成鲜明对比的是，法官数量并无显著增加。1995 年全国法院工作人员数量即超过 28 万人，其中法官人数约 16.8 万人；到 2005 年全国法院工作人员数量约 29.7 万人，其中法官约 18.9 万人；2013 年则分别为 33.8 万和 19.6 万人。显然，法院工作人员、法官数量的增长远远落后于案件数量的增长速度。与此同时，受到工资待遇相对低、级别晋升比较慢、工作强度非常大以及信访压力等不确定因素的影响，一些法官干警工作积极性下降，有的甚至通过各种途径离开法院，不少法院人才流失严重。比如，2014 年全年上海法院系统共有 105 人离职，其中 86 人为法官，法官流失人数较 2013 年同比上升 91.1%。2015 年第一季度，上海法院系统共有 50 人离职，其中法官 18 人①。

许多法院人少案多的矛盾日渐凸显，一些法官办案压力较大，难以兼顾案件审理的质量和效率。随着案件管理系统的普遍引入适用，法定期限内审结案件的压力加大，更使得部分法官开始片面追求案件审理数量、审限内结案率，而放松了对案件审理质量的要求。但与此同时，大量社会矛盾化解难度较大，群众权利意识、程序意识提高，对案件审理质量的要求更是空前。这使得案件审理质量问题日益严峻化。

## 五　展望与建议

加强公信法院建设，提升司法公信力，仍存在一些可以改进的空间，应当以司法改革为契机，进一步完善司法公正、司法为民的制度机制。

### （一）继续加强司法规范化建设

法院的司法规范化建设，要以提升司法质量和改进司法活动的外在形象为目标，应本着问题导向，通过测评、自评、公众反馈等多种渠道，搜集梳理其在立案、审判、执行等方面存在的突出问题，有针对性地加以纠正、克服。

### （二）实现阳光司法的常态化、长效化

司法公开的推进，应当与法院日常的审判执行工作有机结合起来，以确保司法公开工作在切实提升司法水平、规范司法权力、提升司法公信力方面发挥应有的作用。只有步入制度化轨道，司法公开工作才能持续稳步发展。为此，应当进一步完善司法公开的制度机制，确立领导体制和工作机制，明确划分上下级法院、法院各庭室的职责权限分工，科学设计司法公开与信息化建设的规划。

---

① 参见王烨捷、周凯《拿什么"挽救"日益严峻的青年法官流失问题》，原载《中国青年报》，转引自中国法院网，http：//www.chinacourt.org/article/detail/2015/04/id/1598077.shtml，最后访问日期：2015 年 10 月 20 日。

### （三）不断提升司法执行能力

执行难问题虽然经过多年治理，但至今仍是不同程度困扰着各地法院的普遍性难题。对此，应当内外兼修提升法院的执行能力。

在着力整治法院执行机构消极执行、乱执行、执行程序不够高效便民的同时，对于拒不执行判决裁定和暴力抗拒执行等违法犯罪行为应予以严厉打击。被执行人之所以敢于无视乃至蔑视生效法律文书，逃避乃至抗拒执行，除了执行本身的体制机制不健全之外，还因为对不配合和故意不履行的被执行人的惩戒机制手段有限，运用不足，威慑效果较差。必须清醒意识到，当不履行义务的被执行人无法从事商业交易活动，甚至无法开展正常的社会活动，逃债赖债的违法成本大大增加时，理性的经济主体就会趋利避害，配合司法执行，进而有效缓解执行难问题。对此，公检法应当相互配合，并考虑在制度层面将拒执罪改为既可公诉、亦可自诉，充分应用刑罚机制，提升被执行人对生效法律文书的敬畏之心、配合之心和自觉执行意识。

在制度建设层面，继续深入完善执行流程管理、公开听证、异议复议、网上拍卖等相关制度机制，既要提升法院执行的能力，又要保护被执行人、案外人的合法权益。要改进执行工作作风，通过机制创新解决申请执行门难进、脸难看、事难办诸种问题。项目组在浙江、广东、重庆、北京等地的调研测评结果显示，申请执行人对法院的不满，既有司法执行不到位的实体问题，也有申请人联系不上法官、电话打不通或没人接、法院工作人员不耐烦甚至态度粗暴等问题。这在一些案件存在客观执行不能，而民众权利意识、主人翁观念日渐强化的当下，是导致申请执行人对法院怨气累积的诱因。显然，改进执行机制和程序，完善告知机制，创新联系方式，改进工作作风，对于提升司法公信力都有正面作用。

### （四）创新完善涉法涉诉信访制度

信访工作是法院与普通群众联络最密切的工作之一。一些普通群众对司法工作的评价，与对司法信访工作的看法有密切关联。应当采取措施，切实扭转"信访不信法"现象。通过完善申请再审和申诉立案受理制度，分流涉法的信访案件量，并实施涉法信访的终结机制。进一步加强信访工作的信息化和网络化建设，让群众足不出户便可从网上提出信访申请，实现网上受理、网上答复。

### （五）完善相关测评考核抓手

"公信法院"测评要发挥好全面改进司法工作的重要抓手作用，测评结果是否可应用是重要衡量因素。为此，应加强测评指标的精细化程度。测评指标的要求，不应停留在表面上的一般性要求，而应不断走向纵深、细致化，使得被测评的法庭、法官可以依据指标来纠偏司法行为，倒逼各项工作的规范化。

### （六）强化编制经费保障机制

随着司法人员出现流失和案件数量的逐年剧增，人少案多是包括淄博法院在内的国内许多法院面临的普遍性问题。提升司法公信力，给司法机关提出了远高于法律、司法解释规定的新要求，这对于司法活动质量提出了更严格的要求。大量工作在一线的办案人员的实际工作状态需要关注，实际困难应予解决。因此，必须将司法队伍建设作为工作重点内容。一方面，应当结合当下正在进行的司法员额制改革，根据自身案件量和发展态势，为两级法院争取合理的法官员额规模。另一方面，应当继续加强法官素质技能培训，提升其法律专业能力和应用现代信息技术的能力，有效增强其司法裁判、执行的质量和效率。

（参见地方法治蓝皮书《中国地方法治发展报告 No. 2（2016）》）

# 第十三章　司法审判同命同价
# 试点调研报告

## ——以湖州市中级人民法院为样本

**摘　要**：人身损害赔偿同命不同价现象需要改变。湖州市中级人民法院以机动车交通事故责任纠纷案件为切入点，确立了本地居民赔偿权利人统一适用城镇居民标准赔偿的原则，在本地居民之间实现了同命同价，原农村居民赔偿权利人受惠明显，同时减轻了他们的相关举证负担及法官相应工作负担。同命同价创新工作的启示在于：地方法院需要最高人民法院授权试点推进同命同价创新工作；地方法院试点工作应逐步推进，暂时可扩展至医疗纠纷案件；人民法院同命同价创新工作需要党政支持，需要在确定残疾赔偿金、死亡赔偿金为精神损害赔偿性质的基础上，结合国情适时确立全国统一固定的残疾赔偿金与死亡赔偿金赔偿数额。

人人生而平等，生命健康不应有贵贱之分。为体现人之为人的尊严，回应人民群众对平等待遇的期盼，湖州市中级人民法院于 2016 年初开始探索在全市法院推进同命同价创新工作，这既是地方法院践行司法为民宗旨的可贵探索，又是司法确保社会群体公平的重要举措。

## 一　同命同价创新工作背景

在司法实践中，人身损害赔偿项目中的残疾赔偿金、死亡赔偿金以及被抚养人生活费存在同命不同价现象，亟须改变。随着社会发展，居民收入与其户籍性质相关度越来越低，加之湖州地区推进的户籍改革，为湖州市中级人民法院推进同命同价创新工作提供了契机。

## （一）人身损害赔偿存在同命不同价现象

2004 年 5 月 1 日起施行的《最高人民法院关于审理人身损害赔偿案件适用法律若干问题的解释》（以下简称《人身损害司法解释》）将残疾赔偿金、死亡赔偿金确定为是对赔偿权利人收入损失的赔偿，其性质是财产损害赔偿，而不是精神损害赔偿[①]，因此，残疾赔偿金、死亡赔偿金与赔偿权利人的未来收入相关。在确定未来收入标准时，该解释以定型化赔偿的计算方法，采用平均收入水平计算未来收入损失[②]。以此为据，该解释就残疾赔偿金、死亡赔偿金以及被扶养人生活费确立了城乡二元赔偿标准，而判断适用何种标准则主要以户籍为依据。同时，最高人民法院以及地方人民法院又针对户籍登记为农村居民设置了若干可适用城镇居民标准的例外规则[③]。因此，在农村居民受害人不符合"户籍例外规则"时，司法实践中残疾赔偿金与死亡赔偿金根据受害人户籍不同将分别适用城镇常住居民人均可支配收入和农村常住居民人均纯收入标准（以下简称"城镇居民标准"和"农村居民标准"），这导致损害程度相当的城镇居民可获得的残疾赔偿金、死亡赔偿金均高于农村居民。以浙江省 2015 年度城镇居民标准 43714 元、农村居民标准 21125 元为例，城镇居民和农村居民获得的死亡赔偿金相差 451780 元，因伤残获得的残疾赔偿金最多（一级伤残）相差 451780 元，最少（十级伤残）也相差 45178 元。不仅如此，被扶养人生活费因被侵权人的户籍或被扶养人生活环境不同而按照城镇或农村居民人均年生活消费性支出标准计算，不公平待遇影响了老中青三代人。以上不公

---

① 参见最高人民法院民事审判第一庭编著《最高人民法院人身损害赔偿司法解释的理解与适用》第 2 版，人民法院出版社，2015，第 292 页、第 339 页。

② 参见最高人民法院民事审判第一庭编著《最高人民法院人身损害赔偿司法解释的理解与适用》第 2 版，人民法院出版社，2015，第 300 页、第 341 页。

③ 这种例外，在司法实践中主要体现为经常居住地+收入来源标准。参见《最高人民法院民一庭〈关于经常居住地在城镇的农村居民因交通事故伤亡如何计算赔偿费用的复函〉》（〔2005〕民他字第 25 号）。

平现象被社会公众形象地称为"同命不同价"，特别是在同一侵权案件中受害人既有城镇居民又有农村居民时，此种反差更为强烈，饱受争议。作为一种立法回应，2010 年 7 月 1 日起施行的《侵权责任法》第 17 条规定："同一侵权行为造成多人死亡的，可以相同数额确定死亡赔偿金。"但这也仅解决了同一事故中不同性质户籍人员死亡时的赔偿标准问题，对于非发生在同一事故中的受害人或者虽发生在同一事故中但受害人伤残的情形并不适用，对此，本条被群众戏称为"要死也和城里人死在一起"。

### （二）居民收入与户籍性质相关度越来越低

《人身损害司法解释》将残疾赔偿金、死亡赔偿金确定为是对赔偿权利人收入损失的赔偿。在人口流动性较差、就业形式单一的社会环境下，户籍在很大程度上可以作为划分收入来源的标准，根据户籍性质确定城镇居民标准与农村居民标准有一定的合理性。但是，随着社会发展，人口流动性大大增强，不仅大量农村居民进入城镇务工，而且出现了部分城镇居民向农村地区逆向流动的趋势，就业形式也越来越多样化，很多农村居民也不再以农为业，因此，居民收入与户籍性质相关度越来越低，不宜继续作为判断赔偿权利人收入来源的标准。

### （三）湖州地区启动了户籍改革工作

湖州地区消除城乡二元差异的户籍制度改革为湖州市中级人民法院推进同命同价创新工作提供了契机。2015 年 12 月 13 日，湖州市人民政府发布《湖州市户口迁移暂行规定》，明确自 2016 年 1 月 1 日起，湖州市常住人口取消农业户口、非农业户口性质划分，统一登记为居民户口。自此，湖州行政区划内已不存在城镇居民户口与农村居民户口，只存在居民户口。最高人民法院《人身损害司法解释》确立的以城镇户籍和农村户籍为基础的城乡二元赔偿标准已不适应湖州地区的社会发展，所留下的法律适用漏洞亟须填补。

## 二　同命同价创新工作路径与成效

湖州市中级人民法院在充分调研论证的基础上，形成了推进相关工作的报告，得到本地党委的支持。湖州市委的主要领导批示称，"同命同价是趋势，必须顺应。具体实施中要认真研究，科学把握"。湖州市委还将湖州市中级人民法院的该项工作列为2016年度重点法治项目加以支持。在湖州市党委的支持下，湖州市中级人民法院以机动车交通事故责任纠纷案件为切入点，确立了本地居民赔偿权利人无论户籍改革前户籍性质如何均统一适用城镇居民相关标准赔偿的原则，在本地居民之间实现了同命同价，原农村居民赔偿权利人受惠明显，同时，也减轻了他们的举证负担及法官的工作负担。

### （一）同命同价创新工作的路径

**1. 以机动车交通事故责任纠纷案件为切入点**

为稳妥推进同命同价创新工作，湖州市中级人民法院选择以机动车交通事故责任纠纷案件作为切入点，主要基于以下理由：第一，此类案件占所有人身损害赔偿案件的比重高达80%以上，解决这类案件的同命不同价问题受惠人群广泛；第二，这类案件受害人通常都投保机动车保险，农村居民与城镇居民以同样的标准投保，按照权利义务对等原则，在进行赔偿时，他们也应获得同等待遇；第三，这类案件因保险公司的保险而提高了相关当事人的赔偿能力，而且，保险公司赔偿数额增加后，可以选择通过调整保费收费方式来减少自身的损失。

**2. 以城镇居民标准作为赔偿依据**

法官不能将自己的价值观强加于社会，司法裁判通常是对一定时期社会共识的法律确认。生命健康无价，随着社会经济生活的变化，人们对自己的生命健康愈加关注，符合此种趋势的赔偿标准理应就高不就低，同命同价后的相关赔偿项目标准应以城镇居民标准为据，不宜采纳保险公司提出的全体居民人均可支配收入标准①，更不能采用农村居民标准。

### （二）同命同价创新工作成效

**1. 本地居民实现同命同价，原农村居民受惠明显**

由于伤残鉴定需要医疗终结后才能进行，在评估2016年改革成效时

---

① 该标准介于城镇居民标准与农村居民标准之间，采用该标准意味着城镇居民的赔偿标准要低于原来的水平。

大部分致伤纠纷受害人尚未完成伤残鉴定，暂时未进入诉讼程序，目前基本只有致人死亡的相关案件进入了诉讼程序。截至 2016 年 9 月 4 日，机动车交通事故发生在 2016 年 1 月 1 日之后（含当日）且涉及残疾赔偿金、死亡赔偿金、被扶养人生活费的案件共 29 件，其中以判决结案的 20 件，以调解结案的 9 件。尽管案件数量少，但改革红利已经有所释放，在受害人为本地农村居民并以判决结案的 13 件案件中，赔偿权利人均以城镇居民相关标准获得了赔偿，实现了同命同价，农村居民受害人获得的赔偿额增加了 6145002.07 元① （见表 1）。

**表 1　本地农村户籍受害人改革前后获赔情况对照**

单位：元

| 案号 | 赔偿项目 | | 改革前应赔偿金额 | 改革后应赔偿金额 | 差额 |
|---|---|---|---|---|---|
| （2016）浙 0502 民初 2532 号① | 死亡赔偿金 | | 422500 | 874280 | 451780 |
| | 被扶养人生活费 | | 80540 | 143305 | 62765 |
| （2016）浙 0522 民初 1392 号② | 死亡赔偿金 | | 422500 | 874280 | 451780 |
| | 被扶养人生活费 | | 20135 | 35826.25 | 15691.25 |
| （2016）浙 0522 民初 2328 号 | 死亡赔偿金 | | 274625 | 568282 | 293657 |
| （2016）浙 0503 民初 1616 号 | 死亡赔偿金 | | 422500 | 874280 | 451780 |
| （2016）浙 0523 民初 2180 号 | 死亡赔偿金 | | 274625 | 568282 | 293657 |
| （2016）浙 0523 民初 1426 号③ | 死亡赔偿金 | | 422500 | 874280 | 451780 |
| | 被扶养人生活费 | 被扶养人 1（11 岁） | 37585.33 | 66875.67 | 29290.34 |
| | | 被扶养人 2（58 岁） | 142287.33 | 253172.17 | 110884.84 |
| | | 被扶养人 3（61 岁） | 134233.33 | 238841.67 | 104608.34 |

① 可以预见，待大部分致伤案件进入诉讼程序后，同命同价受惠效果会更加显著。例如，2013 年 9 月 1 日，湖州市中级人民法院曾结合德清县的户籍改革试点工作在德清法院试点机动车交通事故责任纠纷案件赔偿同命同价工作，至 2016 年 9 月末，共涉及 345 件案件 441 人，相关人员获得的赔偿额增加了 3700 万元。

续表

| 案号 | 赔偿项目 | | 改革前应赔偿金额 | 改革后应赔偿金额 | 差额 |
|---|---|---|---|---|---|
| （2016）浙 0523 民初 2856 号 | 死亡赔偿金 | | 422500 | 874280 | 451780 |
| （2016）浙 0523 民初 3628 号④ | 死亡赔偿金 | | 422500 | 874280 | 451780 |
| | 被扶养人 生活费 | 被扶养人 1 （63 岁） | 136918 | 243618.5 | 106700.5 |
| | | 被扶养人 2 （57 岁） | 161080 | 286610 | 125530 |
| （2016）浙 0523 民初 3642 号 | 死亡赔偿金 | | 422500 | 874280 | 451780 |
| （2016）浙 0521 民初 1148 号 | 死亡赔偿金 | | 422500 | 874280 | 451780 |
| （2016）浙 0521 民初 1081 号 | 死亡赔偿金 | | 422500 | 874280 | 451780 |
| （2016）浙 0521 民初 2108 号 | 死亡赔偿金 | | 422500 | 874280 | 451780 |
| （2016）浙 0521 民初 2107 号⑤ | 死亡赔偿金 | | 422500 | 874280 | 451780 |
| | 被扶养人 生活费 | 被扶养人 1 （76 岁） | 16108 | 28661 | 12553 |
| | | 被扶养人 2 （72 岁） | 25772.8 | 45857.6 | 20084.8 |
| 差额总计 | 6145002.07 | | | | |

①本案中的被扶养人仅有 1 位扶养人。

②本案中的被扶养人有 4 位扶养人。

③本案中的 3 位被扶养人各有 2 位扶养人，由于原告实际诉请的计算标准低于法定标准，法院对原告诉请的标准予以采纳，故判决书中的金额与应赔偿金额并不一致。

④本案中的两位被扶养人各有 2 位扶养人。

⑤本案中的两位被扶养人各有 5 位扶养人。

**2. 减轻了原农村居民赔偿权利人的举证负担及法官的工作负担**

在推进同命同价创新工作之前，户籍为农业户口的赔偿权利人原则上相关项目的赔偿只能适用农村居民标准，除非提供与经常居住地以及收入来源地等相关证明后方可享受城镇居民待遇，为此，当事人需要奔波劳顿以搜集、办理相关证据材料，审判法官也必须结合证据规则，在分析对方当事人抗辩的基础上，审查认证相关证据材料，而司法实践中提供的材料来源、形式五花八门，经常会给法官造成困惑。在推行同命同价创新工作后，原农村居民赔偿权利人无须相关举证即可享受城镇居民待遇，审判法官自然也省却了审查认证相关证据材料的精力。

## 三 同命同价创新工作仍需关注的问题

湖州市中级人民法院同命同价创新工作初显成效，但在工作过程中也发现一些问题，仍需给予足够关注。

### （一）对未落实户籍改革政策的外地农村居民赔偿权利人难以实现同命同价

《人身损害司法解释》确立的城乡二元赔偿标准仍然有效，除非赔偿权利人户籍已经不存在城镇居民或者农村居民区分，否则，地方人民法院必须适用该司法解释的规定。因此，外地农村居民在湖州辖区发生交通事故的，除非当地已落实户籍改革政策①或者符合户籍例外标准，否则还不能享受城镇居民待遇。囿于现有社会发展条件以及法律规定，虽然湖州法院已最大限度地放宽户籍例外标准，从宽把握户籍例外证据标准，将经常居住地+收入来源地标准放宽至经常居住地或收入来源地标准，并且对于相应证明材料仅作形式审查，但不管如何放宽，有门槛总比无门槛要求高。正因如此，在已判决结案的 5 件受害人为外地农村居民的案件中，仍有 2 件②案件当事人因不能提供在城镇生活一年以上的证据，当地也未落实户籍改革政策，而只能依照农村居民标准判决，占比为 40%，占已判决结案的 20 件涉及残疾赔偿金、死亡赔偿金、被扶养人生活费案件的 10%。

### （二）其他人身损害赔偿案件尚存差别待遇，增加法官判案难度

为降低司法政策风险，湖州市中级人民法院已有的实践仅限于机动车

---

① 参见（2016）浙 05 民终 3 号判决以及（2016）浙 05 民终 157 号判决。该两件案件受害人原来均为贵州省农村居民，但该省已于 2015 年 6 月 1 日起实施户籍改革，在"户别"栏不再登记农业或非农业户口，而统一登记为家庭户或集体户，因此，他们的赔偿均按浙江省城镇居民相关标准计算。

② 参见（2016）浙 0523 民初 1956 号民事判决书与（2016）浙 0502 民初 1795 号民事判决书。

交通事故责任纠纷案件，未涵盖其他人身损害赔偿案件。在司法实践中，其他人身损害赔偿案件的赔偿权利人或其代理人也强烈要求统一适用城镇居民标准赔偿，法官处于两难境地：若不支持该项诉求，则不仅不公平，在法理上难以自圆其说，而且因相关当事人户籍已登记为居民户口，查证那些居住在城郊接合部的当事人原来的户口性质殊为困难；若支持该项诉求，则经济基础薄弱的侵权人难以承受巨额赔偿负担，即使法院判决后也难以切实履行，裁判的社会接受度不高。在当前的社会形态下，由此引发的包括当事人之间矛盾升级、缠闹、涉诉信访，乃至司法追责风险都会由裁判法官承担，难以承受。

### （三）　与保险公司在赔偿标准上的分歧导致判决结案率提高，增加了法官工作量

湖州地区的保险公司与湖州市中级人民法院在实现同命同价方面存在共识，二者之间的分歧在于适用何种赔偿标准实现同命同价，保险公司建议采用"浙江全体居民人均可支配收入"标准处理人身损害赔偿，而不是湖州市中级人民法院目前采用的城镇居民标准。在推进同命同价创新工作后，对于原来的农村居民赔偿权利人，保险公司至今还没有授予相关工作人员接受城镇居民标准赔偿调解方案的权限，导致大部分案件都必须以判决方式结案。判决结案率大幅提升，在 29 件案件中，以判决结案的为 20 件，判决结案率达到了 69%。而司法实践中机动车交通事故责任纠纷案件判决率通常都不会超过 20%。判决结案率较高意味着开庭次数、时间，参加庭审法官数量、频次，法官撰写判决的时间、精力等均会增加，加剧了基层法院人少案多的矛盾，特别是在 2017 年大量相关纠纷完成伤残鉴定后涌入法院，这一问题会更加突出。

### （四）　上级法院态度尚不明朗，改革充满变数

至今最高人民法院尚未通过司法解释或司法文件统一人身损害赔偿标准。根据中国的审级权能设置，高级人民法院享有对下级法院生效裁判再审的权力，一旦涉案保险公司申请再审，则省高级人民法院的态度将决定湖州法院此项改革的进程——若省高级人民法院支持，则该项改革会继续

深化推进；若反对，则该项改革可能难以为继。调研过程中，不少法官也对此感到担忧。

### （五）农用机动车保险不足，适用同命同价往往导致驾驶人倾家荡产

湖州市中级人民法院的实践包括农用机动车发生的交通事故责任纠纷案件，如拖拉机、机动三轮车、收割机等，这些车辆活动区域一般在农村地区，驾驶人和受害人往往也都是农民，存在保险不足的情形，影响赔偿能力；个别保险公司对农用机动车不予承保，即使愿意对此类车辆进行承保的保险公司也将它们的第三者责任险的最高限额确定为30万元，这与造成人员死亡需要赔付的874280元死亡赔偿金相比实在是杯水车薪，更何况造成人员死亡需要赔偿的项目不限于此。相关案件的承办法官坦言，农用机动车驾驶人一旦造成人员死亡交通事故，往往会倾家荡产。

## 四　同命同价创新工作启示

湖州市中级人民法院同命同价创新工作是地方法院适应社会发展趋势的大胆尝试，在此过程中发现的一些问题对其他法院在当地推进该项工作，乃至最高人民法院在全国范围内推进这项工作都具有一定的启示意义。

### （一）地方法院需要最高人民法院授权试点推进同命同价工作

目前，中国大陆31个省、自治区、直辖市全部出台了户籍制度改革意见，普遍取消农业与非农业户口性质区分[①]，以往按照户籍性质划分的城乡二元赔偿标准已缺乏继续存在的合理性，确立城乡居民一体化赔偿标准乃大势所趋，但该项改革涉及面广，影响深远，应以试点方式稳妥推

---

① 参见严冰、雷龚鸣《中国告别城乡二元户籍制度》，《人民日报》（海外版）2016年9月23日，第1版。

进。对于地方人民法院而言，一旦获得最高人民法院的授权，则不仅相关工作前景预期明确，工作阻力更小、动力更足，而且也可以突破《人身损害司法解释》的相关束缚，解决外地户籍改革尚未到位的农村居民赔偿权利人的同命同价问题。

### （二）地方法院试点工作应逐步推进，可先扩展至医疗纠纷案件

司法不应当一意孤行，是否统一适用相关民事赔偿标准，需要同时考虑赔偿权利人的利益、赔偿义务人的赔偿能力以及社会可接受度，如果不分情况地统一适用赔偿标准，可能会出现无力赔偿、执行不了的情况，甚至可能会进一步激化矛盾。特别是一些发生在农村熟人之间的侵权纠纷，不仅涉及法律如何适用，同时还要兼顾民间习俗。规定与习俗之间有一个渐进调适的过程，如果规定太过超前，不但不能起到预期的效果，而且可能出现负面影响。因此，试点法院应当逐步推进同命同价工作，现阶段还不宜将所有人身损害赔偿案件全部涵盖。

通过湖州市中级人民法院的探索，结合走访调研发现，在医疗纠纷案件中，受害农村居民当事人对城乡二元赔偿标准带来的不公平感非常强烈："都在一个病房，死在那张床上的城里人就能赔那么多，死在这张床上的农村人就只能赔这么点，凭啥？"在后续赔偿纠纷协调工作中，受害农村居民往往争取的就是城镇居民赔偿标准，医院方面坚持的最后底线通常也是按照城镇居民标准赔偿，而且相关赔偿费用也在其支出能力范围之内。长期从事医疗纠纷信访工作的人员也表示，将同命同价工作扩展至该类案件，很多相关矛盾会由此得以解决。因此，试点法院同命同价创新工作暂时可扩展至医疗纠纷案件，对于其他人身损害赔偿纠纷案件还需给予缓冲空间。

### （三）人民法院同命同价创新工作需要党政支持

人民法院开展同命同价创新工作涉及面广、影响大，是一项系统工程，需要协调解决的问题比较多，如湖州市中级人民法院实践中发现的农用机动车投保困难问题。因人民法院行使的是裁判权，具有被动性，解决这些问题存在一定局限性，即使发送司法建议也未必能取得较好的效果，

而各级党委、政府具有强大的统筹协调能力，是人民法院推进同命同价工作的有力依托，因此，人民法院在推进同命同价创新工作时需要党政支持。

### （四）确定残疾赔偿金、死亡赔偿金为精神损害赔偿性质

随着全国范围内户籍改革政策的落地，中国未来将不存在农村居民与城镇居民户籍划分，会统一登记为居民户口。因此，《人身损害司法解释》根据赔偿权利人户籍性质划分的城乡二元赔偿标准将失去赖以存在的制度基础，相伴而来的，对于户籍改革后的居民户口将适用何种标准进行赔偿需要予以明确。对此，若按照社会发展趋势以及社会公众的可接受度，则应采取城镇居民标准，但随着社会发展以及户籍改革的推进，未来是否还存在城镇居民相关统计标准也存在变数；若与户籍登记对应，则居民户口应采取全体居民标准进行赔偿，但这又不符合当前更加重视生命健康权的社会实际，同时将会降低户籍改革前城镇居民的赔偿标准，社会接受度不高；若选择农村居民标准赔偿，则以上两种选择的弊端都可能出现。

以上三种选择均是以《人身损害司法解释》将残疾赔偿金、死亡赔偿金确定为财产损害赔偿性质为前提的，这种定性导致在确定相关赔偿时必须考虑赔偿权利人的未来预期收入情况，若不改变这种定性就无法避免以上选择困境，即使选择了其中一种，也难以体现公平：其一，不同个体之间收入存在差异，难以同命同价[1]；其二，不同省份之间总体收入差距客观存在，侵权事故造成死亡或者同样等级的伤残在不同省份法院诉讼将会获得不同的赔偿额，难以同命同价；其三，以赔偿权利人现在所处阶层的平均收入推定其未来收入情况并不科学，未来收入之有无多少均是可变的。

由此可见，宜确立残疾赔偿金、死亡赔偿金为精神损害赔偿性质，放弃财产损害赔偿性质的立场，这不仅可以避免赔偿标准选择困境，有助于

---

[1] 针对此，《人身损害司法解释》采取了定型化变通计算方式，已经不是纯粹意义上的个人未来收入标准，将会导致高于平均收入标准的人群承受不公平待遇。

消除同命不同价现象，而且也能与相关立法、司法解释的规定相一致。例如，《消费者权益保护法》《产品质量法》以及《最高人民法院关于确定民事侵权精神损害赔偿责任若干问题的解释》均将残疾赔偿金、死亡赔偿金确定为精神损害赔偿性质。

**（五）结合国情适时确立全国统一固定的残疾赔偿金与死亡赔偿金赔偿数额**

将残疾赔偿金、死亡赔偿金性质确定为精神损害赔偿后，对其赔偿情况就与收入状况无关，而与人的尊严相关，体现的是一个国家经济社会发展的综合水平。建议最高人民法院在经地方法院试点后，结合中国国情，综合考虑赔偿权利人的权利维护、赔偿义务人的支付能力以及整体社会保障水平情况，按照侵权事故造成的伤残等级及人员死亡情况各自确立统一固定的赔偿数额，以彻底实现同命同价。

（参见法治蓝皮书《中国法治发展报告 No. 15（2017）》）

专题三

# 检察体制改革

## 第十四章 2007 年中国检察体制改革与展望

**摘　要**：检察改革涉及体制改革和机制改革两个层次。现有的检察改革，主要是由检察机关自行推进的检察工作机制方面的改革。2007 年的检察改革，秉承近年来检察改革一贯的脉络，从强化对内监督、对外监督两个方向推进，对外强化法律监督职能，对内规范自身执法行为。宽严相济的刑事司法政策对 2007 年的检察改革产生了重要的引导作用，在死刑案件、未成年人刑事案件办理、信访工作程序，以及轻微刑事案件快速办理机制等方面的改革，都体现了服务和谐社会建设的主旨；加强上级人民检察院对下级人民检察院领导和检务督察制度的提出，强化了内部监督机制；基层检察院经费保障标准的建立促进了检务保障制度的改革。

2007 年中国检察改革依然循着强化对内、对外监督两个方向，根据中共中央关于司法体制改革的总体要求和最高人民检察院关于检察改革的三年规划展开。2006 年中共中央十六届六中全会作出了关于加强社会主义和谐社会建设的决定，提高"服务和谐社会建设"的能力成为 2007 年检察改革一个新的目标导向，贯穿在 2007 年出台的各项检察改革措施中。

落实宽严相济刑事司法政策，推动死刑案件、未成年人刑事案件办理、信访工作程序以及轻微刑事案件快速办理机制等方面的改革，都体现了服务和谐社会建设的主旨，表明了检察机关在社会职能上新的定位；在强化内部监督方面，全国检察机关在 2006 年着重改革、完善对职务犯罪侦查的监督制约制度和人民监督员制度进一步规范的基础上，2007 年将改革的重点转向内部上下级领导监督机制的改革和完善。具体来说，2007 年的检察改革主要包括以下几个方面。

## 一　落实宽严相济的刑事政策

宽严相济是一项重要的刑事司法政策。所谓宽严相济，就是要求根据案件具体情况，做到该严则严、当宽则宽、宽严适度。从字面上看，有严和宽两个方面。但是由于检察机关是在建设和谐社会的大背景下提出宽严相济的刑事司法政策的，其实际重视和强调的主要是宽缓的一面，以体现执法活动的人性化，更好地化解社会矛盾，促进社会和谐。最高人民检察院 2006 年 12 月 28 日制定了《关于在检察工作中贯彻宽严相济刑事司法政策的若干意见》，充分体现了这一主旨。文件提出了建立健全贯彻宽严相济刑事司法政策八个方面的工作机制和办案方式及相应的工作要求和措施，明确了在履行法律监督职能中全面贯彻宽严相济刑事司法政策的具体意见：需要"严"的是严重危害社会治安的犯罪和严重破坏市场经济秩序犯罪以及贪污贿赂、渎职侵权等国家工作人员职务犯罪。而严格把握"有逮捕必要"的逮捕条件；正确把握起诉和不起诉条件；突出立案监督的重点；在抗诉工作中，在未成年人犯罪案件、因人民内部矛盾引发的轻微刑事案件、初次实施的轻微犯罪以及群体性事件中的犯罪案件几类特殊类型的案件中正确贯彻宽严相济的刑事司法政策等规定，则集中体现了"宽"的要求。

实施宽严相济的刑事司法政策，对刑事司法领域具有普遍的指导意义，其影响也将是深远的。由于这一政策提出时间不长，它对刑事司法领域的影响还刚刚开始显现。可以预见，在今后一个时期内，有利于贯彻宽严相济刑事司法政策的一系列体制和机制改革措施会陆续出台。2007 年提出的快速办理轻微刑事案件等工作机制和未成年人刑事案件办理机制的改革，就反映了这一政策要求。

### （一）轻微刑事案件快速办理机制

由于中国正处于社会转型时期，刑事案件数量呈增多趋势，其中，轻罪案件占有较大的比例。与此同时，司法资源包括人力物力有限，案多人少的矛盾十分突出。个别案件审前羁押期限超过了实际判处的刑期，这对于犯罪嫌疑人、被告人是很不公正的。通过创新工作机制，对刑事案件实行繁简分流，把有限的司法资源集中于办理重大、疑难、复杂的案件，不仅是提高诉讼效率、办案质量的要求，也是保证司法公正、保障人权的必然选择。

最高人民检察院在总结苏州市等地方检察机关成功做法和经验的基础上，于2007年1月30日下发了《关于依法快速办理轻微刑事案件的意见》，主要内容如下。①快速办理机制和简易程序虽然都是要简化办案程序，但是有区别的。简易程序主要是在审判环节，而快速办理机制的适用范围更广，涉及侦查、批捕、起诉、审判各个环节，包括适用简易程序。②刑事诉讼涉及侦查、批捕、起诉、审判各个诉讼环节，要简化工作流程，依法快速办理轻微刑事案件。在刑事诉讼中，检察机关处于中间环节，不仅自身要提高诉讼效率，以检察机关职能为基点，而且要加强同有关部门的协调配合，适当向前向后延伸，即根据案件的具体情况，可以向侦查机关、审判机关提出快速办理的建议。③快速办理工作机制，主要适用于案情简单、事实清楚、证据确实充分，犯罪嫌疑人、被告人认罪的轻微刑事案件。对于危害国家安全的刑事案件、涉外刑事案件、故意实施的职务犯罪案件以及其他重大、疑难、复杂的刑事案件，不适用快速办理工作机制。

### （二）修订《办理未成年人刑事案件规定》，改革未成年人刑事案件办理机制

《办理未成年人刑事案件规定》是最高人民检察院于2002年制定的。几年来，中共中央有关文件和法律规定对办理未成年人刑事案件工作

提出了新的要求。2004 年中共中央关于司法体制和工作机制改革的初步意见提出，要适应未成年人司法工作的特殊需要，完善未成年人司法制度。十六届六中全会又明确要求"改革未成年人司法制度"。2006 年 12月十届全国人大常委会修订了《未成年人保护法》，对未成年人司法保护作了新的规定。从实践情况看，近年来，未成年人刑事案件呈上升趋势，目前已经占到全部案件的 10%。为此，最高人民检察院于 2007 年 1 月 9日修订发布了《办理未成年人刑事案件规定》，这是贯彻宽严相济刑事政策的具体举措，也是司法实践的客观需要。修订主要增加和改革完善了九项制度：一是案件进展情况告知制度；二是专门办理制度；三是严格的审查逮捕制度；四是继续羁押必要性审查制度；五是审查起诉中的"亲情会见"制度；六是明确了可以适用不起诉制度的各种情形；七是对未成年人与成年人共同犯罪案件，一般实行分案起诉制度；八是增加了社会调查制度；九是规定了诉讼监督制度的具体措施。

## 二 规范办理死刑案件程序

针对死刑案件核准权统一收归最高人民法院行使、死刑第二审案件依照法律规定实行开庭审理的情况，最高人民检察院就完善相关的法律监督程序，提出了改革意见。

一是继续完善死刑案件二审程序。最高人民检察院于 2006 年 4 月与最高人民法院联合下发了《关于死刑第二审案件开庭审理工作有关问题的会谈纪要》，就人民检察院应当派员出庭等有关问题达成共识。2006 年9 月又联合发布了《关于死刑二审案件开庭审理程序若干问题的规定（试行）》，明确了死刑、死缓案件的二审开庭范围，开庭审理的具体程序和审查重点，被判处死刑被告人辩护权等合法权益。2007 年 8 月最高人民检察院公诉厅下发了《人民检察院办理死刑第二审案件工作规程（试行）》。该规程共七章，对案件受理和审查、审核审批、主要证据复核、庭前准备、出席法庭、诉讼监督、加强指导等重要程序作出了具体规定。为适应死刑第二审案件开庭审理，2007 年，各省级检察院面对工作量大幅度增加的情况，采取组建临时机构、内部调整办案力量、从下级检察院借用业务骨干等改革措施，保证了死刑第二审案件办理工作的顺利进行。

二是关于死刑复核问题。对于最高人民检察院是否应当介入最高人民法院的死刑复核以及以何种方式介入复核程序，有两种针锋相对的观点。一种观点认为，检察院作为法律监督者，理所应当对最高人民法院复核程序不妥、适用法律不当等行为发挥监督和纠正作用。而另一种观点则认为，检察机关介入死刑复核，缺乏法律依据，其地位、职责均不明确；"死刑复核程序"应当理解为最高人民法院的"内部程序"。目前有关检察机关介入死刑复核程序的具体问题，最高人民法院和最高人民检察院正在研究和沟通之中。

## 三 自侦案件同步录音录像全面实行

在职务犯罪讯问中实行同步录音录像是由浙江省检察机关于1999年开始探索尝试的，先是在首次讯问中使用，2003年又推广到全部职务犯罪讯问工作中。2005年12月，最高人民检察院印发了《人民检察院讯问职务犯罪嫌疑人实行全程同步录音录像的规定（试行）》，决定从2006年3月1日开始，在全国逐步推进全程录音录像工作；从2007年10月1日起，全面实行讯问职务犯罪嫌疑人全程同步录音录像。2006年12月，最高人民检察院印发了《人民检察院讯问全程同步录音录像技术工作流程（试行）》和《人民检察院讯问全程同步录音录像系统建设技术规范（试行）》，以保障此项工作规范运行。2007年1月，《全程同步录音录像设备评测要求》通过专家评审，最高人民检察院又启动了全程同步录音录像设备测试工作，为全国基层检察院购买全程录音录像设备提供参考。2007年8月1日全军和武警部队检察机关开始全面推行讯问全程同步录音录像工作。

最高人民检察院就实行这项工作提出4条原则：全程同步原则，必须坚持同步、全程录音录像，不能任意选择取舍；程序规范原则，办案干警必须严格按规定程序操作，切实防止程序违法和疏漏；客观真实原则，任何人不得对原始资料擅自进行剪辑或技术处理；严格保密原则，必须切实加强各个环节的保密工作，严防录音录像资料泄露、流失。同时，同步录音录像实行讯问人员与录制人员相分离。

## 四　检察机关信访工作机制改革

2007 年 3 月 26 日，最高人民检察院颁布实施了《人民检察院信访工作规定》，赋予检察机关控告申诉检察部门交办、督办和监督纠正权，便于信访案件的监督和相关部门的及时办理。这个规定共分为总则、信访工作机构及职责、信访事项的管辖、信访事项的受理、信访事项的办理、信访事项的交办和督办、责任追究和附则等 8 章，共有 56 条。

改革突出的亮点有：一是重大、复杂、疑难信访事项可举行听证，公开了办案程序，接受群众的监督。二是公开信访途径，信访事项可采用书信、电子邮件、电话、传真等形式，以实现信访便民。三是实行首办责任制，按照部门职能分工，明确责任，实行回避制度。四是依法保护信访人，严禁把控告、举报材料及有关情况泄露给被控告人、被举报人。举报答复应当注意保密，需要以邮寄方式书面答复署名举报人的，应当挂号邮寄并不得使用有人民检察院字样的信封。五是依法追究法律责任，包括检察人员在处理信访事项过程中违法违纪责任和不正当信访人的违法责任。

## 五　推行检察长直接办案

2007 年 12 月，最高人民检察院下发《关于各级人民检察院检察长、副检察长直接办理案件的意见》，要求各级检察机关检察长、副检察长应当在职务犯罪侦查、审查逮捕、审查起诉、诉讼监督和控告申诉检察等环节，抓住重点，有选择地直接办理 5 类案件：在当地有重大影响的案件，疑难、复杂案件，新类型案件，对于履行法律监督职能具有重大创新意义的案件，由检察长、副检察长直接办理更为适宜的其他重大案件。检察长、副检察长直接办理案件的情况，应当作为履行检察职责的一项重要内容，纳入对其工作的考评考核范围。

根据我国《检察官法》《人民检察院组织法》的相关规定，侦查职务犯罪、出庭支持公诉、开展法律监督等项工作，是各级检察长、副检察长必须履行的法定办案职责，体现了司法活动的亲历性，对于转变检察机关工作作风，推进检察队伍专业化建设，提高检察机关法律监督能力，具有重要示范意义。

## 六　检察机关内部领导和监督制约机制的加强

"改革和完善检察机关内部监督制约机制，加强对执法办案活动的监督"，是最高人民检察院提出的检察机关2007年在检察体制和工作机制改革中要完成的四项改革任务之一①。在改进和加强内部监督机制方面，2007年，最高人民检察院先后颁布了两个引起社会广泛关注的文件：8月，颁布了《关于加强上级人民检察院对下级人民检察院工作领导的意见》，以强化上级人民检察院对下级人民检察院的领导和监督；10月，颁布了《最高人民检察院检务督察工作暂行规定》，在全系统推行检务督察制度。

### （一）强化上级人民检察院对下级人民检察院的领导和监督

上下级检察机关的领导关系是检察体制的重要特征。《宪法》和《人民检察院组织法》规定：最高人民检察院领导地方各级人民检察院和专门人民检察院的工作，上级人民检察院领导下级人民检察院的工作。地方各级人民检察院对产生它的国家权力机关和上级人民检察院负责。这两个法律条文成为最高人民检察院制定《关于加强上级人民检察院对下级人民检察院工作领导的意见》的基本依据。

加强上级人民检察院对下级人民检察院的领导，是改进和加强检察机关内部监督机制的重要组成部分，也是完善检察机关领导体制、加强检察机关自身建设的需要。这一领导体制，"是检察机关依法独立行使检察权的体制保障"。根据文件的表述，制定这方面的规范性文件，是针对"一些地方存在对上级人民检察院的要求和部署贯彻执行不力、敷衍甚至自行其是的现象"，是为了"充分发挥检察机关的体制优势，不断增强法律监

① 如湖南省人大常委会根据省检察院检察长的提议，决定不批准任命许庆生同志为郴州市人民检察院检察长职务的事件，引起了广泛的社会反响，舆论普遍认为，这一先例有助于加强上级人民检察院对下级人民检察院领导，促进检察和司法权的独立行使。

督的整体合力"。文件提出了30条意见，对涉及检察机关上下级关系的方方面面都作了较为全面的规定。共分七个方面，其中六个方面都是对下级人民检察院在处理上下级关系方面的具体要求，主要包括：①认真贯彻执行上级人民检察院的决定和部署；②坚持重大事项的请示报告制度；③坚持和完善报请备案、审批制度；④加强检察工作一体化机制建设；⑤加强对检察队伍特别是领导班子、领导干部的管理和监督①；⑥完善考评机制和责任追究机制。

### （二）推行检务督察制度

检务督察制度是最高人民检察院在检察机关内部推行的一种新的监督模式。最高人民检察院在《关于进一步深化检察改革的三年实施意见》中明确提出了了建立检务督察工作制度的要求，《关于加强上级人民检察院对下级人民检察院领导工作的意见》提出，要在全系统全面推行，而《最高人民检察院检务督察工作暂行规定》则对此作了全面的制度安排。作为深化检察改革的产物，检务督察制度是经过部分地方检察院试点之后才全面推行的。

推行检务督察制度，对检察机关及其工作人员履行职责、行使职权、遵章守纪、检风检容等方面进行监督检查和督促落实，是为了加强检察队伍纪律作风建设，防止和减少检察人员违法违纪现象的发生，加强上级检察院对下级检察院的领导，确保检令畅通、令行禁止，促进检察权的规范实施②。与其他检察机关的内部监督机制不同，检务督察突出事前和事中的监督。主要方式有：进行明察暗访，包括参加或者列席有关会议；听取督察对象的汇报；听取地方党委、人大、政府、政协和有关单位、新闻媒体及人民群众的意见和建议；要求被督察对象作出解释和说

---

① 肖华：《人大否决检察长任命意义重大》，http：//news. xinhuanet. com/lianzheng/2007-10/10/content_ 6855715. htm。

② 最高人民检察院检务督察的对象是全国各级人民检察院及其工作人员。督察的主要事项：一是遵守和执行国家法律法规以及最高人民检察院重大工作部署、决议、决定、指示的情况，二是在执法办案活动中遵守办案程序和办案纪律、落实办案安全防范措施的情况，三是执行各项规章制度的情况，四是严明执法作风、遵守检容风纪的情况，五是检察长交办的其他事项。

明，提供有关资料；经检察长批准，深入执法办案现场进行督察，或者以其他身份进行暗访督察以及运用符合法律规定的其他方法进行督察。这些手段和方式，弥补了纪检监察部门监督手段不足的问题，有利于从源头上预防和减少执法中的问题。

检务督察时，可以对违反法律法规和上级人民检察院决议、决定的行为责令督察对象予以纠正；对违法违纪行为或者队伍管理上存在的问题，提出督察建议并督促其整改。对违法违纪的责任人员，提出组织处理或者纪律处分的建议；对正在发生的违法违纪行为或者有损检察机关形象的行为进行现场处置；对违法违纪情节严重、影响恶劣或者抗拒督察的，建议所在单位检察长暂停其执行职务。这些权限规定使检务督察工作有了一定的刚性。

## 七 经费保障机制的改革：县级检察院 公用经费保障标准制定完成

"兵马未动，粮草先行"。检务保障如同粮草，是检察机关履行法律监督职能、维护司法公正的重要保证。长期以来，经费保障困难成为掣肘检察机关发展的老大难问题。由于没有制度性的检察经费保障机制，加上各地经济发展的不平衡，吃不上"皇粮"的检察院只能"吃杂粮"，依靠各地检察院和检察长个人"各显神通"，不仅难以有效地保障检察工作需要，而且还引发了一些地方以非正当手段谋取经费、影响司法公正等弊端。因此，在司法和检察改革中，检务保障特别是检察经费保障改革是社会各界关注的话题。

检察经费保障体制涉及人事管理、经费管理等诸多因素，在其他相关体制未改革的情况下，还谈不上对经费保障体制的整体改革。针对目前"由中央和地方分别负担"的经费保障体制，检察经费保障有两个基本途径，一是积极争取和使用中央补助专款，二是保证地方经费的稳定供给。其中，从地方来看，经费来源还不稳定、不平衡，要从根本上解决这个问题，必须建立制度性的保障机制，增强检察经费保障的硬性约束。在现有的体制框架内，这种机制的完善就有了十分积极的改革意义。

　　检察经费保障改革纳入了中央关于司法体制改革的总体考虑，得到了检察机关、财政部门和全国人大的积极推动①。2006 年 5 月《中共中央关于进一步加强人民法院、人民检察院工作的决定》也明确要求："省级财政部门要会同高级人民法院、省级人民检察院制定本地区基层人民法院、人民检察院经费基本保障标准，并予以落实。"2006 年 8 月 26 日，十届全国人大常委会第二十三次会议上，全国人大常委会有关领导指出，"建议省级财政部门会同省级检察院根据地区差异（包括当地经济水平、交通状况、业务总量等因素），在 2006 年底以前分类制定出基层检察院经费基本保障标准"。根据这些要求，各地抓紧了基层检察院经费基本保障标准的制定工作。2007 年 8 月十届全国人大常委会第二十九次会议上，全国人大常委会有关领导透露，全国 31 个省（自治区、直辖市）都已制定了基层检察院公用经费保障标准②。

　　（参见法治蓝皮书《中国法治发展报告 No. 6（2008）》）

---

①　2004 年 12 月，《中共中央转发〈中央司法体制改革领导小组关于司法体制和工作机制改革的初步意见〉的通知》要求，"省、自治区、直辖市根据本地区经济发展水平和司法机关业务经费实际需要情况，制定分类别、分阶段的县级司法机关经费基本保障标准"。2005 年 9 月，最高人民检察院与财政部联合下发《关于制定县级人民检察院公用经费保障标准的意见》，提出县级检察院公用经费要收支脱钩，全额保障；突出办案费、装备费等业务支出项目重点保障，确保必需的日常公用经费需要；根据辖区内不同地区社会经济发展水平、财政保障能力和县级人民检察院实际需要等各项因素，科学核定，因地制宜；标准要随着社会经济的发展、检察工作任务的增加和本地区财政保障能力的提高，适时进行调整。

②　《检务保障：粮草先行兵马强》，《检察日报》2007 年 9 月 29 日。

# 第十五章　2008 年中国检察体制改革回顾与前瞻

**摘　要：** 检察体制改革是中国政治体制改革和司法体制改革的重要组成部分。从总体上看，中国检察制度与社会主义初级阶段的基本国情是适应的。但是现行检察体制和工作机制在某些方面出现了一些不适应的问题，因此，迫切需要通过不断推进和深化检察体制改革加以完善。本文首先回顾了 2003～2008 年检察体制改革的主要举措，进而提出在进一步深化检察体制改革工作过程中应当坚持的原则和涉及的具体内容，为构建和谐社会提供良好的司法保障和司法环境。

检察体制改革是中国政治体制改革和司法体制改革的重要组成部分。人民检察院作为国家的法律监督机关，通过依法立案侦查职务犯罪、审查逮捕、审查起诉、提起公诉和对刑事诉讼、民事审判、行政诉讼活动进行法律监督等，维护社会主义法制的统一、尊严和权威，保障司法公正，维护社会公平正义。从总体上看，中国检察制度是优越的，与社会主义初级阶段的基本国情是适应的。但是，随着中国改革开放的深化和经济社会的发展，人民群众的司法需求越来越高，对检察机关依法惩治腐败、保障司法公正、维护社会公平正义的期盼越来越大，现行检察体制和工作机制在某些方面出现了一些不适应的问题，因此，迫切需要通过不断推进和深化检察体制改革加以完善。

## 一　2003~2008年检察体制改革的主要举措

检察体制改革的总体目标应当是进一步强化检察机关的法律监督职能，保障严格执法和公正司法，维护国家法律的统一正确实施，维护社会的安宁和秩序，促进在全社会实现公平和正义，为构建和谐社会提供更加有力的司法保障。改革中，既要按照公正司法和严格执法的要求，完善刑事诉讼、民事诉讼和行政诉讼监督的范围、手段和程序，增强诉讼监督的效力，更加有效地保障人权，维护司法公正；完善检察机关领导体制和人、财、物管理体制，强化上级人民检察院对下级人民检察院的领导，推进检察队伍的专业化建设，健全检务保障机制；还要从制度上保障检察机关依法独立公正地行使检察权，加强对检察权的监督和制约，防止检察权运行过程中发生腐败问题，保障检察机关依法正确地行使职权。为此，2003年以来，检察机关紧紧围绕上述目标，按照中央关于司法体制和工作机制改革的要求，进行了一系列的改革，取得了一些阶段性成果。

### （一）建立健全了行政执法与刑事司法相衔接的工作机制，强化了刑事立案监督

为加强对刑事立案的监督，纠正"有案不立""以罚代刑"现象，最高人民检察院与公安部等相关部门联合下发文件，对行政执法与刑事司法相衔接的工作机制作出明确规定，进一步拓宽了立案监督的渠道，明确了监督范围和衔接程序。各地据此普遍建立起行政执法与刑事司法相衔接的工作机制，有效地监督纠正了有案不立、有罪不究、以罚代刑等问题。

### （二）完善审查逮捕、审查起诉工作机制，加强对侦查活动和刑事审判的法律监督，加强刑事诉讼中的人权保障

针对近年来冤错案件暴露出的问题，检察机关主要完善了讯问犯罪嫌疑人和证据审查、非法证据排除制度，健全了对刑讯逼供等违法行为的监督机制，积极探索死刑复核监督机制，加强了对办理死刑案件的法律监督。具体包括以下内容：一是建立了审查逮捕工作讯问犯罪嫌疑人制度，

规定审查逮捕中应当讯问犯罪嫌疑人，听取犯罪嫌疑人及其律师的意见；二是完善了证据审查制度，要求在审查逮捕、审查起诉中必须加强证据审查，严格依法排除非法证据；三是健全了适时介入侦查、引导取证工作机制，强化了对侦查活动的监督；四是建立了当事人权利义务告知制度，明确规定在审查逮捕和审查起诉各环节，告知犯罪嫌疑人、被告人所具有的诉讼权利；五是建立了保障律师执业权利制度。最高人民检察院先后下发了《关于人民检察院保障律师在刑事诉讼中依法执业的规定》和《关于进一步加强律师执业权利保障工作的通知》，对保障律师会见犯罪嫌疑人、查阅案卷材料等权利作出了具体规定；六是完善了办理死刑案件的工作机制。为了保证死刑案件的办案质量，最高人民检察院与最高人民法院、公安部、司法部会签了《关于进一步严格依法办案确保办理死刑案件质量的意见》等文件，并积极与有关部门协商，为省级检察院公诉部门增加编制，保证了对开庭审理的全部死刑二审案件派员出席法庭。

## （三）完善了对刑罚执行和监管活动的法律监督机制，初步建立了对减刑、假释、暂予监外执行裁决工作的同步监督机制

针对刑罚执行中存在的一些问题，最高人民检察院下发了关于减刑、假释法律监督工作的程序规定，加强对监外执行罪犯脱管、漏管检察监督意见等文件，初步建立了对减刑、假释、暂予监外执行裁决工作的同步监督机制。

## （四）建立了防止和纠正超期羁押的长效工作机制

近年来，检察机关会同公安机关、人民法院开展了清理超期羁押专项行动，纠正了一批超期羁押案件，取得了一定成效。但要从根本上防止超期羁押，必须建立和完善羁押工作制度。为此，最高人民检察院会同有关部门或者单独制定下发了《关于严格执行刑事诉讼法　切实纠防超期羁押的通知》《关于在检察工作中防止和纠正超期羁押的若干规定》等文件，建立了羁押期限告知、期限届满提示、检查通报、超期投诉和责任追究等 8 项制度，初步建立起防止和纠正超期羁押的长效工作机制，在实践中取得了良好的效果。

## （五）加强民事审判和行政诉讼法律监督，完善了民事再审抗诉制度

最高人民检察院从五个方面完善了民事再审抗诉制度：一是统一了检察机关启动民事抗诉程序的条件与法院启动再审程序的条件；二是进一步细化了提起民事抗诉的条件，促进和规范了民事抗诉工作；三是人民检察院依职权启动抗诉程序不再以当事人的申诉为前提，只要发现有法定情形，即可启动；四是明确了裁定再审的期限，提高了抗诉案件的再审效率；五是初步明确了审理抗诉案件的法院级别，即接受抗诉的法院只有符合属于事实认定方面的五种情形时，才可以交由下级法院再审，初步解决了"上级抗、下级审"给检察机关履行法律监督职责带来的困扰。

## （六）试行人民监督员制度

最高人民检察院从 2003 年起开展了人民监督员制度试点工作。职务犯罪案件中拟作撤案、不起诉处理和犯罪嫌疑人不服逮捕决定的"三类案件"都被纳入人民监督员监督程序。截至 2007 年底，全国已有 86% 的检察院开展试点。人民监督员共对 21270 件"三类案件"进行了监督，其中不同意办案部门意见的有 930 件，检察机关采纳 543 件[①]。

## （七）实行查办职务犯罪工作报备、报批制度，加强上级检察院对下级检察院的监督制约

最高人民检察院规定，省级以下人民检察院对职务犯罪案件立案、逮捕必须报上一级人民检察院备案审查，撤案、不起诉必须报上一级人民检察院批准，进一步强化了上级检察院对下级检察院办案工作的领导和监督，完善了查办职务犯罪的监督制约机制。此项制度促进了职务犯罪侦查一体化机制的建立，并使办案质量进一步提高。

---

① 参见贾春旺于 2008 年 3 月 10 日在十一届全国人大一次会议上所作的《最高人民检察院工作报告》。

## （八）建立了人民检察院讯问职务犯罪嫌疑人实行全程同步录音录像制度

检察机关于 2005 年建立了讯问职务犯罪嫌疑人实行全程同步录音录像制度。这一制度的推行，增强了检察人员依法、文明办案意识和人权保护观念，强化了对检察机关自身执法办案的监督。

## （九）完善了检务公开制度

最高人民检察院全面总结了地方各级检察机关实施"检务公开"的经验和做法，在原有的"检务十公开"基础上，增加了 12 项向社会和诉讼参与人公开的内容，对检察机关工作制度、办案规程等规定，依法能够公开的全部向社会公开。完善了诉讼参与人权利义务告知、检察人员违纪违法行为投诉制度，推行不起诉案件公开审查、多次上访案件听证制度，健全特约检察员、专家咨询委员会制度，建立保障律师在刑事诉讼中依法执业的工作机制，增强了执法透明度，促进了司法公正[①]。

## （十）健全了贯彻宽严相济刑事政策的相关工作机制

积极探索了刑事和解制度，完善了对未成年人刑事案件由专门机构或专人办理以及社会调查、亲情会见、分案起诉等办案制度，建立了轻微刑事案件快速办理工作机制。

## （十一）建立了检察业务、队伍和信息化"三位一体"工作机制

为推进基层检察院规范化建设，检察机关建立了以业务管理为中心、队伍建设为保障、信息化建设为手段的"三位一体"规范化管理机制。全国各级检察机关以绩效管理、能级管理、流程管理、精确化管理等现代管理方法为手段，充分运用信息技术，结合检察工作实际，进行了大量探索和尝试，取得了明显效果。

---

① 参见贾春旺于 2008 年 3 月 10 日在十一届全国人大一次会议上所作的《最高人民检察院工作报告》。

（十二）深化干部管理体制和基层检察机关经费保障体制改革，为检察机关依法独立公正行使检察权提供制度保障

独立公正行使检察权，需要高素质、专业化的检察队伍。为了使检察干部管理体制适应建设专业化检察队伍的要求，检察机关大力推行公开招考、竞争上岗、双向选择、干部交流、岗位轮换、定岗定员等干部人事制度改革，探索推行上级院检察官缺额从下级院检察官中遴选制度，进行了检察人员分类管理改革试点，完善了检察官培训制度，检察队伍素质进一步提高。同时，积极推进部门、企业管理检察院体制的改革，加强了对检察机关司法鉴定队伍的管理。为建立检察机关依法独立公正行使检察权的保障机制，最高人民检察院主动与有关部门协商，会同财政部门制定了县级检察院公用经费保障标准，建立了检察官检察津贴制度，检察经费保障机制改革取得了初步进展。

## 二 进一步深化检察体制改革，为构建和谐社会提供良好的司法保障和司法环境

检察机关在国家权力机关的监督下，依法对行政、审判机关进行法律监督。深化检察改革应当坚持检察机关的宪法定位，坚持公、检、法三机关的关系定位，从中国的国情出发，以加强对司法权的制约和监督为重点，优化司法职权配置，规范司法行为，针对实践中制约法律监督作用发挥的体制性、机制性障碍，完善履行现有职权的程序、范围和措施，增强法律监督实效，加强对国家工作人员依法履行职务和诉讼活动的法律监督，全面推进中国特色社会主义检察制度不断完善。具体工作中应当坚持以下原则。

### 1. 坚持党对检察改革的统一领导

检察改革是政治体制改革和司法体制改革的重要组成部分，要在党中央的统一领导下，坚持党的事业至上、人民利益至上、宪法法律至上，按照社会主义法治理念和中央关于深化司法体制改革的总体部署，自上而下、积极稳妥地推进。

**2. 坚持检察机关的宪法定位**

应该按照宪法关于人民检察院是国家的法律监督机关的职能定位，遵循检察工作规律，进一步强化法律监督职能，提高法律监督能力，增强法律监督实效，切实维护司法公正和社会主义法制的统一。

**3. 坚持从国情出发**

司法体制改革是中国特色社会主义司法制度的自我完善和发展，必须从中国的国情出发，符合四项基本原则，符合人民民主专政的国体和人民代表大会制度的政体①。检察改革同样是中国特色社会主义检察制度的自我完善和发展。因此也必须立足于中国的国体、政体和社会主义初级阶段的基本国情，认真总结实践经验和吸收借鉴人类法治文明的有益成果，正确处理当前与长远、必要性与可行性的关系，循序渐进地推进改革。

**4. 坚持走群众路线**

应该把解决人民不满意的问题和满足人民的司法需求作为深化检察改革的根本出发点和落脚点，充分听取人民群众意见，自觉接受人大监督和人民群众评判，确保检察改革充分体现人民的意愿。

**5. 坚持依法推进改革**

要坚决维护宪法和法律的权威与尊严。改革措施凡是与现行法律规定有冲突的，应当先按照法定程序提请立法机关修改相关法律规定，然后再予以实施。

## 三　深化检察体制改革的主要内容

2008 年，检察机关紧紧围绕建设公正高效权威的社会主义司法制度，认真组织开展了深化司法改革、检察改革的调研论证。对涉及人民群众切身利益的改革措施，广泛征求人民群众的意见，进一步增强改革的民主性和科学性，努力建设符合检察工作实际、符合司法客观规律、符合人民利益的检察制度。

---

① 　张述元：《论司法体制改革的原则》，《中国法学》2004 年第 1 期。

## （一）改革和完善刑事诉讼法律监督制度

中国共产党的十六大以来，检察机关积极推进司法体制和工作机制改革，特别是 2003 年以来，检察机关先后推出了十几项改革工作机制的措施，进一步加强了对刑事诉讼活动的法律监督。但是，一些制约刑事诉讼法律监督的体制性问题尚未得到根本解决。因此，还需要通过深化司法体制改革进一步加以解决。

### 1. 改革和完善刑事立案监督制度

检察机关依法对刑事立案活动进行监督，是检察机关法律监督职责的重要组成部分，也是刑事诉讼活动的客观需要。立案是一个独立的刑事诉讼阶段。作出立案决定意味着被立案人已被确定为犯罪嫌疑人，其人身自由和财产权利将可能受到限制。根据《刑事诉讼法》的规定，立案后公安机关可以自行对犯罪嫌疑人采取逮捕以外的所有强制措施，而无须任何司法审查。这就决定了立案监督对于保障公民人身自由和财产权利具有非常重要的意义。只有从立案这一诉讼源头把住法律关口，才能实现对当事人基本人权的有效保护，保障刑事侦查活动依法进行。当前检察机关对公安机关刑事立案活动的法律监督存在的主要问题是监督范围不完整。《刑事诉讼法》只规定检察机关对公安机关应当立案而不立案进行监督，而未规定对不应当立案而立案的监督。实践中，一些公安机关出于地方保护主义或者利益驱动，以刑事立案插手民事、经济纠纷，侵害了公民的合法权益。各地检察机关按照《人民检察院刑事诉讼规则》开展了这方面的法律监督。但是，由于缺乏明确的法律规定，影响了这项监督工作的开展。为此，有必要在《刑事诉讼法》中明确规定检察机关对公安机关不应当立案而立案的监督程序。

### 2. 改革和完善审查逮捕程序

当前中国的审查逮捕程序行政化色彩浓厚，检察机关单方面审查公安机关移送的材料，犯罪嫌疑人、律师缺乏申辩和表达意见的渠道，致使有的犯罪嫌疑人错捕、漏捕。逮捕必须经过正当法律程序，是国际人权公约的基本要求和当代法治国家诉讼制度的通例。所谓逮捕的正当法律程序：其一，逮捕应由司法机关审批；其二，司法机关审查逮捕时必须告知犯罪嫌疑人有辩护权和获得律师帮助的权利，并听取犯罪嫌疑人的辩解及其律师的意见。中国检察机关是法律监督机关，也是法律授权行使司法权力的机关，因此，由检察机关审查逮捕具有司法审查的性质。但是，现行《刑事诉讼法》关于审查逮捕程序的规定还存在缺陷，主要是没有明确犯罪嫌疑人的辩解权和保障其行使辩解权的程序。长期以来，检察机关审查逮捕主要是审查公安机关报送的提请逮捕文书和案卷材料，缺乏当面听取犯罪嫌疑人辩解的过程，这既不利于全面了解案情，正确掌握逮捕标准，防止错捕或不必要的逮捕，也不利于及时发现侦查中的违法行为，维护犯罪嫌疑人的合法权益。为此，有必要建立审查逮捕听取犯罪嫌疑人辩解及其律师意见的制度。

**3. 改革和完善侦查监督制度**

当前侦查监督制度存在的主要问题是缺乏及时发现、查实和有效纠正刑讯逼供等侦查违法行为的措施。刑讯逼供一直是侦查活动中比较突出的问题，也是检察机关开展侦查监督的重点，但是监督效果并不明显。主要是刑讯逼供行为的发生一般都很隐秘，除造成犯罪嫌疑人伤残、死亡后果的严重刑讯逼供行为不易掩饰外，一般的刑讯逼供行为外界很难获知，即便获知了也很难调查取证。近年来，检察机关着力从依法介入侦查、强化证据审查、排除非法证据、建立违法行为调查机制等方面探索遏制刑讯逼供等侦查违法行为的措施，取得一定成效。但是，由于这些措施尚未上升到法律层面，实施起来困难较大。因此，在深化检察改革中，有必要研究建立刑讯逼供举证责任倒置制度，完善非法证据排除制度。

**4. 关于改革和完善不起诉和刑事审判监督制度**

《刑事诉讼法》的规定，对于移送检察机关审查起诉的案件，检察机关只能作出起诉或者不起诉的决定，缺少在起诉与不起诉之间权衡、选择的余地，这就很难满足司法实践中应对各种复杂案件、体现宽严相济刑事政策的客观需求。为了解决这一问题，有的地方探索对于一部分犯罪情节比较轻微的刑事案件，如果不起诉更有利于体现宽严相济刑事政策，更有利于体现教育、感化、挽救的方针，更好地教育、矫正犯罪嫌疑人，试行在一定时期内暂时不提起公诉并附加一定的条件，犯罪嫌疑人在规定期限内遵守相关规定、履行有关义务的，期限届满后检察机关就不再起诉。实践证明，这一做法虽然在法律根据上存在可商榷之处，但是这种探索为我们完善起诉和不起诉制度，积累了正反两方面的经验和教训。从社会效果上看，也的确非常有利于贯彻宽严相济的刑事政策，特别是可以给更多没有前科劣迹、主观恶性不大、偶尔失足且犯罪较轻的犯罪人提供及时体会到刑事政策的温暖，尽早回归社会，改过自新的机会；有利于节约诉讼资源，使司法机关集中力量打击严重犯罪；有利于及时化解社会矛盾，消化社会消极因素，维护社会稳定，符合构建和谐社会的精神。同时，适当扩大检察机关在审查起诉环节的裁量权，符合国际刑事诉讼的发展趋势，弥补现行起诉制度和不起诉制度的漏洞和不足。因此，有必要在今后的深化改革工作中，对这一问题进行进一步研究论证。

当前刑事审判监督制度存在的主要问题是《刑事诉讼法》对死刑复核程序规定得过于简单，没有体现程序公正的基本要求和《宪法》规定的人民法院与人民检察院分工负责、互相配合、互相制约的原则，检察机关无法履行审判监督职能，不利于保障死刑复核程序功能的充分实现。死刑复核是刑事审判的特殊程序，直接关系到公民生命权，必须确保依法公正进行。针对目前死刑复核程序的缺陷，从充分保障被判处死刑人的合法权利和死刑程序的正当性出发，有必要对其进行诉讼化改造，使检察机关在死刑复核阶段能够就案件的罪名、认定的事实和适用的刑罚等发表意见，与人民法院分工负责、互相配合、互相制约，共同保证死刑的正确适用。

**5. 完善对诉讼违法的监督措施，增强监督实效**

目前法律规定的检察机关对刑事诉讼活动的监督措施还不能满足及时准确地发现、查处和纠正诉讼违法行为的需要。对于当事人控告的诉讼违法行为，法律没有规定检察机关进行调查核实的程序和措施，而仅凭审查书面材料难以确定是否存在违法以及违法的严重程度。检察机关对于有严重违法行为但尚不构成犯罪的司法工作人员，缺乏有效的阻却违法的措施。且由于《刑事诉讼法》未明确规定相关部门接受检察机关法律监督的义务和程序，使得检察机关纠正违法的措施缺乏应有的刚性，其实际效果主要取决于相关部门接受监督的自觉性。为此，建立检察机关对诉讼违法行为进行调查和建议更换办案人的法律监督制度就显得非常必要。同时，明确有关部门接受法律监督的义务和程序。检察机关发现诉讼违法线索后，只有通过调查核实，才能全面了解违法的性质和具体情况，有针对性地提出纠正意见。同时，检察机关发现办案人虽然尚不构成犯罪，但有严重违法行为，可能影响公正办理案件的，及时建议有关部门更换办案人，有利于确保司法公正。

### （二）改革和完善民事、行政诉讼法律监督制度

当前民事、行政诉讼法律监督工作主要存在以下问题。一是实际监督范围与法定职责不一致。《民事诉讼法》规定检察机关对民事审判活动实行法律监督，《行政诉讼法》规定检察机关对行政诉讼活动实行法律监督，但这些要求在相关具体规定中却未能全面落实。主要表现在对于民事、行政案件的执行活动以及可抗诉的判决、裁定之外的其他民事审判活动和行政诉讼活动还缺乏具体监督规定，检察机关难以全面履行职责。二是法律监督的程序、措施不具体、不完善，致使开展法律监督存在诸多障碍和困难。例如，调卷难、抗诉难、有错不纠等问题长期得不到妥善解决，特别是实践中的"上级抗、下级审"的抗诉再审模式，导致案件办理周期长、改判难，影响了抗诉监督的实际效果，一些明显裁判不公的案件得不到及时纠正。三是实践中一些行政机关违反法律规定侵害国家利益和社会公共利益，但由于没有适格原告提起行政诉讼，导致受侵害的公共利益无法得到司法救济，违法行政行为得不到及时纠正和追究。检察机关虽有法律监督职责，但因法律没有规定行政公诉制度，也显得无能为力。

检察机关对民事案件的抗诉不同于对刑事案件的抗诉。"诉"与"控告""诉讼请求"密切联系，因此，刑事诉讼中的抗诉制度是合理的；但在民事诉讼中，检察机关不是案件当事人，也没有提出诉讼请求，其介入诉讼的目的是促进法院公正审判，维护法律统一正确实施，直接法律效果是启动法院再审。为了更准确地体现检察机关对民事生效裁判进行监督的目的，可以考虑将现行的抗诉制度改革为提起再审制度，并取消《民事诉讼法》第188条关于人民检察院派员出席再审法庭的规定，以体现民事诉讼由当事人对抗、人民法院居中裁判的特点。为了进一步规范人民法

院审理检察机关提起再审案件的程序，有必要明确对于检察机关提起再审的案件，应由该检察机关的同级人民法院进行再审，不得未经审理直接交由下级法院审理。人民法院审理检察机关提起再审的案件，应当对涉及裁判结果的全部争议事实和法律问题进行审理，依法作出裁判。审理过程中，可以通过征询检察机关意见、检察机关派员列席法院审委会会议等制度，加强两院沟通交流，避免不必要的分歧。

检察机关对民事、行政诉讼活动开展法律监督，需要通过审阅人民法院正副卷宗了解诉讼过程和审理情况，否则就无法有针对性地开展监督。实践中，不少法院以法无明文规定为由不允许检察机关调阅卷宗，有的只允许检察机关到法院阅卷或复印卷宗。根据法律规定，只有上级检察院有权对下级法院的生效裁判按审判监督程序提起再审，如果要求上级检察院必须派员到下级法院所在地阅卷或复印卷宗，将耗费大量人力、财力。而且，检察机关在决定是否提起再审之前，必须经过一定的审查程序，其间可能需要多次阅卷，如果不调取审判卷宗，会带来很多困难。因此，对于调阅审判卷宗在法律上应当予以保障。

### （三）改革职务犯罪侦查监督制约体制和完善职务犯罪侦查措施

依照中国法律规定，检察机关行使职务犯罪案件的侦查权，国家安全机关行使危害国家安全犯罪案件的侦查权，公安机关行使其他犯罪案件的侦查权。这一侦查权配置的基本格局是符合国情的，也是比较合理的，实践中运作情况是良好的。检察机关在办案中，认真坚持党的十五大确立的反腐领导体制和工作机制，实行要案党内请示报告制度，自觉接受纪检部门的组织、协调和监督；自觉接受公安机关和人民法院的程序制约，支持和保障律师依法执业；实行讯问全程同步录音录像、人民监督员和"双报备""双报批"等制度。这些措施在实践中均取得一定成效，使检察机关办案质量不断提高，违法违纪现象逐年减少。但是也还存在一些问题，如立案前的调查程序尚不规范；侦查手段单一、落后，违法取证行为仍有发生；内部监督制约不力；一些基层检察院因经费保障不足，仍存在受利益驱动办案，发生规避法律和办案制度、违法扣押或处理涉案款物等问题。

为了对办理职务犯罪案件实行更加有效的监督制约，可以考虑将地市和基层两级检察院办理的职务犯罪案件的决定逮捕权改由上一级检察院行使；为加强对检察机关办理职务犯罪案件的外部监督，应当推进人民监督员制度法制化。在《人民检察院组织法》和《刑事诉讼法》中规定检察机关办理职务犯罪案件实行人民监督员制度，加强外部监督；为防止在侦查讯问中侵犯犯罪嫌疑人的合法权益，最高人民检察院从2006年3月1日开始，在全国分步推行讯问职务犯罪嫌疑人全程同步录音录像制度。

为适应打击犯罪和保障人权新形势的要求，在不断加强对办理职务犯罪案件的监督制约的同时，应当进一步优化配置检察机关的侦查权限，健全职务犯罪侦查措施。

**1. 赋予检察机关技术侦查等特殊侦查措施**

在深化司法体制和检察体制改革中，既要加强对当事人人权的保障，同时也要增强职能部门依法打击犯罪的能力。检察机关承担着查办职务犯罪的职责，但是目前办案手段落后，措施不足，侦查能力较弱。与之相反的是，职务犯罪的手段日益多样，犯罪行为日益隐秘，犯罪主体反侦查能力日益增强，这不仅制约了反腐败工作的深入开展，也影响了对当事人合法权益的保障。要切实保障当事人人权，就要同时增强职能部门的侦查能力。有必要明确检察机关在职务犯罪侦查中可以使用技术侦查、秘密侦查等措施，同时明确技术侦查的适用范围、条件、审批程序、证据效力以及所得信息材料的保存、使用程序等，特别是要建立严密的审批程序。

**2. 完善立案前的调查程序**

职务犯罪的发现主要依靠群众举报，而大部分举报的犯罪事实并不清楚，检察机关需要进行必要的调查核实，以判断是否存在犯罪事实和需要追究刑事责任。现行《刑事诉讼法》未就立案前的调查作出明确规定，实践中检察机关开展调查的依据主要是最高人民检察院制发的规范性文件，缺乏法律根据，影响调查工作顺利进行。为此，应当研究法律增加关于调查程序的规定，明确检察机关对于举报的职务犯罪线索，可以采取询问、调取有关材料等非限制人身自由和财产权利的方式进行调查；在调查重大复杂职务犯罪线索中，如果发现有重大犯罪嫌疑的被调查人正准备出境或者向境外转移财产，经一定程序，检察机关可以通知有关部门限制其出境或者临时扣押、冻结其财产。

**3. 适当扩大检察机关机动侦查的案件范围**

《刑事诉讼法》第 18 条第 2 款规定了检察机关对国家机关工作人员利用职权实施的其他重大犯罪案件，经省级人民检察院批准可以立案侦查，但案件范围过窄，一些与职务犯罪相关联的犯罪没有纳入，影响了对职务犯罪的及时查处。因此，要研究在修改《刑事诉讼法》时适当扩大检察机关机动侦查的案件范围，明确规定人民检察院在侦查职务犯罪案件过程中，对与渎职、侵权犯罪案件相关联的"原案"、与职务犯罪相交织的犯罪等案件经省级人民检察院批准，可以直接立案侦查。

### （四）改革和完善看守所监督制度

近年来，检察机关通过加强对看守所派驻检察，推行与看守所监管信息联网，强化对看守所执法活动的经常性监督和动态监督，以及对超期羁押、违法留所服刑、违规使用戒具、体罚虐待、违法办理减刑、假释、保外就医等问题开展专项检察，促进了看守所依法文明管理，维护了被监管人的合法权益。但是，由于多方面因素的影响，看守所检察制度和工作也存在一些问题。一是法律依据不够充分。目前主要依据《刑事诉讼法》第 8 条、《人民检察院组织法》第 5 条和《看守所条例》第 8 条的概括性规定。这些规定过于原则，可操作性不强，给监督工作造成了困难。二是监督措施缺乏刚性。一些地方看守所对检察监督不重视、不支持、不配合，使一些监管违法行为得不到及时有效纠正。三是监督方式不完善。检察机关缺乏及时掌握看守所执法情况和发现、调查违法行为的有效措施，影响了监督的力度和效果。

为了进一步完善检察机关对看守所执法活动的法律监督制度，在今后的司法体制改革和检察改革中，应当研究相关法律规定的完善，有关法律应当明确规定检察机关对看守所的活动实行法律监督，并就监督的程序、措施和效力等作出具体规定，切实解决目前看守所检察工作法律依据不够充分的问题。看守所可以与派驻检察室实行监管信息联网，重大监管情况应及时向检察机关备案。派驻检察人员可以随时查阅看守所监管工作资料，不受干涉地随时同在押人员通信、谈话。犯罪嫌疑人提出在看守所内受刑讯逼供或者体罚虐待的，检察机关可以向看守所调取讯问同步录音录像或者电子监控录像进行审查，看守所应当提供。对于羁押期限届满而办案部门未改变强制措施的，检察机关应当监督看守所依法释放在押犯罪嫌疑人。

### （五）规范检察机关上下级关系

根据宪法规定，中国检察机关上下级之间是领导与被领导的关系。检察机关这种不同于其他司法机关的领导体制，是由检察机关的法律监督性质和职能决定的，也是新中国成立以来检察体制几经变化后从正反两方面经验教训中作出的科学选择。作为国家法律监督机关，检察机关的根本任务是维护法律的统一正确实施，这就需要一个自上而下的独立统一的法律监督机构，还需要这个机构具有抗干扰特别是抵御地方保护主义和部门保护主义的能力。实行上下级领导体制，是检察机关有效履行法律监督职能的组织保证。但是，宪法确立的这一领导体制在实践中落实不到位，特别是在干部管理方面上级检察机关的领导作用没有充分体现，影响了法律监督职能的发挥。在干部管理方面，目前对地方各级检察院的领导班子在党内实行"条块双重管理，以地方党委为主"的体制，使上级检察院实际上难以对下级检察院的领导干部进行有效管理。在经费保障方面，目前实行的是"分级财政、分灶吃饭"的管理体制，地方检察机关的经费保障依赖于地方财政，办案难以摆脱行政机关和地方利益的影响。在业务领导方面，由于法律对上级检察院领导下级检察院工作的范围、方式、程序等缺乏具体规定，影响了上级检察院领导下级检察院业务工作的法定化、规范化和实际效果。以上问题，使宪法和法律规定的检察机关上下级领导关系被弱化，领导体制的作用得不到有效发挥，以致实践中存在上级检察院的一些工作部署落实不到位，或者对下级检察院作出的错误决定难以及时有效地予以纠正等问题。一些地方党政部门也存在凭借对干部、经费的管理权干预检察机关依法办案的情形，严重影响了检察机关依法独立公正行使检察权。

根据党的十七大提出的建设公正高效权威的社会主义司法制度，保证检察机关依法独立公正地行使检察权的重要精神，在深化检察改革中，应当正视上述不利于检察机关依法独立公正行使职权的体制性、机制性和保障性障碍，通过深化司法体制改革，进一步落实宪法和法律关于检察机关领导体制的规定，依法加强和规范上级检察院对下级检察院的领导，更好地维护法制的统一与权威。此外，为了改革和规范检察机关上下级领导关系，防止和克服检察权地方化、行政化倾向，还需要进一步深化检察机关经费保障体制改革，建立由国家确保检察经费的体制，至少应建立由省级财政统一保障地方各级检察院经费的体制。同时要按照司法规律改革和完善检察官的选拔、任用、考核、保障等管理制度，建立由省级检察院会同省级人事部门统一考试招录和调配使用地方各级检察院人员的制度。

（参见法治蓝皮书《中国法治发展报告 No.7（2009）》）

# 第十六章　2009 年中国检察制度的
特征与展望

**摘　要:** 本文分析了中国检察制度的基本内涵、形成的深层原因,并从坚持中国特色社会主义理论体系的指导地位、着力建构和完善中国特色社会主义检察理论、规范和约束检察权的行使、发展检察职业规范、提高检察官职业操守等方面,分析了如何完善中国特色的检察制度。

当代中国的检察制度是在中国共产党领导的社会主义革命和建设的实践过程中,在总结我国社会主义法制建设的历史经验和教训,汲取中国历史上政治法律制度的精华,借鉴其他国家检察制度经验的基础上逐步形成和发展的,充分贯彻了人民民主专政理论、人民代表大会制度理论、民主集中制理论,体现了马克思主义法律观在中国检察工作中的运用,具有历史的必然性和现实的合理性。深刻认识中国检察制度的特色,对于完善检察制度的法治功能,进而坚持好、发展好中国特色社会主义司法制度具有十分重要的理论与实践意义。

## 一　中国特色检察制度的基本内涵

第一,中国检察制度的政治特色——始终坚持中国共产党的领导。坚持中国共产党的领导,是《宪法》序言中明确规定的四项基本原则之一,是中国宪政体制的根本原则和总的指导思想,也是中国检察制度政治属性的重要体现。把检察工作始终置于党的绝对领导之下，坚持和服从党在政治、思想和组织等方面的领导，通过依法独立行使检察权，充分履行宪法职责来贯彻落实党的路线方针政策，确保国家安全，捍卫党的领导，捍卫社会主义政权，捍卫中国特色社会主义制度，这是中国检察制度的基本政治原则，是中国共产党的领导在检察工作中的要求和体现。检察工作要始终坚持党的领导，归根结底是由中国社会主义制度的本质要求所决定的。人民检察制度的发端创建、曲折中断和重建发展的历史表明，坚持和加强党的领导，自觉将各项检察工作融入党和国家大局，维护人民的根本利益，是中国社会主义检察制度的本质要求所在，也是其健康发展的根本。

第二，中国检察制度的体制特色——人民代表大会制度下的"一府两院"。中国检察制度建立的思想基础是人民民主的国家观，更注重政权建构中的民主性和政权行使中的集中性。《宪法》规定，国家机构实行民主集中制原则。人民代表大会制度是中国根本的政治制度和政权组织形式；在人民代表大会之下，国家设立行政机关、审判机关、检察机关，分别行使行政权、审判权和检察权。"一府两院"都由人民代表大会产生，对它负责，受它监督。由于国家权力被分别授予行政、审判、检察等机关行使，如何在人民代表大会制度中实现对权力的监督制约是一个关键问题。人民代表大会作为权力机关进行的监督是重要的，但毕竟较为宏观。对于国家法律实施过程中的具体问题的监督，则有必要通过专门的法律监督机关——检察机关来进行。中国的检察机关是同国家行政机关、审判机关平行的，是具有独立的宪法地位的国家机关；检察权、审判权、行政权相对独立，但又统一于人民行使国家权力的机关——人民代表大会。中国检察机关在国家体制中的独立地位是与其作为法律监督机关的宪法定位密切相关的，它是人民代表大会制度之下国家实现权力监督与制约的制度设计，其根本宗旨和使命是通过依法履行监督职能，保障法律得到统一正确实施。

第三，中国检察制度的功能特色——国家的法律监督机关。中国《宪法》第 129 条规定，"中华人民共和国人民检察院是国家的法律监督机关"，这表明法律监督是检察机关的根本属性和职责。社会主义国家的公共权力配置中，监督权具有相对独立性。中国的检察制度是一项专门的法律监督机制，它实现了将法律监督职能从国家一般职能之中分离出来，使之成为一项独立的、专门的国家职能。检察机关"法律监督"的功能定位决定了中国检察权的权力禀赋、职权配置及其运行原则。中国检察机关通过依法行使批准逮捕、提起公诉，对国家工作人员职务犯罪案件进行侦查，对侦查活动、审判活动、刑罚执行活动进行监督，保障法律实施，维护国家法治。例如，在查办职务犯罪方面，2008年共立案侦查贪污贿赂、渎职侵权犯罪案件33546件、41179人，已侦结提起公诉26684件、33953人，人数分别比上年增加1%和10.1%。2009年1~6月，全国检察机关共立案侦查贪污贿赂、渎职侵权犯罪案件19204件、24514人。其中，大案12888件，县处级以上干部要案1527人；侦查终结13560件、17254人，起诉11271人，有罪判决9158人。在其他法律监督工作方面，2008年全国检察机关督促行政执法机关向司法机关移送涉嫌犯罪案件3864件，比上年增加4%。对侦查机关应当立案而不立案的刑事案件，督促立案20198件。对侦查机关不应当立案而立案的，督促撤案6774件，分别增加15.9%和42.2%。对应当逮捕而未提请逮捕、应当起诉而未移送起诉的，决定追加逮捕20703人、追加起诉16679人，分别增加28.5%和28.8%。决定不批准逮捕107815人、不起诉29871人，分别增加7.1%和6.7%。对侦查活动中滥用强制措施等违法情况提出纠正意见22050件次，增加43.8%[①]。

第四，中国检察制度的时代特色——与时俱进。作为现代检察制度的一个崭新类型，中国检察制度的构建汲取了人类先进的法治理念和经验的合理内涵，坚持了以马克思主义理论为核心的先进理论的正确指导，体现了中国人民民主专政制度下创造性地进行民主法制建设的重大历史成就。它实现了法律监督职能同一般国家职能的分离以及同传统检察权的有机结合，是对现代检察制度发展的自觉回应和重要制度贡献。同时，它又是体现历史阶段性的、发展着的中国特色的社会主义的一个有机组成部分，是与社会主义初级阶段和社会主义法治的初级阶段相适应的中国特色检察制度。

---

① 2009年3月10日，最高人民检察院检察长曹建明在十一届人大二次会议上所作的工作报告。

## 二　中国特色检察制度形成的深层原因

中国检察制度的形成和发展有其深厚的政治、经济、历史和文化基础。

首先是政治原因。中国检察制度的构建反映了中国政治制度发展的必然要求。中国是中国共产党领导的、以人民代表大会制度为根本政治制度的社会主义国家，正处于并将长期处于社会主义初级阶段。从这个基本国情出发，中国特色检察制度的存在和发展必须有利于坚持中国共产党的领导，有利于坚持社会主义道路，有利于坚持人民代表大会制度。检察机关的宪法地位和基本职责的确立是人民代表大会制度的内在要求，检察机关的领导体制和检察活动原则等是中国的国家体制和政党制度决定的。

其次是经济原因。中国是一个疆域辽阔、多种民族、人口众多，从半殖民地半封建的封闭的农业社会中走出来的社会主义国家；是在新中国历经挫折发展的历史基础上，逐步确立并坚持社会主义初级阶段理论和发展社会主义市场经济的基本方针的社会主义国家。改革开放 30 年来，社会主义经济建设取得了举世瞩目的成就，社会发生了动态的、多样化的制度变迁，社会生活和社会民主有了更加繁荣的发展。但是，由于市场经济还处于初级阶段，距离发达的市场经济还有很大差距，经济发展整体上不平衡、人均经济指标水平较低；社会规则体系尚未完全建立，社会上尚存在诸多矛盾和问题，诚信缺失，私欲膨胀，违背法治、超越底线的行为时有发生，各种阻碍和干扰社会发展的不利因素还大量存在。在这种情况下，国家通过设立专门的、集中的国家机关专管法律监督职责，以监察、督促国家权力的依法运行，维护社会主义法治的基本底线，巩固和发展经济改革和建设的有益成果，保证国家法律的统一正确实施，是必然的历史选择和现实需要。检察机关通过依法行使法律监督权，服从服务于国家的经济建设大局需要，全面发挥对法律遵行情况的监督作用，是中国维护社会主义市场经济秩序、促进国家经济和民生健康发展、不断走向法治的保障和推动力量。

再次是历史原因。1949 年新中国建立之初，毛泽东同志曾指出："我们实行民主集中制，而不采用资产阶级议会制。我们提出开人民代表大会……不必搞资产阶级的国会制和三权分立等。"① 他深刻指出了这种制度选择的必然性：这是由中国的经济条件、政治条件、革命条件、群众条件，以及采用这种形式最有利于与民主人士合作等因素决定的②。在这个基础之上，作为国家机构重要组成部分的人民法院和人民检察署，也按照民主集中制原则加以组织，设在中央人民政府之下，与政务院、军事委员会并行。回顾历史，新中国作出这样的制度选择，其主要历史背景是中苏两国同属社会主义国家，秉持相同的人民民主的国家观，同样面临来自西方资本主义国家的封锁和遏制，以及镇压国内反革命叛乱的任务，迫切需要建立强有力的法律监督机关保障中央法令的统一。这样的现实需要实际上构成了中国检察制度发展壮大的内在动力。中国并没有完全照搬苏联的模式，而是结合中国的政治制度理论和具体国情进行了本土化改造。比如，没有规定检察机关为国家的最高监督机关，而是定位为人民代表大会之下的专门法律监督机关；检察机关接受国家权力机关和上级检察机关的双重领导，而不实行完全的垂直领导等，这些都充分表明了中国检察制度是一项立足本国国情发展起来的制度。60 年的历程表明，中国检察制度从其建设之初就紧密切合并始终顺应中国国家和社会发展的根本需要，是有深厚历史基础的人民检察制度。

最后是文化原因。中国是有着几千年历史的文明古国，漫长的历史发展过程中始终蕴含着其固有的政治法律文化传统的承继关系。无论是国家权力实行一元化的统一权力结构，还是设置诸如御史制度负责监察律令的遵行，乃至于注重强调国家对公民权益进行保障的职责作用，以及国家权力的分工协作等，都有其深厚的历史文化传统渊源。在体现一切权力属于人民的人民代表大会制度下构建的检察制度也在一定程度上与中国的历史文化传统一脉相承。

## 三 中国特色检察制度的发展与完善

发展和完善中国特色检察制度，一是要坚持中国特色社会主义理论体

---

① 参见薄一波著《若干重大决策与事件回顾》，中共中央党校出版社，1991，第 29 页。
② 参见薄一波著《若干重大决策与事件回顾》，中共中央党校出版社，1991，第 29 页。

系的指导地位。中国特色社会主义理论体系是一个开放的、与时俱进的科学理论，具有鲜明的实践特色和时代特色。它全面探索和回答了什么是社会主义、怎样建设社会主义等重大理论和实际问题，是全国各族人民团结奋斗的共同思想基础。中国社会主义民主与法制建设的发展实践、检察机关恢复重建以来的改革和建设实践都验证了这一理论体系的高度适应性和强大生命力。坚持和完善中国特色的社会主义检察制度，符合中国特色社会主义的理论要求。要善于学习和运用这一理论，认识、研究和解决检察制度和检察工作改革发展中的重大问题，在其指导下发展检察制度，确保检察工作在依法治国、建设社会主义法治国家的进程中发挥应有的作用。

二是要着力建构和完善中国特色社会主义检察理论。中国特色社会主义检察制度创建和发展的历史需要加以理论提炼和总结，中国检察制度的历史必然性与现实合理性，其理论正当性和制度发展的内在规律性，以及检察权运行和检察改革的基本理论问题等，都需要我们进行深入的研究。中国检察制度的实践，只能用马克思主义法学理论与中国检察工作实际相结合的产物，即具有与时俱进的品质、具有创新性和开放性的中国特色社会主义检察理论体系来概括、总结和指导，而不能照抄照搬、盲目引进甚至完全用其他国家的理论体系来概括、总结和指导。检察研究者必须坚持一个基本原则、三个理论要求。一个基本原则就是，马克思主义法学理论与中国检察工作实际相结合。三个理论要求是，一要运用马克思主义法学理论研究人民检察制度的问题，包括人民检察制度的历史发展和现实状况；二要总结人民检察在中国革命、建设和改革开放的历史进程中所形成的丰富经验，并在同外国经验的深刻比较中上升为理论，充实到中国特色社会主义检察法学体系中去；三要通过创新性的理论思维，借鉴人类司法文明的有益成果，学习各国检察制度的成功经验，构建中国特色社会主义检察法学体系的学术话语及其规则，以中国化的话语体系来表达中国特色社会主义检察制度，在内容和形式上都具有中国特色。

三是要进一步规范和约束检察权的行使。检察机关作为法律监督机关，要通过改革完善有关体制、机制，切实接受内部、外部的监督制约，做到正人先正己，自身正、自身硬、自身净，用自身的公正司法回应"监督者如何接受监督"的质疑。在坚持、发展和完善中国检察制度的过程中，需要深刻认识中国检察制度的特色，自觉探索建立和完善各项检察权行使的监督制约机制，确保依法独立行使检察权；要有一种理性的认知，从检察机关的法律监督对人民代表大会的服从性、检察权特有的程序启动性等权力属性出发，充分认识其在国家权力体系中的职能作用，避免将一项制度的功能绝对化，摒弃带有部门偏见的扩权思想，树立规范、严格行使检察权的意识；要进一步推进规范行使检察权的检察改革和机制创新活动，准确把握并充分履行宪法和法律赋予检察机关的各项职权，真正做到敢于监督、善于监督、依法监督、规范监督，维护和促进司法公正。

四是发展检察职业规范，努力提高检察官职业操守。检察官应当树立宪法和法律理念，具备理性的政治、社会和人文视野，秉持检察官的"客观义务"。要加强检察官的职业技能培训，确保其做到依法、客观、公正地追诉犯罪和行使各项检察职权。2009年9月3日，最高人民检察院出台了《检察官职业道德基本准则（试行）》，规定检察官职业道德的基本要求是忠诚、公正、清廉、文明。忠诚是要求检察官要忠于党、忠于国家、忠于人民、忠于宪法和法律。要热爱人民检察事业，珍惜检察官荣誉，忠实履行法律监督职责，自觉接受监督制约，维护检察机关的形象和检察权的公信力；维护国家安全、荣誉和利益，维护国家统一和民族团结，严守国家秘密和检察工作秘密；保持高度的政治警觉，严守政治纪律，不参加危害国家安全、带有封建迷信、邪教性质等的非法组织及其活动。公正是要求检察官要依法履行检察职责，不受行政机关、社会团体和个人的干涉，敢于监督，善于监督，不为金钱所诱惑，不为人情所动摇，不为权势所屈服；自觉遵守法定回避制度，对法定回避事由以外可能引起公众对办案公正产生合理怀疑的，应当主动请求回避。要以事实为根据，以法律为准绳，不偏不倚，不滥用职权和漠视法律，正确行使检察裁量权；树立证据意识、程序意识、人权保护意识；依法保障和维护律师参与诉讼活动的权利，维护法庭审判的严肃性和权威性。清廉是要求检察官严禁利用职务便利或者检察官的身份、声誉及影响为自己、家人或者他人谋取不正当利益；严禁收受案件当事人及其亲友、案件利害关系人或者单位及其所委托的人以任何名义馈赠的礼品礼金、有价证券、购物凭证以及干股等；严禁参加其安排的宴请、娱乐休闲、旅游度假等可能影响公正办案的活动；严禁接受其提供的各种费用报销、出借的钱款、交通通信工具、贵重物品及其他利益；严禁兼任律师、法律顾问等职务，严禁私下为所办案件的当事人介绍辩护人或者诉讼代理人。文明是要求检察官开展检察工作要宽严相济，以人为本；执行公务、参加政务活动要按规定穿着检察制服，佩戴检察标识徽章；未经批准不对正在办理的案件发表个人意见或者进行评论；本人或者亲属与他人发生矛盾、冲突，应当通过正当合法的途径解决，不应以检察官身份寻求特殊照顾，严禁要特权、逞威风、蛮横无理。这对于推进检察队伍法制化、规范化建设具有重要意义。另外，应当强化纪律要求，坚持从严治检。在新的历史条件下，我们应当深入研究中国特色社会主义检察制度的根本要求，牢固树立理性、平和、文明、规范执法的新理念，探索发展检察官的职业规范，努力提高检察执法水平，为保障社会安全、促进社会和谐与科学发展尽到自己的政治责任和法律责任。

（参见法治蓝皮书《中国法治发展报告 No. 8（2010）》）

专题四

# 法院信息化

# 第十七章  2016年中国法院信息化 发展与展望

**摘　要：** 法院信息化是推进司法为民、公正司法、司法公开、司法民主的重要途径，也是审判体系现代化的重要内容，更是实现人民群众在司法案件中真切感受到公平正义目标的重要保障。2016年"智慧法院"建设纳入国家信息化发展战略和规划，并在各级法院积极响应、开拓创新的实践中取得显著成效，法院专网全覆盖为全业务网上办理奠定了坚实基础，司法公开和诉讼服务平台建设加速推进全流程审判执行要素依法公开，面向法官、诉讼参与人、社会公众和政务部门提供智能化服务初见成效，信息化使人民法院工作呈现出服务便捷化、审判智能化、执行高效率、公开常态化、管理科学化、决策精准化等趋势和特征，为2017年总体建成智慧法院奠定了坚实基础。各地法院信息化建设虽然取得了阶段性成就，但建设和应用水平还参差不齐，整体水平与人民群众日益增长的司法需求仍存在一定差距，亟须进一步改进和完善。

进入信息时代，大数据、云计算、物联网等新兴网络技术正重塑生产生活的方方面面，智慧城市、智慧社会建设如火如荼。国家大数据战略为法院信息化建设提供了波澜壮阔的时代背景。中共十八大将"信息化"列为中国特色新型"四化"道路之一，把"信息化水平大幅提升"作为全面建成小康社会的重要标志。中共十八届三中、四中、五中全会相继提出，"建立全社会房产、信用等基础数据统一平台，推进部门信息共享"；"构建开放、动态、透明、便民的阳光司法机制"；实施"网络强国战略、'互联网+'行动计划和国家大数据战略"。习近平总书记多次在讲话中强调信息化工作的重要性，指出"没有信息化就没有现代化"，"面对信息化潮流，只有积极抢占制高点，才能赢得发展先机"。最高人民法院多次强调，全面深化司法改革、全面推进信息化建设，是人民法院两场深刻的自我革命，是实现审判体系和审判能力现代化的必由之路，是人民司法事业发展的"车之两轮、鸟之双翼"。人民法院信息化建设是推进司法为民、公正司法、司法公开、司法民主的重要途径，是审判体系现代化和审判能力现代化的重要内容，是实现"让人民群众在每一个司法案件中都感受到公平正义"目标的重要保障。

2016年，各级人民法院在全面建成以互联互通为主要特征的人民法院信息化2.0版基础上，大力推进信息化建设转型升级，按照《人民法院信息化建设五年发展规划（2016~2020）》确定的加强顶层设计、加快系统建设、强化保障体系、提升应用成效等四个方面55项重点建设任务要求，加快建设以数据为中心的人民法院信息化3.0版，并在各级法院积极响应、开拓创新的实践中取得显著成效。

网络全覆盖为全业务网上办理奠定了坚实基础。全国3520个法院、9277个人民法庭和海事派出法庭全部接入法院专网，使全国法院干警"一张网"办案、办公、学习、交流成为可能；部分法院率先实现案件卷宗随案电子化并上传办案系统，从管理方式和技术保障两方面为法官全流程网上办案、审判管理人员网上精准监管创造了必要条件；执行案件流程信息管理系统等一批覆盖全国法院的统一业务应用系统部署上线，为发挥最高人民法院主导作用、集中全国优势力量、促进各级法院干警网上作业提供了经验和范例；以最高人民法院"总对总"执行查控系统为代表的一批跨网系审判业务和行政事务系统实现了业务应用跨界融合和信息系统无缝集成，更充分地满足了法院干警网上作业的迫切需求；部分地区法院积极推进道路交通纠纷网上数据一体化系统、公检法多方远程庭审系统、刑事诉讼涉案财物集中管理系统等，实现与相关部门的信息共享和业务协同，成为人民法院全业务网上办理的拓展延伸；最高人民法院可视化质效型运维管理系统——法眼平台上线运行，为网上监控和评估全国法院信息系统、不断提升信息化建设成效提供了全新手段。

司法公开和诉讼服务平台建设加速推进全流程审判执行要素依法公开。中国裁判文书网成为国际国内广泛关注、展示中国法治文明的重要窗口；继审判流程、裁判文书、执行信息三大司法公开平台之后，中国庭审公开网上线开通，成为新的全国性司法公开平台，使人民群众更加直观、生动地感受到各级法院的阳光化进程；全国企业破产重整案件信息网上线运行并全方位公开破产企业信息，不仅进一步体现了阳光司法理念，更为服务供给侧结构性改革提供了新的平台；电子法院、网络法庭等新型电子诉讼方式逐步由点向面推广，让司法服务"零距离"沟通、即时性互动、无障碍共享，使人民群众更加感受到阳光司法的显著成效；覆盖率达98.9%的各级法院信息化诉讼服务大厅成为人民法院阳光司法的重要窗口，更好地体现了司法为民的根本宗旨；各地法院充分运用"互联网+"思维构建功能多元、资源融合、平台开放的在线纠纷解决机制，使人民群众切实感受到法院干警促进社会矛盾纠纷化解的满腔热忱；最高人民法院总结各地法院成功经验，组织开发全国统一的人民陪审员系统，为助力人民陪审员制度改革、促进阳光司法再添新举措。

面向法官、诉讼参与人和政务部门提供智能化服务初见成效。以"智审"系统为代表的一批智能化辅助办案系统成功上线并推广应用，全面辅助法官利用电子卷宗、辅助生成裁判文书、精准推送同类案例，破解了长期以来信息化服务审判办案能力相对较弱的难题，为电子卷宗深度应用、支持提高审判质效开辟了新途径；庭审语音识别转录系统在全国多地成功推广，缩短了庭审时间，保证了庭审笔录完整度，为运用智能化技术提高庭审质效提供了重要手段；覆盖部分地区法院的庭审自动巡检系统支持审判管理人员对辖区法院庭审纪律进行高效检查监督，为维护司法形象和司法公信力增添了有力工具；部分地区法院运用裁判文书大数据智能分析系统支持法官及时发现判决书中的逻辑错误、遗漏诉讼请求、法律条文引用错误等文书瑕疵，成为提高裁判文书质量、维护司法公信力的又一利器。最高人民法院数据集中管理平台成功向大数据管理和服务平台转型升级，实现实时汇聚、一数一案、协同共享、动态交换、无缝交联和深度应用；已汇集全国法院 9600 余万案件数据，支持全国各级法院审判态势实时分析；自动生成 136 张司法统计报表，使各级法院彻底告别人工统计时代；形成了常态化大数据专题研究分析机制，为审判执行、司法管理和国家治理专题研究提供了数据化和智能化的服务手段。

一年来，以网络化、阳光化、智能化为标志的智慧法院已具雏形并在全国法院生根发芽，促进了人民法院工作向服务便捷化、审判智能化、执行高效率、管理科学化、公开常态化、决策精准化发展，为全国法院2017 年总体建成智慧法院奠定了坚实基础。

# 一 服务便捷化

人民法院信息化的建设目标之一是实现诉讼服务流程再造，推动网上办理各项诉讼事务，实现网上咨询、网上预约、网上立案、网上缴费、网上材料转递，甚至网上阅卷、网上调解、网上开庭、网上判决、网上申请执行一体化，使公众参与诉讼更便利。此外，移动互联技术的充分运用，积极拓展了面向公众的移动应用，可以随时随地向当事人、律师和社会公众公开信息和提供诉讼服务。

## （一）服务当事人诉讼

信息化时代诉讼服务的目的是要"让数据多跑路，让群众少跑腿，方便群众诉讼，降低诉讼成本"，努力做到人民群众的司法需求延伸到哪里，人民法院的司法服务就跟进到哪里，切实减轻当事人诉累。信息化技术提高了整个诉讼程序的效率，节省了司法资源，为当事人节约了大量的时间成本和经济成本。

《最高人民法院关于全面推进人民法院诉讼服务中心建设的指导意见》要求扎实推进诉讼服务中心建设，贯彻系统化、信息化、标准化、社会化原则，为当事人提供贯穿"立审执"全过程、多方式、一站式、综合性涉诉服务，方便当事人集中办理除庭审之外的其他诉讼事务。

最高人民法院开通"诉讼服务网"以来，这一行之有效的便民措施逐级推广。诉讼服务网具有网上立案、案件查询、电子送达、网上阅卷、监督建议等功能，当事人可以在线提交民事诉讼材料，诉讼参与人可以登录查询案件进展信息。诉讼服务网还通过短信、微博、微信等方式实时向诉讼参与人推送案件的流程节点信息。北京法院诉讼服务自助平台为当事人提供涵盖各流程节点的一站式服务，通过网络互联资源共享、自助查询设备等提供跨行政区划服务，当事人可以跨区域查询相关案件信息和打印裁判文书，并能通过视频或留言与法官进行沟通。山东省威海市经济开发区人民法院建立的网上诉讼服务中心实现了对当事人的网上立案、网上缴纳诉讼费用、网上证据交换、网上调解、网上宣判和电子送达。考虑到现代社会生活工作节奏快，群众在法院工作时间办理诉讼业务时间不灵活，威海市经济开发区人民法院网上诉讼服务中心还提供 7×24 小时全天候服务，并设置预约功能方便群众使用。福建省泉州市中级人民法院在全国首创推出"跨域·连锁·直通"式诉讼服务平台，在泉州范围内，人民群众打官司从诉前咨询到立案、审判、执行、信访等各个环节的数十项诉讼事务，都可以就近选择任何一家法院诉讼服务中心或人民法庭向管辖法院提出申请，依托信息技术和司法协作，由负责接待的人民法院与管辖法院共同配合完成，其效力与直接到管辖法院诉讼服务窗口办理一样，免除了人民群众异地来回奔波的诉累。

电子法院和科技法庭在服务法官工作的同时也为当事人提供了便利。电子法院是指"打官司"可以不到法院，立案、缴费、阅卷、证据交换、执行、司法拍卖甚至庭审等诉讼程序，全部在互联网上进行，让当事人和律师享受到全程无纸化、全天 24 小时、全流程覆盖的网上诉讼服务。当事人在任何有互联网的地方即可登录电子法院，通过身份认证后，按照提示进行材料收转、诉讼费缴纳、电子送达等操作，无须到法院立案，避免多次往返补充材料，同时当事人也可以清楚了解案件的进展阶段。电子法院为原告、被告、法官提供三方可视的网上诉讼平台，积极引导当事人进行网上提交诉讼材料、网上质证及证据交换、网上签收、网上阅卷等诉讼活动，有效打破了诉讼活动的地域限制、时间限制和质证次数限制。电子法院令当事人和诉讼代理人可以在开庭前随时通过电子法院交换证据与质证，双方当事人和诉讼代理人也可以通过网上审诉辩平台、云会议平台充分发表意见，在开庭前就将案件的主要焦点梳理清楚，开庭只需要围绕焦点进行辩论。充分的诉讼参与使得当事人对审判全过程有清醒直观的认识，对审判结果的预判更加客观理性，也使得判决结果更加具有说服力。吉林省延边全州法院使用电子法院处理了多起双方当事人分处异地的棘手案件，两级法院 2016 年运用电子法院实现网上立案 18928 件，采用远程视频庭审办案 159 件。浙江法院系统针对浙江省电子商务发达、与之相关的法律纠纷较多的特点，开发了电子商务网上法庭，实现"网上纠纷网上解，网上纠纷不下地"。

## （二）服务律师办案

在依法治国、建设社会主义法治国家进程中，律师在保护当事人利益、制约公权力滥用、维护司法公正方面发挥着越来越重要的作用，律师的地位也随之逐年上升。但长期以来，律师执业权利保障一直存在各种问题。律师执业原本有"旧三难"，即会见难、阅卷难、调查取证难，近年来又出现了"新三难"，即发问难、质证难、辩论难，这些困难都成为律师执业过程中实难跨越的障碍。十八大以来，政法部门特别提到要尊重律师人格尊严，为律师提供便利，构建新型诉辩以及辩审职业关系。党的十八届三中全会通过了《中共中央关于全面深化改革若干重大问题的决定》，其中确定的一项重要改革措施就是要"完善律师执业权利保障机制"，中共十八届四中全会提出"法治工作队伍"概念，也明确律师是法律职业共同体的重要组成部分，其权利应得到切实的保障。法院信息化和"互联网+"计划足以从技术层面支持律师依法行使各项权利，进而克服新旧三难问题。法院工作通过网络平台将各流程节点及时通知律师并为其提供多样化的查询服务；卷宗电子化并实现网上查阅，让律师阅卷更加方便；网上举证质证和辩论，让律师执业权利得到更好保障。

一些地区的法院在借信息化服务律师工作方面成效显著，呈现体系化特征。例如，最高人民法院第一巡回法庭在审判区设律师多媒体阅卷室，以先进的硬件设施为律师工作提供便利。上海市建成律师服务平台，具有网上立案、网上阅卷、网上查询等五大类 24 项功能，特别是网上立案、网上缴费、庭审排期自动避让、关联案件自动推送、网上申请诉讼保全、网上申请证据交换等功能深受广大律师欢迎。截至 2016 年 12 月底，上海 1581 家律师事务所已全部使用该平台，外省市已有 309 家律师事务所在实际使用，律师平台访问量 204 万次，日均 2345 次，其中，案件查询 21.3249 万次，网上立案（通过互联网）5.0065 万件。

### （三）服务社会公众

信息技术的运用，使各项工作能更好地适应人民群众的多元司法需求，方便当事人更加便利地参与诉讼，让司法更加贴近人民群众，让人民群众切实感受到公平正义。在最高人民法院网站主页上，《办事服务》一栏位于醒目位置，通过该链接群众可以获得"诉讼须知"和"诉讼服务指南"等相关信息，并直达司法公开相关网站。实体诉讼服务中心与"网上法院"、移动智能手机服务平台"掌上法院"三位一体的诉讼服务平台，满足差别化的个性需求，针对不同年龄阶段、不同文化层次、不同习惯偏好、不同生活环境的公众，线上与线下相结合，采用手机 App、短信、语音电话等不同方式提供司法服务。各级法院创新司法便民利民举措，为诉讼当事人提供形式多样、方便快捷、更加人性化个性化的线上线下诉讼服务。例如，峨眉山市设立车载巡回法庭，在车内设审判员席、书记员席、原告席、被告席以及旁听席，配备车载监控、无线远程图像传输、录音录像等六大系统，利用电子签章，可现场制作、发放裁判文书，外嵌液晶显示屏可供群众旁听庭审过程，是集立案、开庭、调解、送达、普法宣传等多功能于一体的智能化、小型化、移动式的"科技法庭"，让当事人以最低的诉讼成本、最便捷的诉讼方式获得优质司法服务。

## 二　审判智能化

互联网技术的发展已进入大数据时代，数据成为重要的生产要素。大数据开发了人类的"第三只眼"，通过对海量数据的分析、处理、挖掘，可以让我们深入洞察充满未知的世界。司法数据是重要的数据资源，人民法院信息化 3.0 版的核心就是深度挖掘司法大数据。司法大数据的建立有赖于法院司法管理系统对案件节点的采集。在网络法院运行模式下，案件从立案到审判再到执行全部在系统中运行且全程留痕，为建立司法大数据打下了基础。在经济"新常态"下，诉讼案件数量的爆发性增长与相对稳定的法官人数之间一直存在矛盾，只有通过技术手段帮助法官提高工作效率，才能缓解"案多人少"的矛盾。

## （一）司法资源智能推送

最高人民法院开发建设并上线"法信"平台，利用信息化手段汇聚法律知识资源和智力成果，满足办案人员在办案过程中对法律、案例、专业知识的精准化需求，办案人员向系统上传新的案件基本信息，系统通过解构和标签化处理，自动推送相关案件和法律法规。江苏在全省法院培训、推广使用"法信"平台，实现典型案例、裁判文书、法律观点等审判信息的智能检索、推送，为法官办案提供参考。2012 年上海法院在全国法院率先推出 C2J 法官办案智能辅助系统，为办案法官快速提供与个案相关、相近的法条与案例，提供关联案件、参考案例、相似案件、法律法规、实用计算工具等方面信息的主动推送服务，并整合智能搜索工具，全方位收集办案相关信息，降低了法官的办案强度，提升了办案质效。从数据技术来说，系统可以通过对裁判文书的解构，实现更精准的关键词匹配，甚至可以判断裁判文书之间的相似程度，自动向用户推送与其关注的裁判文书类似的其他裁判文书。

在审判实践中，北京法院的大数据研究平台不仅能够通过法官主动检索、系统智能推送等方式为法官提供相似案例，还能够在立案、合议、庭审、诉讼服务等各个环节为法官提供审判辅助和决策支持，以大数据贯穿系统应用，推进法律适用和裁判尺度统一。司法大数据可以使原来单点的案件信息快速在时间和空间维度实现立体化，为法官提供更为丰富、全面的审判信息支持。比如，河北"智审 1.0 系统"能够自动关联识别同一当事人的相关案件，通过识别当事人有效身份信息，呈现案件当事人已经打过多少官司、正在打的官司是什么等信息，最大限度地避免重复诉讼、恶意诉讼和虚假诉讼的产生。

### （二）审判偏离风险预警

每一个法官所能了解的案件数量是有限的，再加上机构、地域等方面的客观因素制约，在全国范围内做到"类案同判"十分困难。对偏离者作出裁判预警，有助于"类案同判"目标最大限度地实现。类案同判预警主要依靠人工智能技术，从千万量级的文书中自动、实时、批量和精确地检索出相同的案件，进而对非常规案件作出精确研判、预警与管理。浙江法院通过广泛采集、挖掘算法、综合处理、科学分析，对法院内外的海量数据进行分析和建模，探寻新形势下审判执行工作的特点和规律，提高司法决策的科学性，提升司法预测预判能力和应急响应能力，让数据为司法业务服务。

法院的审判工作离不开对各类司法数据的统计分析结果，原有的审判业务统计分析软件只能对某个时间段的数据进行统计分析，而大数据分析系统能对一个或多个时间段的数据进行统计分析，并将统计分析结果以趋势图、同比图、饼状图等方式展示，从而得出司法数据的规律与趋势。

大数据工具并不只是单独的互联网工具，往往会被嵌入审判管理流程中。当法官作出的判决与过往判决情况不符，或者其他诉讼参与人提交的证据清单与该类案件的过往证据提交情况不符时，系统都可以自动发出预警，提醒法官进一步确认。大数据还可以辅助判断证据材料的可采纳程度：只要将证据材料与待证事实之间的关联关系作为标签，对这种关联关系是否成立进行大数据分析，评估证据与案件事实间的关联关系，就可以辅助法律人预判证据被法庭采纳的可能性大小。

### （三）法律文书智能生成

法律文书是法官处理审判事务的重要载体和表现形式，也是对法官办案过程的真实体现。法律文书的自动生成全程覆盖、全程留痕，不但减轻了法官的工作量，提高了工作效率，还让法官办案过程清晰明了、阳光透明，对法官进行了静默式监督，让法官随时自我警醒、自我约束。在推进司法审判更加"智能化"方面，江苏法院已经探索运用庭审智能语音系统，实现庭审语音转文字，减轻书记员压力，提升庭审笔录的准确性。自2016 年 7 月起，上海市第一中级人民法院在全市法院率先将人工智能技术应用到法院庭审实践，在法庭部署使用"庭审语音智能转写系统"并初见成效。截至 2016 年 10 月底，上海市第一中级人民法院已有 3 个合议庭试用该系统，开庭 16 次，形成庭审笔录 16 份。经统计，在正确使用的情况下，该系统语音转化准确率保持在 90% 以上，庭审笔录可在闭庭后即时形成，完整度达 100%。该系统主要应用在案件开庭审理阶段，功能涵盖语音采集、实时转写和庭审笔录修改编辑等，可将庭审语音同步转化为文字并生成庭审笔录。

## 三　执行高效率

人民法院借助大数据、云计算、人工智能等技术推动执行模式从分散、线下向集约化、网络化转变，实现网上流程管控、网络查物找人、网上联合惩戒以及网上远程指挥等功能。信息化与执行工作深度融合主要体现为网络执行查控系统、执行案件流程节点系统的开发和应用以及联合惩戒机制的建立。

### （一）网络查控为执行提速增效

对于执行工作而言，查物找人是关键。按照传统的方式，法院要查找被执行人的财产，除了登门临柜之外，还要到金融、产权登记、车辆管理等相关单位进行人工查找，费时费力、效率低下，可以说被执行人难找、财产难查是制约执行工作的主要因素。破解执行难，首先必须突破查物找人的瓶颈，借助信息化手段建立强大的执行查控体系。执行信息化肇始于被执行人财产的网络查控，地方法院与本地相关单位合作建立"点对点"网络执行查控系统。2014 年 12 月 24 日，最高人民法院正式开通了"总对总"网络执行查控系统，使财产查控突破地域的局限，扩展到了全国范围。"总对总"网络执行查控系统在应用上实现了全国四级法院全覆盖，截至 2016 年 12 月底，累计查询数量达 1.95 亿条。

### （二）节点管理为执行设定标准

实践中，人民法院消极执行、选择性执行、乱执行也是导致执行难的重要因素，因此，要基本解决执行难，规范执行权运行至关重要。执行权的行使除了借助制度加以规范之外，还有必要借助信息化手段，将执行案件纳入流程管理系统，压缩执行人员的自由裁量空间，同时通过互联网平台，在最大范围内公开执行信息，实现阳光执行，并推广司法网拍，将执行中的关键环节曝晒在阳光之下，减少暗箱操作和权力寻租。目前，无论是最高人民法院开发的执行案件流程节点管理系统，还是各地法院应用的办案平台，以及执行信息公开平台、网上司法拍卖平台，其重要目的均是希望借技术手段规范执行权，斩断利益链条、去除寻租空间。

全国法院执行案件流程节点管理系统设置了立案、分案、执行通知书、网络查控、启动传统查控、完成传统查控、终本约谈、执行线索等37个节点。流程节点管理系统实行精细化的执行期限管理，将节点控制由领导督办变为系统跟踪，从而有效地规范了消极执行、选择性执行和乱执行行为。截至2016年12月底，全国法院执行案件流程节点管理系统已在全国31个省份、新疆生产建设兵团人民法院正式上线使用，有30个省份法院覆盖率达95%以上，案件承办法院覆盖率超过98%。

### （三）联合惩戒为执行增强威慑

成熟完善的社会信用体系是破解执行难的有效机制。十八届三中全会决定明确提出，推进部门信息共享、建立健全社会征信体系，褒扬诚信，惩戒失信。十八届四中全会强调，"加快建立失信被执行人信用监督、威慑和惩戒法律制度"。为震慑被执行人，促使被执行人主动履行义务，最高人民法院建立了公布失信被执行人名单制度。2016年1月20日，由国家发展和改革委员会和最高人民法院牵头，中国人民银行、中央组织部、中央宣传部等44家单位联合签署了《关于对失信被执行人实施联合惩戒的合作备忘录》。截至2016年10月31日，最高人民法院与中小企业协会、人民网、百度、春秋航空、人民法院报社、全国工商联、中国铁路总公司、中航信、公安部、中国工商银行、国家工商行政总局、中国人民银行征信中心、渤海银行、中国银联、中国农业发展银行、阿里巴巴、广发银行、腾讯等18家单位实现了数据对接。2016年9月，中共中央办公厅、国务院办公厅印发了《关于加快推进失信被执行人信用监督、警示和惩戒机制建设的意见》，围绕建立健全联合惩戒机制这一核心，以系统化、信息化、技术化手段，确定了11类37项具体惩戒措施，形成标本兼治、综合治理解决执行难的工作格局。截至2016年12月底，全国法院通过中国执行信息公开网累计发布失信被执行人信息642万例。

## 四 管理科学化

审判管理是指人民法院通过组织、领导、指导、评价、监督、制约等方法，对审判工作进行合理安排，对司法过程进行严格规范，对审判质效进行科学考评，对司法资源进行有效整合，确保司法公正、廉洁、高效。审判管理是审判工作的重要组成部分，包括流程管理、质量监督、绩效考核三个要素。过去，人民法院进行审判管理主要依靠手工记录台账和司法统计报表等方式进行，数据记录受人为因素影响大，缺乏客观性，无法及时准确地反映审判动态，难以全面反映审判过程中存在的质量和效率问题。运用大数据的理念和方法改造法院审判执行管理方式的机制很好地克服了传统审判执行管理方式的弊端，顺应了大数据时代对审判管理工作提出的新要求。

### （一）优化再造审判执行流程

信息技术对审判执行流程进行再造，实现了案件信息的同步采集。对纸质材料采取扫描方式采集，生成的电子文档同步上传到系统；庭审、鉴定、评估、拍卖、保全等司法活动也被纳入采集范围。诉讼材料第一时间采集进系统，系统能够自动记录采集时间。最高人民法院机关办公办案平台具备了审判流程信息自动同步公开、文书生效后一键点击网上公布、流程审批、审限管控、绩效展示等强大功能，初步实现了法官办案中形成的各种文书材料在办案平台上完成或即时同步上传办案系统的目标，在以现代化科技手段提升执法办案工作效率的同时，案件网上流转、网上审批、全程同步监管、全程留痕的新工作机制初步形成。

同时，最高人民法院加快推进全流程网上办案，各省（自治区、直辖市）建设统一的网上办案平台。辽宁省、市、区县三级法院对审判系统进行了全面升级改造，并持续对审判系统进行业务拓展延伸。为支持法院内外业务的协同与数据共享，切实为法官办案提供更加直观、便捷、智能、准确的信息和应用支持，建成了涵盖鉴定、评估、审计等全部业务类型，与审判系统无缝对接的司法辅助系统。该系统参照法院司法辅助案件不同的办理方式，设置了多种分案体系，建立了完整的业务流程，各业务部门申请的司法辅助程序可直接进入该系统中进行办理，办理完成后将结果进行反馈，还可针对全部第三方委托机构统一管理，使业务部门可对第三方委托机构进行灵活选取。同时，依托全省法院三级专网，实现了三级法院间的业务流转，下级法院可将司法辅助申请直接提交到上级法院进行处理，上级法院也可对下级法院的司法辅助案件进行办理和指导，强化了司法辅助案件的工作流程，完善了工作规范，提高了工作效率。

## （二）及时监督审判执行质效

审判执行质效关乎司法公正能否真正实现，实时生成的案件数据信息便利了对审判执行全流程的监督督促，信息化技术通过服务审判管理提升审判执行质效。

以法院审判结案这一重要指标为例，各级法院普遍存在年度办案"前松后紧"、年底收案"急刹车"等问题。为解决这些问题，最高人民法院专门下发《关于进一步加强执法办案工作的紧急通知》，要求各级人民法院要科学研判当前审判执行工作态势，认真分析存在的突出问题，抓紧制定清理积案工作计划，强化服务保障，加强监督指导，促使、服务一线法官集中精力执法办案，进一步确保完成全年办案任务。司法大数据为监督指导各级法院完成办案任务提供了技术支持。最高人民法院自 2015 年起每季度制作《审判运行态势分析报告》，依托司法数据支撑，协助领导和法官及时发现问题、解决问题。不少地方法院也效仿这一做法，解决审判结案中面临的问题。2016 年安徽省高级人民法院发布上一年度《全省法院审判执行工作情况报告》，以翔实的数据全面总结了全省法院审判执行工作总体情况、全省法院新收案件情况、全省法院结案情况、全省法院未结案件情况，并以市为单位对以上数据进行了多个层面的深入研究与分析，指出了全省审判结案过程中存在的问题，如年底控制收案现象仍然存在、年底突击结案现象仍然严重、各市案件数量和办案力度不平衡、各市法院司法统计基础数据质量有待进一步提升等，并有针对性地提出了四点改进措施。

又如，北京法院成立了专门的审判管理办公室，承担信息收集、问题研判、决策建议参考、流程监控等 10 项工作职责，通过定期收集、分析和发布反映案件审判质效的评估数据，定期编发审判管理通报，为各级领导决策提供参考。同时通过建立四级 35 项指标组成的覆盖各法院、各审判业务庭、各法官和全部案件的审判质量考核体系，让全市各院、各庭、各法官都主动围绕指标找问题，并积极采取对策。

### （三）精确统计法院干警绩效

不少地方法院运用大数据和信息化技术建成了工作质效评估系统。最高人民法院将推出新版地方法院人事信息管理系统，实现全国所有地方法院人事信息的网络传输和数据实时更新，为提高队伍管理和改革决策科学化水平提供了更加有力的技术支持。

广东省法院审判业务系统包含绩效评价子系统。该系统提供对全省业务的数据查询、统计分析功能，包括全省指标方案、本辖区指标方案、本院指标方案、方案评估、重定义方案、指标管理、评估方案配置、统计日管理等功能模块，客观公正地用数据说话，对司法工作人员的绩效进行考评。四川省通过审判质效评估系统自动对全省三级法院、部门和法官进行审判质效管理和分析，对全省每个法院、部门、法官的工作绩效评估指标，均由系统根据评估考核需要自动运算生成指标数据，极大地提高了审判质效评估工作效率，排除了人为因素干扰，实现了评估的自动化、智能化。

## 五　公开常态化

阳光是最好的防腐剂，信息公开是防腐反腐的重要武器。习近平总书记指出，要坚持以公开促公正、以透明保廉洁，增强主动公开、主动接受监督的意识，让暗箱操作没有空间，让司法腐败无法藏身。"正义不仅要实现，还要以看得见的方式实现。"正所谓"公生明，廉生威"，司法公开对于提高司法机关公信力，树立法律权威至关重要。最高人民法院 2016 年 11 月 5 日在第十二届全国人民代表大会常务委员会第二十四次会议上所作的《关于深化司法公开、促进司法公正情况的报告》显示，司法公开已从三大平台内容扩展至审判流程公开、庭审活动公开、裁判文书公开、执行信息公开四大平台，司法公开的成效显著，信息化在司法公开中扮演了极为重要的角色，已成为司法公开的主要推动力量。

## （一）流程公开让官司打个明白

对于当事人而言，案件审理进行到什么阶段、承办法官采取了哪些措施是他们最关心的。借助中国审判流程信息公开网提供的案件查询功能，当事人及其诉讼代理人自案件受理之日起，可以凭有效证件号码和密码，随时登录查询、下载有关案件流程信息，了解案件在立案、分案、开庭、延长审理期限、上诉等各个阶段的具体信息。除了接受当事人查询之外，法院还会通过短信、微信等多种渠道推送案件流程信息。截至 2016 年 12 月底，各级法院共公开审判流程信息 26.2 亿项，推送短信 3476.9 万条，方便了当事人参与诉讼。

地方法院也十分重视流程公开工作。根据最高人民法院司法公开的要求，各省法院系统相继建成诉讼服务中心，整合了电子公告屏、触摸查询屏、诉讼服务窗口管理系统等各类信息化应用，为诉讼参与人提供全流程、一站式的信息化服务，基本实现了办案系统短信节点自动发送和审判流程触摸查询等便民服务。当事人自案件受理之日起即可查询审判流程信息，案件当事人、诉讼代理人可以随时查询案件详情，及时了解案件进展。内蒙古自治区高级人民法院建设司法公开网，为全区法院提供"预约立案""案件查询""电子送达""网上阅卷""申诉信访""联系法官"等互联网便民应用，为全区法院提供"开庭公告"窗口，并已经与各院审判系统挂接，能够查看全区法院已发布的开庭公告信息。山东省荣成市人民法院创新公开载体，依托审判流程、裁判文书和执行信息三大公开平台，将"二维码"技术引入司法服务领域，当事人扫描"二维码"，即可查询到案件的案号、承办部门、承办法官、联系电话、开庭时间、审理期限等流程节点信息，方便当事人随时了解案件进度，促进司法流程更加公开。实现对审判流程的全方位监督，让暗箱操作没有余地，让司法腐败无处藏身；应用信息技术，努力创新司法便民利民措施，有效提高办案质量和效率，为群众提供更有针对性、更加人性化的司法服务，使人民群众能更加便捷地行使诉权。

### （二）庭审视频直播眼见为实

庭审是法院最重要的司法活动。2016 年 4 月，最高人民法院公布了修改后的《中华人民共和国人民法院法庭规则》，明确规定公开的庭审活动公民可以旁听。但是，单纯的亲自赴法庭旁听庭审活动受到诸多条件的限制，使公开的效果大打折扣，运用互联网进行网上直播则克服了上述限制，扩大了庭审公开的受众面。

根据最高人民法院的规定，自 2016 年 7 月 1 日起，最高人民法院所有公开开庭的庭审活动原则上全部通过互联网直播。对于公众关注度较高、社会影响较大、法治宣传教育意义较大等依法公开进行的庭审活动，各地法院可以通过电视、互联网等以视频、音频、图文等方式公开庭审过程，大力推进庭审网络直播。

为了顺应新形势的发展，2016 年 9 月，最高人民法院推出"中国庭审公开网"。中国庭审公开网全面覆盖四级法院，将海量的庭审直播过程全方位、深层次地展示在新媒体平台上，使公众可以迅速、便捷地了解庭审全过程，降低了旁听的门槛。这也可以提高庭审公开效率，减轻法院的管理保障成本。作为全国法院统一、权威的庭审公开平台，升级改造后的中国庭审公开网是继中国审判流程公开网、中国裁判文书公开网、中国执行信息公开网之后建立的司法公开第四大平台，标志着司法公开进入新的历史阶段。

为确保庭审直播工作规范、有序，江苏省高级人民法院建成全省统一的庭审互联网直播平台，支持法院官网、微博、微信、手机 App 等多平台直播。此外，江苏法院还根据案件情况创新直播形式，如对涉及当事人隐私的案件，采用邮箱等方式定向直播；对社会关注度高、案情复杂、直播风险高的案件，采用短视频形式对关键环节进行直播；还针对社会转型期诉讼案件激增导致司法资源紧张等问题，联合相关公司将庭审直播案例导入互联网调解平台，为当事人提供同类参考案例。

### （三）裁判文书公开量全球之最

裁判文书作为审判结果的主要载体，其公开不仅对法治宣传、法学研究、案例指导、统一裁判标准都具有重要意义，同时还能够倒逼各级法院切实提高审判水平，深化裁判文书说理改革。因此，与审判流程信息侧重于向当事人公开不同，裁判文书作为案件审理结果除了向当事人送达之外，还要按照"以上网为原则、以不上网为例外"向社会公开。2013年11月，最高人民法院开通中国裁判文书网，成为全国法院裁判文书公开的统一平台。除涉及国家秘密、未成年人犯罪、以调解方式结案、离婚诉讼或涉及未成年子女抚养等情形外，各级法院作出的裁判文书均在中国裁判文书网上公开。2015年12月，中国裁判文书网改版后增加了公开蒙语、藏语、维吾尔语、朝鲜语和哈萨克语等5种民族语言裁判文书的功能，提供全网智能化检索服务，更好地满足各民族各界群众对裁判文书的多样化需求。

中国裁判文书网首页在醒目位置实时显示当日新增裁判文书、访问总量等相关数据，公众通过互联网即可即时查看各级法院的生效裁判文书。中国裁判文书网覆盖200多个国家和地区，成为全球最大的裁判文书网。截至2016年12月31日，中国裁判文书网已公布裁判文书超过2550万份，累计访问量超过47.2亿人次。

此外，网站还提供了快速检索联想、一键分享、手机扫码阅读等功能，尽量使用户体验达到最佳。2016年8月30日，最高人民法院发布新修订的《关于人民法院在互联网公布裁判文书的规定》（法释〔2016〕19号），进一步扩大裁判文书上网的范围。裁判文书公开工作模式也已由传统的专门机构集中公布模式，转变为办案法官在办案平台一键点击自动公布模式。

### （四）执行信息公开负重前行

执行是确保司法裁判得以落实、当事人权益得以保障的最后一道关口，是提升司法公信力的关键。执行信息公开是司法公开的重要内容。2016 年，执行信息公开平台作为四大平台之一，除了继续肩负阳光执行的使命之外，还承载了助力破解执行难的重任。为破解执行难，最高人民法院加强了执行公开工作，将 2013 年 10 月开通的"全国法院失信被执行人名单信息公布与查询"平台更名为"中国执行信息公开网"，并在首页建立了"被执行人""执行法律文书""执行案件流程"等链接。中国执行信息公开网公布了全国法院执行案件流程信息、失信被执行人名单、被执行人信息、执行裁判文书等执行相关信息，便利执行当事人查询，接受社会公众监督。截至 2016 年 12 月底，执行信息公开网已累计公布执行信息 7624 万条。为了加强执行案款管理，切实维护当事人合法权益，最高人民法院又于 2016 年 11 月 21 日创建"执行案款领取公告查询"网页，并与中国执行信息公开网建立链接，由各执行法院将联系不上当事人的案款信息予以公告。

各级人民法院也将执行工作与社会征信体系建设相结合，利用本地信息平台公开被执行人信息、限制出境、限制招投标、限制高消费等信息，推动信用惩戒机制建设。浙江省依托大数据生态圈，汇集了公安、交通、房产、银行、出入境等 15 个部门的婚姻、信用、电商、社交、金融、交通、房产等 45 个维度近千个数据指标项，全方位评价当事人的身份特质、行为偏好、资产状况、信用历史，实现了多维度、全方位展现被执行人的信息状况，创造性地开发了"当事人信用画像"系统，为审判执行法官办案提供重要的参考依据。

为严格规范终结本次执行程序，最高人民法院于 2016 年 10 月 29 日印发《最高人民法院关于严格规范终结本次执行程序的规定（试行）》。该文件规定，终结本次执行程序裁定书应当依法在互联网上公开。为了强化对终本案件的监督管理，北京法院审判信息网公开了所辖法院的终本案件数量和个案，包括案号、被执行人、立案日期、结案日期、终本裁定书、举报线索等信息。

为了规范司法拍卖，2016 年最高人民法院出台《最高人民法院关于人民法院网络司法拍卖若干问题的规定》（法释〔2016〕18 号），明确人民法院进行财产拍卖时以网络司法拍卖为原则。截至 2016 年 10 月 31 日，全国 14 个省市 1600 多家法院开展了司法网拍。

为了推动与执行息息相关的破产案件的公开透明，2016 年 6 月 23 日，最高人民法院上线运行"全国企业破产重整案件信息网"。该平台由全国企业破产重整案件信息互联网、企业破产案件法官工作平台、破产管理人工作平台三部分组成，其中全国企业破产重整案件信息互联网是按照案件流程全公开原则，对破产案件各类信息分级进行发布的互联网资讯平台。为保障平台顺畅运行，最高人民法院制定并下发了《最高人民法院关于企业破产案件信息公开的规定（试行）》（法〔2016〕19 号）和《最高人民法院关于依法开展破产案件审理 积极稳妥推进破产企业救治和清算工作的通知》（法〔2016〕169 号）等文件。

司法公开让当事人更加深入地参与到案件审理流程与判决结论形成过程中，消除当事人对法院、对法官的不信任，提高了司法公信力，令当事人从内心深处做到服判息诉、自觉履行生效法律文书确定的义务。充分的参与和公开使法官的一举一动、一言一行都在监督之下，促使法官必须提高个人审判水平、调整原有工作模式，在全透明的环境下工作必须谨言慎行，依法行使审判权。

# 六 决策精准化

建立人民法院数据集中管理平台，深度整合、挖掘、利用审判执行信息大数据，是人民法院信息化发展的必然要求。

## （一）建立司法大数据

为了将分散在全国各地各级人民法院各种类型的案件及其相关数据进行聚合汇总，最高人民法院从 2013 年开始即组织策划建设人民法院数据集中管理平台，2014 年 7 月 1 日，人民法院数据集中管理平台正式上线。人民法院数据集中管理平台的建立和完善要经历全国法院全覆盖、案件数据全覆盖、统计信息全覆盖三个发展阶段。2015 年 6 月，人民法院数据集中管理平台首次成功汇聚了全国四级法院的案件数据，每一法院均在平台拥有对应的案件数据集合，基本形成一张覆盖全国四级法院、近 1 万个派出法庭的数据汇聚大网。根据最高人民法院发布的《人民法院数据集中管理工作规范》，最高人民法院与各高级人民法院之间建立了每 5 分钟和每日案件数据动态更新机制，有效支持案件、文书数据的及时、自动汇聚。2015 年 10 月，人民法院数据集中管理平台实现了全国法院"案件数据全覆盖"，形成了任一数据都必然对应相关案件实体的"一数一案"关联体系，为保证案件数据的全面性、准确性和可维护性奠定了基础。2016 年初，最高人民法院提出了数据集中管理平台与司法统计全面并轨的要求。截至 2016 年 12 月底，大数据管理和服务平台面向全国 3520 个法院，共计自动生成 478584 张报表、超过 1000 万统计数字、1 亿个案件信息项，并自动建立了法院、报表、案件的三级关联印证机制。由此，中国法院在全国政务系统率先彻底告别了延续近 70 年的人工统计方式。

同期，全国 3520 个法院全部实现了实时上报数据，人民法院数据集中管理平台汇聚全国法院近年来 9533 万件案件数据，并以日均 5 万~6 万件的案件数量递增。数据集中管理平台已经升级为大数据管理和服务平台，除审判执行信息外，还汇集了司法人事、司法政务、司法研究、信息化管理、外部数据等六大数据体系全面丰富的数据资源，并成为涵盖数据管理、共享交换、数据服务三大功能，提供信息纵览、审判动态、司法统计、审判质效、专项分析、司法人事和综合搜索等七大类司法服务的审判信息资源库。司法大数据管理和服务平台具有数据汇聚实时自动、数据质量高度可信、数据服务全面可用等特征，是全世界最大的审判信息资源库，为进一步提高人民法院大数据开发和应用水平奠定了坚实基础。

## （二）深度挖掘服务决策

数据的价值在于应用，在于通过数据挖掘分析支持决策、服务管理。2016 年 3 月 2 日，"法信——中国法律应用数字网络服务平台"上线，该平台坚持需求导向，以用户为中心，在分析市场需求的基础上，不断丰富、拓展数据库资源，有针对性地提高技术应用水平，为用户提供更加全面、快捷、智能化的检索、智能推送等服务。2016 年 11 月 10 日，为贯彻落实网络强国和国家大数据战略，推进"智慧法院"建设，最高人民法院成立了天平司法大数据有限公司。该公司将根据最高人民法院的战略要求整合法院优势资源、创新司法管理运行机制，加强司法大数据研究，以最大限度地利用法律资源服务人民群众、审判执行、司法管理。为加强司法大数据运用，最高人民法院成立司法案例研究院，加强对案例等司法数据的管理、分析和应用，并积极筹备设立国家司法大数据研究院，为审判工作提供智能化的司法大数据服务。

通过对实时汇集的司法信息进行多维度的整合、分析、挖掘，可以提高人民法院司法审判的智能化、审判管理的科学化和国家决策的精准化。例如，最高人民法院信息中心、司法案例研究院发布的涉拐犯罪专题报告数据显示，在全国法院审结一审拐卖妇女儿童罪的案件中，94%的案件涉及拐卖妇女儿童罪，占涉拐案件的绝大多数，而收买被拐妇女儿童罪的案件只占6%。这两项数据一方面说明，《刑法修正案（九）》将收买行为一律入刑已初见成效；但另一方面可以看出，对于收买行为的打击、处罚力度仍需加强。在全部案件中，某省案件量占全国案件量的15.3%，该数据指明了打拐工作的重点区域。此外，对被告人情况、性别、年龄分布、文化程度、身份等数据的统计分析，可以在一定程度上划定打拐工作的打击对象并对相关案件进行预判、预警和及时处置。再以同时发布的毒品犯罪专题报告为例，审判数据显示容留他人吸毒案件数量呈现增长态势，提示政法部门应对这一类型犯罪加强打击力度；涉外毒品案件的国别分布表明，与某些国家相关的毒品犯罪需引起有关部门注意，并应予重点防范和治理；国内毒品犯罪案件的区域分布，为打击毒品犯罪指明了区域重点；对于被告人特征数据的精准分析也可以对高危人群进行重点预防。

在地方，司法大数据同样对指导政法工作意义重大。吉林省建成了全省法院数据集中管理平台，实现了全省三级法院案件数据的自动生成和实时更新，并组建了"吉林省司法数据应用研究中心"，对司法大数据进行分析，及时发现社会治理中存在的普遍性、规律性、倾向性问题，向党委政府提出相应的司法建议，发挥司法数据在服务党委政府决策中的参谋作用。例如，吉林省高级人民法院就涉及吉林省农村信用社的贷款纠纷案件进行了专项分析，向省政府提出了分析报告，得到了省领导的高度重视并作出重要批示。长春市中级人民法院依靠大数据，针对毒品犯罪案件的数量变化趋势、被告人特征、地域分布情况等进行了专项分析，助力毒品犯罪的整治工作。"互联网+"之下的大数据时代，数据资源共享共用、设施互联、数据开放、资源共享，能够推动法院工作同其他部门联动，不断增强司法工作系统性、整体性、协同性；能够以丰富的数据资源和严谨精确的计算能力辅助党政部门科学决策，提升国家治理能力；更加能够通过大数据应用，为群众提供多样性、个性化的公共服务，在周到、精细的服务中提升社会治理水平。

# 七 2017 年展望

得益于信息技术的发展，人民法院信息化建设取得了阶段性成效，但是各地法院信息化建设仍然存在一些问题，信息化的整体水平与人民群众日益增长的司法需求相比还存在较大差距。追赶发展迅猛、日新月异的互联网技术，使法院工作同步受益于科技进步并不是一件轻而易举的事情，法院信息化建设是一项长期系统的工程。为达到实现最高人民法院大力推进"互联网+诉讼服务"的要求，建设人民法院信息化 3.0 版，更好地造福广大人民群众，各级人民法院还需要从以下几个方面进行努力。

## （一）统一工作部署，防范矛盾冲突

当前，法院信息化工作还存在一些全局性问题，需要予以关注。例如：一些地区上下级法院之间、法院和其他单位之间、不同信息系统之间的数据共享交换体系尚未全面互联互通；不同法院网站或司法服务平台执行不同的技术标准，应用程序烦琐复杂；平台分散重复建设，给公众准确快捷查询信息带来不便，部分法院同时开设两个网站，功能区分标准不清，政出多头带来混乱；电子送达等实际应用缺乏法律支撑，等等。这都指向同一个问题，就是顶层设计的欠缺导致各项工作难以统一。

根据《人民法院信息化建设五年发展规划（2016~2020）》关于加强顶层设计的任务要求，各地应依据五年发展规划，对辖区法院信息化建设进行总体技术架构设计和方案论证，以"天平工程"为抓手，明确系统建设、保障体系和效能提升方案，支撑系统研发、数据管理和资源服务等建设工作，保障系统和系统之间、法院和法院之间、法院和外部单位之间的互联互通、信息共享和业务协同。最高人民法院的规划体现了注重顶层设计的总体精神，各级法院都应将这一精神落实到部署信息化工作之中，逐级做到本辖区法院信息化建设工作架构与方案的统一，系统整体将呈现科学、有序的面貌，避免重复建设、资源浪费和各种冲突的出现。

这种提前统一部署的工作思路已经在一些地区取得实效。例如，考虑到多个系统平台功能交叉重叠的现状，针对法官需要在多个平台多次重复录入信息、上传文书的问题，山东省淄博市中级人民法院加大全市两级法院信息整合力度，建设了多个接口平台，使不同类型、不同标准的审判信息系统、科技法庭系统、审委会系统和电子卷宗系统横向、纵向有机整合，实现了信息的一次录入，全面共享，减轻了法官负担，整合了信息资源。

### （二）填补法律空白，实现有法可依

互联网技术与人民法院工作的融合已经是客观现实，并且呈现向更深层次发展的趋势，但相关法律制度却迟迟没有建立起来，法院在切实推进信息化工作过程中难免会遇到要对有关技术手段的正当性予以证明或者法律法规不健全导致无法可依的尴尬局面。例如，电子诉讼材料与纸质材料是否可以相互替代、法律效力有何异同，是互联网诉讼发展过程中必须面对的问题，这就需要国家层面出台制度性规定对这些问题进行专项说明，以促进互联网诉讼服务的标准化和规范化。目前，中国现行法律法规中涉及电子卷宗和电子档案的只有零星分散的条文，说理不够充分，对其性质界定不够明确，电子档案的加密保护管理技术、泄密责任认定等还未能被正式纳入相关法律系统中。这导致了当前法院电子卷宗和电子档案在发挥法律凭证作用时仅能充当简单的辅助工具，其法律效力远不及传统纸质档案，信息化工作进程受阻。因此，2017年及此后相当长一段时间仍应加强相关立法工作。

### （三）培养互联网思维，提升思想认识

受到学历、背景、年龄等因素的制约，有一部分法官对互联网技术并

不熟悉。一些法官知识结构老化，在其早期学习经历中缺乏计算机网络等内容，对于互联网、信息化一知半解，头脑中尚未形成互联网思维，因而难以在短时间内掌握信息化工作所要求的技术，连最基础的操作系统都必须从零学起，举步维艰，甚至有的法官因此产生抵触心理，拒绝接纳新鲜事物。一些法官的工作能力仅仅停留在打字、打印材料等简单操作方面，个别法官甚至连在系统中查询法律法规、制作电子表格、收发电子邮件等功能都不会使用，既浪费了网络资源，工作效率也很低。也有部分法官未能充分认识到法院信息化的必然性和重要性，对信息化工作的理解比较肤浅，停留在表面，认为各种高新技术之于法院可有可无，多少年来没有网络照样办案，故对互联网发展之快、运用之广、渗透之强，以及对人民法院工作的影响之大缺乏应有的认识，由于缺乏对"互联网+"的内心认同而拒绝在工作中落实该项行动。再加上，在信息化工作初期，大量数据亟待录入，网上办公系统实用性、友好性还欠佳，不仅不能为法官减负，反而额外增加其工作量，也是造成法官对网上办公办案产生抵触情绪的客观原因。

消除法官对于互联网的心理障碍，提升其对"互联网+人民法院工作"的思想认识是进一步推进信息化工作的关键。广大法院干警需要认识到互联网技术并非高深莫测难以掌握，也不是电脑专家的独有技术，而是一种渗透在每个人的生活、工作中且应用性非常强的技术。在当今时代，掌握网络技术不仅仅是做好工作的必备手段，也是享受美好生活的基本技能。在这一方面，山东法院的做法为全国法院系统提供了有益的借鉴。山东省高级人民法院强化组织领导，并充分发挥了领导干部学习信息技术的带动作用，在统一全省法院干警思想认识方面下足功夫。他们创新方式方法，从生活中的网络技术入手，坚持学用结合、学以致用，把"学网"作为必修课，把"用网"作为基本功，从微信微博、打车软件、网言网语等基本知识学起。通过教会干警利用手机 App 打车、订票、订餐、购物、就医、聊天等，让他们切身感受到信息网络技术在生活中的广泛应用和给人们带来的各种便利。实际操作的过程也是学习、理解、运用互联网技术和形成互联网思维的过程。这种从小处着眼、从实际生活出发的做法，在转变干警观念、消除信息化心理障碍方面走出了一条新路，值得推广和复制。

部分群众对互联网技术不熟悉也是法院信息化工作难以推广的重要原因。中国互联网络信息中心（CNNIC）2016 年 7 月发布的第 38 次《中国互联网络发展状况统计报告》指出：城镇地区互联网普及率超过农村地区 35.6 个百分点，城乡差距仍然较大。对互联网知识的缺乏以及认知不足，导致的对互联网使用需求较弱，仍是造成农村居民不上网的主要原因。调查显示，农村居民不上网的原因主要是"不懂电脑/网络"，比例为 68.0%，其次为"年龄太大/太小"，占比为 14.8%，"不需要/不感兴趣"占比为 10.9%。这种需求不足的状况导致面向农村群众的基层法院信息化进程受阻，在实际工作中先进的设备和办公系统无用武之地，各种设备逐渐被闲置，技术日渐趋于落后，信息化工作流于形式，传统的资源密集但效能低下的工作方式依然占主导地位。要改变这种状况，在农村地区普及互联网知识与技术需要人民法院与其他部门协同合作，这是一项长期系统的工程。对于人民法院而言，要以农村群众的司法需求为导向，加大宣传力度，必要时送网、送法下乡，让农村群众在真实的案件中切身体会互联网时代司法服务的优越性，并以地区为维度，推行更符合地域特征、更贴近农民生活的相关措施及司法服务，解决引导农村非网民转变观念，使用互联网更好地行使诉权。

### （四）借推广云技术，实现均衡发展

近年来各地法院专网带宽均成功地进行了扩容，各级法院自行接入互联网，省法院统一建设法院专网与互联网的数据交换平台，基本能够实现各省省内法院专网数据统一出口。但是，互联网技术在不同区域的发展状况呈现不均衡状态，不同区域的法院之间互联网硬件设施经费投入、技术普及程度等呈现较大差异，经济发达省份（东部沿海地区）和经济欠发达省份（中西部地区）之间、城乡之间法院网络办公条件差距较大，数字资源闲置浪费和资源匮乏现象同时存在，难以全面满足各地人民群众的多元化司法需求。

云技术能够很好地平衡不同区域不同物理设备的数据资源配置。在经济发达地区，有能力提供充足的硬件设备，具备强大的数据计算能力，云

技术之下所有数据集中于云，形成数据资源池，其他地区则可通过云端共享资源池中的资源，而不需要重复配置耗费巨大的硬件设备，从而既减少了前期投入，又提高了数据利用效率。今后，有必要进一步推广云技术，实现地区间信息化均衡发展。

## （五）业务技术融合，形成内外合力

各地法院在"互联网+诉讼服务"建设过程中普遍存在两个方面的突出问题。其一，重技术轻业务。以法院网站建设为例，部分法院网站仅依靠专门技术人员制作和维护，甚至基本的法律常识性错误都不能被及时发现；由于网站制作维护人员不懂业务流程，当事人或普通百姓在网络上寻求司法服务时又不能从门户网站顺畅地与法官取得联系，从而导致所谓的信息化无法满足人民群众的司法需求。其二，重业务轻效果。一些网站的服务窗口在主页边缘、角落位置，不易被发现，网站不可用、首页栏目更新不及时、网站搜索引擎功能落后、首页链接不可用、附件不能下载、网页出现错别字等。上述两方面的问题同样存在于法官网上办公系统建设方面，仅依靠法院现有工作人员没有能力完成这一建设工作，但设计、建设、维护等服务外包又导致办公系统与审判业务契合度不足、实用性欠佳，不仅不能为审判工作提供技术支持，反而徒增一线法官工作负担。

业务与技术是人民法院信息化工作的左右手，只有融为一体，相互配合，才能切实发挥助力审判工作的功能。实现审判工作业务与信息技术的融合，队伍是基础，人才是关键。培养一支对司法业务和大数据都精通的队伍，使业务和大数据、技术最大限度地实现融合，网站、诉讼服务中心、网上办公等系统运转良好畅通。要注重从具备一定法律知识、了解审判执行业务又熟悉大数据分析的人员中选择优秀人才，充实到信息化管理和技术人才队伍中。

同时也要合理适度地借助外力，节约成本，特别是借助"外脑"，外聘专家提供技术咨询，使法院工作少走、不走弯路。

## （六）加大公开力度，维护司法公正

在最高人民法院的推动下，中国法院司法公开平台建设处于快速发展阶段，最高人民法院于 2013 年推进审判流程公开、裁判文书公开、执行信息公开"三大平台"建设，开通官方微博和微信，各地法院也纷纷开通门户网站、司法公开平台、网上诉讼服务中心、12368 诉讼服务热线等。但整体而言，中国法院的司法公开还存在平台重复建设、信息准确性差、信息公开碎片化、法院公报有偿公开、数据公开尚处于初级阶段、司法改革透明度有待提高等问题。以信息公开碎片化为例，不少法院对信息公开的理解仅限于简单地将司法信息直接上传到网上了事，不少重要的司法信息未能分门别类，建立相应栏目，而是散放在《新闻动态》栏目中。信息公开碎片化给公众获取信息造成困难，公众难以按图索骥，难以从相应的栏目查找到信息，并且许多司法信息会被淹没在海量的新闻报道中，影响公开效果。

上述问题暴露出现阶段中国司法公开仍缺乏公众本位观，公开什么、如何公开往往从有利于法院工作的角度出发，由司法机关掌握主动权，公众处于被动接受的地位。这种权力主导机制将会制约司法公开的广度和深度。就本质而言，司法公开不单单是司法权力的运行方式，更是保障公民合法权益的重要路径。未来，要推动司法公开的纵深发展，应明确司法公开的"权利"属性，以公众为导向进行制度重构和顶层设计，实现从权力主导型向权利主导型的转变。

首先，要以用户的需求为导向，服务于公众便捷、准确获取信息的需要，构建集约化的司法公开平台，降低司法公开的成本。为此，应统一网站的功能，将法院的新闻宣传、司法公开、诉讼服务等功能统一整合到政务网站，将政务网站建成立体式、全方位、一站式、互动性的网站，集公开、宣传、服务、互动等功能于一身；在地方构建三级法院共享的政务网站，方便公众查询本地法院的所有信息；在地方政务网站上建立与全国专项司法公开平台的链接，方便公众登录本地法院网站即可了解全国范围内的专项司法信息。

其次，摒弃公共信息牟利思维。司法公开的权利主导型，意味着司法信息本质上属于人民，不是法院私有的，其公开是基于满足公民知情权和监督权的需要，因此除了工本费之外不得另行收费。对于法院公报、白皮书、专项工作报告这些属于法院主动公开范围的信息，更应该免费在网上公开，法院不得将其作为私产予以销售牟利。

最后，应建立民享的司法大数据。在国家大数据战略中，司法大数据无论从数量还是从质量上看，都是国家治理能力赖以提升的富矿。要最大限度地发挥司法大数据效用，必须继续深化司法公开，借助信息化提升司法公开的效率和质量，做到数据的准确真实、互联互通、社会共享。

### （七）注重网络安全，确保自主可控

信息安全是信息化发展的一道红线。随着新一轮信息革命加速全面影响和重塑国家竞争、经济运行、社会发展、人民生活等各个领域，网络信息安全已由一个专业领域的小众性技术问题，成为事关国家安全、企业竞争和社会公众切身利益的普适性战略问题。近年来，信息技术在造福大众的同时，信息安全保障不到位造成的问题也日益突出，侵犯公民个人、企事业单位信息安全的犯罪数量逐年攀升。习近平总书记指出："要严密防范网络犯罪特别是新型网络犯罪，维护人民群众利益和社会和谐稳定。"《国务院关于大力推进信息化发展和切实保障信息安全的若干意见》（国发〔2012〕23 号）指出：我国信息化建设和信息安全保障仍存在一些亟待解决的问题，宽带信息基础设施发展水平与发达国家的差距有所拉大，政务信息共享和业务协同水平不高，核心技术受制于人；信息安全工作的战略统筹和综合协调不够，重要信息系统和基础信息网络防护能力不强，移动互联网等技术应用给信息安全带来严峻挑战。网络安全和信息化是相辅相成的。安全是发展的前提，发展是安全的保障，安全和发展要同步推进。各级法院必须牢固树立安全保护意识，不断加强法院信息化建设和应用过程中的全面安全管理，保证经费投入，不断引入中国自主研发的具有自主知识产权的先进技术和产品，建立司法数据容灾系统以防患于未然，确保司法大数据自主可控，安全发展。

### （八）全覆盖精细化，实现服务落地

"互联网+诉讼服务"的成效有目共睹，但是法院信息化还需要在细节上予以完善。例如，服务法官办案的各个环节衔接不畅或系统设计粗糙，需要进一步精细化打磨。可以通过对当事人诉求的逐一登记、分类以

及系统自动派单流转等一系列的标签化管理，为管辖法院及其部门的审查办理提供精准的法律法规、文书模板、线上审批、期限预警、电子卷宗、电子盖章、案例推送等智能化支持与服务。

一些法院信息录入不准确，以案件节点信息为例，人工录入的方式难免出现错误而导致节点信息不准确，不能保证当事人及时准确获知案件处理进度，致使其知情权受损，甚至可能由此损害当事人的实体权利。为此，应进一步推广网上办案和电子卷宗同步随案生成，避免事后录入数据造成工作重复和人工失误；还应优化办案系统，提升节点信息逻辑性自检纠错功能。

互联网技术还可以方便人民群众就近诉讼。有条件的地区可以通过人民法院相互协作、诉讼服务流程再造，依托网络平台统一诉讼服务信息系统，打破传统上诉讼服务需限定地域、限定对象的思维定式，不分本院案件、他院案件，构建起本地服务与跨域服务"同等对待、同一标准"的诉讼服务新模式。

# 八 结语

2016 年，"智慧法院"建设纳入《国家信息化发展战略纲要》，写进《"十三五"国家信息化规划》。2016 年，中国法院实现网络覆盖最广、业务支撑最全、公开力度最强、数据资源最多、协调范围最大，引起全球同行的广泛关注。2016 年，最高人民法院成功举办第三届世界互联网大会"智慧法院暨网络法治"论坛，与会各国达成的《乌镇共识》强调，信息技术是促进法院提升工作质效的有效途径，各国将在司法审判、司法管理和司法决策中积极运用包括大数据和人工智能在内的新技术。2017 年，人民法院将总体建成人民法院信息化 3.0 版，初步形成智慧法院，进一步推进信息技术与司法工作的深度融合，提高办案质量、效率和司法公信力，探索促进公平正义的"中国路径"，同时也为世界法治文明发展进步提供中国方案、贡献中国智慧。

为了客观、科学地对法院信息化建设成效进行评估，中国社会科学院国家法治指数研究中心及法学研究所法治指数创新工程项目组设计了"法院信息化第三方评估指标体系"（见附表），并将适时推出评估报告。

附表

# 法院信息化第三方评估指标体系

## 1. 服务法官（30%）

| 二级指标 | 三级指标 | 简要说明 |
|---|---|---|
| 1.1 卷宗电子化（15%） | | 是否实现卷宗随案生成 |
| 1.2 网上办案（15%） | | 是否实现网上办案 |
| 1.3 文书辅助生成（20%） | | 网上办案系统是否能够根据法官承办案件的相关信息辅助生成裁判文书模板 |
| 1.4 案件线索关联（15%） | | 网上办案系统是否可以实现被执行人在本辖区涉诉涉执案件自动推动功能 |
| 1.5 法规与类案推送（20%） | 1.5.1 法规推送（50%） | 网上办案系统能否自动推送案件相关的法规条文 |
| | 1.5.2 类案推送（50%） | 网上办案系统能否自动推送类案信息 |
| 1.6 执行查控（15%） | | 接入及应用总对总查控系统的情况 |

## 2. 服务当事人和律师（40%）

| 二级指标 | 三级指标 | 简要说明 |
|---|---|---|
| 2.1 网上立案（20%） | | 是否支持在线立案 |
| 2.2 在线缴费（10%） | | 是否支持在线缴费、退费 |
| 2.3 联系法官（15%） | | 是否支持在线联系法官 |
| 2.4 电子送达（15%） | | 是否支持电子送达相关文书 |
| 2.5 电子卷宗查阅（20%） | 2.7.1 支持当事人远程查卷（30%） | 是否支持当事人通过互联网调阅其参与案件的电子案卷 |
| | 2.7.2 支持律师网上阅卷（40%） | 是否提供律师在线阅卷功能 |
| | 2.7.3 支持当事人现场查询电子案卷（30%） | 是否支持当事人在诉讼服务大厅查询其参与案件的电子案卷 |
| 2.6 远程接访（10%） | | 是否支持远程视频接访 |
| 2.7 律师排期避让（10%） | | 网上办案系统可否自动根据律师排期，避免其代理案件排期冲突 |

### 3. 服务社会公众（30%）

| 二级指标 | 三级指标 | 简要说明 |
|---|---|---|
| 3.1 平台建设（15%） | 3.1.1 网站唯一性和有效性（20%） | 法院网站是否唯一并可访问 |
| | 3.1.2 网站友好性（20%） | 法院网站检索功能是否有效 |
| | 3.1.3 信息更新性（20%） | 法院网站首页信息是否及时更新 |
| | 3.1.4 信息准确性（20%） | 法院网站内容是否有严重错误 |
| | 3.1.5 链接有效性（20%） | 法院网站内外链接的有效性 |
| 3.2 审务公开（15%） | 3.2.1 人员信息（60%） | 法院网站是否公开法院领导、审判人员、书记员信息 |
| | 3.2.2 规范性文件（40%） | 法院网站公开本院规范性文件的情况 |
| 3.3 审判公开（25%） | 3.3.1 诉讼指南（10%） | 法院网站公开诉讼指南情况 |
| | 3.3.2 开庭公告（20%） | 法院网站公开开庭公告情况 |
| | 3.3.3 旁听（20%） | 法院网站提供旁听预约功能的情况 |
| | 3.3.4 庭审直播（20%） | 庭审文字与视频直播情况 |
| | 3.3.5 减刑假释（10%） | 法院网站公开减刑假释信息的情况 |
| | 3.3.6 裁判文书（20%） | 法院网站公开不上网文书信息的情况 |
| 3.4 数据公开（25%） | 3.4.1 财务信息（40%） | 法院网站公开年度预算、决算的情况 |
| | 3.4.2 工作报告（30%） | 法院网站公开年度工作报告的情况 |
| | 3.4.3 统计数据（30%） | 法院网站公开年报、专项报告及统计数据的情况 |
| 3.5 执行公开（20%） | 3.5.1 执行指南（20%） | 法院网站公开执行常识与执行流程的情况 |
| | 3.5.2 终本案件（10%） | 法院网站公开终本案件信息的情况 |
| | 3.5.3 执行曝光（35%） | 法院网站公开限制高消费、限制出境与执行悬赏的情况 |
| | 3.5.4 执行惩戒（20%） | 法院网站公开涉执案件的罚款、拘留及追究刑事责任的情况 |
| | 3.5.5 执行举报（15%） | 法院网站公开执行案件线索举报渠道的情况 |

（参见法治蓝皮书《中国法院信息化发展报告 No.1（2017）》）

# 第十八章　审判管理信息化的发展与走向

**摘　要：**审判管理信息化是法院信息化的重要组成部分，是新时期人民法院维护社会公平正义、满足人民群众司法需求的关键。近年来，中国法院在审判管理信息化方面做了大量工作，着力推进审判管理数据公开化，促进审判服务功能便利性，强化审判流程节点控制，并通过审判信息监督司法权，助力廉政建设。"十二五"期间，以互联互通为主要特征的人民法院信息化2.0版基本建成。法院信息化在提高审判质效、提升审判管理的智能化水平、服务法官办案、推进法院科学精确管理等方面取得了重大成绩，促进了司法为民、公正司法。然而，随着信息化的不断深入，对照人民法院信息化3.0版的建设目标，审判管理信息化工作还应在服务性、全面性、应用性、共享性和均衡性方面作进一步努力和改进。

审判管理，是指法院对审判活动进行计划、组织、指挥、协调、控制的方式①，是实现审判工作良性运行的重要保障。近年来，人民法院收案数量呈现爆炸式增长，审判执行任务日益繁重，人民群众司法需求不断增长，社会公众对审判效果的评价日趋多元，传统审判管理方式难以保证数据的客观准确，无法及时反映审判动态，弊端日趋突出。信息化技术在推进审判方式变革的同时，也推动着审判管理理念和方式的变革，推动审判管理信息化势在必行。

---

① 毕寒光：《审判管理方式改革之我见》，载《辽宁公安司法管理干部学院学报》2000年第2期，第13页。

## 一 审判管理信息化的意义

信息化对审判管理的作用和意义重大。一是有助于审判管理更加精细。传统的审判管理属于粗放型管理，对影响审判质量的具体环节缺乏深入研究和有效防范，对审判效率的管理大多放任自流，而信息化有助于及时反馈案件办理流程、重大事项、裁判文书制作等的信息，大大提升了审判管理的精细化程度。二是有助于审判管理更加准确。在传统的审判管理方式中，院、庭长无法亲自了解每个案件的案情，只能靠听取承办法官汇报来获取信息，审判管理无法精确到位，审判管理信息化可以实现每个案件在各个审判程序、审判节点的公开、透明，关联案件和类案的搜索、查询，使得审判管理更加精准。三是有助于审判管理更加科学。对审判工作进行评估，离不开科学合理的审判管理指标的设置和运用。传统的审判管理在司法绩效考核方面缺乏一套科学的评价标准和评价体系，评价指标设置不科学、不全面，导致审判管理走向异化。信息化有助于采用更加丰富多样的评价标准来评价审判绩效，克服其中的不合理因素，使得审判管理更加科学合理。四是有助于审判管理进一步系统化。在传统的审判管理模式下，审判管理结构是"金字塔式"的，审理管理职能分散在多个部门，带有很强的行政化特征，导致管理成本大、效率低，包括审判事务管理办公室、立案庭、审监庭、研究室、办公室等多个部门在内的管理机构，都不同程度、不同范围地承担着审判管理的职能。这种管理机构和管理职能的不统一，使得完整的审判管理工作被人为分解，造成了多头管理、政出多门的局面，不能形成整体合力，难以最大限度发挥管理的作用，某些情况下甚至给审判人员造成一些不必要的负担。发挥信息化的优势，可以促使审判管理各方面信息的汇聚与综合，提高审判管理的系统化水平。

## 二 审判管理信息化的实践

近年来，各级法院在审判管理信息化方面做了大量创新工作，形成了不少有益的实践和做法。

### （一）　实现审判管理数据公开化

将审判过程中产生的信息数据化是法院信息化建设的重要任务，其中一个重要的结果就是实现了审判管理数据的公开化。"十二五"期间，特别是党的十八大以来，在最高人民法院的强力推动下，人民法院网络建设成就突出。截至 2016 年 12 月底，全国法院基本实现了四级法院专网全覆盖，即全国 3520 家法院和 9277 家人民法庭已经通过法院专网实现了互联互通，为人民法院各项全国性业务应用奠定了坚实的网络基础。

第一，最高人民法院建成各类审判、管理信息网。最高人民法院搭建了一系列审判、管理领域的专网，包括全国统一的中国审判流程信息公开网、中国裁判文书网、中国执行信息网、中国法院庭审直播网等，是法院审判管理信息化成果的直接体现。

审判流程信息公开网投入运行。审判流程公开不仅是法院司法公开的关键，是方便人民群众参与诉讼、保障当事人诉讼权利、满足人民群众知情权的重要途径，也是审判管理的重要手段之一。借助审判流程公开，每一件案件的任何进展都能够立即在网上予以体现，能够在最大程度上促进法官勤勉工作、高效办案。

中国裁判文书网上线并改版。裁判文书是法院审判工作的最终产品，是法院认定事实、适用法律、作出裁断的重要文件，是推动全部诉讼活动、实现定分止争、体现裁判水平的重要载体。裁判文书上网公开一方面方便了人民群众查阅和开展研究，另一方面形成了倒逼机制，迫使法官提高文书质量和司法水平。

人民法院办公网和办公平台建成并不断升级。依托信息化建设，法院办公网站功能实现了升级，全国四级法院专网初步实现了权威发布、业务交流和应用整合。办公办案平台升级融合与应用的拓展，实现了工作桌面统一，并与信访、科技法庭等系统全面贯通，进一步优化了流程审批、审限管控、绩效展示等功能模块。

第二，地方人民法院建成或接入信息管理平台。地方各级人民法院的信息化建设也如火如荼，方兴未艾。全国各级法院都建成了案件信息管理系统，实现了网上办案，网络设备、计算设备、存储设备、系统软件等网络基础环境建设基本完善；各高级人民法院建成非涉密数据隔离交换设备或系统，实现法院专网与外部专网、互联网之间的跨网数据交换；视频会议系统实现全面覆盖，科技法庭、远程提讯、远程接访等系统基本覆盖全国法院，部分法院建成标准化机房和数字化会议系统；31个高级人民法院和新疆生产建设兵团人民法院建成执行指挥中心，25个高级人民法院建成信息管理中心。

截至2015年底，全国各地均建成统一的审判流程信息公开平台，并实现与中国审判流程信息公开网的联通。全国所有地方法院均建成或接入上级法院政务网站、司法公开平台，少数地区互联网应用已经迁移到公有云平台，互联网及其移动应用蓬勃发展，为各级人民法院服务于人民群众提供了强有力的技术支撑。

在东部地区，审判管理的信息化程度已经提升到比较高的水平。广东法院实现了全省法院办公办案平台的统一，结束了以往全省各地法院审判业务系统版本不同、信息无法交互的局面，消除了"信息孤岛"。目前，广东法院综合业务系统包括审判业务、执行业务、司法政务、诉讼服务等4类分系统，包含30多个子系统、近百个功能模块，基本实现了法院业务全覆盖。

在中西部地区，法院办案管理也逐步实现网络化。云南迪庆州法院运用"法院信息管理系统"软件，所有审判、执行案件从立案到归档全部实行网络化管理，实现网上立案、办案、归档、查询，增强了审判活动的公开性、有序性和规范性。在审理过程中，各类案件通过计算机进行审判流程管理，立案、分案、文书制作、统计分析等工作都在网上完成。

## （二）促进审判服务功能便利性

人民法院审判工作的主体是法官，为法官提供更加智能、便捷的服务有助于满足人民群众对审判活动的需求，使法院裁判最大限度地接近正义，是法院信息化的重要目标之一。

近年来，法院信息化在审判管理领域的应用越来越广泛，已经逐步从审判信息的收集、监管逐步发展到审判服务和审判支持方面，为法官提供法规查询、案例指导、量刑参考、文书辅助生成、电子送达、智能纠错等服务，使法官办案更加方便、高效，很大程度上提升了审判工作质效。电子签章、远程庭审等系统，极大方便了法官和人民群众，降低了当事人的诉讼成本和法院的司法成本。可以说，信息化为提升法院的审判能力、提高司法质效作出了重要贡献。

**1. 司法文书辅助生成系统**

法律文书是法官处理审判事务的重要载体和表现形式，也是对法官办案过程的真实体现。法律文书的自动生成全程覆盖、全程留痕，大幅减少了法官的工作量，提高了工作效率。

四川法院的文书自动生成系统，按照法律规定和最高人民法院的法律过程文书和裁判文书标准，为立案、审判、执行法官分类预置了上万份的文书模板，法官只需点击鼠标就能形成文书雏形，再填写必要的信息要素就能快速制作一份规范的法律文书。

**2. 电子送达系统**

在司法实践中，"送达难"问题始终困扰人民法院的工作。传统的司法送达方式效率低、难度大、成本高，无法适应快节奏的办案要求。为此，有的地方法院总结传统送达方式的弊端，并结合当事人、法官及法院管理者的需求，自主开发了电子司法送达系统，以提高送达的效率及准确率。目前电子化送达模式在浙江、广东、山东等地已经开始推行，不仅方便了当事人，节约了司法资源，更提高了送达效率。

山东省东营市开发区人民法院开发出司法文书网络送达系统，在立案审查和起诉状送达阶段，以确认书的形式明确当事人接受司法文书的电子邮箱和手机号码，部分司法文书已实现以 PDF 文件的格式同步向当事人电子邮箱发送，并以手机短信的方式予以提醒确认，既减轻了当事人的往返奔波之苦，也提高了法律文书的送达成功率，进而缩短了审判执行的期限。

2015 年 12 月 21 日正式上线的江西省南昌市高新区人民法院开发的送达业务流程管理系统，与传统的送达方式相比优点如下：①优化选择送达方式，该平台将电子送达、邮寄送达、直接送达、公告送达等各类送达方式纳入进行流程化管理；②对送达过程全程留痕，保存送达证据，送达时和当事人电话联系的通话记录，直接送达中前往当事人住处及留置送达的照片，邮寄送达的回执等各类送达过程的记录均可录入送达系统；③实现送达工作的流程化、智能化管理，系统中附有关于送达的法律规定，确保了送达工作的有效性和规范性。同时，系统还对送达情况进行分类统计，提升了送达效率。

### 3. 庭审语音识别系统

不管是传统法庭还是科技法庭，书记员通常情况下都难以完整地记录庭审的全过程。这样一方面影响庭审的流畅性，另一方面难以保证庭审笔录的客观全面。如何既准确又快速地记录庭审的整个过程成为提高庭审效率的关键。

在这种背景下，苏州市中级人民法院在科技法庭的基础上，引入语音识别技术。该技术基于语音识别技术，结合庭审应用场景而定制。该院从2016年4月下旬开始在庭审实战中测试使用语音识别技术，该技术已实现与科技法庭的无缝衔接，只需对接适配即可使用，改造简单，实施容易。经过庭审应用，庭审笔录的完整度达到100%，确保了记录的客观性和规范性。庭审时间平均缩短20%~30%，复杂庭审时间缩短超过50%，庭审效率明显提高。

### 4. 办案辅助系统

各地法院通过信息化开发了大量实用的辅助法官办案系统。北京法院通过大数据技术模拟法官办案思维，以检索框为入口，采用体系化检索方式，便于法官快速精确地找到目标案例。同时，系统还能对检索结果进行定制化分级推送，法官可以根据本人关注点的不同对分类结果进行个性化设置，系统根据法官设置的优先级别调整推送结果，确保展现出的案例最贴合法官本人的办案需要。

同时，北京法院的大数据研究平台还能够实现刑事案件量刑裁判辅助分析，智能识别当前法官承办案件案情，并依照刑事量刑规范、细则给出量刑建议，同时为法官智能推送同类案件的刑期分布、判罚方式等信息，促进刑事案件量刑规范化。

### （三）强化审判流程节点控制

审判管理的重点在于审判流程节点的体现、记录、反馈和监督。审判流程节点管理，是根据案件审理程序，对案件的立案审查、移交、排期、审判、签发、评查、归档等环节进行科学、规范、有序的系统化管理。传统的审判方式中，除非案情重大或者法官主动汇报，院、庭长无从实时知晓案件的进展情况，更无法掌握法官的工作动态，审判管理完全处于粗放管理状态，不利于院、庭长审判管理职能的发挥。信息化有助于大幅提升审判管理的精细化程度，使审判质效评估更加科学和准确。为此，各地法院出台了一系列通过信息化加强审判流程节点控制的措施和方法。

四川法院在办案系统中设置时限明确的流程节点，对案件在审判、执行各个环节的运行情况进行动态跟踪、监控和管理。利用信息化对审判流程的主要节点进行实时自动管理，各节点自动提示、预警显示、催办督办和逾期冻结，一旦计算机系统自动检测到案件承办人在某个节点没有按照法定时限对案件进行审理，预警、报警系统将对案件承办人、部门领导自动警示；对未录入开庭信息、超审限、结案后未按期归档等实行冻结，未经领导审批不得解冻，从而强化法官程序意识，杜绝超审限案件，实现案件过程控制。研发运行审判业务条线管理系统，上级法院业务部门可经授权查看下级法院对口部门案件办理情况，随时跟踪督促指导，实现流程管理在线静默监管。

湖北法院着力推进案件信息统一网上录入，将办案流程划分为 93 个节点进行动态监控和实时管理，加强对立案、开庭、送达、结案、归档等环节的预警、催办和督办，及时监测和清理长期未结案件，提高审判效率。

## 三　审判管理信息化的成效

法院信息化在提高审判质效、服务法官办案、方便人民群众诉讼、推进法院科学精确管理等方面发挥着越来越重要的作用，促进了司法为民、公正司法，提升了中国司法的国际影响力，树立了中国法院的良好形象。其成效主要体现在以下四个方面。

### （一）提高了法院审判的质量和效率

审判质效是公正司法的基础，法院的信息化技术在一定程度上能够实现向科技要生产力，帮助法官提升审判质效，帮助法院提升管理水平，并提高每一个个案的裁判质量，在审判管理、提升质效方面大有作为。

各级人民法院的信息网络系统、诉讼服务平台是网上办公、网上立案、网上办案、网上查询、网上申诉的重要载体，是法院审判工作的技术支撑。以法院审判结案的情况为例，全国不少法院都存在年度办案"前松后紧"、年底收案"急刹车"的现象。2015年，受经济下行、立案登记制改革、《民事诉讼法》司法解释出台和《行政诉讼法》修改等因素影响，全国法院新收案件迅速增长。最高人民法院依托数据系统，加强对审判运行态势的研判，适时通报工作情况，强化跟踪督促，并根据各审判业务部门工作量分流案件，均衡办案任务。2015年起，最高人民法院每季度制作《审判运行态势分析报告》，为各部门和法官掌握整体情况、明确问题与差距、积极推进工作提供数据支撑。

不少法院也建成了工作质效评估系统。浙江法院依靠信息化技术建立了全省法院审判质量效率评估体系，经数据中心自动采集运算全程同步即时录入的案件信息，在全国各省区率先自动实时生成26项办案评估指标，让各级法院看清本院办案工作的强项和弱项，看清自身各项工作在全省法院所处的位置和差距，极大地提升了信息化办案管理水平。评估系统还具备灵活的信息数据跟踪监测、预警、检索、统计等功能，能自动提示并防止案件信息的漏录、错录等问题，追溯具体案件直至每一个办案节点的流程信息，实现对各个法院、每名法官直至每个案件的科学量化管理，增强评估工作的针对性、客观性和权威性。

吉林的电子法院大大缩短了案件审理的平均时效，法官的收案、办案效率明显提升。首先，确保在法定期间内立案。诉讼各方通过线上进行材料收转、网上诉讼费缴纳、电子送达等，结合12368短信实时提醒功能，避免当事人来院立案以及往返多次补充材料，确保案件能够在法定期间内完成立案。其次，缩短了案件开庭时间。诉讼各方使用网上证据交换与质证、云会议平台、审诉辩平台、网上开庭等功能，单个案件的有效审理时间更长，双方当事人庭前准备和意见发表的时间更多，能更快地确定案件争议焦点，并围绕焦点进行审理和调解，使案件能够在法定正常期限内结案。最后，审判质效得到显著提升。由于案件审理全流程公开透明，案件争议焦点明确，通过云会议进行远程调解，案件调解率、撤诉率、一审服判息诉率得到了提升，调解后申请执行的案件量降低，审判质效得到显著提升。

### （二）提升了审判管理的智能化水平

信息化为法官查询、参考同类案件提供了技术支撑，确保法官查明事实，正确适用法律，减少司法裁判和司法决策过程中的不确定性和主观性，促进统一裁判标准。信息化为辅助分案、案由调整、专业合议庭等动态管理提供了支撑，使法官办案更加方便、高效，当事人诉讼更加便利，司法更加接近人民群众，审判管理的智能化水平进一步提高。

上海法院开发了"法官办案智能辅助""裁判文书智能分析""移动智能终端办案 App""法律文书自动生成""办公办案一键通"等 35 个系统，实现了法官办案智能化。法官办案智能辅助系统利用大数据分析技术实现关联案件、参考案例、法律法规等信息的主动推送服务，为法官办案提供个性化、精细化、智能化服务。裁判文书智能分析系统对文书中 61 项质量要素进行大数据分析判别，发现人工评查不易查出的逻辑缺陷、遗漏诉讼请求等实体性问题，提醒法官甄别修正。该系统已累计分析近 130 万篇裁判文书，其中在 2015 年分析的 4.8 万篇中发现并纠正了近 12% 的瑕疵。移动智能终端办案 App 方便法官利用手机等智能终端处理办案事务、提醒办案事项、查询案件信息、查阅审判文件等，使办案更加便捷高效。

天津市第一中级人民法院研发了新一代法院工作平台，将法院业务流、信息流和管理汇于一体，向全体干警提供智能化、个性化的公共信息服务、岗位功能服务和交流互动服务，实现了管理内嵌、服务创新、智慧共享。一是自动提供智能化个性化信息服务，推送个案参考信息，自动识别法官身份和具体案件，主动将相关的法律条文、指导案例、涉案舆情等信息经过抓取、筛选、整合后，推送给法官作办案参考。二是督促规范司法行为。平台整合了案件管理系统、科技法庭系统、文书纠错系统、电子档案系统、办案助手系统，将审判执行工作流程各节点的工作规范与标准内嵌，寓审判管理于服务之中，对法官的审判工作进行规范和指引。三是共建共享法官群智慧。开辟"明正典刑""民无小事""疑难杂症"等涉及各审判领域的法官论坛，法官自由参与，分享实践经验，开展学术讨论，互相启发，共同提高。

## （三）促进了审判管理进一步科学化

信息化改变了传统形式，促进了审判管理的科学化。信息技术对审判执行流程进行再造，实现了案件信息的同步采集。审判、执行人员在完成每一项工作的同时，将产生的诉讼材料第一时间采集进系统，所有信息在工作完成当天采集完毕，系统自动记录采集时间。对于起诉状、送达回证、证据等纸质材料，采用扫描方式采集；对庭审笔录、法律文书等文档，在制作的同时会上传到系统。庭审、鉴定、评估、拍卖、保全等司法活动也被纳入采集范围，所有庭审实现了实时监控、全程录像。

2015年，最高人民法院以规范审判管理为导向，协同、配合信息中心优化、完善机关办案平台，丰富办案平台辅助、便利法官办案的相关功能。该平台能做到审判流程信息自动同步公开、文书生效后一键点击上网公布、流程审批、审限管控、绩效展示等强大功能，基本实现了法官办案中形成的各种文书材料，包括阅卷笔录、审理报告、庭审笔录、合议笔录、裁判文书等在办案平台上完成或即时同步上传到办案系统的目标，在以现代化科技手段提升执法办案工作效率的同时，案件网上流转、网上审批、全程同步监管、全程留痕等新的工作机制初步成形。

北京法院建立了完善的案件流程制度化体系，制定了在信息化条件下流程管理、审限管理、开庭管理、归档管理等十几项审判管理规范性文件，并通过优化案件流程、细化管理节点，保证对立案、审判、执行、信访等各个环节均实现有效监控。

## （四）提高了审判管理信息的精确性

司法统计数据是审判管理的基础，数据的准确性不仅影响到司法审判的运行管理，而且影响到相关司法决策的制定及其科学性，决定着案件管理的有效性，是法院信息化的生命。为提升司法统计数据的准确性，完成传统人工填报司法统计报表向系统自动生成转移，最高人民法院选取北京、上海等 10 家高级人民法院作为 2015 年司法统计信息化试点单位，探索提高司法数据的准确性。截至 2015 年 10 月 15 日，有 13 家高级人民法院实现司法统计自动生成。此后，经过一年的努力，实现了全国法院司法统计数据均从最高人民法院建设的人民法院大数据管理和服务平台生成。

从最高人民法院层面来看，司法数据专题分析和服务初见成效。截至 2016 年 12 月底，最高人民法院数据集中管理平台已经实现从全国 31 家高级人民法院和新疆生产建设兵团人民法院自动提取案件数据，频率为 5 分钟，并可动态展现收案情况。通过这一数据集中管理平台可以对收结存、审判质效、热点案件、特定类型案件等进行挖掘、关联、分析，掌握审判动态、发展趋势和内在规律，更好地服务司法决策和审判管理。

从各地法院来看，审判管理自动化水平也不断提高。山东法院建成"山东法院数据服务云中心"，对各类数据进行集中存储、开发应用，提升审判执行管理的自动化水平，在人员基本稳定的前提下，案件管理的覆盖率、反应及时性、数据的准确性都有大幅提高。山东省高级人民法院统一开发的司法统计系统可以实现案件信息可追溯。山东法院所有的司法统计报表均可下载，点击数字可以查看案件列表信息。新版的司法统计不仅提供数字信息，还提供案件信息，其服务功能也实现了全面化。以山东法院司法统计系统为例，系统具备 10 类 138 张报表服务功能，实现管辖案件、刑事案件、民事案件、行政案件、司法赔偿案件、执行案件等领域的全覆盖。司法统计数据实现了自动上报。司法统计软件自 2016 年 8 月份运行以来，已经完成了和最高人民法院的数据比对，目前正在和单机版的司法统计数据进行比对。比对结束后，就可以实现司法统计的并轨。全省法院均可以使用司法统计软件进行司法统计。

重庆市第四中级人民法院依托"网上办案系统"，自主设计研发了"审判管理综合系统软件"。该软件不仅能够通过信息化手段量化法官的审判工作业绩，管理者通过数据对审判资源进行结构性调整，优化配置审判资源，还能够为院、庭长行使审判管理权和审判监督权提供平台，改变了法院内部传统的管理方式。可视化的全程监督管理排除了不良因素对审判活动的干扰，使院、庭长的监督管理全程留痕，便于落实司法责任制及错案追究制度。此外，审判数据采集自动化提升了法院审判管理集约化、精细化水平。

## 四　审判管理信息化的努力方向

《2006～2020年国家信息化发展战略》（中办发〔2006〕11号）明确指出，信息化是当今世界发展的大趋势，是推动经济社会变革的重要力量，大力推进信息化，是服务中国现代化建设全局的战略举措，是贯彻落实科学发展观、全面建设小康社会、构建社会主义和谐社会和建设创新型国家的迫切需要和必然选择。2015年，最高人民法院提出人民法院信息化3.0版的建设目标，即促进审判体系和审判能力现代化，形成支持全业务互联网诉讼、全流程审判执行要素依法公开、面向用户按需提供全方位集成式司法审判信息资源服务和辅助决策支持的智慧法院。

对照人民法院信息化3.0版的建设目标，审判管理信息化工作还应在服务性、全面性、应用性、共享性和均衡性方面作进一步努力和改进。

### （一）促进审判管理进一步向审判服务延伸

法院信息化过程中，审判流程的管理不断加强，审判数据的应用范围不断扩大，信息化的作用进一步提升。然而，审判管理的目的不是限制法官手中的审判权，而应服务法官行使审判权，最大限度地发挥法官的能动性，使审判权在法定范围内发挥最大的功效。为此，审判管理信息化的重点应逐步从监管向服务转变，减少给法官带来的不便和困扰，增加对审判的帮助和支持。

目前，人民法院的审判管理仍然以管理而非服务审判为导向，在使用审判管理系统时，法官普遍反映没有给案件审理提供很大便利。首先，一些审判系统平台在操作过程中或多或少存在响应速度慢、功能不完善、使用不方便、界面不友好等问题。例如，审判人员在使用审判系统进行录入、查询、下载等各项操作时，系统反应慢、操作不流畅、不稳定等问题没有根除。其次，一些审判管理系统功能单一、不够健全。审判人员通过信息系统往往只能进行简单的案件办理流程录入、案件查询等操作，而法官审理、办案常用的案卷调取、相互关联案件查询、法律法规和司法解释查询功能等在系统内往往难以实现。再次，一些系统权限、功能向法官开放程度低。部分人民法院审判管理系统查询、统计的功能比较丰富，但是这些权限多面向院、庭长，向一线法官开放的程度有限，往往无法满足法官查询信息、了解相关案情的需求。最后，一些系统的便利性有待进一步提升。辅助法官提高审判效率是建设审判信息系统的重要目的之一，目前只有部分法院实现了审判信息的自动回填功能。系统自动化水平不高，要求法官将案件的每一个办案流程节点都在规定时间内手工录入系统，就容易打断甚至打乱法官的办案节奏，影响办案效率。

因此，为了实现人民法院信息化3.0版的目标，下一步还应将提升信息系统服务功能作为重点工作。一是提升办公硬件水平及审判系统本身的性能，使得各项功能的实现更为迅速、流畅；二是从服务法官办案、为审判工作提供支持的角度去设计和改进系统，开发更多的服务功能，集合更多更全面的信息，提高审判系统的自动化水平，弱化对审判的控制和管理，强化对法官的服务，让法官享受到审判系统带来的便利和帮助。例如，案件鉴定流程应由法官从审判系统发起申请，鉴定部门受理触发审限自动中止，并去实施，将鉴定过程节点随时录入系统，法官通过系统实时掌握案件鉴定流转情况，这样法官无须每个案件都要等待鉴定部门的纸质材料。

在审判系统方面，人民法院现有部署的多个平台软件大多是以审判业务管理为主线，审判数据为重点，而用于辅助审判的软件较少，功能不够强大、贴心。提升审判系统效果，提高审判人员对系统的认同度和使用频率的关键在于让法官感受到信息技术在办公办案中的切实好处。一是研发法官办案智能辅助系统，利用数据分析技术实现关联案件、参考案例、法律法规等信息的主动推送服务，为法官办案提供个性化、精细化、智能化服务。二是提高审判系统自动化水平，使审判流程信息能够自动回填，裁判文书能够自动纠错，对于文书中常见的格式错误、错别字、逻辑缺陷等，自动加以甄别，待办事项能够及时提醒，方便法官办案，减轻法官负担。目前，只有部分法院的信息系统实现了其中一些功能，今后有必要进一步在提高其精确度和友好性的同时，将该项功能在全国法院铺开。三是推进电子卷宗随案同步生成，供法官办案、合议庭合议、审委会评议、调卷阅卷、裁判文书制作等工作使用。有的法院在此方面作了积极探索，成效明显，今后应尽快推广其经验做法。四是转变流程设计理念。以人为本，以审判权运行机制为中心，从服务法官的角度入手，强化法官对案件的掌控。例如，案件鉴定流程应由法官从审判系统发起申请就是比较典型的例子。五是注重技术与业务的融合。从服务审判执行工作、深入了解法官真实需求出发，由技术部门和精通审判业务的一线法官组成审判系统开发小组，在充分调研的基础上，对于现有的审判执行系统进行反复研讨和修改。论证审判系统各项功能的可行性、必要性，尽可能使得系统设置贴近一线审判工作，服务于一线法官、书记员。

### （二）搭建和完善全面覆盖的审判管理平台

"全面覆盖"是人民法院信息化 3.0 版的首要特征。全面覆盖要求各级人民法院以"天平工程"为引领，加强整体规划和顶层设计，充分运用网络和云计算等技术，实现全国四级法院网络联通全覆盖，司法审判、司法人事、司法政务业务与流程全覆盖，实现四级法院和人民法庭固定和移动网络的"全覆盖"，各类司法信息资源全覆盖，诉讼当事人、社会公众和相关政务部门多元化司法需求全覆盖，形成互联互通、畅通无阻、资源共享的法院信息化工作网络。

在这方面，审判管理信息化面临巨大的挑战。虽然目前各级、各地法院开发了诸多信息化系统，甚至在同一个法院内部开发了案件审判信息系统、审判流程系统、审判支持系统、执行信息系统、查控系统、案件评查管理系统、法官业绩评估系统、人事管理系统等多套信息系统，但是，首先，众多应用系统功能多样但兼容性不佳，审判、人事、政务信息之间统一管理力度不够，信息没有交互应用，没有实现法院内部各种信息系统之间互联互通；其次，各个系统缺乏统一入口和服务整合，每一套系统由一个部门主管，如审判管理系统由审管办负责，业绩评估、人事管理系统由干部处（科）负责，廉政监察系统又由监察室负责等，每一套系统有自己的登录名和密码，只有部分法院实现了不同系统的统一登录，给审判管理和法官运用带来诸多不便；最后，部分案件信息管理系统不符合司法改革对审判执行工作的要求，一些法院内部多头管理、各自为战、相互掣肘，信息化分工协作的运行模式不顺畅，开发的各种司法管理系统之间整体性不强，综合效能展现不足。

因此，必须要打破这种画地为牢的现状。一是扩展现有审判管理系统的外延，不能仅遵循传统的管理模式，只监管案件粗放式流转，侧重抓立案、分案、审理、结案等主要节点，忽略了送达、保全、公告、鉴定等主要分支流程的设计。应着力打破案件审理信息与执行信息系统、司法人事管理系统、行政办公系统之间的藩篱，改变信息孤岛现象，使承办法官第一时间掌握其审理案件的状态和动向，大幅提高审判的效率。二是既要增加审判信息系统与其他法院内部审判支持系统的连接，也应当增加互联网中对案件审理、送达等有帮助的相关信息的结合程度。例如，民事送达工作已经成为民事审判中的顽疾之一，送达难、送达周期长，因送达不合法导致案件发回重审等现象也屡见不鲜。而在执行信息系统中，有大量被执行人的身份和地址的准确信息。鉴于一部分被执行人与被告人的身份重合，利用执行系统中被执行人的身份就能提高送达的成功率；同样，当下互联网购物已经成为人们生活中不可或缺的一部分，利用互联网购物中留下的收货地址来辅助送达，也能做到事半功倍①。

---

① 这一建议并非空中楼阁，浙江法院已经开启了相关的司法实践。2015 年 11 月 24 日，浙江省高级人民法院与阿里巴巴集团签订战略合作框架协议，其中有一项就是通过淘宝平台的数据锁定当事人常用电话和地址，把法律文书寄往淘宝收货地址，提高送达率。此外，浙江省高级人民法院与阿里的合作还体现在"芝麻信用"、司法网络拍卖、云服务等专业领域，提升法院送达、审判、执行环节的效率。《浙高院：法律文书无法送达将直接寄到淘宝收货地址》，凤凰网，http://news.ifeng.com/a/20151124/46372996_0.shtml，2016 年 9 月 23 日访问。

### （三）拓展审判管理信息的应用范围和深度

"深度应用"是人民法院信息化3.0版的"六个特征"之一，要求充分运用大数据、云计算、未来网络、人工智能等技术和人民法院丰富的司法信息资源，分析把握新形势下审判执行工作的运行态势、特点和规律，为法院自身建设、国家和社会治理提供不断深化的信息决策服务。

近年来，人民法院在审判管理信息化方面做了大量卓有成效的工作，但是大多数法院的应用范围局限在流程管理、网上办公、公文传输等几个方面，司法信息资源的价值没有充分体现，还没有广泛用于数据分析等方面，更没有发挥信息资源的规模效益和社会效益。一是审判管理的数据多用来提供给领导决策或者撰写相关的调研报告，而将审判管理数据运用到审判管理中，提高审判管理水平和科学性则严重不足。二是审判管理系统中采集的数据处于低级运用状态，缺乏深入分析。例如，廉政信息系统、信访系统中只是完成了信息采集工作，较少有法院对采集到的数据加以分析，得出腐败或者信访现象高发的规律，提出警示，更少与审判执行系统数据进行比对，得出更进一步的分析结论。三是广大一线法官，特别是一些老同志和领导干部对审判管理的信息化还有畏难和抵触情绪。例如，一些法院设计了比较完善的网上办公系统，通过网上办公系统减少原来需要纸质材料的一些案件审批流程，既直观又便捷。但在实践中，一些领导干部往往没有养成良好的电子化阅读和审判习惯，仍然需要法官提醒或者将审批流程单打印成纸质文件，使得审判管理的信息化毫无用武之地。

因此，要不断拓展审判管理信息的利用深度和广度，推进开发建设的司法管理系统得到更加深入的运用。例如，建设司法数据的集中管理平台，以自动提取的案件数据为基础进行司法统计，开展案件运行情况分析，并为人员调配、法官员额设置、司法辅助人员的招录，甚至法官绩效考核、奖励等提供依据或者参考。又如，通过建立电子卷宗档案化，不仅保证卷宗推进随案同步生成，还将电子卷宗提供给法官办案、合议庭合议、审委会评议、裁判文书制作、案件评查、上级法院调阅等工作使用，但是这项工作仍然在部分法院试点，没有在全国法院全面铺开。同时，提高审判信息的利用率，还应增加管理系统的便利性和可塑性，在系统应用过程中发现问题和不便之处，可以随时与技术部门沟通提出修改意见，能够及时优化和调整。

## （四）加强法院间审判管理信息的共享兼容

法院信息化建设已开展多年，各类信息系统基本搭建完成。但是，上下级法院之间、法院和其他单位之间、不同网络之间的数据共享交换体系尚未全面建立，"数据孤岛"现象较为突出。同时，多个平台软件系统涉及的知识层面不一样，性能、设计理念都很复杂。参与平台建设的各个公司都各有所长，而没有一家能包含所有的工作层面。这些平台都已经具备了纵向的数据点，而横向的数据联系关联度还不够，与最高人民法院建立信息化标准体系，统一规划、科学整合、资源共享、有效应用的要求还有一定的差距。

未来，加强人民法院信息的共享和兼容还需要做好以下几步。第一，加强信息化建设的整体规划和顶层设计。受各方面因素影响，各地法院的信息化建设差异较大，各自为政、多头开发、重复建设问题十分突出。究其原因，很重要的一条就是缺乏科学的整体规划，不但没有全国性的指导意见或实施方案，甚至一省之内的信息化建设也大相径庭，导致各地开发的系统不能兼容、无法对接，严重影响人民法院信息化建设的整体推进和协调发展。因此，建议充分发挥规划的引领作用，从人民法院信息化建设业务需求出发，加强各项顶层设计工作，根据法院信息化建设"十三五"发展规划的要求，制定各省市的五年发展规划，并逐年评估修正，统筹辖区法院信息化建设。在全国法院信息化互联互通的基础上，逐步实现大数据的运用和整合。

第二，加强对现有应用系统的整合。建议在现有多头管理的基础上，花大力气整合信息管理系统，实现司法信息资源的充分整合和兼容，充分利用审判信息、纪检监察信息服务于干警业绩考核，通过案件流程管理、档案信息反馈给审判人员，网上办公平台、政务信息服务于全体工作人员等，发挥信息资源的规模效益和社会效益，使案件信息实现从一线干警到院、庭长点到点即时传递，实现扁平化管理，促进司法管理的科学化，提高司法管理效能。为了克服各个法院之间案件管理系统、办公平台不兼容、不统一的问题，建议由最高人民法院主导完成办公办案平台一体化整合和移动应用，并利用法院专网建设一批全国性应用系统。大力整合各类应用系统，实现不同应用之间的信息共享和审判、人事、政务信息的统一管理，并依托法院专网实现地方法院之间的横向信息交互。特别是对于最高人民法院建设的贯穿四级法院的应用系统，要坚持全国法院一盘棋，按照统一的接口规范和标准进行数据交互，确保实现全国法院数据上下联动、互联互通。

### （五）推动审判管理信息化水平的均衡发展

法院审判管理信息化建设起步早、发展快、地方创新多，对法院的各项工作起到了促进作用。然而，中国是一个发展中的大国，各地法院的信息化起步早晚不一，基础差别较大，信息化改革的人员、资金支持与配备也各不相同。

一些先进法院在创新探索方面走在了全国前列。有的法院已经实行案件从收案登记、立案审批、分案排期、案件送达、案件审理、结案审查到案件归档的流程化管理，通过信息网络系统的上下连接，将案件上诉、再审等环节纳入管理，实现了全方位、立体式、无缝隙的网络监督。有的法院在科技法庭管理平台建设、电子卷宗系统等方面走在了前列。有的法院开通了电子法院，实现了民事一审和二审案件、行政案件、执行和非诉类案件的全流程网上办理。也有的法院开设了电子商务网上法庭，充分运用电子商务的在线证据，发挥网上调解、裁判的便捷优势，不受时间、空间、地域限制。

与之形成鲜明对比的是，一些法院信息化基础设施相对薄弱，法院的信息化尚处于起步阶段。经济欠发达地区法院信息化建设投入不足、软硬件设施配置较低的问题仍然突出，甚至有个别法院、派出法庭还没有自己的专门审判办公场所，遑论信息化的推进了。也有法院虽然信息化起步早，但后期设备更新换代慢，同样制约了信息化的发展。比如，有的法院数字审委会、视频会议室已投入使用逾10年，信息机房的一些设备超期服役多年，许多设备市场上无法找到维修配件，既有设备落后老化问题，也存在严重的安全隐患。可以说，地区之间、法院之间的信息化发展不均衡，将是今后法院信息化推进应当考虑的重要方面。

法院信息化不是个别地区、个别法院的事，因此，急需解决各地法院信息化管理水平参差不齐的问题，做好顶层规划设计，制定信息化建设的统一技术标准，加大经济欠发达地区法院信息化建设投入力度，并配合信息化的推进，不断推动法院内部管理、审判执行的流程再造。

（参见法治蓝皮书《中国法院信息化发展报告 No.1（2017）》）

# 第十九章　信息化拓展司法公开的
# 广度和深度

　　**摘　要**：借助法院信息化的应用和发展，中国法院的司法透明度得到全方位提升，实现了审务信息的网上公开、裁判文书的社会共享、流程信息的主动推送、法庭审理的远程可视以及执行信息的阳光透明。司法公开在取得上述成就的同时也面临发展瓶颈，随着信息化应用的不断优化，未来的司法公开还应在公开平台集约化建设和构建民享的司法大数据等方面实现突破。

　　司法公开是指司法信息按照特定的渠道或途径向社会和当事人公开的活动。根据公开主体不同，司法公开有狭义和广义之别，广义的司法公开包括检务公开、狱务公开和司法侦查信息的公开，狭义的司法公开特指法院的各项活动及相关信息的公开。

　　2013 年 11 月，习近平同志在关于《中共中央关于全面深化改革若干重大问题的决定》的说明中专门提到"司法透明度"。2014 年 10 月，中共十八届四中全会提出"构建开放、动态、透明、便民的阳光司法机制"，推进以审判公开为龙头的政法信息公开（检务公开、警务公开、狱务公开）。

　　过去，法院的司法公开以庭审公开为核心，辅以公告牌、宣传栏、法院公报、新闻发布会、新闻报道等形式。随着互联网技术的广泛应用和电子政府（e-Gov）的推进，法院的司法公开有了新的载体和渠道，信息化对司法公开进行了全方位塑造，拓展了司法公开的广度与深度，放大了公开效应。

# 一　审务信息：从上墙公示到上网公开

审务公开的内容主要涉及与审判有关的人、财、物以及诉讼指南等司法行政事务，包括法院概况（法院地址、交通图示、联系方式、管辖范围、下辖法院、内设部门、机构职能、投诉渠道等）、人员信息（法院领导姓名、学习工作简历、职务及分管事项，审判人员的姓名、学历及法官等级，书记员姓名，人民陪审员姓名、工作单位或职业）、财务信息（预决算及"三公"经费信息）以及诉讼指南信息（立案条件、申请再审、申诉条件及要求、诉讼流程、诉讼文书样式、诉讼费用标准、缓减免交诉讼费用的程序和条件、诉讼风险提示）等。相对于审判、文书、执行等信息的公开，审务公开尽管不是司法公开的主流，但也是提高法院司法透明度的关键环节，对于保障公众知情权及监督审判、执行权的运行意义重大。早期的审务公开主要是院内公开或内部公开，法院会将组成部门及其职能、人员信息、财务报表以及诉讼须知等信息制成宣传栏放在法院办公楼或立案大厅（诉讼服务中心）进行上墙公示，公开范围极为有限。随着越来越多的法院建立官方网站，上网公开的审务信息越来越丰富，任何人登录网站便可以全面了解法院，包括法院的组成、职能、司法工作人员信息、预决算信息以及如何到法院进行诉讼。

## （一）法院概况公开全面立体

法院作为公共机构，与每个公民都有着现实的或潜在的联系，应该让公众了解其职能权限、机构设置等信息。法院概况包括地理方位、机构设置、审判人员简介、法院预决算、联系方式和投诉渠道等。公开这些信息有助于公众和当事人方便快捷地找到法院，对法院工作有整体的认识和了解，并能通过网站提供的渠道进行诉讼、咨询、投诉和建议等。

地址信息是法院概况中最基本的信息，是法院为民、便民服务意识的重要体现。近70%的高级人民法院在网站首页下方或者在《联系我们》栏目中提供法院的通信地址，也有一些法院为了更方便公众找到法院所在，会提供法院详细的方位地图和到达方式。法院一般会在"法院概况"版块设置《机构设置》栏目，向公众介绍法院设置哪些部门、分别具备什么样的职能。绝大多数法院都能公开其机构设置及其职能，少数法院除了公开机构职能之外，还公开了部门负责人和部门电话。

### （二）人员信息公开不再敏感

法院的审判活动是通过司法工作人员来完成的，因此，从有利于回避权的行使来看，参与司法审判的工作人员的信息应该向社会公开。这部分工作人员主要包括法院领导、审判人员、书记员和人民陪审员四类。法院领导通常是审判委员会的组成人员，对案件审判有重要影响，而审判人员、书记员和人民陪审员则直接参与案件审判，公开这些人员的资料有助于公众对其进行监督。

法官信息上网公开经历了一个脱敏的过程。早期，法院人员信息上网公示存在一定的争议，有观点认为法院人员信息公开得太具体可能侵犯其隐私权，且有可能为当事人公关法官提供线索，进而影响司法公正。司法工作人员系参与行使司法权的公职人员，与普通人相比，出于监督司法权的需要，其个人信息权应该受到一定程度的克减。境外司法公开不仅公开法官本人的信息，还会公开级别较高法官的配偶、子女的信息。当然，出于保护隐私和安全的考虑，司法工作人员的信息公开应有一定的限度，仅限于与工作相关的个人信息。经过近几年的推动，法院普遍在网站上公开法院领导及审判人员的信息，且实现了常态化。根据2015年中国社会科学院国家法治指数研究中心对最高人民法院、31家高级人民法院和49家中级人民法院的调研，有60家法院公开了法院正副院长的信息，占评估对象的74.07%，其中，21家法院公开了法院领导的分工信息，占评估对象的25.93%；15家法院公开了正副院长的工作经历，占评估对象的18.52%。有50家法院公开了审判人员信息，占评估对象的61.73%，其中，32家法院公开了审判人员的法官级别，占评估对象的39.51%；6家法院公开了审判人员的学习或工作经历，占评估对象的7.41%。纵向比较，公开审判人员信息的法院数量从2013年的10家和2014年的36家上升到2015年的50家，提升明显。

### （三）财务信息公开渐成常态

法院作为公共财政供养单位，其经费来源于税收，法院每年的预算收入有多少，法院在审判工作和司法行政工作中实际如何支出，应该公开透明，既应向法院内部公开，也应该向社会公开。从 2013 年开始，中国社会科学院国家法治指数研究中心连续对全国 81 家法院通过网站公开本年度预算信息、上年度决算信息和"三公"经费信息的情况进行了考察，发现法院财务信息公开的广度、深度和集中度均有所提升。2013 年，只有极少数法院在其网站上公开了财政相关信息，法院财政信息不透明是司法公开的短板。2014 年，约 50% 的法院公开了本年度预算信息及编制说明、上年度决算及支出说明和"三公"经费支出，2015 年，这一比例上升为 74.07%。2015 年，66 家法院公开本年度预算信息，占评估对象的比例由 2013 年的 38.27%、2014 年的 69.13% 上升到 81.48%；72 家法院公开了"三公"经费信息，占评估对象的比例由 2013 年的 30.81%、2014 年的 79.02% 上升到 88.89%；64 家法院公开了上年度决算信息，占评估对象的比例为 79.01%，比 2014 年的 61.72% 提升了 17.29 个百分点。很显然，法院财务信息公开进步明显。

### （四）诉讼指南公开生动直观

诉讼指南是法院对诉讼常识、诉讼风险提示、法律文书范本、立案信息、诉讼费用标准、诉讼流程、司法鉴定以及审判指导意见等的解释说明。公开诉讼指南一方面方便当事人参与诉讼程序，另一方面也是普及法律知识、提升公众法治意识的重要方式，对于那些有诉讼需求的公众来说，通过了解诉讼程序和常识，也可以对将要进行的诉讼有一个预期判断。最高人民法院《关于确定司法公开示范法院的决定》明确要求，法院"通过宣传栏、公告牌、电子触摸屏或者法院网站等，公开各类案件的立案条件、立案流程、法律文书样式、诉讼费用标准、缓减免交诉讼费程序和条件、当事人权利义务等内容"，并要求在法院网站或者其他信息公开平台公布人民法院的审判指导意见。

诉讼风险是指当事人在诉讼活动中可能遇到的一些争议事实以外的因

素，这些因素往往影响案件审理和执行，致使其合法权益无法实现。为方便人民群众诉讼，帮助当事人避免常见的诉讼风险，在诉讼中正确行使诉讼权利，积极、全面、及时地履行举证等责任，谨慎地选择诉讼手段解决纠纷，维护自身合法权益，法院有义务将诉讼中可能产生的法律风险提前告知公众。

实践中，法院除了在网站上公开较为详细的诉讼须知和风险提示之外，出于简洁易懂方面的考虑，还将复杂的诉讼过程制作成诉讼流程图加以公开。相对于长篇累牍的文字说明，简单清晰的流程图给公众以直观明确的指导，因此指导意义更大。上海市高级人民法院在其门户网站上提供在线服务平台，设有三维诉讼引导系统，提供进入法院之后的角色模拟，方便公众身临其境地了解诉讼、立案、旁听、查阅、拍卖等程序信息。深圳市中级人民法院还采取动画解说的形式，帮助公众了解相关诉讼信息。

## 二　裁判文书：从送达当事人到社会共享

庭审的结果最终反映在裁判文书上。早期裁判文书仅限于送达当事人，公众很难获取。裁判文书作为重要的有价值的"司法产品"，除了那些基于保密的原因不公开的文书之外，都应该向社会公开。裁判文书记载了当事人信息、案件事实和理由、审判人员意见等案件审理的全部要素，因此裁判文书的公开对于审判公开具有重要意义。首先，裁判文书是真实鲜活的普法素材，公开对于法治宣传、提升公众的司法素养具有重要意义。其次，裁判文书是案例研究的第一手资料，公开有助于推动案例教学和法学研究，也有助于案例指导和统一裁判标准。最后，公开裁判文书可以形成倒逼机制，督促法官秉公判案、认真撰写裁判文书，进而提升司法裁判水平。

通过互联网进行司法公开最早是从裁判文书上网开始的。从地方法院尝试到集中在中国裁判文书网公开，裁判文书公开经历了从分散到集约、从地方到全国的发展路径。2015年12月，中国裁判文书网改版后，平台的功能进一步强化，裁判文书无论公开的数量还是质量均有所提升。

信息化在裁判文书上网方面不仅提供外部的公开平台，还为法院裁判文书上网提供强大的内部支持。最高人民法院要求各级法院依托信息技术将裁判文书公开纳入审判流程管理，办案法官在办案平台一键点击即自动公布，从而减轻裁判文书公开的工作量，实现裁判文书及时、全面、便捷公布。

## （一）裁判文书触网起步早

裁判文书由仅向当事人公开到向社会公开是从地方开始突破的。1999 年 7 月 20 日，北京市第一中级人民法院向社会公开宣布，从即日起，凡年满 18 周岁的中国公民持合法有效证件，可以查阅第一中级人民法院已经审结案件的裁判文书。这是人民法院向社会公开裁判文书的首次尝试。借助网络向社会公开裁判文书是从专门法院开始的。2000 年 10 月，广州海事法院决定将该院所有裁判文书上网，向公众开放，公众可以通过案号、案由、原告、被告、审判长和结案日期六个项目进行搜索。"吴瑞贤诉海南渔业资源开发公司渔船承包合同欠款纠纷案"判决书在广州海事法院政务网站（http//www.gzhsfy.org.php）上公开亮相，成为首份上网的裁判文书。2001 年 10 月 30 日，北京市高级人民法院出台《关于公布裁判文书的指导意见》，明确北京市各级人民法院审结案件的裁判文书应依照法律规定向社会公布，书写了三级法院公开裁判文书的新篇章。2003 年 12 月，上海法院第一批生效裁判文书在互联网公布，迈出地方人民法院通过互联网统一向社会公开辖区内三级人民法院裁判文书的第一步。

随后，越来越多的法院选择在网上公开裁判文书，并且出现了较有特色的做法。2009 年 2 月 5 日，河南省高级人民法院网（http//www.hncourt.org）开通《网评法院》栏目，诚邀社会各界通过网络对全省法院上网裁判文书进行评议，指出存在的问题，发表自己的意见。网民所提意见由网站汇总后在网上发布，需要追究责任的，处理结果在网上进行反馈。此举创建了人民法院在互联网公布裁判文书与网民意见互动机制。另外，河南省高级人民法院还在裁判文书展示栏目中公布了优秀文书和较差文书，起到奖优惩劣的作用。上海市高级人民法院文书公开系统逐步完善，配有文书助手，可以查阅所有的文书。

### （二）裁判文书上网制度化

为规范裁判文书上网公开，最高人民法院不断制定和完善相关制度文件。2007年6月4日，最高人民法院发布《关于加强人民法院审判公开工作的若干意见》（法发〔2007〕20号），明确规定各高级人民法院根据本辖区内的情况制定通过出版物、局域网、互联网等方式公布生效裁判文书的具体办法。2009年3月25日，最高人民法院印发《人民法院第三个五年改革纲要（2009~2013）》，要求研究建立裁判文书网上发布制度和执行案件信息的网上查询制度。2009年12月8日，最高人民法院印发《关于司法公开的六项规定》，明确规定除涉及国家秘密、未成年人犯罪、个人隐私以及其他不适宜公开的案件和调解结案的案件外，人民法院的裁判文书可以在互联网上公开发布，首次明确了各级人民法院在互联网公布裁判文书的范围。

2010年11月21日，最高人民法院专门针对裁判文书上网发布文件，即《关于人民法院在互联网公布裁判文书的规定》（法发〔2010〕48号），具体规定了通过互联网公布裁判文书的原则、范围、程序等。2013年11月，最高人民法院重新制定了《最高人民法院关于人民法院在互联网公布裁判文书的规定》。与2010年的规定相比，2013年的文件改进很大，如将裁判文书从生效到公开的期限由30日缩短为7日，体现了司法公开及时性原则；将裁判文书由"可以"上网改为"应当"上网，并规定了"不上网审批制"。2016年8月30日，最高人民法院发布新修订的《关于人民法院在互联网公布裁判文书的规定》（法释〔2016〕19号），进一步扩大裁判文书上网的范围，如调解书"为保护国家利益、社会公共利益、他人合法权益确有必要公开的"可以公开，并规定了裁判文书的反向公开，即不在互联网公布的裁判文书，应当公布案号、审理法院、裁判日期及不公开理由，但公布上述信息可能泄露国家秘密的除外。

### （三）裁判文书公开集约化

与裁判文书上网始于专门法院相同，裁判文书集约化公开也是从专业类案件开始的。2002年1月1日，中国涉外商事海事审判网（http://

www. ccmt. org. cn）开通，对外发布涉外商事海事案件裁判文书，是集中公开裁判文书的开始。2006 年 3 月 10 日，中国知识产权裁判文书网（http：//ipr. chinacourt. org/）开通，知识产权类裁判文书实现了全国统一平台集中公开。

为整合优势资源、发挥裁判文书上网公布的数据库功能和整体效益，最高人民法院于 2011 年 12 月 30 日召开司法公开工作领导小组第一次会议，提出制定建立全国统一裁判文书网的工作规划，中国裁判文书网建设从此纳入最高人民法院司法公开工作日程。2013 年 5 月 22 日，最高人民法院审议通过了《关于建立中国裁判文书网的报告》，明确在互联网建立"中国裁判文书网"网络平台，统一公布全国各级法院生效裁判文书。2013 年 6 月 28 日，最高人民法院通过中国裁判文书网首批公布本院生效裁判文书 50 份，标志着最高人民法院设立的中国裁判文书网正式开通。2013 年 11 月 27 日，中国裁判文书网与全国 31 个省（自治区、直辖市）高级人民法院及新疆生产建设兵团人民法院的裁判文书网站平台实现对接，各高级人民法院向中国裁判文书网上传第一批裁判文书。2013 年 12 月 31 日，全国四级人民法院开始同时向中国裁判文书网上传生效裁判文书，中国裁判文书网开始全面发挥统一公布全国法院生效裁判文书的平台功能。

### （四）裁判文书应用便捷化

2013 年开通的中国裁判文书网在检索、下载方面存在诸多不便，为了提高裁判文书的利用率，2015 年 12 月，最高人民法院以公众使用为导向对中国裁判文书网进行了改版。

改版后的中国裁判文书网的功能更加强大、便捷，公众通过互联网可方便、及时地查看全国各级法院的生效裁判文书。首先，中国裁判文书网提供了快速检索联想、分裂引导树、一键分享、手机扫码阅读等功能，为公众提供全网智能化检索服务，使用户体验达到最佳。其次，中国裁判文书网增加了蒙古语、藏语、维吾尔语、朝鲜语和哈萨克语等 5 种民族语言裁判文书的公开功能，更好地满足各民族各界群众对裁判文书的多样化需求。例如，吉林省高级人民法院利用吉林延边朝鲜族自治州作为中国最大的朝鲜族聚集地的地域特色，积极组织延边州两级法院开展朝鲜语裁判文书上网工作。截至 2016 年上半年，已有 502 份生效的朝鲜语裁判文书在中国裁判文书网民族语言文书版块上传，占所有少数民族语言文书上网总数的 21.19%，开朝鲜民族语言裁判文书上网之"先河"。另外，中国裁判文书网还在首页醒目位置实时显示当日新增裁判文书、访问总量等相关数据。

目前，中国裁判文书网覆盖 200 多个国家和地区，成为全球最大的裁判文书网。截至 2015 年 6 月底，裁判文书公开工作实现了全国法院全覆盖、案件类型全覆盖和办案法官全覆盖。截至 2016 年 12 月 31 日，中国裁判文书网已公布裁判文书超过 2550 万份，累计访问量超过 47.2 亿人次。为了进一步方便裁判文书的应用，2016 年 8 月 30 日中国裁判文书网手机客户端（App）正式上线，成为人民法院司法公开、司法便民的又一项重要举措。

## 三 流程信息：从无处查询到主动推送

对于当事人而言，案件进行到何种程度是其最为关心的。过去，当事人要想了解案件进展程度，必须想方设法联系主办法官，但是在案多人少的情况下，当事人与法官之间的沟通渠道并不畅通，当事人会因此对法官产生误解和不信任。为有效避免案件当事人因无法及时获悉案件审理进度而对案件审判公正性提出质疑，增进当事人对法院的理解，让人民群众在每一个司法案件中感受到公平正义，人民法院借助信息化开通审判流程信息公开平台，并通过网站、短信、微信等多种渠道将案件流程信息推送给当事人。当然，流程信息的公开透明除了取决于法院司法公开的主动性和决心，还受制于法院办案过程信息化本身的客观情况。信息流程公开透明的前提是案件要在系统中全程流转且处处留痕，否则无法做到流程信息公开的全面性、准确性。

### （一）案件进展接受网络查询

为了增强流程信息的公开透明，最高人民法院于 2013 年提出推动包括庭审流程公开在内的三大公开平台建设。2014 年 8 月 1 日，最高人民法院开通了中国审判流程信息公开网，正式面向案件当事人、诉讼代理人和社会公众上线试运行，对 2014 年 8 月 1 日以后最高人民法院立案的民事、行政、执行、赔偿以及部分刑事案件，向案件当事人及诉讼代理人全面公开审判流程信息。2014 年 11 月 13 日，经过三个多月的试运行，中国审判流程信息公开网正式开通。除最高人民法院外，绝大多数省（自治区、直辖市）及新疆生产建设兵团都建立了统一的审判流程信息公开平台，并在中国审判流程信息公开网建立链接。

中国审判流程信息公开网提供案件查询功能，当事人及其诉讼代理人自案件受理之日起，可以随时了解案件在立案、分案、开庭、延长审理期限、上诉等各个阶段的具体信息。审判流程信息公开平台把形成裁判的全过程展现在案件当事人面前，使司法过程更加透明。

### （二）节点信息实时主动推送

除了接受当事人查询之外，法院还通过短信、微信等多种渠道实时向诉讼参与人推送案件的流程节点信息，变当事人千方百计打听案件进展为法院主动向当事人告知，确保了当事人打一场公正、明白、快捷、受尊重的官司。江苏省高级人民法院将立案、开庭、审限变更等与当事人诉讼权利密切相关的 12 个流程节点，与 12368 短信平台技术捆绑，实行流程节点自动告知，极大方便了当事人诉讼知情权的实现。流程信息公开实现了对审判流程的全方位监督，让暗箱操作没有余地，让司法腐败无处藏身。

## 四　法庭审理：从现场公开到远程可视

审判是法院的核心工作，司法公开最初主要指审判公开，即允许案件相关人士以及社会公众进行旁听，即使因为法定原因不适合公开审理的案件，也要公开宣判。2016 年 4 月，最高人民法院公布了修改后的《中华人民共和国人民法院法庭规则》，明确公民对公开的庭审活动可以旁听。然而，受法庭容纳人数的限制以及实地交通等方面诸多不便因素影响，实际进入法庭旁听的人数有限，从而影响庭审公开的效果。为了消除这些限制和不便因素，借助于数字法庭的普及，网上庭审直播可以扩大庭审公开的受众面，公众可以摆脱时空限制不到庭审现场也能随时随地观看庭审，实现了从剧场式公开到远程可视。

## （一）庭审直播常态化

早期庭审直播仅限于个别法院的创新之举，近年来，庭审直播呈现常态化趋势。根据最高人民法院的规定，自 2016 年 7 月 1 日起，最高人民法院所有公开开庭的案件原则上全部网上直播，各地法院也以视频、音频、图文等方式公开庭审过程，大力推进庭审网络直播。截至 2016 年 12 月底，全国各级法院通过互联网直播庭审 9.6 万件，点击量 11.07 亿人次。广州市中级人民法院早在 2014 年即发布了《广州市中级人民法院庭审网络直播实施细则（试行）》，推出"全日制"庭审网络直播项目，基本实现"天天有直播，件件有直播"的常态化庭审公开。为了顺应新形势的发展，2016 年 9 月，最高人民法院推出"中国庭审公开网"，全面覆盖四级法院，将海量的庭审直播过程全方位、深层次地展示在新媒体平台下，使公众可以迅速、便捷地了解庭审全过程，降低了旁听的门槛，从而提高庭审效率，减轻法院的管理保障成本。

## （二）直播形式多样化

庭审直播不仅限于庭审的视频直播，还包括图文直播，公开渠道也不仅限于专门的司法公开平台，还包括有影响力的互联网媒体。2016 年 5 月上海市高级人民法院建立庭审公开云平台，与网络、电视、微信、微博、App 等媒介及最高人民法院庭审公开平台、手机电视平台无缝对接。上海市高级人民法院、广州市中级人民法院的庭审网络直播形式包括视频直播、图文直播。视频直播和图文直播各有利弊，视频直播的优点在于直观、真实，给观众强烈的现场感，但是要观看一场完整的视频直播需要耗费时间，图文直播则可以节约时间。为了扩大庭审直播的影响力，一些法院还借助于地方有影响的网站和媒体进行庭审直播，如徐州市中级人民法院在中国徐州网开设法院频道，无锡市中级人民法院在太湖明珠网开设法制频道，珠海市中级人民法院的庭审直播直接连接到珠海新闻网的庭审直播栏目。

## 五　执行信息：从局部曝光到全程透明

执行是实现诉讼目的的重要程序。近年来，借助前述流程节点信息公开渠道，当事人可以了解执行案件的有关节点信息，实时掌握案件执行进度，满足案件当事人了解案件进展、保障其程序性权利的需求。

同时，借助信息化推动执行信息公开还服务于解决"执行难"。"执行难"的一个主要原因是被执行人拒不履行或逃避履行义务。为了督促被执行人履行义务，最高人民法院在《关于确定司法公开示范法院的决定》中指出，"人民法院通过报纸、网络等媒体公布不履行法律文书确定义务的被执行人的基本信息、财产状况、执行标的等信息"。2013年，最高人民法院发布了《最高人民法院关于公布失信被执行人名单信息的若干规定》（法释〔2013〕17号），在全国法院建立了"失信者名单"的公布和通报制度。公布和通报失信被执行人名单，会对当事人形成一定的舆论压力，也有利于营造诚信的社会氛围。

为震慑被执行人，形成强大的信用惩戒威慑，最高人民法院依靠信息化手段开通了"全国法院失信被执行人名单信息公布与查询"平台，并借助微博、微信平台开设"失信被执行人曝光台"，与人民网联合推出"失信被执行人排行榜"。截至2016年12月底，全国法院通过中国执行信息公开网累计发布失信被执行人信息642万条。

法院除了在全国统一平台上公布失信被执行人名单，还通过报纸、广播、电视、网络、法院公告栏等多种渠道向社会公开，并采取新闻发布会或者其他方式定期发布失信被执行人信息公开的实施情况。失信被执行人名单信息与征信系统互联互通，一旦被纳入失信被执行人名单库，被执行人在政府采购、招标投标、行政审批、政府扶持、融资信贷、市场准入、资质认定等方面将面临信用惩戒。

## 六　问题与展望：司法公开困境与突围

信息化为司法公开提供了平台，拓展了司法公开的广度与深度，但是现阶段的司法公开也遭遇了发展瓶颈。制约司法公开纵深发展的因素很多，有观念意识的问题，也有制度不完善的原因，仅就信息化而言，司法公开受制于以下几个方面。首先，案件办理的信息化程度不高。受制于"案多人少"的客观现实，有些地方的法官在办理案件时无法进行精细化操作，法官未能将案件信息全面及时录入系统，有些案件还停留在线下办理的状态。以执行案件为例，90%左右的执行实施类案件在基层，而执行案件也比较烦琐，除了网络查控财产线索之外，还要外出执行，有些基层法院的法官很难有时间和精力将所有的执行信息都准确无误地录入节点管理系统，而案件节点信息录入的不完整、不准确，将会直接影响对外公开的质量。其次，多系统办案造成数据割据。尽管最高人民法院在全国四级法院推广统一执行案件管理系统，但是多系统办案的现实客观存在。有的法院有自己的办案系统或省级办案平台，审判管理系统与执行办案平台不衔接，即使案件全部在系统内流转，但是由于办案平台的不统一，造成数据割裂，为后续的司法公开设置了障碍。再次，办案系统与司法公开平台的对接不畅。尽管有些地方法院实现了公开信息由办案系统向公开平台的自动摆渡，但是对于大多数法院而言，还主要靠人工将信息上传到司法公开平台，造成司法公开工作的烦琐，加重了审判人员的工作负担，还导致因司法信息上传的不准确、不规范而影响公开效果。最后，司法公开多平台。2013年最高人民法院提出司法公开三大平台建设，只是为了强调审判流程信息、执行信息和裁判文书公开的重要性，并不是要分别建设三个独立的公开平台。然而实践中，不少法院在政务网站之外，建设司法公开平台，并且割裂平台的公开与服务功能，单独建设诉讼服务网。多平台建设造成司法公开资源浪费、成本高企，也会让公众无所适从，无法为社会提供一站式信息服务。

要推动司法公开的纵深发展，前提是要提升法院办案系统和管理平台的友好性，实现信息系统的案件全覆盖、法官全覆盖。以此为基础，进一步增强信息化与司法公开的黏合度，通过优化信息化应用实现司法公开平台的集约化、公告零成本和司法大数据的全社会共享。

## （一）公开平台集约化

司法公开平台集约化建设应以用户的需求为导向，服务于公众便捷、准确查询信息的需要，降低司法公开成本。第一，司法公开与诉讼服务相融合。法院应改变将网站的公开功能与服务功能割裂的做法，将新闻宣传、司法公开、诉讼服务等功能统一整合到政务网，把法院政务网建成立体式、全方位、一站式、互动性的网站，集公开、宣传、服务、互动等功能于一身。第二，地方三级法院统一平台。与政府信息相比，司法信息同质性强，可以考虑将同一个地方的三级法院的网站整合，在地方构建三级法院共享的政务网站，方便公众查询到本地法院的所有信息。第三，建立政务网站与专项信息平台的链接。为避免信息的重复公开，应在地方法院政务网站上建立与全国专项司法公开平台的链接，方便公众登录本地法院网站即可了解全国范围内的其他专项信息。

### （二）法院公告零成本

在司法审判和执行过程中，法院会主动或依当事人的申请发布大量的司法公告。最高人民法院规定，法院公告必须在《人民法院报》统一刊登，多数情况下当事人要根据版面字数缴纳一定的公告费用。但是在互联网时代，网上发布公告成本很小，并且其影响范围要远远超过传统纸媒。最高人民法院业已开通公告网，为了减轻当事人的负担，达到广而告之的效果，《人民法院报》不宜再继续作为法院公告的唯一官方载体，而应该允许当事人选择单独在公告网上刊登公告。

### （三）司法数据共分享

随着开放数据（open-data）时代的来临，共享公共数据已然成为公民的一项基本权利，政府有义务准确、及时地向社会开放公共数据。司法数据是法院司法工作的数字化成果，也是司法信息的重要组成部分。司法数据是国家数据中的富矿，其公开一方面有助于公众评判法院工作业绩、推动社会监督，另一方面也有利于开展深入的社会研究和作出精准的公共决策。

在信息化广泛应用之前，法院的司法统计工作主要靠人工录入和统计，数据的全面性和准确性不高，随着信息系统的开发和应用，法院的司法统计工作实现了系统自动统计，为拓展司法公开的广度和深度奠定了坚实的基础。2015 年，党的十八届五中全会提出实施国家大数据战略，所谓"得数据者得未来"。要构建司法大数据，必须继续深化司法公开，借助信息化提升司法公开的效率和质量，做到数据的准确真实、互联互通、社会共享。2015 年，最高人民法院出台《人民法院数据集中管理技术规范》，提出对审判数据、司法人事和政务数据进行集中管理，确保全国法院数据上下联动、互联互通。最高人民法院的该项技术规范还应该与司法公开相结合，让社会共享司法数据服务，从而建立符合国家大数据战略需求的司法大数据。

（参见法治蓝皮书《中国法院信息化发展报告 No. 1 （2017）》）

# 第二十章　信息化助力法院"基本解决执行难"

摘　要：近年来，全国法院高度重视信息化与执行工作的深度融合，建立四级联通的执行指挥系统，以信息化助力法院"基本解决执行难"。法院依托信息化建立了覆盖全面、功能强大的网络执行查控系统，有力提升了法院查控被执行人及其财产的能力；开发并在全国适用统一的执行流程节点管理系统，规范了执行权的运行；依靠与相关部门的数据对接，不断完善执行联动机制，从而加强了执行力度，助力最终实现"基本解决执行难"目标。

## 一　背景："基本解决执行难"目标的提出

根据诉讼法的规定，当义务人不履行生效法律文书确定的义务时，权利人可以申请法院强制执行。法院强制执行是保障司法裁判得以落实、当事人权益得以实现的最后环节，然而实践中，"执行难"却成为日益凸显的问题，实际执结率和执行到位率普遍较低，涉执行信访在整个涉诉信访中占有很大比例。司法审判确认的权利得不到落实，不仅直接破坏司法公信力、降低司法权威，同时也对法律信仰和社会诚信构成极大的伤害。

当前紧锣密鼓推进的司法改革，致力于提升和彰显司法公正与权威，因此有效化解执行难成为法院无从回避、势在必行的一项重要工作。2016年，最高人民法院在十二届全国人大四次会议上庄严宣布，"要用两到三年时间基本解决执行难问题"。决策者之所以在 2016 年提出"基本解决执行难"的目标，除了因为解决执行难问题迫在眉睫之外，主要还是因为在国家大数据战略背景下法院信息化的发展为解决执行难提供了契机和手段。

执行信息化是法院信息化的重要组成部分。最高人民法院强调要"牢牢把握信息化发展带来的难得历史机遇，大力推进大数据、云计算、人工智能等技术在执行领域的广泛应用，完善网络化、自动化执行查控体系，推进完善失信被执行人信用惩戒制度，实现执行模式的历史性变革"。为了聚合执行力量，提升执行效率和执行强度，最高人民法院在地方试点的基础上推广执行指挥中心建设。2014 年 4 月，最高人民法院下发了《最高人民法院关于执行指挥系统建设的指导意见》。2014 年 12 月，最高人民法院建成覆盖全国法院的执行指挥系统，实现了全国四级法院间的执行网络纵向互联，同时还与各中央国家机关、商业银行总行网络横向对接。执行指挥系统的建设与完善，有助于构建上级法院"统一管理、统一协调、统一指挥"的执行新体制，营造执行实施工作全国一盘棋的格局。

## 二 成就：与法院执行工作深度融合

执行指挥系统以执行网络查控为核心，兼具信息公开、信用惩戒、监督管理等功能。执行指挥系统好比执行工作的中枢，遇到错综复杂的执行案件，可制订最佳执行方案，建立快速反应机制，横向监督到人，指挥本院执行人员的具体执行实施工作；纵向指挥到底，实现四级法院执行工作统一部署、互联互通。信息化与执行工作深度融合主要体现为网络执行查控系统、执行案件流程节点系统的开发和应用，以及联合惩戒机制的建立。网络执行查控系统通过与相关部门建立强大的查控网络，在最大范围内以最快速度"查物找人"，甚至实现网上冻结、扣划，提高了执行效率。执行案件流程管理系统将执行案件纳入节点管理，确立执行行为标准，实现执行权力运行的规范化，把执行权关进信息技术打造的"笼子"；将包括终本案件在内的所有案件纳入系统管理，防止体外循环逃避监督；借助电子商务的发展，推广司法网拍，压缩权力寻租空间，实现阳光执行、廉洁执行。建立在数据对接基础上的联合惩戒机制，是法院挥向失信被执行人的组合拳，通过地毯式失信曝光和高压式联合惩戒，营造失信者寸步难行的社会环境，建立和完善社会诚信体系。信息化在执行领域的运用和发展，契合最高人民法院提出的强化执行工作"一性两化"思路，通过提升执行工作的强制性、信息化和规范化，不仅将执行权关进了"笼子"，而且最终有助于破解执行难题。

## （一）铺就执行"高速路"

为了解决查人找物的难题，最高人民法院在地方试点的基础上，下决心建立全国网络执行查控系统，并对网络执行查控系统提出查控全面化、一体化、集约化、自动化的要求。最高人民法院于 2014 年 12 月正式开通网络执行查控体系，与中国人民银行、公安部、交通部、农业部、国家工商行政管理总局、中国银监会、中国证监会、腾讯、支付宝、京东等部门和单位完成了网络查控对接，实现了对被执行人在全国范围内的银行存款（包括网络银行）、车辆、船舶、证券、身份证件、组织机构代码/统一社会信用代码、工商登记、人民币结算账户和银行卡消费记录等信息的查询和部分控制。地方法院也先后建立了覆盖辖区范围的网络执行查控体系，成为最高人民法院"总对总"查控系统的有效补充。有的地方法院查控体系覆盖的查控范围甚至更广，包括房屋、土地、地方商业银行存款等尚未完成全国统一登记的财产类型。有的地方还借助科技创新实现了查控自动智能化。

执行查询系统让执行工作驶入"高速路"，最高人民法院"总对总"网络执行查控系统铺就的"国道"和高（中）级人民法院"点对点"网络执行查控系统铺就的"省（市）道"相互配合、互为补充，实现了财产形式全覆盖、查控功能一体化以及网络找人有迹可循，大大推动了法院的执行工作。"总对总"网络执行查控系统在应用上实现了全国四级法院全覆盖，截至 2016 年 12 月底，累计查询数量 1.95 亿条。

### 1. 财产形式全覆盖

对于大多数执行案件而言，查找财产是关键。为了提高执行效率，法院积极与相关单位洽谈、协作，尽可能使网络执行查控系统覆盖所有的财产形式，实现对被执行人财产"一网打尽"。

（1）财产类型不断拓展。

《民事诉讼法》第242条列举了查询被执行人的财产范围，如存款、债券、股票、基金份额等。最高人民法院2014年正式开通"总对总"全国法院网络执行查控系统后，财产查控突破了地域局限，扩展到全国范围。最高人民法院"总对总"网络执行查控系统除了实现对存款（账户及资金流）、证券（股票、证券账户资金）、股权、车辆等进行查询之外，还进一步将财产查询范围覆盖到商业保险、银联卡消费记录、渔船、船舶等。截至2016年12月底，最高人民法院已与中国人民银行、公安部等13家单位、3000多家银行实现了互联互通，能查询存款、车辆、股票等11类14项信息，基本上实现了对主要财产的覆盖，构成了支撑财产查控的大数据平台。

深圳法院的"鹰眼查控网"在"点对点"网络执行查控系统中较为突出，其财产查控范围涵盖了被执行人的住房公积金、社保登记、托管股权、港航货运信息等财产信息。上海法院执行查控系统的财产类协作方包括36家银行、公安车辆、工商、税务、房地、证券、期货、社保、银联等机构。江西省高级人民法院进一步拓宽网络查控系统的"朋友圈"，2016年8月在全国率先开通与18家保险公司的查控专线，实现了对被执行人保险理财信息的在线实时查询。另外，随着互联网的发展，财产突破传统形式，不断更新和变化，法院财产查询的范围也扩大到互联网金融和第三方支付平台。目前，支付宝、微信钱包、京东账户、腾讯财富通账户等新型财产信息业已纳入"总对总"网络执行查控系统，实现了联网查询。

（2）银行信息精准查询。

金融机构作为最主要的协助财产查询义务单位，银行的配合协助在解决执行难方面至关重要。随着财产查控系统功能的不断完善，银行覆盖面越来越广，查询事项也愈发明确具体，不仅可以查询静态信息，还可以查到动态信息。首先，实现联网查询的银行越来越多，纳入"总对总"网络执行查控系统的金融机构从中国人民银行、有存储业务的政策性银行、四大国有银行、股份制商业银行逐步扩展到城市商业银行、农村信用社乃至外资银行。地方的"点对点"查询系统作为补充，则主要侧重于将更多的地方性银行和农村信用社纳入联网查询范围。其次，查询事项愈发精确，对于纳入查控系统的金融机构，法院不仅可以联网查询到账户及存款余额，还能够查询被执行人的金融理财产品和资金往来交易明细，据此判断被执行人的经济状况和履行能力。

（3）房产联网地方先行。

目前，由于制度和环境的限制，房地产信息迟迟未能在全国范围内实现联网，这给法院在执行中查询房地产信息带来一定的不便。在房地产未能实现全国联网的情况下，地方法院创新机制积极寻求与地方房地产管理部门合作，将一定层面的房地产联网信息纳入"点对点"查询系统。深圳法院的"鹰眼查控网"成为全国各执行查控信息化平台中首批以"地对地"方式实现房地产查控的网络平台，查控范围扩大到全深圳地区，查询内容扩大到房产的查封和抵押情况等详细信息，实现了"全覆盖"式查询和控制。甘肃省高级人民法院与甘肃省国土资源厅、不动产登记局积极协调，兰州、白银房地产信息网络查询已经首批开通。2016 年 7 月，长沙市中级人民法院执行指挥系统与长沙市国土资源局、住房和城乡建设委员会的查控"专线"建设完成，与不动产登记系统对接，实现网络查询被执行人的房地产、采矿权等信息。厦门市两级人民法院将查控系统直接对接土地房产局的不动产资源查询信息库，实现了对被执行人的土地及房产信息网络自动查询功能。

**2. 查控功能一体化**

查询财产的目的是要对财产进行控制，进而采取划拨、拍卖等财产处置手段，实现债权。查控一体化是指对网上查到的财产可以直接进行网上控制，如对于银行存款进行网上冻结，甚至扣划；对于查到的被执行人车辆，可以查封车辆档案以限制过户，甚至实行路面控制。查控一体化意味着一旦查到财产，可同步采取控制措施，不给被执行人转移财产的时间和机会，提升执行的强度和效率。

（1）网上扣划存款。

《最高人民法院关于网络查询、冻结被执行人存款的规定》（法释〔2013〕20 号）第 9 条要求人民法院应具备相应网络扣划技术条件，并与金融机构协商一致，通过网络执行查控系统采取扣划被执行人存款措施。

鉴于网上冻结和扣划功能的实现依赖于银行的内部工作流程及配合度，现阶段，"总对总"网络执行查控系统实现了对 2011 家银行的网上冻结功能，但是仅和中国工商银行等少数银行协作实现了网上扣划功能。在查控一体化方面，有些地方的"点对点"网络执行查控系统进展良好。例如，深圳"鹰眼查控网"在 20 家商业银行实现了对存款余额进行"查冻扣"的功能，使法官在查询到被执行人银行存款后可以第一时间启动划款，将对被执行人银行账户的查询到控制（处置）的时间间隔降至最短。甘肃省高级人民法院升级拓展了"点对点"司法查控网络平台，全面实现网上查询、冻结、划拨银行存款。

（2）路面控制车辆。

无论是"总对总"网络执行查控系统还是大多数"点对点"网络执行查控系统，对于被执行人名下的车辆，一般仅能进行档案查询和控制，无法进行路面控制，这就造成虽然查到了被执行人名下有车辆，但是难以控制实物而无法实现债权。尽管对车辆进行路面控制比较困难，但是有些地方还是积极尝试推动该项措施。深圳市中级人民法院在与车辆管理部门开展车辆档案查控业务基本顺畅的基础上，积极与车辆管理部门协商，利用车辆检验、环保检验、限制车辆强制险等手段，推进车辆的实物扣押工作。厦门市中级人民法院与厦门市公安局车辆管理所建立车辆查控专线，在执行指挥中心架设公安车辆管理系统客户端，实现对被执行人的车辆在线查询、查封、解封等，提升车辆的查控效率，并通过与厦门市公安局开通点对点专线，动态掌控车辆出行轨迹。

**3. 网络找人有迹可循**

随着网络查控系统的推进，法院在财产查找方面的能力有很大的提升，相比之下，查找被执行人的难度仍不小。"人难找"是执行难的重要原因之一，被执行人为逃避履行义务往往"玩失踪"，找不到被执行人就很难查找到财产线索，也无法启动执行威慑机制。随着实名制的推广，公民从事日常生产生活都会在相应的政府部门、企业组织留有实名信息，这为法院查找被执行人行踪提供了线索。查询被执行人信息首先要确定被执行人基本的身份信息，对于被执行人是组织的，可通过"全国组织机构代码共享平台""全国企业信用信息公示系统"或者地方的企业联合征信系统查询被执行人的名称、组织机构代码、统一社会信用代码、法定代表人姓名及身份证号；对于被执行人是自然人的，可通过"全国法院专用身份认证系统"核查被执行人的姓名和身份证号。最高人民法院积极寻求与公安机关合作，通过"总对总"网络执行查控系统可以查找被执行人的户籍、暂住地、酒店住宿、出入境等信息。另外，法院还可以通过民政部门查询被执行人的婚姻配偶信息。

为了提升查找被执行人的能力，有的法院还积极开发其他系统，通过消费记录、社保缴纳记录等信息查找被执行人。上海执行查控系统提供对执行案件被执行人身份、行踪的相关查控，及时提供被执行人的社会关系、消费情况、出境出差、户籍与居住地址、联系方式等信息，提高执行效率、树立执行权威。深圳市两级法院可以根据申请执行人的申请或者依职权通过"鹰眼查控网"请求协助执行人查询被执行人的各种信息，如居住证件信息、常住人口信息、租房信息、边境证件信息、出入境记录、狱政信息、通信记录、酒店住宿信息、乘机记录、法定代表人身份信息等。2016年10月，南京市中级人民法院与南京市公安局联合下发《关于建立快速查询信息共享及网络执行查控协作工作机制的实施细则》，大力推进执行信息化建设，通过法院执行信息系统与公安相关部门信息系统的联网途径，充分发挥公安机关"以大数据找人"的优势，运用电子信息手段，从科技层面查找被执行人。

**4. 自动化助力查询**

目前，查控系统虽然让办案人员免去奔波劳累，但由于只能逐案人工点击查询，法官耗费大量的时间和精力在电脑前的点击操作上，还因案件查询量大、上班时间段查询需求巨大造成网络拥堵等，查询效率低、耗时长等新问题逐渐凸显。福建省漳州市华安区人民法院设计了一个可以替代人工点击的自动查询软件。该软件试运行一周，仅用一台电脑就完成了2018件案件的自动查询，覆盖完整一轮的旧存积案和新收案件的查询。福建省高级人民法院已着手推广司法查控系统自动化查询软件，2016年6月上旬，福建省各中级人民法院完成软件安装、调试应用工作。该软件采用虚拟机运行模式，有效解决各种系统的兼容性问题，使得软件运行既不影响日常办公应用，又可对病毒采取虚拟化隔离措施，兼顾效率和安全。

该软件操作简便，让执行人员有更多的时间和精力投入到案情研究等执行工作中，摆脱了一上班就坐在电脑前充当"鼠标点击手"的角色，真正实现了查询自动化。法官还可以利用工作以外的时间让该软件自动运行，对无法在工作时间内完成的查询任务进行自动挂机查询，实现所有案件全覆盖查询、24小时不间断查询，大大提高工作效率。漳州市中级人民法院仅用一台电脑，利用下班时间就完成了对235件旧案401名被执行人累计11702次的查询。

### （二）规范执行权运行

#### 1. 执行流程标准化

近年来，最高人民法院非常重视法院工作标准化，明确指出推进法院标准化建设是一项打基础、利长远的工作，对于完善审判权运行机制、破解审判工作中的难题、统一司法裁判标准、提升司法能力和司法公信力，都具有积极的促进作用。

最高人民法院开发的全国法院执行案件流程节点管理系统，将标准化的触角遍及执行工作各个方面、各个环节，合理规范执行法官行使自由裁量权的边界和尺度。全国法院执行案件流程节点管理系统设置了立案、分案、执行通知书、网络查控以及启动传统查控、完成传统查控、终本约谈、执行线索等37个节点。流程节点管理系统为执行权运行确立了严苛的标准，每一个执行案件，从立案、执行通知、统查被执行人的财产，到财产的评估、拍卖、变现、案款分配和发还等程序都要在系统内进行，每一个步骤必须严格按照流程进行，完成标准化动作之后才能进入下一个环节，没有通融转圜的余地。

为了促使执行严格按照流程化、标准化、规范化的程序进行，提高执行工作质效，上海执行流程管理系统在执行案件从立案到结案的全流程中设置了37个节点，所有执行案件实行网上办理、网上审批，可自动生成128种法律文书。上海执行流程管理系统还对执行全过程的节点期限设置了预警提醒，并对执行信访、舆情、人大交办件、检察监督件等实行提醒与跟踪管理，实现了对执行工作的全程监督。

北京市高级人民法院用信息技术把执行工作在程序、期限等方面的规范要求植入办案平台，对提示提醒、审批管理、监督督促、程序控制四大类 130 余个节点进行有效监管。北京还建设了全市三级法院统一的执行案款管理系统，使执行案款的收发从各院分散管理变为高级人民法院集中统一管理，施行"一案一账号"的精细化管理，解决了执行工作中执行款项不明和发还不及时的问题，降低了执行法官的廉政风险。

**2. 现场执行可视化**

尽管许多案件凭借网络中心查控平台足不出户便可办结执行案件，但是还有相当一部分案件的执行法官必须外出进行现场查询、扣押、查封、扣划、拘留被执行人等。在执行指挥中心建立之前，执行人员现场执行是否规范到位，法院很难进行有效监督。而执行指挥中心建成之后，执行法官前往执行现场以及采取执行措施的全过程均可以通过执行指挥车、单兵执法记录仪同步传输到法院的执行指挥中心，上级法院也可以通过远程指挥监控系统观看执行现场，做到执行现场全程可视化。依托信息化建成的执行指挥中心既能规范执行干警的执行行为，又能快速处置执行突发事件，震慑被执行人。

**3. 终本管理系统化**

终结本次执行（简称"终本"）是指人民法院在案件执行过程中，对于确实无财产可供执行的案件暂时终结本次执行程序，等待被执行人有财产可供执行时，再行恢复执行的程序性规定。实践中，终结本次执行程序往往被滥用，法官为了提高结案率，在未穷尽执行措施的情况下即按终本结案，终本案件往往未进入流程管理系统而在体外循环不受监督。为了规范终本案件的管理，2016 年最高人民法院出台了《最高人民法院关于严格规范终结本次执行程序的规定（试行）》，明确"最高人民法院将建立终结本次执行程序案件信息库"，对终本案件进行单独管理。

在最高人民法院着手规范终本案件管理之前，地方法院进行了不同程度的探索，依靠信息化对终本案件进行规范管理。例如，江苏法院开发了终本案件管理系统，对终本案件实行集中管理、分类管理、动态管理。江西法院建立了终本案件自动查询功能，每隔 6 个月自动发起网络查询。北京法院的办案平台将案件区分为有财产案件和无财产案件，对于有财产案件，进行流程化运行和节点化控制；对于无财产案件，由单独的数据库进行动态管理。

### 4. 执行过程透明化

为促进司法权运行公开透明，2013年最高人民法院提出推动司法公开三大平台建设，执行信息公开平台作为三大平台之一，肩负着阳光执行的使命。最高人民法院建成"中国执行信息公开网"，向当事人和公众公开与执行案件有关的各类信息，主动接受社会和当事人的监督。中国执行信息公开网首页设置了《被执行人》《失信被执行人》《执行法律文书》《执行案件流程》《执行案款公告》五个栏目，其中《失信被执行人》可通过该网站查询，其他四个分别连接到相应的网站。执行公开平台可以让当事人、社会公众及时、全面掌握案件执行情况，把执行过程"晒"在阳光下。执行当事人可以凭证件号码和密码从中国执行信息公开网上获取执行立案、执行人员、执行程序变更、执行措施、执行财产处置、执行裁决、执行结案、执行款项分配、暂缓执行、中止执行、终结执行等信息。为了加强执行案款管理，切实维护当事人合法权益，最高人民法院于2016年11月21日起开通"执行案款领取公告查询"网页，并在中国法院网和执行信息公开网开设《执行案款公告》查询栏目，由各执行法院将联系不上当事人的案款信息予以公告。

除了全国范围内的执行专网之外，不少地方法院还建有自己专门的执行网站，集中公开本院的执行信息，如宁波市中级人民法院执行网和石家庄市中级人民法院执行网，其中石家庄市中级人民法院执行网除了按照常规做法公开了双限制名单之外，还公开了被罚款人名单、涉嫌拒不履行判决裁定罪名单。

### 5. 司法拍卖网络化

司法拍卖是对被执行人的财产进行处置变现的首选方式，是执行过程中最容易发生权力寻租、滋生腐败的环节。阳光是最好的防腐剂，电子商务的发展为司法拍卖提供了更为开放的模式，越来越多的地方法院将司法拍卖搬到电子商务平台，挤压权力寻租空间，推行阳光拍卖。2014年《人民法院第四个五年改革纲要（2014~2018）》提出，要"加大司法拍卖方式改革力度，重点推行网络司法拍卖模式"。2016年最高人民法院出台《最高人民法院关于人民法院网络司法拍卖若干问题的规定》，明确人民法院进行财产拍卖时以网络司法拍卖为原则。

浙江作为最早推动司法网拍的省份,2012年在全国首创网络司法拍卖,发展到现在,90%的拍卖是在网上进行。江苏法院从2014年1月1日起全面推行司法网拍,截至2016年12月底,江苏法院已进行司法网拍55426次,成交金额346.04亿元,同比增长85.03%,为当事人节约佣金约10.38亿元(占成交金额的3%),单笔成交金额最高达8.31亿元。

### (三) 强化联合失信惩戒

基本解决执行难,除了要提升法院查物找人能力、规范法院执行行为之外,还要对失信被执行人进行信用惩戒,对失信者形成高压态势,逼迫其履行义务。党的十八届四中全会明确要求,"加快建立失信被执行人信用监督、威慑和惩戒法律制度"。传统上,要对失信被执行人进行信用惩戒,往往是在失信被执行人居住地或者法院张贴"老赖"名单,影响范围有限,限制其高消费也只能依赖举报线索进行事后惩戒。敦促被执行人履行债权,必须依托信息化,最大范围内曝光失信被执行人名单,并通过法院与相关部门进行数据对接,限制失信被执行人进行消费和从事其他商业活动,让被执行人"一处失信,处处受限"。为此,中共中央办公厅、国务院办公厅专门下发了《关于加快推进失信被执行人信用监督、警示和惩戒机制建设的意见》,提出建立联合惩戒机制。最高人民法院近年来则通过建立失信被执行人名单制度,加强信用惩戒,截至2016年12月底,累计发布失信被执行人信息642万例,限制575万人次购买机票、206万人次购买火车票。

#### 1. 地毯式失信曝光

为震慑被执行人,促使被执行人主动履行义务,最高人民法院建立了公布失信被执行人名单制度,开通了"全国法院失信被执行人名单信息公布与查询"平台,并借助微博、微信平台开设"失信被执行人曝光台",与人民网联合推出"失信被执行人排行榜"。

北京的失信被执行人(企业)信息与北京市企业信用信息网共享,北京市企业信用信息网在《警示信息》栏目中设置了"不良司法信息"项目,截至2016年12月31日公开了5797条相关信息,公示的内容包括执行依据文号、案号、生效法律文书确定的义务、失信被执行人行为具体情形、作出执行依据单位、被执行人的履行情况、执行法院以及发布时间等。

为联合媒体、银行业金融机构共同营造打击"老赖"的合力和良好舆论氛围，江西法院建成"法媒银失信被执行人曝光台"，失信名单由银行推送、媒体发布，接受法院监管。"法媒银失信被执行人曝光台"除了具备公开曝光功能之外，还具备"在线举报监督"功能：对外接受群众对"老赖"高消费行为和财产线索的举报，对内接受群众对法院消极执行、选择执行、怠于执行案件的监督。

**2. 天网式信用惩戒**

成熟完善的社会信用体系是破解执行难的有效机制。党的十八届三中全会明确提出，推进部门信息共享、建立健全社会征信体系，褒扬诚信，惩戒失信。最高人民法院自 2013 年 7 月出台《最高人民法院关于公布失信被执行人名单信息的若干规定》（法释〔2013〕17 号）以来，不断推进执行联动机制建设，加强与公安、铁路、民航、银行、工商、腾讯、芝麻信用、支付宝等部门单位合作，不断拓展对失信被执行人联合信用惩戒的范围和深度，在出行、投资、置业、消费、网络等各领域对失信被执行人进行信用惩戒，最大限度挤压失信被执行人生存和活动空间。联合惩戒体系的完善还包括对被执行人的受益行为实行失信一票否决制。建立在数据对接基础上的网络化执行联动机制是指通过对被执行人涉案信息的共享，国家有关职能部门和社会公众共同对被执行人进行惩罚和制约，促进形成被执行人自觉履行义务、全社会遵法守信的社会运行机制。建立执行威慑机制是构建诚信社会的必然要求，也是破解执行难的有效途径之一。通过向执行联动成员单位开放、共享法院执行案件信息，共建失信惩戒合作机制，变个案联动机制为对所有失信被执行人进行批量联动。2016 年 1 月 20 日，由国家发展和改革委员会和最高人民法院牵头，人民银行、中央组织部、中央宣传部等 44 家单位联合签署了《关于对失信被执行人实施联合惩戒的合作备忘录》。截至 2016 年 10 月 31 日，最高人民法院与 18 家单位实现了数据对接。

上海法院的执行威慑系统提供对执行案件被执行人限高令、曝光台、失信名单、限制出境、网上追查、拘传、罚款、拘留、拒执罪等措施的记录、跟踪与提醒管理。

深圳市中级人民法院将所有执行案件被执行人相关信息定期上传至中国人民银行征信系统、深圳市信用网和全国法院执行信息管理系统。录入企业或者个人信用征信系统的被执行人及其法定代表人或者负责人，在履行义务前，政府及有关部门不得受理其在经营方面的评优评先申请，不得授予其相关荣誉称号，不得让其享受深圳市有关优惠政策，已经享有的优惠政策，应当予以终止。深圳法院将被执行人的信息在深圳市公安局、深圳市市场监督管理局、深圳市规划和国土资源委员会、人民银行深圳中心支行锁定，限制被执行人在深圳办理出入境手续、经办企业、购买房产、贷款等，使其不能有市场经营行为，事实上退出市场主体地位，陷入准破产状态。

2016 年 9 月，浙江省高级人民法院联合芝麻信用管理有限公司，对浙江法院所涉全部被执行人进行督促执行和信用惩戒。芝麻信用经授权后，对浙江法院诉讼当事人进行全面的信用评价。"老赖"被列入芝麻信用失信人员名单，无法享受诸如蚂蚁金服之类的金融服务，想要恢复芝麻信用，就必须尽快履行义务。

## 三　问题：信息集约化建设亟待强化

信息化建设在提升执行效率、规范执行权运行、提高执行强度方面发挥了重要作用，但是由于系统平台的集约化程度不高，在一定程度上制约了信息化的效果。系统平台建设集约化程度不高表现为平台分散、功能不集中、系统数据不对接等。

### （一）平台不统一

由于法院信息化建设初期缺乏顶层设计，或者系统平台由不同部门负责建设，平台林立现象较为严重。平台分散一方面造成信息重复上传，增加信息录入者的工作量，另一方面也不利于公众或当事人获得统一权威的信息。

### 1. 公开平台分散

中国执行信息公开平台是由"全国法院失信被执行人名单信息公布与查询"平台、"全国法院被执行人信息查询"平台以及各法院网站的执行网页或栏目组成。尽管最高人民法院将"全国法院失信被执行人名单信息公布与查询"平台称为"中国执行信息公开网"，并设置了《被执行人》《失信被执行人》《执行法律文书》《执行案件流程》《执行案款公告》五个栏目，但是"中国执行信息公开网"只能进行失信被执行人的公示与查询，《被执行人》《执行法律文书》《执行案件流程》《执行案款公告》均为链接，分别指向其他网站。执行公开所要求公开的限制消费或限制出境的名单，则分散在各执行法院的网站上。要想了解一个执行案件的完整信息，需要登录不同的网站，相关信息未能集约到一个平台。

### 2. 信用平台多元

目前，在全国层面涉及信用信息查询的平台有"信用中国""中国执行信息公开网""中国人民银行征信中心""全国企业信用信息公示系统""中国职业信用管理平台"等。"信用中国"网站是在国家发展和改革委员会、中国人民银行指导和社会信用体系建设部际联席会议各成员单位支持下，由国家信息中心主办。"信用中国"所公开的仅限于法人作为失信被执行人的名单，并且截至 2016 年 12 月 31 日也仅提供了 50 个失信被执行人名单。"中国人民银行征信中心"提供的是个人信用信息服务平台，且仅限于银行信用。"全国企业信用信息公示系统"提供全国企业、农民专业合作社、个体工商户等市场主体信用信息的填报、公示和查询服务。"中国职业信用管理平台"是国家人力资源和社会保障部全国人才流动中心推出的专门致力于"职业信用"的服务平台。信用平台多元、重复建设，造成信用信息查询不便，不利于建设统一的社会诚信体系。

## （二）功能不立体

"全国法院失信被执行人名单信息公布与查询"平台提供公示和查询两方面的功能，而公示功能存在缺陷，有待进一步改进和完善。

### 1. 公示不全

一般情况下，要对失信被执行人的名单进行曝光，应分页公布名单，并提供检索服务，这样既方便公众知晓公开的总量，又方便公众查找到具体的目标信息。"全国法院失信被执行人名单信息公布与查询"平台对失信被执行人名单的公示仅限于以滚动的方式公开被执行人的姓名（名称）、证件号码，至于公开的总体情况公众无从知晓。

**2. 分类笼统**

"全国法院失信被执行人名单信息公布与查询"平台将失信被执行人分为自然人和法人（或其他组织）两类，未对其中特殊身份的失信被执行人进行标识。中央全面深化改革领导小组第二十九次会议强调，要加大对各级政府和公务员失信行为的惩处力度，将危害群众利益、损害市场公平交易等政务失信行为作为治理重点。中共中央办公厅、国务院办公厅在其印发的《关于加快推进失信被执行人信用监督、警示和惩戒机制建设的意见》中明确，在职公务员或事业单位工作人员被确定为失信被执行人的，失信情况应作为其评先、评优、晋职晋级的参考。相对于普通当事人，公职人员和公法人更应该履行法律文件所规定的义务，为加强对公职人员的监督，应将失信被执行人中公职人员的失信情况通知其所在单位。长期以来，不履行法院判决确定的支付、赔偿等义务责任的党政机关和公职人员，都是各地法院执行工作的难点。从 2012 年 3 月起，各地法院在全国范围内开展对党政机关执行人民法院生效判决的专项积案清理工作，重点治理"官员失信"现象。因此，为强化对公职人员和公权力的监督，"全国法院失信被执行人名单信息公布与查询"平台应作进一步分类，将公职人员和公法人作为失信被执行人的情况单列。

## （三）信息不对接

在互联网思维的引导下，执行数据应该实现最大程度的共享，然而实践中信息壁垒、数据鸿沟现象仍不同程度存在。执行领域中的信息不对接表现在三个方面：首先，不同地域、不同层级法院的执行数据共享存在困难；其次，以网络执行查控和联合惩戒为主要内容的执行联动机制存在法院系统与其他部门信息不完全对接的问题；最后，社会信用信息与被执行人名单信息之间未能做到无缝对接，如"中国人民银行征信中心"尚未与最高人民法院的失信被执行人名单库联网。

数据不对接现象的背后存在多种原因：有些是客观原因，有的部门数据的确较为敏感，在保密技术无法保证的情况下不能轻易共享、开放；有些是主观原因，在部门主政者传统保守意识观念的主导下不愿意向其他部门共享数据。除了上述两个方面的原因之外，技术层面的因素也是不可回避的，有的是因为部门信息本身的数字化程度不高，未跟上大数据时代的步伐，如房产信息本身在其系统内还未实现全国联网，还有些是因为系统未按照统一的技术标准开发，导致系统无法对接。党的十八届三中全会提出，"建立全社会房产、信用等基础数据统一平台，推进部门信息共享"。《国民经济和社会发展第十三个五年规划纲要》也强调，"加快建设国家政府数据统一开放平台，推动政府信息系统和公共数据互联开放共享"。技术层面的信息不对接问题将会随着信息化的推进与不断完善而有所改观。

## 四 展望：执行大数据之深度挖掘

《国民经济和社会发展第十三个五年规划纲要》强调，要"统筹布局建设国家大数据平台、数据中心等基础设施"。司法大数据包括审判大数据和执行大数据，与审判大数据相比，执行大数据基于多部门数据对接、融合，因此更加具有复合性。随着网络执行查控体系和联合惩戒机制的完善，法院与协助义务单位的信息高度融合，所形成的执行大数据更具有挖掘价值。而目前，执行大数据的规模和质量尚有不足，执行大数据的价值挖掘也正在探索起步，还未跨入服务业务的实质阶段。从未来的发展看，执行大数据在"基本解决执行难"目标的实现方面将扮演极为重要的角色，应从以下几个层次对执行大数据作进一步开发和利用。

首先，运用执行大数据助力精准执行。法院凭借执行大数据分析系统对执行大数据的充分运用和综合分析，能够勾勒出被执行人各类信息的全景视图，多方位掌握被执行人的社会关系、消费情况、出境出差、户籍与居住地址、联系方式等信息，建立被执行人履行能力评估模型，提供被执行人身份、行踪等相关查询，辅助追查被执行人财产线索，监测失信被执行人动态，预测执行工作态势等。

其次，借执行大数据管理系统强化执行监督。最高人民法院向全国推行了全新的全国法院执行案件流程信息管理系统，作为全国四级法院统一的办公办案平台，与网络查控系统、执行公开系统、联合失信惩戒系统等对接，记录执行案件从立案到采取执行措施到结案的全部流程，并具有对重要流程节点进行提醒、锁定等管理功能。这一执行大数据管理系统将有助于法院准确掌握所属法院及下辖法院执行案件的办理进程，监督法院内部是否存在消极执行、拖延执行、不规范办案等问题。

再次，让执行大数据挖掘服务于监督考核。执行大数据的应用与完善，有助于形成科学准确的评估机制。执行大数据的本质是借助信息化手段对执行案件实行精细化管理的结果，通过执行案件的全程留痕，有助于彻底摸清执行案件底数。而摸清执行案件家底是科学精准考核执行法官的前提。过去，针对执行法官的绩效考核项目比较少，管理相对粗放，通常表现为追求单一执结率的考核。今后，应借助于执行办案系统的升级而形成的执行大数据，制定更为细致、科学的考核规范。以执行效率专题分析为例，过去，对执行效率的管理采取的是比较粗放的统计方式，只统计从立案到结案的平均用时，对用时相对较长的法院或法官，会督促其提高工作效率。但是，究竟是哪项工作影响了效率提高，以往的执行系统中是不能提供信息项进行分析的。而升级后的系统将执行案件从立案到结案分为五个阶段，对这五个阶段的平均用时分别进行统计，就使执行法官可以更有针对性地提高工作效率。通过这种更为细致的分析、考核，可督促法官采取有针对性的措施改进工作。

最后，依托执行大数据挖掘服务于"信用中国"，进而提升国家治理能力。人民法院通过司法程序认定的被执行人失信信息是社会信用信息的重要组成部分。完善的社会信用体系不仅需要具备信息收集功能，还有相应的信息共享渠道，通过该渠道，人民法院可以便捷地查询到被执行人真实完整的信用信息，从而精准及时地查找被执行人和控制财产。执行大数据弥合了法院与各部门之间的数字鸿沟，通过对失信被执行人进行联合信用监督、警示和惩戒，有利于促进被执行人自觉履行生效法律文书确定的义务，提高司法公信力，有力促进了社会诚信体系建设。通过对执行大数据的分析，可以勾勒出个人的信用脸谱，评估某个行业的失信风险度，进而为高效调配司法资源、服务社会管理和公共决策提供全方位、高水平的智能分析服务。

当然，在执行信息化建设中，应处理好发展与安全的关系，确保网络信息安全，尤其是执行大数据中涉及大量被执行人的身份、财产等敏感信息，在进行深度挖掘与应用过程中应注意处理好与个人信息保护的关系。

（参见法治蓝皮书《中国法院信息化发展报告 No.1（2017）》）

# 第二十一章　司法大数据的建设、
应用和展望

　　**摘　要**：大数据对于司法审判管理的影响深远，在推进司法大数据的建设过程中，最高人民法院通过打造大数据管理和服务平台收集数据、整合数据、分析数据。在应用方面，司法大数据可以为审判执行提供辅助，为司法管理提供依据，为领导决策提供支撑。在未来的发展中，应当进一步推进司法大数据的融合，进一步深化司法大数据的应用，进一步提高司法大数据的准确性，进一步提升司法大数据的安全性。

## 一　概述

　　大数据正在深刻且广泛地改变并影响着社会运转的方式，对于大数据、云计算和信息化，习近平总书记多次强调："没有信息化就没有现代化"，"面对信息化潮流，只有积极抢占制高点，才能赢得发展先机"。大数据、云计算和信息化同样对司法改革产生了深远的影响，为司法改革提供了新思路，提出了新办法，提升了新高度。近年来，最高人民法院以"大数据、大格局、大服务"理念为指导，积极推进落实信息化战略部署，人民法院信息化建设取得重要进展，建成人民法院信息化2.0版，有力推动了人民法院工作。信息化建设永无止境，为更好地满足人民群众日益增长的多元司法需求，人民法院信息化发展规划确定了2017年底总体建成人民法院信息化3.0版、2020年底人民法院信息化3.0版在全国深化推广的目标。2016年，最高人民法院研究通过《人民法院信息化建设五年发展规划（2016~2020）》和《最高人民法院信息化建设五年发展规划（2016~2020）》。根据这两部规划，未来法院信息化建设将会以大数据分析为核心，以提高司法审判能力和司法管理水平为目标，以智慧法院的实现为结果。可见在今后法院信息化建设过程中，司法大数据的建设、应用和发展将会占据重要的位置。

## 二　司法大数据的建设

### （一）打造数据平台，集中数据信息

司法大数据建设首先依赖于数据的收集和汇总。为全面、准确、规范地收集各地法院的司法信息，2014 年 7 月，最高人民法院的数据管理平台正式上线。该平台所涵盖的信息非常丰富，不仅包括审判执行信息，还汇集了司法人事、司法政务、司法研究、信息化管理、外部数据的相关信息，上述内容形成了拥有六大数据体系的数据库资源。该平台具有数据管理、共享交换、数据服务三大功能。依靠平台中的这些功能，最高人民法院可以实时掌握全国的法院信息、审判信息、执行信息等相关内容，为提高人民法院大数据开发和应用水平提供了坚实的基础。自 2014 年数据管理平台上线以来，司法数据收集先后经历了全国法院全覆盖、案件数据全覆盖、统计信息全覆盖等阶段。

第一，全国法院全覆盖。在数据管理平台建设初级阶段，全国各地办案系统不兼容，系统信息无法共享；数据标准不统一，导致数据无法直接汇总；统计技术发展各异，无法便捷地形成全国数据；法院专网尚未普及，影响数据汇聚。总之，在打造平台之初，首先便是要通过数字平台覆盖所有的法院。为此，从 2014 年 7 月到 2015 年 6 月，经过一年的努力，最高人民法院已经基本打通了全国四级法院的数据通道，目前大数据覆盖的法院数量共有 3520 家，每一个法院均在平台上拥有对应的案件数据集合，形成了一张覆盖全国四级法院的数据汇聚大网。从最高人民法院的数据管理平台上，可以监控全国四级法院的数据，形成了以全国四级法院为基数的大数据分析平台，为数据的统计和分析提供了基础。

　　第二，案件数据全覆盖。法院信息系统全覆盖并不代表案件信息的全覆盖，由于全国法院体量庞大，法院内的案件登记信息、案件审判信息以及案件执行信息等相关情况的汇总无法精准地做到统一和同步，故在信息汇总过程中可能会出现案件信息漏传漏报、信息逻辑错误，数据汇聚不及时以及管理机制欠缺等问题。为此，最高人民法院通过技术方法和制度方法对数据覆盖进行改进。在制度领域，最高人民法院通过了《人民法院数据集中管理工作规范》《人民法院案件数据动态更新机制技术规范》。按照新的规定，最高人民法院与各高级法院之间建立了每5分钟和每日案件数据动态更新机制，有效支持案件、文书数据的及时、自动汇聚。在技术领域，最高人民法院开发部署了一套涵盖关键质检规则的质量检查和监控系统，每天自动生成各高级人民法院辖区案件数据的置信度评估指标。通过制度设计和技术提升，截至2015年底，最高人民法院已经初步实现对全国"案件数据全覆盖"的目标。

　　第三，统计信息全覆盖。以往的数据统计主要是通过报表的方式，这种方式统计的内容有限，而且需要耗费大量的人力和时间。2016年初，最高人民法院提出要在年底前实现数据集中管理平台与司法统计平台全面并轨，将司法统计平台中的信息汇聚在数据集中管理平台中，至此最高人民法院便可以实现"统计信息全覆盖"的目标。

## （二）完善信息系统，实现数据整合

　　最高人民法院通过数据管理平台汇聚了大量的审判管理信息，但仍然需要将不同信息整合形成大数据。由于司法涉及的信息内容庞杂，分布较广，因此数据与数据、信息与信息无法直接流动和匹配。这一方面是由于法院与法院之间、法院其他部门之间的协调沟通不畅，人为地制造了很多信息障碍，产生了大量的信息孤岛；另一方面则是由于部门之间的信息系统本身无法相互兼容，系统中的数据流通需要经过转换。全国各地法院在信息整合上各尽其能，运用不同的方法完善信息系统，实现数据整合。

　　第一，法院系统内部的数据整合。法院系统内部数据整合有两方面的内容，其一是地方各级法院将数据汇总至最高人民法院，其二是法院自身将案件信息、绩效考核信息、审判管理信息等相关内容予以整合。对于数据汇集，最高人民法院建成了一个数据管理主平台和 32 个子平台，主平台主要负责最高人民法院大数据管理和服务，子平台主要负责为全国 31 个高级人民法院和新疆生产建设兵团人民法院提供服务。全国四级法院每日产生 5 万~6 万件的案件数据，每 5 分钟实时自动汇聚到主平台。从主平台和子平台中便可以清楚地了解到全国法院当日新收的案件数量和已经结案的数量，这些案件不仅可以下载，了解具体的案件详情，同时还可以基于上述数据进行案件的收结存分析。对于法院自身信息的整合，地方各级法院的做法主要是将信息集中在集控中心，如广东法院将审判业务系统、司法政务系统、司法人事系统以及移动平台数据整合在集控中心，实现同步存储和可视传输、远程现场指挥、远程决策、远程调度。数据的高度集中虽然便于数据的应用，但也必然带来高风险，一旦数据丢失将会造成极大的损失。存储、运算庞大的数据信息，必须配备更优质、更先进的硬件设备，更严密、更可靠的安全防护措施，防止信息丢失，防止信息泄露。

第二，法院与司法部门之间的数据整合。一个完整的司法程序涉及公安、国家安全、检察院、法院、监狱、司法行政机关等相关部门，若要充分发挥司法大数据的作用，则需要法院与上述单位和部门的配合与协调。法院与公安部门数据互通，一方面可以帮助公安部门建立涉案人员库，另一方面通过调用居民身份系统，为民事案件立案提供被告人模糊查询接口，帮助执行法官查询被执行人信息，尽可能降低群众诉讼难度，提高审判执行效率。法院与检察院信息共享，可以实现法检两院间的电子卷宗流转，可有效缩短两院间调卷阅卷时间，提升审判效率。法院监狱数据共享，便可以实现监狱及看守所内远程开庭，这样既保障了提审和讯问的安全，又减少了人员的流动和车辆的使用，节约了大量的人力物力。法院与司法行政部门数据共享，可以实时监测到社区矫正人员的执行情况。

第三，法院与其他部门的数据整合。法院形成的数据不仅需要法院内部、司法部门之间实现互联互通，法院与其他部门的信息融合也至关重要。目前国内比较成熟的数据整合的例证便是执行查控系统。法院与银行、证监会、银监会、工商、税务、国土、住房和城乡建设等部门逐步实现了数据共享。通过与上述部门之间的合作，可以实现对被执行人的查控，在全国层面建立了"总对总"查控系统，在地方层面建立了"点对点"查控系统，今后对于被执行人在全国各地各种形式的财产信息，如股票、房产、车辆等，都会被法院所掌握。对于这些财产的查控也摆脱了法官跑腿执行的局面，法官只需在系统上便可以实现对上述财产的冻结。这只是法院与部分单位数据整合后应用的例证，今后法院会探索更多的数据整合实践，在大数据的基础上获得更多更有价值的应用。

### （三）优化司法统计，助力数据分析

司法统计是司法管理的基础，司法资源调配、审判质效评估等诸多司法管理问题都需要精确的司法统计。通过对数据的分析、提取，司法统计可以为司法机关作出正确的决策提供支撑。随着司法大数据的广泛应用，司法统计面临着新的机遇和挑战。原有的静态统计已经无法适应法院信息化建设和司法大数据的要求，目前全国法院正在按照信息化建设的要求，通过搭建平台、强化制度实现司法统计的突破和创新。

第一，搭建信息平台，保障数据真实。司法统计的前提是数据真实，否则统计得出的结论便不具有参考和借鉴价值，如对于裁判文书数量的统计，若裁判文书上网的数量不准确，则由此推断出各类案件的比例和发展规律的研究或结论就无法保证科学性。为保障数据的真实准确，一方面，最高人民法院推动数据集中管理平台和统计平台并轨，这样可以消除各平台之间的误差；另一方面，最高人民法院先后赴吉林、天津、福建、宁夏、云南等高级人民法院现场核查、解决数据质量问题，并充分利用数据集中管理平台的数据交换机制保证新上线应用系统的数据质量。

第二，完善信息系统，保障数据全面。在大数据时代，样本即是全部数据本身。在司法统计方面，大数据要求能够涵盖司法方方面面的内容，不仅要包括各个类型案件的数量，立案、结案情况，还要包括具体案件的时间、地点、结果等方面的深入分析，这就要求司法统计不仅仅是简单计数，而应当将所有重点信息一一录入，这样才能保证大数据分析的可靠性。为此，各地法院纷纷完善案件信息管理系统，基本都能够实现将立案到审结的所有内容及时信息化和数据化，做到不遗漏一个关键点。可以说，案件信息管理系统能够实现案件各个环节的有效衔接，实现司法统计

数据在系统中的智能提取，可以最大限度地保证数据的完整性。

第三，制定管理制度，保障数据安全。以往的司法统计基本依靠以统计表格为主的内容报送方式，这种方式不但工作效率不高，导致司法统计数据较审判工作相对滞后，而且统计范围狭窄，信息量相对较少，无法正确反映司法审判运行的全貌。推动司法统计信息化改革之后，上述问题有了极大的改观，司法统计摆脱了报表式的方式，进而转变为以信息为核心。例如，四川法院改革司法统计过程中，出现了以案件信息表为核心、以统计报表为补充的报送方式，实行"一案到底"的信息上报机制。但与司法统计信息化结伴而来的是数据安全性问题，以往统计表格虽然信息量小，但数据安全性有保障，不必担心数据大规模的遗失或泄露，在大数据背景下，司法统计工作的安全性则成为重大难题。故各地法院都比较重视制度建设，强化司法统计过程中信息安全的制度规定。例如，在案卷统计过程中，哈尔滨市中级人民法院将案卷扫描的工作交给专业团队，在与专业团队签署保密协议的前提下，规定纸质卷宗不得在扫描点过夜，必须确保当天处理完毕并返还，避免信息外泄。

## 三 司法大数据的应用

### （一）为审判执行提供辅助

近年来，司法部门以司法公开为抓手，打造三大平台，构建诚信体系，通过公开倒逼司法公正，解决执行难题。司法大数据的应用和推广打开了解决上述问题的另外一条思路，司法大数据的应用和普及一方面可以帮助法官分析案件，确定量刑标准和范围，为法官审判提供支撑；另一方面，司法大数据还可以帮助法官发现被执行人的财产，解决执行难的问题。此外，司法大数据还可以优化诉讼流程，提高工作效率。

第一，消除类案异判，实现公平正义。习近平总书记强调，"努力让人民群众在每一个司法案件中都感受到公平正义"，为此，中央推动了多项司法改革举措，实现司法公正。随着法院信息化建设的深入推进，大数据和云计算为司法公正提供了新的思路。对于案件的定性而言，通过司法统计法院可以提炼案件的若干关键点，如行为的性质、行为的结果，被害人是否存在过错、是否存在免责情形等，将这些关键点提炼之后便可以形成一套完整的司法大数据，在法官审理案件的过程中，大数据系统便可以推送相似案件的判决依据和判决结果，防止出现类案异判的情形，实现司法公正。此外，为推进量刑规范化工作的实施，规范法官自由裁量权、统一量刑标准，促进量刑公开、公平、公正，部分地方法院依托大数据分析平台，对刑事已审结案件量刑分布进行了统计分析，为量刑规范化工作提供基础数据支撑。

第二，助力执行查控，强化司法权威。法院裁判结果是否能够实现关乎司法在公众中的形象，若法院裁判形同虚设，那么司法就被认为毫无权威可言。近年来，执行难成为影响司法权威的重要因素之一，而造成执行难的关键点在于信息不畅，法院无法准确地获得被执行人的财产信息，执行案件的法官和司法工作人员只能一筹莫展。大数据的应用有助于化解执行难，通过大数据应用，法院不但可以了解被执行人的银行存款、股票、房产、机动车等相关信息，而且足不出户便可以查询到甚至冻结上述财产。法院利用互联网助力执行查控不但提高了工作效率，而且取得了良好的效果。此外，各地还开发出其他系统提高司法工作效率，如浙江法院与芝麻信用签订协议，用大数据构建当事人的信用画像，提升法官对于诉讼当事人的了解以及审判效率。芝麻信用通过支付宝 App 向被执行人推送消息，督促其尽快履行义务。

第三，优化工作流程，提高工作效率。立案登记制实施之后，全国法院立案数量同比上升了 26.11%，全国各地尤其是东部城市"案多人少"的矛盾更加凸显。为此，部分法院利用大数据为司法审判工作减负，优化工作流程，提高工作效率。一方面，通过司法大数据分析进一步优化审判流程，使审判工作更符合标准化的要求，工作成果更容易通过司法标准进行衡量。另一方面，通过信息化有效开展人员分类管理，用大数据合理确定法官、法官助理、司法辅助人员的数量和精确计算工作量，让法官真正将主要精力集中到案件审理上。此外，针对行政审判滥诉的问题，部分法院依托大数据开发案件查询系统，可以有效地帮助法院识别滥诉。例如，天津高级人民法院开发了关联案件查询系统，可以即时查询当事人关联案件的情况，了解当事人就同一事项提起过多少诉讼，为有效规制滥诉提供了有力的武器。

### （二）为司法管理提供依据

科学的审判管理体制是保障案件质量和提高司法效率的必要条件，通过大数据分析一方面可以提供审判意见以提高审判质量，另一方面可以节约法官、当事人以及其他诉讼参与人的时间，提高审判效率。此外，司法大数据的应用还可以完善法院的绩效考核，科学地对法官工作进行评价，并最终使司法管理走向科学化和专业化。

第一，完善法院绩效考核机制。审判管理过程中，如何对审判绩效进行考核是摆在所有法院面前的重要问题，科学的考核体系有助于提高法官、法官助理、书记员的工作热情和工作积极性，提高工作效率。各地法院在考核过程中，通过系统将案件、文书、卷宗、庭审视频等数据进行整合，不断摸索出各种科学的考核机制。有的法院通过大数据分析系统，对每一个法官、法官助理、书记员的工作量进行统计和分析，以月趋势图、年趋势图、历年累计图的方式展示，为法院绩效考核工作提供依据。例如，新疆生产建设兵团人民法院可以依托系统自动生成法官业绩月趋势的分析图和历年累计分析图。有的法院依托法院信息化收集到的数据，制定考核指标，对审判质效进行评价，如北京法院利用审判管理系统定期收集、分析和发布反映案件审判质效的评估数据，同时依托数据分析建立覆盖各法院、各审判业务庭、各法官和全部案件的审判质量考核体系。

第二，提高案件评查效率。以往对案件进行评查，总需要人工监管、检查并发现可能存在的问题，避免出现审判风险。而随着案件数量的增加，人工评查和监管逐渐无法适应海量的案件现状。部分法院利用大数据提高案件评查的效率，强化案件评查的质量。例如，河北省高级人民法院面对审判流程中的海量数据，自主创新研发了审判风险防控系统，利用大数据提高案件评查的质量。河北省高级人民法院将历年案例评查中发现的问题界定为 125 个风险点，从信息录入、数据质量、流程完整、资料齐全、程序合法等方面进行自动智能检查，大大提高了数据管控的及时性、准确性、全面性，实现了庞杂繁重的人工管理向信息技术自动化管理的转型。如今对一个地市所有案件的流程检查只需 10 分钟即可完成，大幅节约了管理成本，全面提高了审判管理效率，有效提升了案件质量。

第三，规范案卷档案管理。审判档案及卷宗管理是一件烦琐而又容易出错的工作，各级法院在案卷档案管理过程中，利用信息化系统将案卷电子化，这样既省去了法官大量宝贵的时间，又提升了审判质效。但信息化和大数据对于档案管理的改进不止如此，法院除了纸质案卷之外，还有电子案卷、视频资料等，在案件归档过程中，可能会出现档案数量无法一一对应、档案之间的数量不一致等问题，为档案管理带来混乱。大数据的介入可以在一定程度上消除上述问题，通过大数据可以实现电子案卷、立案数量、扫描案卷、庭审视频之间的比对，一方面可以发现档案漏洞，及时检查并发现遗漏的档案；另一方面，通过大数据统计可以发现案件归档过程中的管理问题，对规范案卷档案管理提供意见和建议。

## （三）为领导决策提供支撑

司法审判情况是社会稳定的风向标，经济发展的晴雨表，行政管理的指南针。对司法审判进行分析可以大致判断社会矛盾纠纷的节点，经济发展的障碍，行政管理的漏洞。但是在传统统计、调研模式下，形成一篇司法分析报告往往需要数个月甚至更长的时间，随着信息化、大数据和云计算的广泛应用，形成一篇调研报告只需要一周甚至更短的时间。最高人民法院利用大数据每个月都可以形成 4~5 份专题报告，各项研究成果已经以成果摘要的形式上报有关部门。这些内容成为领导决策的前提和基础，掌握了上述信息，有利于制定科学的政策，便于合理安排工作，有助于实现社会管理创新。具体而言，司法大数据服务领导决策体现在如下几个方面。

第一，稳定社会治安，打击刑事犯罪。刑事案件的大数据分析不仅要准确记录刑事案件的发案数量以及各种案件类型的比例情况，而且还需要对各类案件的实际情况，如案发地点、案发时间、行为的性质、行为的处罚结果等相关因素进行统计分析。通过对上述内容的统计可以得到很多有益的结论，如通过对食品安全案件的大数据分析，可以发现食品药品安全犯罪与产业发展息息相关。司法大数据还可以为精确打击犯罪分子提供依据，如最高人民法院对国家工作人员职务犯罪情况进行了专题分析，客观、清晰地反映了国家公职人员犯罪的主要特点和犯罪规律，可为有针对性地制定职务犯罪防范机制提供支持。

第二，维护经济秩序，完善民事立法。民商事案件的整体情况可以从侧面反映地方经济社会发展状况，通过对民商事案件进行大数据分析，可以为政府制定经济社会发展策略提供依据，发现工作的不足，填补制度漏洞。自司法大数据广泛应用以来，全国涌现了大批大数据分析报告。这些分析报告对于分析判断经济形势具有非常重要的作用。例如，自 2015 年 9 月 1 日起全国施行《最高人民法院关于审理民间借贷案件适用法律若干问题的规定》（法释〔2015〕18 号）以来，截至 2016 年 7 月 31 日，共汇聚民间借贷一审判决书 31.79 万份，其中，6.6 万份文书引用了此司法解释，占比为 20.76%，而在引用此司法解释的案件判决中，关于明确借贷利率的第 29 条引用次数最多，共 4.41 万份，占比 66.82%。这些具体数字有力说明了司法解释施行以来的效果，可为相关法律规定的颁布、修订及司法研究提供重要参考。

第三，发现监管漏洞，倒逼依法行政。立案登记制改革实施以来，行政案件数量有了明显的增长。各地法院在对刑事、民事案件进行大数据分析的同时，也逐步开展了对行政案件的统计分析，司法大数据一方面能够发现行政案件的矛盾纠纷点。例如，吉林省高级人民法院对行政案件进行统计，发现排名前五的分别是：不服治安管理罚款（149 件）、不服土地所有权处理决定（67 件）、侵犯土地承包经营自主权（60 件）、侵犯房产权（58 件）、不服强制扣留决定（56 件）。上述案件同时也是矛盾纠纷易发点，通过分析矛盾纠纷产生的原因、争议的焦点、处置结果等相关内容，便可以针对矛盾纠纷提出解决方案。另一方面，通过司法大数据分析可以发现行政监管漏洞，督促行政机关加强监管。最高人民法院通过分析 2013 年至 2015 年全国银行卡纠纷案件文书发现，国有商业银行的涉案次数远超其他银行，占比达 74.5%。而在银行卡纠纷案件中，信用卡纠纷进一步占到 93.57%，反映出国有商业银行需要进一步加强信用卡发放和使用监管。

# 四　展望：提升司法大数据应用成效

## （一）司法大数据融合有待完善

各地法院在信息化建设的过程中，都纷纷建立了自己的信息系统，但普遍存在不同系统数据无法实现直接互联互通的问题，司法大数据建设仍然存在信息孤岛问题，即便是各级法院的电子卷宗档案管理系统，都存在无法互联互通、信息无法共享的现象。目前，这一状况已得到改变，最高人民法院通过大数据管理和服务平台实现了与 15 个高级人民法院的电子卷宗调阅。今后最高人民法院应进一步实现各级法院大数据管理和服务平台的互联互通和服务，打通办公办案、人事管理、教育培训、信息化管理等不同平台和系统的单向或双向接口，使日益积累的司法大数据资源在各类应用信息系统中得到最直接、最充分的应用。

## （二）司法大数据应用有待深化

法院信息化建设除了能够提升审判能力和实现审判管理现代化转型之外，还可以为政策制定者提供决策依据。自最高人民法院推进法院信息化建设 3.0 版以来，各级法院纷纷建立数据分析系统和数据统计平台，对司法判决进行大数据分析，这对于了解一个地区各种刑事、民事、行政案件的实际情况具有重要参考价值。截至目前，司法大数据的应用基本已经在全国范围内逐步推广，但是除了最高人民法院和部分高级人民法院之外，大部分法院的司法统计仍然停留在案件数量、立案量、结案量、执行情况等初级阶段，司法大数据的挖掘仍然有待深化。尽管已经出现了一批研究报告，如截至 2016 年 12 月，最高人民法院和各级法院合作形成了 70 余份专业研究报告，但无论数量还是质量仍然有提高的空间。司法大数据分析结果越来越多地支撑司法解释出台，但至今还没有司法大数据分析大规模影响立法进程的事例，亦很少看到决策者依靠司法大数据制定政策。随着司法大数据的挖掘和应用，可以预见，不久的将来司法大数据将会进一步影响和推动司法解释，将会成为制定、修改法律的重要依据，将成为进一步深化改革的重要参考。

### （三）司法数据准确性有待提高

司法大数据应用的前提是数据必须客观、真实、准确。"数据真实是司法统计的生命。"随着法院信息化建设的推进，司法数据呈现爆炸式增长，但数据增长带来的问题便是无法保障数据的真实和准确。对此，全国各地法院开展信息清理专项整治活动，保证数据的准确性。为了从根本上解决数据质量问题，建议各级法院从以下几点入手：首先，确保数据采集渠道一致、来源统一；其次，定期开展检查，防止因考核等原因导致数据大起大落；再次，加强责任追究，对数据弄虚作假的法院取消评先资格、进行实名通报等；最后，扩大数据公开，倒逼各级法院保证数据的准确性。

### （四）大数据安全保障有待升级

司法数据分为两类，一类需要法院及时向社会公开，通过司法公开提高司法公信力，提升司法权威；另一类则因法律规定不得向社会公开，如涉及国家安全、个人隐私、商业秘密的案件是不公开审理的。在司法信息化建设过程中，无论是否属于公开审理的案件，均会在系统中留痕，在电子档案中留印，如何保证平台和系统内信息的安全性成为摆在所有法院面前的难题。为此，建议在推进大数据建设的过程中从以下几个方面努力。一要加强制度落实，各级法院要认识司法统计工作的重要性和必要性，创造不造假、不泄密的工作氛围。二要加强相关制度机制建设，研究制定新的制度、规定，防止大数据被滥用，切实保护公民隐私。三要运用各种云计算等现代技术在信息处理和信息存储方面的独特优势，彻底堵住数据造假和泄密的漏洞，让数据造假和数据泄露无空可钻、无机可乘。四要明确各个部门和人员对于信息存储和处理的责任，加强对信息泄露的惩戒。

（参见法治蓝皮书《中国法院信息化发展报告 No.1（2017）》）

# 第二十二章 司法诉讼服务：吉林电子法院分析

**摘　要：**吉林省高度重视法院信息化建设，加快提升司法诉讼服务水平，充分满足人民群众日益增长的司法需求。本文梳理了吉林电子法院建设的基本情况，分享电子法院建设过程中能够推广的经验。吉林电子法院在拓展完善和应用推广等方面仍有很多需要完善的地方，在未来的发展建设中还将不断改进和提升。

人民法院为当事人、代理人提供全面的司法诉讼服务，既是人民法院信息化发展的必然要求，也是公众应当享有的基本权利。信息技术的不断更新和迅猛发展，对法院工作创新发展也提出了新要求，电子诉讼服务应运而生。建立健全电子诉讼服务对于构建"开放、动态、透明、便民"的阳光司法机制具有十分重要的意义。

## 一　吉林电子法院的建设背景

### （一）全球大环境

20 世纪 90 年代以来，信息化成为全球经济社会发展最显著的时代特征，推动信息化成为每个国家高度关注的重大主题。美国早在 1993 年克林顿政府时期就首倡电子政府建设，启动了美国的电子政府建设步伐。21世纪初，欧盟提出了建设"电子欧洲"的行动计划，强力推进电子政府、电子医疗、电子培训和电子商务四大领域建设。2001 年，日本政府制定并实施了"电子日本战略"，推动了日本信息化战略的变革。

信息技术的迅猛发展，对法院工作创新发展也提出了新要求，电子诉讼应运而生。1995 年 11 月，美国俄亥俄州联邦地区法院通过网络首次立案审理了石棉污染纠纷案。德国法院 1997 年 6 月开始推行网上立案和电子诉讼。新加坡 2000 年通过立法确认了电子诉讼的法律地位。韩国是电子诉讼制度发展较快的国家之一，自 20 世纪末开始推行电子诉讼以来，目前电子诉讼已覆盖民事、家事、行政、破产和执行等大部分诉讼事项，仅刑事案件尚未实施电子诉讼，其中民事案件电子诉讼比例达到 58%。引入电子诉讼适应信息化发展是中国法院面对的重大课题。

## （二）全国大环境

信息技术是当今世界创新速度最快、通用性最广、渗透力最强的高新技术之一。"大数据"时代的到来以及信息技术的进步，对司法工作产生深刻影响。加强人民法院信息化工作，是服务党和国家工作大局、实施国家信息化发展战略的必然要求，是服务人民群众、促进司法公开的迫切需要，是服务审判执行、保障司法公正廉洁高效的重要途径。

2013 年以来，最高人民法院明显加大了信息化建设力度，以"大数据、大格局、大服务"理念为指导，强力推进信息化建设转型升级，实现了全国四级法院专网全联通、数据全覆盖、业务全开通；开辟了审判流程、裁判文书、执行信息三大公开平台；建成了全国法院执行指挥系统、远程视频接访系统、信息集控管理中心和数据集中管理平台，快速建成了以大数据实时统计、实时更新和互联互通为基本特征的人民法院信息化 2.0 版，为全国法院铺设了信息高速公路，也为吉林电子法院建设提供了坚实的基础。特别是最高人民法院领导在 2015 年 7 月召开的全国高级法院院长座谈会上，要求各级法院进一步增强责任感、使命感、紧迫感，强力推进信息化建设转型升级，力争到 2017 年底建成具有中国特色的人民法院信息化 3.0 版，为人民法院信息化建设指明了发展方向。

## （三）吉林小环境

吉林省面积 18.74 万平方公里，人口 2752 万，2014 年 GDP 13803.8

亿元，各占全国的 2%。吉林省现有三级法院 93 家，中央政法专项编制
8806 人，2015 年全省法院受理案件 377335 件。吉林省是中央确定的全国
首批司法体制改革试点省份，吉林省高级人民法院将信息化建设作为深化
司法体制改革、构建阳光司法机制的重要举措。2014 年 11 月，吉林高院
利用与韩国近邻、友好和语言优势，派团专赴韩国考察电子法院，并对美
国、德国、日本、新加坡和中国台湾地区的法院信息化建设情况进行了专
门研究。2015 年初，吉林高院赴最高人民法院、兄弟高院、银行和通信
企业考察学习了信息化建设情况，结合吉林法院实际，提出了建设吉林电
子法院的工作方案。吉林电子法院是对人民法院信息化 3.0 版的探索，目
标是按照最高人民法院的要求，做到"全面覆盖、移动互联、跨界融合、
深度应用、透明便民、安全可控"。

## 二　吉林电子法院的建设目标

吉林电子法院于 2015 年 6 月 19 日正式开通上线，可实现民事一审案
件的全流程网上办理，10 月 12 日上线民事二审和行政一审案件全流程网
上办理，11 月 8 日上线执行和非诉类案件全流程网上办理。吉林高院根
据人民法院信息化 3.0 版的要求，结合吉林省法院的实际情况，提出建设
电子法院的四项目标。

### （一）全业务覆盖

针对当前法院信息化建设中业务系统分散孤立的问题，吉林电子法
院严格规范标准接口，把已建成的业务"孤岛"串联起来，统一合并
到吉林电子法院平台。在审判业务方面，横向包括了网上立案、网上审
理、网上执行、网上公开、网上阅卷等办案全流程，纵向包括了一审、
二审、申诉、再审等诉讼各阶段，内容包括了民事、行政和刑事等各类
案件。

### （二）全天候诉讼

与传统的诉讼方式相比，吉林电子法院把法官、律师和当事人的诉讼

活动从线下搬到线上，律师和当事人彻底摆脱了打官司受时间、空间等因素的影响，可以随时随地连接法院、即时接收诉讼服务，做到了"让信息多跑腿，让百姓少跑路"，实现了当事人 24 小时立案。同时，吉林电子法院开通了移动办案系统，为法官配备了移动终端，使法官办案也不再受时间和空间限制，可以随时随地全天候办理案件。

### （三）全流程公开

除法律规定之外，吉林电子法院把案件审理的全过程置于当事人和社会公众的监督之下，通过对诉讼活动的实时记录、全程留痕、动态跟踪，实现了对案件审理流程和法官办案的留痕监督，进一步拓展了司法公开的广度和深度。吉林电子法院还整合了审判流程、裁判文书、执行信息三大公开平台，实现了法院办案全部公开。

### （四）全方位融合

其一，吉林电子法院紧紧依靠最高人民法院专网，实现了全省三级法院专网互联互通和数据实时更新。其二，在吉林省委政法委的大力推动和省内其他政法机关的积极配合下，吉林电子法院重点推进了与政法机关的跨界融合。其三，与最高人民法院、省人大、省委政法委、省人民检察院等有关单位的信访部门和省信访局共建信访信息互联互通平台，实现涉诉信访信息的网上推送和即时调取。其四，吉林电子法院高度重视信息系统的安全保护，通过了公安部门国家信息安全等级保护三级标准认证。

## 三　吉林电子法院的实践

简单地讲，吉林电子法院就是把法院诉讼活动由线下搬到线上，包括网上立案、网上审理、网上执行、网上信访、网上阅卷、网上公开、网上办公、网上管理、网络互联等。吉林电子法院建设坚持以审判为中心，以服务为导向，以科技为手段，重点做了以下五个方面工作。

## （一）打通一张内外网，为当事人和律师服务

吉林电子法院打通了法院内外网，实现了外网平台与内网平台数据的实时安全交换，确保了法院全部诉讼业务的网上办理。具体而言，吉林电子法院重点工作主要集中在以下几个方面。

### 1. 网上立案

当事人在任何有互联网的地方登录电子法院、填写相关信息、经过实名认证后，足不出户就可以通过网络提交立案申请，互联网上的立案申请摆渡到法院内网办案平台后，由立案法官对当事人的身份信息和立案材料进行审核，对符合立案条件的随即立案登记，即时短信推送给当事人，当事人按照短信提示在网上签收、网上缴费后，即完成网上立案。吉林电子法院还为律师设置了专门的登录入口，现已为全省1700多名律师发放了动态令牌，方便律师代理立案和办案。2015年8月1日至12月31日，全省法院共受理民事一审案件73636件，其中网上立案24373件，占比33.1%。网上立案能够节省大量的时间成本，让当事人和律师真正体验到了便捷和高效[1]。电子法院开通上线4个月内每周立案数量统计见表1。

**表1　电子法院每周立案数量统计**

单位：件

| 时间 | 第1周 | 第2周 | 第3周 | 第4周 | 第5周 | 第6周 | 第7周 |
|---|---|---|---|---|---|---|---|
| 立案数 | 0 | 1 | 4 | 212 | 70 | 89 | 460 |
| 时间 | 第8周 | 第9周 | 第10周 | 第11周 | 第12周 | 第13周 | 第14周 |
| 立案数 | 668 | 781 | 821 | 920 | 993 | 982 | 990 |
| 时间 | 第15周 | 第16周 | 第17周 | 第18周 | 第19周 | 第20周 | 第21周 |
| 立案数 | 1180 | 2312 | 1790 | 1851 | 2506 | 1786 | 2153 |

---

[1]　2015年8月，长春的一名律师一次性完成了83件股权纠纷的网上立案，这些案件如果线下立案至少需要一天时间，而网上立案仅用了不到1个小时。辽宁的一名律师在沈阳完成其代理案件的网上立案后，专门致电法官说："吉林省法院实现了网上立案，我们真的没想到，对于我们异地参与诉讼的律师来说，最受益了，既不用来回跑路，也节省了大量的时间和费用。"

### 2. 网上诉讼

吉林电子法院开发了原告、被告、法官三方可视的网上平台，当事人提交诉讼文书和证据材料，法官送达法律文书均在网上平台进行。利用三方网上平台，可以轻松实现证据交换，当事人提交的证据会自动摆渡到法院内网办案系统中的三方平台，经过法官确认的证据将快速送达原告或被告外网三方平台的列表中，原告或被告即可对每一份证据充分发表质证意见，通过网上平台完成证据交换的全部流程。与传统证据交换相比，网上证据交换具有不受地域限制、不受时间限制、不受质证次数限制等明显优势，在案件开庭审理时，法官只需调出三方平台上的证据和质证意见，经过原、被告确认即可，大大节省了开庭审理时间①。截至 2015 年 12 月 31 日，吉林电子法院处于网上审理阶段的案件 8610 件，已审结 12244 件。此外，吉林电子法院还开发了"云会议系统"，实现了网上开庭、网上调解和远程接访，并提供了联系法官功能，方便当事人与法官沟通，沟通记录三方可视，公开透明②。

### 3. 网上执行

吉林电子法院依托最高人民法院网络执行查控系统，与 20 多家全国和省内银行进行了专线连接，实现了被执行人银行存款的网络查控。目前，吉林电子法院正在与工商、税务、房产、车管等单位进行联网，实现对被执行人不动产和合同、税票真实性的查控，改变过去法官奔波于各地的财产查控方式③。吉林省还全面推行了网上拍卖，全省三级法院全部入

---

① 例如，蛟河市人民法院审理的一起民事案件，原、被告双方通过三方平台上传了 31 份证据，经过网上质证，双方当事人共对其中 6 份证据持有异议，合议庭在开庭审理时仅对这 6 份证据进行了审核，以往此类案件庭审至少需要半天时间，而本案庭审只用了不到 30 分钟。

② 吉林高院在 2015 年 9 月 17 日开庭审理一起著作权侵权纠纷案件时，由于上诉人的北京代理律师同时在北京开庭而无法来长春出庭，合议庭采取视频连线的方式，运用云会议系统进行了"隔空庭审"，整个庭审过程当事人和其代理人身处长春和北京两地，庭审画面和声音同步传输，代理律师远在千里之外完成了庭审。

③ 吉林中院办理的一起执行案件，被执行人所在地分别为天津和包头，之前执行法官多次前往上述两地调查财产线索，均一无所获，通过网络查控，仅用几个小时，就将被执行人存在内蒙古锡林浩特农行的 296.5 万元存款查清并予以冻结，使案件得以圆满执行。

驻淘宝网司法拍卖平台，成为全国第七个全省法院整体入驻淘宝网的省份①。

**4. 网上阅卷**

目前，吉林省三级法院已完成了 2010 年以来审结案件卷宗的电子化，当事人和律师登录电子法院，通过网上阅卷申请后，就可以随时浏览案件审理全过程的卷宗目录、档案卷宗，并可以享受档案卷宗的下载服务。同时，电子法院还为党委、人大、政府、政协、政法各单位提供档案借阅入口，通过上传身份证与介绍信，经过法院档案部门审核后，便可以借阅打印案件正卷卷宗内容。2015 年 11 月 11 日，吉林省高院向吉林省检察院进行了电子法院网上阅卷平台的专场培训，得到了检察官的高度肯定。

## （二）培育一棵智慧树，为法官司法工作服务

吉林电子法院开发了辅助法官办案平台，通过平台能够减少法官的工作量，降低法官出现同案不同判的风险，保障司法公正。具体而言，电子法院对法官工作开展的助益主要体现在以下几个方面。

**1. 同案同判**

当法官遇到疑难复杂案件和新型案件时，可依靠最高法院裁判文书平台，输入关键词调取并参考全国法院审结同类案例的裁判，通过分析同类案件的判决，分析其中的异同，为疑难复杂案件的审判提供必要的参考，保证司法公正判决②。

**2. 法律查询**

吉林电子法院提供了法律法规的便捷查询系统，及时收录最新的法律法规、司法解释，帮助法官及时完整地掌握最新规定。除了法律查询之外，系统还收录了大量学术资源，方便法官了解专家观点。

---

① 通过淘宝网进行司法拍卖取得了良好的效果，如吉林中院 2014 年 11 月网上拍卖一个采石场，评估价为 209 万元，实行网上拍卖，最终以 1179 万元成交，溢价率高达 464%。

② 2015 年 8 月，吉林省高院在审理一起医院体检引发的医疗纠纷案件时，通过同类案例检索，全面了解了全国法院处理此类纠纷的案例，并最终作出了正确判决，确保了同案同判。

**3. 文书制作**

为了方便法官制作裁判文书，吉林电子法院开发了文书制作辅助系统，该系统能够提供裁判文书智能模板，同时还可以实现智能纠错，发现裁判文书中的错误信息。而且该系统能够及时发现关键信息予以屏蔽。通过该系统制作的裁判文书实现自动生成、辅助校对和一键屏蔽，使法官从极为繁重的文书工作中解放出来，提高了司法效率。

**4. 移动办公**

吉林电子法院开通了电子签章系统、公文处理系统和移动办案系统，为全体法官配备了移动办公终端，法官不论出差在外，还是下班回家，都可以进行网上办案、网上处理公文，帮助法官充分利用时间，随时随地都可以工作，为法官工作提供了便利。

### （三）修好一座驾驶舱，为法院审判管理服务

吉林电子法院开发了审判管理应用系统，实现了对法官审判活动和案件审判质效的实时评估。一是案件流程管理系统，实时显示全省每个法院、每个法官的立案办案情况。二是审判质效评估系统，对全省每个法院、每个法官的办案质效进行实时评估。

### （四）融入一个大网络，为政法机关衔接服务

按照中央政法委提出的政法机关合作、互通、共享要求，吉林省委政法委制定了加强全省政法机关信息化互联互通建设的意见，吉林省法院主动加强与其他政法机关的互联互通平台建设。一是与检察机关配合，实现案件信息的网上传输和检察机关网上阅卷。二是与公安机关配合，在全省看守所建设远程视频提讯系统，实现刑事被告人远程提讯和刑事案件网上开庭。三是与司法行政机关和监狱管理局配合，在全省监狱建设电子法庭，实现减刑假释案件网上办理。

### （五）建设一个数据库，为党委政府决策服务

按照最高人民法院的统一部署，吉林电子法院建成了全省法院数据集中管理平台，实现了全省三级法院案件数据的自动生成和实时更新。在此

基础上，吉林高院进一步加强了数据开发应用，与吉林大学共同组建了"吉林省司法数据应用研究中心"，充分运用大数据，对司法数据进行分析，及时发现社会治理中存在的普遍性、规律性和倾向性问题，向党委政府提出相应的司法建议，发挥司法数据在服务党委政府决策中的参考作用。

## 四　吉林电子法院的建设成效

### （一）审判质效显著提升

自吉林电子法院上线运行以来，通过将线下大量的诉讼活动搬到线上进行，法院审判质效得到了显著提升。吉林电子法院于 2015 年 6 月 19 日正式开通，2014 年全省法院 6~12 月累计收案 87808 件，而 2015 年 6~12 月累计收案 107455 件，同比增长 22.37%，吉林全省往年案件收案平均年增长 10%~15%，电子法院的运用大幅提高了法院的收案数量。首批试点的蛟河法院统计显示，2015 年 6~12 月该院立案数和结案数相比上年均大幅度提高，立案数增长 70.48%，结案数增长 114.40%，法院收结案效率明显提升。同时，审判质效指标实现了"七升一降"，法定期限内立案率提升 1.01%，法定正常期限内结案率提升 0.90%，平均审理时间指数提升 0.13，调解率提升 1.00%，撤诉率提升 3.03%，一审服判息诉率提升 1.08%，律师参与率提升 5.24%，七项指标实现了提升，调解案件申请执行率下降 25.16‰。

统计数据表明，通过使用电子法院的网上立案、网上缴费、网上证据交换与质证等模块，法官的收案、办案效率明显提升；通过线上进行材料收转、网上诉费缴纳、电子送达等，结合 12368 短信实时提醒，避免当事人来院立案以及往返多次补充材料，确保了案件能够在法定期间完成立案，提高当事人满意度；通过使用网上证据交换与质证、云会议平台、审诉辩平台、网上开庭等功能，将单个案件的有效审理时间拉长，延长双方当事人庭前准备和意见发表的时间，更早地确定案件争议焦点，围绕焦点进行审理和调解，极大地缩短了案件开庭时间，确保案件能够在法定正常期限内结案，平均案件审理时间也大大缩短。同时，由于案件审理全流程公开透明，案件争议焦点明确，通过云会议的远程调解，案件调解率、撤诉率、一审服判息诉率也得到了提升，充分的公开和交流讨论也使调解后申请执行的案件量降低；电子法院平台通过为律师提供个人代理案件的办理窗口、律师动态令牌，极大方便了律师参与案件审理，律师参与案件审理数量明显增加。通过为律师提供线上服务降低律师代理案件成本，一方面激励律师寻找标的额小、代理费低的案件进行代理，提高案件办理规范程度，降低法官工作量；另一方面也降低律师服务市场收费标准，让更多当事人能够请得起律师，更好地了解案件审理流程和法律规定，实现理性诉讼。

2015 年吉林省作为全国法院司法改革的试点省份，采取"以上率下"的方式完成了全省三级法院的法官员额制改革。针对改革后遇到了办案压力增大、法官助理和书记员配备不足等问题，一方面不断加强人员配置，优化内部管理，另一方面积极探索提高办案效率效果的新途径。从 2015 年 6 月 19 日电子法院上线至今，各项审判质效指标表明，电子法院是提高办案质效的有效途径，也能够有力促进法院审判体系和审判能力的现代化，实现信息化应用和司法改革的互相扶持、同步推进。

### （二）诉讼体验更加亲民

电子法院是以方便当事人诉讼为目的的信息化平台。在传统线下诉讼中，当事人的一切诉讼活动都必须在受理法院进行。一个案件从立案到结案，当事人、代理人通常要往返法院五至六次，复杂案件的次数还要更多。因此，当事人打官司不得不付出更多的时间成本和金钱成本。有的当事人甚至因此而打不起官司；律师有时也不得不放弃代理一些路途较远的案件，甚至误解法院提高门槛不让老百姓打官司，很大程度上损害了法院的司法公信力。试点法院案件收结数增加的统计指标显示，电子法院方便了人民群众通过法律来维护自身的合法权益，在电子法院诉讼中，律师可以代当事人在网上立案、缴费、进行证据交换、网上开庭和网上调解。以往平均需要十五六个工作小时（含在途时间）立案时间的普通民事案件，现在只要当事人或律师将相关证据和文书材料扫描成电子版便可完成。既避免了路途上的奔波之苦，也大大降低了诉讼成本，提高了法院的司法公信力。

吉林是一个以农村人口为主的省份，城市化水平不高，实际统计调研也显示，全省 2014 年案件收结分布中，案件数占比及增长较高的法院主要集中在中院、市区基层院、经济发达地区基层院。电子法院上线运行后，省高院制定"大力建设诉讼服务'网络店'"建设目标，不仅要服务文化水平高的当事人和律师，也要发挥电子法院线上远程办理的优势，加强对基层普通群众的宣传推广。基层法院在乡镇、村居建立网络服务平台，现场指导使用电子法院，通过近 6 个月的使用推广，一些普通的基层法院以及管辖范围较大的基层法院案件收结案数明显提高，人民群众的诉讼更加方便快捷。

### （三）司法公信力大幅提升

司法是维护社会公平的最后防线，提高司法公信力是法院司法改革成效的重要标尺。影响司法公信力的因素是多方面的，其中就有司法公开不够充分。随着电子法院的推广，越来越多的公众有机会接触到电子法院，感受到司法信息化带来的变化，群众的司法感受和满意度正不断提升。

在实际调研过程中发现，电子法院重要的设计思路是三方可视、全程可视以及全天可视，即所有的案件审理进展、双方当事人发表的意见、当事人上传的证据材料、法官制作的文书和视频调解的过程全部三方可视，法院审理工作没有需要向双方当事人隐藏的，在原有三大公开平台的基础上又向上迈了一个台阶。一方面摒弃了司法神秘主义，让当事人更加深入地参与到案件审理流程与判决结论形成过程中，消除当事人对法院、对法官的不信任，真正做到服判息诉、自觉履行。另一方面，充分的参与和公开也倒逼法官必须提高个人审判知识水平、调整原有工作模式，在全透明的环境下工作就必须谨言慎行，依法行使审判权；同时，电子法院的另一重要设计思路是全天候，极大地延长了当事人和诉讼代理人参与一个案件审理的时间，传统案件审理大量的证据交换、质证和意见发表主要集中在开庭环节，时间短、压力大、节奏快，当事人的很多意见没有充分发表、很多想法没有充分验证，当事人的权利没有得到充分行使，常常觉得话没说完、事没说透、理没辩明。通过电子法院证据交换与质证、网上审诉辩平台、云会议平台，双方当事人和诉讼代理人可以充分发表自己的意见，个人的想法可以充分考虑，在开庭前就将案件的主要焦点梳理清楚，开庭围绕焦点进行辩论，让当事人更加清楚地了解最终判决结果是如何形成的，权利的行使更加直接、充分，判决的结果也更加具有说服力，在节约当事人和律师的成本的同时，增加了法院工作的透明度，消除了当事人和律师心中的疑虑，提高了司法公信力。律师新旧"三难"问题得到很大程度缓解，法院卷宗电子化并全部上网，让律师阅卷更加方便，网上举证质证和辩论，让律师执业权利得到更好保障。

电子法院通过高新技术手段来解决影响司法公正、制约司法能力的深层次问题，将可视化工具运用于审判流程管理中，将法院诉讼活动的全部信息及时展现于网络终端上，实现个案管理精细化，切实做到法官"零懈怠"，显著提高了审判效率；更加透明、更加阳光的公开举措，倒逼法官严格规范司法行为，让人民群众在每一起案件中都感受到公平正义。

## 五　吉林电子法院面临的难题

人民法院信息化是网络技术进步与司法实践相结合的产物，对法院信息化建设的探索和实践需要紧跟时代步伐，随着技术的更新与实践需求的扩大，信息化建设需要与时俱进，需要根据新业务、新技术的发展，结合法官、律师、当事人的意见建议不断完善。吉林电子法院的建设取得了一定的效果和成绩，但也存在一些亟待解决的问题。

### （一）互联网诉讼服务缺乏法律法规支持

"法院审判+互联网"已经成为时代发展的趋势。对于法官来讲，互联网能够简化司法运行的时间成本，提高司法效率；对于公众来讲，互联网提高了公众参与司法的便捷度，打破了司法神秘主义，使公众在高效便民的司法环境下感受到公平正义。近年来，全国各地大力推行法院信息化建设，如广州推动诉讼文书电子邮件送达，北京法院推行网上查阅诉讼档案等①。但这些改革和创新都走在法律法规之前，很多做法无法找到直接的依据。吉林电子法院上线运行，在许多方面仍需进一步规范。电子法院的诉讼服务做到标准化和规范化，不仅需要吉林省对电子法院进行规范，更需要国家层面出台制度性规定，把法院信息化建设纳入法治轨道。

### （二）电子法院应用推广仍存在巨大压力

吉林省是农业大省，非城镇人口占比高，近90%的法院和案件在基层法院，在这样的客观条件下，推广电子法院存在很大的阻力。同时，推广过程中还存在其他问题：基层人民群众的整体文化素质偏低，不会上网使用吉林电子法院进行网上诉讼；社会诚信体系还没有完全建立，登录网站进行虚假诉讼或无理诉讼的数量增多等。这些问题需要通过国家和各省的经济发展与基础设施的不断完善来逐步解决，还需要构建全社会的诚信体系，提升国民整体文化素质，这必然是个相对漫长的过程。不仅如此，对于法官而言，从原来的依靠纸质信息办理到今天依靠信息化手段办案，也有一个适应过程，不少法官计算机及网络应用不熟练，电子法院辅助办案的效果还需一定时间方可显现。

### （三）全国诉讼服务的顶层设计仍需完善

首先，亟须统一全国12368短信服务平台。目前吉林电子法院省内移动通信手机以12368发送通知短信，省内其他运营商手机号码及省外手机号码以10690379187455728发送信息，告知重大事项，发送号码不一致。这种短信发送方式可能影响信息发布的权威性和规范性，降低了短信送达的公信力。因此，建议最高人民法院提供统一平台，将此平台打造成为法院系统唯一的短信送达平台，并统一短信送达标准。其次，亟须统一全国律师身份验证服务。目前吉林电子法院建设了全省律师管理平台，与省律师协会对接实现对全省律师身份的在线认证和管理，对于外省律师采取手工录入和验证，及时性和准确性难以保证。因此，建

---

① 郑敏智：《北京法院推出网上查阅诉讼档案服务平台》，《北京档案》2014年第10期。

议最高人民法院建设全国统一的律师服务平台，实现与各类诉讼服务应用的对接，对全国范围内律师身份进行统一认证和管理。此外，建议国家层面考虑统一规划统一管理各政法机关的电子签章，以保障司法公文的公正性与合法性。考虑建立统一的诉讼费用支付平台，做到缴费、退费安全可靠。

## 六　吉林电子法院的未来与展望

"人民法院信息化3.0"是在现有信息化系统应用的基础上进行的一次革命性升级，全面提升人民法院的信息化水平。吉林电子法院就是在这样的时代背景下各级法院积极探索和创新实践的结果。吉林省各级法院虽然在电子法院的建设和应用方面积累了一些经验，但下一步需要加强和完善的地方还有很多。

首先，尽快完善电子法院在法律法规方面的相关合理政策支持。吉林电子法院作为信息化建设的创造性尝试，必然要经历从倍受质疑到合理完善的过程。在电子法院的建设开发过程中，案件网证据交换与质证是否可作为实际证据存放在卷宗中，体现其唯一性；线下辩论记录和网上申诉辩记录的内容若出现冲突应以哪个为准等。这些问题急需从立法层面加以解决，建议与相关高校或科研院所合作，对电子法院进行深入系统的研究，不断加强理论和实践基础。

其次，要不断加强电子法院的推广和完善，并培养一支法院信息化人才队伍。吉林电子法院作为全省信息化的重点工作刚刚起步不久，进一步推广与完善是重中之重，这就需要相对稳定和具有一定专业水平和技术实力的机构与工作人员。建议全省各中、基层法院培养熟业务、懂技术的专业推广人才，满足吉林电子法院在推广应用上的需求。同时，不断开发和完善系统功能，真正让当事人享受方便快捷的诉讼服务，有效解决一些群众反映的"打官司难"问题。

再次，抓住"十三五"规划的契机大力发展电子法院。根据中国互联网络信息中心（CNNIC）发布的《第36次中国互联网络发展状况统计报告》，截至2015年6月，全国网民规模达6.68亿，互联网普及率已经达到 48.8%①，人民群众在互联网上获取信息和服务已经是大势所趋。吉林电子法院为当事人、律师提供网上案件审理服务，已经做了大胆创新与细致的落地建设工作，形成了较有影响力的"吉林法院模式"与"电子法院现象"。2015 年 11 月，最高人民法院信息中心面向全国法院下发了《人民法院信息化建设"十三五"发展规划（征求意见稿）》，未来全国各级人民法院将通过"十三五"规划的落地建设，将吉林电子法院的建设模式在全国各级法院复制、扩充、发展，将吉林电子法院网上案件审理从亮点特色变为标准常态，适应社会经济的发展趋势，逐步改变人民群众参与诉讼的方式和办案法官的工作模式，促进国家审判体系和审判能力的现代化。

最后，充分利用信息化手段加强"智慧法院"建设。信息化建设的目标就是为人提供方便快捷的服务，吉林电子法院率先打破传统的线下办案观念，实现网上诉讼全流程办理，为当事人、诉讼代理人提供了极大的方便。在全面建设和完善电子法院诉讼服务的基础上，吉林法院对利用信息化建设来服务法院工作有了更加深刻的理解，提出了许多值得讨论实施的信息化建议，并将继续探索内容更全面、覆盖面更广的信息化建设方案。未来吉林法院将继续大力开发建设并整合完善电子法院平台，让司法诉讼服务真正具备更公开、更透明、更便利和更广泛的特点，让百姓在心中树立"打官司不难"的意识，让司法机关在人民群众心中保有公平正义的形象，树立良好的司法公信力。真正做到让人民群众在每个司法案件中都感受到公平正义！

（参见法治蓝皮书《中国法治发展报告 No.14（2016）》）

---

① http：//www.cnnic.net.cn/hlwfzyj/hlwxzbg/hlwtjbg/201507/t20150722_52624.htm，最后访问日期：2015 年 12 月 5 日。

# 第二十三章　"互联网+司法执行"应用报告

## ——以深圳法院鹰眼查控网为样本

**摘　要：** 执行查控信息化工作对解决执行难问题具有关键性作用。深圳法院在这一理念指引下，建成了全国首家涉案财产查控的信息化平台，经过五年的完善与发展，该平台已突破了最初解决执行难问题的目标框架，衍生出了更多参与社会治理创新的新功能，逐步成为"智慧城市"的重要内容。本文详细介绍了深圳法院鹰眼查控网作为执行查控信息化工作平台的初创背景、运行模式、主要功能，并对该平台运行以来所摸索出的有益经验进行了总结，为在全国推广信息化查控平台提供经验。

查询和控制被执行人及其财产是人民法院执行工作的核心内容，执行查控工作的效率与质量直接决定了执行难问题能否解决。深圳法院首创的鹰眼查控网在执行信息化建设中处于基础和关键地位，是推动解决执行难问题的重要抓手。鹰眼查控网的建设过程也是一个"互联网+司法执行"平台的迭代发展过程：从无到有的 1.0 版——从集中查询到执行五查组是深圳鹰眼查控网在全国首创的过程，目前"点对点"模式已经普遍为全国各地执行查控工作采用；从小到大的 2.0 版——执行五查组升级成为鹰眼查控网，全面完成了由查询到控制的升级，鹰眼查控网从创建至今完成了六次技术升级，是目前全国查控财产面最广的平台；从大到强的 3.0版——鹰眼查控网利用一网打尽涉案当事人财产的功能优势，反哺服务公安、检察等联动部门的过程，也是鹰眼查控网共享联动部门强制手段和信息的过程，现在的鹰眼查控网分享了执行协助联动单位涉及被执行人的出入境、乘机记录、纳税等信息和手机定位功能、临控等强制手段，实现了由"找物"向"找物+查人"的升级。截至2016年12月，鹰眼查控网的联动协助单位已经扩容到43家。

# 一 鹰眼查控网建设背景

## （一）问题背景

一是执行查控资源紧缺。"案多人少"矛盾在法院系统是一个常态。在人力资源、辅助配套、硬件设施均不能依据执行案件数量增长而增加的情况下，只能通过执行办案人员的高负荷工作来完成越来越多的执行任务。以深圳法院为例，2010~2012年深圳市法院执行案件5万余件，占深圳法院总案件数20万余件的四分之一，占广东省执行案件总数30万余件的六分之一，执行法官人均办案数超过200件。如不能在更宏观的执行方式和管理方式上取得突破，"执行难"的问题只能随着执行案件的增多而日益突出。

二是执行财产难查。"执行难"的核心之一是"被执行人财产难查"。随着社会经济发展，财产权利的表现形式越来越多样，被执行人的财产范围不断扩大，相应的财产权利登记机构也走向多元化。传统的查控方式对财产信息资源掌控不全面，对一些新的财产权类型，如支付宝余额等互联网金融资产无法采取查控措施；一些被执行人的财产具有隐秘性、分散性，如保险、公积金等，处于法院查控范围的盲区，无法覆盖；甚至有些被执行人利用离岸金融产品等财务手段，达到转移财产的目的。以上种种原因，造成了当前执行财产难查的局面，在客观上对人民法院查询、控制被执行人财产的传统方式形成了全新的挑战。

三是执行查控手段落后。按传统派人派车奔波于各执行协助联动单位的工作方式，工作的效率、广度和深度等方面均存在严重不足。

深圳罗湖区人民法院的一名法官曾办理一个异地执行的案件，出动了9位干警，派出3台车，花了5天时间，耗费了巨大的司法资源，靠着执行干警的责任心和坚持不懈，在最后关头才查控到被执行人800余万元的执行款。这种低效率高耗费工作状态的根源，在于传统执行查询和控制方式的落后。

四是协助执行人难求。法院执行过程中，需要其他协助执行义务人甚至到期债务次债务人的配合。由于法院执行会直接或间接影响协助执行人的利益，他们消极对待甚至妨碍执行的行为也时常发生。实务当中，法院一线执行干警反映：银行等协助执行义务人往往以内部规定为依据，用种种理由拒绝或者拖延协助执行，执行法官只能依法留置送达，甚至有时候还要采用罚款、拘留等司法处罚措施，才能促使协助执行义务人履行协助执行的义务。

### （二）政策背景

关于执行难问题，中央多次发文，可谓十分重视。1999年中共中央下发《中共中央关于转发〈中共最高人民法院党组关于解决人民法院"执行难"问题的报告〉的通知》（中发〔1999〕11号），2005年中央政法委下发《中央政法委关于切实解决人民法院执行难问题的通知》（政法〔2005〕52号），2007年中央政法委又下发《关于完善执行工作机制　加强和改进执行工作的意见》（政法〔2007〕37号）。执行难，究竟难在什么地方？现在司法界和理论界都普遍认可的说法是中央1999年的11号文件将"执行难"概括为"四难"：即被执行人难找、被执行人财产难查、协助执行人难求、被执行财产难处分。

"执行难"，其成因是社会性的，其影响是社会性的，其解决也必然是社会性的。这个社会性的解决方案就是建立执行联动机制。什么是执行联动机制？2008年，中央在开展清理执行积案活动时强调，建设"党委领导、人大监督、政府支持、政法委协调、人民法院主办、社会各界配合"的执行工作格局，这个执行工作格局就是新时期的执行联动机制，也是新时期人民法院解决执行难的必然选择。2010年9

月，中央 19 部委联合下发《关于建立和完善执行联动机制若干问题的意见》（法发〔2010〕15 号），推动执行联动机制建设进一步深化。

人民法院办理执行案件的核心工作，是查询和控制被执行人的银行存款、车辆、工商股权和房地产。涉及这些财产的主管部门是法院以外的独立行政体系，其内部的信息和资源虽早已形成了完整的信息库，但这些部门的资源因为"条块分割"无法跟法院共享，只能成为执行工作的"外援"。每执行一个案件，人民法院只能分别请求这些部门给予协助。法院需要打破这些部门条块分割占据和掌握当事人财产信息资源的局面，建立一个以人民法院为核心掌控、调度和运用执行协助联动单位资源的一种全新管理模式，即人民法院通过与执行协助联动单位建立一个相对独立的执行查控信息化平台，执行部门即可以共享、利用这些部门的信息，查询控制相关财产，这样就把"外援"变成"自助"。这个全新的执行查控信息化平台就是"党委领导、人大监督、政府支持、政法委协调、人民法院主办、社会各界配合"的执行工作格局具体化，让执行联动具有可操作性，从而有效解决执行"四难"中被执行人难找、被执行人财产难查、协助执行人难求三个主要难题。

### （三）实践背景

**1. 鹰眼查控网的制度基础——执行联动机制**

根据中央和最高人民法院新时期执行联动机制建设的要求，各地法院根据地方实际情况，在执行联动机制建设方面进行了积极探索。

以深圳为例，2007 年 3 月，深圳市人大常委会通过了《关于加强人民法院民事执行工作若干问题的决定》。该决定对《民事诉讼法》执行程序的修订起到了先行探索和提供借鉴样本的作用，首次以地方立法形式对构建执行联动机制作出具体规定，明确和细化联动协助单位的法律义务。深圳法院抓住该决定出台机遇，积极与公安、检察、海关、工商、国土、税务、电信、燃气、水务和出租屋管理等 17 个部门单位建立执行联动机制。例如：与市国土房产部门协商，在法院办公楼设立查封窗口；与深圳市工商局共享企业信息，开放对被执行人企业信息的自助查询；推动

《深圳市国内银行统一办理司法协助公约》的签订，与深圳市国内银行同业公会联合深圳 17 家国内商业银行出台了《深圳市国内银行协助法院执行工作会议纪要》和《法院银行合作执行手册》；与深圳市公安局机场分局制定《关于在深圳机场协助执行的具体实施办法》；与公安边检合作，推广、规范和强化边控措施的适用；协调深圳市公安局交通警察局出台《关于协助扣留被查封机动车辆的实施细则》；与公安监管部门协商共建司法拘留绿色通道，深圳市公安局预审监管支队就法院执行过程中采取司法拘留措施的配合和协调问题作出统一规范；与深圳市工商局和人民银行深圳中心支行建立合作关系，将所有执行信息上传"深圳信用网"和"人民银行征信系统"，使拒不履行义务的被执行人在贷款、购房、购车等方面受到限制。通过一系列工作，深圳法院的执行联动机制形成了独特的立法优势和较为全面的文本协议框架，在多个领域的执行联动实践中取得了重要突破。为解决"难而不联""联而不动"等典型问题不断开拓联动战场、创新联动方式。

**2. 鹰眼查控网的发展破冰——"集中查询"模式**

截至 2007 年底，全国各级人民法院受理的执行案件中，债务人有财产或部分财产而未能执行的难案还有 33 万多件。大量案件未能得到有效解决，不仅当事人的胜诉权益得不到实现、引发大量的信访案件，而且损害了法律尊严，损害了社会公平正义。

基于这样的考虑，全国清理执行积案活动应时而生。2008 年 11 月到 2009 年 10 月，中央政法委和最高人民法院牵头，中央纪委、中央组织部、中央宣传部、国务院办公厅等 19 个中央部委参加的清案活动持续了整整 11 个月。2009 年 9 月中下旬，清案活动进入最后攻坚阶段，《中央政法委、最高人民法院关于规范集中清理执行积案结案标准的通知》（法发〔2009〕15 号）要求查银行存款、查房产登记、查股权登记、查车辆登记（简称"四查"）。各地法院在 2009 年国庆节前要按照清案要求完成全部执行积案的"四查"工作，据深圳等法院的统计，这相当于正常情况下法院一年的查询工作量。正是在巨大的工作压力下深圳法院执行局将全市待清理的 3.2 万宗执行积案工作中具有同质性的查控业务集中起来，统一协调银行、国土、工商、公安等相关部门开发批量自动检索软件，极大地提高了工作效率。在短短 15

天时间内,完成了近10余万人次的"四查"。清案活动结束后,基层法院和一线法官反映,查询和控制被执行人及其财产仍然是执行工作的重中之重和难中之难。为解决这个难题,深圳法院将"集中查询"的做法常态化,在已有的执行联动基础上,形成集中查询控制工作长效机制,探索将同质化的查控业务通过信息系统完成。执行查控信息化平台破冰起航。

深圳法院集中积案查询工作,完成清案任务并形成长效机制的经验成为鹰眼查控网的实践基础:将具有共性的查控工作集约化、信息化处理,可以迅速完成传统查控模式无法比拟的海量查控工作,是破解"执行难"坚冰的有效工具(见图1)。

图1 "集中四查"工作模式

## 二 鹰眼查控网的结构与内容

### (一)原理——中心网络式工作模式

鹰眼查控网是执行查控的信息化平台,是各级法院和各执行协助联动单位之间建立的对被执行人及其财产进行调查和控制的平台,包含人民法院的执行查控信息化系统以及执行协助联动单位的协助执行系统。该平台通过"点对点"的方式连接人民法院和执行协助联动单位,以标准化的数据形式汇集、储存、检索、传输、反馈、管理查控信息。

鹰眼查控网工作方式是:人民法院通过该网将查询和控制请求发送到执行协助联动单位,联动协助单位协助执行系统接收查询和控制请求

（包含数据报文及电子法律文书），在其自动处理完毕协助执行事项以后，将办理结果反馈到人民法院（见图2）。

**图2 鹰眼查控网模型**

鹰眼查控系统运行以前，深圳两级法院的工作模式是：深圳市中级人民法院执行局两个处加上六个区法院和20个派出法庭，各自派员前往协查机关进行查控工作。这种"分散人工式"查控方法没有计划、没有统筹，效率极低（见图3）。

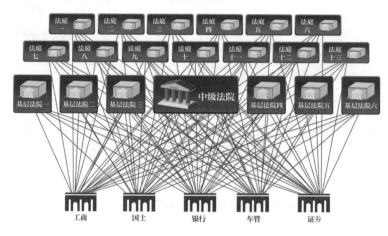

**图3 "分散人工式"工作模式**

鹰眼查控网建立后，传统的人流、车流、纸质流的执行模式由查控网的电子流、信息流、数据流所取代，法院查控工作实现了信息化。查控组工作人员通过系统统一处理全部查控请求后，集中发送至各协查单位，各协查单位再将协查结果通过系统直接反馈至执行法院。这种工作模式是"中心网络式"（见图4），对执行工作实现高度统筹、高效运行的效果。

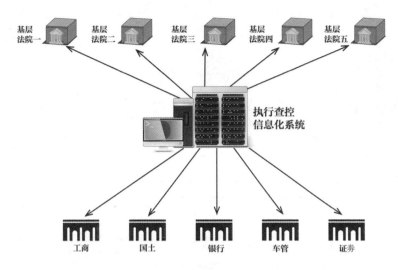

图 4 "中心网络式"工作模式

## （二）架构——查控信息集散平台

鹰眼查控网以法院司法查控业务为核心，内联办案法官、外联协助单位。它集开放性、易用性、拓展性、严密性和安全性等特性于一体，在遵循政府部门内外网物理隔离的情况下，通过移动保密数据交换介质实现法院与协助单位的联通和信息传递安全交换（见图5），平台以标准化的数据形式汇集、储存、检索、传输、反馈、管理查控信息。为保证各连接点异构数据的无缝安全接入，鹰眼查控网采用中心高内聚、各连接点之间松耦合的模式，同时，平台采用基于内容的数据转换和数据路由，将来自各连接点不同格式和协议的数据转换成统一的传输格式，并根据请求中的规则进行数据的组装和路由。该平台的工作方式是：以鹰眼查控网为信息集散中心，汇总全市司法查控请求，再将查控请求发送至协助执行单位，协助执行单位接收查控请求进行处理后，将结果通过网络反馈至执行局。

## （三）特点——多层分布式软件应用模式

鹰眼查控网采用多层分布式软件应用模式进行部署，该平台结合当前计算机技术的最新发展，参照国家电子政务总体框架，遵循面向服务（SOA）的核心架构思想，采用组件化、面向对象的设计开发模式和基于J2EE、B/S/

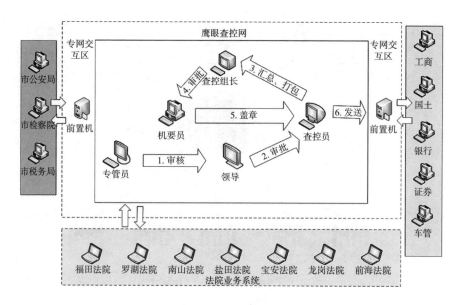

**图 5　系统总体框架**

D 三层结构的技术体系架构，采用以业务为驱动的自上而下框架设计方法进行总体设计，实现较好的可靠性、稳定性和扩展性。平台总体技术架构从上至下分别为展现层、应用层、应用支撑层、数据层和基础设施层（见图 6）。

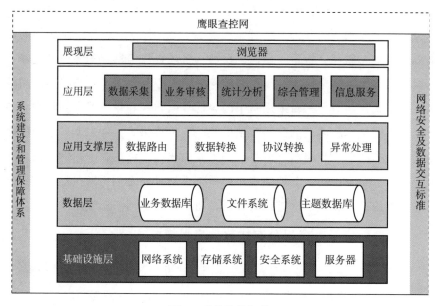

**图 6　系统软件架构**

整个技术架构集中体现了以基础层和数据层为依托，以应用支撑层和应用层为核心，通过展现层，全面为各层次客户提供高品质的个性化服务。核心功能包括基础功能组件、核心服务组件、数据转换组件等，实现统一的接口标准、统一的数据转换。

## 三　鹰眼查控网的运行

### （一）登录

执行法官以及授权的法官助理凭统一分配的用户名和密码，就可以登录执行查控信息化系统，系统通过电子证书、人员账号和 IP 地址等方式实现用户身份的识别。

### （二）发起查控

（1）查询：根据案件需要，执行法官或法官助理可以通过执行查控信息化系统，选择需要查询被执行人或其财产的内容，提起查询请求，向相应的执行协助联动单位发送。为了执行措施的规范管理和财产查询的方便，执行查控信息化系统和案件管理系统应当实现数据的关联，使法官可以在案件管理系统中直接提起财产的查询请求。在规定时间内，执行协助联动单位将协助查询结果反馈至执行查控信息化系统，执行法官即可通过执行查控信息化系统或者案件管理系统查看，系统自动按查询结果类型分类汇总，便于执行法官统筹作出适当的执行措施。

（2）控制：执行查控信息化系统将执行协助联动单位反馈的被执行人财产结果列成清单（可以保证被采取措施的财产信息的准确性），由执行法官选择采取相应执行措施。根据财产查询结果，执行法官可以分别采取处理措施：如果被执行人没有财产可供执行，法官将查询结果打印出来，就可以作为案件无财产可供执行的依据；如果有可供执行的财产，根据案件需要，执行法官应当在执行查控信息化系统中操作，填写相应的数据报文，导入、生成控制财产的电子法律文书，通过系统发送给执行协助联动单位，等待控制结果的反馈即可（见图7）。

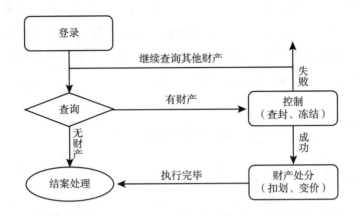

**图7 执行法院实施执行查控措施流程**

（3）扣划：目前执行查控信息化系统对被执行人的财产已经实现的处分措施，仅有对银行存款的扣划。执行法官可以对一个或者多个账户中已经被采取冻结措施的银行存款进行扣划，操作方式与其他网络执行控制措施类似，也是根据系统显示的财产列表，填写数据报文，导入、生成电子法律文书，发送任务，等待结果。值得特别指出的是，深圳法院的执行款专户都必须在法院执行案件信息管理系统登记备案，执行查控信息化系统在向银行发送扣划请求时，自动将执行款专户信息在数据报文中一并发送，并在生成的协助执行通知书中载明。这样就实现了执行款的统一规范管理，防止出现将执行款扣划至其他账户而产生的舞弊行为。

### （三）执行协助联动单位处理反馈

执行协助联动单位的协助执行系统在接收查控请求后，将根据数据报文对查控请求的内容进行自动处理，并根据处理结果形成协助执行结果回执，加盖电子印章后向执行查控信息化平台反馈（见图8）。

## 四 鹰眼查控网的功能内容

### （一）基本功能

2011年3月，鹰眼查控网在全国较早实现了对被执行人财产的"四查（控）"功能。

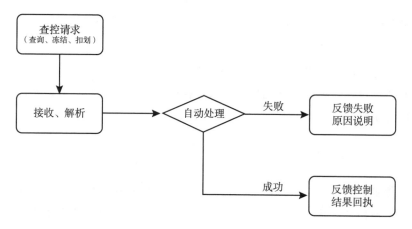

**图 8　执行协助联动单位协助执行流程**

**1. 银行存款的查控（解封）**

通过鹰眼查控网查询被执行人的银行存款的流程主要分为两步：一是在人民银行查询被执行人具体账户情况（包括账号、余额、状态、性质等）；二是以人民银行查询结果为基础，有的放矢地向相应的商业银行冻结、扣划被执行人的存款以及金融资产。通过这种查控方式，可以最大程度上提高查控效率和精准度，同时也减轻了法院和商业银行执行查控信息化平台"海查"的压力。

**2. 土地房产的查询**

深圳中院早在鹰眼查控网建设之初即积极与当地主管部门协调，积极搭建合作平台。受益于深圳房地产信息化程度高度发达的外部环境，鹰眼查控网成为全国各执行查控信息化平台中首批以"地对地"的方式实现房地产查控的网络平台，其查控范围也从最初的只针对"原特区内（即罗湖、福田、南山、盐田四个区）房产"扩大到如今的深圳地区"全覆盖"，其查询内容也从最初的只能查询房产基本信息，扩容到如今网络查询房产的查封和抵押情况等详细信息，实现了"全覆盖"式查询和控制。

**3. 工商股权的查询和控制（解封）**

鹰眼查控网通过与工商管理部门建立专线网络，实现了对工商股权的查询和控制。执行法官可通过该平台查询在深圳市登记的被执行人所持有工商股权（或投资份额）的信息，并可以通过该平台直接发送查封指令。

### 4. 车辆的查询和控制

鹰眼查控网通过与车辆管理部门建立专线网络，开展机动车辆档案查控业务，目前，该项功能已成为鹰眼查控网常规功能之一，每天的查询量超过百条。

## （二）特色功能

随着最高人民法院不断深入推进执行查控信息化工作，全国各地法院的执行查控信息化平台相继建立，已形成了以最高人民法院为主体、地方各级法院为补充的执行查控信息化平台体系。鹰眼查控网作为最早的执行查控信息化平台，在经过了"人无我有"的初级阶段后，率先进入了"人有我优"的特色化发展进程，以不断扩大财产查控范围、不断优化财产查控手段、不断提升财产查控效率为目标，开发了具有地方特色的功能。

### 1. 人有我优

（1）实现银行存款的扣划功能。在鹰眼查控网平台上，执行法官可以在网络上直接对被执行人的银行存款发送扣划指令，无须通过人工方式前往银行营业点办理扣划手续。这一功能较目前全国通行的"查、冻"一体化执行查控信息化平台增加了网络扣划功能，使得法官在查询到被执行人银行存款余额后可以第一时间启动划款，将对被执行人银行账户的查询到控制（处置）的时间间隔降至最低。

（2）实现土地、房产的控制和过户功能。在实现对深圳境内房产、土地的查询基础上，鹰眼查控网进一步开发了对被执行人房产、土地的查封（解封）和过户功能。目前，所有有关被执行人房产、土地的司法协助事项均可通过鹰眼查控网完成，极大提升了执行效率和效果。

（3）限制商事登记变更。鹰眼查控网对于查封被执行人工商股权的事项具备了"附加"功能，即在冻结被执行人工商股权的同时，对被执行人的商事登记事项变更等事项进行了限制，在查封期限内，被执行人不仅不得变更其工商股权，其他工商登记事项也不能进行变更。该项措施在执行实践中具有重要意义，查封期间虽然不影响被执行人的经营活动，但对企业融资、增资等商事活动具有重大影响，因此，有部分被执行人为尽快解除商事登记事项的限制，选择主动履行义务。

（4）股票的查询和控制。借助深圳证券交易所的地缘优势，深圳法院成为全国唯一一家与证券登记机构建立网络查控专线的地方法院。通过鹰眼查控网，执行法官可以直接发送电子版的法律文书至中国证券登记中心（深圳）分公司，实现对被执行人名下的股票、证券的查询和冻结功能。

（5）边控。边控措施是人民法院利用边检部门的警力，在被执行人出境时对其人身自由进行限制，移交执行法院促使其履行执行义务。以广东省法院为例，2013年，通过公安部门对被执行人实施边控措施达1000人次。有的法院与公安机关合作开展布控，在被执行人乘坐飞机安检时对其人身自由进行限制。鹰眼查控网建成运行以来，通过口岸边控和机场布控措施，拘留超过500人，促结执行案件标的总额超过10亿元，大批"钉子案""骨头案"迎刃而解。

**2. 人无我有**

针对比较特殊的案件（维稳案件、重大疑难案件、媒体关注案件），鹰眼查控网开通了特殊功能通道，为这类案件提供功能更强大的执行手段。

（1）车辆的实物查扣。在与车管部门开展车辆档案查控业务基本顺畅的基础上，深圳法院积极与车辆管理部门协商，利用车辆检验、环保检验、限制车辆强制险等手段，推进车辆的实物扣押工作。目前，鹰眼查控网已实现档案查封与实物扣押一体化。由于该项功能需要车辆管理部门利用大数据分析被控车辆的行进轨迹，所耗费的管理资源较大，故暂时只通过定期路面查控行动的方式定位车辆，并实施现场控制手段，尚未形成常态化。

（2）临控措施。手机定位和临控手段是鹰眼查控网的另一项特色功能。通过与公安部门合作，深圳法院可以借助公安机关手机定位对逃匿的被执行人或负责人采取手机定位、临控手段等方式，搜寻逃匿的被执行人，并采取拘留、搜查等强制执行措施，在空间上排除了执行的盲区，从心理上给被执行人形成了巨大的压力，在促使被执行人履行义务方面效果很好。

"鹰眼查控网"从无到有、无处不在，从查财产到控财产，从查人到控人，从深圳查询到全国查询，各项功能日臻完善。网络专线从国土、商业银行部门，扩容延伸至税务、交警、燃气、社保等单位，查询的内容从房屋产权信息、银行存款扩展到出入境信息、乘机记录、纳税信息、社保记录和燃气记录等，并建立起车辆的实物查扣与纸质查封一体化常态机制。

## 五　实施效果与存在的问题

鹰眼查控网的开发与应用为法院执行工作插上了腾飞的翅膀，对提升司法服务的品质具有划时代的意义。

### （一）实施效果

**1. 实现司法执行从当事人主义向法院能动主义的转变，提升司法为民的"客户体验"**

深圳法院改变原有的依靠当事人提供财产线索开展执行工作的模式，自执行案件立案后，即通过鹰眼查控网对被执行人的财产进行"五查"，并将查询结果告知申请执行人。这一工作模式充分体现了司法为民理念，解决了申请执行人较难自行查找被执行人财产的问题。从 2011 年 3 月建网至 2016 年 10 月 31 日，共有 110155 件执行案件提起查询请求，查询到房产信息 729237 条、车辆信息 769170 条、股权信息 513641 条、银行账户 2674044 个、证券账户 407471 个，总计查询被执行人财产信息 7846842 条。

**2. 实现司法执行从"实体模式"向"互联网+"模式的转变，提升工作效率**

传统人工查控模式是：50 余名工作人员+20 余台车辆+30 余家协助执行单位。鹰眼查控网工作模式是：互联网+30 余家协助执行单位，极大节省了人力物力。鹰眼查控网实现了让电子流、信息流、数据流取代传统的人流、车流、纸质流，极大提升了工作效率。据统计，从 2011 年 3 月建网至 2016 年 10 月 31 日，鹰眼查控网实际冻结银行金额 8093916125.64

元，实际扣划 4201019044.06 元，查询到房地产信息 729237 条，实际控制房地产 50644 套，查询人员信息 23928 条。深圳市中级人民法院执行案件的办案周期从六个月降到四个月；人均办案数从 2012 年的 110 宗上升至 2014 年的 230 宗。

**3. 实现司法执行从"人管案"向"系统管案"的转变，提升司法廉洁度和透明度**

鹰眼查控网与案件管理系统对接，执行案件立案后，由专人在规定时间内通过鹰眼查控网提起查控请求，杜绝了执行不作为、拖延执行等消极执行行为，同时也挤压了人情案、关系案的操作空间。此外，鹰眼查控网的所有操作过程均由系统自动记录到案件执行日志，并自动推送，向当事人公开，进一步提升了执行信息公开的透明度，让一些不规范、不廉洁的执行行为"不能为"。

**4. 实现司法执行从单打独斗向社会力量共同参与的转变，促进社会征信体系的建设**

鹰眼查控网从最初的辅助办案，逐渐成为全市司法执法单位优势互补、信息共享的"信息枢纽"。作为一个开放式的信息平台，鹰眼查控网联合了银行、公安、车管、房管等行政机构，形成合力，共同打击"老赖"，并在此基础上不断扩展网络查控的范围，逐步构建了一个打击不诚信行为的社会共同体，促进了社会征信体系的建设，净化了法治环境，这对于深圳的现代化、国际化、创新型城市发展至关重要。从 2011 年 3 月至 2016 年 4 月，鹰眼查控网协助公安、检察、海关、税务、证券监管等有权执法机关完成查询任务 9000 余项。

## （二）存在的问题

鹰眼查控网发展到今天，基本覆盖了涉案财产和人员的查控工作，但是作为一项信息化的系统工程，鹰眼查控网不断迭代发展的过程是持续不停的。目前，鹰眼查控网主要面临的问题来自两方面。

**1. 对内：自身软件升级与扩容问题**

与目前流行的大部分软件和操作系统的开发一样，鹰眼查控的迭代是一个由粗到细、由概括到精准的过程。根据鹰眼查控网建设的主要目标要求，鹰眼查控网在现阶段主要以扩大查控财产范围、提高查控精准度为任务。在互联网大规模发展的今天，涉案当事人的很多财产形式早已突破传统的"五查范围"，如支付宝、微信零钱等新型财产形式层出不穷。在这一方面，目前鹰眼查控网还不能覆盖，针对这一方面的调研与实际推进工作也尚未能及时提上日程。

**2. 对外：如何与全国执行查控系统对接问题**

2016 年，最高人民法院建成了全国执行查控信息系统，初步确立了以最高人民法院执行查控体系为核心、以地方各级法院执行查控体系为补充、覆盖全国范围以及所有基本财产形式的执行查控体系模式。作为地方查控体系，鹰眼查控网是较为成熟的地方执行查控平台，在运营模式、财产范围等方面都与全国查控系统有较大差别。如何与全国查控体系进行数据对接，如何充分利用全国查控体系的"总对总"优势，同时发挥地方"点对点"的优势，做好全国查控系统的地方补充，是目前亟待解决的问题。

# 六　未来展望

## （一）互联互通是"互联网+司法执行"之精髓

深圳法院用"互联网+"思维创建鹰眼查控网，将传统的"人工+文本"查控模式转变为"网络+信息"模式，全面进入"互联网+司法执行"时代。"互联网+司法执行"要解决跟谁连接和怎样连接的问题。

### 1. 跟谁连——连接协助单位财产信息

连接带来资源重新配置。鹰眼查控网的实质是连接一切。以往在国内没有一个单位或部门可以整合涉案当事人财产信息，鹰眼查控网是深圳法院首创的为整合分散财产信息资源而建立的"一网打尽"涉案当事人及其财产的工作平台。2010 年 10 月，深圳法院与第一家协助单位——深圳市房地产权登记中心连接；2011 年 3 月，完成了对银行、国土房产、车辆、工商股权、证券等协助单位信息资源的整合；截至

2016 年 12 月，鹰眼查控网的协助单位已经扩容到 43 家，成为全国查控财产面最广的平台。值得一提的是，2014 年 9 月，深圳法院与汇丰银行深圳分行签署协议，首次将执行网络查控的触角伸向外资银行领域。在连接一切的过程中，在整合资源过程中，深圳法院的秘籍是因势利导：利用市委政法委书记参加清案表彰活动的机会，鹰眼查控网"借势破局"，将鹰眼查控网纳入市委"织网工程"，利用承办全省执行指挥中心建设现场会机会"乘势而上"，利用执行款开户银行（民生银行）带头连线"巧妙造势"，其他银行纷纷跟着连线，在一次又一次"借势、乘势、造势"中，鹰眼查控网完成了从无到有、从小到大、从大到强的进化。鹰眼查控网是全国目前唯一能够实现对银行存款、股票、房地产、工商股权和车辆（五方面财产）进行一体化查询和控制的平台。财产范围包括银行存款、房地产、工商股权、车辆、股票、基金、债券等；其中，对银行存款支持直接扣划。

**2. 怎样连——建立查控信息集散平台**

连接方式高效安全是连接一切的首要因素。如前文所述，鹰眼查控网是一个内联办案法官、外联协助单位的查控业务协同平台，在遵循政府部门内外网物理隔离的原则下，通过移动保密数据交换介质实现法院与协助单位的联通和信息传递安全交换，以标准化的数据形式汇集、储存、检索、传输、反馈、管理查控信息。这种"点对点"的连接方式，通过网络隔离系统，不直接进入对方数据库访问，保证了各自系统信息管理权的独立性和保密要求，为社会治理创新"打破信息孤岛"提供全新的解决方案。

## （二）分享开放是信息化查控平台不断壮大的关键

法院整合财产信息资源创建鹰眼查控网的目的是解决"执行难"，法院在得到协助单位的支持帮助建立鹰眼查控网以后，向其他有权单位开放鹰眼查控网的使用权。

**1. 向深圳市有权执法部门开放**

2011 年 3 月至 2016 年 3 月，鹰眼查控网协助公安、检察、海关、税务、证券监管等有权执法机关完成查询任务 9000 余项。鹰眼查控网业已成为这些执法机关办案的主要平台。例如，2012 年 3 月，在广东省"三打两建"专项行动中，公安机关要对某黑社会组织的 100 多名成员的财产进行查控，原本需要四个专案组历时三个月才能完成的工作，鹰眼查控网仅用了两天。

**2. 向国内兄弟法院开放**

深圳是全国的深圳。鹰眼查控网的平台不仅向深圳开放，还向全国兄弟法院开放。青海省高级人民法院办理青海某公司申请执行深圳某公司、广东省某拍卖有限公司执行回转一案，由于被执行人转移资产、规避执行，青海省高级人民法院执行法官在深圳执行期间未发现被执行人名下有价值的财产线索。2011 年 10 月 27 日，深圳市中级人民法院接到青海省高级人民法院协助查找被执行人财产的请求后，通过鹰眼法院查控网查询并冻结被执行人在工商银行、农业银行等 4 家银行 10 个账户内共计人民币 400 多万元存款，查询和查封位于福田区八卦岭片区的 5 套共计 1800 多平方米的房产。

深圳法院向全国各高级、中级法院发出建立相互协助查询机制的动议。利用鹰眼查控网与北京、上海、天津、重庆等地法院建立网络化协助关系。

**3. 分享之后的再分享**

鹰眼查控网建设之初衷，是想把它打造为全社会中唯一能够掌控涉案当事人名下财产线索的主体。随着鹰眼查控网这个平台的开放，特别是向公安、海关等部门的开放，公安、海关也愿意进一步跟法院共享被执行人户籍、出入境、旅店、乘机等信息，为执行案件"找人难"提供帮助。所以，鹰眼查控网为服务公安、海关等单位提供一网打尽涉案当事人财产查询的过程，也是鹰眼查控网共享这些部门强制手段和信息的过程。比如，共享深圳海关出入境信息、深圳市地方税务局纳税信息、深圳市刑事侦查局临控通缉手段信息。五年来，深圳边检共边控、布控老赖 924 人，公安配合拘留 189 人、追究刑事责任 13 人。鹰眼查控网由"查物"平台升级为"找人"平台。鹰眼查控网的共享性、开放性，成为"一个部门牵头开发，多系统、多行业分享，全社会受益"的经典范例。

## （三）重视客户体验是信息化查控平台持续发展的基础

### 1. 法官评价——它是执行法官的得力助手

使用鹰眼查控网成为法院执行办案新常态。鹰眼查控网上线后，通过对一手用户（一线法官及助理）的深入调查，不断迭代更新，以其操作简便、反应迅速、功能强大等特点，赢得了一线法官的信任，从最初的深圳市中级人民法院自行推广，逐步发展到各区法院主动要求入网，目前，深圳法院法官已非常适应这种"足不出户、鼠标查控"的办案方式。

### 2. 当事人评价——满意度大幅提升

鹰眼查控网是司法为民理念在执行工作中的创新实践。以前查找和控制被执行人财产的主要途径是：申请执行人包括代理律师四处查找被执行人财产线索。鹰眼查控网创建以后，执行案件一立案，当事人不必请求法官，也不再需要费尽心思查找被执行人及其财产，执行法官启用鹰眼查控网查控被执行人财产线索，确保当事人合法权益得到最大程度实现。五年来，执行办案周期从六个月降到四个月，执行信访率下降了63%。同时，执行法官的财产查询控制措施都在网上完成，全程留痕，保证案件执行的透明、高效、公正、廉洁，让一些不规范、不廉洁的执行行为"不能为"。

### 3. 政府的评价——它是"小投入、大产出"的典范

鹰眼查控网是利用互联网思维整合财产信息的新平台、新场所。它的人员结构是：中级人民法院两名负责人+基层法院11名查控员（在查控网平台上班）+协助单位36名操作员（在协助单位工作窗口上班）。深圳法院创新了超越行政管理边界的管理模式——把不属于法院编制的协助单位操作员纳入法院的业务体系中，没有增加一个编制，也没有增加机构。在当前推进司法体制机制改革和社会治理创新的过程中，不增加机构编制的改革创新，同时整个平台软硬件投入不超过100万元，每年节约办案经费上亿元，这个"省人、省钱"的平台，具有特别的推广价值。截至2015年12月，先后有150家高、中级法院900余人次前来参观考察。青岛、厦门、东莞等法院复制深圳模式并运行，最高人民法院借鉴"点对点"模式在2014年也开通了全国查控系统。

　　鹰眼查控网这个深圳首创的涉案财产司法协同"互联网+"平台，不仅是改革顶层设计在深圳的"落地"，而且是改革原创精神在深圳的又一次"起飞"。2016年1月6日，中国社会科学院法学研究所等机构联合发布深圳市中级人民法院基本解决执行难评估报告，报告认为深圳市中级人民法院之所以可以初步实现"基本解决执行难"的目标，鹰眼查控网发挥了关键性作用。

　　（参见法治蓝皮书《中国法院信息化发展报告 No.1（2017）》）

专题五

# 法律服务业

# 第二十四章　2005年中国法律职业
# 发展状况

　　**摘　要**：本文分别介绍了律师、法官和检察官三类法律职业的发展情况。首先，本文阐述了律师队伍的发展、律师的地区分布、律师收费和收入、律师执业环境、律师执业管理、律师自治情况。其次，本文介绍了法院人事制度改革和发展的基本方向、法官助理制度的改革情况、法官遴选、法官考评、《法官行为规范（试行）》的基本内容以及目前西部地区法官短缺的问题。最后，本文围绕检察人才队伍建设规划和解决西部地区检察干部短缺问题进行了系统分析。

## 一　律师

### （一）律师队伍的发展

**1. 律师队伍的规模**

　　根据《中国律师年鉴2004》提供的统计数据，截至2004年底，中国共有律师从业人员145196人，其中，专职律师100875人，占69.5%；兼职律师6966人，占4.8%；其他律师（主要包括军队律师、公职律师、公司律师和法律援助律师）5616人，占3.9%；行政辅助人员31739人，占 21.9%。在律师从业人员中，执业律师共有 113457 人，占 78.1%。

根据《法制日报》2006 年 7 月 11 日的报道，截至 2005 年底、2006 年初，中国律师从业人员总数已达 153846 人，其中专职律师 114471 人，占 74.4%；兼职律师 7418 人，占 4.8%；律师助理 31957 人，占 20.8%（见图 1）。

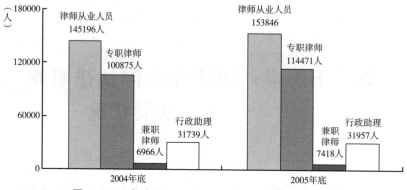

**图 1　2004 年底和 2005 年底律师人员及其构成对比**

需要说明的是，两次的统计口径有两点不同：一是 2004 年底的专职律师不包括军队律师、公职律师、公司律师和法律援助律师，2005 年底的专职律师则包括；二是 2004 年的行政辅助人员在 2005 年被称为"律师助理"。调整这种统计上的差异之后，可以总结出律师队伍的规模和构成在一年后的发展或者变化：①在规模上，律师从业人员增长了 6.0%，其中的执业律师增长了 7.4%，律师助理增长了 0.7%；②在构成比例上，2005 年底的兼职律师比例几乎没有变化，但是专职律师的比例有所上升，律师助理的比例有所下降。

**2. 律师从业人员的学历构成**

根据《中国律师年鉴 2004》提供的统计数据进行计算，截至 2004 年底，律师从业人员中，大学本科以上学历占 62.4%，硕士和博士研究生学历占 8.7%。然而，根据《法制日报》2006 年 7 月 11 日的报道，截至 2005 年底、2006 年初，中国律师从业人员中，大学本科以上学历已经达到 70%以上，其中硕士和博士研究生学历占 10%，其中不乏海外学成归国人员。两个时点的统计数据显示，中国律师从业人员的学历水平有所提升（见图 2）。

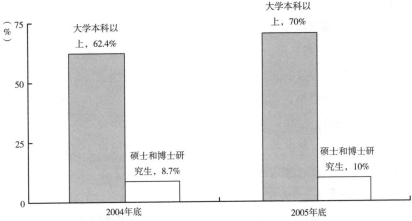

图 2　2004 年底和 2005 年底律师人员的学历构成对比

### 3. 律师助理

中国司法统计中的律师从业人员包括两种类型，一种是有律师执业证书的执业律师，这是严格意义上讲的"律师"，是可以享有《律师法》规定的律师权利、履行律师义务、能够独立以律师身份提供法律服务的人员；另一种是律师事务所聘请的专门从事行政管理、财务管理或辅助性法律事务的人员，这类人员有时被称为"行政辅助人员"，有时被称为"律师助理人员"，以下为表述方便，统称"律师助理（人员）"。律师助理人员又包括两种类型，一种是具有律师资格的实习律师，一种是不具有律师资格的普通人员。

律师助理人员在我国目前具有一定规模（见图 1），在 2004 年底，全国有律师助理 31739 人，占律师从业人员的 21.9%；在 2005 年底，全国有律师助理 31957 人，占律师从业人员的 20.8%。应该说，这个规模已经不小了，但是，相对于律师来说，目前规范和管理这类人员的法律法规相当缺乏。针对这种情况，一些省级司法行政管理部门颁布了专门的规定，使得这类人员的管理制度化和规范化。比如，北京市司法局在 1998 年 4 月颁发了《关于律师助理的管理规定》，上海市高级人民法院、上海市人民检察院、上海市公安局、上海市司法局于 2001 年 7 月颁发了《上海市律师助理管理规定》，浙江省司法厅于 2004 年 7 月颁布了《浙江省律师事务所律师助理管理规定》。在 2005 年，广东省和浙江省又相继颁布了新的规定。

首先，广东省司法厅于 2005 年 3 月颁发了《律师事务所辅助人员管理办法》。该办法所规范的对象，比律师助理人员的范围要窄一些，包括受聘于律师事务所，专门从事行政管理、财务管理或辅助律师执业等的工作人员，但是不包括具有律师资格、领取实习证的实习人员。根据该办法的规定：①辅助人员的工作职责包括律师事务所的日常行政事务和财经事务，以及协助执业律师开展相关的法律事务；②律师事务所不得吸收辅助人员成为律师事务所合伙人、合作人或者推选成为律师事务所负责人，不得为辅助人员制作印有"律师""合伙人""合作人""主任""副主任"等名称的名片、标志，不得指派辅助人员单独从事法律业务；③辅助人员不得印制自称是"律师"的名片、标志，不得接办案件，不得向委托人收取任何费用。

其次，浙江省司法厅于 2005 年 10 月又对《浙江省律师事务所律师助理管理规定》进行了修订，修订后的基本内容包括：①律师助理，是指受聘于律师事务所，尚未取得律师执业证书，在律师指导下从事辅助性法律事务工作的人员，包括具有律师资格或者法律职业资格的人员，和无律师资格、法律职业资格但具有高等院校法学专业本科以上学历的人员；②律师助理须持有"浙江省律师助理证"，该证分为实习、专职两类，省司法厅印制，地级市或者省律师协会审核颁发；③律师助理可以从事的工作是协助律师办理各类法律事务，解答法律咨询，代写诉讼文书和其他法律事务文书。

### 4. "两公"律师的试点和发展情况

"两公"律师是"公职"律师和公司律师的简称。"两公"律师和军队律师具有两个共同的特点：①具有律师和所在单位成员（军队的军人、政府的公务员或者企业的雇员）双重身份；②只能为所在单位提供法律服务，不能面向社会从事有偿法律服务，不得在律师事务所和法律服务所兼职。在这个意义上，"两公"律师和军队律师可以合称为单位律师，在律师事务所中任职的律师可以称为社会律师，社会律师可以向社会上不特定的主体提供有偿的法律服务。

在中国，军队律师早在 20 世纪 80 年代中期就在军队内部产生了。1991年，《中国人民解放军政治工作条例》首次以军内立法的形式对军队律师工作作出了规定；1996 年，《律师法》又以国家立法的形式确定了军队律师的法律地位。与此相比，"两公"律师则是非常晚近的事物。2002 年 10 月，司法部同时发布了《关于开展公职律师试点工作的意见》和《关于开展公司律师试点工作的意见》两个法律文件，"两公"律师开始在部分地区进行试点。自 2002 年以来，"两公"律师的试点范围逐步扩大，人员不断增长。据《法制日报》2005 年 6 月 14 日报道，中国于 2005 年初已有公职律师 1817 人，公司律师 733 人，合计占执业律师人数的 2.2%。在 2005 年的后半年，"两公"律师进一步增长。据《法制日报》2005 年 7 月 13 日报道，司法部向中国证监会 162 名已经通过国家司法考试或具有律师资格的人员颁发了公职律师执业证。至此，中国证监会成为全国第一家开展公职律师试点的中央单位[1]。紧随其后，7 月下旬，民航总局又有 19 人获得公职律师执业证书。此外，各地也积极进行试点工作，截至 2005 年 7 月，全国 31 个省、自治区、直辖市都已开展了公职律师、公司律师试点[2]。

　　然而，也有报道说，"两公"律师引发了新的不公平竞争。从司法部的制度设计来看，"两公"律师的服务对象是唯一的，他们不得面向社会从事有偿法律服务，不得以律师身份办理本单位以外的诉讼与非诉讼案件。但在实际生活中，据一些律师反映，有的地方已经开始出现"两公"律师以律师的名义代理政府和企业以外的案件的现象。由于"两公"律师在原服务单位已经领取了不菲的报酬，他们在代理案件时收费标准可以降低，而收费的降低可以为委托人节省大量费用，因此他们也就不在乎"两公"律师是否出具了发票。这就在"两公"律师和社会律师之间形成了不公平竞争[3]。"两公"律师目前还处于实验阶段，因此，需要及时发现和总结实际中类似的问题，以逐步完善有关制度。

## （二）律师的地区分布

　　中国的律师规模虽然以非常快的速度发展，但是，中国各地的发展速

---

[1]　王宇：《中国证监会开始公职律师试点 162 人获司法部颁执业证》，《法制日报》2005 年 7 月 14 日。

[2]　王宇：《民航总局试行公职律师 19 人获司法部颁发证书》，《法制日报》2005 年 7 月 26 日。

[3]　刘耀堂：《"两公"律师引发新的不公平竞争》，《法制日报》2005 年 9 月 25 日。

度是很不一样的，律师在地区分布上极不平衡。一方面，在北京地区，2004 年底的执业律师（专职律师和兼职律师之和）已达 9355 人，平均每 10 万人口拥有 62.7 个，是全国平均水平（每 10 万人口 8.7 名律师）的 7.2 倍；另一方面，目前全国还有 206 个县连一个律师也没有①。

根据《中国律师年鉴 2004》提供的 2004 年全国各省级行政区划的律师人数（其中新疆的律师包括新疆生产建设兵团的律师，四川和重庆的律师合在一起算，西藏的律师是 2000 年的数字），再根据《中国统计年鉴 2005》提供的各省级行政区划的人口，计算出各省级行政区划平均每 10 万人口的律师数。

### （三）律师收费和收入

#### 1. 律师收费的现行制度

在中国，自律师制度恢复和重建以来，经过 20 余年的改革和发展，律师行业已经基本上完成了市场化改革，律师以有偿的方式向社会不特定主体提供法律服务（比例很小的军队律师、"两公"律师、法律援助律师除外）。根据《中国律师年鉴 2004》所公布的数据，截至 2004 年底，全国自收自支的律师事务所，包括合作所、合伙所、个人所和部分国资所，共计 11007 家，占比为 93.1%，财政予以差额或者全额补助的国资所 416 家，占比为 6.9%。律师事务所由于实行自收自支、市场化的方式运作，就存在一个收费和收入的问题。

然而，在当前，中国各地并不存在统一的收费标准。早在 1997 年 3 月，国家计委、司法部就颁布了《律师服务收费管理暂行办法》，规定对于部分律师业务的收费标准，包括诉讼案件、申诉案件和仲裁案件，由国务院司法行政部门提出方案报国务院价格部门审批；省、自治区、直辖市人民政府价格部门可根据本地区实际情况，在国务院价格部门规定的价格幅度内确定本地区实施的收费标准；其余的律师业务，包括担任法律顾问、提供非诉讼法律服务、解答有关法律的询问、代写诉讼文书和有关法

---

① 王比学：《律师 11.4 万但分布不均衡 我国 206 个县无律师》，《人民日报》2005 年 6 月 8 日，第 4 版。

律事务的其他文书等，由律师事务所与委托人协商收费，即完全的市场定价。但是，该暂行办法颁布后，司法部和国家计委并未接着就诉讼案件等律师法律服务制定收费标准，于是，湖南等省物价、司法行政部门来函，要求在国家制定的律师服务收费标准下达之前，暂由省按照国家计委、司法部颁布的《律师服务收费管理暂行办法》制定临时收费标准。针对这种要求，国家计委、司法部于 2000 年 4 月下发了《关于暂由各地制定律师服务收费临时标准的通知》，通知指出，由于各地经济发展水平和律师业的发展状况差异较大，律师服务的成本和群众的承受能力也有较大差异，目前制定全国统一的律师服务收费标准尚有一定困难，鉴于此，为规范律师服务收费行为，促进律师业健康发展，同意在国家制定的律师服务收费标准下达之前，暂由各省、自治区、直辖市物价部门会同司法行政部门按照前述的《律师服务收费管理暂行办法》所规定的政府定价项目及定价原则，制定在本地区范围内执行的律师服务收费临时标准，并报国家计委、司法部备案。该通知下发后，各省、自治区、直辖市分别先后制定了本地的律师收费标准，于是首次出现了全国没有统一的律师收费标准的情况。

2006 年 4 月，国家发展改革委、司法部颁布了《律师服务收费管理办法》，取代 1997 年的《律师服务收费管理暂行办法》和 2000 年的《关于暂由各地制定律师服务收费临时标准的通知》。新的办法对律师收费制度的调整主要包括三个方面：①将政府指导价的决定权交由各省、自治区、直辖市人民政府价格主管部门会同同级司法行政部门制定；②对于一定范围内具有财产关系性质的民事案件，实行风险代理收费。新的办法要在 2006 年 12 月 1 日起才开始施行，在本报告撰写时，办法尚未付诸实施，所以暂不对有关情况作深入全面的考察。可以说，全国所实际实行的仍是各地根据 1997 年的暂行办法和 2000 年的通知所分别制定的、适用于各地的收费标准。

对于当前各地具体的收费标准，这里具体列举经济、文化发展水平不同的四个地区的情况进行对比（见表 1）。该表显示，目前律师收费体制具有四个特点：一是总体而言，经济发展水平较高，每 10 万人拥有律师人数较多的地区，收费标准也较高；二是各个地区政府指定的指导价都极有弹性，各个律师事务所均有很大的自主定价空间；三是相对来说，经济发达的广东地区对更多的法律事务实行市场调节定价（协商定价），当然，2006年《律师服务收费管理办法》施行后，这个问题将得到统一；四是市场化水平较高的广东地区率先实行全面的计时收费和部分风险酬金制度。

表1　当前广东、山东、河南、甘肃四省律师服务收费标准比较

| 律师收费项目及经济、律师发展水平 | 广东 | 山东 | 河南 | 甘肃 |
|---|---|---|---|---|
| 2004年人均地区生产总值（元/人） | 19707 | 16925 | 9470 | 5970 |
| 2004年每10万人律师（专职＋兼职）数（人） | 13.4 | 8.2 | 5.6 | 5.1 |
| 一、民事案件 | | | | |
| 1. 不涉及财产关系的 | 3000~20000元 | 500~5000元 | 1000~3000元 | 500~5000元 |
| 2. 涉及财产关系的，分段累进计算 | | | | |
| （1）10000元以下 | 1000~8000元 | 1000元 | 3%以内 | 5% |
| （2）10001至50000元以下 | | 4% | 3%以内 | 5% |
| （3）50001至100000元以下 | 6% | 4% | 3%以内 | 4% |
| （4）100001至200000元 | 5% | 3% | 2.5%以内 | 3% |
| （4）200001至500000元 | 5% | 3% | 2.5%以内 | 2% |
| （5）500001至1000000元 | 4% | 2% | 2%以内 | 1% |
| （6）1000001至5000000元 | 3% | 1% | 1.5%以内 | 0.51% |
| （7）5000001至10000000元 | 2% | 1% | 1%以内 | 0.51% |
| （8）10000001至50000000元 | 1% | 0.5% | 0.75%以内 | 0.3% |
| （9）50000001元以上 | 0.5% | 0.5% | 0.5%％以内 | 0.3% |
| 二、行政案件 | | | | |
| 3. 不涉及财产关系的 | 3000~20000元 | 500~3000元 | 1000元以内 | 200~2000元 |
| 4. 涉及财产关系的 | 同民事涉财案件 | 同民事涉财案件 | 同民事涉财案件 | 民事涉财酌减 |
| 三、刑事案件 | | | | |
| 5. 侦查阶段： | 2000~5000元 | | 500~1500元 | |
| （1）为犯罪嫌疑人提供法律咨询 | | 50~600元 | | |
| （2）代理申诉和控告 | | 300~1000元 | | |
| （3）申请取保候审 | | 600元 | | |

续表

| 律师收费项目及经济、律师发展水平 | 广东 | 山东 | 河南 | 甘肃 |
|---|---|---|---|---|
| 6. 审查起诉阶段 | 5000~15000元 | 500~3000元 | 500~2000元 | |
| 7. 一审案件 | 6000~30000元 | 1000~6000元 | 1000~4000元 | 200~5000元 |
| 8. 刑事自诉和刑事被害人代理 | | | | |
| （1）不涉及财产关系 | 同刑事辩护 | 1000~6000元 | 5000元以内 | 比照刑事辩护酌减 |
| （2）涉及财产关系的 | | 同涉财民事案件 | 同涉财民事案件 | |
| 9. 刑事附带民事案件 | 一审标准减半 | | 比照民事酌减 | 比照民事酌减 |
| 10. 刑事二审 | | | | |
| （1）未办一审而办二审的 | 同一审案件 | 同一审 | 1000~5000元 | 同一审 |
| （2）曾办一审又办二审的 | 一审标准减半 | 一审标准减半 | 比照一审酌减 | 一审标准减半 |
| 四、刑事案件以外的诉讼案件申诉 | | | | |
| 11. 不涉及财产关系的 | | 500~3000元 | | |
| 12. 涉及财产关系的 | | 同涉财民事案件 | | |
| 五、办理仲裁案件 | 同民事案件 | 同涉财民事案件 | | |
| 六、办理仲裁、劳动争议仲裁案件 | | | | |
| 13. 不涉及财产的 | | | | 200~2000元 |
| 14. 涉及财产的 | | | | 比照民事酌减 |
| 七、担任法律顾问 | 协商确定 | 协商确定 | | 协商确定 |
| 15. 顾问费 | | | 1000~5000元/月 | |
| 16. 办理签约内容以外的各类事务 | | | 另收费 | |
| 八、办理非诉讼法律事务 | 协商确定 | 协商确定 | | 协商确定 |
| 17. 不涉及财产关系的 | | | 1000~3000元 | |
| 18. 涉及财产关系的 | | | 同涉财民事案件 | |
| 九、法律咨询、代书 | | | | |
| 19. 法律咨询 | 协商确定 | 协商确定 | | 协商确定 |
| （1）不涉及财产关系 | | | 100元以内 | |
| （2）涉及一般财产关系 | | | 200元以内 | |
| （3）涉及商业财产关系 | | | 500元以内 | |

续表

| 律师收费项目及经济、律师发展水平 | 广东 | 山东 | 河南 | 甘肃 |
|---|---|---|---|---|
| 20. 代书 | 协商确定 | 协商确定 | | |
| （1）代写诉讼文书 | | | 200 元以内 | |
| （2）制作法律事务文书每件 | | | 1000 元以内 | |
| 十、涉外案件 | 协商确定 | 协商确定 | | |
| 十一、计时收费 | | | | |
| （1）适用范围 | 全部事项 | | 可进行试点 | |
| （2）收费标准（每小时） | 200~3000 元 | | 行政部门核准 | |
| （3）各地可上下浮动幅度 | 20% | | | |

特别说明：

1. 广东：（1）上列各项收费标准和比例是办理诉讼案件一个审级或仲裁案件的收费标准。未办一审而办二审的，按一审标准收费；曾办一审再办二审的或曾办一审或二审，再从发回重审、再审申请或确定再审案件的，按一审标准减半收费；涉及仲裁的案件，曾代理仲裁的，诉讼一审或二审阶段按仲裁标准减半收费。（2）对于时间或地域跨度极大、集团犯罪和其他案情重大的疑难、复杂刑事案件，可以在不高于规定标准 1.5 倍之内协商确定收费标准。（3）办理涉及财产关系的民商事案件亦可采取风险收费，风险收费的最高收费标准或总额，不得超过争议利益的 30%。

2. 山东：（1）上述各项收费标准指诉讼案件一审或仲裁案件的收费标准。未办理一审而办理二审的，按一审标准收取；曾办理一审又办理二审的，二审按一审标准减半收取。涉及仲裁的案件，曾经代理仲裁的，诉讼一、二审阶段按仲裁阶段收费标准减半收取。（2）执行案件，参照一审的收费标准减半收取。（3）案情复杂或影响重大的案件，可以在收费标准之上与当事人协商确定，但最高不得超过规定的 5 倍。

3. 河南：代理行政案件案情复杂或影响重大的行政案件，经与当事人协商，可以在以上标准基础上适当上浮，但上浮幅度不得超过 10%。

各地区的收费标准分别参考的文件是：

（1）广东省物价局、广东省司法厅《关于印发广东省律师服务收费管理实施办法（暂行）的通知》（粤价〔2003〕225 号），2003 年 7 月 10 日；

（2）山东省物价局、山东省司法厅《关于〈山东省律师服务收费临时标准〉（试行）延期执行的通知》（鲁价费函〔2006〕15 号），2006 年 2 月 20 日；

（3）河南省发展计划委员会、司法厅《关于规范我省律师服务收费项目和标准的通知》（豫计收费〔2002〕1410 号），2002 年 10 月 30 日；

（4）甘肃省物价局、省司法厅《关于调整律师服务收费标准的通知》（甘价费〔2002〕220 号），2002 年 8 月 8 日。

## 2. 律师行业的收入

国家发展改革委负责人 2006 年 6 月 2 日在全国完善律师收费制度电视电话会议上的讲话中提到："2005 年，全国已有律师事务所 1.2 万家，执业律师 12 万人，律师服务收费总额达到 156 亿元。"[①] 根据有限的这几

---

① 参见《关于印发国家发展改革委、司法部、中央政法委领导同志在全国完善律师收费制度电视电话会议上讲话的通知》（发改办价格〔2006〕1306 号）。

个数据，我们可以对当前律师的收入水平作一个大致的分析。根据这个数据可以大致算出，在 2005 年，全国平均每家律师事务所的收费总额是 130 万元，平均每个执业律师创造的收费金额是 13 万元。

　　然而，来自北京市司法局的统计资料显示，2004 年，北京地区律师行业收入超过 50 亿元①。以北京 2004 年底共有 729 家律师事务所、共有执业律师（专职律师和兼职律师之和）9355 人计算，在 2005 年，北京地区平均每家律师事务所的收费总额是 685.9 万元，平均每个执业律师创造的收费金额是 53.4 万元。对比来看，以北京地区 2004 年的收入和全国 2005 年的收入相比，平均每家律师事务所的收费北京是全国平均水平的 5.3 倍，平均每个执业律师创造的收费金额北京是全国平均水平的 4.1 倍（见图 3）。

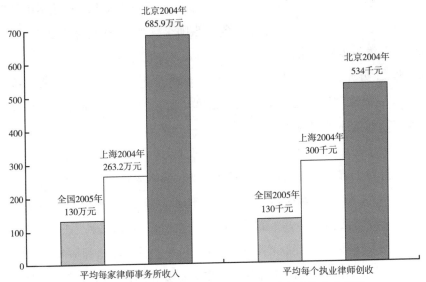

**图 3　北京、上海和全国的律师事务所及律师平均收入对比**

　　上海市律师行业协会负责人称，目前上海取得执业资格的律师大约有 6000 名，每年创收大约 16 亿元，平均每人创收大约 30 万元②。根据《中国律师年鉴 2004》提供的数据，在 2004 年底，上海共有各类律师事务所 608 家，以此为根据可以算出，上海地区平均每家律师事务所的收费总额

①　王宇、于呐洋：《北京律师过万人收入超 50 亿元》，《法制日报》2005 年 6 月 15 日。
②　韦蔡红：《上海律师薪酬调查》，《法制日报》2005 年 2 月 6 日。

是263.2万元。以上海地区2004年的收入和全国2005年的收入相比，平均每家律师事务所的收费上海是全国平均水平的2.0倍，平均每个执业律师创造的收费金额上海是全国平均水平的2.3倍。

### 3. 律师个人的收入

在律师服务收入一定的情况下，律师个人的收入受两个因素的影响：一是律师事务所的税收和经营成本，二是律师事务所的分配机制。如果计算律师收入的平均数，第二个因素则可以扣除。对于第二个因素，也可以进行大致的估算。在目前的律师工作实践中，律师的提成比例各律师事务所不完全一样，大致在30~70%。这个范围意味着，律师个人的创收中，30%的比例就可以支付律师事务所的税收和成本，因为提成比例的大小，只表明律师事务所提取律师创收利润的多少问题，律师事务所绝不可能做赔本的买卖。以这个比例计算，全国律师个人收入的平均数是13万的70%，大约每年9万元；上海律师个人收入的平均数是30万的70%，大约每年21万元；北京律师个人收入的平均数是53.4万的70%，每年接近40万元。当然，这只是一个大致的估算。而且，不同律师收入水平也很不均衡，通常还受到两个因素的影响：一是律师在律师事务所中的身份，是合伙人还是雇员；二是律师个人的创收能力。

通过对上海律师薪酬状况的调查发现，影响律师收入的因素除了个人能力大小外，不同领域律师受行业限制不同，收入也有差异。在不同的行业中：①经济法律师年薪一般在10万元左右，办理金融、证券类官司，年轻的见习律师一个月可能只有1000元左右，而资深律师一年赚100万元都没问题，合伙人级的律师收入会更高；②在知识产权领域，一般见习律师月收入在1000元左右，两三年后年薪也会拿到9万元左右，如果多接一些商标、专利、著作权、版权、商业秘密等专业性很强的官司，年收入上百万没问题，但总体水平稍逊于金融、房产、证券类的同行；③企业法律顾问年收入约50万元，有的年收入甚至超过200万元①。

全国律师平均年收入9万元，这是一个什么样的收入水平？我们可以和其他行业全国平均工资作一个对比。根据《中国统计年鉴2005》所公

---

① 韦蔡红：《上海律师薪酬调查》，《法制日报》2005年2月6日。

布的"按细行业分职工平均工资（2004 年）"，从中选取部分行业，包括信息技术、金融、房地产、教育和国家机构（"信息技术"是"信息传输、计算机服务和软件业"的简称），进行对比。律师的人均收入比其他行业中最高的信息技术还要高出 1 倍多（见图 4）。

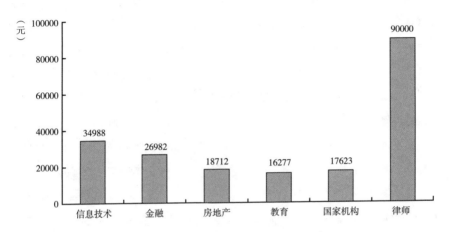

**图 4　2005 年全国律师人均收入和 2004 年其他行业全国年平均工资比较**

## （四）律师执业环境

### 1. 刑事辩护执业困境

刑事辩护律师面临严峻的执业困境，然而，这并不是新问题，而是一个延续了 10 年的老问题。这种困境主要体现在两个方面：一是案件很难办理，具有"六难"，即接受委托难、提供帮助难、会见犯罪嫌疑人难、调查取证难、阅卷难和法庭辩护难；二是基于《刑法》第 306 条和《刑事诉讼法》第 38 条等有关辩护律师伪证罪的规定，以及《律师法》有关伪证、泄漏国家机密的法律责任的规则，在司法实践中发生大量律师被抓的现象，从而极大地增加了辩护律师的执业风险。根据全国律师协会的统计，以 1997 年为例，全国律师协会受理的伪证罪、妨害作证罪的投诉中，42.85% 为错案，42.85% 为疑案，90% 以上最后被无罪释放[1]。

---

[1]　吕途：《中国律师刑事辩护的现状及对策》，《理论观察》2003 年第 1 期。

关于刑事辩护律师执业困境的各种表现和形成原因，各种文献已经有了大量的描述和分析，这里不再赘述。需要补充说明的是，这种执业困境不仅对律师行业本身，而且对我国的民主法治事业产生了极大的危害。我们可以通过一组数据来说明。用律师承担刑事辩护的业务件数，除以刑事案件的总数，得到平均每件案件的辩护律师人数，姑且称为律师刑事辩护率。这里的刑事案件总数，是指刑事一审收案、刑事二审收案和刑事再审案件的总和。根据《中国法律年鉴》历年所公布的有关数据进行计算，得出图5："1981~2004年全国刑事案件律师辩护率"。该图显示，经过改革开放以来多年的增长累积，截至1989年，律师辩护率达到0.45，这个数据意味着，平均每个刑事案件有0.45个刑事辩护律师，考虑到有的案件有多个被告人，有的被告人委托两个辩护律师，所以实际上每个被告人获得律师辩护的概率要低于0.45。但是，自1990年以后，律师辩护率逐年下降。1997年施行修订后的《刑事诉讼法》后，律师辩护率猛然增长了一个台阶，但是随后又开始逐年下降的历程。需要说明的是，1997年急剧上升的原因在于《刑事诉讼法》的两个修改。一是对于强制性的指定辩护，在原来的案件类型基础上，增加了：被告人是盲人的、被告人可能被判处死刑的。二是将辩护律师介入诉讼的时间提前到审查起诉阶段，而这种提前又产生了两个效果：那些在经过审查起诉程序后被不起诉的被告人，也可能获得了律师辩护；审查起诉阶段是作为独立的阶段委托辩护人的，如果案件进入审判阶段，可能需要再委托一次，从而在律师业务的统计上，增加了业务数量。值得注意的是，1998年以后，在诉讼制度和统计口径没有显著变化的情况下，仍然呈现持续下降的趋势。这种下降表明，当前刑事辩护的困境已经严重抑制了律师的辩护意愿，间接地，这种抑制所导致的律师辩护率下降削弱了刑事辩护的功能，弱化了刑事审判乃至整个法律的公正和平等水平。

当然，可能存在两种反驳：一是认为律师辩护意愿下降的原因是其他业务更有吸引力，二是认为被告人委托律师辩护的积极性降低。这两种反驳本身是成立的，但不是深层原因。

首先，假定"其他业务更有吸引力"的命题是成立的，那就说明，刑事辩护很难办或者刑事辩护的报酬低。刑事辩护报酬低这一点不能孤立

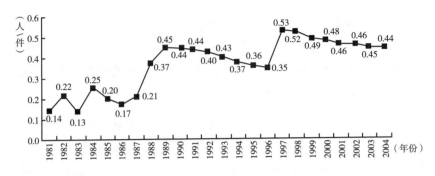

图 5　1981~2004 年全国刑事案件律师辩护率

地考察，它取决于收益和成本的对比，而成本其实就是案件办理的难度。"刑事辩护很难办"又有两种可能：法律技术上很困难，但这是不成立的，我们知道，中国改革开放以来刑法的各种制度规定是最完备的，至少不比民事经济问题复杂，而且在刑法没有重大修改的情况下不可能越来越复杂；另一个可能就是我们前面提到的执业"六难"和刑事责任风险。结合来看，正是刑事辩护的执业困境，增加了刑事案件办理的风险和难度，降低了刑事诉讼的收益比，使得刑事案件没有其他业务更有吸引力。

　　然而，从各省级司法行政主管部门和物价部门制定的律师收费标准来看，刑事案件的收费范围实际上有很大的弹性，这意味着，律师可以通过市场机制，增加刑事案件的收费，从而提高刑事案件的收益比，甚至还可以突破政府指导价的上限进行私下交易，或者变相成本转移——虽然违法但其实现实中大量存在——来提高刑事案件的收益比，正所谓重赏之下必有勇夫。然而这样一来，必然会极大地提高被告人的委托成本。在比较富裕的广东省的收费标准中，侦查阶段最高可以收 5000 元，审查起诉阶段最高可以收 15000 元，一审和二审分别最高可以收 30000 元，一个案件如果全部程序走下来，需要花费 10 万元，这还不算其他各种各样的支出。而 60% 左右的犯罪是农民，20% 左右的是无业人员[1]，他们如何支付得了这 10 多万元的官司费用？如果我们从收费标准居于中等水平的河南省来

_____

① 关于不同身份的被告人的数据，参见《中国法律年鉴 2005》，中国法律年鉴出版社，第 148 页。

看，审查起诉阶段最高可以收 2000 元，一审和二审最高可以收 4000 元，一个案件如果走完全部程序，被告人最多可能支付 10000 元，这对于其中约 80%的农民和无业人员被告人来说，同样是一笔沉重的负担。总之，提高收费标准的办法必然增加被告人的支出负担，降低其委托意愿。从这个意义上说，如果被告人的委托意愿有所下降的话，那么最深层的原因是刑事辩护执业困境导致律师增加了收费，超出了许多被告人的支出能力。

在 2005 年，一些地方和部门对律师刑事辩护环境进行了一定改善。比如，北京高级人民法院 2005 年 7 月出台的《保障律师执业权利维护司法公正的意见》明确规定，律师进入法庭不再需要通过层层安检，其他权利也应当予以切实保障；在有关律师的建议下，浙江省温岭市公安局看守所拆掉了律师会见室与犯罪嫌疑人之间的隔离玻璃①，等等。然而，由于基本制度没有改变，2005 年刑事辩护律师的执业困境没有根本的改善，但是发生了一些可以对这种改善寄予期待的事件。一是在 2005 年 12 月，司法部完成《律师法》的修订草案，并报送国务院②。修订草案的一个重要内容，就是解决当前律师刑事辩护困境的问题。二是全国人大常委会于 2005 年五六月间组织 5 个检查组，分赴陕西、广西、江苏、北京、吉林 5 省、自治区、直辖市，并委托黑龙江、上海、河南、四川、新疆、云南等 6 省、自治区、直辖市人大常委会，对《律师法》的实施情况进行了检查，加深了对律师执业困境问题的认识，这种认识对《律师法》修订草案的审议和表决产生重要影响。

**2. 律师执业的人身安全**

在当前，律师在执业过程中也面临着比较严峻的人身安全问题，这增加了律师执业的风险。据报道，在 2005 年，全国发生了一系列对执业律师进行人身伤害的恶性事件。2004 年 12 月 31 日夜，某知名主持人的律师在家门口突遭多名持棍男子殴打，造成头部、腿部多处受伤；2005 年 1 月 21 日，在石家庄市"国际城"售楼大厅门前，律师陈某因帮助农民工讨要工资被打；2005 年初，重庆市一名女律师前往湖北办案，开庭完毕

---

① 沈珊：《浙江律师据理力争 看守所拆掉会见室玻璃》，《法制日报》2005 年 6 月 30 日。
② 吴坤：《律师法修订草案起草完成 草案已报送国务院》，《法制日报》2005 年 12 月 21 日。

后，女律师被对方当事人包围，并被打耳光；2005 年 3 月 18 日，在广州市天河区法院门口，广东金粤律师事务所李和平律师因代理经济纠纷案，遭到 3 名恶徒袭击，头、面部多处受伤；2005 年 3 月，重庆市两名律师代理村民状告一家水泥厂，在当地调查取证时，连人带车被围攻数小时；2005 年 5 月 29 日，重庆弘平律师事务所律师喻某在办案过程中，被一群手持钢管的歹徒打伤，车辆被砸；2005 年 9 月 6 日中午，51 岁的北京律师在密云法院开完庭走出法院大门时，遭到一伙不明身份的男子殴打，他的双腿及手部共有 3 处骨折；等等①。

如何保障律师执业过程中的人身安全，是律师维权的又一个重要议题。针对这种人身危险，新疆推出了律师执业保险制度，办案遭受人身攻击可获赔偿，每次事故可获限额 300 万元的赔偿金，累计赔偿限额为 5000 万元，新疆律师协会每年需支付保险费 20.6 万元②。在哈尔滨市的各种职业责任险中，律师职业责任险"一枝独秀"，全市有 70%左右的律师投保③。然而，这不是一个令人振奋的消息，如果律师自己的权利尚得不到维护，他们如何去维护更为弱势的普通公众的权益？由此可见，我国当前人权和法治的社会基础是何其薄弱。

### （五） 律师执业管理

#### 1. 探索建立健全律师队伍建设的长效机制

2004 年，司法部作为律师业的行政主管部门，在全国进行了为期近一年的律师队伍集中教育整顿活动。但是，集中教育整顿是运动式的，只能在有限的时间、有限的范围内，解决一些突出的问题，是治标之策，非治本之道。因此，要从根本上解决律师队伍中存在的深层次矛盾和问题，形成律师队伍发展的良性机制，需要思考如何在制度方面作出努力。2005 年 2 月 21 日，司法部颁布了《关于进一步建立健全律师队伍建设长效机制的意见》，总共了提出了 24 条意见，希望实现如下目标：①建立健全

---

① 邢晖：《北京律师法院门口遭袭 律师维权再成关注焦点》，《法制日报》2005 年 9 月 15 日。

② 潘从武、吴亚东：《新疆推出律师执业保险制度》，《法制日报》2005 年 5 月 26 日。

③ 赵振宇：《七成律师投保职业险》，《法制日报》2005 年 8 月 22 日。

律师队伍学习教育机制，使广大律师牢固树立正确的理想信念和依法执业观念，牢固树立大局意识和责任意识；②建立健全律师行业准入机制，确保进入律师行业的人员具有良好的资质条件和道德修养，进一步提高律师队伍的政治素质、业务素质和职业道德素质；③通过建立健全律师行业自律机制，强化律师事务所和律师协会的管理责任，进一步增强律师行业自律管理能力；④通过建立健全律师行业监督惩戒机制，加强对律师执业活动各个环节的监督，进一步完善律师行业预警、监督、处理系统；⑤通过建立健全律师行业保障机制，为律师行业健康发展创造良好的法制、市场和政策条件，进一步改善律师执业环境；⑥通过建立健全律师行业评价机制，构建科学的行业评价指标体系，进一步落实行业评价的激励和约束机制。

**2. 开展合伙律师事务所规范建设年活动**

中国律师制度恢复重建二十多年来，律师执业机构经历了从单一"国资所"到"合作所""合伙所""国资所"并存的变化。目前，全国共有11823家律师事务所，其中合伙律师事务所8161家，占律师事务所总数的70%左右①。合伙律师事务所已成为我国律师执业的主要组织形式。合伙律师事务所通过提供法律服务，为维护国家、企业和公民的合法权益，维护社会公平和正义，促进市场经济和民主法制建设的发展，作出了积极的贡献。但是，由于种种原因，合伙律师事务所的管理和发展还存在一些突出问题，主要表现在：有的合伙律师事务所及合伙人不符合法律规定的条件，名为合伙，实为个人办所；有的合伙所名为合伙，实为"个人执业联合体"，没有真正形成合伙机制，合伙人和律师基本上采取个人承接的案件自己办理、分配采取提成的方式，事务所管理松散，各自为战；有的合伙所管理制度不完善，甚至连最基本的规章制度也未建立，从而造成了事务所无章可循；有的合伙所合伙人管理意识、责任意识比较淡薄，对事务所的管理采取放任自流的态度，对本所律师执业活动缺乏有效的监督，导致违反职业道德、执业纪律甚至违法犯罪行为时有发生；等等。这些问题严重影响了律师行业和律师队伍的健康发展。为进一步规范

---

① 《中国律师年鉴2004》，中国法制出版社，2005，第263页。

合伙律师事务所管理，提高律师行业自律管理的能力和水平，司法部于2005年2月21日颁布了《关于开展合伙律师事务所规范建设年活动的意见》，在2005年全面开展了合伙律师事务所的规范治理活动。

根据该意见的要求，此次合伙律师事务所规范建设年活动重点是落实"七项规范"：①对合伙律师事务所合伙主体进行规范，切实解决当前合伙所中存在的"假合伙"等问题；②对合伙律师事务所收案行为进行规范，逐步解决谁揽的案源谁办理的问题，切实改变合伙律师事务所实为"个人执业联合体"的问题；③对合伙律师事务所收费和分配行为进行规范；④对合伙律师事务所内部监督管理行为进行规范，建立健全人事、财务等制度；⑤对合伙律师事务所建立健全管理机构进行规范，完善合伙机制；⑥对合伙律师事务所及合伙人管理责任问题进行规范，建立健全合伙律师事务所的合伙人对本所律师监督管理制度，防止和克服职责不明、责任不清的状况；⑦对合伙律师事务所党建工作进行规范，进一步规范对律师党员的监督、管理和约束。

### （六）律师自治

律师自治有助于律师作为独立的第三方力量发挥更大的社会作用，而成立律师协会实行自律性管理是律师自治的一种重要方式。在中国，中华全国律师协会（以下简称"律协"）在1986年7月7日宣告成立，标志着律师自治迈出了重要一步。然而，在律协成立早期，由于各种各样的原因，律协发挥的律师自治作用非常有限，行政手段仍是律师管理的主要形式。但是，随着改革开放的深入，随着律师作为独立的民间力量的民主法治意义的彰显，律协的自治作用日益得到政府的认可和尊重，律协自身的自律机制和管理能力也逐步增强。在2005年，律协的组织形式和管理活动又有了重大变化，律协的自治能力和自治作用不断增强，主要体现在以下三个方面。

第一，律师管理转变为"两结合"体制。为适应社会主义市场经济的要求，我国律师机构组织形式由行政性管理体制向"两结合"管理体制转变，即以司法行政机关的宏观管理为核心、律师协会的行业管理为主体、律师事务所的自律性管理为基础、政府宏观调控部门的调控性管理为保障，这四个层面相辅相成，对律师实现行业规范和有效管理。

第二，"官协"变"民协"，落实"两结合"。"官协"变"民协"是落实"两结合"的组织基础。具体来说，这又体现在三个方面。一是普遍实现了执业律师担任律师协会领导职务。2005年3月27日，北京市律师协会会长的选举首次采取由173名代表直选会长的办法，两名会长候选人均为北京资深律师。就在同一天，上海也进行了新一届律师协会的换届选举。2005年4月26日，重庆律师协会推举出新一届会长，这是全国首位从执业律师中产生的专职律师协会会长。截至2005年6月，全国已经有24个省、自治区、直辖市实现了执业律师担任律师协会会长领导职务[①]。二是大多数省、自治区、直辖市的律师协会实现了与司法行政机关分开。三是全国律师协会积极完善自身建设，基本建立起了全国、省级、地市级律师协会的三级架构。

第三，律协积极开展有关工作，突显自律能力和自律本位。2005年，这些工作主要包括四个方面。一是在行业规则制定方面，通过了《中华全国律师协会行业规则制定规程（试行）》，律协明确了律师行业规则制定程序；下发了《关于实行律师协会章程备案制度的通知》，全国律协对地方律师协会章程实施备案制度，以保证各地律协章程与全国律协章程的协调一致；制定和完善律师行业规则体系，完善了全国律协的行规体系。二是从多种角度继续加强律师维权工作。比如，呼吁和参与修改《刑法》《刑事诉讼法》《律师法》，改善执业的制度环境；积极参与、支持具体事件中的律师权益维护；等等。三是加强律师队伍的内部管理。全国律协制定或者修改了《律师执业行为规范（试行）》《律师协会会员违规行为处分规则（试行）》《律师协会会员奖励办法》和《申请律师执业人员实习管理规则（试行）》等相关行业规则，北京市律协公布违规违纪黑榜，等等。四是全国律协及各地律协积极开展与国际律师组织和其他国家律协的交流，重点涉及律师协会的行业管理、律师职业道德和律师业务等方面。通过与国外同行的业务交流与合作，提高了中国律师的整体素质和水平，提升了中国律师在国际交往中的地位及影响。

---

① 邢晖、罗荣：《律师协会换届之年呈现五大亮点》，《法制日报》2005年6月16日。

# 二　法官

## （一）法院人事制度改革和发展的基本方向

最高人民法院 2005 年 10 月颁布了《人民法院第二个五年改革纲要（2004~2008）》（以下简称《纲要》），对法官队伍发展、法院各项人事制度改革作出规划。其中，与法官职业发展关系密切的，主要包括下列内容。

（1）推进人民法院工作人员分类管理，制定法官、法官助理、书记员、执行员、司法警察、司法行政人员、司法技术人员等分类管理办法，加强法官队伍职业化建设和其他各类人员的专业化建设。建立符合审判工作规律和法官职业特点的法官职务序列。在总结试点经验的基础上，逐步建立法官助理制度。

（2）落实《法官法》的规定，与有关部门协商，推动建立适合法官职业特点的任职制度。在保证法官素质的前提下，适当延后专业水平较高的资深法官的退休年龄。

（3）根据人民法院的管辖级别、管辖地域、案件数量、保障条件等因素，研究制定各级人民法院的法官员额比例方案，并逐步落实。

（4）改革法官遴选程序，建立符合法官职业特点的选任机制。探索在一定地域范围内实行法官统一招录并统一分配到基层人民法院任职的制度。逐步推行上级人民法院法官主要从下级人民法院优秀法官中选任以及从其他优秀法律人才中选任的制度。

（5）加强不同地区法院之间和上下级法院法官的交流任职工作，推进人民法院内部各相近业务部门之间的法官交流和轮岗制度。

（6）建立法官任职前的培训制度，改革在职法官培训制度。初任法官任职前须参加国家法官学院或者其委托的培训机构组织的职业培训。改革法官培训的内容、方式和管理制度，研究开发适合法官职业特点的培训课程和培训教材，改革法官培训机构的师资选配方式。

（7）落实《法官法》的规定，推动适合法官职业特点的任用、晋升、奖励、抚恤、医疗保障和工资、福利、津贴制度的建立和完善。在确定法官员额的基础上，逐步提高法官待遇。

（8）建立科学、统一的审判质量和效率评估体系。在确保法官依法独立判案的前提下，确立科学的评估标准，完善评估机制。

（9）改革法官考评制度和人民法院其他工作人员考核制度，发挥法官考评委员会的作用。根据法官职业特点和不同审判业务岗位的具体要求，科学设计考评项目，完善考评方法，统一法官绩效考评的标准和程序，并对法官考评结果进行合理利用。建立人民法院其他工作的评价机制。

（10）建立健全符合法官职业特点的法官惩戒制度，制定法官惩戒程序规则，规范法官惩戒的条件、案件审理程序以及救济途径等，保障受到投诉或查处的法官的正当权利。

2005年法院各项人事制度的改革，主要体现为落实《纲要》的内容。然而，2005年又有所侧重，对上述10个方面，有些方面的改革幅度较大，有些方面的改革幅度较小。下面所考察的，是2005年具有显著的改革动向的方面。

## （二）法官助理

在2004年以前，全国已有许多地方法院进行了法官助理制度改革，并以这项改革为契机，实行法官精简和法官员额制。在2005年，长春中院将此项改革向前推进，将法官助理作为单独职位序列进行管理。据报道，长春中院于1999年6月实施了"三分一体全流程管理"审判方式改革，即庭审裁判与审判助理工作相分离、审判员与书记员管理相分离、审判管理与行政管理相分离，实现审理权与裁判权的一体化，对案件实行全流程监督与管理。2004年长春中院被确定为法官助理改革试点单位后，按最高人民法院要求，全面实施了法官助理制度。2004年12月、2005年7月两次对审判人员进行岗位调整，调整后，全院现有相对固定的审判合议庭28个，共设立法官助理54人。法官、法官助理、书记员三者按3：2：1的比例配备，实行庭审裁判工作与辅助工作相分离。设置专门的法官助理后，全院实有审判权人员相比改革前减少40%左右，但由于合议庭成员能够专心负责审判，辅助工作由法官助理负责，审判工作实现了专业化分工、职业化管理，法院审判工作的效率与质量有明显提高。该院受理案件数同比上升 4.48%，结案数同比上升 5.7%，发回改判率下降 7.6%[①]。

### （三）法官遴选

根据《纲要》的要求，人民法院将逐步推行上级人民法院法官主要从下级人民法院优秀法官中选任以及从其他优秀法律人才中选任的制度。在 2005 年，一些地方进行了改革，采取了以下法官遴选方式。

（1）北京高院从基层遴选法官。为使法官选任形成良性循环，从 2002 年起，北京市高级人民法院牵头为基层法院组织招收应届毕业生，以加强基层法院的审判力量。从 2003 年起，北京市高级人民法院不再直接录用高等院校的应届法律专业毕业生补充到审判业务部门。2005 年 7 月，北京市高级人民法院出台了《遴选法官工作实施意见》，在 9 个庭室确定了 20 个法官遴选职位，试行从下级法院选拔一批素质较高、有发展潜力的法官补充到审判业务部门。全市法官积极响应，共有 14 个法院 65 人报名参加遴选。在经过笔试、面试答辩、案件评查和考核考察等多道程序后，17 名中级和基层法院的法官被遴选到高院工作。这 17 人平均年龄 34.1 岁，学历均为大学以上，其中博士 1 人，硕士 10 人[②]。

（2）河南高院从下级法院遴选法官。2005 年 12 月，河南省高级人民法院举行遴选法官笔试考试，这是该院首次从下级法院遴选法官。河南高院这次从下级法院遴选的法官共 12 人，其中从事刑事审判法官 6 人，从事民商事审判法官 2 人，从事行政审判法官 2 人，其他 2 人。经过全省中级法院推荐，共有 56 名中级法院和基层法院的法官符合报名条件。被遴选上的法官，经过 1 年的试用期后，经考核合格的，办理调动手续[③]。

（3）重庆高院遴选法官上岗。2005 年 12 月，重庆市高级人民法院 9

①　郭春雨：《长春中院：法官助理成为单独职位序列》，《人民法院报》2005 年 10 月 6 日。

②　鲍雷、刘玉民：《北京高院从基层遴选法官》，《人民法院报》2005 年 11 月 3 日。

③　陈海发、冀天福：《河南高院从下级法院遴选法官》，《人民法院报》2005 年 12 月 21 日。

名遴选法官正式走上了该院的审判岗位。这是该院 2002 年以来第二次从中级和基层法院遴选法官充实高院法官队伍①。

### （四）法官考评

考察《人民法院报》的新闻报道发现，在 2005 年，法官的各类考评不断，形式多样。全国性的考评主要有：2005 年 11 月，最高人民法院作出决定，授予黑龙江省宁安市人民法院东京城人民法庭一名审判员"全国模范法官"荣誉称号，并号召全国各级人民法院广大法官及其他工作人员都要向她学习②；2005 年底，由最高人民法院、《人民日报》、中央电视台、《法制日报》联合举办的"2005 中国法官十杰评选活动"启动；2005 年 11 月 12 日，为检验"规范司法行为，促进司法公正"专项整改成果，增强法院工作人员审判技能和工作能力，全国法官进行统一闭卷考试③。

此外，地方性的考评则不胜枚举，仅以有关报道的标题举几个例子：《定南考核庭审质量》《山西培训考核全面展开》《济南重视专项培训考试》《北京法院举行专项整改培训统一考试》《四川万名法官参加专项培训考试》《郑州中院二百余名法官大考》《东至法院当月考核当月奖惩》《秦皇岛中院"细节考核"提升司法能力》《兖州建立法官双向考核台账》等等。这些考评涉及各种各样的名目，有些名目的考核，如献爱心、调解率、改判率等等，相对法官的工作性质来说，或许并不适宜。

### （五）《法官行为规范（试行）》

为推动全国法院专项整改活动继续向纵深发展，建立规范法官行为的长效机制，规范和引导法官公正、高效、廉洁、文明司法，针对法官行为中存在的突出问题，最高人民法院制定了《法官行为规范（试行）》，这是一部系统、具体规范法官司法审判和业外活动行为的指导性文件。

---

① 谢晓曦：《重庆高院遴选法官上岗》，《人民法院报》2005 年 12 月 21 日。
② 陈永辉：《最高人民法院授予金桂兰"全国模范法官"荣誉称号》，《人民法院报》2005 年 11 月 10 日。
③ 《全国法官昨日统一大考》，《人民法院报》2005 年 11 月 13 日。

该规范共 9 章 93 条。第一章是"一般规定",主要规定了法官行为中涉及公正司法、职业道德、司法廉洁、审判效率以及着装仪表等带有共性的问题,从基本要求层面作了规范。第二章到第七章按照法院基本工作流程,依次提出了"立案、庭审、调解、文书制作、执行、涉诉信访处理"等司法活动环节法官应当遵循的行为规范,第八章是"业外活动",第九章是"附则"。规范的内容全面系统,基本上涵盖了法官在司法审判和业外活动行为的各个方面、各个环节。

### (六) 西部地区法官短缺

在西部地区,尤其是西部地区的基层法院,存在严重的法官流失和法官断层问题。2005 年 3 月两会期间,来自西部地区的全国人大代表描述了各自所在地区的这一问题。

陕西省高级人民法院院长赵郭海代表说,陕西省通过国家司法考试的人很少,且愿意选择比法官、检察官收入高两三倍的律师等职业。而在法院、检察院内部通过司法考试的,也以年均 200 人的速度流失到其他部门或沿海地区。走得多来得少,造成基层司法系统法律人才青黄不接。1999~2004 年,陕西省法院能够任命的法官人数总共不到 300 人,绝大多数基层法院形成无人可以任命的窘迫局面。全省有十余个基层法院没有一名大学本科生。

贵州省高级人民法院负责人说,算上不久前有关部门又给基层法院新增的 400 多名编制,目前,全省缺法官 1000 多名,基本上都缺在基层。

来自青海省的一位代表说,青南地区连续 3 年无一人通过司法考试,16 个基层法院中,法官人数在 20 人以上的有 3 个;10~19 人的有 3 个;6~9 人的有 6 个。其他 4 个法院的法官人数在 5 人以下,连发回重审的案件都无法审理。就这样,每年还有近 20% 的法官在流失或退休。

内蒙古神华集团工会负责人说,乌海市有的法院每个人的办案经费只有 5 角钱,一个法庭只有 3 个人,每个人都请不了假,否则,要开庭,只能从其他法庭借法官。

这个问题在中部地区甚至沿海发达地区的基层法院也同样存在,只不过程度没有这么严重而已。河北省唐山市委负责人说,唐山市法官、检察官队伍青黄不接，有的法院甚至开不了庭①。

对于导致这种情况的原因，全国人大代表、广西玉林中级法院负责人曾分析说："现在有三种情况给欠发达地区的法院带来了问题：高素质的人进不来、低素质的人出不去、能力强的人留不住，审判工作已经受到严重影响。"在西部地区，法院出现了"三动"现象——通过司法考试的审判骨干向发达地区流动、向高收入低风险职业流动、向提拔快的行政单位流动。法院的待遇低、晋升难、风险高，符合条件的大学生不愿到"穷乡僻壤"去。在广西玉林中级法院，近两年也出现了"三动"现象，两年内走了5位法官②。

导致这种现象更深层的原因，在于西部地区基层法院的物质条件不能保障。《南方周末》曾经有两篇报道，描述了中西部经济落后地区法院的建设困境。一篇题为《西藏：基层法官的现实生存》，提到"西藏现有73个基层法院，目前已有30余个有了像样的法庭，但距离每个县法院都有一个'像样'法庭的目标，任务完成尚未过半"③。另一篇题为《"法官荒"何解?》，记者在湖南调查了解到，湘西州和怀化市一带流行"排骨工资"和"裸体工资"的说法。所谓"排骨工资"，是指国家规定的公务员工资组成的四大项：基础工资、职务工资、工龄工资以及行政级别工资，除此4项"干工资"外，其余一概没有。在前些年，许多地区即便"排骨工资"也不能逐月发放，而且一些地方只发放70%~80%。所谓"裸体工资"，是指本应由财政发放的诸如"菜篮子"补贴及国家政策允许由单位发放的奖金和补贴，由于财力困难而不能发放，只发放"干工资"。在湘西自治州，许多法院是没有审案津贴的。因为连"裸体工资"都不能拿到手，一些法官想方设法调入政府部门④。

中央和地方也曾积极想办法克服这一问题。比如：中央通过财政专项补贴贫困地区法院的基础建设；放宽贫困地区司法考试的报名条件和降低通过分数线；改进省级统一招考，采取多种措施拓宽法官队伍的来源；严

---

① 马守敏：《谁到基层当法官》，《人民法院报》2005年3月13日。

② 孙文鹰：《重视法官的流失和断层》，《人民法院报》2005年3月14日。

③ 张立：《西藏：基层法官的现实生存》，《南方周末》2004年12月16日。

④ 何勇：《"法官荒"何解?》，《南方周末》2005年9月15日。

格执行国家规定的退休制度；加强基层人民法院法官的思想作风建设等等[①]。在地方，陕西高院要求，在法官未达到国家规定的退休年龄之前，一般不要安排提前离岗[②]。新疆喀什试行法院廉政建设保证金制度，设立法院廉政建设保证金，建立法官和其他工作人员"不必为"的奖励机制[③]，等等。这些措施是否能够有效解决西部地区法官短缺的问题，还需要进一步观察。

# 三　检察官

## （一）检察人才队伍建设规划

2004年9月，最高人民检察院发布了《2004～2008年全国检察人才队伍建设规划》，提出检察队伍建设和发展的基本目标和任务。根据该规划，检察人才队伍在近期的发展目标包括以下方面。

（1）提高检察人才队伍的学历层次。到2008年，全国检察人员中，大学专科以上学历的人数达到19万人，平均达到90%。其中，大学本科学历的人数达到12万人，平均达到60%；研究生学历的人数达到5000人，平均达到2.4%。东部地区省级和经济较发达的地、县级检察院的人员学历比例应高于全国平均水平，西部地区和其他经济欠发达地区的检察院低于全国平均水平。省级以上检察院要有一定数量的法学专业博士，地级检察院要有一定数量的法学专业硕士。

（2）提高检察人才队伍的法律专业比例。到2008年，东部地区省级和经济较发达的地、县级检察院的检察业务部门法律专业人才比例达到80%以上；西部地区和其他经济欠发达地区的检察院力争达到60%

---

① 参见中共中央组织部、中央机构编制委员会办公室、最高人民法院、最高人民检察院2006年3月颁发的《关于缓解西部及贫困地区基层人民法院、人民检察院法官、检察官短缺问题的意见》。

② 朱云峰、谭晓峰：《采取有效措施吸引优秀人才　陕西着力解决法官断层问题》，《人民法院报》2005年5月31日。

③ 王书林：《喀什地委提高法官待遇　创造留人环境　着力解决一线法官断层问题》，《人民法院报》2006年1月13日。

左右。

（3）积极推行检察人员分类管理改革。按照检察机关的职能需要和各类人员的岗位特点，将检察人员分为检察官、检察事务官（检察官助理）和检察行政人员。要依据工作职能、职责权限，合理设置和划分各类人员职位和职务层次，实行规范化管理。要科学确定各类人员的员额比例，一般情况下，检察官、检察事务官（检察官助理）和检察行政人员分别占人员总数的30%、40%和30%左右。

（4）采取有力措施，积极抓好西部地区检察人才队伍建设。这些措施包括：合理调配使用现有检察官队伍资源，改进编制管理办法和招录方式，加大对口支援力度，与团中央联合实施大学生青年志愿者服务西部计划，公开选拔西部地区基层检察院副检察长人选。

## （二）解决西部地区检察干部短缺问题

和法官、律师的情形一样，甚至更为严峻的一个问题是，在西部地区，检察干部的缺编现象十分严重。比如说，在贵州省，检察队伍现已空编近千人，检察官面临"断档"之忧[1]。在西藏林芝地区，各级检察院现有干警115人，其中检察官共有50人，占总人数的44%，而50名检察官中，真正从事检察业务的检察官仅有21人，占总数的18%，如米林县检察院、墨脱县检察院，除院领导外，没有一名检察官，人才断层问题严重制约着检察工作的开展[2]。而造成这种缺编现象的根本原因，在于西部地区经济发展落后，财政拨付的经费有限，检察干部的物质待遇没有保障。

针对这种情况，有关部门积极谋求解决办法。最为显著的措施是中共中央组织部、中央机构编制委员会办公室、最高人民法院、最高人民检察院于2006年3月联合颁发的《关于缓解西部及贫困地区基层人民法院、人民检察院法官、检察官短缺问题的意见》。该意见提出了如下具体措施。

---

[1] 周以明：《贵州检察队伍空编近千人 全国人大代表深表关注》，《检察日报》2005年12月31日。
[2] 罗祝生、傅伟、胥鑫：《林芝：为什么从事业务的检察官仅占18%？》，《检察日报》2005年7月4日。

（1）稳定现有法官、检察官队伍，进一步挖掘潜力，充分发挥他们的作用。这需要注意如下四点：一是要把承办案件情况作为基层人民检察院检察业务人员考核评价的重要内容之一；二是要尽量减少非检察业务人员；三是严格执行国家规定的退休制度，不能要求未达到退休年龄的检察官提前退休，必要时，可以组织身体健康的退休检察官到办案力量薄弱的基层检察院填补力量；四是认真抓好培训工作，省级人民检察院要根据本地的实际情况，采取切实措施，加大培训力度，提高司法考试通过率，为解决检察官来源短缺问题创造条件。

（2）建立人才对口支援机制，以适当方式合理调配办案力量。对口支援包括上级检察机关要加强对下级检察机关的人才支持，坚持面向西部、面向基层下派干部挂职锻炼；最高人民检察院以及东部发达地区人民检察院要进一步加大接收西部及贫困地区特别是少数民族地区检察官挂职锻炼的力度。

（3）坚持和改进省级统一招考制度，严格按照编制和规定的条件补充检察业务人员。要进一步拓宽西部及贫困地区基层人民检察院检察官的选拔渠道。进一步做好选调生工作，充实检察官后备人才，每年有计划地选调一批优秀应届高等院校法律专业毕业生，安排到基层工作。积极组织开展"西部基层人民法院、人民检察院志愿服务行动"活动。把志愿服务与人才引进结合起来，鼓励、吸引高等院校法律专业毕业生扎根西部，服务基层，建功立业。对参加"西部基层人民法院、人民检察院志愿服务行动"的志愿者，特别是期满志愿留在西部地区基层院工作的，应制定优惠政策鼓励他们留下工作。

（4）进一步加强基层人民检察院检察官队伍的思想作风建设。要大力弘扬优良传统作风，宣传表彰扎根基层无私奉献的先进典型，善于运用身边的先进人物和先进事迹，引导教育广大法官、检察官牢固树立为人民服务的思想，切实转变作风，扎根西部，勤奋学习，努力工作，形成积极向上的氛围。

然而，正如《2004～2008年全国检察人才队伍建设规划》所言，西部地区检察干部短缺的根本原因在于经济和文化发展相对滞后，解决西部及贫困地区基层人民检察院检察官来源短缺的问题，是一项长期的系统工程。从根本上解决这个问题，有赖于这些地区经济、文化和教育事业的全面发展，缩小与东、中部地区的差距。也正是基于这一点，上述措施的效果是有限的，能在一定程度上缓解这一问题，但是不能从根本上解决。

（参见法治蓝皮书《中国法治发展报告 No.4（2006）》）

# 第二十五章　中国法律服务体制改革调研报告

**摘　要**：中国法律服务业发展较为滞后，发展速度低于经济增长的平均水平，法律服务管理体制存在一些亟待改革的问题。本文回顾了包括律师制度、公证制度、法律援助制度、司法鉴定制度、人民调解制度和基层法律服务制度等在内的法律服务体制改革，以期促进法律服务管理体制和工作机制的完善。

中国司法行政机关管理的法律服务①包括律师、公证、法律援助、基层法律服务、司法鉴定、人民调解。其中，律师是提供法律服务的主体力量②。中国法律服务业发展较为滞后，发展速度低于经济增长的平均水平，法律服务管理体制存在一些亟待改革的问题③。近年来，中国法律服

---

① 法律服务是一种提供法律事务性帮助和具有法律意义服务的活动，既具有现代服务业市场化、商业化的一般特征，又是一个包括法律咨询和出庭以及有关行使司法权力的行为的概念，具有司法专属性、法律职业性等自身特点。按照世界贸易组织（WTO）的《服务贸易总协定》的规定，法律服务特指由律师所提供的服务，属于商业服务的范畴，而不包括"行使政府职权时提供的服务"。法律服务水平是衡量一国法治发达程度的重要标志。法治发达国家必须有成熟、完善和发达的法律服务业。

② 关于法律服务的概念与内涵，详情参见董开军主编《司法行政学》之"导论"，中国民主法制出版社，2007。

③ 受行政管理体制影响，中国法律服务管理体制是典型的分散管理、多头管理模式。例如，国务院赋予司法行政机关对法律服务的管理职能，但法律服务机构甚至法律服务执业资格分别由不同的政府部门负责审批，司法行政部门实际上难以对现有的法律服务实行统一的资格认定和执业准入。这种模式是中国法律服务业尚处于初级发展阶段的客观反映，一方面造成政府相关管理部门对法律服务监管不力、管理不到位；另一方面普遍存在因管理体制不顺，造成管理力量薄弱，缺乏统一的管理政策，市场准入机制不健全，管理权力过于分散，缺乏宏观管理经验，大量的法律服务组织处于管理之外等弊端。

务体制包括律师制度、公证制度、法律援助制度、司法鉴定制度、人民调解制度和基层法律服务制度等都进行了一系列改革，促进了法律服务管理体制和工作机制的完善。

# 一　中国律师制度改革

按照中共十六大提出的"拓展和规范法律服务"的精神，《中央司法体制改革领导小组关于司法体制和工作机制改革的初步意见》（以下简称《初步意见》）提出要改革和完善律师制度，包括改革和完善律师的组织结构和组织形式，建立适应中国特色社会主义的律师制度；完善律师行政管理与行业自律相结合的法律制度，加强有效管理，严格执业资格审查，规范执业行为，改善执业环境，保障执业权利；建立健全监督约束机制，严格执业纪律，惩治违法行为；加强律师行业基层党组织建设，提高律师队伍的政治业务素质和职业道德素质，坚持服务为民，维护司法公正。

围绕上述目标，我国具体进行了以下改革。一是完善律师的组织结构和组织形式。推进公职律师、公司律师的试点工作，进一步扩大试点范围。截至 2007 年 6 月底，6 个中央单位和全国 29 个省（自治区、直辖市）的 924 个政府机关开展了公职律师试点工作，批准公职律师 2538 人，26 个省（自治区、直辖市）在 240 家企业开展了公司律师试点，批准公司律师 1166 人。总结个人开业律师事务所的经验做法，逐步推开个人律师事务所试点工作。二是加强律师队伍建设。2005 年召开了全国律师队伍建设工作会议，2006 年在律师队伍中深入开展社会主义法治理念教育，2007 年组织开展法律服务主题实践活动，推动律师诚信档案建设，完善对律师违法违纪行为的惩戒制度等。三是加强律师制度法制建设。新修订的《律师法》已经通过，并于 2008 年 6 月 1 日正式实施。有关部门还制定了《关于加强法律工作者违法违纪行为投诉查处工作的意见》《关于在刑事诉讼侦查阶段会见在押犯罪嫌疑人的有关规定》，组织开展了对律师、律师事务所的税收政策和征管情况的调研。四是推进并初步完成了律师收费制度改革。2006 年 4 月，司法部与国家发展改革委共同下发了《律师服务收费管理办法》，15 个省（自治区、直辖市）分别出台了律师服务收费管理办法和标准。

通过改革，律师组织形式和组织结构进一步完善，公职律师、公司律师的试点工作取得一定进展。截至 2007 年 3 月，中国执业律师有 13 万多人，律师事务所有 12428 家，每年受理诉讼案件达 170 多万件，出现了一批专门或主要从事证券、金融、房地产等业务的律师事务所。全国有 430 名律师担任各级人大代表，1226 名律师担任各级政协委员。

## 二　中国公证制度改革

改革开放以来，中国公证工作快速发展。但是，相关制度性建设却相对迟缓。这突出表现在，公证工作立法滞后，体制不合理。现行《公证法》出台前，公证工作的主要法律依据是国务院于 1982 年颁布实施的《公证暂行条例》。但是，根据现有法律的规定，公证法律服务的作用还未得到充分发挥，公证机构无序发展和不正当竞争严重的现象在一些地区较为普遍，公证制度的社会公信力受到社会各界的严重质疑。最近几年，频繁出现诸如武汉体彩作弊案、西安"宝马案"和开封"撬门公证案"等事件，严重影响了公证活动及公证机构的社会形象。2005 年 2 月，十届全国人大常委会第十七次会议审议通过了《公证法》，至此，新中国有了第一部公证法典。《公证法》与《公证暂行条例》相比，在公证的性质、公证机构的性质及组织形式、公证机构的设置、公证业务的受理、公证机构的法律责任、公证员的任免和执业保障、公证效力、公证程序、公证协会等方面都有发展变化，反映了中国对公证基本规律认识的进步。《公证法》的颁布实施标志着公证工作进一步实现了有法可依，为中国公证事业的发展奠定了坚实的法制基础。

中国公证制度的改革以《公证法》的实施为重点，按照《公证法》的规定重新谋划中国公证制度，积极构建新的公证制度架构和管理体制。司法部根据《公证法》的规定，提出了依法推进公证组织建设、业务建设、制度建设和队伍建设的总体改革思路，确定了"合法有序、积极稳妥、循序渐进和便民利民"的改革原则。为贯彻实施《公证法》，司法部制定或修订了《公证机构执业管理办法》《公证员执业管理办法》《公程序规则》《公证机构年度考核办法》等规章和规范性文件，对公证机构、人员和业务管理等公证工作的基本方面进行了规范。中国公证协会出台了《公证复查争议投诉处理办法》等行业规范。各地司法行政机关和公证协会组织力量对地方性公证法规、规章和规范性文件进行了修订。

通过改革，以《公证法》为核心的中国公证法律制度体系基本形成，公证工作做到了有法可依、有章可循。公证机构建设和组织工作体系得到加强。司法部所属的长安公证处在《公证法》实施前整体移交北京市政府管理。截至 2006 年底，全国共有公证处 3042 家，公证员 11800 人，助理公证员和行政人员约 8000 人。其中，2700 多家公证处设在县（市、区）。已有 23 个省区司法厅直属公证机构以及 4 个直辖市和 8 个省的设区市公证机构完成设置调整方案核定工作，并按照《公证法》规定，对公证机构业务、质量、财务、资产等各项管理制度进行了调整。公证队伍的综合素质得到提高，办证质量明显提高。结合学习贯彻《公证法》，全国公证机关集中开展了公证岗位培训活动，举行了首次全国公证员岗位培训统一考试，开展了全国公证行业文明公证处和优秀公证员评选活动，这些活动的开展促进了公证队伍自我教育和争先创优良好风气的形成。

## 三　中国法律援助制度改革

法律援助是指由政府设立的机构组织专门人员和社会志愿人员，为符合条件、经济上存在困难的公民或特殊案件的诉讼当事人提供无偿的法律帮助，以保障其合法权益得以实现的一项法律救助制度。在现代社会，法律援助制度是广义的社会保障制度的重要组成部分，体现了法律面前人人平等。目前，世界上已有 140 多个国家实行法律援助制度。中国的法律援助起步较晚，但发展迅速。在中国，法律援助是 1994 年才被正式提出的。1995 年底，中国第一个政府法律援助机构——广州市法律援助中心成立。1996 年 3 月新修订的《刑事诉讼法》第 34 条对刑事法律援助作出原则性规定，第一次以立法形式规定了刑事法律援助的基本内容。1996 年 5 月颁布的《律师法》第六章对法律援助作出专章规定，明确了有中国特色的法律援助制度的主要原则和基本框架。从 1997 年初开始，法律援助工作在全国范围逐步推开。2003 年国务院颁布了《法律援助条例》，明确规定法律援助是政府的责任，标志着有中国特色法律援助制度的基本形成。

2004 年底，《初步意见》明确提出要加大法律援助工作力度。按照上述目标，司法行政机关重点推进了以下改革工作。一是严格按照《法律援助条例》的规定，建立健全法律援助机构和组织工作体系。截至 2006 年底，全国由各级政府建立的法律援助机构达 3155 个。二是法律援助经费投入不断加大，办案经费得到了一定程度的保障。按照《法律援助条例》的规定，法律援助是政府的责任。为此，中国各级政府近年来持续加大对法律援助的财政投入，为法律援助工作提供了有力的经费支持。2005 年度全国财政拨款达 3.1 亿元。中央财政和部分省级财政对贫困地区法律援助的转移支付制度已经建立。2005 年、2006 年中央财政连续两年拨付 5000 万元专项资金支持贫困地区开展法律援助工作。三是围绕制定和实施法律援助标准进行了改革。法律援助工作最基础的就是要明确"三项标准"，即公民经济困难标准、法律援助办案补贴标准和法律援助事项补充范围。截至 2007 年 7 月，全国共有 31 个省（自治区、直辖市）制定了法律援助办案补贴标准，28 个省（自治区、直辖市）制定了公民经济困难标准，26 个省（自治区、直辖市）制定了法律援助事项补充范围。四是推进法律援助制度化、规范化建设。司法部与中央有关政法部门联合颁布实施了《关于刑事诉讼法律援助工作的规定》《关于民事诉讼法律援助工作的规定》《关于进一步加强特殊群体法律援助工作的意见》和《法律援助服务标准和评估办法》等规章制度。

通过改革，中国法律援助机构不断健全，初步建立了从中央到地方的各级法律援助工作体系，基本形成了法律援助的制度框架。法律援助经费有了保障，截至 2006 年底，全国共有 2507 个法律援助机构的业务经费纳入当地政府财政预算，全国已有 15 个省（自治区、直辖市）设立法律援助专项资金。法律援助办案量逐年递增，工作规范化程度明显提高。2006 年，全国各级法律援助机构共组织办理 318514 件法律援助案件，比 2005 年增加 256%，接受法律援助咨询 3193801 人次，比 2005 年增加 19.9%，分别是 2002 年的 2.3 倍和 1.9 倍。各地法律援助机构共为 125290 名农民工提供了诉讼法律援助服务，比 2005 年增加 65%。

# 四 中国司法鉴定管理体制改革

司法鉴定是指，在诉讼活动中，鉴定人运用科学技术或者专门知识对诉讼涉及的专门性问题进行鉴别和判定并提供负责任的鉴定意见的活动。中国现在所使用的"司法鉴定"概念，区别于一般的行业鉴定，强调在诉讼过程中，为诉讼活动提供鉴定服务，属于专家证人证言。因此，司法鉴定具有专业性、科学性、中立性等特征。现代意义上的司法鉴定制度，在西方国家是18世纪到19世纪末出现的，在中国则是从20世纪初才开始出现的。新中国成立以来，司法鉴定工作因无统一的主管部门而长期处于部门设立、分散管理的状态，没有建立从中央到地方统一的司法鉴定管理体制。鉴定机构重复设置，鉴定人员素质参差不齐，且缺乏明确的鉴定程序和技术标准，这导致案件多头鉴定、重复鉴定、违规鉴定，有的甚至是"自侦自鉴""自检自鉴""自审自鉴"，严重影响司法鉴定的质量和信誉。

司法鉴定管理方面存在的诸多问题促进了司法鉴定制度改革。事实上，早在1998年《国务院办公厅关于印发司法部职能配置内设机构和人员编制规定的通知》就明确规定，司法部负责指导面向社会服务的司法鉴定工作。《初步意见》明确提出，要建立统一的司法鉴定管理体制；根据侦查工作需要，公安机关、国家安全机关、检察机关可以保留必要的司法鉴定机构，为侦查工作提供鉴定服务，但不得向社会提供鉴定服务；人民法院、司法行政机关不再保留司法鉴定机构。面向社会服务的司法鉴定机构，实行行政管理和行业管理相结合的制度。2005年2月第十届全国人民代表大会常务委员会第十四次会议通过的《全国人大常委会关于司法鉴定管理问题的决定》规定了司法鉴定管理体制的基本框架。司法部为推进司法鉴定管理制度改革所采取的主要措施包括：一是明确司法鉴定管理体制改革总体要求，即要把法医类、物证类和声像类等"三大类"鉴定事项的管理作为这一轮司法鉴定管理体制改革的重点；二是加强了司法鉴定管理的配套规章制度建设，先后制定修改了《司法鉴定机构登记管理办法》《司法鉴定程序通则》等一批配套规章或规范性文件，各司法厅（局）相继出台了 140 多项规章制度，及时规范管理工作和鉴定执业活动，司法鉴定工作无章可循的局面已初步得到改变；三是司法鉴定管理机构初步健全，司法部和各司法厅（局）逐步成立了相应的司法鉴定管理机构，各地司法行政机关按照司法部的统一部署，按时完成了司法鉴定脱钩转制、体制调整等任务，确保了改革工作在司法行政系统率先落实到位；四是加强司法鉴定人和司法鉴定管理队伍的管理，从《全国人大常委会关于司法鉴定管理问题的决定》实施以来，各级司法行政机关已经培训司法鉴定人 2.2 万人次，司法鉴定管理干部和鉴定人基本轮训了一遍。

通过改革，司法鉴定管理机构逐步建立健全，司法部成立了司法鉴定管理局，明确了司法行政机关对法医类鉴定、物证类鉴定、声像资料鉴定三大类司法鉴定活动的监督管理职能。全国已有 11 个省（自治区、直辖市）设立了司法鉴定管理处，有 10 个省（自治区、直辖市）成立了司法鉴定协会。制定颁布了一批配套规章或规范性文件，初步建立了司法鉴定管理工作的制度基础，基本实现了司法鉴定管理工作有章可循。目前，全国已有 11 个省（自治区、直辖市）颁布了司法鉴定法规，10 个省（自治区、直辖市）制定了司法鉴定收费办法，10 多个省（自治区、直辖市）制定了加强司法鉴定管理工作的意见。"三大类"司法鉴定逐步纳入统一管理，各项管理制度不断完善，执业活动不断规范，鉴定秩序明显改善。根据 2005 年底和 2006 年 10 月的两次统计，"三大类"司法鉴定机构从 1385 家发展到 1819 家，司法鉴定人从 1.77 万人发展到 2.34 万人，鉴定案件量从 26.6 万件增加到 31.9 万件，初步实现了司法鉴定统一管理的改革目标。

## 五　中国人民调解改革

人民调解是指，在人民调解委员会的主持下，在民事纠纷当事人自愿的基础上，以国家的法律、法规、规章、政策和社会公德为依据，通过说服教育、规劝疏导，促使各方当事人平等协商、互谅互让，达成调解协议，消除纷争的活动。新中国的人民调解制度是依据 1954 年《人民调解委员会暂行组织通则》确立的。《城市居民委员会组织法》《人民调解委员会组织条例》以及最高人民法院《关于审理涉及人民调解协议的民事案件的若干规定》和司法部《人民调解工作若干规定》为人民调解制度的发展提供了依据，创造了条件。人民调解工作遵循依法、自愿平等、尊重当事人诉讼权利三项基本原则，具有成本低、效率高、解决矛盾彻底等特点，具有在非诉讼领域预防化解矛盾纠纷、防止矛盾激化的独特优势，是维护社会和谐稳定的"第一道防线"。

对人民调解工作的指导和管理职能是由司法行政机关行使的，其日常工作由乡镇、街道司法所（科）负责，具体包括：调解民间纠纷，防止矛盾激化，承担法制宣传工作，参与依法治村、群防群治，为农村的发展和稳定提供法律服务等。截至 2006 年底，全国有各类人民调解委员会853292 个，调解员达 514 万，基本形成了镇（街）调委会—村（居）调委会—调解小组的三级调解网络。各级各类人民调解组织和人民调解员，作为政府联系群众的桥梁和纽带，具有协助政府化解社会矛盾，增进人民内部团结的重要作用，是维持中国基层社会稳定局面的防护网和减压阀。

近年来，随着构建社会主义和谐社会目标的提出，人民调解工作越来越受到人们的关注。特别是中国近年来提出要大力推进建设人民调解、行政调解、司法调解相互有机结合的大调解工作体系，人民调解在其中发挥着基础性作用。这也就是要以人民调解为基础，充分发挥行政调解和司法调解的作用，形成三种调解手段相互衔接配合的调解工作体系，尽量少一些"对簿公堂"，多一些调解疏导，融法、理、情为一体，化解矛盾，促进和谐。2007 年 7 月，最高人民法院和司法部共同召开了全国人民调解工作会议，提出要重点加强人民调解的组织建设和队伍建设，建立健全矛盾排查调处机制，赋予人民调解协议效力，解决人民调解工作经费，推进人民调解立法等一系列政策措施，并要着力构建以人民调解为基础，人民调解、行政调解和司法调解相互衔接、相互补充的工作体系，综合运用法律、政策、经济、行政等手段和教育、协商、疏导等办法化解社会矛盾，把矛盾纠纷化解在基层、解决在萌芽状态。

## 六　中国基层法律服务制度改革

基层法律服务是指，由乡镇的基层法律服务所、城市街道的基层法律服务所、农村集贸市场和一些行政村等特定区域的基层法律服务所的法律服务工作者向广大群众和基层社会提供一定范围的法律服务活动。基层法律服务制度是基于中国国情和社会需要而逐步形成发展起来的法律服务制度，对律师制度起到了补充作用，是中国法律服务体系的重要组成部分。

中国基层法律服务所最早于 1980 年底出现在广东、福建、辽宁等地，主要是面向广大农民群众，开展协调生产经营性纠纷，代书、解答法律咨询等简单的法律服务工作。基层法律服务的对象特殊、服务的范围特殊、服务的方式特殊，在满足中西部地区特别是一些贫困地区基层老百姓的法律服务需求方面发挥了不可替代的作用。截至 2007 年 7 月，全国基层法律服务机构有 21835 个，乡镇法律服务所有 15241 个，城市街道法律服务所有 4687 个，全国有 10447 个基层法律服务所与司法所合署办公，8419 个基层法律服务所独立办公。基层法律服务工作者有 77408 人，其中，19622 人具有法律职业资格。仅 2007 年上半年，全国基层法律服务工作共办理民事诉讼事务 38 万多件，办理非诉讼事务 30 万件，调解纠纷 38 万件，解答法律咨询近 254 万人次，办理法律援助事务近 52 万件，办理农民工法律服务事项 14 万件，处理家庭邻里纠纷 16 万件，参与基层司法行政工作近 15 万件。

改革基层法律服务制度主要是明确其法律地位，解决基层法律服务的性质和定位问题，促进基层法律服务工作的规范化，真正发挥制度价值。基层法律服务制度的制度依据是 1990 年颁布的《乡镇法律服务所财务管理办法》、1991 年颁布的《乡镇法律服务所业务工作细则》和《乡镇法律服务所业务档案管理办法》，以及 1997 年司法部与原国家计委颁布的《乡镇法律服务收费管理办法》。此外，各省（自治区、直辖市）也制定了一大批有关基层法律服务工作的条例或者规章。随着《行政许可法》的实施，许多行政许可项目取消，2004 年司法部取消了对基层法律服务工作者执业资格认证和基层法律服务所设立核准的制度。因此，全国已连续四年没有组织考试，由于没有相应的补救制度，造成基层法律服务队伍只出不进，缺乏后备力量和补充力量，法律服务所和法律服务工作队伍逐渐萎缩，社区和乡镇的法律服务需求无法得到满足。目前，司法部和各级司法行政机关从构建中国特色社会主义司法行政制度的角度，明确提出基层法律服务是中国特色的一项司法制度，从机构建设、人员队伍等方面采取一些措施，以发挥这一制度在解决基层人民群众法律服务需求方面的作用。

（参见法治蓝皮书《中国法治发展报告 No.6（2008）》）

# 第二十六章 中国律师行业国际化发展报告

**摘 要**：近年来，中国律师行业发展的一个重要特征是日益增强的国际化趋势：中国全面落实了"入世"承诺，扩大了中国法律服务市场的对外开放，并通过和港澳地区更紧密经贸关系的安排以及中国（上海）自贸区的特殊政策，进一步扩大了法律服务市场的对外开放；国家有关方面开始重视和强调律师行业国际化，提出了律师行业国际化的任务和目标，并采取了一定的推进措施；在涉外百强律师事务所中，涉外业务人才数量占到33.9%，高端涉外业务人才数量占到15.0%；在国内法律服务市场，本地律师事务所和境外律师事务所在业务和人才方面展开了一定的合作和竞争；随着中国企业对外经贸活动的增加，中国律师事务所也纷纷采取各种措施"走出去"，将律师业务拓展到海外。

## 一 前言

自20世纪90年代初期以来，中国律师行业发展的一个重要特征是日益加强的国际化趋势。这种趋势不仅中国存在，也是世界范围内的一种显著潮流。自2001年加入世界贸易组织以后，中国律师行业的国际化以服务贸易总协定（General Agreement on Trade in Services，GATS）所界定的服务贸易形式存在，并受世界贸易组织成员方的法律服务贸易制度所调整和规范。

对于服务贸易的含义，GATS按照服务提供方式列举了四种类型，即境外消费、跨境交付、商业存在和自然人流动。将该定义适用于法律服务，则对应了四种方式：一是本国人到境外接受所在国律师提供的法律服务，即境外消费，如德国律师为来自中国的当事人提供有关德国法律的法律意见；二是从一国境内向另一成员方客户提供法律服务，即跨境交付，实践中主要限于递交相关法律文书事宜；三是允许境外律师事务所在本国境内设立办事机构、代表处或分支机构，在该成员方境内提供法律服务，即商业存在；四是允许境外律师个人到境内，在没有设立服务机构的情况下，从事一定范围内的法律业务，即自然人流动。对于上述四种方式，世界贸易组织各成员方根据国际贸易协定作出一定的开放承诺，并根据开放承诺制定相应的国内制度和政策。在此基础上，各国的律师或律师事务所对于跨境业务进行各种形式的合作与竞争。在这种合作与竞争中，涉及多层次、多方面的国际因素，如法律服务本身在客户身份、法律适用、服务活动地等方面具有国际因素，法律服务监管方与被监管方具有国际因素，法律服务的合作对象或竞争对手具有国际因素，等等。由于这些方面的国际因素越来越强，律师行业呈现国际化的趋势。

当前，中国律师行业国际化受到社会各界的广泛关注和重视。从事国际经济、政治、文化交往的组织和个人，希望有更多专业的、便利的律师或律师事务所为他们提供涉外法律服务。广大律师和律师事务所不仅体会到了律师行业国际化所带来的机遇和挑战，也积极参与和开拓涉外法律服务市场。国家、政府和律师协会看到了提升律师行业国际化的必要性和紧迫性，并且制定了相应的目标和任务。中共中央办公厅、国务院办公厅于2016年6月13日印发了《关于深化律师制度改革的意见》，提出要加强涉外法律服务工作，支持律师事务所设立境外分支机构，支持律师事务所承接跨国跨境业务，鼓励、支持中国律师参与国际民商事法律组织、仲裁机构活动并担任职务，到2020年，要建设一批规模大、实力强，具有国际竞争力和影响力的律师事务所。

为回应社会各界对律师行业国际化的关注，促进国家、政府、律师协会以及广大的律师事务所和律师对律师行业国际化加强了解，笔者通过实证调查、文献梳理、网络资料整理等方法，全面考察了中国律师行业国际化的现状，在此基础上完成了本报告。

# 二　中国<sup>①</sup>法律服务市场的开放情况

## （一）法律服务贸易制度的基本内容

在 20 世纪 90 年代，中国开始开放法律服务市场，允许外国律师事务所在中国设立代表机构。调整和规范该领域的规范性法律文件有 1992 年 2 月司法部发布的《关于律师事务所与外国律师事务所建立业务协作关系有关问题的通知》，同年 5 月司法部和国家工商行政管理总局联合发布的《关于外国律师事务所在我国境内设立办事处的暂行规定》，同年 5 月司法部颁布的《外国律师事务所办事处审批、管理工作操作规程》，同年 8 月司法部发布的《我国律师事务所在境外设立办事机构有关事宜的通知》，1995 年 2 月发布的《律师事务所在外国设立分支机构暂行管理办法》等。

加入世界贸易组织后，国务院发布了《外国律师事务所驻华代表机构管理条例》，司法部发布了《关于执行〈外国律师事务所驻华代表机构管理条例的规定〉》，两个法律文件落实了入世承诺，进一步扩大了法律服务市场的对外开放。在当前阶段，中国法律服务贸易制度的主要内容包括以下几个方面。

### 1. 执业组织

外国律师事务所可以设立驻华代表机构，从事法律服务活动。除此之外，中国禁止外国律师个人在华设立律师事务所，禁止外国的律师事务所、其他组织或者个人以咨询公司或其他名义在华从事法律服务活动。

### 2. 业务范围

外国律师事务所的代表机构及其代表可以从事下列活动：①向当事人提供其在有关国家获准从事律师执业业务的法律咨询，以及有关国际条约、国际惯例的咨询；②接受当事人或者中国律师事务所的委托，办理其

---

① “中国”包括中国大陆、台湾地区、香港和澳门地区，但因为台湾、香港和澳门属于独立的司法管辖区，为表述方便，除非特别注明涵盖其他三个司法管辖区，“中国”仅指中国大陆，而“涉外”“对外”“境外”等词语，在描述相应的法律制度中，有可能将上述司法管辖区域包括在内，这并不表明这些地区不属于中国。

律师在有关国家已获准从事律师执业业务的法律事务；③代表外国当事人，委托中国律师事务所办理中国法律事务；④通过订立合同与中国律师事务所保持长期的委托关系，凭此办理法律事务；⑤向当事人提供有关中国法律环境影响的信息。

但是，代表机构及其代表不能提供包括"中国法律事务"的服务。所谓"中国法律服务事务"，具体包括：①以律师名义在中国境内参与诉讼活动；②在合同、协议、章程或其他书面文件中，就适用中国法律的具体问题提供意见或证明；③就适用中国法律的行为或事件提供意见和证明；④在仲裁活动中，作为代理人就中国法律的适用发表代理意见；⑤代表当事人在中国行政机关或其他法律法规授权的、具有行政管理职能的组织办理登记、变更、申请、备案等手续。如涉及上述五类事务，需委托中国律师事务所为之，且受委托的中国律师事务所应具有相应资质。

**3. 执业规则**

代表机构及其代表在中国的活动应遵守下列规定：①应当遵守中国法律，恪守中国律师的职业道德和执业纪律，不得损害中国的国家安全和社会公共利益；②代表机构的代表每年在中国境内居留的时间不得少于6个月；③代表机构不得聘用中国执业律师，聘用的辅助人员不得面向当事人提供法律服务。

### （二）内地对港澳地区的法律服务贸易制度

2003年6月，内地与香港特别行政区签署了《内地与香港关于建立更紧密经贸关系的安排》（下文简称《香港安排》）；同年10月，内地与澳门特别行政区签署了《内地与澳门关于建立更紧密经贸关系的安排》（下文简称《澳门安排》），这两个文件在内地与香港、内地与澳门之间建立起了全面的经贸合作关系。这两个文件中都包括服务贸易自由化的措施，也即服务贸易的具体承诺内容，其中也包含了法律服务市场开放的具体承诺。

根据《香港安排》，内地法律服务市场向香港开放的主要内容包括①：

---

① 参见《内地与香港关于建立更紧密经贸关系的安排》附件4，表1"内地向香港开放服务贸易的具体承诺"法律服务部分。

①在内地设有代表机构的香港律师事务所（行）可以和内地律师事务所联营，但联营组织不能以合伙形式运作，联营组织中的香港律师不得办理内地法律事务；②内地律师事务所可以聘请香港法律执业者，但受聘的香港法律执业者不得办理内地法律事务；③允许已获得内地律师资格的 15 名香港律师在内地实习并执业，但只能从事非诉讼法律事务；④香港永久性居民中的中国公民可以按照《国家司法考试实施办法》参加内地统一司法考试，取得内地法律职业资格；⑤第 4 条所列人员取得内地法律职业资格后，可以按照《律师法》在内地律师事务所从事非诉讼法律事务；⑥香港律师事务所（行）设在深圳、广州的代表处的代表在内地无最少居留时间要求，设在其他城市的代表处的代表在内地每年最少居留时间为 2 个月。

根据《澳门安排》，内地向澳门地区开放法律服务贸易的内容除了《香港安排》附件 4 的 6 点内容外，还增加了第 7、8 点，即"对经培训合格的澳门律师，授予内地认可的公证人资格"，"允许澳门律师中的澳门永久性居民在内地依照内地有关法律、法规、规章规定的方式，办理澳门法律事务和该律师已获准从事律师执业业务的其他国家或地区的法律事务"①。第 7 点内地已经在 2002 年 2 月发布的司法部第 69 号令《中国委托公证人（香港）管理办法》中，对香港律师给予了相应的待遇，第 8 点内地在 GATS 具体承诺表中已经作出了安排。因此，内地给予香港和澳门地区法律服务贸易的待遇区别不大。

## （三）大陆对台湾的法律服务贸易制度

大陆法律服务市场对台湾地区的开放因受制于两岸关系的进展，一直滞后于香港和澳门特别行政区，但相较于其他 WTO 和 FTA 协议国和地区，大陆法律服务市场对台开放政策及开放范围仍然较为宽松。

根据国家的有关政策，福建省司法厅于 2010 年 9 月发布《关于印发台湾地区律师事务所在福州厦门设立代表机构试点工作实施办法的通

---

① 参见《内地与澳门关于建立更紧密经贸关系的安排》附件 4，表 1 "内地向澳门开放服务贸易的具体承诺"法律服务部分。

知》。根据该办法，台湾地区律师事务所符合一定的条件即可申请在福州、厦门设立代表处。代表处及其代表允许从事不包括大陆法律事务的下列法律服务活动：①向委托人提供台湾地区法律的咨询，提供已获准从事律师执业业务的其他国家、地区的法律的咨询，提供有关商事性条约及惯例的咨询；②接受委托人或者大陆律师事务所的委托，办理台湾地区法律事务；③代表台湾地区委托人，委托大陆律师事务所办理大陆法律事务；④与大陆律师事务所订立合同，建立长期的委托关系办理法律事务。

在获取大陆法律职业资格并在大陆从事律师执业问题上，台湾地区居民与香港、澳门特别行政区居民所享受的待遇基本相同。根据2009年1月1日实施的《取得国家法律职业资格的台湾居民在大陆从事律师职业管理办法》①，参加国家司法考试合格，取得大陆法律职业资格证书的台湾居民，在符合《律师法》规定的其他条件的情况下，可以依法在大陆申请律师执照。持有律师执照后，可以担任法律顾问，可以办理代理、咨询、代书等非诉讼法律事务，也可以在涉台婚姻、继承诉讼中担任诉讼代理人。除此之外，在申请程序、律师实习、执业规范和相关管理制度上与前述港澳政策基本相同。

### （四）上海自贸区内的特殊开放政策

2013年国务院批准设立了上海自贸区，并在上海自贸区范围内进一步扩大开放法律服务市场，致力于"探索密切中国律师事务所与外国（港澳台地区）律师事务所业务合作的方式和机制"②。2014年1月27日，司法部正式批复同意了《上海市司法局关于在中国（上海）自由贸易试验区探索密切中外律师事务所业务合作方式和机制试点工作方案》（以下简称《试点工作方案》）。上海市司法局随后制定了《中国（上海）自由贸易试验区中外律师事务所互派律师担任法律顾问的实施办法》《中国（上海）自由贸易试验区中外律师事务所联营的实施办法》，落实

---

① 参见《取得国家法律职业资格的台湾居民在大陆从事律师职业管理办法》，2008年12月12日司法部令第115号颁布，自2009年1月1日起施行。

② 参见《司法部关于同意在中国（上海）自由贸易试验区探索密切中外律师事务所业务合作方式和机制试点工作方案的批复》（司复〔2014〕3号）。

《试点工作方案》的内容。

　　根据司法部的批复和上海市司法局的实施办法，中国（上海）自由贸易试验区内试行两项律师业开放措施：一是允许在自贸区设立代表处的外国律师事务所与中国律师事务所以协议方式，相互派驻律师担任法律顾问，即由外国律师事务所向中国律师事务所派驻外国律师担任外国法律顾问，由中国律师事务所向外国律师事务所代表处派驻中国执业律师担任中国法律顾问，在各自执业范围、权限内以分工协作方式开展业务合作；二是允许外国律师事务所与中国律师事务所在上海自贸区内实行联营，即由已在中国设立代表处的外国律师事务所与中国律师事务所按照协议约定的权利和义务，在上海自贸区内实行联营，以分工协作方式，向中外客户分别提供涉及外国和中国法律适用的法律服务。联营期间，双方的名称、法律地位和财务保持独立，各自独立承担民事责任①。

## 三　涉外业务人才状况

### （一）涉外业务人才构成——基于涉外百强律师事务所的统计与分析

　　涉外业务的竞争，人才是非常关键的因素。根据涉外业务的特点，涉外业务人才需要多方面的特质。一是优良的外语水平。对于一件涉外业务，有可能客户是外籍人士，有可能有大量的外文材料，有可能需要在境外调查和交涉，甚至在境外开庭，而要完成这些工作，没有优良的外语水平是无法顺利完成的。二是境外的留学经历。留学经历一方面可以保证更好的外语水平；另一方面可以更加深入地了解和体会境外的经济、政治、文化和法律制度，熟悉境外的生活方式、地理和交通状况，甚至还可以利用留学经历建立的一定人脉关系。三是具有特定国家或地区的执业资格。执业资格最重要的作用是保证律师在特定国家或地区开展涉外业务的资质，此外，执业资格的授予往往需要严格的条件，所以，资格获得从侧面

---

①　参见《司法部关于同意在中国（上海）自由贸易试验区探索密切中外律师事务所业务合作方式和机制试点工作方案的批复》（司复〔2014〕3号）。

说明该律师对所在国家语言、文化、法律的了解与熟悉。四是具有境外从事法律实务工作的经历。有这种经历的律师熟悉所在国家或地区的法律制度，具有办理涉外法律事务的技能和经验，而对所在国家的语言的掌握、社会和文化的了解自然也不在话下。

笔者在2016年10月访问了84家涉外百强律师事务所①的官网，整理和汇总了这些律师事务所中所有中国籍合伙人律师的资料（见表1）。整理时主要区分如下情况：①是否除中文外，掌握一门外语作为工作语言；②是否办理涉外业务；③是否有境外（含香港）留学经历；④是否有境外国家/地区律师执业资格；⑤是否有境外法律实务工作经历；⑥当前正在境外执业或律师事务所的相关工作。84家涉外律师事务所共有中国籍合伙人律师6813人，其中，有3693人声称掌握至少一门外语作为工作语言，占54.2%；有2804人声称办理涉外业务，占41.2%；有1213人声称有境外（含香港）留学经历，占17.8%；有528人声称有境外国家/地区执业资格，占7.7%；有498人声称有境外法律实务工作经历，占7.3%；有90人声称当前的工作地点是境外某地区，或包括境外某地区，占1.3%。

对上述人员可进一步分类为涉外业务人才（声称"至少掌握一门外语"作为工作语言和声称"办理涉外业务"）和高端涉外业务人才（声称"至少掌握一门外语"作为工作语言且声称"办理涉外业务"并"有境外（含香港）留学经历"或"有境外国家/地区执业资格"或"有境外法律实务工作经历"或"当前正在境外执业或工作"）。按照上述分类的标准进行整理，在6813名中国籍合伙人中，共有涉外业务人才2309人，占33.9%；共有高端涉外人才1020人，占15.0%。这两组数据表明，中国涉外业务人才和高端涉外业务人才的绝对数量并不少，中国律师事务所的国际化发展已经达到一定水平。当然，和中国庞大的经济体量以及日益增长的涉外法律服务需求相比，涉外业务人才和高端涉外业务人才的数量尚不能完全满足社会经济发展的需求。

---

① 《中国涉外律师》编辑部依据官方相关数据并参考每年度的《中国律师年鉴》，推出"最具影响力中国涉外百强律师事务所"暨"向驻华商会、使馆、外向型机构推选的100位优秀涉外律师"，本文分析样本参考了该百强律师事务所目录。

**表 1　涉外百强律师事务所涉外人才统计**

| 网站声称 | 人数（人） | 所占比例（%） |
| --- | --- | --- |
| 至少掌握一门外语 | 3693 | 54.2 |
| 办理涉外业务 | 2804 | 41.2 |
| 有境外（含香港）留学经历 | 1213 | 17.8 |
| 有境外国家/地区执业资格 | 528 | 7.7 |
| 有境外法律实务工作经历 | 498 | 7.3 |
| 当前正在境外执业或工作 | 90 | 1.3 |
| 涉外业务人才 | 2309 | 33.9 |
| 高端涉外业务人才 | 1020 | 15.0 |
| 合伙人合计 | 6813 | 100.0 |

## （二）涉外业务人才培训

为适应律师行业国际化的形势发展，律师行业管理机构和部门适时推出了相应的培训项目，借以改善律师队伍的知识结构，促进涉外业务人才增长。

第一，中华全国律师协会涉外高素质律师领军人才培养规划。中华全国律师协会于 2012 年初制定了《第八届全国律协涉外高素质律师领军人才培养规划》，建立了全国涉外律师人才库，计划用 4 年时间培养 300 名具有国际眼光、精通涉外法律业务的高素质律师人才，为促进中外法律交流奠定涉外律师人才基础。该计划重点培养的业务领域分三部分：一是为了服务国有大中型企业实施"走出去"战略，培养 120 名左右精通国外投资、跨国企业并购、国际金融证券等业务领域的涉外律师人才；二是为了服务中国对外贸易发展，提高中国企业在国际上的竞争力，培养 150 名左右精通 WTO 规则，熟悉 WTO 争端解决机制，擅长反倾销、反补贴、知识产权保护等业务的涉外律师人才；三是为了服务中国总体国家利益和整体发展战略，培养 30 名左右精通国际能源与资源、海洋和空间权益等业务领域的涉外律师人才。培训计划将通过组织境内外集中培训、参观考察、举办高端论坛、建立涉外高素质律师领军人才库等形式实施。全国律师协会同时将建立人才的推荐机制，积极推荐人才库内的专家律师参与国际组织合作项目或到国际组织、区域组织担任职务，提升中国律师从事国际法律服务的能力和水平①。

第二，北京市律师协会涉外律师培训"扬帆"项目。北京市律师协会外事委员会于 2015 年制定了"扬帆"项目，计划在第十届律师协会履职期间，按照"百千万"的目标，培训涉外律师。"百千万"是数字标线，就是培养不同层次、不同数量的涉外律师。

（1）培养一百名涉外业务能力非常高深、非常高端的律师。这一百个人将来会成立一百家律师事务所，然后作为火种带动一批队伍来做涉外业务。按照项目规划，"这种培训国内一部分、国外一部分，国内部分也是全部由外国的律师来培训，真刀真枪全英文授课"。2016 年北京市律师协会与北京外国语大学法学院共同合作举办"亚投行律师业务培训班"，就是该计划的具体实施。

（2）培养大约一千名中层的、30 岁左右的涉外律师。按照项目规划，"每次培训都会分不同的主题，比方说国际金融、国际贸易、国际投资、涉外仲裁等等。2015 年上半年定的这个计划，下半年就实施了，下半年搞的第一场千人培训是涉外仲裁，千人培训等于是搞了两场了"。

（3）针对北京市两万多名律师全面培训涉外业务基础知识。"这个'万人培训'实际上是培训全部的律师，让他们掌握一些涉外礼仪，让他们知道一些这个涉外的文件要求，让他们改变一下遇事粗枝大叶、马大哈的那种不专业的形象。"②

第三，山东省百名应对国际贸易摩擦高端法律服务人才培训工程。自 2011 年开始，山东省司法厅与人力资源和社会保障厅、商务厅共同组织实施"百名应对国际贸易摩擦高端法律服务人才培训工程"，连续四年选派 75 名具有较高专业和外语水平的中青年律师业务骨干到美国、澳大利亚进行高端培训，该培训项目在国家外专局立项，省财政给予资金支持。

---

① 刘志军：《全国律协涉外律师"领军人才"规划启动 拟四年培养 300 名涉外律师人才》，http://www.acla.org.cn/html/xinwen/20130805/10518.html，最后访问日期：2016 年 12 月 18 日。

② 北京市律师协会"扬帆"项目的情况，源自对北京市律师协会外事委员会主任的访谈。

在国内集中培训基础上，选拔优秀律师赴国外专门培训机构和律师事务所进行培训和见习，重点学习了解世贸组织反倾销、反补贴等国际贸易救济相关理论知识，通过旁听听证、庭审，对特定案件代理进行观摩和参与等方式，收到了在国内培训无法达到的效果。每期培训结束后，都专门召开成果汇报会，并将律师撰写的论文汇编成册发到全省各律师事务所，使培训成果在更大范围共享。学成归来的律师有 3 名入选全国涉外律师领军人才库，2 名又经中华全国律师协会层层考核选拔赴德国汉堡中欧法学院参加培训。据不完全统计，受训律师回国后办理涉外案件 233 起，挽回经济损失约 1.37 亿元。2014 年 8 月，省司法厅联合省人力资源和社会保障厅选派 30 名优秀青年律师赴美国密苏里州立大学攻读工商管理硕士（MBA）学位，被列为山东省政府公派出国留学项目专项，进一步拓宽了涉外律师人才培养的渠道[1]。

## 四 国内涉外业务的竞争格局

随着贸易、金融和投资的全球化，外国律师事务所逐渐成为中国内地法律服务市场的参与主体。司法部 2016 年 9 月 16 日发布的第 166 号公告显示，共有 229 家外国律师事务所驻华代表机构（下文简称"外所代表处"）通过 2015 年度检验，获准在中国境内执业，按照相关规定提供境外法律服务。外所代表处进入中国内地后，和中国本地律师事务所形成了复杂而激烈的竞争关系。

### （一）业务重叠

中国相关法律规定，外所代表处可以向委托人提供法律服务，包括提供该外国律师事务所律师已获准执业的国家或者地区的法律的咨询，以及有关国际条约、国际惯例的咨询；向相关法律服务需求者提供有关中国法律环境影响的信息等业务。仅从制度层面上看，外所代表处和内地律师事务所在业务上没有或很少重叠，不会形成正面竞争。然而，很多外所代表

---

① 李华培：《加强涉外律师人才队伍建设的探索与思考》，《中国司法》2015 年第 6 期。

处实际从事着明显属于中国法律事务的非诉讼业务，如适用中国法律的合同文本的起草、解释，通过书面文件、电子邮件、口头等方式提供中国法律的解释、意见和咨询，直接参加适用中国法律的投资、兼并等项目的谈判，等等。此外，外所代表处还间接从事中国境内的诉讼和仲裁业务，有的外所代表处还实际控制诉讼活动的整个业务流程，如调查、取证、提供法律意见等，只在出庭这一环节不得不使用中国律师①。由于上述变通做法，外所代表处和本地律师事务所之间形成了事实上的业务重叠，同时也就形成事实上的竞争关系。

### （二）案源竞争

律师行业的竞争很大程度上是案源的竞争。在国内市场上，涉外业务的客户主要来自境外，对于这类客户的竞争，外所代表处具有很大的品牌优势。这是因为，一方面，境外人士由于语言、文化等方面的因素，和外所代表处更容易接触和沟通；另一方面，外国律师事务所由于成立时间长、规模大、分支机构多，因而有更强的品牌效应。所以，在境外客户竞争中，总体上外所代表处优势明显。

目前境外大型律师事务所在境外客户的竞争中仍有优势，近年来国内一大批知名律师事务所的涉外业务竞争力有了显著的提升。这些律师事务所在规模上已经不亚于境外知名律师事务所，在内部部门设置、团队合作、律师管理、质量控制、客户培养等方面也越来越接近境外大律师事务所，涉外业务专业人才数量不断增长，品牌维护力度不断加大，国外分所设置逐步增多，再加上内地律师事务所在关于中国法律的业务办理有资质上的便利和技术上的优势，已经可以直接从境外客户获得部分案源。

虽然外所代表处具有案源优势，但是由于制度限制，这些业务中关于中国法律的部分，外所代表处并没有资格办理。然而，案源是一种市场资源，而且在律师行业中，在很大程度上是一种决定性的资源，外资律师事

---

① 参见 2006 年 5 月上海市律师协会向司法部提交的《关于外国律师事务所驻华代表机构严重违规从事法律服务活动的报告》。

务所自然要将这种资源效益最大化。具体方法主要有四种类型。一是出资设立一个内地律师事务所，给所里的律师发工资，由所里的律师办理业务[①]。二是聘用中国的律师办理这些业务，律师实际工作机构是代表处，但是名义上挂靠在某个律师事务所保留律师执业资格。三是大量聘用中国内地律师办理这些业务，当需要提供法律意见书、出庭诉讼等服务必须具有中国执业律师资格时，再通过一定形式的合作关系，由中国律师签署或者出庭应诉。四是将业务转委托给中国律师事务所办理，这种委托又分为两种类型，一种是个别联系和委托中国律师事务所办理特定的业务；二是外所代表处和内地律师事务所通过建立相对稳定的委托关系，负责承办外所代表处的业务。从制度上说，只有第四种方法才是合规的。对于前面三种方法，虽然实质上违反了有关规定，但在形式上是否合法非常模糊，现实中很难规范。

## （三）人才竞争

在上文提到的前三种方法中，外所代表处实际是自己聘用中国律师来办理涉外业务，因此和中国内地律师事务所之间形成了事实上的人才竞争关系。在这种竞争中，双方各有优势和劣势。对外所代表处来说，优势之一是优厚而稳定的工资条件，专业人员无须为案源发愁；优势之二是为专业人员提供一个学习、提高办理涉外业务能力的机会。这种能力是多方面的，包括交流技巧、合作方式、工作机制、律师事务所管理、业务流程等方面。

当然，外所代表处在人才竞争方面也有劣势，这种劣势也是内地律师事务所的优势。具体言之，根据法律规定，作为代表处的聘用人员，不能保留律师资格，不能实现那些怀抱法律理想人士的"律师梦"。对于那些有着较强的业务能力和较大的事业抱负的佼佼者来说，没有执业律师资格就没有晋升合伙人的前景，这是不能接受的。

因为优势和劣势互存，所以事实上外所代表处和内地律师事务所在人才方面流动是双向的：对于那些有较强的业务办理能力但是缺乏案源

---

① 笔者在实地调研中遇到过这种情形。

积累的律师来说，外所代表处具有一定的吸引力；律师进入外所代表处后，随着业务能力提高和创业愿望的增长，加上近年来一些国内大所在国际化方面也有不错的平台，部分律师又会选择回流到内地律师事务所。虽然这种人才竞争背后的执业方式不无违规嫌疑，但是人才的流动对于律师行业在业务技能、管理方式等方面的发展，也有一定的积极意义。

### （四）业务合作

在前面提到的第四种方式中，外所代表处和内地律师事务所存在业务合作。这种合作在20世纪90年代，外所代表处因为案源优势较大而具有较大的谈判优势。就其结果来看，往往是外所代表处拿走费用的大头，内地律师事务所处在"打工"的地位。近年来，这种情形有了很大的改观。一方面，是因为国内大所品牌知名度快速提升，能够直接获得一些涉外业务；另一方面，随着中国企业纷纷"走出去"，产生了大量的境外法律服务需求，就像境外客户多数直接联系境外大所一样，国内企业多数也是直接联系国内的律师事务所，由国内的律师事务所再委托或者联合外所代表处在境外办理法律事务。这样一来，尤其是后一种情形，使得外所代表处和内地律师事务所之间互有委托或联合办案的需求。而且随着中国经济体量的不断增长和涉外经济活动不断增加，国内律师事务所所掌握的客户资源分量更大。基于这种相互存在委托或联合办理案件的需求，境外律师事务所和内地律师事务所的合作关系更为平等。为了形成更为稳定的合作关系，一些外所代表处和国内律师事务所尝试建立联盟关系，近年来这一类合作中，外所代表处往往更为主动。

## 五　"走出去"的经验与模式

近年来，国内知名律师事务所纷纷采取措施"走出去"。所谓"走出去"，就是通过设立办事机构、代表处或分支机构的方式，在海外建立律师事务所的商业存在。对于国内律师事务所来说，"走出去"有多方面的意义。一是海外的商业存在及其活动，本身就有广告效应，可以拓展律师事务所品牌在海外的知名度和美誉度；二是可以根据东道国服务贸易的开放程度，直接参与东道国律师业务的竞争；三是可以为国内委托人的国外法律事务办理提供便利；四是通过海外知名度的扩展以及联络上的便利性，有助于在国内涉外律师业务市场中增强竞争优势。总的来看，国内律师事务所"走出去"的经验与模式主要有协议合作、Swiss 法人结构合作、直投直管设立海外分所、借"一带一路"之势走出去等四种形式。

### （一）和境外律师事务所的协议合作

和境外律师事务所通过协议进行合作，是中国律师事务所拓展海外业务最常见的方式。律师事务所之间的协议合作，主要目的在于互相介绍或推荐业务。合作关系也可以是基于政府经贸安排，由司法部批准建立的联营合作关系，这主要是国内涉外律师事务所与香港律师事务所之间的联营合作。在《内地与香港关于建立更紧密经贸关系的安排》（CEPA）公布后，经中国司法部批准，部分内地律师事务所与香港律师事务所建立了联营合作关系。

### （二）和境外律师事务所的 Swiss 法人结构合作

Swiss 法人结构是目前律师事务所全球扩张中采用的一种治理结构，在《美国律师》杂志全球前 100 名律师事务所排名统计中，把采用 Swiss 法人结构进行联盟的律师事务所作为一个整体来统计。这种联盟方式允许各参与联盟的律师事务所作为相对独立的法律实体存在，受各自法域法律的约束。该法人结构模式能够为来自不同市场的律师事务所的联合或者合并提供一个比较宽松的结构，相对比较容易融入不同地域的法律市场，达到彼此的共同预期①。

### （三）直投直管设立海外分所

直投直管设分所，即按照当地国家法律，投资注册设立新的法律服务

---

① 吴剑霞：《金杜：中国律所的国际化》，http://zhihedongfang.com/article-20485/。

实体，也即通过设置海外分支机构作为中国律师事务所在境外的商业存在。通常而言，只有在当地的业务达到一定量时，律师事务所才会有设立分所的需求，设立分所的成本较协议合作方式要高，但管理也更直接。设立分所的主要是为数不多的大所，设立地往往是经济贸易繁荣、金融发达的地区。

目前，中国律师事务所在境外直投分所，实际上是复制了当年外国律师事务所进入中国法律服务市场的方式。20 世纪 90 年代初，外国律师事务所跟随外资进入中国设立代表处。当年服务外资的律师中，外国律师是主角，中国律师是配角，现在服务"走出去"的中国企业，在与外国律师事务所的合作中，中国律师事务所也应当处于主角地位。

设立海外分所，是律师事务所海外布局最直接也是中国本土律师事务所最早采用的方式。目前，一批规模化的本土律师事务所都已在海外拥有多家分所或者分支机构，主要分布在美国、欧洲和日本。为了保证对当地法律业务的熟悉程度，分所和分支机构的建立往往通过与海外律师事务所的合作甚至合并实现，即分所设置的方式，有的是直接在境外按照当地的法律规定设立分支机构，有的是通过直接合并当地律师事务所来进行。

### （四）借"一带一路"之势走出去

"一带一路"规划的实施，给国内许多行业带来了新的机遇，各行各业都在这场百年难遇的大开发中寻找发展机遇，法律服务行业也不例外。而眼光超前的部分律师事务所已经在研究各种方案，分析这场大开发中法律服务市场的布局重点与新的业务领域，力争在业务拓展中取得先机。国内的主管机关、律师协会等也已相继出台了相关文件和措施，为拓展"一带一路"法律服务市场提供政策指导。中国律师服务"一带一路"战略建设项目 2016 年 9 月 18 日在北京启动，这是全国律师协会为进一步发挥律师在"一带一路"建设中的积极作用而推出的一项重要举措。在该项目中，全国律师协会国际业务专业委员会委员和涉外律师领军人才组成工作团队，联合"一带一路"沿线国家优秀律师事务所的律师共同撰写《"一带一路"国家和地区投资法律实务指南》，介绍"一带一路"沿线国家和地区的法律环境，增强中国政商学界对"一带一路"沿线国家法律环境的了解，为中国企业在"一带一路"沿线国家和地区投资、合作、发展提供法律支持。同时，项目也将搭建"一带一路"沿线国家和地区国际法律服务合作网络，培养一批从事"一带一路"沿线国家和地区法律服务的顶尖涉外律师，为中国深入推进"一带一路"建设提供智力支持①。

（参见法治蓝皮书《中国法治发展报告 No. 15（2017）》）

---

① 刘耀堂：《全国律协启动中国律师服务"一带一路"战略建设项目》，http：//www. acla. org. cn/html/xinwen/20160918/26458. html，最后访问日期：2016 年 9 月 18 日。

# 第二十七章 欠发达地区的农村
# 法律服务实证考察

**摘　要：**改革开放以来，由于法治化的日益增强，我国社会对法律服务的需求相应日益增大。为迎合日益增长的法律服务需求，我国的律师队伍持续、稳步发展，在数量和素质上都有长足的进展。但是，律师队伍发展分布极不平衡，发展成就主要体现在城市和发达地区，而在农村地区，尤其是在落后的农村地区，律师的数量仍然非常少。律师地区分布非均衡性的程度及其解释，主要是一个法律现实和经验层面的问题。本文主要运用实证研究方法，通过经验材料，对这一问题进行了描述和分析。

## 一　律师队伍非均衡性地区分布的描述、
## 解释和制度检讨

改革开放以来，我国的社会发展具有两个显著的趋势，一是法律越来越健全，也越来越技术化、复杂化；二是法律在社会生活中的作用越来越大，越来越多的社会关系被置于法律的调整之下，广泛的政治活动、经济交往、社会生活等，逐步成为法律调整的对象。社会发展的这种趋势，就是所谓的法制化或者法化（legalization）。

在一个法制化的社会中，人们的各种社会实践常常被要求按照法律的规定行事。然而，现代社会中的法律不仅数量多，而且专业性、技术性非常强，普通个人往往难以知晓法律的含义和要求，于是就需要法律专业人员提供专门的法律技术服务，借以弥合内容庞杂、技术艰深的法律要求和普通百姓社会生活之间的鸿沟，实现法律调整的秩序和价值追求。而社会的法制化程度越高，对法律服务的需求也就越大。在这个意义上说，由于法制化的日益增强，我国社会对法律服务的需求相应日益增大。

正是为了迎合这种日益增长的法律服务需求，自改革开放以来，我国的律师队伍持续、稳步发展。虽然严格说来法律服务并不仅限于律师业，在我国当前，除了律师之外，公证人员、基层法律服务工作者、证券师、专利代理、企业法律顾问等等，也在一定范围和程度上提供法律服务。但是，这其中律师是最主要的、最专业的法律服务人员，其他人员虽然也提供法律服务，但只是补充性的、暂时性的，或者仅限于一个特定的领域，或者仅仅是涉及某方面的法律服务。总之，法律服务业的发展，主要体现在律师队伍的发展上。

我国律师队伍的发展在数量和素质方面都有长足的进步。从数量上来说，在改革开放初期，我国的律师队伍是零。截至 2005 年初，我国执业律师已达 11.8 万多人，其中专职律师 103389 人，兼职律师 6841 人，公职律师 1817 人，公司律师 733 人，军队律师 1750 人，法律援助律师 4768人。另外，还有律师辅助人员 3 万多人。从素质上看，截至 2005 年初，具有本科以上学历的律师已占律师总数的 64.6%，其中，研究生以上学历的律师已经超过 1 万人①。

但是，进一步考察发现，律师队伍的发展成就主要体现在城市和发达地区，而在农村地区，尤其是在落后的农村地区，律师的数量仍然非常少。粗略估计，我国律师队伍 85% 集中在大中城市，拥有全国 80% 人口的小城镇和农村地区，只有 15% 的律师。据新华社北京 2004 年 3 月 23 日电，截至 2004 年初，我国还有 206 个县连一名律师也没有。全国人大常委会领导同志 2005 年 8 月 25 日就全国人大常委会执法检查组关于检查《律师法》实施情况向十届全国人大常委会第十七次会议作报告时说，我国超过半数的律师集中在大城市和东部沿海地区，广东、北京的律师人数都在万人左右，而西部 12 个省份律师总数不过 2.4 万人。

---

① 于呐洋、王宇：《我国执业律师达 11.8 万人》，《法制日报》2005 年 6 月 14 日。

这些比较粗略的数据表明，我国律师队伍虽然有了很大程度的发展，但是地区分布极不均衡。这种不均衡又进一步提出了一系列的问题：①准确地说，这种非均衡性达到了什么程度？②是什么原因导致了这种不均衡？③这种非均衡性带来的制度和政策反思是什么？律师的发展是法制化的结果，又是检验法制程度的一个标尺，而法制化的发展，又和社会的现代化、人权保护、统一市场经济的建立等方面联系密切，因此，这些问题的分析和讨论具有重要的现实意义，它们关涉我国法制现代化的战略实施，尤其关涉占我国人口绝大多数的农村地区的社会发展和法制建设问题。

上面提到的三个问题，尤其是前两个，包括律师地区分布非均衡性的具体程度和这种非均衡性的解释，主要是一个法律现实和经验层面的问题。本文将主要运用实证研究方法，通过经验材料来描述和分析。

## 二　律师非均衡的地区分布

我国律师队伍在地区分布上的不平衡状况，可以通过不同地区的律师数量对比显示出来。由于不同地区人口规模不一样，扣除人口因素的影响，这里用"每10万人口拥有律师人数"这个指标进行对比。

根据资料，目前各个地区的律师统计数据主要有两个来源。

一是《中国律师年鉴》2000~2004年以省份为单位，提供了不同地区的律师人数，以及律师机构、律师业务等方面的信息。但是，除了《中国律师年鉴2000》外，其余年份没有提供西藏自治区的有关信息。此外，在年鉴的各年度版本中，新疆维吾尔自治区和新疆建设兵团是分开提供的。

二是各省份司法行政主管机关每年公布的本地区"律师事务所年检和律师注册公告"。但是，"公告"只提供了各个县市的律师机构和律师人员的名录，只有对这些名录进行整理、归类和计算，才能得出各个县市具体有多少律师机构和律师人员的数量情况。司法部1996年11月颁布的《律师执业证管理办法》第17条规定："每年注册结束后，对于准予注册的律师，注册机关应在报刊上公告。"因此，从理论上说，各省、自治区、直辖市都存在相应的公告，都可以从中获得各个地区的详细统计资料。但是，截至目前，只有 23 个省份有类似公告①。在下文中，上述地区合计简称为"23 个省市区"。

在本文中，各地区人口数量的来源主要有《中国统计年鉴》《中国区域经济统计年鉴》《中国分县市人口统计资料》《中国人口统计年鉴》《中国城市统计年鉴》以及各省、自治区、直辖市的统计年鉴，等等。在"每 10 万人拥有律师人数"这个指标中，人口数主要用的是时点数，并以户籍人口为主，个别城市用的是常住人口数。

通过对上述有关数据和资料的整理，可以总结出我国律师地区分布的三个特点，下文分述之。

## （一）律师主要分布在东南沿海发达地区

根据国家"七五"计划对全国经济区域的划分，同时结合国家西部大开发的战略调整，按照经济发展水平和地理位置相结合的原则，全国被划分为东、中、西三大经济区。其中，东部地区包括北京、天津、辽宁、河北、山东、上海、江苏、浙江、福建、广东和海南 11 个省、直辖市，中部地区包括山西、吉林、黑龙江、安徽、江西、河南、湖北和湖南等 8 个省，西部地区包括陕西、甘肃、宁夏、青海、新疆、重庆、四川、贵州、云南、西藏、内蒙古、广西等 12 个省、直辖市和自治区。根据《中国律师年鉴 2004》所公布的有关律师统计数据，以及《中国统计年鉴 2005》所公布的人口统计数据，全国三大经济区域律师分布情况见表 1 以及图 1、图 2。

---

① 只收集到了下列地区在下列时间的公告：（1）北京（2005 年 8 月 20 日）；（2）河北（2005 年 4 月 30 日）；（3）山西（2005 年 9 月 30 日）；（4）内蒙古（2005 年 7 月 20 日）；（5）辽宁（2005 年 4 月 30 日）；（6）吉林（2005 年 5 月 9 日）；（7）黑龙江（2005 年 10 月 25 日）；（8）上海（2005 年 7 月 15 日）；（9）江苏（2005 年 12 月 31 日）；（10）浙江（2004 年 9 月 16 日）；（11）安徽（2005 年 8 月 5 日）；（12）福建（2005 年 8 月 8 日）；（13）江西（2005 年 7 月 27 日）；（14）山东（2004 年 12 月 31 日）；（15）湖北（2005 年 8 月 20 日）；（16）湖南（2005 年 8 月）；（17）广东（2005 年 8 月 8 日）；（18）海南（2005 年）；（19）四川（2005 年 6 月 1 日）；（20）云南（2005 年 10 月 18 日）；（21）陕西（2004 年 10 月 10 日）；（22）青海（2005 年 7 月 29 日）；（23）宁夏（2005 年 7 月 7 日）。

表1 东部、中部和西部地区律师数量对比*

| 地区范围 | 执业律师 | | 2004年底人口 | | 每10万人拥有律师数（人） |
|---|---|---|---|---|---|
| | 人数（人） | 所占比例（%） | 人数（万人） | 所占比例（%） | |
| 东部地区 | 61306 | 54.0 | 49251 | 38.1 | 12.4 |
| 中部地区 | 26923 | 23.7 | 43037 | 33.3 | 6.3 |
| 西部地区 | 25263 | 22.3 | 37127 | 28.6 | 6.8 |
| 全 国 | 113492 | 100.0 | 129415 | 100.0 | 8.7 |

*说明：①"执业律师"数为"律师工作人员"和"行政助理"之差。②《中国律师年鉴2004》没有提供西藏自治区的律师人数，根据《中国律师年鉴2000》提供的数据，2000年底律师人员57人，行政助理22人，计算得出执业律师35人。另外，根据《西藏统计年鉴2005》，2004年底西藏自治区执业律师和公证人员之和为36人，可见有下降的趋势。考虑到西藏地区的律师人数在西部地区的总数中比例较小，估算不会形成太大的误差，所以这里仍以2000年的执业律师人数为计算标准。③新疆的数据包括新疆建设兵团。

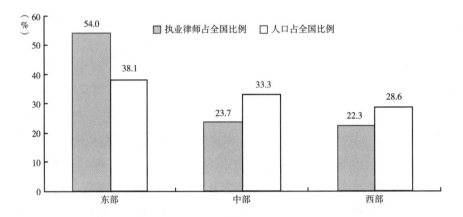

图1 东部、中部、西部执业律师及人口占全国比例

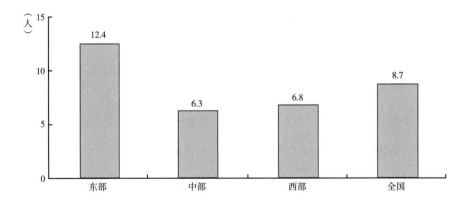

图2 每10万人律师数比较

考察表 1 以及图 1、图 2 可知，东部沿海地区律师人数最多，中部和西部地区律师人数比较接近，中部地区略高于西部地区。具体来说：①东部沿海地区人口所占比例为 38.1%，却集中了 54.0% 的律师，高于其人口所占比例。中部和西部地区的人口所占比例分别为 33.3% 和 28.6%，而律师所占比例分别只有 23.7% 和 22.3%，明显低于其人口所占比例。②从每 10 万人拥有律师数这个指标进行考察，东部沿海地区为 12.4 人，明显高于全国平均水平。中部和西部地区分别只有 6.3 人和 6.8 人，低于全国平均水平。综合来看，东部沿海地区接近中部和西部地区的两倍。

## （二）律师主要集中在大城市

在上述 23 个省市区中，合计共有 2 个直辖市、21 个省会城市和 5 个副省级城市，以下合称"28 个大城市"。对 23 个省市区律师事务所年检和律师注册公告进行整理，得出表 2、图 3、图 4。

表 2　23 个省市区中不同地区的律师人数对比

| 地区范围 | | 律师数 | | 2004 年底人口 | | 每 10 万人拥有律师数 | |
| --- | --- | --- | --- | --- | --- | --- | --- |
| | | 人 | 在相应区域所占比例（%） | 万人 | 在相应区域所占比例（%） | 人均拥有律师数（人） | 和相应区域平均数的比值 |
| 东部 10 省市 | 合计 | 61920 | | 47507 | | 13.0 | |
| | 省会及副省级以上城市市辖区 | 37000 | 59.8 | 6583 | 13.9 | 56.2 | 4.3 |
| 中部 7 省 | 合计 | 22288 | | 33320 | | 6.7 | |
| | 省会城市市辖区 | 8640 | 38.8 | 2320 | 7.0 | 37.2 | 5.6 |
| 西部 6 省区 | 合计 | 14324 | | 20356 | | 7.0 | |
| | 省会城市市辖区 | 7314 | 51.1 | 1473 | 7.2 | 49.7 | 7.1 |
| 上述 23 个省市区 | 合计 | 98532 | | 1011833 | | 9.7 | |
| | 28 个大城市市辖区 | 52954 | 53.7 | 103753 | 10.3 | 51.0 | 5.3 |

（1）从绝对数量上看，律师主要集中在大城市。在东部 10 省市，省会及副省级以上城市市辖区人口所占比例为 13.9%，但是律师所占比例高达 59.8%；在中部 7 省，省会城市市辖区人口所占比例为 7.0%，律师

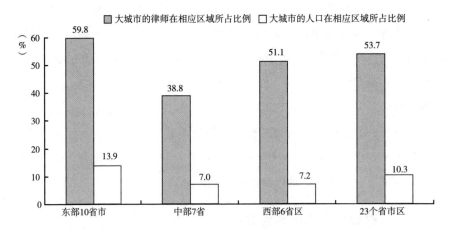

图3　大城市的律师及人口在相应区域占比

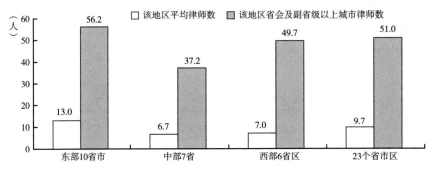

图4　23个省市区中省会及副省级以上城市每10万人
拥有律师数和相应区域平均数对比

所占比例高达38.8%；在西部6省区，省会城市市辖区人口所占比例为7.2%，律师所占比例却高达51.1%；在23个省市区中，28个大城市人口所占比例为10.3%，而律师所占比例高达53.7%。

（2）从每10万人拥有律师数看，在东部10省市，省会及副省级以上城市市辖区平均为56.2人，而整个区域的平均数为13.0人，前者是后者的4.3倍；在中部7省，省会城市市辖区平均为37.2人，而整个区域的平均数为6.7人，前者是后者的5.6倍；在西部6省区，省会城市市辖区为49.7人，而整个区域的平均数为7.0人，前者是后者的7.1倍；在23个省市区中，28个大城市平均为51.0人，而整个区域的平均数为9.7人，前者是后者的5.3倍。

### （三）贫困县律师人数非常少

中国在"八七"计划期间（1994~2000 年），根据社会经济和文化发展程度，确定了 592 个国家重点扶持贫困县（县级市、市辖区），它们的分布是：河北 39 个，山西 35 个，内蒙古 31 个，吉林 8 个，黑龙江 14 个，安徽 19 个，江西 21 个，河南 31 个，湖北 25 个，湖南 20 个，广西 28 个，海南 5 个，重庆 14 个，四川 36 个，贵州 50 个，云南 73 个，陕西 50 个，甘肃 43 个，青海 15 个，宁夏 8 个，新疆 27 个。这其中，有 14 个属于县级市，17 个属于市辖区（其中 4 个是后来从县更改为市辖区的），一个林区。扣除县级市、市辖区和林区之后，在 23 个省市区中，还有 374 个贫困县（旗），简称贫困县。它们的具体分布是：河北 39 个，山西 35 个，内蒙古 31 个，吉林 5 个，黑龙江 13 个，安徽 18 个，江西 20 个，湖北 20 个，湖南 20 个，海南 4 个，四川 31 个，云南 70 个，陕西 46 个，青海 15 个，宁夏 7 个。本文将以这 374 个贫困县为样本，考察我国欠发达农村地区的律师数量分布。

无论是东部地区，还是中部地区和西部地区，贫困县律师人数都非常少。相比较而言，西部地区贫困县每 10 万人口只有 1.5 名律师，略低于中部地区的 1.8 人和东部地区的 1.7 人。在 23 个省市区中，平均数为每 10 万人拥有 9.7 名律师，而在 374 个贫困县中，平均每 10 万人只有 1.7 名律师，只有 23 个省市区平均数的 18%（见表 3）。

**表 3　贫困县律师人数对比**

| 地区范围 | | 律师数 | | 2004 年底人口 | | 每 10 万人拥有律师数 | |
|---|---|---|---|---|---|---|---|
| | | 人 | 在相应区域所占比例（%） | 万人 | 在相应区域所占比例（%） | 人均律师数（人） | 和相应区域平均数的比值 |
| 东部 10 省市 | 合计 | 61920 | | 47507 | | 13.0 | |
| | 43 个贫困县 | 250 | 0.4 | 6583 | 13.9 | 1.7 | 0.13 |
| 中部 7 省 | 合计 | 22288 | | 33320 | | 6.7 | |
| | 131 个贫困县 | 8640 | 3.9 | 2320 | 7.0 | 1.8 | 0.27 |
| 西部 6 省区 | 合计 | 14324 | | 20356 | | 7.0 | |
| | 200 个贫困县 | 7314 | 51.1 | 1473 | 7.2 | 1.5 | 0.21 |
| 上述 23 个省市区 | 合计 | 98532 | | 1011833 | | 9.7 | |
| | 374 个贫困县 | 52954 | 53.7 | 103753 | 10.3 | 1.7 | 0.18 |
| 全国 2004 年底 | | | | | | 8.7 | |

### （四）律师分布非均衡性的总结

前面描述了律师地区分布非均衡性的三方面具体内容，综合分析可以对这种非均衡性作出更为直观的描述。表4整理和计算出了不同地区范围内的律师数量。从表4、图5可以看出，我国律师分布非均衡性的总体特点是，大城市律师人数最为集中，平均每10万人拥有的律师数在50人以上，相反，贫困县的律师最为稀少，374个贫困县平均每10万人拥有的律师数只有1.7人。从每10万人拥有律师数对比来看，大城市是贫困县的30倍，差距悬殊。

**表4　全国不同地区律师人数对比**

| 地　区 | 行政区划范围 | 时　间 | 每10万人拥有律师数（人） |
|---|---|---|---|
| 深圳 | 所属6个市辖区 | 2005年8月8日 | 187.7 |
| 北京 | 所属16个市辖区，不含密云、延庆两个郊区县 | 2005年8月20日 | 96.2 |
| 大城市 | 23个省市区的18个省会及副省级以上城市市辖区 | 2004年9月16日至2005年12月31日 | 51.0 |
| 东部 | 东南沿海地区的8个省、3个直辖市 | 2004年12月31日 | 12.4 |
| 全国 | 全国 | 2004年12月31日 | 8.7 |
| 西部 | 西部地区的6个省、1个直辖市和5个自治区 | 2004年12月31日 | 6.8 |
| 中部 | 中部地区的8个省 | 2004年12月31日 | 6.3 |
| 贫困县 | 全国15个省区中374个贫困县 | 2004年9月16日至2005年12月31日 | 1.7 |

贫困县平均每10万人只有1.7名律师意味着什么呢？对于我们所考察的374个贫困县，平均每个县人口35.87万人，折合起来，平均每个县只有律师6.0人。实际上，平均数掩盖了一些问题。根据统计数据，在374个贫困县中，有51个县没有一名律师，有7个县只有少量的法律援助律师。贫困县律师之少，几乎可以说：这是一种无需律师的

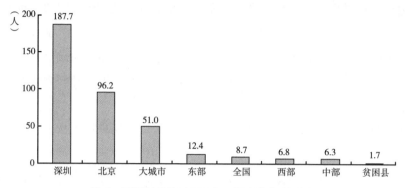

**图 5　不同地区每 10 万人口拥有律师数对比**

社会秩序①。由于律师的社会功能是提供法律服务，也可以说：这是一种不需要法律服务的社会秩序。

## 三　影响律师地区分布的因素

为什么律师主要集中在城市和发达地区，贫困落后的农村地区律师十分稀少？为什么欠发达的农村地区呈现为"无需律师的社会秩序"？

从理论上说，可能的原因是多方面的。人们可能最先想到的一个原因是我国律师数量不足，导致欠发达的农村地区律师缺乏。这是一个非常直观和简单的解释。比如说，时任司法部部长 2004 年 3 月在全国律师队伍建设工作会议上谈到我国尚有 206 个县没有律师时指出，从总体上看律师数量仍然不足，地区分布不平衡，尤其在经济欠发达地区，律师严重短缺。又比如，全国人大常委会领导同志 2005 年 8 月 25 日就全国人大常委会执法检查组关于检查《律师法》实施情况，向十届全国人大常委会第十七次会议作报告时，也将西部 12 个省份律师数量不足归结为我国的律师总数较少。但是，进一步的理论分析发现，律师数量不足只是对全国律师数量平均水平的指标评价，并不能解释不同地区律师分布的差异问题。

---

① 美国学者威克多（Victor H. Li）比较美国和改革开放以前中国的律师人数后得出一个结论，说当时的中国是"无需律师的法律"（Law Without Lawyers），这里借用一些这样的修辞，称欠发达农村地区为"无需律师的社会秩序"。参见 Victor H. Li, *Law without Lawyers: A Comparative View of Law in China and the United States*, Westview Press/Boulder, Colorado, 1978.

我国当前只要具备了律师资格，律师执业在地域上是不受限制的，也就是说，律师在全国范围内是可以自由流动的。因此，就最为直接的原因来说，全国律师地区分布极不均衡的状况，是律师自由流动的结果。于是，我们的问题变成了对律师执业地域流动倾向的解释，即律师们为什么更倾向于在城市、在东部发达地区执业？

在很大程度上，律师执业地域的选择，可以适用理性人或者经济人的利益最大化假设。在我国，由于经过了多年的体制改革，律师行业已经在很大程度上实现了市场化。这种市场化体现在两个方面，一是律师执业不受地域限制，二是民资所①、自筹自支的国资所的比例占绝大多数。截至2004年，全国民资所占全部律师事务所的86%，国资所只占14%。此外，即使是国资所，其中也有56.7%实行自收自支。合计起来，全国有93.9%的律师事务所实行自收自支。对于自收自支的律师事务所来说，律师业务收费和其本人的收入具有对应关系。即使是全额预算管理的律师事务所，对于律师的执业选择来说，也是市场化的，律师可以选择在全额预算管理的律师事务所执业，也可以选择在自收自支的律师事务所执业。此外，律师在知识、信息方面都具有优势，他们有能力对不同策略选择的收益状况进行比较准确的判断。总之，在市场化的法律服务体制之下，律师具有选择在更能创收的地区执业的动机。律师群体总体上具有较强的理性，能够对不同地区执业的收益状况作出较为合理的评判，因此，律师倾向于选择城市执业的实际结果表明，对其个人来说，在城市和发达地区执业具有更好的收益预期，是其利益最大化的选择。尽管如此，也还有一系列问题有追问的必要：这种收益差距到底有多大？是哪些原因导致了这种收益差距？这些原因各自所占的比重如何？等等。

在市场化的法律服务体制下，律师的收入间接或直接地与律师提供法律服务的营业收入呈正比关系。因此，律师在农村地区执业收益小的原因可能在于农村地区提供法律服务的营业收入太少。此外，在全国税收体制比较一致的情况下，农村地区律师事务所营业收入少可能有两方面因素：

---

① 为了表述简便，这里将合作律师事务所、合伙律师事务所和个体律师事务所合称为"民资所"，和国资所相对。民资所由执业律师按照一定方式出资设立，实行完全的独立核算、自筹自支。

一是农村地区律师业务非常少，即人们不需要律师提供法律服务，在市场需求非常少的情况下，律师不可能有很好的收入；二是农村地区存在较多的法律服务需求，但是购买能力有限，使得律师收入不高。这两个原因可能同时存在，也可能只存在其中一个方面。当然，这两种情形都是相对城市而言的。

## （一）欠发达农村地区法律服务需求很少

和发达的城市地区相比，欠发达的农村地区法律服务需求较少，其原因又可能是多方面的。

### 1. 法律服务需求的类型较少，局限于传统类型

从理论上说，或者从制度上说，律师可以提供多种法律服务。根据《律师法》第 25 条的规定，我国律师可以承办多种业务[①]。这些业务类型中，担任诉讼代理人和刑事辩护人，可以合称为诉讼业务，属于比较传统的业务类型。接受非诉讼法律事务当事人的委托，提供法律服务，简称为非诉讼业务。非诉讼业务是现代社会随着市场经济的发展和经济往来的加速而兴起的新型业务，具体内容包括成立公司、办理财产转让、缔结契约、处理银行信贷、办理社会保险、雇用工人、处理劳资纠纷、使用专利、纳税、订立遗嘱、外贸、对外投资、技术援助、参与仲裁和谈判等方面。

在不同的社会条件下，人们需要的法律服务类型不一样。以西方国家的历史经验来看，在 20 世纪 50 年代以前，传统的诉讼业务是主要的律师业务。但是，随着市场经济的发展和经济往来的加速，非诉讼法律事务逐步增长，成为律师职业中更重要的（至少从数量上来说是如此）法律业务。在西方一些国家，律师在非诉讼领域的业务量已经占到 80% 以上[②]。

---

[①] 《律师法》第 25 条规定，律师可以承办下列业务：（1）接受公民、法人和其他组织的聘请，担任法律顾问；（2）接受民事案件、行政案件当事人的委托，担任代理人，参加诉讼；（3）接受刑事案件犯罪嫌疑人的聘请，为其提供法律咨询，代理申诉、控告，申请取保候审，接受犯罪嫌疑人、被告人的委托或者人民法院的指定，担任辩护人，接受自诉案件自诉人、公诉案件被害人或者其近亲属的委托，担任代理人，参加诉讼；（4）代理各类诉讼案件的申诉；（5）接受当事人的委托，参加调解、仲裁活动；（6）接受非诉讼法律事务当事人的委托，提供法律服务；（7）解答有关法律的询问、代写诉讼文。

[②] 参见朱景文《比较法社会学的框架和方法——法制化、本土化和全球化》，中国人民大学出版社，2001，第 320 页。

可以想象，在我国当前，城市和农村、东部和中西部的社会经济发展程度不同，它们之间的差异可能如西方国家不同时期的差异：在城市，各种非诉讼法律业务快速增长，从而极大地增加了律师业务的总量。而在经济文化落后的农村，尤其是贫困县，各种非诉讼的法律服务需求非常有限，律师的作用主要体现在传统的诉讼业务中，从而使得法律服务需求相比发达城市地区非常有限。

**2. 即使是诉讼业务的需求，农村地区也可能低于城市**

单就诉讼业务而论，欠发达农村地区的需求也可能低于城市。首先是农村地区的纠纷少。诉讼来源于纠纷，当纠纷不能以其他方式解决时，就可能发展为诉讼。因此，如果纠纷数量少，则诉讼少；诉讼少，则律师的诉讼业务需求必然也少。相对而言，农村地区人口密度较小，人与人之间的交易和互动较少。在城市地区，由于高度发达的社会分工，人群居住密集，人们发生争议的可能性要大得多。此外，农村人权利意识较低，也不如城市人"精明"，遇到同样的侵害，在农村发展为纠纷的可能性也要小一些。

其次，在农村地区，即使发生了纠纷，人们也较少提起诉讼，较少用到法律和律师。纠纷发生后尽量回避诉讼的现象，与"好讼"相对，可以不严格地称之为"厌讼"。受传统文化影响，也受现行司法体制影响，相比西方国家，"厌讼"在我国是一种较为普遍的现象。农村地区的厌讼现象更为突出。原因主要有三个方面。

（1）在农村地区，人口的流动性较小，人们相互之间更为熟悉，相互之间具有更强的互惠机制联系着。这种熟人社会使得纠纷发生之后，更容易通过调解、协商等非诉讼方式得到解决。同时，由于互惠机制的约束，人们不会轻易启动诉讼程序，以免伤了"和气"。

（2）中国的法律规则体系理性设计的成分较大，而自然演化的成分较小，有些规则不属于当事人之间的博弈均衡。规避法律、利用当地的习俗惯例解决纠纷，可能是双方利益最大化的策略选择，于是出现了当事人合谋规避法律的现象。比如，强奸、工伤事故等"私了"的做法就属于这种情形。由于农村地区是熟人社会，共同的习俗、惯例更为盛行，这种规避法律的现象应该更为普遍。

（3）昂贵的经济成本也使得村民对诉讼望而却步。尽管诉讼收费是全国性的，但是这笔开支相对于农村地区显得更加昂贵。一是虽然诉讼费用可以从诉讼收益中支出，但是一般都要先行垫付，而且常常由于"执行难"，诉讼收益无法兑现，使得预先垫付的诉讼费成为一笔额外的损失，相对于城市地区财力雄厚的单位当事人和更加富裕的市民来说，这笔损失对农村地区的普通个人来说意味着更大的成本。二是在欠发达的农村地区，尤其是在贫困县，一般都存在财政困难，法院的福利、经费通常难以保障，法院通过制度内或者制度外的诉讼收费，将更大比例的诉讼成本转嫁到当事人头上，从而增加了当事人的诉讼成本①。三是在欠发达的农村地区，经济纠纷较少，民事争议较多，总体而言纠纷的涉案标的较小，即使赢了官司，诉讼收益也不大，使得诉讼成本的投资不划算。

**3. 基层法律服务工作者的竞争，进一步减少了律师的业务数量**

目前，律师是中国最主要的法律服务工作者，但律师的服务不是垄断性的，一些基层法律服务工作者也可以提供律师服务。基层法律服务工作者对法律服务业务的分流，减少了欠发达农村地区的律师需求。不过，从制度上说，基层法律服务所不仅在农村地区设立，城市地区也有一定数量的基层法律服务工作者，因此，只有在一个前提下，基层法律服务才是影响律师地区分布的一个因素：基层法律服务工作者主要在农村地区执业。

## （二）欠发达农村地区法律服务的购买力相对较弱

农村地区不仅对法律服务的需求较小，而且对于市场化的法律服务支付能力也可能低于城市。首先，就像前面提到的诉讼费支出一样，虽然可以"羊毛出在羊身上"，通过官司的收益支付律师费用，但是这笔费用需要先行垫付，而且执行难导致的"赢了官司输了钱"的现象也十分常见，以致减弱了农村地区人们的支付能力。

其次，在农村地区，由于经济落后，不仅经济纠纷少，而且每个经济案件涉及的财产金额也非常小，大量的案件都是涉案标的非常小的民事和

---

① 国内学者廖永安等人对湖南省一个贫困地区的基层法院进行了实证分析，发现了这种情况。参见廖永安、李胜刚《我国民事诉讼费用制度之运行现状——以一个贫困地区基层法院为分析个案》，《中外法学》2005 年第 3 期。

刑事案件，农民也是理性的，不大可能支付较高的律师费去打一个争议金额很小的官司。虽然对于刑事案件来说，有关的人身权益不能用金钱来衡量，但这只是理想化的说法。事实上，对于不同支付能力的人来说，人身权益的价值是不一样的，如果律师的作用能够让无期徒刑变成有期徒刑，一个富裕的城市家庭可能愿意支付 10 万元，可是对一个贫穷的农村家庭来说，可能只愿意支付 1 万元。

总之，弱小的支付能力，较小的涉案金额，再加上较少的法律服务需求，使得律师在农村地区每一个案件的收益大大低于城市，收益总和也不能和城市相比。当然这些原因是否存在，以及存在的程度和比例，目前仅限于理论层面，只是一种可能性，事实如何还需要通过实证的经验材料进一步印证。

除了上述影响律师地区分布的原因外，我们还可以从统计上分析和验证影响律师地区分布的因素。

### 1. 律师数量和经济发展的关系比较

根据前面的理论分析，全国律师非均衡的地区分布，很大程度上是由于经济发展程度不同导致的。在经济发达地区，由于经济交易量大，法律服务需求类型多、数量大，人们对法律服务的购买能力强，因此律师服务的收益比较大，于是律师比较集中。反之，在欠发达的中西部地区，尤其是在中西部的农村地区，经济交易量小，法律服务需求的类型少、数量少，人们对法律服务的购买能力弱，因此律师服务的收益比较小，于是律师数量比较少。对于这一推断，我们可以通过统计数据进行验证。

为进行验证，我们需要建立两个指标，分别指示经济发展水平和律师数量。根据统计上的惯例，我们用人均地区生产总值表示经济发展水平，用每 10 万人口拥有的律师人数表示律师数量。以此为根据，通过有关统计资料的整理，我们得出表 5 中的两组变量。根据表 5 中的两组变量，得出图 6 的散点图。

考察表 5 和图 6 发现，经济发展水平和律师数量存在较强的相关性，经计算，两组数据（共计 61 对变量）的 Person 相关系数达到 0.79。从图 8 来看，各对变量对应的点集中在函数 $y = 0.0014x - 2.1027$ 附近，表明随着经济发展水平的提高，律师数量更为集中的一种趋势或者关系。但是，无论是相关系数，还是散点图，都反映出另一个特点，就是只存在一定程度的相关。这表明，不同的地区除了经济发展程度以外，还有其他因素减少了律师的数量。

表5　23个省市区经济发展水平和律师数量对比

| 地区 | 2004年人均地区生产总值（元） | 每10万人拥有律师人数（人） | |
|---|---|---|---|
| | | 律师人数 | 时间 |
| 北京 | 37058 | 90.5 | 2005-8-20 |
| 市辖区 | 38331 | 96.2 | 2005-8-20 |
| 上海 | 55307 | 46.8 | 2005-7-15 |
| 市辖区 | 57374 | 48.9 | 2005-7-15 |
| 辽宁 | 16311 | 11.9 | 2005-4-30 |
| 沈阳 | 35837 | 29.7 | 2005-4-30 |
| 福建 | 17297 | 10.0 | 2005-8-8 |
| 福州 | 43730 | 72.1 | 2005-8-8 |
| 江苏 | 20761 | 9.3 | 2005-12-31 |
| 南京 | 35464 | 32.0 | 2005-12-31 |
| 山东 | 16925 | 8.0 | 2004-12-31 |
| 济南 | 36697 | 38.2 | 2004-12-31 |
| 浙江 | 23922 | 10.7 | 2004-9-16 |
| 杭州 | 49055 | 41.5 | 2004-9-16 |
| 广东 | 19731 | 14.3 | 2005-8-8 |
| 广州 | 63475 | 68.5 | |
| 河北 | 12916 | 6.8 | 2005-4-30 |
| 石家庄 | 32310 | 58.9 | |
| 39个贫困县 | 6443 | 1.9 | |
| 山西 | 9151 | 8.3 | |
| 太原 | 21136 | 46.6 | |
| 35个贫困县 | 3578 | 1.1 | |
| 内蒙古 | 11387 | 9.0 | 2005-7-20 |
| 呼和浩特 | 33413 | 54.4 | 2005-7-20 |
| 31个贫困县 | 8938 | 2.0 | 2005-7-20 |
| 吉林 | 10931 | 7.0 | 2005-5-9 |
| 长春 | 35973 | 24.6 | 2005-5-9 |
| 5个贫困县 | 6067 | 2.7 | 2005-5-9 |
| 黑龙江 | 13897 | 7.9 | 2005-10-25 |
| 哈尔滨 | 30534 | 35.6 | 2005-10-25 |

续表

| 地区 | 2004 年人均地区生产总值（元） | 每 10 万人拥有律师人数（人） | |
|---|---|---|---|
| | | 律师人数 | 时间 |
| 13 个贫困县 | 4549 | 1.4 | 2005－10－25 |
| 安徽 | 7478 | 5.9 | 2005－8－5 |
| 合肥 | 28875 | 66.2 | |
| 18 个贫困县 | 3336 | 2.2 | |
| 江西 | 8189 | 4.5 | 2005－7－27 |
| 南昌 | 28390 | 33.8 | 2005－7－27 |
| 20 个贫困县 | 3315 | 1.1 | 2005－7－27 |
| 湖北 | 10501 | 6.4 | |
| 武汉 | 24963 | 22.9 | |
| 20 个贫困县 | 4843 | 1.5 | |
| 湖南 | 8401 | 7.4 | |
| 长沙 | 34130 | 84.1 | |
| 20 个贫困县 | 3536 | 2.6 | |
| 海南 | 9449 | 9.0 | |
| 海口 | 18519 | 46.3 | |
| 4 个贫困县 | 5190 | 0.0 | |
| 四川 | 7525 | 6.4 | 2005－6－1 |
| 成都 | 29465 | 62.1 | 2005－6－1 |
| 31 个贫困县 | 3401 | 1.2 | 2005－6－1 |
| 云南 | 6733 | 6.7 | 2005－10－18 |
| 昆明 | 32718 | 75.7 | 2005－10－18 |
| 70 个贫困县 | 3215 | 1.4 | 2005－10－18 |
| 陕西 | 7799 | 6.9 | 2004－10－10 |
| 西安 | 19465 | 28.1 | 2004－10－10 |
| 46 个贫困县 | 4003 | 1.7 | 2004－10－10 |
| 青海 | 8683 | 8.1 | 2005－7－29 |
| 西宁 | 14700 | 34.1 | 2005－7－29 |
| 15 个贫困县 | 5136 | 2.6 | 2005－7－29 |
| 宁夏 | 7881 | 10.5 | 2005－7－7 |
| 银川 | 17668 | 52.0 | 2005－7－7 |
| 7 个贫困县 | 3036 | 1.3 | 2005－7－7 |

说明：（1）各省会城市的范围仅及于市辖区，不包括市辖郊县。

（2）2004 年人均地区生产总值和每 10 万人口拥有律师人数两组数据的 Person 相关系数为 0.79。

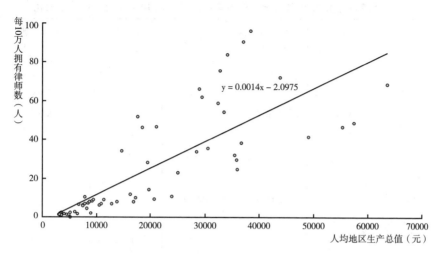

**图6　经济发展水平与律师数量散点图**

**2. 律师数量和非诉讼法律业务比较**

根据前面的理论分析，经济发展程度不同，会导致非诉讼法律业务的比例不同。经济越发达，非诉讼法律业务比例越高，法律服务的总量越大，律师的数量越多。由此推知，在统计上，律师的数量和非诉讼业务的比例将呈正比例变化，或说呈正相关关系。

为了进行统计验证，需要进行一定的简化处理。《中国律师年鉴2004》公布了全国各省份律师在2004年的下列业务：法律事务咨询、代写法律事务文书、民事案件诉讼代理、经济案件诉讼代理、担任法律顾问、刑事诉讼辩护及代理、行政案件诉讼代理、非诉讼法律事务。在上述类型中，民事案件诉讼代理、经济案件诉讼代理、刑事诉讼辩护及代理和行政案件诉讼代理合称为"诉讼业务"，非诉讼法律事务简称为"非诉讼业务"。从律师收费的实际情况来看，诉讼业务和非诉讼业务是最为主要的律师业务类型。本文将诉讼业务和非诉讼业务中非诉讼业务所占比例作为一个指标，衡量律师业务类型的变化。根据《中国律师年鉴2004》，得出全国除西藏以外30个省份的律师人数和律师非诉讼业务所占比例，两组数据的对比见表6和图7。

考察表6和图7发现，非诉讼业务所占比例和每10万人拥有律师数存在一定的相关性，具体来说，相关系数为0.39，属于中度相关。

**表 6　全国各省份 2004 年非诉讼业务所占比例和每 10 万人拥有律师数对比**

| 地区 | 非诉讼所占比例（%） | 每 10 万人拥有律师数（人） | 地 区 | 非诉讼所占比例（%） | 每 10 万人拥有律师数（人） |
|---|---|---|---|---|---|
| 北京 | 59.3 | 62.7 | 江西 | 25.9 | 4.5 |
| 天津 | 38.6 | 17.7 | 河南 | 62.2 | 5.6 |
| 河北 | 33.0 | 6.6 | 湖北 | 39.1 | 6.3 |
| 辽宁 | 31.4 | 11.5 | 湖南 | 37.8 | 6.7 |
| 上海 | 24.3 | 34.8 | 重庆 | 20.3 | 11.1 |
| 江苏 | 23.8 | 9.3 | 四川 | 37.2 | 6.7 |
| 浙江 | 17.8 | 11.2 | 贵州 | 14.9 | 3.0 |
| 福建 | 14.5 | 9.3 | 云南 | 28.9 | 6.8 |
| 山东 | 26.0 | 8.2 | 陕西 | 17.4 | 7.6 |
| 广东 | 57.2 | 13.4 | 甘肃 | 20.0 | 5.1 |
| 海南 | 35.0 | 8.0 | 青海 | 12.9 | 7.6 |
| 山西 | 24.2 | 6.8 | 宁夏 | 19.5 | 9.1 |
| 吉林 | 41.5 | 7.7 | 广西 | 18.1 | 5.1 |
| 黑龙江 | 29.3 | 8.2 | 内蒙古 | 24.8 | 8.1 |
| 安徽 | 23.6 | 5.8 | 新疆 | 22.1 | 11.2 |

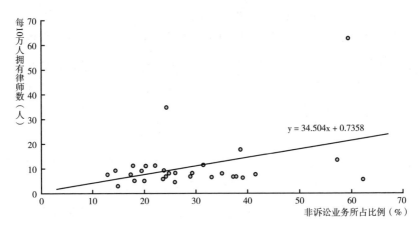

**图 7　2004 年非诉讼业务所占比例和每 10 万人拥有律师数散点图**

### 3. 律师数量和律师服务需求量比较

如前所述，收入是影响律师地域流动的直接因素，而对律师服务的需求量又是影响律师收入的重要因素，因此，律师数量和律师服务需求量必然具有密切联系，而且这种联系比律师数量和非诉讼业务比例之间的联系更为直接、更为密切。对此，我们可以进行统计验证。

这里仍用每10万人拥有律师数表示律师数量，但是对于律师业务总量则要略作调整：由于律师业务主要是诉讼业务和非诉讼业务，故用二者的件数之和除以人口数量，表示律师业务需求数量。这里的人口数取前一年年底人口数和当年年底人口数的平均数。根据《中国律师年鉴2004》所公布的律师业务数量和《中国统计年鉴2004》《中国统计年鉴2005》所公布的人口数，计算得出表7和图8。

考察表7和图8发现，全国各省份（西藏除外）2004年每10万人委托业务件数和每10万人拥有律师数是高度相关的，相关系数达到0.94。这表明，律师业务的实际需求，是影响律师数量分布非常重要的因素。

**表7　全国各省份2004年每10万人委托业务件数和每10万人拥有律师数对比**

单位：件，人

| 地区 | 诉讼和非诉讼业务件数 | 每10万人委托业务件数 | 每10万人拥有律师数 | 地区 | 诉讼和非诉讼业务件数 | 每10万人委托业务件数 | 每10万人拥有律师数 |
|------|------|------|------|------|------|------|------|
| 北京 | 139565 | 946.4 | 62.7 | 江西 | 47303 | 110.8 | 4.5 |
| 天津 | 34982 | 343.8 | 17.7 | 河南 | 314343 | 324.3 | 5.6 |
| 河北 | 91949 | 135.4 | 6.6 | 湖北 | 87236 | 145.2 | 6.3 |
| 辽宁 | 87831 | 208.5 | 11.5 | 湖南 | 94428 | 141.4 | 6.7 |
| 上海 | 113154 | 655.4 | 34.8 | 重庆 | 39234 | 125.5 | 11.1 |
| 江苏 | 161920 | 218.2 | 9.3 | 四川 | 105873 | 121.5 | 6.7 |
| 浙江 | 170352 | 362.5 | 11.2 | 贵州 | 9039 | 23.3 | 3.0 |
| 福建 | 84507 | 241.5 | 9.3 | 云南 | 58744 | 133.7 | 6.8 |
| 山东 | 171710 | 187.6 | 8.2 | 陕西 | 36409 | 98.5 | 7.6 |
| 广东 | 254742 | 313.4 | 13.4 | 甘肃 | 16748 | 64.1 | 5.1 |
| 海南 | 7786 | 95.6 | 8.0 | 青海 | 6171 | 115.0 | 7.6 |
| 山西 | 37984 | 114.2 | 6.8 | 宁夏 | 12673 | 216.9 | 9.1 |
| 吉林 | 41013 | 151.5 | 7.7 | 广西 | 28512 | 58.5 | 5.1 |
| 黑龙江 | 67114 | 175.9 | 8.2 | 内蒙古 | 34411 | 144.5 | 8.1 |
| 安徽 | 95753 | 148.8 | 5.8 | 新疆 | 47719 | 244.9 | 11.2 |

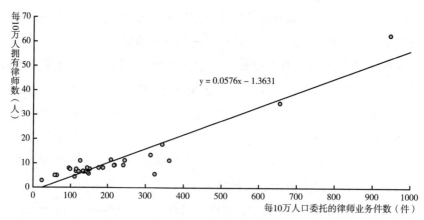

图8　2004年每10万人拥有律师数和每10万人委托的
律师业务数散点图

### 4. 律师服务收费标准和律师人数对比

律师服务的需求量和律师服务的收费标准都对律师收入有影响。律师服务的收费标准是影响律师地域分布的一个重要因素。根据前面的统计，经济发展水平较高的地区对律师的法律服务需求较高，律师服务的收费也比较高。两种因素使经济发达地区律师的收入更高，也导致了律师更大程度的集中。不同地区收费标准的差异，可以通过各地收费的标准比较体现出来。

国家计委、司法部于1997年3月颁布了《律师服务收费管理暂行办法》。该办法规定，各类诉讼案件的代理和仲裁案件代理的收费标准，由国务院司法行政部门提出方案报国务院价格部门审批，省、自治区、直辖市人民政府价格部门可根据本地区实际情况，在国务院价格部门规定的价格幅度内确定本地区实施的收费标准，并报国务院价格部门备案，其他法律服务的收费标准实行完全的市场定价，由律师事务所与委托人协商确定。但是，该办法颁布后，司法部和国家计委并未就诉讼案件和仲裁案件代理制定收费标准。湖南省等省物价、司法行政部门来函，要求在国家制定的律师服务收费标准下达之前，暂由省按照国家计委、司法部颁布的《律师服务收费管理暂行办法》制定临时收费标准。针对这种要求，国家计委、司法部于2000年4月下发了《关于暂由各地制定律师服务收费临时标准的通知》。通知指出，由于各地经济发展水平和律师业的发展状况差异较大，律师服务的成本和群众的承受能力也有较大差异，目前制定全国统一的律师服务收费标准尚有一定困难，鉴于此，为规范律师服务收费行为，促进律师业的健康发展，同意在国家制定的律师服务收费标准下达之前，暂由各省、自治区、直辖市物价部门会同司法行政部门按照前述的《律师服务收费管理暂行办法》所规定的政府定价项目及定价原则，制定在本地区范围内执行的律师服务收费临时标准，并报国家计委、司法部备案。该通知下发后，各省、自治区、直辖市分别先后制定了本地的律师收费标准，于是首次出现了全国没有统一的律师收费标准的情况[①]。2006 年4 月，国家发展改革委、司法部联合发布了《律师服务收费管理办法》，自 2006 年 12 月 1 日起执行。根据其具体内容，该办法仍然维持了现行的做法，即暂由各省、自治区、直辖市自行制定收费标准。比较各地区的相关政策文件，可以大致排列出不同地区收费标准情况。

本文比较了广东、山东、山西、甘肃等四个地区的收费标准，以及这种标准和相应地区的律师数量、律师业务数量之间关系（见表8）。比较发现：经济发展水平最高的广东地区，各类律师业务数量是最多的，律师收费标准是最高的，定价机制的市场化程度也是最高的，同时，律师的数量也是最多的；相反，经济发展水平较低的甘肃地区，各类律师业务数量是最少的，律师收费标准是最低的，定价机制的市场化程度也很低，律师的数量也是最少的；但是，这其中也有例外，就是法律咨询和代书的业务数量反而是山东最高，广东最低。然而这种例外基本上不影响结论，这是因为：一是法律事务咨询在律师业务中只具有辅助的性质，收费很低；二是根据调查，在广东地区，法律咨询的收费标准很高，达到 200~3000 元/小时，所以人们不会轻易进行法律咨询，但是在山东、山西、甘肃等市场化程度较低的地区，律师咨询收费很低，甚至有的地区法律咨询完全是免费的。因此，尽管广东地区的法律咨询数量不是最高的，但是律师咨询的总收入应该是最高的。

---

[①] 2006 年 4 月，国家发展改革委、司法部颁布了《律师服务收费管理办法》，取代 1997 年的《律师服务收费管理暂行办法》和 2000 年的《国家计委、司法部关于暂由各地制定律师服务收费临时标准的通知》。但是，新的办法要在 2006 年 12 月 1 日才开始施行，而且施行之后，各省份自行确定收费标准的制度没有改变。

**表 8　当前广东、山东、山西、甘肃四省律师服务收费标准比较**[*]

| 律师收费项目及经济、律师发展水平 | 广东 | 山东 | 山西 | 甘肃 |
|---|---|---|---|---|
| 2004 年人均地区生产总值（元/人） | 19707 | 16925 | 9150 | 5970 |
| 2004 年每 10 万人执业律师数（人） | 13.4 | 8.2 | 6.8 | 5.1 |
| 每 10 万人委托办理诉讼和非诉讼业务件数（件） | 313.4 | 187.6 | 114.2 | 64.1 |
| 每 10 万人法律事务咨询次数（次） | 235.9 | 522.4 | 642.9 | 239.8 |
| 每 10 万人代写法律文书件数（件） | 51.4 | 146.9 | 331.6 | 43.8 |
| 每 10 万人聘请法律顾问数（人） | 21.5 | 20.3 | 17.1 | 5.8 |
| **一、民事案件** | | | | |
| 　1. 不涉及财产关系的 | 3000~20000 元 | 500~5000 元 | 500~5000 元 | 500~5000 元 |
| 　2. 涉及财产关系的，分段累进计算 | | | | |
| 　　（1）10000 元以下 | 1000~8000 元 | 1000 元 | 500~5000 元 | 5% |
| 　　（2）10001~50000 元 | | 4% | 5%~4% | 5% |
| 　　（3）50001~100000 元 | 6% | 4% | 5%~4% | 4% |
| 　　（4）100001~200000 元 | 5% | 3% | 4%~3% | 3% |
| 　　（5）200001~500000 元 | 5% | 3% | 4%~3% | 2% |
| 　　（6）500001~1000000 元 | 4% | 2% | 3%~2% | 1% |
| 　　（7）1000001~5000000 元 | 3% | 1% | 2%~1% | 0.51% |
| 　　（8）5000001~10000000 元 | 2% | 1% | 2%~1% | 0.51% |
| 　　（9）10000001~50000000 元 | 1% | 0.5% | 1%~0.5% | 0.3% |
| 　　（10）50000001 元以上 | 0.5% | 0.5% | 1%~0.5% | 0.3% |
| **二、行政案件** | | | | |
| 　3. 不涉及财产关系的 | 3000~20000 元 | 500~3000 元 | 500~5000 元 | 200~2000 元 |
| 　4. 涉及财产关系的 | 同民事涉财案件 | 同民事涉财案件 | 同民事涉财案件 | 民事涉财酌减 |
| **三、刑事案件** | | | | |
| 　5. 侦查阶段： | | | | |
| 　　（1）为犯罪嫌疑人提供法律咨询 | | 50~600 元 | 50~500 元 | |
| 　　（2）代理申诉和控告 | 2000~5000 元 | 300~1000 元 | 300~1000 元 | |
| 　　（3）申请取保候审 | | 600 元 | 500~1000 元 | |
| 　6. 审查起诉阶段 | 5000~15000 元 | 500~3000 元 | 500~3000 元 | |
| 　7. 一审案件 | 6000~30000 元 | 1000~6000 元 | 1000~6000 元 | 200~5000 元 |
| 　8. 刑事自诉和刑事被害人代理 | | | | |

续表

| 律师收费项目及经济、律师发展水平 | 广东 | 山东 | 山西 | 甘肃 |
|---|---|---|---|---|
| （1）不涉及财产关系 | 同刑事辩护 | 1000～6000元 | 1000～6000元 | 比照同刑事辩护酌减 |
| （2）涉及财产关系的 | | 同涉财民事案件 | 同涉财民事案件 | |
| 9. 刑事附带民事案件 | 一审标准减半 | | | 比照民事酌减 |
| 10. 刑事二审 | | | | |
| （1）未办一审而办二审的 | 同一审案件 | 同一审 | 同一审 | 同一审 |
| （2）曾办一审又办二审的 | 一审标准减半 | 一审标准减半 | 一审标准减半 | 一审标准减半 |
| 四、刑事案件以外的诉讼案件申诉 | | | | |
| 11. 不涉及财产关系的 | | 500～3000元 | 500～3000元 | |
| 12. 涉及财产关系的 | | 同涉财民事案件 | 同涉财民事案件 | |
| 五、办理仲裁案件 | 同民事案件 | 同涉财民事案件 | | |
| 六、办理仲裁、劳动争议仲裁案件 | | | 比照民事案件 | |
| 13. 不涉及财产的 | | | | 200～2000元 |
| 14. 涉及财产的 | | | | 比照民事酌减 |
| 七、担任法律顾问 | 协商确定 | 协商确定 | 协商确定 | 协商确定 |
| 15. 顾问费 | | | | |
| 16. 办理签约内容以外的各类 | | | | |
| 八、办理非诉讼法律事务 | 协商确定 | 协商确定 | 协商确定 | 协商确定 |
| 17. 不涉及财产关系的 | | | | |
| 18. 涉及财产关系的 | | | | |
| 九、法律咨询、代书 | | | | |
| 19. 法律咨询 | 协商确定 | 协商确定 | 协商确定 | 协商确定 |
| （1）不涉及财产关系 | | | | |
| （2）涉及一般财产关系 | | | | |
| （3）涉及商业财产关系 | | | | |
| 20. 代书 | 协商确定 | 协商确定 | 协商确定 | |
| （1）代写诉讼文书 | | | | |
| （2）制作法律事务文书每件 | | | | |

续表

| 律师收费项目及经济、律师发展水平 | 广东 | 山东 | 山西 | 甘肃 |
|---|---|---|---|---|
| 十、涉外案件 | 协商确定 | 协商确定 | | |
| 十一、计时收费 | | | | |
| （1）适用范围 | 全部事项 | | | |
| （22）收费标准（每小时） | 200~3000 元 | | | |
| （23）各地可上下浮动幅度 | 20% | | | |

各地区的收费标准分别参考的文件是：

（1）广东省物价局、广东省司法厅《关于印发〈广东省律师服务收费管理实施办法〉（暂行）的通知》（粤价〔2003〕225 号），2003 年 7 月 10 日。

（2）山东省物价局、山东省司法厅《关于〈山东省律师服务收费临时标准〉（试行）延期执行的通知》（鲁价费函〔2006〕15 号），2006 年 2 月 20 日。

（3）山西省物价局、山西省司法厅《关于印发〈山西省律师服务收费临时标准〉的通知》（晋价费字〔2003〕176 号）。

（4）甘肃省物价局、省司法厅《关于调整律师服务收费标准的通知》（甘价费〔2002〕220号），2002 年 8 月 8 日。

### 5. 律师收入和律师数量比较

通过前四个方面的比较，可以发现，在经济发达地区，律师业务数量大、收费标准高，这增加了律师执业的收入，导致了律师的集中；相反，在经济落后地区，农村律师业务数量小、收费标准低，这减少了律师执业的收入，使律师的数量稀少。但是，在不同地区，律师的收入到底有多少、差距有多大，由于目前律师事务所大多实行自收自支、独立核算，律师事务所内部的分配机制又不统一，律师的实际收入水平到底如何不得而知，这个问题也增加了律师职业和律师群体的神秘性。由于国家有关部门几乎没有公布这方面的数据，本文也不能对这个问题有精确的考察，但是可以通过一些零星的统计数据作一个大致的比较。

国家发展改革委领导于 2006 年 6 月 2 日在全国完善律师收费制度的电视、电话会议上提到："2005 年，全国已有律师事务所 1.2 万家，执业律师 12 万人，律师服务收费总额达到 156 亿元。"[①]

然而，来自北京市司法局的统计资料显示，2004 年，北京地区律师

---

① 参见《关于印发国家发展改革委、司法部、中央政法委领导同志在全国完善律师收费制度电视电话会议上讲话的通知》（发改办价格〔2006〕1306 号）。

行业收入超过 50 亿元①。以北京 2004 年底共有 729 家律师事务所、共有执业律师（专职律师和兼职律师之和）9355 人计算，在 2005 年，北京地区平均每家律师事务所的收费总额是 685.9 万元，平均每个执业律师实现的收费金额是 53.4 万元。以北京地区 2004 年的收入和全国 2005 年的收入相比，平均每家律师事务所的收费北京是全国平均水平的 5.3 倍，平均每个执业律师创造的收费金额北京是全国平均水平的 4.1 倍。

上海市律师行业协会负责人称，目前上海取得执业资格的律师大约在 6000 名，每年创收大约 16 亿元，平均每人创收大约 30 万元②。根据《中国律师年鉴 2004》提供的数据，在 2004 年底，上海共有各类律师事务所 608 家，以此为根据可以算出，上海地区平均每家律师事务所的收费总额是 263.2 万元。以上海地区 2004 年的收入和全国 2005 年的收入相比，平均每家律师事务所的收费上海是全国平均水平的 2.0 倍，平均每个执业律师创造的收费金额上海是全国平均水平的 2.3 倍。

深圳市律师协会公布，2005 年度深圳律师行业总收入 13.7 亿元，纳税 1.2 亿元。以深圳执业律师 3600 人计，税前每名律师实现收入 38.1 万元③。

比较全国、北京、上海和深圳律师总收入和律师数量之间的关系（见图 9），我们发现，尽管北京、上海和深圳每 10 万人拥有的律师数量远远高于全国平均水平，但律师的人均收入并没有因为律师的大规模聚集而减少；相反，律师的人均收入仍然远远高于全国平均水平。这种差异说明了两点：一是律师的地区流动和分布体现了律师利益最大化的理性选择；二是从市场需求的角度看，大城市、发达地区律师高度集中，但是律师并没有显得过剩，欠发达地区律师数量非常少，律师的供给也并未显得不足。

关于欠发达地区律师的供给是否充足，在下面的个案调查中，将进一步进行分析。

---

① 王宇、于呐洋：《北京律师过万人　收入超 50 亿元》，《法制日报》2005 年 6 月 15 日。
② 韦蔡红：《上海律师薪酬调查》，《法制日报》2005 年 2 月 6 日。
③ 赵鸿飞：《深圳律师年营业额突破 13 亿》，《深圳商报》2006 年 7 月 3 日。

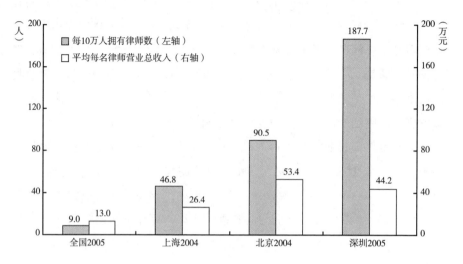

图9　部分地区律师数量和律师收入对比

## 四　无需律师的社会秩序：一个贫困县的个案调查

前面通过统计数据验证了一些理论上的推测，包括经济发展水平对律师地区分布的影响、律师收入和律师执业地区选择的关系，等等。但是，由于这种数据限于宏观层面，不能准确揭示各种因素影响律师分布的具体途径和方式；此外，由于缺乏一些必要的统计数据，一些因素和律师分布的实际联系不能得到验证。鉴于此，为进一步解释我国律师极不平衡的地区分布，我们实地调查了一个贫困县，对其律师数量相对较少的实际原因进行了深入的考察和分析①。虽然这个贫困县只是一个个案，但是影响律师分布的因素属于同类地区的"共性"，所以，这样一个针对个案的实证研究，可以和前面的理论分析、统计解释等互相印证，深化对我国律师非均衡分布的解释和认识。

### （一）H 县简介

H 县——地处山西省吕梁山区，黄河沿岸，和陕北地区隔（黄）河

① 这次调研工作由本文作者和胡水君博士、陈群博士三人共同完成。

相望，在家庭、婚姻、继承、居住、饮食等方面的民俗和陕北比较接近。H县矿产资源十分丰富，煤炭、铝土矿、石灰岩、硅石、白云石、石墨等储量较多，最突出的是煤和铝。但是，H县土地贫瘠，水土流失严重，雨量不足，植被稀少，各种设备简陋的炼焦厂、铝厂、铁厂星罗棋布，环境污染十分严重。这些问题严重制约了H县的社会经济发展。目前，H县社会经济发展总体落后，属于国务院八七计划期间确定的贫困县之一。截至2004年，人均地区生产总值只有1535元。H县的地方财政十分困难。据当地政府官员称，2005年的财政收入是7000多万元，但是，基本的财政开支要1亿多元，多一半的财政经费依靠中央和省级财政支持。由于公共财政紧张，基础设施十分落后，教育、司法、卫生等各项公共活动经费十分紧张。

　　图10通过地区对比，显示了H县落后的经济发展状况。2004年，H县的人均生产总值是1535元，这个数字只有山西省的1/6，全国的1/7。而和全国23个省市区的28个大城市相比，H县的经济发展更显落后，其人均生产总值大约只有前者的1/25。即使和其他贫困县比较，H县也属于比较落后的。其中，山西省35个贫困县平均人均生产总值为3578元，是H县的2.3倍。全国23个省市区的374个贫困县平均人均生产总值为4275元，是H县的2.8倍。

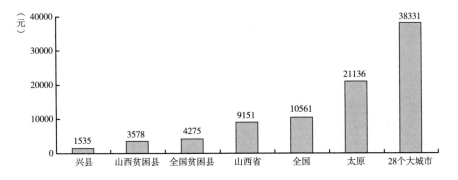

**图10　H县人均生产总值和有关地区的对比**

### （二）H县的律师数量

　　根据山西省司法厅的公告，H县共有2名律师。①1个律师事务所，其中只有 1 名注册的执业律师。实地调查发现，该律师是律师事务所的主任，同时也是县司法局的副局长。②1 家法律援助中心，其中有 1 名注册的法律援助律师，实地调查发现，该律师同时也是县公证处的主任。该县共有 27 万人，每 10 万人只有 0.7 名律师（见图 11）。这个律师数量水平可以通过一组数据对比进一步说明。

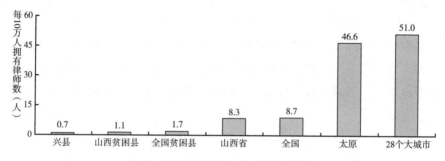

图 11  H 县和其他地区律师人数对比

实地调查发现，H 县还有 4 名"准律师"：他们拥有律师资格，在前一年还是注册律师，但是为避免上缴注册费和管理费，今年没有继续注册，但继续对外以律师名义执业。和两名注册的执业律师一样，这 4 名"准律师"同时也都有自己的本职工作，其中一名还是县工会主席。从实际情况来看，这 4 名"准律师"同样发挥着律师的社会职能，因此，如果考察法律服务的供需状况，就应该把他们也视为律师。这样，H 县就有 6 名律师，平均每 10 万人 2.2 名。如此，该指标值和图中其他地区的统计口径就存在一定差异。但即使如此，即 H 县的执业律师和"准律师"加起来，也只略高于全国 374 个贫困县注册律师数量的平均水平，和山西省、全国的注册律师数量仍有较大差距，大约只有后两者的 25%；和太原市、全国 28 个大城市相比差距更大，大约只有后两者的 4%。总之，无论以正式注册的执业律师计算，还是以实际从事律师业务的律师和准律师计算，H 县的律师数量都非常少。

## （三）H 县律师数量少的原因

H 县律师数量少的直接原因是律师收入太低。据估算，一名专职律师一年的总收入 12000 多元，扣除各种成本和花销之后，还有 6000 多元。
一年 6000 多元是一个什么样的收入水平呢？通过对比可以得到说明。

　　首先，一名专职律师一年 12000 多元的营业总收入，远低于全国平均
水平，和发达城市地区比较差距更大。我们以 13000 元算，H 县律师的总
收入只有全国平均水平的 1/10，只有上海的 1/20，深圳的 1/34，北京的
1/41（见图 12）。

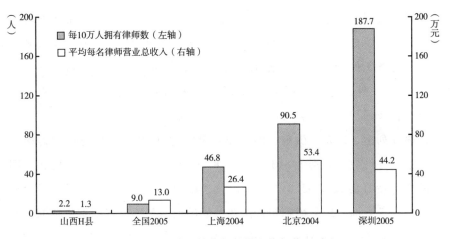

**图 12　不同地区的律师数量和律师收入对比**

　　其次，在本地区不同行业之间横向对比，6000 元的净收入也是很低
的。在 H 县，一名普通的小学教师一年的工资收入为 9000 元，一名科级
干部月薪 1200 元以上，一年有 15000 元。在公务员序列中，办事员的月
薪也有 700 元，一年有 8000 多元的收入。也就是说，专职律师收入低于
小学教师的收入，低于最低级别的公务员的收入。

　　有两个因素导致律师收入低。首先是律师业务量少。从实际情况来
看，H 县律师业务主要限于两种类型，一是诉讼案件的辩护和代理，二是
代写法律文书。虽然也有简单的法律咨询，但这种业务一般是免费的。代
书和代理都和诉讼有关，所谓的法律文书，一般仅限于起诉状。H 县法院
每年的诉讼案件非常少，使得这种以诉讼案件为基础的律师业务数量很
少。根据法院某副院长提供的资料，H 县法院 2005 年一共办理了 123 件
民事案件，1 件行政案件，102 件刑事案件。据估算，2005 年的律师业务

情况如下：①123件民事案件中，大约75%的原告请了代理人，25%的被告请了代理人，合计平均50%的当事人请了代理人，即2005年共有123件民事代理业务，扣除10件法律援助案件、30件基层法律工作者代理的案件，有83件是律师代理的。②H县2005年共有102件刑事案件，其中委托律师辩护的有50多件，扣除法律援助15件后，还有近40件案件委托了辩护律师。也就是说，每年只有100多件民事和刑事案件代理或辩护业务，以5名律师（1名注册律师、4名准律师）计算，平均每人每年诉讼案件业务量大约有25件。③由于刑事自诉案件比较少，代书主要限于民事起诉状。根据办案法官的回忆，民事案件起诉状都是委托律师或者基层法律服务工作者代书的。在123件案件中，扣除75%的律师代理案件后，尚有31件，这31件是可以收取一定费用的。但是这31件只有一部分是委托律师代书的，另一部分由基层法律服务工作者完成。

表8列出了广东、山东、山西和甘肃四省每10万人口委托的诉讼和非诉讼业务件数，分别为313.4件、187.6件、114.2件和64.1件，而同样的指标在H县仅有45.6件，远远低于四个省中任何一个省的平均数。在其他业务方面，H县律师担任法律顾问的数量是零，咨询是免费的，27万人口只有31件代书业务，同样显著低于4个省中任何一个省的平均数。

其次是律师业务收费标准低。H县律师收费完全是个人行为，基本上不履行什么财务手续，也没有什么限制性的标准。但是，市场机制作用自发地形成了一个收费"行情"：律师代理诉讼案件收费500元，代书30~50元。基层法律服务工作者代理案件每件收费200~400元，代书30~50元。法律咨询一般免费。需要说明的是，这个"行情"并不是每次都能兑现。有时候，面对熟悉的亲友，或者亲友的亲友，收费的事无从启齿；有时候，当事人宁可花销同样的费用甚至更多的费用请吃一顿饭，替代支付律师费用；有时候支付律师费的，不是现金，而是一条烟或一瓶酒。

对比表8中4个省关于律师收费标准的规定，H县律师的收费非常低，不仅比发达地区的广东、山东地区低，而且也比山西、甘肃规定的标准低很多。和山西省的标准对比，在民事案件中，省标准规定是500~5000元/件，如果涉及财产，还有累进计费，但是H县律师收费是一律500元/件；在刑事案件中，省标准规定一审案件1000~6000元/件，但是

H 县仅按 500 元/件收取，只有省标准下限的一半；对于代书和咨询，省标准规定由委托人和代理人协商确定，实地调查发现，太原市律师事务所的代书一般是 500 元/件，咨询大约是 200 元/小时，但是在 H 县，代书的行情是 50 元/件，咨询则通常是免费的。

根据平均每个律师的业务量以及收费的"行情"，可以计算出律师的收入状况。在 2005 年，每名律师共计代理诉讼案件 25 件，收费 12500 元，假定 31 件代书全部由律师完成，每件收费 50 元，每名律师在代书业务中可收入 310 元，合计每名律师每年的总收入大约 12810 元。

总之，H 县律师的收入是非常低的，由此导致了两方面的结果，一是 H 县的律师非常少，因为市场中的"蛋糕"总量太小了；二是没有专职律师，或者没有以律师职业为主要收入来源的律师，所有的律师，也包括所有的法律服务人员，都是公职人员，拥有自己确定的一份工资收入，兼职从事律师业务，法律服务收入在其总收入中仅仅是补充性的。

### （四）H 县律师数量少的原因分析

根据前述，H 县律师数量少的原因在于律师的收入低，而收入低的原因在于两个方面：律师业务少和收费标准低。这里对这两个原因作进一步的解释和分析。

**1. 为何律师业务少**

律师业务少的一个原因，是法律援助和基层法律服务工作者分流了一部分诉讼业务，但是，这不是主要原因。首先，分流的案件数量并不大，前者只有33件，后者只有30件，合计只有63件，即使不分流，这一部分也由律师代理，其收益总额也只有3万多元，平均分到5名律师，每名律师的收益和全国的13万元平均数相比，仍有极大的悬殊。和北京、深圳等城市相比，则差距更大。其次，法律援助是免费的，基层法律服务则只收300元一件，即使没有法律援助和基层法律服务，由于价格的原因，这部分业务也并不当然就能成为律师的业务。

进一步考察，律师业务数量少有两个深层次原因。

首先，法律服务的类型少，仅限于诉讼领域。在 H 县，人们对法律服务需求的类型非常少，仅限于民事行政诉讼案件代理、刑事辩护、代写法律文书（代书）和法律事务咨询等几种类型。而且，其中的代书和咨询通常限于与诉讼有关的事务。总之，律师事务仅限于诉讼案件。除此之外，诉讼案件的申诉、担任法律顾问、非诉讼法律事务等律师业务则完全没有。而在全国，非诉讼业务和诉讼业务的比例是 0.6：1。在北京、广东等律师业务较多的地区，这个比例更高，分别达到 1.5 和 1.3，换言之，非诉讼业务的数量超过了诉讼业务。

H 县之所以没有非诉讼法律业务，一方面，很大程度上非诉讼业务存在于经济交易活动之中，如成立公司、发行证券、使用专利、对外投资等等，然而 H 县的经济非常不发达，人均地区生产总值远远低于山西和全国平均水平，在全国的贫困县中，也是比较低的，经济交易的数量少，涉及金额小，因此，非诉讼法律业务的需求也非常少。另一方面，H 县在很大程度上是一个熟人社会，法律在社会生活中的作用非常有限，无论是在公权活动领域，还是在社会生活中，关系网络而不是法律发挥着更为重要的作用。一位被访者描述了她的家人所经历的一起交通事故责任认定和损害赔偿案件，她的熟人关系（她的妹夫是教育局局长，教育局局长和公安局局长关系很好）起到了至关重要的作用。在绝大多数情况下，认识人和送礼是解决问题的关键，法律服务反而无关宏旨。

其次，在诉讼案件中，人们寻求律师服务的比例较高，但是，由于诉讼案件本身非常少，律师业务量也非常少。在 2005 年，H 县全年仅受理了民事案件 123 件，刑事案件 102 件，行政案件 1 件，合计 226 件。扣除人口因素影响后，H 县的民事诉讼率只有全国的 13.6%，只有北京的 3.8%。行政诉讼率只有全国的 5.6%，北京的 1.8%。刑事诉讼率相差小一些，分别是北京的 75.6% 和 26.7%（见图 13）。

那么，是什么原因导致 H 县的诉讼案件尤其是民事案件和行政案件如此之少呢？归结起来，原因主要有四个方面。

一是纠纷少。民事诉讼是纠纷发展和演化的一个结果，在其他因素保持不变的情况下，纠纷的数量越少，诉讼也就越少。H 县民事诉讼率低的一个原因归结于社会纠纷较少，而之所以纠纷较少，原因在于三个方面。①社会经济活动总量比较小，导致经济纠纷比较少。②复杂社会的关系网络，能够抑制一些侵害的发生，或者在侵害发生后能够抑制其

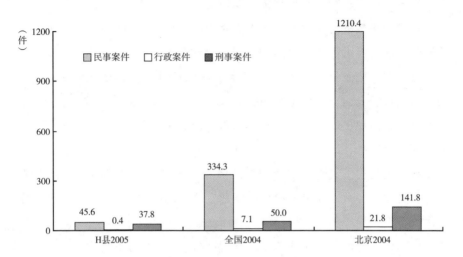

**图 13　不同地区每 10 万人诉讼案件数量比较**

演化为纠纷。在 F 村，有两个铁厂，噪声和烟尘的污染非常严重，但是对于一部分村民来说，他们自己又是铁厂的工人，需要依靠工厂挣钱。对于另一部分村民来说，铁厂可能是购买他们的煤炭或者石料的主顾。总之，由于各种各样的互惠关系，权衡利弊后，一般都不愿意对铁厂的污染问题提出异议。③在农村地区，年轻人普遍外出打工，村里留下的主要是老人和小孩，这也在一定程度上减少了纠纷发生。

　　二是在非正常死亡事件中，"私了"现象非常普遍。E 乡分管综合治理的副书记赵某介绍，这些年的非正常死亡人数非常多，尤其是矿难死人不少，但是这些事件极少通过司法程序处理，绝大多数都"私了"了。调查发现，人们之所以选择"私了"，是因为"私了"对死者家属和矿主双方都更为有利。比如说，对于一起井下死亡事故，如果选择"私了"，死者家属可以获得 25 万元左右的赔偿，而且很容易就拿到手，矿主则可以避免行政处罚或者刑事追究，而且，这样的处理方式已经形成了通行的惯例，双方很容易就能够达成协议。相反，如果选择司法途径解决，对于死者家属来说，最多只能得到 20 万元的赔偿，但是将要拖延很长时间，还要预交昂贵的诉讼费，更为不利的是，判决书常常很难得到执行。对于矿主来说，虽然民事赔偿的钱可以少一些，但是厂矿可能被查封或者整顿，本人可能面临行政或者刑事处罚。

三是司法救济的能力有限，人们对司法的信心普遍缺失。一方面，一些案件法院无能力解决。比如，根据 B 镇法律服务所主任介绍，B 镇修建铁路征地，当地农民和政府之间产生了激烈的冲突，但是人们不选择诉讼，而是选择上访，因为这些冲突涉及复杂的社会关系，当地党政部门也牵涉其中，即使提起诉讼，法院要么不受理，要么受理了也解决不了。另一方面是执行难，即使法院作出了判决，能否执行还是一个未知数，这在一定程度上削弱了人们对司法救济的信心。比如，某法院副院长介绍说，当地存在很多乡政府拖欠工程款的问题，这些问题起诉判决之后，根本就无法执行。

四是诉讼的经济成本太高。在 H 县法院，诉讼的正式收费比最高人民法院 1989 年规定的标准还要高一点。根据案件受理登记册上的记载，离婚案件的收费在 400～1000 元，其中 50 元以案件受理费的名义收取，另外的 350～950 元以"其他应当缴纳的费用"的名义收取。根据 1989 年 7 月最高人民法院颁发的《人民法院诉讼收费办法》，"其他应当缴纳的费用"包括勘验费、鉴定费、公告费、翻译费、复制庭审记录或者法律文书费，由于当事人不正当的诉讼行为所支出的费用等方面，以实际支出为准。显然，H 县法院一个普通民事案件并不需要实际支出这样的费用。其他案件的收费则更高。在访谈中，一个被访谈者回忆说，一个请求赔偿 6 万元的交通事故案件需要交 4000 元，这还是"看在老同学的面子上给便宜点"，而按照《人民法院诉讼收费办法》计算，最多只需要 2310 元。另一位被访谈者王某则回忆说，他的堂哥在耐火材料厂当股东，人家欠他五六千块钱，起诉就花了一两千，而按照《人民法院诉讼收费办法》计算，则最多只需要 300 元。而且，这只是正式缴纳的费用，通常一个案件，要拖上半年时间，在这其中还需要宴请和送礼，加上诉讼过程的其他开支，如律师费用、交通费等等，使得诉讼成本既高昂，又难以控制和预测。高昂的诉讼费用与诉讼费用预缴制度和法院裁判的执行难结合起来，加大了当事人的诉讼成本。

当然，H 县法院之所以收取较高的诉讼费，也是事出有因。H 县法院的经费很难保障，"除了工资，县里面这些经费几乎没有"。这种经费紧

缺是普遍性的，并非仅限于法院。司法局目前一年的全部办公经费也只有
8000元。在县城，由于缺乏资金，路灯不能开，环境卫生不能正常打扫。
为克服经费紧缺，法院部门通过诉讼收费来解决自己的经费问题。但是，
这种方式有两个方面的局限：一是经济案件少，标的非常小，很难像发达
地区那样通过经济案件获得收入；二是实行收支两条线后，案件受理费直
接上缴财政，只留下30%给法院支配。为克服这两个限制，法院提高了
民事案件的收费标准，而且，不以案件受理费的名义收取，是以实际支出
的"其他应当缴纳的费用"名义收取，这笔费用是实际支出的，不需要
上缴财政。比如，在一个收费1000元的离婚案件中，案件受理费只有50
元，"其他应当缴纳的费用"占950元，这样一来，留给法院的费用就有
965元。H县共有四个人民法庭，其中三个设在县城以外的乡镇，一个设
在县城，就在法院院部的办公楼中。以这样的方式，其中一个设在乡镇的
人民法庭一年能够办理大约30个案件，收取20000元左右的费用，这些
费用用于法庭的各项基本开支，包括水、电、冬天的锅炉费、雇临时工看
门的费用。但是，另外两个设在乡镇的人民法庭连这个收入也不能保证。

　　由于贫困落后，县财政的困难和普通百姓的贫穷是相伴随的，法院提
高诉讼费用后，在很大程度上堵塞了人们司法救济的渠道，人们不是万不
得已，不会选择诉讼方式，宁可"忍受"自己所遭到的权利侵害。以至
于在访谈中，村民谭某说："法院根本不敢［去］，一去就得交钱，那地
方是有理无钱不进来。"村民秦某说："打官司，起诉开支大，这些纠纷
就麻烦了，所以一般不起纠纷。"村民孙某说："不打［官司］，要打还得
先贴上钱，打了也赢不了多少，有钱的你惹不起，有权的更不敢惹，所以
没人打官司。"

### 2. 为何律师收费低

　　据调查，多方面的原因导致律师收费低，最主要的原因是地区经济发
展落后。由于经济发展落后，诉讼案件多是传统性的民事案件，经济案件
非常少，即使有，涉案标的也非常小，人们不可能为此支付很大的一笔律
师费用。此外，也由于经济发展落后，民众普遍贫穷，在主要是争"是
非"的民事案件中，不可能支付较大的律师费用。

　　无论是在现实生活中，还是在人们的观念中，诉讼的胜负主要决定权

在法院，而不在律师，所以，人们不愿意将成本投在收效有限的律师身上，这是导致律师收费低的另一个原因。司法局的干部透露，法官也总是在不同的场合向当事人暗示：案子是由我来判，你干吗把好处送到律师那里去？实际上情况也是这样的，一件简单的民事案件，法院的收费和律师的收费相当。但是稍微复杂一些的案件，或者涉案财产争议额上万的案件，则法院的收费一般要高于律师，这和发达地区相比，刚好相反。当然，之所以出现这样的情况，归根到底也是经济发展水平在起作用，正是因为经济发展落后，法院没有足够的财政经费保障，于是将诉讼活动商业化，和律师进行收费竞争。由于案件的裁判权在法院，这种竞争的结果是不言而喻的。

律师收费低的第三个原因和熟人社会的文化观念与行为方式有关。H县在很大程度上还是一个熟人社会，不论是什么事情，人们都习惯于找熟人帮忙，这在法律服务方面也有所体现。当人们面临法律事务时，不仅要在公权力机关中托关系走后门，找律师也是一样，总是希望通过熟人引见找到律师。由于地方不大，人口流动较小，律师和自己的当事人常常是亲友关系，或者亲友的亲友，等等，这种关系使得许多法律服务具有帮忙的性质，尤其是像代书、咨询一类的事务，很难按照正规的委托代理形式收取费用。当然，忙是不能白帮的，但与发达的商品社会不同，人们并不总是用货币购买法律服务，而是习惯于在其他方面还人情账，或者比较隆重地宴请一次，作为感谢。"如果他直接付钱给你，他会觉得很没有面子，但是如果你为他做事之后，他只是请你吃饭，尽管有时这个花销还要大一些，他也会觉得很有面子。"某律师事务所主任这样描述人们的观念。当然，这一特点是和发达的、陌生人组成的城市社会相对而言的，说的是一种现象，并不总是收不上来钱。

## 五　原因总结和制度检讨

### （一）原因总结

根据上文的理论分析、统计验证和个案调查，欠发达农村地区成为

"无需律师的社会秩序"的直接原因，是律师的收入太低，在法律服务市场机制的作用下，律师们理性地选择向城市地区、发达地区集中。导致律师收入低的原因，可以总结为如下三个方面。

首先，经济发展落后是导致欠发达农村地区律师收入低的主要原因。经济状况通过四个方面降低了欠发达农村地区律师的收入：一是经济发展落后导致纠纷的类型少，从而使得法律服务需求的类型少、数量小，非诉讼业务接近零；二是在诉讼案件中，经济纠纷案件少，而且涉案财产标的额小，当事人不愿意在法律服务方面投入大量成本；三是经济发展落后导致人们在法律服务方面支付能力和支付意愿减弱；四是经济发展落后导致法院的经费紧张，较大比例的诉讼成本被转嫁给当事人，影响了诉讼的积极性，从而进一步减少了律师的业务量。

其次，司法权的弱势地位、执行的困难等减弱了法律在社会生活中的作用，从而也减少了法律服务需求。根据个案调查的发现，有许多案件法院的判决难以执行，判决书成为"白条"。而另一些比较复杂但并不少见的征地拆迁纠纷、承包纠纷等案件，法院根本就没有能力处理，这降低了人们对法律、对司法的信心，更相信权势、关系的作用，转而采取上访、拉关系、走后门等措施，没有条件的当事人则采取隐忍的策略，从而也减少了对律师的需求。

再次，熟人社会的一些文化观念和行为方式，减少了法律服务的需求或者减少了律师的收入。熟人社会中通行大量的惯例、习俗，其内容常常和法律不一致，却是当事人在长期的生活中所形成的博弈均衡，当事人很容易以此为依据形成个案合谋从而规避法律，使得法律对社会生活的规范无用武之地，法律服务因此成为多余的。熟人社会的另外一个特点是，复杂的、人格化的关系网络比较发达，对于生活中的纷争，通过非正式的方法，这种网络能够在一定程度上起到化解作用，从而减少了正式的法律方法的运用机会。熟人社会的另一个特点是，社会中盛行互助的方式，而不是市场交易的方式解决个人的需求和困难，这使得律师在一些业务中，对于具有特定关系的当事人，难以做到有偿服务。

实证考察也表明，目前流行的一些观点并不能有效解释欠发达农村地区律师稀少的现象。

首先，欠发达农村地区律师稀少并非因为律师的总量不足。这是因为，最近几年来，律师的数量持续增长，但是欠发达地区的律师数量并没有增加，新增的律师基本上都被吸收到大城市和发达地区去了。即使大城市地区律师过剩，律师们也不会分流到落后的农村地区去执业，过剩的律师宁可在大城市做律师助手，或者仅仅持有律师资格但不注册执业。而在农村地区，人们考取律师资格后，他们或者坚守原来的公检法职业，或者到外地去执业，或者在本地仅仅兼职做一些律师业务，而不会在本地专职从事律师业务。总之，从律师需求的角度看，尽管律师数量很少，成为"无需律师的社会秩序"，但是，从市场需求的角度看，律师数量却是饱和的。

其次，基层法律服务工作者在一定程度上分流了农村地区的法律业务，减少了农村地区的律师需求，但这并不是欠发达农村地区律师稀少的主要因素。从全国来看，目前尚缺乏充分的经验材料进行推断。但是从制度上说，基层法律服务工作者不仅分流农村地区的法律业务，同样也分流城市地区的法律业务，所以在逻辑上，基层法律服务工作者不是影响律师非均衡分布的主要因素。从 H 县的实际情况来看，这一点则是确定的。H 县不仅律师的业务数量少，基层法律服务工作者的业务量更少，后者大约只有前者的 1/4，即使没有基层法律服务工作者的业务分流，律师收入低和律师数量少的情形也不会有根本上的改观。

## （二）制度检讨

根据本文的实证分析，欠发达农村地区律师数量少的部分原因，也是主要原因，在于经济发展落后，从这个角度说，"不需要"律师是社会发展特定阶段的一种情形，不能将律师数量少说成是一种问题，至多只能说是反映了社会经济文化不发达的状态。但是，欠发达农村地区律师数量少的部分原因却在制度方面，因为制度上的一些原因，降低了法律在社会生活中的作用，减少了人们对法律服务的需求，从而也就减少了律师的数量。从这个角度说，欠发达农村地区律师数量少，反映了我们在制度上的若干缺陷和困境。

　　首先，反映了我国法院经费保障机制存在缺陷。根据现行的财政体制，审判工作属于地方的事权，根据事权和财权相统一的原则，法院的经费由同级地方财政保障。在我国目前的司法体制中，这个制度体现了司法地方化的一个方面。这种制度目前受到各界的普遍批评，但是人们的批评主要集中在其对司法独立的危害上，认为这种地方化和司法人事制度方面的地方化结合起来，使得法院在地方政权中处以极度的弱势地位，从而危害了司法的独立和公正。当然，这种危害是存在的，但是同时，还存在另外一个危害，这就是本文的实证分析所得出的结论：在经济落后的地区，地方财政不能有效保障法院的办公经费，于是法院将额外的诉讼成本转嫁到当事人头上，加重了当事人的诉讼负担，从而程度不同地削弱了当事人寻求司法救济的积极性。换句话说，就是堵塞了司法救济的渠道。而司法救济渠道不畅的危害是毋庸置疑的。直接的危害是受害人的权利得不到救济，间接的危害是法律得不到尊重和实施，法律规定中的经济、政治、文化理念得不到实现，社会的经济、政治和文化生活不能形成理想的法治秩序。

　　其次，反映了司法权的弱势和执法难等问题。这两种情形削弱了人们对司法和法律的信心，一方面是减少了对法律服务的需求，另一方面却从另一个角度堵塞了司法救济的渠道，产生了和提高诉讼成本一样的危害后果。

　　再次，反映了法律和地方的观念、习俗之间存在一定程度的冲突，这种冲突导致了当事人合谋规避法律的现象普遍存在。这一方面减少了法律的适用和律师的需求，另一方面制约了法的实现。比如，当前普遍存在矿难事故"私了"的做法就是这方面的典型反映。

　　　　　　　　　（参见法治蓝皮书《中国法治发展报告 No. 5（2007）》）

# Abstract

Judicial system is an important component part of political system and judicial fairness is an important guarantee of social justice. Administration of justice plays a decisive role in the construction of a law-based state. Judicial fairness and justice is indispensible to the construction of a socialist state under the rule of law in China whereas a complete judicial system is the precondition of the realization of judicial fairness in a country. Since the reform and opening up, China has enjoyed rapid economic and social development; public consciousness of the rule of law has been markedly enhanced; profound changes have taken placed in judicial environment; many new situations and new problems in judicial work have emerged, the imperfections and incompatibilities in the current judicial system and judicial work mechanism have become increasingly prominent, and, as a result, it becomes urgent to improve and further develop the judicial system through reform. In recent years, China has carried out the reform of the judicial system and judicial work mechanism in an active, reliable and pragmatic way. Since the 1990s, especially during the past 15 years since 2002, China has carried out several rounds of judicial reforms, some of them focusing on systems and mechanisms, some on the trial mode, but all of them aimed at realizing fair and efficient administration of justice. The reform and evolution of the judicial system has become an ideal window for observing the administration of justice in China. During this period of time, China has carried out bold and decisive reforms in such fields as the allocation of judicial power, judicial professionalization, standardization of mechanisms for the operation of judicial power, the trial mode, and the safeguarding of right of action and litigious rights. This book summarizes the development of the judicial system in China in the following five parts: reform and development of the judicial system, reform and innovation of the court system, reform of the procuratorial system, informatization of courts, and legal services. In the future, China will not slow down the pace of judicial reform, but will further advance the reform in depth and breadth towards the direction of institutionalization, and will lay more emphasis on the implementation of and supervision over the implementation of various reform measures.

# Contents

## Introduction: Twenty Years of Development of the Judicial System in China: A Continuous Pursuit of Fairness and Efficiency

**Abstract**: Since the reform and opening up to the outside world, profound changes have taken place in the judicial environment and many new situations and new problems have emerged in the judicial field in China. For this reason, China has carried out several rounds of active, prudent and pragmatic reform of the judicial system and judicial work mechanism with a view to improving judicial fairness and efficiency. In the past 20 years, the judicial reform in China has undergone three stages of development—the reform of the trial mode, the reform of judicial systems and mechanisms, and all-round and in-depth judicial reform—at which bold and decisive reforms have been carried out in such fields as allocation of judicial power, judicial professionalization, the standardization of mechanisms for the operation of judicial power, the trial mode, and the safeguarding of right of action and litigious rights. This introduction not only reviews the process of judicial reform in China in the past 20 years and summarizes the main content and direction of the reform, but also reflects on the problems emerged in the reform, and looks at the prospect of the reform in the future.

# Part 1: Reform and Development of Judicial System

## Chapter 1    Reform and Development of Judicial System in China in 2004

**Abstract**: This chapter reviews the reform and development of the judicial system in China in 2004 in the fields of criminal procedure, administrative procedure and civil procedure. It first reviews the situation of the construction of the criminal litigation system in China in 2004 and analyzes the main issues in the current criminal procedure system in the country, such as the "strike-hard campaign", the people's assessor system, the protection of the rights of the accused, and criminal proceedings, in light of the criminal litigation work carried out by public security organs, people's procuratorates and people's courts. Then it gives a detailed account of the situation of administrative litigation system and state compensation system in China in 2004 from the perspectives of changes in case data, institutional development, and future prospect. Finally, it reviews the new progresses made by China in civil trial, enforcement of civil judgments and other related fields in 2004 from the perspectives of institutional improvement, number and distribution of different types of case, trial supervision work, and litigation mediation.

## Chapter 2    Reform and Development of Judicial System in China in 2006

**Abstract**: This chapter reviews the development of the judicial system in the fields of criminal and civil proceedings in China in 2006. It first gives an introduction to the reform and development of the judicial system in China in 2006 with respect to the construction of the criminal procedure and the criminal judicial and law enforcement practice of public security organs, people's procuratorates and people's courts, and analyzes such key issues as the reform of the proced-ures for the handling of death penalty cases and the criminal policy of tempering justice with mercy. Then it reviews the reform and development of civil procedure in China in 2006 with respect to the construction of civil litigation system, civil trial, the implementation of civil judgments, supervision over civil trial and the implementation of civil judgments, and civil mediation, and looks at the prospect of the future development of civil litigation system in China with respect to the evidence system, summary procedure, procuratorial supervision over civil cases, and measures for the enforcement of civil judgments.

## Chapter 3　Reform and Development of Judicial System in China in 2007

**Abstract**: In 2007, the people's courts made comprehensive progress in trial, implementation and contingent, put forward judicial reform steadily, established the guiding ideology for the people, and continuously improved convenient judicial measures. Grassroots infrastructure and judicial capacity was strengthened, while material and technical equipment was significantly improved. In this year, judicial reforms in the court system were mainly as follows: firstly, improving the death penalty approval system, and deepening the reform of criminal justice system; secondly, improving the civil retrial and implementation system around emendation of the Code of Civil Procedure; thirdly, furthering the practice of open trials; fourthly, reforming and improving the system of judges.

## Chapter 4　Reform and Development of Judicial System in China in 2009

**Abstract**: In 2009, China has carried out judicial reform and made remarkable processes in optimizing the distribution of judicial power, implementing the policy of tempering justice with mercy, strengthening the ranks of judicial personnel, reforming the fund safeguarding system, and improving the working mechanism of administration of justice for the people, thereby contributing to the establishment of a fair, efficient and authoritative judicial system, and upholding social fairness and justice.

## Chapter 5　Reform and Development of Judicial System in China in 2014

**Abstract**: Since the initiation of the new round of judicial reform, the state has adopted a series of measures for the promotion of judicial reform and local governments have actively carried out pilot reforms, many of which are successful. However, these pilot reforms, which are still at the experimental stage, cannot avoid the "running-in" with the existing systems and require the adoption of supporting measures. Especially, the tackling of the institutional problems has become an unavoidable approach to this round of judicial reform. This report examines the emphases of the new round of judicial reform, summarizes the experience of experimental reforms in pilot areas, analyzes the difficulties and problems encountered in the reform, and on the above bases, predicts the direction of development of judicial reform in China, so as to provide reference for the implementation of the new round of judicial reform in the current judicial environment.

## Chapter 6　Reform and Development of Judicial System in China in 2015

**Abstract**: In 2015, the judicial reform under the leadership of the Communist Party of China continued to conduct in-depth. This paper discusses in detail the new progress of the judicial reform in 2015. This article first introduced continue to promote the reform of judicial resources management, including the post system, classification management, property of the provincial unified management; secondly introduces the reform of the judicial power operation, supervision and restriction mechanism, mainly includes eleven aspects: establishment of the circuit court, perfecting the judicial responsibility system; then introduces the judicial protection of human rights, including no detainees wearing a dress, clean up the Supervision identified twelve aspects of correct decided not to charge a long case; finally concluded that judicial reform in 2015 to uphold the party's leadership, adhere to the top-level design, major reform policies in the pilot implementation of the rapid expansion in the pilot process, increasing the pilot provinces practices, and the 2016 show look forward to.

## Chapter 7　Reform and Development of Judicial System in China in 2016

**Abstract**: In 2016, China continued to adopt new reform measures to implement the reform plans put forward by the CPC at the Fourth Plenary Session of its Eighteenth Central Committee and to respond to new demands of judicial practice. With respect to the management of judicial organs, personnel, finance and property, China has set up circuit courts, reformed internal organs of courts and procuratorates, and improved the systems of selection, appointment, reward and punishment of judges and procurators;

and the experiences gained in earlier pilot programs of judicial reform have laid the foundation for the fine adjustment of reform measures. With respect to the operation mechanism of judicial power, China has stressed the separation of complex cases from simple ones in criminal, civil and administrative proceedings so that simple cases can be dealt with by summary procedure, deepened the reform of pluralistic dispute resolution mechanisms, advanced the trial-centered criminal procedure reform, brought summary procedure into the scope of pilot programs on the system of leniency to those who plead guilty and accept punishment, promoted the institution of public interest civil and administrative litigations by procuratorial organs, strengthened procuratorial supervision, improved the execution of civil and criminal judgments, carried out pilot work on the assessor system, improved court rules and upheld judicial authority. With respect to the protection of the right of action and litigious rights, China has standardized the procedure for the review of the necessity of custody, advanced the reform of state compensation system, strengthened the judicial protection of vulnerable groups, standardized judicial aid, taken measures to protect whistleblowers in cases of duty-related crimes, and implemented the system whereby the person in charge of an administrative organ appears in court to respond to litigation against the administrative organ.

## Chapter 8    The Revision and its Dispute of Civil Procedure Law in China

**Abstract**: Taking the Draft Amendment to the Civil Procedure Law, which was submitted in October 2011 to the 23rd meeting of the Standing Committee of the Eleventh National People's Congress for deliberation, as the main text, this article carries out a comprehensive review and analysis of the background and thinking of the existing problems and disputed issues in the revision of the Civil Procedure Law. Through analysis, the author points out that this revision still shows a strong tendency of legal instrumentalism. In the future, the revision will be faced with a major change of direction—from the current result-oriented mode to a process-oriented mode—so as to make the revision of the Civil Procedure Law a process of realization of the subjectivity of parties to civil litigation.

# Part 2: Reform and Innovation of the Court System

## Chapter 9　Innovative Internal Administration by the Courts Effectively Promotes Judicial Credibility: Research Report on the Balanced Judicial Work of Judges of Huzhou Courts

**Abstract**: Administrative defects such as unreasonable allocation of judges and ineffective management by chief judges aggravate the tension between huge case numbers and limited human resources, constrain the improvement of juridical quality, and eventually impede juridical credibility. To relieve the tension between case numbers and human resources, the adoption of an index on balanced case management, is proposed. In the aforementioned formula, M means the total number of completed cases by judges of a particular division of a court, N means the total number of judges of the particular division, and X means the number of completed cases handled by individual judges of the particular division. Such index reflects the situation of balance judicial work by case handlers as well as guides the management of the courts to effectively adjust the allocation of cases to judges.

## Chapter 10　Practice of Beijing Courts in Implementing Judicial Reform

**Abstract**: After the eighteen party, the central government is more prominent in the important role of the rule of law. The party's eighth session of the third and fourth plenary session of the judicial reform to make the important deployment, content, great efforts, the social from all walks of life attention. Are summarized in this paper a court in the city of Beijing to promote the progress and achievements of a new round of judicial reform, reflect the Beijing municipal judicial rule of law in the field of development process, and points out that promoting key reform tasks in the face of difficulties and problems, and further puts forward suggestions for the reform of the judicial system.

## Chapter 11   Current Situation and Further Improvement of Judicial Openness of Chengdu Courts

**Abstract**: Fairness and justice is the unremitting pursuit of the judicial work, the judicial openness is the guarantee of judicial justice, convenience for the people is the starting point and end result of the judicial work. Is introduced in this paper status of judicial openness of court in the city of Chengdu and perfect way: firstly, the author introduces the Chengdu judicial public profile, then tries to through comparison to identify the location, learn from the useful experience, in accordance with the standard of national first-class, leading the west around construction and modern international City match judicial public convenience service platform and system, put forward specific ideas and measures, mainly includes to judicial public as the starting point to promote judicial service promotion, public focus on top-level design and grassroots innovation combination of reasonable planning out of the local characteristics of the open road.

## Chapter 12   Practice of Zibo Courts in Enhancing Public Trust in Judiciary

**Abstract**: The report on the 18th CPC National Congress put forward to "the credibility of the judiciary continuous improvement" as an important goal of deepening the reform. In 2014, the *Decision of the Central Committee of the CPC on Several Important Issues of Promoting the Rule of Law in an All-round Way* took ensuring justice and improving judicial credibility as important components of promoting the rule of law in an all-round way. Today, the "public trust" has become the focus of attention of the public authority. This paper focuses on the analysis of the court in the city of Zibo enhance public confidence in the judicial practices, the author points out that Zibo court proposed to create the whole idea of public confidence in the court, since 2007 has issued a series of documents, under the leadership of sustained attention, through a unified judicial system, strengthen judicial process management, promote judicial openness, innovation execution mechanism, strengthen judicial convenience construction and talent team construction and other initiatives, public confidence in the judiciary has improved significantly. In this paper, which in turn to its objectives, practice, experience, problems and suggestions are discussed. It is pointed out that still need from filing, trial, execution, code of conduct, judicial style and other aspects to be improved and perfected.

# Chapter 13    Investigation Report on the Innovative Pilot Program on "the Same Compensation for the Same Injury" in the Trial of Cases Disputes over Compensation for Personal Injuries: Taking the Intermediate People's Court of Huzhou City as a Sample

**Abstract**: The current practice of "different compensations for the same injury" in the trial of cases of disputes over compensation for personal injuries needs to be changed. The Intermediate People's Court of Huzhou City, taking cases of dispute over the liability for motor vehicle traffic accident as the entry point, has established a uniform standard of compensation for personal injury applicable to both urban and rural residents within the administrative area of Huzhou City, thereby realizing "the same compensation for the same personal injury" among local residents. This measure has brought obvious benefits to rural claimants of personal injury compensation, lightened their burden of proof while, at the same time, reduced the judge's workload. The experience gained from this innovative pilot program can be summarized as the followings: firstly, local people's courts need the authorization of the Supreme People's Court in order to carry out innovative pilot work of implementing the principle of " same compensation for the same injury" in their judicial practice. Secondly, local people's courts should carry out pilot work on "the same compensation for the same personal injury" in a step-by-step manner. At the next stage, the scope of application of the principle can be extended to cases of dispute over compensation for medical damages. Thirdly, in order to carry out the pilot work, people's courts need the support of the relevant Party and government organs. Lastly, China should, on the basis of determination of the nature of compensation for disability or death as compensation for mental damages and in light of national conditions, establish in due course uniform and fixed standards of compensation for disability or death that are applicable in the whole country.

# Part 3: Reform of Procuratorial System

## Chapter 14　Reform of Procuratorial System in China in 2007: Retrospect and Prospect

**Abstract:** The prosecutorial reform involved two aspects, namely the reform of the system and that of the mechanism. The on-going reform carried out within the prosecutorial power itself touched mainly upon the working mechanism. Under the same idea that has been developed in recent years, the reform in 2007 proceeded along two directions: the strengthening of both inside and outside supervision. Specifically, the outside supervision referred to the legal supervision power upon law enforcement, whereas the inside supervision emphasized the regulation of the prosecutorial implementation of law. The criminal policy of combining the use of lenient and harsh punishment played an important leading role in the reform of 2007, for it well achieved the objective of serving the construction of a harmonious society, especially in dealing with the death penalty cases and the criminal cases of juvenile, and in the reform of speedy processing of minor criminal cases. That the practice of tightening the supervision upon lower procuratorates by the higher ones and the formation of the supervisory system within prosectorial work strengthened the mechanism of inside supervision. Meanwhile, the establishment of the criteria in the budget guarantee for grassroots procuratorates well promoted the reform with regard to the protection of the performance of prosecutorial work.

## Chapter 15　Reform of Procuratorial System in China in 2008: Retrospect and Prospect

**Abstract**: The reform of the procuratorial system is a significant component of the political and judicial reforms in China. As a whole, the Chinese procuratorial system is sound and compatible with the basic national condition at the primary stage of socialism. However, the current procuratorial system and the relevant working mechanisms still have many problems, and therefore urgently need to be improved through continuous deepening of the reform. This report reviews the main measures adopted for the reform of the procuratorial system from 2003 to 2008, and puts forward the principles to be adhered to in the deepening of the reform as well as some specific reform measures that will be inductive to creating judicial guarantee and favorable environment for the construction of a harmonious society.

## Chapter 16 Chinese Procuratorial System in 2009:
## Characteristics and Prospect

**Abstract:** This article analyzes the basic connotation of the Chinese procuratorial system with Chinese characteristics and the underlying causes of the formation of the procuratorial system, and explores the ways of improving this system, including upholding the guiding position of the theoretical system of socialism with Chinese characteristics, making an effort in developing a socialist procuratorial theory with Chinese characteristics, standardizing and checking the exercise of procuratorial power, developing codes of conduct for the procuratorial profession, and raising the ethic standard of prosecutors.

## Part 4: Informatization of Courts

## Chapter 17 Informatization of Courts in China in
## 2016: Development and Prospect

**Abstract:** Informatization of courts is an important way of promoting people-oriented administration of justice, judicial fairness, judicial openness, and judicial democracy, an important content of modernization of the trial system, as well as a crucial guarantee for realizing the goal of enabling people to truly feel fairness and justice in judicial proceedings. In 2016, the construction of "intelligent courts" had been incorporated into China's national informatization development strategy and achievements had been made in this field by people's courts at various levels through explorative and innovative practices: the full coverage by the special network of people's courts had laid a solid foundation for the on-line handling of all court affairs; judicial openness and the construction of litigation service platform had expedited the full-process openness of trial and execution elements in accordance with law; preliminary results had been achieved in providing intelligent services to judges, participants in proceedings, the general public and government organs; as a result of informatization, the work of people's courts had showed such tendencies and characteristics as convenient service, intelligent trial, high enforcement efficiency, normalized openness, scientific management, and accurate decision-making, and a solid foundation had been laid for completing the construction of the intelligent court system by the year 2017. Although China has achieved some positive results in the informatization of courts at various levels, there are still big gaps between the levels of informatization of courts in different areas and between the overall level of informatization of courts and the people's increasing judicial demand. Therefore, further reforms and improvements are urgently needed.

# Chapter 18　Development and Trend of Informatization of Administration of Trials

**Abstract**: Informatization of administration of trials is an important part of informatization of courts and a key to upholding social justice and meeting people's judicial demands in the new era. In recent years, Chinese courts have done a lot of work in the informatization of trial administration, including advancing the disclosure of information about trial administration, increasing the convenience of trial services, strengthening the control over trial processes and links, supervising judicial power, and promoting the construction of a clean and honest government through informatization of trials. During the period of "Twelfth Five-year Plan", the construction of Informatization of People's Courts 2.0, with connectivity as its main feature, had been basically completed. Informatization of trial administration plays an important role in improving the quality of trial, raising the intelligence level of trial administration, servicing the trial of cases, and promoting scientific and precise administration of courts, thereby contributing to the realization of people-oriented administration of justice and judicial fairness. However, with the deepening of informatization, Chinese courts still need to make further efforts with respect to the serviceability, comprehensiveness, applicability, shareability and balance of the informatization of trial administration, so as to achieve the objectives of the construction of Informatization of People's Courts 3. 0.

## Chapter 19　Broaden the Scope and Depth of an Open Judiciary through Informatization

**Abstract**: The application and development of informatization of courts has comprehensively improved the judicial transparency of Chinese courts, realized the online disclosure of trial information, social sharing of adjudicative documents, active push of process information, remote viewing of court trial, and transparency of enforcement information. Despite the above achievements, China is still faced with some bottlenecks in realizing judicial openness. With the continuous optimization of the application of informatization, Chinese courts need to make breakthroughs in such areas as intensive construction of platforms of openness, free online access to court announcements, and construction of judicial big data for the benefit of the people.

## Chapter 20　The Role Played by Informatization of Courts in Basic Solution of Difficult Problems in the Enforcement of Judgements

**Abstract**: In recent years, Chinese courts have attached great importance to the close integration of informatization and enforcement work, established an enforcement command system with "connectivity between four different levels of court" as its main feature, and promoted the "basic solution of difficult problems in the enforcement of judgments" through informatization. Through informatization, Chinese courts have established a comprehensive and powerful online enforcement check and control system, which has greatly enhanced the ability of courts to check and control persons and properties subject to enforcement, developed and applied in the whole country a unified system of management of the process and links of enforcement, standardized the exercise of enforcement power, continuously improved the enforcement cooperation mechanism through data connection with relevant departments, thereby strengthened the enforcement of judgment and contributed to the "basic solution of difficult problems in the enforcement of judgments".

## Chapter 21   The Judicial Big Data: Construction, Application and Prospect

**Abstract**: Big data has a profound impact on the administration of court trials. In the construction of judicial big data system, China has realized the collection of data through creation of digital platforms, integration of data through improvement of information system, and analysis of data through optimization of judicial statistical system. In terms of application, judicial big data can assist the enforcement of judgments and provide basis for judicial administration and support for decision-making by leaders. In the future, China should further promote the integration of judicial big data and improve the accuracy and safety of judicial big data.

## Chapter 22   Judicial Litigation Service: Analysis of the E-court System in Jilin Province

**Abstract**: Jilin Province attaches great importance to the construction of the court information, to accelerate the level of judicial proceedings to fully meet the growing needs of the masses of the people. This paper reviews the basic situation of Jilin Electronic court building, share the experience in the process of construction of electronic court, and pointed out that Jilin electronic court still needs a lot of improvement in the aspects of expansion, perfection, application and promotion. Jilin electronic court will continue to improve and upgrade in the future development and construction.

## Chapter 23 Report on the Application of "Internet Plus Judicial Enforcement System": Taking the "Eagle-eye Check and Control Network" of the Courts of Shenzhen City as a Sample

**Abstract**: Informatization of enforcement check and control system plays a key role in overcoming the difficulties in enforcement of judgments. Under the guidance of this idea, the People's Court of Shenzhen City has established the first information platform for the check and control of case-related property in the country. After five years of improvement and development, the platform has broken the original target frame of overcoming difficulties in enforcement of judgments by developing more innovative functions of social governance participation and, as such, has gradually become an important component of the "smart city". This report gives a detailed introduction to the background, operational mode, and main functions of the "Eagle-Eye Check and Control Network System", which serves as an information platform for the enforcement check and control work, and summarizes the operation of this platform in the five years since its establishment, with a view to providing useful experience for the popularization of check and control information platform in the whole country.

## Part 5: Legal Service and Legal Profession

## Chapter 24　The Development of Legal Profession in China in 2005

**Abstract:** This chapter reviews the development of three different legal professions—lawyers, judges and procurators—in China in 2005. It first gives an introduction to the development of the lawyer's contingent, the regional distribution of lawyers, lawyers' charges and incomes, lawyers' practicing environment, the regulation of lawyers' practice, and lawyers' self-governance. Then it introduces the basic situation of the reform of the court personnel system, the assistant judge system, the system of selection and assessment of judges, the basic content of the Code of Conduct for Judges (for Trial Implementation), and the current problem of shortage of judges in western China. Finally, it gives a systematic explanation of the plan for the building of a contingent of procuratorial talents in the country and the solution of the problem of shortage of procuratorial cadres in the western part of the country.

## Chapter 25　Investigation Report on the Reform of Legal Service System

**Abstract:** China's legal service industry develops slowly, which is slower than the average level of economic growth. Legal services management system has several issues to be reformed. This paper focuses on system of lawyer, notary system, legal aid system, judicial identification system, people's mediation system and grassroots legal service system, and aims to promote legal service management system and mechanism for improvement.

## Chapter 26    Report on the International Development of
## the Lawyer Profession

**Abstract:** In recent years, internationalization has become an increasingly prominent feature of the development of the lawyer's profession in China: China has fully implemented the commitments it made when entering into TWO, further opened up the legal service market through "the arrangements of closer economic and trade relations with Hong Kong and Macao" and special polices of (Shanghai) Free Trade Zone: state authorities has begun to attach importance to the internationalization of lawyer's profession, and set the relevant tasks and objectives and adopted corresponding measures for their realization; among the lawyers in the top 100 law firms in China, 33.9% are capable of dealing with foreign-related business and 15% are capable of dealing with high-end foreign related business; in the domestic legal service market, local and foreign law firms have engaged in cooperation and competition with each other in areas of business and human resources; and, as Chinese enterprises engage in more and more foreign trade activities, Chinese law firms have adopted various measures to expand their business to foreign countries.

## Chapter 27    Empirical Investigation on Rural Legal
## Service in Underdeveloped Areas

**Abstract:** Since the reform and opening up, with the increasing strengthening of the rule of law, the social demand for legal services in China is growing with each passing day. To meeting this demand, China has maintained a stable development of the lawyer's contingent, both in number and in quality. However, the development of the lawyer's contingent is very unbalanced in different parts of the country, with most lawyers working in cities and developed regions, while very few of them work in rural areas, especially in backward rural areas. The exact extent of uneven regional distribution of lawyers and its explanation is mainly an issue of legal reality at the level of experience. This chapter mainly uses the empirical method to describe and analyze this issue on the basis of empirical materials.

# 后 记

2014年10月，党的十八届四中全会通过了《中共中央关于全面推进依法治国若干重大问题的决定》，提出"建设中国特色社会主义法治体系，建设社会主义法治国家"，并作为全面推进依法治国的总目标。司法作为国家法律适用的重要环节，对法治国家的建成具有举足轻重的作用，中国建设社会主义法治国家离不开司法的公平正义，而具备完善的司法制度则是一个国家司法实现公平的前提条件。

为与中国的国情相适应，与中国快速发展的经济社会相匹配，自20世纪90年代以来，中国的司法制度前后经历了数次改革。这些改革有些侧重于体制机制，有些侧重于审判方式，都旨在实现更加公正和高效的司法。

经验表明，当一个制度发生剧烈变化的时候，恰恰是观察这个制度深层机制的最佳时期①。因此，司法制度在这些年的改革变迁，成为观察中国司法的一个理想窗口，司法制度改革中留下的点点滴滴应当加以记录，总结其经验，吸取其教训，为历史提供见证，为今后的改革提供借鉴。早在2002年"法治蓝皮书"问世就开始关注司法和司法改革问题，每年都会以论文、调研报告等形式总结司法制度的进步、展望司法改革的未来。十余年来，散落在各卷"法治蓝皮书"中有关司法制度的文章已经颇具规模。值中国社会科学院法学研究所六十周年所庆之际，将其中的精华重新修订，分司法改革与进展、法院改革创新、检察体制改革、法院信息化、法律服务业五个专题结集出版。

《中国司法制度（2002~2016）》一书的编辑出版由中国社会科学院

---

① 陈瑞华：《论法学研究方法》，北京大学出版社，2009，第153页。

法学研究所田禾研究员、吕艳滨研究员总负责，中国社会科学院法学研究所胡昌明助理研究员具体负责，并撰写了本书"导论"。全书是来自全国该领域的专家、学者合作的成果，以下分别简要介绍这五个专题及 27 篇文章的作者。

专题一以司法改革与进展为主题，从精选的 8 篇文章中可以一窥中国司法改革的总体脉络，梳理司法改革的整体进程、改革的突破和局限性等。作者分别是熊秋红（《2004 年中国司法改革与进展》《2007 年中国司法改革与进展》《2009 年中国司法改革与进展》）、程琥（《2004 年中国司法改革与进展》）、祁建建（《2004 年中国司法改革与进展》《2015 年中国司法改革与进展》 《2016 年中国司法改革与进展》）、彭海青（《2006 年中国司法改革与进展》）、陈卫东和郑博（《2014 年中国司法改革与进展》），以及徐卉（《〈民事诉讼法〉修订及争议》）。

专题二以法院改革创新为主题，主要围绕各地法院推行司法改革、进行制度创新、提升司法公平和效率方面的经验和成效展开。五篇文章分别为张宏伟、郭文利的《创新法院内部管理　提升司法公信力——湖州法院法官均衡办案调研报告》、慕平的《北京法院推进司法体制改革的实践》、许玮的《成都法院司法公开现状与完善》、中国社会科学院法学研究所法治指数创新工程项目组（项目组负责人：田禾。执笔人：栗燕杰、田禾）的《法院提升司法公信的淄博实践》以及湖州市中级人民法院课题组（执笔人：郭文利）撰写的《司法审判同命同价试点调研报告——以湖州市中级人民法院为样本》。

专题三以检察体制改革为主题，突出检察院进行司法改革的总体状况，从最高人民检察院的角度，分析检察院参与司法改革的思路、举措和具体做法，其中《2007 年中国检察体制改革与展望》一文的作者为王建平、胡卫列，《2008 年中国检察体制改革回顾与前瞻》和《2009 年中国检察制度的特征与展望》的作者均为孙谦。

专题四以法院信息化为主题。近年来，信息化建设在人民法院受到高度重视。最高人民法院多次强调，全面深化司法改革、全面推进信息化建设，是人民法院两场深刻的自我革命，人民法院信息化建设是推进司法为民、公正司法、司法公开、司法民主的主要途径，是审判体系现代化和审判能力现代化的重要内容，是实现"让人民群众在每一个司法案件中都感受到公平正义"目标的重要保障。本专题精选了"法治蓝皮书"中具有代表性的 7 篇文章，从整体上反映近两年法院信息化发展的态势。其中《2016 年中国法院信息化发展与 2017 年展望》《审判管理信息化的发展与走向》《信息化拓宽司法公开的广度和深度》《信息化助力法院"基本解决执行难"》《司法大数据的建设、应用和展望》由中国社会科学院法学研究所法治指数创新工程项目组（项目组负责人：田禾、吕艳滨，执笔人包括田禾、吕艳滨、王小梅、胡昌明、刘雁鹏、王祎茗等）完成，《司法诉讼服务：吉林电子法院分析》由吉林省电子法院研究课题组（课题组负责人：田禾、王常松。执笔人：刘雁鹏、刘岩、张立华）完成，《"互联网+司法执行"应用报告——以深圳法院鹰眼查控网为样》由胡志光、王芳撰写。

专题五以法律服务业为主题。随着法制建设步伐的加快，中国的立法数量急剧增加，民众对法律服务业的需求越来越旺盛。法律服务业的兴旺发达，是国家法治化的一个明显标志。本专题的四篇文章紧紧围绕法律职业和法律服务业的发展状况，分别分析了服务体制改革、国际化和欠发达地区农村法律服务业的状况，其中《2005 年中国法律职业发展状况》《中国律师行业国际化发展报告》《欠发达地区的农村法律服务实证考察》的作者为冉井富，《中国法律服务体制改革调研报告》一文的作者为董开军、丁天球和韩秀桃。

刚刚结束的党的十九大重申了坚持全面依法治国的决心，对司法及司法改革提出了更高的要求，在这个时点总结过去十几年的成绩，面向未来，提供司法改革的经验，有助于中国的司法走得更稳、更远。

胡昌明

2017 年 11 月 1 日

**图书在版编目（CIP）数据**

中国司法制度. 2002-2016 / 田禾，吕艳滨主编. --
北京：社会科学文献出版社，2017.11
（法治国情与法治指数丛书）
ISBN 978-7-5201-1865-1

Ⅰ.①中…　Ⅱ.①田…②吕…　Ⅲ.①司法制度-研
究-中国　Ⅳ.①D926

中国版本图书馆 CIP 数据核字（2017）第 287864 号

法治国情与法治指数丛书
中国司法制度（2002~2016）

主　　编／田　禾　吕艳滨

出 版 人／谢寿光
项目统筹／王　绯
责任编辑／曹长香

出　　版／社会科学文献出版社·社会政法分社（010）59367156
　　　　　　地址：北京市北三环中路甲 29 号院华龙大厦　邮编：100029
　　　　　　网址：www.ssap.com.cn
发　　行／市场营销中心（010）59367081　59367018
印　　装／三河市东方印刷有限公司

规　　格／开　本：787mm×1092mm　1/16
　　　　　　印　张：34.75　字　数：550 千字
版　　次／2017 年 11 月第 1 版　2017 年 11 月第 1 次印刷
书　　号／ISBN 978-7-5201-1865-1
定　　价／128.00 元